The Imjin War
1592—1598

朱尔旦 著

万历朝鲜
战争全史

民主与建设出版社
·北京·

© 民主与建设出版社，2020

图书在版编目（CIP）数据

　万历朝鲜战争全史 / 朱尔旦著 . —— 北京：民主与
建设出版社 , 2020.10
　ISBN 978-7-5139-3231-8

　Ⅰ.①万… Ⅱ.①朱… Ⅲ.①中日关系–国际关系史
–研究–明代 Ⅳ.① D829.313

　中国版本图书馆 CIP 数据核字 (2020) 第 194080 号

万历朝鲜战争全史
WANLI CHAOXIAN ZHANZHENG QUANSHI

著　　者	朱尔旦
责任编辑	彭　现
封面设计	王　星
出版发行	民主与建设出版社有限责任公司
电　　话	（010）59417747　59419778
社　　址	北京市海淀区西三环中路 10 号望海楼 E 座 7 层
邮　　编	100142
印　　刷	重庆长虹印务有限公司
版　　次	2020 年 11 月第 1 版
印　　次	2020 年 11 月第 1 次印刷
开　　本	787 毫米 ×1092 毫米　1/16
印　　张	41
字　　数	620 千字
书　　号	ISBN 978-7-5139-3231-8
定　　价	199.80 元

注: 如有印、装质量问题，请与出版社联系

序　言

朱尔旦是我一位未曾谋面的小友的笔名，我们是通过电子邮件建立起联系的。我很少给朋友和学生的著作写序言，担心写不出著作的精义，辜负了朋友和学生的好意；我自己的著作也没有麻烦师友写序言，不是因为清高，而是不忍心耗费师友的时间。

对于万历朝鲜战争，我只是在万明、陈尚胜、孙卫国、杨海英、郑洁西诸友及日、韩同行的推动下，做了一点"友情客串"式的研究，同时被中、韩合拍的纪录片《万历朝鲜战争》抓为中方顾问，又应韩国海军军官学校的邀请，做了一场关于李舜臣的学术报告。虽然如此，根本不具备为这类著作写序的资格。但是，当朱尔旦小友在电子邮件中向我讲述他的学习和工作经历，并且把他在工作之余撰写的一部50多万字的《万历朝鲜战争全史》发给我，希望我作序时，我又感到不好推辞了。

作者自幼喜爱历史，曾经立志治史，即使不能"究天人之际、通古今之变"，也希望能够"立一家之言"。从2009年开始，作者开始关注万历朝鲜战争，至今已经有十年。作者重视海外文献，为此投入大量时间与精力，通过各种渠道，收集、购置了许多国内稀见的万历朝鲜战争资料。

作者告诉我，"朱尔旦"出自《聊斋志异》里的《陆判》，朱尔旦原先是一个愚钝的书生，但被身为地府判官的陆判换心后，才思敏捷，文章练达，一举夺魁。作者对这个故事印象非常深刻，希望"朱尔旦"这个名字能够为自己的史学写作带来"运气"。"朱尔旦"果然带来了运气，作者不但以这个笔名发表过几篇关于壬辰战争的文章，还在相关爱好者的圈子里积攒了一定的知名度，开始撰写《万历朝鲜战争全史》一书，至2019年年底终告完成。

写这篇序言的过程，是我学习朱尔旦《万历朝鲜战争全史》的过程，最大的感动，是作者并非"专门"从事历史研究，却写出了一部"很专业"的历史著作。全书行文流畅，史料运用娴熟，对万历朝鲜战争（朝鲜称"壬辰倭乱"，日本称"文禄·庆长之役"）进行了全景式的描述和评价，做出了一些超越前人的贡献，略举其要。

第一，关于人物评价

沈惟敬是浙江嘉兴府嘉善县人，当日军势如破竹地向大同江挺进时，明朝宁夏的哱拜之乱尚未平定，兵部尚书石星"计无所出"，提出派人前去"侦探之"，其实是与日军谈判，迟滞其前进。但官方没有合适人选，遂向民间招募，沈惟敬正是应募者之一。

不少记载说沈惟敬熟知"倭情"，可以用日语和日军将领交流。但是，当石星拟用沈惟敬时，正在翰林院任职的嘉兴籍学士朱国祚向石星提出警告："此我乡曲无赖，因缘为奸利耳，公独不计辱国乎？"（《明史·朱国祚传》）在朱国祚的眼中，沈惟敬为"乡曲无赖"。《明史·朝鲜传》也把沈惟敬定位为"市中无赖"。但是，另外一位嘉兴籍官员袁黄，则是沈惟敬的支持者。袁黄当时为兵部职方司主事，后随宋应昌、李如松援朝为赞画，对朝鲜问题有很大的话语权。石星之所以启用沈惟敬，极有可能出于袁黄的推荐，而后来袁黄也因沈惟敬的牵连而罢职。

就是这位沈惟敬，过去的研究多将其视作周旋于中、日、朝三国的投机取巧的小人，只知道一味行骗，同时欺骗了万历皇帝和丰臣秀吉，最后导致明朝和日本的和谈失败，战争再次爆发。但是，作者通过当时的史料指出，沈惟敬在早期的和谈活动中，为明朝争取到出兵时间做出了大量贡献，成功牵制了日军的军事行动，并且巧妙地取得了日军的军事情报。人们所指出的沈惟敬的欺骗行为，很大程度是由石星、宋应昌等人直接授意的，最后让其背黑锅，承担石星、宋应昌等人应该承担的责任。

再如宋应昌和李如松，由于各种原因在当时受到言官们的猛烈批评，清修《明史》也对他们在朝鲜战争中的表现多有非议。后世学者因为视其为英雄，对他们应该承担的责任多加掩饰。本书充分肯定了他们的战争功绩，同时也客观指出，宋、李二人由于客观形势的逼迫，做了一些上不了台面的暗箱操作，并提供假情报，向朝廷伪报战功。

再比如朝鲜水军将领李舜臣，多次挫败日本水军的攻势，战功赫赫。一些韩国、欧美的观点，甚至认为光凭借他，不依赖明军的支援，也可以击退日军。但是，本书根据史料指出，李舜臣在其主动发起的釜山海战、熊川海战、巨济岛海战中，都遭遇了挫折，也从来没有达到切断日军水上补给线的目的。和明朝、日本的将领一样，李舜臣也在时时捏造战绩、夸大功勋。这大概是战争时代的通例。

第二，关于战争细节

碧蹄馆之战，在壬辰战争中具有重要的意义。由于李如松的轻敌冒进，数千明军遭到数万日军的围攻。《明史》说经此一战，明军主将李如松"气索"。

但据日方的史料显示，日军同样"气索"。参与此战的日本将领，都在各自的记录里相互指责对方。

立花宗茂家臣荐野增时所著的《宗茂公朝鲜军御物语觉》，指责黑田长政、大谷吉继怯战，不敢迎战明军，使得立花家孤军奋战；小早川隆景家臣梨羽绍幽的《梨羽绍幽物语》，则说立花家的士兵战死大半，需要小早川军接替作战；筑紫广门家臣所著的《筑紫记》，则指出小早川军刚和明军交战，就落入下风，直接溃败。

再如，据《丰臣秀吉文书集》记载，1592年，丰臣秀吉在收到了朝鲜战场传来的关于日军在闲山岛海战失利、明军攻向平壤（第一次平壤之战）的消息后，不但指示日本水军大将胁坂安治停止与朝鲜水军进行海战，转而在巨济岛筑城自保；还指示日军诸将婴城固守，若明军再次攻向平壤，一定要及时出兵救援小西行长。虽然战争开始阶段，日军在陆战中势如破竹，但随着明军主力的入朝作战、朝鲜水军的连战告捷，在战争发动的第一年，日军在陆上、海上就已经表现出守势，丰臣秀吉开始丧失战争之初的意气风发，不再狂妄不可一世。

又据《旧记杂录后编》记载，1597年年底、1598年年初，明军发起第一次蔚山之战，日军虽然最后勉强击退明军，但对继续作战下去已经没有了把握，纷纷联名上书，要求放弃前沿的日据城池，全面撤守到朝鲜沿海，为此引起丰臣秀吉震怒，但又不得不稍稍妥协。

由此可以看出，无论是明军还是日军，对这场战争，其实都没有必胜的信心，都对对方充满着忌惮。

第三，关于中日和谈

对于壬辰战争过程中的中日和谈，即"封贡"，其间细节一直没有真正被揭示。一些相关作品不是叙述得太过简单，便是理解得太过简单，认为只是中方代表沈惟敬、日方代表小西行长相互串通，各自欺骗自己的君主、伪报对方的和谈条件。最后因为露出破绽，使得和谈破裂。但正如本书所揭示的那样，壬辰战争中的明、日和谈，从一开始就充满了各种欺诈。

以"碧蹄馆之战"结束后双方的表现为例。明朝兵部尚书石星、经略宋应昌、提督李如松因为粮尽兵疲、财政困难等原因,已经无意进取,于是再次派遣沈惟敬与日军议和。事后,双方各取所需,各自表述。宋应昌、李如松向明朝伪报,说明军在碧蹄馆大捷,日军已无斗志,向本朝乞求封贡。日方代表也向丰臣秀吉报告,说在碧蹄馆大败明军,明朝派出使者,前来谢罪。在双方一线谈判者对各自当局的误导下,在各种谎言的交织下,明、日双方的各自期望越拉越远,这是和谈谈不拢的根本原因所在。万历皇帝误以为日本完全服软,请求封贡,所以制定的对日策略,也是针对"封贡"展开。丰臣秀吉同样误以为明朝完全服软,制定了七项苛刻的议和条件,包括要求大明公主下嫁日本、朝鲜割让一半国土给日本、朝鲜王子渡海到日本作为人质等等。

本书根据中、日、朝三方文献,描述了明、日双方和谈过程中的欺弊细节,应该是当前涉及这方面最全面的"一说"。但作者恐怕自己也没有想到,他对这一问题的讨论,在某种意义上揭示了中国历史上与"强邻"谈判过程中的"普遍现象"。

宁夏之役、朝鲜之役、播州之役,史称"万历三大征"。由于万历朝鲜战争具备国际性特点,对整个东北亚此后的形势,产生了重大的影响。又由于事件涉及中、日、韩三国,所以一直受到三国乃至更多国家研究者的关注,成果迭出。作者能够在这些研究中冲出重置,对"万历朝鲜战争"研究做出新的贡献,得益于他多了一批资料。由于作者的强烈求知欲,他通过多方渠道,收集、购置了大量国内稀见的万历朝鲜战争资料,并加以解读和运用,因而更多地获取了一些信息。胡适说:"有几分材料说几分话,有七分材料不说八分话。"材料多了,也就可以多说了。

针对这段历史,作者认为除了汉文文献外,还需重视使用日方的原始材料,主要是文书、战地日记、觉书(回忆录)三个系统。文书,是日本方面各个层级的往来文件,有直接下达命令的指示文件,也有相互间的交流书信,这为了解当时日方的第一手动态提供了帮助。此类文书,目前整理出版的有《丰臣秀吉文书集》《德川家康文书的研究》等。战地日记,是参与战争的日本武士、僧侣,每天记录各军活动轨迹的日记,据此也可以掌握日方的第一手动态。其中,比较有名的有下濑赖直的《朝鲜渡海日记》、新纳忠增的《渡海日记》、西荆的《西征日记》、庆念的《朝鲜日日记》等。觉书,是日方各层级人员撰写的回忆录,不少觉书都详细记录了战史的细节，尤其是一些大战役。比如记载泗川之战的觉书，有《帖佐彦左卫门觉书》《伊东壹岐入道觉书》等；记载露梁海战的觉书，有《渊边真元高丽军觉》《大重平六觉书》《佐多民部左卫门觉书》等。这些觉书的存在，可以使我们换个角度了解那些重要战役的细节，其中许多内容都是汉文文献没有记载的。

日本史料之外，作者对葡萄牙方的史料，也给予了重视。随着大航海时代的到来，有许多葡萄牙人在日本及中国东南沿海活动，他们与日方主要人物进行直接接触，也留下了关于这场战争的珍贵记录。其中最为著名的，是路易斯·弗洛伊斯所著的《日本史》一书。在葡萄牙人的记录中，可以看到当时西方人看待东亚的视角，他们毫不吝啬地赞美明军装备精良、战术高超，与之交手过的日军感受到极大的压力，被迫放弃了征服明朝的计划。同时，他们又极尽称赞明军外交官沈惟敬的足智多谋，多次巧妙地与日方周旋。有意思的是，沈惟敬在中、朝文献的记录中，大多数情况却是以脸谱化的小人形象登场。

由于作者同时运用了中国、朝鲜、日本、葡萄牙四方史料，又致力于还原这场战争的场景，本书的出版，是值得期待的。并且书中大量表格所展示的数据，可以使读者更加客观地了解这段历史。

当然，正如作者自己所说，由于不是专门从事历史研究，这部著作中也表现出来一些"非专业性"，但并不影响它的价值。恰恰相反，对于"非专业"的读者，也许更加亲切、更加容易接受。

在此书即将付梓之时，我对该书出版表示祝贺！

方志远[1]

2020 年 1 月 8 日

海南澄迈景园悦海湾

[1] 方志远，江西师范大学资深教授、中国明史学会首席顾问、国家社科基金历史学科评审组专家，主要著作有《明代国家权力结构及运行机制》《明清湘鄂赣地区的人口流动与城乡商品经济》《明代城市与市民文学》《明清江右商帮》等，在《中国社会科学》《历史研究》《中国史研究》等刊物上发表学术论文 70 余篇。方志远教授曾多次登上央视《百家讲坛》，主讲了《大明嘉靖往事》《万历兴亡录》《国史通鉴》《中国故事》《王阳明》等精彩节目。在央视官网举办的"2011 我最喜爱的《百家讲坛》节目评选"活动中，方志远教授以高票获《百家讲坛》最受欢迎主讲人"和"《百家讲坛》最受欢迎节目"。

前 言

很小的时候，我就对中国历史有着非常浓厚的兴趣，等长大一些后，又对日本历史产生了兴趣。万历朝鲜战争是中、日、朝三国交会的一段历史，很对我的胃口。在学习历史的过程中，我对万历朝鲜战争这一段投入了大量的时间、精力，为此花费了许多人力物力，收集、购置了数量不少的相关资料。既然对这段历史产生了深厚感情，我脑海里就冒出了一个念头，将我了解到的相关知识，写成一整本书，作为一个阶段性成果。很有幸，这个梦想实现了。

在中、日、朝三国史料中，有关万历朝鲜战争的文字记载不在少数，但因各种原因，许多资料都是在各自的立场上自说自话，文过饰非的情况相当严重。如何客观地在不同原始史料中进行取舍，写下一本具有参考意义的通史，是一个非常大的考验。基于此，我在广泛搜集各类史料的前提下，严格筛选出其中的可靠部分，以此为基础材料，撰写了《万历朝鲜战争全史》一书。在立场上，我尽可能不偏不倚、客观公正，争取把真实的历史完整呈现给大众。

书中有两点情况，我需要向读者做一下说明。

一、在历法上，朝鲜使用明朝历法，日本则不同，其历法有时与明朝历法相差一天，有时又是同一天。我在写作此书时，参考《日本战史：朝鲜役经过一览表》《丰臣秀吉朝鲜侵略关系史料集成》列出的日历对照表，统一使用明朝历法，这点敬请读者注意。

二、书中出现的历史人物对话，全部都有史料出处，绝非凭空虚构。对于浅显易懂、篇幅简短的文言文对话，一般保留原文。如遇上篇幅较长的对话，或者较为晦涩的对话，则翻译为白话文。

虽然已经写完了这本书，但我深知一个人的知识终究有限，而万历朝鲜战争是一个非常博大精深的历史专题，以一己之力驾驭一本通史，是无法写清楚每一个细节的，也难免出现一些错误。这本拙作，权当抛砖引玉，期待未来对这段历史的研究会愈加深刻，出现更多优秀的作品。

朱尔旦

2020 年 2 月 14 日

目录
CONTENTS

目录

CONTENTS

目录
CONTENTS

万

历

朝

鲜

战

争

第一章

壬辰倭乱（上）：从丰臣秀吉统一日本到发兵侵略朝鲜

丰臣秀吉的崛起

明万历四十五年（1617年），潜心研究海防的翰林院检讨① 徐光启，撰写出了《海防迂说》一文。他在文中详细分析了日本对中国沿海地区的威胁：

> 信长为人雄杰，多智略。前是六十六洲各有君长、不相统一，至信长征伐四出，略皆臣伏，无敢异。此人智计叵测，十倍秀吉；假之数年，必为我大患……秀吉承信长之后，其欲逞志于我，无异信长……假令信长而数年不死，秀吉而经营数年，邦国大定，其为我患，岂以绝市而止乎？

徐光启在这段文字中提到了早已死亡的日本大名织田信长，此人曾对大明产生过侵略的野心。徐光启感慨地说，假如织田信长当年没有死，他对大明产生的威胁，将十分巨大。

时间回到徐光启写下这段文字的35年之前，那是明朝万历十年，也是日本天正十年，即公元1582年。当时，日本列岛被众多地方领主割据，形成六十六国，相互间频繁发生武装冲突，这一时期被后人称为"日本战国时代"。这些地方上的领主，依据其割据势力的大小，大领主称"大名"，小领主称"国众"。

织田信长是那时候实力最为强大的日本战国大名，颇有主宰全日本的气势，混乱的战国时代似乎将在他的手中终结。织田信长在这一年发起了对甲斐、信浓的征伐，灭亡了割据甲斐、信浓、骏河、西上野的大名武田氏，使武田家当主武田胜赖授首。随后，织田信长决定西征，出兵征讨西日本最大的大名毛利氏。在日本传教的葡萄牙耶稣会士弗洛伊斯在其所著的《日本史》中记载，社会上传闻织田信长计划"平定毛利，成为日本六十六国绝对君主后，组成一支大舰队，以武力征服中国（明朝），再将诸国分封给儿子们"。

但命运的安排是奇妙的，还没等织田信长平定毛利氏，同年六月二日，就迎来

---

① 检讨是官名，掌修国史，唐、宋均曾设置，位次编修。明、清时，检讨属翰林院，为从七品官。

了改变整个日本历史的本能寺之变。织田信长在准备出兵征讨毛利氏的途中，夜宿京都的本能寺，结果部下明智光秀突然举兵发动叛乱，致使信长死于此次变故。无论织田信长是否有着征服大明的巨大野心，这一切都随着他的死亡烟消云散，成为梦幻泡影。但织田信长的死，却意外给了他的部下羽柴秀吉出人头地的机会。羽柴秀吉此人正如中国史书《晋书·慕容垂载记》评价后燕开国君主慕容垂那样：

> 垂犹鹰也，饥则附人，饱便高飏。遇风尘之会，必有凌霄之志。

他就像一只鹰，在饥饿之时依附于人，吃饱后就高高飞起，一旦有风云相助，必有翱翔九霄的凌云壮志。

与日后的得志迥然不同，羽柴秀吉的早年生活非常贫困。据当代日本学者服部英雄在《河原ノ者·非人·秀吉》一书中的考证，秀吉乃贱民出身，是当时日本最底层的人物。与羽柴秀吉同时代的朝鲜儒学者姜沆在《看羊录》中记载，羽柴秀吉是来自日本尾张国的乡下人，他不仅"貌寝身短，状如猿猴"，而且"生而右手有六指"，长得非常奇怪。同时，他的家庭出身也不好，"父家素贫贱，为农家佣，刍草以为生"。

虽然出身不高，但羽柴秀吉来到织田信长麾下后，便逐渐崭露头角，命运发生了翻天覆地的改变。根据《看羊录》的记载，羽柴秀吉城府颇深，他能得到织田信长的赏识，一步步爬上去，是其精心谋划的结果。原先，织田信长屡次让奴仆们去市场中买货物，但是市场上的商人都把价格抬得很高，因此奴仆们常常不能买回需要的货物数量。等到让秀吉去买的时候，秀吉却能经常以低廉的价格买回许多货物，这让织田信长大加赞赏，开始注意他。其实，这是羽柴秀吉为了博取织田信长的关注，每次都刻意补上自己的一半私人存货，所以看上去好像是多买了，而其他奴仆并没有察觉到这一点。

明隆庆四年（日本元龟元年，1570 年），羽柴秀吉跟随织田信长参加了越前之役，讨伐浅井长政、朝仓义景，后因功获赐浅井 18 万石之地。明万历四年（日本天正四年，1576 年），羽柴秀吉又参加了平定松永久秀之乱，《看羊录》说他"持枪突斗，所向披靡"，这更加让织田信长对他刮目相看，使得秀吉的地位进一步提高。

明万历五年（日本天正五年，1577年），织田信长派遣羽柴秀吉西征，讨伐占有备前国、美作国的大名宇喜多氏，以及占有山阳、山阴等10余国的大名毛利氏。历经5年时间，羽柴秀吉平定了播磨、备前、但马、因幡、美作五国。

本能寺之变发生的这一年，羽柴秀吉正与毛利军在备中国作战。毛利家当主毛利辉元的别将清水宗治固守高松城，以抵挡羽柴军。羽柴秀吉下令军队绕着高松城筑土山，灌水攻城。山造得越高，水就灌得越多，最后高松城没被浸没的地方只有一丈余高，但是守城将士们的意志却十分高涨，丝毫不显怯懦。本能寺之变发生时，羽柴秀吉仍未能攻克高松城。后方使者日夜赶路，疾驰而来，向秀吉报告了信长被明智光秀弑杀的事情。羽柴秀吉得报后，为避免信长身亡的消息被敌人知道而使自己陷入不利，便迅速封锁消息，斩杀了报信的使者，又加大力度攻城，装出一副很闲暇的样子。(《看羊录》)

为了争取战略上的主动权，羽柴秀吉致信毛利辉元的僧人谋主安国寺惠琼，让他前来谈判。安国寺惠琼接到邀请后，立刻赶到了羽柴军的阵营。羽柴秀吉把他请入帐中，先是威胁称高松城即将陷落，又说自己不忍心看到城内的数万平民在破城之后被尽数屠杀，告知对方可以罢兵停战，但停战的条件是清水宗治剖腹自杀。毛利家决定对此妥协，安国寺惠琼将这一条件告诉了清水宗治，大义凛然的清水宗治乘着一艘小船出了城，在船上切腹自杀了。之后，羽柴秀吉便与毛利辉元缔结和约，回师东进，前去讨伐弑杀织田信长的明智光秀。

六月十三日，羽柴秀吉与织田信长第三子织田信孝一同出兵，与明智光秀在京都南部打响山崎之战。(《公卿补任》)交战中，双方投入了大量铁炮（即火绳枪），炮声"数刻不止"(《兼见卿记》)，最后明智光秀军溃败。战败的明智光秀本打算逃回他的居城坂本城，但是行进至伏见小栗栖时，被当地农民以竹枪刺死。(《三河后风土记》)

山崎之战结束后，选谁为织田信长的继承人成了重中之重，为此引起了织田家臣们的权力斗争。织田家重臣柴田胜家推举织田信孝为继承人，羽柴秀吉则拥护织田信长的嫡孙织田秀信（信长嫡子信忠之子，信忠同样死于本能寺之变）。柴田胜家在信长众多家臣中屡立战功，实力为众人公认；羽柴秀吉则因替主公报仇，也拥有发言权。由于柴田胜家、羽柴秀吉两人意见相左且相持不下，织田家的家臣们决定在织田信长生前居住的清州城开会，来推举信长的继承人选。在会议上，柴田胜家仍举荐织田信孝，但羽柴秀吉以信长遗命为由，强行拥立才 3 岁的织田秀信为继承人，令其居住于安土城。清州会议结束以后，羽柴秀吉便成了织田家的实际掌权人。

之后，与羽柴秀吉关系迅速恶化的柴田胜家，联合织田信孝以及泷川一益、佐佐成政等织田家旧臣，图谋反抗羽柴秀吉。羽柴秀吉很快与这些昔日同僚翻脸，并发生冲突。他首先进兵美浓，逼近织田信孝所在的岐阜城。织田信孝假装乞和，羽柴秀吉在取得人质后退兵。

接着，明万历十一年（日本天正十一年，1583 年），羽柴秀吉部署 7 万兵力，分成三路进入伊势，攻打泷川一益。之后，羽柴秀吉又与柴田胜家爆发武力冲突。其实，战斗早在前一年的冬季就已经打响了，羽柴秀吉趁柴田胜家被大雪封锁于其居城越前北庄城时，袭击了柴田胜家势力下的近江、美浓、北伊势，尽量把战争局势往对自己有利的方向引导。

万历十一年三月，越前的积雪融化之后，柴田胜家立即率领麾下 2 万余人，在近江国的贱岳迎战 7 万羽柴军，打响了贱岳之战。柴田胜家所采取的战术，是让自己推举的织田家继承人织田信孝从美浓国岐阜城出兵，袭击羽柴军背后的美浓国大垣城，与自己两线夹击羽柴秀吉。

羽柴秀吉获知织田信孝出兵的消息后，十分慌张，因为一旦大垣城沦陷，自己必定会被敌军夹击，于是他立刻亲率 2 万人前往救援大垣城。柴田胜家认为机不可失，于是抽出一部分兵力，交由麾下的佐久间盛政率领，令其突袭留守在贱岳战场上的羽柴军。佐久间盛政不负所望，攻陷了羽柴军的大岩山寨。

然而，大岩山寨被柴田军攻陷时，羽柴秀吉已经成功回救大垣城。他得知柴田胜家因为突袭大岩山寨而导致兵力分散，便决定率领 1 万余人马，立即从大垣城杀回去。虽然大垣城与贱岳相距 25 公里，但羽柴秀吉以每小时 10 公里的速度从大垣城迅疾回军，再度对柴田胜家发起挑战。柴田胜家没有料到羽柴秀吉会杀回来，因此大为吃惊。柴田军中的前田利家事先已被秀吉策反，此时突然带领他的军队离开战场，致使柴田胜家更加孤立。最后，柴田军全面崩溃。羽柴秀吉直追柴田胜家至越前国北庄城，迫使其自杀。见大势已去，织田信孝亦自杀身亡，泷川一益随后投降。
（《三河后风土记》）

这之后，又有一人站出来反对羽柴秀吉，他便是织田信长的次子织田信雄。得知清州会议决定将织田秀信选作信长的继承人，织田信雄非常不满。随后，他又得知羽柴秀吉为怀柔自己，而与他的三名重臣私相往来。织田信雄更加愤怒，下令三名家臣切腹，然后准备消灭羽柴秀吉继承织田家。羽柴秀吉得知织田信雄的这些动作后出兵讨伐，织田信雄则向支配着三河、远江、骏河、甲斐、信浓五国的大名德川家康发出求救。德川家康也想伺机打倒秀吉，于是答应了织田信雄，前往信雄居住的尾张国清州城召开军事会议，商量如何对付秀吉。

会议结束后，德川家康、织田信雄组成联军，出兵迎战羽柴秀吉。德川、织田联军布阵于北尾张的小牧山城，羽柴秀吉则在距离小牧山约5公里外的乐田城布阵，两军展开对峙。羽柴秀吉的兵力为10万人，人数上较德川家康、织田信雄的联军占优，于是他决定派遣别动队去偷袭德川家康的后方大本营——三河国。但是这个计划被德川家康得知，他派出14000人，奔赴长久手南部的岩崎一地，突袭正赶往三河的16000羽柴军，一举将其击败，取得了胜利。

羽柴秀吉打了败仗后，深感德川家康的军事力量强大，便率领军队撤退到了大坂（明治维新后改称"大阪"，后同）。军事手段不行，羽柴秀吉便用他擅长的外交手段与织田信雄议和。织田信雄虽然与德川家康联手打败了秀吉，但是在政治上还很稚嫩，不敌秀吉的怀柔策略，未与家康商量便擅自接受秀吉的议和条件。十一月，羽柴秀吉与织田信雄会于矢田河原，两人达成和谈。德川家康随之失去了继续与羽柴秀吉作战的大义名分，不得不结束战事，并以其幼子结城秀康为人质，向秀吉臣服。（《太阁素生记》）

随着织田信雄、德川家康的臣服，羽柴秀吉基本解决了其主要敌人，成了织田信长事业的继承者，以统一日本为己业。为了取得绝对的政治领导地位，羽柴秀吉致意日本朝廷，要求授予高阶官位。

明万历十三年（日本天正十三年，1585年）七月，秀吉如愿以偿，被朝廷任命为关白。关白本为"陈述、禀告"之意，出自中国史料《汉书·霍光金日（mì）磾（dī）传》当中的"诸事皆先关白光（霍光），然后奏御天子"这句话，本意是说任何大事皆先禀报给霍光知道，然后再上奏皇帝。"关白"一词经遣唐使传入日本后，逐渐演变成了一个辅佐日本天皇的重要职位名称。

成为关白以后，羽柴秀吉拥有了至高无上的政治地位。他建立的政权无疑成了当时日本的中央政府。羽柴政权的建立，使得绝大部分的战国大名向其臣服，包括曾与秀吉作战的毛利氏。但是在日本各地，仍有许多大名割据自立，不听从秀吉号令。其中势力最大者，在四国岛，有长宗我部元亲；在九州岛，有岛津义久；在关东，北条氏政也未臣服秀吉；在北陆，还有与秀吉敌对的佐佐成政。

羽柴秀吉决定先对付长宗我部元亲，他将10万兵力分为三路，渡海登陆四国岛，对阿波国、赞岐国、伊予国展开猛攻。长宗我部元亲面对秀吉的大军不知所措，只好议和，臣服秀吉。八月，四国岛被纳入羽柴秀吉的统治之下，秀吉将四国岛的领地重新分配给家臣，长宗我部元亲只获得了其中的土佐一国。

平定四国岛以后，羽柴秀吉亲自率领10万大军，渡海袭击佐佐成政所在的越中国富山城。佐佐成政不敌，亦向羽柴秀吉表示臣服。此时，羽柴秀吉离完全统一日本还有一段距离，九州、关东、陆奥等地区尚未平定，但他已经萌生了不小的野心。在写给家臣一柳末安的信件中，羽柴秀吉居然说："日本国之事自不待言，尚欲号令唐国。"（《伊予·小松一柳文书》）从秀吉的这一表态来看，他无疑继承了织田信长的遗志，产生了侵略中国大陆的野心。

同年十月，羽柴秀吉向九州岛下达《总无事令》，要求九州岛上的大名停止一切战斗。但九州岛正处于战争的旋涡之中，萨摩国的大名岛津氏急于统一九州岛，因此完全无视羽柴秀吉的命令，固执地出兵攻打丰后国的大名大友氏。

明万历十四年（日本天正十四年，1586年）三月十六日，在萨摩岛津氏的问题仍没有得到解决的时候，羽柴秀吉突然告诉在日本传教的葡萄牙耶稣会士，希望自己死后能够名扬后世。为了实现这一野心，羽柴秀吉打算出兵征服朝鲜和大明，希望葡萄牙能提供两艘军舰与船手帮助他。（《耶稣会日本年报》）同年四月十一日，羽柴秀吉写信给毛利家当主毛利辉元，对他下达了平定九州的指示，并提到摆平九州以后，就要渡海出兵朝鲜。（《毛利家文书》）八月五日，羽柴秀吉又写信给安国寺惠琼、黑田孝高、宫木坚甫，表示平定九州以后，他将出兵征服大明。（《黑田家文书》）

万历十四年八月，羽柴秀吉以关白的名义下达命令，将毛利氏、长宗我部氏的部队派往九州岛作战，支援遭到萨摩岛津氏进攻的丰后大友氏（已臣服羽柴政权）。然而因为岛津氏的部队实力非常强劲，导致毛利氏、长宗我部氏的联军部队战败。

这年年底，羽柴秀吉就任太政大臣，受朝廷赐姓"丰臣"，从此改称丰臣秀吉。(《公卿补任》)

明万历十五年（日本天正十五年，1587年），丰臣秀吉在日本37国征集兵力，凑出10余万大军，亲自率军出征九州岛。五月四日，在九州尚未平定的情况下，丰臣秀吉就迫不及待地写信给对马岛的岛主宗义调，提到平定九州以后，他要渡海到朝鲜。(《宗家文书》)

五月九日，萨摩岛津氏顶不住巨大的军事压力，向丰臣秀吉表示臣服，九州遂平。得胜的丰臣秀吉对九州岛的地盘重新进行了分配：分给岛津家当主岛津义久萨摩一国，分给岛津义久的弟弟岛津义弘大隅一国（肝属郡除外），分给岛津家家老伊集院忠栋大隅国的肝属郡；至于九州岛剩下的肥后、肥前、筑前、筑后、丰前、丰后、日向等国，则分配给了其他大名和丰臣秀吉的家臣。

平定九州之后，丰臣秀吉写信给自己的正室北政所，称："九州诸岛，皆已归顺，命征贡于高丽（朝鲜）。彼若不从，将以明年征之，并略明国，悉归我版图。"(《妙满寺文书》)当丰臣秀吉向自己妻子放出要征服朝鲜、大明的狂言时，实际上日本还没有被他完全统一。关东的北条氏、陆奥的伊达氏等许多大名，都尚未向秀吉臣服。但丰臣秀吉丝毫不以为意，俨然胜券在握，将目光看向了海外。

对马岛的欺瞒外交

日本的对马岛紧邻朝鲜，位于朝鲜、日本两国之间的朝鲜海峡中间，与朝鲜有很多贸易往来。对马岛与朝鲜的关系十分微妙：朝鲜看待对马岛，俨然当成自己的属国一般；对马岛的岛主在与朝鲜的外交往来中，也经常在书信中自称"臣"。

而丰臣秀吉也用同样的目光看待朝鲜，在他看来，朝鲜只不过是对马岛的属国。基于这样的错误认知，丰臣秀吉命令对马岛的宗义调、宗义智父子去和朝鲜交涉，要求朝鲜国王渡海到日本，前往京都（日本称为"上洛"），向日本表示臣服；如若不从，他就渡海攻打朝鲜，对朝鲜加以"诛伐"。(《宗家文书》)

宗氏家族一方面不得不遵从关白丰臣秀吉的命令，而另一方面，他们也深知朝鲜是不可能轻易向日本表示臣服的。他们不想使用强硬的外交手段破坏和朝鲜之间的经贸关系，因为这是他们的重要经济来源，攸关其生死。于是，宗氏就想玩弄手段，欲向朝鲜传递假消息，将丰臣秀吉要求朝鲜国王渡海向日本臣服的意思，曲解成日本新立国王，想要同朝鲜建立外交关系，希望朝鲜能派出通信使到日本。等到朝鲜通信使渡海赴日，他们再向丰臣秀吉传递假消息，报告是朝鲜派出的臣服使者来了，试图以此蒙混过关。

万历十五年九月，宗氏家族派遣家臣橘康广携带一封伪造的国书出使朝鲜，与朝鲜进行交涉。在这封"国书"中，宗氏假以丰臣秀吉的口气，向朝鲜声称"天下归朕一握"，要求朝鲜派出通信使赴日。而朝鲜对日本的国情也有误解，当时在位的朝鲜国王是宣祖昭敬大王李昖（yán），他以为丰臣秀吉是弑杀了其君主后成为日本国王的。基于这一错误理解，李昖只愿接待日本来使，而不愿与其建立外交关系。朝鲜君臣经过商议后，推说水路辨识不清，拒绝向日本派出通信使。交涉失败的橘康广回到对马岛，将情况报告给了宗氏父子。收到消息的丰臣秀吉大怒，下令将橘康广处死，又将他的族人全部杀死。（《惩毖录》）

之后，丰臣秀吉急于使朝鲜臣服的欲望突然停滞下来。直到近两年以后的万历十七年（日本天正十七年，1589 年）三月二十八日，丰臣秀吉才在写给宗义智的信中，再一次对宗氏的外交成果表达了强烈不满，要求朝鲜国王在当年夏天速速至日本京都谒见，否则他将使家臣小西行长（同时也是宗义智的岳父）、加藤清正率领筑紫国之兵讨伐朝鲜。宗义智担心一旦出兵征伐朝鲜，会影响到对马岛与朝鲜的经贸往来，于是向丰臣秀吉请示，他先渡海到朝鲜，去劝说朝鲜国王渡海来日，让加藤清正、小西行长暂缓出兵。丰臣秀吉同意了宗义智的这一请求，于是宗义智招来博多圣福寺的僧人景辙玄苏、宗氏一族的家老柳川调信，以及博多的岛井宗室等 25 名商人，组成对马岛外交团队，渡海前往朝鲜进行交涉。（《朝鲜阵记》）

六月，宗义智一行抵达朝鲜，朝鲜国王安排吏曹正郎李德馨为宣慰使，负责迎接他们，把他们带到了朝鲜的首都王京（今韩国首尔）。宗义智向朝鲜再次提出了派遣通信使赴日的要求，朝鲜君臣经过商议后，决定先看看日本的诚意。数年之前，倭寇（日本海盗）在"沙（shā）背同"等朝鲜奸民的带路下，侵略朝鲜全罗道的竹岛，杀死了边将李大源。这些朝鲜奸民流亡日本，未能被朝鲜捕获，朝鲜朝廷对此深以为恨。当宗义智提出向日本派遣通信使的要求以后，朝鲜朝廷便要求日本交还朝鲜奸民，并释放被俘虏的朝鲜人口，以此试探日本的诚意。

为了促使通信使来日，宗义智答应了朝鲜朝廷的要求，他派遣柳川调信回到对马岛，捕获十几个居住在日本的朝鲜奸民，送回朝鲜。除此之外，宗氏还抓捕了先前入侵朝鲜的倭寇头目"紧时要罗""三甫要罗""望古时罗"，一并送交朝鲜处置；又送还了先前被倭寇俘获到日本的 116 名朝鲜人，以表诚意。朝鲜国王李昖感到很有面子，他先是下令处死朝鲜奸民，之后赐给宗义智一匹内厩的好马，并亲自在别殿设宴招待宗义智一行人。同年十一月，李昖认为日本既已表示出诚意，便决定派遣三名使者渡海赴日，分别为正使黄允吉、副使金诚一、书状官许筬。（《惩毖录》《汉阴文稿》《乱中杂录》《朝鲜阵记》）事情敲定下来后，宗义智等人的使命终于完成，但他们向丰臣秀吉汇报时，却诡称朝鲜将派遣使节渡海，向日本表示臣服。

万历十八年（日本天正十八年，1590 年）三月六日，宗义智带领朝鲜通信使渡海赴日。当时的交通条件并不便利，经过 4 个月的艰难跋涉，直到七月二十一日，一行人才到达日本京都，等候谒见丰臣秀吉。通信使一行人到达日本时，丰臣秀吉出兵 20 余万人，击败了割据关东的大名北条氏。而东北的伊达氏等大名，也顺应时势向秀吉表示了臣服。至此，经过丰臣秀吉的东征西伐，终于结束了日本战国时代，统一了日本三岛。

从本能寺之变后的山崎之战到统一日本，丰臣秀吉仅仅用了 8 年时间，无数的战国群雄向他臣服。出身社会底层的他，多年以来奋发砥砺，备尝艰辛，耍尽阴谋阳谋，终于登上关白之位。在日本历史上，鲜有这般从底层奋斗到如此地位的人物。后世的日本人因此非常仰慕丰臣秀吉，对他进行了极端夸张的吹捧。江户时期的汉文儒学者赖山阳，在他所著的历史小说《日本外史》①一书中，便针对丰臣秀吉的"雄才大略"如此吹捧道：

---

① 《日本外史》是成书于 19 世纪的一部中文历史小说，由于此书用中文描写了日本武家的历史，且行文浅显流畅，因此在国内也有较大的知名度。在过去，一些人曾很重视此书的价值，认为是很重要的史书。然而此书内容错漏百出，本质上只是小说，并不能视作史书。

呜呼！使太阁生于女真、靺鞨间，而假之以年，则乌知覆朱明之国者不待觉罗氏哉？盖其为人酷肖秦皇汉武，而雄才大略远出其右。夫汉武乘丰富驭区宇，不论可也；秦皇挟六世之积威，蹙衰残之六国，孰与太阁之徒手奋起、制服群雄！

在赖山阳眼中，丰臣秀吉把秦始皇、汉武帝都给比了下去，认为他们都无法与丰臣秀吉相提并论。他还认为如果丰臣秀吉出生在女真部落，那么明朝的灭亡也不用等爱新觉罗家族出马了。与此论调类似者，还有明治时期日本山县祯所著的《国史纂论》。在此书当中，山县祯认为即便是力拔山兮气盖世的西楚霸王项羽，也没有资格和丰臣秀吉相提并论：

而世有以其（丰臣秀吉）胆勇善战，起自匹夫，骤至霸业，比诸项王者，何耶？项羽气度狭隘，素无人君之度，何可与我丰关白同年而语哉？

日本人认为秦始皇、汉武帝、西楚霸王的功业，都不可与丰臣秀吉相比。这种见解，无疑是极端错误与狭隘的。其他不必言表，单讲秦始皇、汉武帝时的中国版图，东起大海，西迄流沙，北抵匈奴，南暨交州，疆域之广，可谓纵横万里。而战国时代的日本，其国土非常狭小，实际领土只有本州岛、九州岛、四国岛这三座岛屿，并不包括后世才被日本兼并的琉球、北海道，因此只是很小的一个国家。当时由三座岛屿组成的日本岛，又分为六十六国，但每个国的大小都只相当于中国的一个县。与战国时代的日本隔海相望的明朝对此有很深刻的认知，认为日本全国加起来也不过只有明朝一个省份大。如《经略御倭奏议》称："日本六十六岛，至多不过抵中国之一省。"《万历三大征考》《皇明法传录》《昭代武功编》皆称："倭虽六十六州，实止及中国一大省。"

也因为这样，有很多人对"日本战国"这一称呼持非议态度。例如美国学者玛丽·伊丽莎白·贝里，在其学术专著《丰臣秀吉》一书中，认为用"战国"这一词汇来形容日本地方小领主之间的内战，可以说是用词不当。通俗历史读物《明朝那些事儿》更是直言不讳地称："日本历史中大书特书的所谓战国时代，也就是几十个县长（个别还是乡长）打来打去的历史。"

因此，丰臣秀吉虽说在名义上统一了日本六十六国，但实际上只相当于统一了六十六个县。正如学者李光涛在《朝鲜壬辰倭祸研究》中所言，即便是与秦汉时期的中国版图相比较，丰臣秀吉统一的日本国，也不过是其中的一点黑子而已。

日军征明的准备

万历十八年九月一日，丰臣秀吉从关东归阵，回到京都。两个月后的十一月七日，朝鲜通信使一行人在京都的聚乐第谒见丰臣秀吉，奉上朝鲜国书。丰臣秀吉认为朝鲜使者是来表示臣服的，因此态度非常傲慢，接待朝鲜使者的仪式十分潦草，连宴席专用的器具都没有准备，只用浊酒和大饼招待对方。

宴会开始没多久，丰臣秀吉忽然走入内厅，换了一身便服，抱着他一岁的儿子丰臣鹤松出来，然后在接见朝鲜使者的大厅中悠闲散步，旁若无人。在座的日本人一动都不敢动，只是低着头。过了一会儿，鹤松突然尿在了丰臣秀吉的身上。秀吉这年已 50 多岁，他老来得子，对这个儿子异常宠爱。他不但没有生气，反而笑着招来侍女给鹤松换尿布，一点都不在乎使者的感受。（《惩毖录》）

宴会结束后，朝鲜使者告退，一行人到达和泉的堺港等待丰臣秀吉答复朝鲜国王的国书。丰臣秀吉由于宗氏的伪报，认为朝鲜此次来京都，是来向日本低头臣服的，他可以理所当然地号令朝鲜了。因此，丰臣秀吉在答复朝鲜的国书中，强调自己是太阳之子，有一统天下的天命，同时表示他有意征服大明，在日本、朝鲜、大明三国留下芳名，并要求朝鲜作为日本征讨大明的急先锋。十一月中旬，丰臣秀吉的这封国书送交到了在堺港待命的朝鲜使者处，只见上面写着：

> 日本国关白秀吉，奉书朝鲜国王阁下：
>
> 雁书薰诵，卷舒再三。抑本朝虽为六十余州，比年诸国分离，乱国纲、废世礼，而不听朝政。故予不胜感激，三四年之间，伐叛臣、讨贼徒，及异域远岛，悉归掌握。窃案予事迹，微陋小臣也。虽然，予当于托胎之时，慈母梦日轮入怀中。相士曰："日光所及，无不照临。壮年必八表闻仁风，四海蒙威名者。其何疑乎？"

依有此奇异，作敌心者自然摧灭，战则无不胜，攻则无不取。既天下大治，抚育百姓，怜愍孤独。故民富财足，土贡千倍千古矣。本朝开辟以来，朝廷盛事，洛阳壮丽，莫如此日也。夫人生于世也，虽历长生，古来不满百年焉。郁郁久居此？予不屑国家之隔山海之远，一超直入大明国，易吾朝风俗于四百州，施帝都政化于亿万斯年者，在方寸中。

贵国先驱而入朝，有远虑无近忧者乎？远邦小岛在海中者，后进者不可许容也。予入大明之日，将士卒临军营，则弥可修邻盟也。予愿无他，只显佳名于三国而已。方物如目录领纳，珍重保啬，不宣。(《江云随笔》)

丰臣秀吉在答书中，露骨地写下"易吾朝风俗于（大明）四百州"，侵吞大明的野心昭然若揭。朝鲜使者看到这封国书以后，认为十分不妥。正使黄允吉等人与负责接待他们的日本僧人景辙玄苏进行交涉，要求改掉国书当中的"阁下"（指丰臣秀吉对朝鲜国王的蔑称）、"方物"（指丰臣秀吉对朝鲜所赠礼币的蔑称）、"入朝"（指丰臣秀吉认为朝鲜派遣使者来日本朝见）三词。

景辙玄苏写了一封信向朝鲜使者道歉，推托是撰写这封国书的人用词失误，他同意将"阁下"改为"殿下"，"方物"改成"礼币"，但不同意改掉"入朝"等词。景辙玄苏解释说，"入朝"是"入朝大明"的意思，没有其他特殊含义。副使金诚一认为景辙玄苏这么说是在糊弄人，便屡次致信景辙玄苏，要求改变这一文辞，但景辙玄苏坚持不肯改写。正使黄允吉、书状官许筬认为多一事不如少一事，既然景辙玄苏说"入朝"是"入朝大明"的意思，那么本意应该就是如此，让金诚一不要再争论了。(《隐峰野史别录》《宣祖昭敬大王修正实录》)于是，对丰臣秀吉这封国书的争论就停了下来。

万历十九年（日本天正十九年，1591年）一月二十八日，在景辙玄苏、柳川调信的护送下，朝鲜通信使从对马岛渡海回到朝鲜釜山浦。但等朝鲜通信使回国之后，宗氏一族就图穷匕见，不再对丰臣秀吉的本意进行掩饰。宗氏致信朝鲜，提出日本借道朝鲜南边进犯大明，并要求朝鲜作为日军的向导，与日军一起行动。而当时的大明，是朝鲜的宗主国。因为这一层关系，面对日本提出的要求，朝鲜表示拒绝，认为日本虽然是"友邦"，但大明是"君父"，朝鲜身为"堂堂礼义之邦"绝对

不可能做出如此不忠不义之事。(《朝鲜通交大纪》)

但是另一方面,朝鲜朝廷也为是否将倭情奏报给明廷而感到烦恼和不安,他们担心明廷会怀疑日本与朝鲜是有预谋地联合在一起的。朝鲜政府内部的东人党和西人党围绕这一议题争论不休。

同年六月,宗义智再次自对马岛渡海到釜山浦,他告诉朝鲜戍边将领:"关白欲攻大明,贵国地方当骚扰。贵国若能报明国,使讲和通好,可以免患。"(《朝鲜军记》《宽政重修谱》)

宗义智这番话,明显是在提醒朝鲜,丰臣秀吉将要起兵攻打大明,并且会波及朝鲜。但他同时又想用外交手段避免战争发生,于是就想让朝鲜传话给大明,让大明向日本乞和,这样就可以免除兵祸。宗义智这么做,主要原因恐怕是对马岛十分依赖与朝鲜的贸易,并不愿卷入战争。

不过,大明显然不可能对日本做出请和姿态,而朝鲜朝廷也没有对宗义智做出答复。在釜山浦停留十余天之后,宗义智知道朝鲜无意妥协,既不愿作为日军入侵大明的马前卒,也不愿通报大明向日本乞和。于是,他只好渡海回到对马岛,并火速赶去京都,将朝鲜的态度报告给丰臣秀吉,又献上朝鲜地图。丰臣秀吉听了宗义智的报告以后,觉得有必要先对朝鲜动武。(《朝鲜阵记》)此后,宗义智逐渐安排人手撤出住在朝鲜釜山浦的日本侨民,以免他们卷入战争。

两个月后的八月五日,丰臣秀吉的爱儿鹤松夭折,这给秀吉带来了很大的心理打击。为摆脱失落的情绪,让自己从悲伤中尽快走出来,丰臣秀吉加快了对外侵略的步伐。第二天,他招来相国寺的僧人西笑承兑,表明了自己要征讨大明的意志,计划次年三月出兵。(《鹿苑日录》)

同时,丰臣秀吉又让西笑承兑和另外一名僧人惟杏永哲起草文书,要求明白告知明朝,日本将要对其用兵。丰臣秀吉的属下们都劝说丰臣秀吉在纸上写好话,以麻痹明朝,达到出其不意攻其不备的效果。但丰臣秀吉认为这种手段非常下作,与砍断正在睡觉之人的头颅没有什么区别,他坚持将出兵大明的意图写明白,让明朝事先做好警备,堂堂正正地与其一决胜负。(《看羊录》)

一名叫许仪后的福建人,当时定居在九州岛的萨摩,是岛津家的御用医师。他听到丰臣秀吉将要出兵入侵大明的风声后,就将他知道的情报详细写在信上,准备托人报告给明朝。许仪后的邻居也是个华人，但他对祖国没有许仪后这样深的感情，知道许仪后的动作以后，就偷出信件交给了丰臣政权五奉行之首的浅野长政。浅野长政随后又报告给了丰臣秀吉，于是许仪后便被抓捕到了秀吉面前。左右皆劝丰臣秀吉立刻杀了许仪后，但是丰臣秀吉却表现得十分大度，对众人说："彼是大明人，为大明告日本事，理无不可。且出人不意，实非吾心。使大明豫为之图，未为不可。况自古帝王，尽起草昧，使大明知吾素贱，亦非害事。"

做出这番姿态后，丰臣秀吉就释放了许仪后，对他置之不理。而对举报许仪后的那名华人，他则怒斥道："汝亦大明人而敢诉大明人，汝乃凶人也。"（《看羊录》）

之后，许仪后顺利托来日贸易的华人海商将信件送到了福建地方政府，通报了丰臣秀吉有意用兵的情报，使明朝开始有所戒备。（《全浙兵制考》）

在了解到丰臣秀吉决心对大明用兵以后，被丰臣秀吉当作子嗣养大的肥后国大名加藤清正非常兴奋。他写信给自己的家臣加藤喜左卫门，表示准备从大明拜领20个"国"，指示加藤喜左卫门要充分准备好铁炮、弹丸、长刀、长枪，加紧造船。（《涩泽荣一氏所藏文书》）肥前国大名锅岛直茂同样希望从大明获取领土，他积极调度战争资源，向领地内的商人购买了6600斤烟硝。（《锅岛直茂谱考补》）

丰臣秀吉感于自己年事已高，可能不会再有子嗣，为了巩固政权，延续统治，便在八月二十三日将关白之职让给了外甥丰臣秀次。之后，他被日本人称为"太阁"，但是朝鲜人、明朝人仍然称呼丰臣秀吉为关白。

九月二十四日，丰臣秀吉下达了出兵朝鲜、进攻大明的军令：

> 朝鲜既遣使归服，师至，勿掳掠。若或改图，岂敢抗前行？至于汉土，文弱成习，不能当我武必矣。加藤清正、小西行长、黑田长政等以九州之兵为先锋，毛利辉元与同族及四国将士为次队，其余逐次航海。而本州使尾张中纳言、会津少将留守，以护帝都，建伽蓝。夫龙虎之将，熊黑之士，飙击而进，电掣而过，战胜攻取，前歌后舞，四百余州，可措顾而定矣。然事有次序，先从朝鲜进兵，建行营于名护屋。大旆亲临，指挥军事，以垂无前之伟绩于万世，岂不快哉？（《旧记杂录后编》）

这份军令表明，丰臣秀吉的主要目标是征讨大明，并没有下死命令攻打朝鲜，只是让日军经由朝鲜入侵大明，并让日军登陆朝鲜以后不要进行掳掠。丰臣秀吉之所以这么做，是因为他多少还是受惑于对马岛宗氏此前搞出的外交伪报，认为朝鲜已经遣使表示臣服，所以仍给朝鲜留了一定余地。但同时，丰臣秀吉也采取了灵活手段应对突发情况，他表示如果朝鲜不转变为臣属日本的立场，那就先打朝鲜，再从朝鲜进兵攻打大明。

万历二十年（日本天正二十年，1592年）一月五日，经过一番战前总动员，丰臣秀吉将大部分兵力集结在肥前的名护屋，开始部署征明日军。

对于此次动员的具体兵力，有《松浦丛书》《前关白秀吉公御检地帐》《太阁记》《天正记》等多种不同版本的记载，具体如下表所示：

留守日本兵力部署　　　　　　　　　　　　　　　　　　　　（单位：人）

名护屋在阵众（留在名护屋待命的部队）				
部队	《松浦丛书》	《前关白秀吉公御检地帐》	《太阁记》	《天正记》
德川家康	15000	15000	15000	15000
羽柴秀保	10000	10000	10000	10000
前田利家	8000	8000	8000	8000
织田信包	3000	3000	3000	2000
结城秀康	1500	1500	1500	1500
织田信雄	1500	1500	1500	1500
上杉景胜	5000	5000	5000	5000
蒲生氏乡	3000	1000	3000	2000
佐竹义宣	2000	2000	2000	3000
伊达政宗	1500	500	1500	1500
最上义光	500	300	500	1000
森忠政	2000	2000	2000	2000
丹羽长重	800	800	800	800
京极高次	800	800	800	800
里见义康	150	150	150	150
毛利秀赖	1000	1000	1000	1000
木下胜俊	1500	1500	1500	1500
堀秀治、堀亲良	6000	6000	6000	6000
村上义明	2000	2000	2000	2000
沟口秀胜	1300	1300	1300	1300
木下利房	500	500	500	500
水野忠重	1000	1000	1000	1000

名护屋在阵众（留在名护屋待命的部队）

部队	《松浦丛书》	《前关白秀吉公御检地帐》	《太阁记》	《天正记》
青木一矩	1000	1000	1000	1000
宇都宫国纲	500	300	500	300
秋田实季	250	120	220	120
津轻为信	150	50	150	50
南部信直	200	100	200	100
本多康纪	100	50	100	50
那须资晴	250	150	250	150
真田昌幸父子	700	500	700	500
朽木元纲	300	300	300	300
石川康长	500	500	500	500
日根野高吉	300	300	300	300
北条氏盛	200	200	200	200
仙石秀久①	1000	1000	1000	1000
木下延俊②	250	250	250	250
伊藤盛景	1000	1000	1000	1000
合计	74750	70670	74720	73370

御前备众（近卫前锋部队）

部队	《松浦丛书》	《前关白秀吉公御检地帐》	《太阁记》	《天正记》
富田一白	650	650	650	650
金森长近	800	800	800	800
蜂屋谦入	170	170	170	170
户田胜成	300	300	300	300
奥山盛昭	350	350	350	350
池田长吉	400	400	400	400
小出吉政	400	400	400	400
津田信成	500	500	500	500
上田重安	200	200	200	200
山崎家盛	800	800	800	1000
稻叶重通	470	470	470	470
市桥长胜	200	200	200	200
赤松则房	200	200	200	200
泷川雄利	300	300	300	300
合计	5740	5740	5740	5940

---

① 仙石秀久在《松浦丛书》《前关白秀吉公御检地帐》《太阁记》中皆属于"名护屋在阵众"，但在《天正记》中却属于"御前备众"。

② 木下延俊在《松浦丛书》《前关白秀吉公御检地帐》《太阁记》中皆属于"名护屋在阵众"，但在《天正记》中却属于"御前备众"。

御弓铁炮众（近卫弓箭手部队、近卫铁炮手部队）

部队	《松浦丛书》	《前关白秀吉公御检地帐》	《太阁记》	《天正记》
大岛云八	200	200	200	200
野村直隆	250	250	250	250
木下延重	250	250	250	250
船越景直	175	175	175	175
伊藤长弘	250	250	250	250
宫部藤左卫门尉	130	130	130	130
桥本道一	150	150	150	150
铃木孙三郎	100	100	100	100
生熊长胜	250	250	250	250
合计	1755	1755	1755	1755

御马回众（近卫骑马武士）

部队	《松浦丛书》	《前关白秀吉公御检地帐》	《太阁记》	《天正记》
御侧众六组	4300	4300	4300	4300
御小姓六组	3500	3500	3500	3500
足利义昭	500	500	500	500
御伽众	800	800	800	700
木下吉隆	1500	1500	1500	1500
御使番众	750	750	750	750
御诘众	1200	1200	1200	1200
鹰匠众	850	850	850	850
中间以下	1500	1500	1500	1500
合计	14900	14900	14900	14800

御后备众（近卫后卫部队）

部队	《松浦丛书》	《前关白秀吉公御检地帐》	《太阁记》	《天正记》
织田信秀	300	300	300	300
长束正家	500	500	500	500
古田重然	130	130	130	130
山崎定胜	250	250	250	200
蒔田广定	200	200	200	200
中江直澄	170	170	170	170
生驹修理亮	130	130	130	130
生驹亲清	100	100	100	100
沟江长氏	100	100	100	100
河尻秀长	200	200	200	500
池田光重	50	50	50	50
大盐与一郎	120	120	120	120
木下秀规	150	150	150	150

御后备众（近卫后卫部队）

部队	《松浦丛书》	《前关白秀吉公御检地帐》	《太阁记》	《天正记》
松冈高光	100	100	100	100
有马丰氏	200	200	200	200
寺泽广高	160	160	160	160
寺西正胜 寺西次郎助	400	400	400	400
福原长尧	500	500	500	500
竹中重门	200	200	200	200
长谷川守知	270	270	270	270
矢部定政	100	100	100	100
川胜秀氏	70	70	70	70
氏家行继	250	250	250	250
氏家行广	150	150	150	150
寺西直次	200	200	200	200
服部正荣	100	100	100	100
间岛氏胜	200	200	200	200
合计	5300	5300	5300	5550

渡海侵朝兵力部署

（单位：人）

朝鲜国先挂御势众（派往朝鲜的先遣部队）

部队	《松浦丛书》	《前关白秀吉公御检地帐》	《太阁记》	《天正记》
小西行长	7000	7000	7000	7000
宗义智	5000	5000	5000	5000
松浦镇信	3000	3000	3000	3000
有马晴信	2000	2000	2000	2000
大村喜前	1000	1000	1000	1000
五岛纯玄	700	700	700	700
加藤清正	8000	10000	8000	10000
锅岛直茂 波多亲	12000	12000	12000	12000
相良赖房	800	800	800	800
黑田长政	6000	5000	6000	5000
大友义统	6000	6000	6000	6000
毛利吉成	2000	2000	2000	2000[1]
岛津义弘	10000	10000	10000	10000
高桥元种 秋月种长	1000	1000	1000	2000

---

[1] 池内宏的《文禄庆长之役·正编第一》抄错《天正记》，误作 20000 人。

朝鲜国先挂御势众（派往朝鲜的先遣部队）

部队	《松浦丛书》	《前关白秀吉公御检地帐》	《太阁记》	《天正记》
伊东祐兵 岛津丰久	1000	1000	1000	1000
福岛正则	5000	5000	5000	5000
户田胜隆	4000	4000	4000	4000
长宗我部元亲	3000	3000	3000	3000①
蜂须贺家政	7200	7200	7200	7200
生驹亲正	5500	5500	5500	5500
毛利辉元	30000	30000	30000	30000②
小早川隆景	10000	10000	10000	10000
小早川秀包	1500	1500	1500	1500
立花宗茂	2500	2500	2500	2500
高桥统增	800	800	800	800
筑紫广门	900	900	900	900
合计	135900	136900	135900	137900

朝鲜国都表出势之众（征讨朝鲜国都的部队）

部队	《松浦丛书》	《前关白秀吉公御检地帐》	《太阁记》	《天正记》
宇喜多秀家	10000	10000	10000	10000
增田长盛	3000	1000	3000	1000
石田三成	2000	2000	2000	2000
大谷吉继	1200	1200	1200	1200
前野长康	2000	2000	2000	2000
加藤光泰	1000	1000	1000	1000
浅野幸长	3000	3000	3000	3000
宫部长房	1000	1000	1000	1000
南条元清	1500	1500	1500	1500
荒木重坚	850	850	850	850
垣屋恒总	400	400	400	400
斋村广道	800	800	800	800
明石全丰	800	800	800	800
别所吉治	500	500	500	500
中川秀政	3000	3000	3000	3000
稻叶贞通	1400	1400	1400	1400
服部一忠	800	800	800	800
一柳可游	400	400	400	800
竹中重利	300	300	300	300

① 池内宏的《文禄庆长之役·正编第一》抄错《天正记》，误作 300 人。

② 池内宏的《文禄庆长之役·正编第一》抄错《天正记》，误作 3000 人。

朝鲜国都表出势之众（征讨朝鲜国都的部队）

部队	《松浦丛书》	《前关白秀吉公御检地帐》	《太阁记》	《天正记》
谷卫友	450	450	450	450
石川贞通	350	350	350	350
羽柴秀胜	8000	8000	8000	8000
细川忠兴	3500	3500	3500	3500
长谷川秀一	5000	5000	5000	5000
木村重兹	3500	3500	3500	3500
太田一吉	120	120	120	120
小野木公乡	1000	1000	1000	1000
牧村政吉	700	700	700	700
冈本重政	500	500	500	500
加须屋武则	200	200	200	200
片桐且元	200	200	200	200
片桐贞隆	200	200	200	200
高田治忠	300	300	300	300
藤悬永胜	200	200	200	200
古田重胜	200	200	200	200
新庄直定	300	300	300	300
早川长政	250	250	250	250
毛利重政	300	300	300	300
龟井兹矩	1000	1000	1000	1000
合计	60220	58220	60220	58620

朝鲜国船手之势众（派往朝鲜的水军部队）

部队	《松浦丛书》	《前关白秀吉公御检地帐》	《太阁记》	《天正记》
九鬼嘉隆	1500	1500	1500	1500
藤堂高虎	2000	2000	2000	2000
胁坂安治	1500	1500	1500	1500
加藤嘉明	1000	750	1000	750
来岛通之 来岛通总	700	700	700	700
菅达长	250	250	250	250
桑山一晴 桑山贞晴	1000	1000	1000	1000
堀内氏善	850	850	850	850
杉若主殿头	650	650	650	650
合计	9450	9200	9450	9200

日军兵力合计　　　　　　　　　　　　　　　　　　　　　　　（单位：人）

	《松浦丛书》	《前关白秀吉公御检地帐》	《太阁记》	《天正记》
留守兵力	102445	98365	102415	101415
渡海兵力	205570	204320	205570	205720
全部兵力	308015	302685	307985	307135

无论哪一份记载最接近事实，我们都可以明确地知道丰臣秀吉计划留守日本的兵力约为 10 万人，用来外征的兵力约为 20 万人，全部兵力加在一起有 30 万人之多。这样的动员规模，在日本战国时代可谓空前绝后。也就是说，丰臣秀吉统一日本以后，孤注一掷地将全部实力拿到国际上去搏命。30 万的兵力，承载的是丰臣秀吉巨大无比的野心。

在部署外征兵力的同时，丰臣秀吉为保证日本国内的稳定不会因外征受到影响，下达了如下几条命令，要求日军将士遵守：

一、但凡从军者，即便是船手，也应给予 6 个月的军粮。（《严岛文书》）

二、在军者，不得在日本侵犯、掠夺他人。就算是偷了一文钱，也要处以斩刑。（《加藤文书》）

三、不得强买，不得争斗。（《荻藩阀阅录》《太阁记》）

四、如有士兵恶意纵火，就将其抓捕，移交给官吏。如其逃走，就问责其主。（《加藤文书》）

五、在渡口巡逻的士兵，如果要借用民屋，必须给予雇金。名护屋到大坂之间，每一里就设两名飞脚（传信的使者）传命。（《太阁记》）

六、沿途的农民、商人，营生如同平日，违者有罚。（《荻藩阀阅录》）

对于日军在朝鲜的行为，丰臣秀吉也下达了军令进行约束，据《加藤文书》记载：

一、任何人等，都不得有侵犯、掠夺之事，违者处斩。

二、禁止纵火，违者处斩。

三、不得对百姓做非分之事，违者处斩。

丰臣秀吉之所以下达看似对朝鲜仁慈的军令，并不是因为他宅心仁厚，而是延续了当时的习惯而已。战国时代的日本还没有民族国家的概念，一国大名出兵侵略他国时，如甲斐国大名武田信玄入侵信浓国时，他手底下的士兵通常将信浓居民当成外国人看待，经常会发生抢劫烧杀的暴行，进而影响征服行动本身的成败与成功后在当地的施政。为了缓解这一问题，抱有征服目的的日本战国大名有时会在外征前制定军令，严格约束士兵们的行为，让他们不得肆意妄为。除非是战国大名纯粹想在其侵略之国进行破坏，才会以下令的形式允许这种行为存在。

　　举一个很显著的例子。嘉靖四十五年（日本永禄九年，1566年）二月，越后国大名上杉谦信出兵侵略常陆国，他抱着纯粹破坏敌国的目的，允许士兵们大肆破坏，掳掠贩卖对方的人口。（《别本和光院和汉合运》）但到了三月，上杉谦信抱着征服的目的出兵下总国时，就一改前态，特地制定军令约束士兵，要求不得在下总制造暴行。（《舟桥乡大神宫文书》）而从另一方面来说，战国大名约束军队在外的行为，也是为了凝聚军队的战斗力，使精力不分散在破坏上，本质上还是在为侵略行动服务。

庆尚道白骨撑天

　　在丰臣秀吉制定的日军编制中，"朝鲜国先挂御势众"是他计划首批派遣渡海的外征部队。其中被丰臣秀吉任命打头阵的，是来自九州岛肥后国、信奉基督教的大名小西行长。小西行长是堺港商人小西立佐的儿子，也是对马岛大名宗义智的岳父。因小西行长商人出身，后人对他充当日军先锋感到匪夷所思。

　　事实上，同时代的日本人对小西行长的军事能力评价并不低。小濑甫庵的《太阁记》就对小西行长做出了很高的评价："行长刚勇有机警，好读兵书，长于策略。"明朝宋应昌的《经略复国要编》，也说他是"倭中骁智将也，故关白命为先锋"。而当时在日本传教的葡萄牙耶稣会士，也在《耶稣会日本年报》中称赞小西行长是"羽柴（丰臣）的海军司令官"，认为他是丰臣家的水军大将。

　　根据朝鲜官方史料《宣祖昭敬大王实录》的记载，即便是受到日军侵略的朝鲜李氏王朝，也肯定了小西行长的军事能力。李朝的左议政尹斗寿在写给朝鲜国王李昖的报告中，就评价道："行长与清正皆日本骁将。"朝鲜备边司^①则认为小西行长率领的军队是日军最为精锐的部队："（小西行长）所领贼众最为精锐，诸贼莫及。摧锋陷阵，皆赖此阵。"

从明朝、日本、朝鲜、葡萄牙四方的评价可以看出，小西行长的军事能力不容小觑，与他同一时代的人对他评价都很高。除了这些评价以外，小西行长还有许多在日本征战中表现亮眼的记录。

早在万历九年（日本天正九年，1581 年），小西行长便归属织田信长阵营，隶属秀吉麾下。当时丰臣秀吉还叫羽柴秀吉，在西国与毛利氏作战。一次，毛利家的200 艘警固船突然出现在海上，意图不明。小西行长知道后，乘着安宅船从室津（现兵库县龙野市御津町室津）出发，在家岛群岛追上了毛利水军。因为此举，小西行长得到了织田信长的赞扬。（《增订织田信长文书的研究》）万历十年，织田信长死于本能寺之变后，小西行长便一直在秀吉麾下担任水军将领。

万历十二年（日本天正十二年，1584 年）三月，根来众和杂贺众袭击秀吉势力下的大坂岸和田，小西行长获悉后，率领 70 余艘船只赶赴大坂湾，在此将敌军击败。随后，小西行长率领水军跟随秀吉参加了同年六月爆发的尾张竹鼻城（现岐阜县羽岛市）之战与次年爆发的纪伊太田城（现和歌山县和歌山市）之战，发挥了重要作用。万历十三年，秀吉军渡海攻打四国岛。期间，小西行长和宇喜多、黑田、仙石等部队一同登陆四国岛，并参与了赞岐国的陆战。（《南海通纪》）万历十五年三月，小西行长率领水军主力部队参与了征讨九州岛的行动。

从日本、朝鲜、葡萄牙三方的一手资料来看，小西行长撇去商人这一身份，是一名具备丰富军事经验的将领，在日本国内有着多次带兵打仗的经历。因此，丰臣秀吉任命小西行长担任先锋大将，一点儿都不奇怪。小西行长并不是"廖化作先

---

① 备边司是李氏朝鲜总领中央和地方军务的官厅，为正一品衙门，别称"备局""筹司"。日本侵略朝鲜时，备边司已发展成一个掌军国机务的中央文武合议机构，负责国家的政治、经济、军事和外交等事务。"堂上"即备边司的上层官员，人数达数十名。最高长官为"都提调"，由议政府的三名议政（现任及前任）兼任，为正一品。实际管事的长官为"提调"，为从一品到从二品。提调有 17 人，由左右赞成、左右参赞、吏曹判书、礼曹判书、兵曹判书、刑曹判书（或吏、户、礼、兵四判书）、训练大将、御营大将、禁卫大将、捻（同"总"）戎使、守御使、开城留守、江华留守、弘文馆大提学兼任，无定员。

锋"，在当时人的评价中，他就是日军的一名悍将。

万历二十年一月十八日，丰臣秀吉派小西行长与宗义智率先渡海至朝鲜，去确认朝鲜是否愿意作为日军"入唐"（征明）的向导，并限定他们二人在三月内报告消息。同时，丰臣秀吉命令加藤清正、黑田长政在朝鲜沿海的岛屿待命，九州众、四国众在日本的壹岐岛、对马岛待命，以等待小西行长与宗义智的报告。（《加藤文书》）

二月十七日、三月一日、三月八日，丰臣秀吉对加藤清正连续下达了相同的命令，让他不要着急行动，先等待小西行长、宗义智的报告。但直到三月十三日，小西行长、宗义智还停留在对马岛府中，没有渡海至朝鲜。丰臣秀吉等得不耐烦了，便下令诸将相继渡海，并稍稍变更了首批渡海的军队部署：

首批渡海日军将领及其麾下部队　　　　　　　　　　　　　　（单位：人）

编制	大名	兵力	合计
第一军团	小西行长	7000	18700
	宗义智	5000	
	松浦镇信	3000	
	大村喜前	1000	
	五岛纯玄	700	
	有马晴信	2000	
第二军团	加藤清正	10000	22800
	锅岛直茂	12000	
	相良赖房	800	
第三军团	黑田长政	5000	11000
	大友义统	6000	
第四军团	毛利吉成	2000	14000
	岛津义弘	10000	
	高桥元种 秋月种长 伊东祐兵 岛津丰久	2000	
第五军团	福岛正则	4800	15000
	户田胜隆	3900	
	长宗我部元亲	3000	
	蜂须贺家政	7200	
	生驹亲正	5500	
	来岛通之 来岛通总	700	

编制	大名	兵力	合计
第六军团	小早川隆景	10000	
	小早川秀包	1500	
	立花宗茂	2500	15700
	高桥统增	800	
	筑紫广门	900	
第七军团	毛利辉元	30000	30000
第八军团	宇喜多秀家	10000（待命对马岛）	10000
第九军团	羽柴秀胜	8000（待命壹岐岛）	11500
	细川忠兴	3500（待命壹岐岛）	
总计人数	—	—	158800

四月十三日上午 8 时，由小西行长、宗义智、松浦镇信、五岛纯玄、大村喜前、有马晴信组成的日军第一军团，总兵力 18700 人，从日本对马岛的大浦解缆，搭乘船只浩浩荡荡向着朝鲜进发。下午 5 时，700 多艘日军船只"蔽海而来，望之不见其际"，迫近朝鲜庆尚道沿海的釜山浦。这里需要提一下古朝鲜的行政区划。当时朝鲜一共分为八道，北部四道为平安道、咸镜道、黄海道、江原道，南部四道为京畿道、忠清道、全罗道、庆尚道，其中庆尚道与日本对马岛隔海相望。日本人为了区分朝鲜各道，不仅在地图上将各道涂上不同颜色，还将庆尚道称作"白国"、全罗道称作"赤国"、忠清道和京畿道称作"青国"、江原道和平安道称作"黄国"，黄海道称作"绿国"，咸镜道称作"黑国"。

当日军船只迫近釜山浦时，朝鲜的釜山佥使郑拨正在附近的绝影岛打猎，他听说大批日军渡海而来，仓促间退回到了釜山城内。之后，郑拨登上南门，急忙整理守城的器械，并告诫城中的守军、百姓不得擅动，又让人在城楼上吹箫。如此一来，城中的气氛还和平常一样。另一边，日军登上陆地，送信于釜山城，提出从朝鲜"假道入明"的要求。郑拨对此不予回应，直接无视了日方的要求。

日军向朝鲜借道入明失败后，知道朝鲜不愿配合，便按照丰臣秀吉的既定方针，准备采取武力手段迫使朝鲜屈服，战争就此爆发。由于这一年是干支纪年中的壬辰年、日本纪年中的文禄元年，因此这场战争在朝鲜和日本分别被称为"壬辰倭乱"与"文禄之役"。

四月十四日上午 6 时，日军以重重兵力围困住釜山城，他们在西门外的高地架起铁炮，向城内射击，霎时间炮声震天。郑拨亲自把守西门，他神情威严地在军中巡视，激励士兵作战。守西门的朝鲜士兵手持弓箭，射杀了不少日军士兵。南门城墙上则有一个穿着绀色衣服的朝鲜武士，他弯弓射箭，仅凭一人之力就射杀了许多敌人。这名朝鲜武士的箭法很准，几乎射无不中。在朝鲜官军的英勇奋战之下，城外有三处地方的日军尸体堆积得宛如小山，使日军大感畏惧。由于郑拨穿着黑衣，日军士兵相互之间传道："莫近黑衣将军！"

但是釜山城的北门守备并不严密，日军最终从这个薄弱之处攻进了釜山城，釜山守军被迫于巷中迎战。不久之后，釜山守军的箭镞就用尽了。一名裨将拉着郑拨，请他逃走。但郑拨拒绝了，他怒斥说："男儿死耳，宁可走耶？我当为此城之鬼，其欲去者去！敢有复言者斩！"

守城士兵们听了郑拨的这番话，都流下了眼泪，竟没有一个逃走的。郑拨再次激励士兵作战，但日军的铁炮忽然打中了他，郑拨当场战死。郑拨有一爱妾，名叫爱香，才18岁，她听说郑拨战死，哭着跑了过来，拔出郑拨的佩刀，在郑拨的尸体旁边自尽而亡。日军看到以后，无不惊叹。郑拨的奴仆龙月，在主人殉城后，也奔赴敌阵战死。

郑拨阵亡以后，上午8时，釜山城陷落。据《吉野甚五左卫门觉书》记载，日军杀死了釜山城内的所有男女和猫狗，一共砍下了3万多颗头颅。[①]

尽管攻陷了釜山城，但日军在战后还是心有余悸地说道："黑衣将军最可畏，若城固兵多，终不可破！"

釜山城陷落后，日军又分兵将釜山浦附近的西平浦、多大浦攻陷。多大浦金使尹兴信虽然奋战反抗，但最终战败被杀。

釜山城的北面是东莱城，东莱府使宋象贤在此驻守。庆尚道的左兵使李珏听说日军渡海来袭的消息后，以为敌军兵力不多，只是一股普通倭寇，便率领数百步卒，

---

① 以上釜山城之战的经过，是根据《吉野甚五左卫门觉书》《西征日记》《惩毖录》《宣祖昭敬大王修正实录》《宣庙中兴志》《再造藩邦志》《壬辰遗闻》等史料进行叙述的。对于郑拨之死，朝鲜史料《寄斋史草》的记载与众不同，称郑拨守备松懈，于四月十三日上午10时收到日军船只靠近釜山城的消息后，还没来得及放一支箭，就被日军杀死了。不过依照日本史料《西征日记》来看，日军在四月十三日下午5时迫近釜山，次日才攻陷釜山城，因此《寄斋史草》的记载明显有误，郑拨应该是激烈反抗后牺牲的。葡萄牙传教士弗洛伊斯也以他的视角记录了釜山城之战的过程，根据其所著的《日本史》记载：守卫釜山城的朝鲜军仅有600人左右，但他们手持皮革包裹的武器，戴着钢铁打造的头盔，使用无枪托的火枪和土耳其风格的弓箭；此外，城内还有1000多尊发射铁制弹丸和箭的铜制小型炮。

从庆尚道兵营城进驻东莱城，又派庆尚道的梁山郡守在东莱城南面4公里处迎击日军。梁山郡守奉命迎战后很快就退了回来，向李珏报告说："贼众我寡，不可当也！"

李珏听了梁山郡守的报告，这才知道日军兵力非常多，完全呈压倒性优势，感到害怕的他编造了一个借口，对东莱府使宋象贤说："府使当守此城，吾辈在后继援可也！"

找到了这个借口以后，李珏就匆匆出城，逃到了东莱后方的苏山驿。尽管宋象贤意图挽留李珏，但并没有成功。

四月十五日，天气半阴半雨。上午6时，小西行长、宗义智等人率领的日军第一军团从釜山城北上，进兵东莱城。东莱府使宋象贤登上南门，亲自穿上铠甲，率领军民守城。日军先派100多人在东莱城的南门外竖起一块木牌，然后退去。宋象贤令军官宋凤寿等人出去查看，只见木牌上写着："战则战矣，不战则假道。"原来，日本人又向朝鲜人提出了"假道入明"的要求。宋象贤为表示坚拒的态度，也在一块木牌上写了"战死易，假道难"六字，投到日军阵中。

被宋象贤拒绝"假道"的要求之后，日军在上午8时包围了东莱城，开始攻城。东莱城别将洪允宽见敌军越来越多，回过头劝宋象贤跟着他逃到苏山驿，说："事已至此，奈何！府后有苏山，坚险可守，可与我同往守之！"

但是宋象贤却拒绝了，他说："不死守城，虽往保他境，朝廷必不饶我性命。且去又何之？"

听了这番话，洪允宽只好接受一同赴死的命运，对宋象贤说："然则我与公同死！"

这句话刚说完，洪允宽便被突破上前的日军士兵所杀。

此后不到一个小时，日军就攻陷了东莱城，城内军民3000余人被杀，500余人被俘（《西征日记》）；而日军因连日攻城，也阵亡了近100人、负伤400余人（《日本史》）。宋象贤在铠甲外穿上朝服，正坐在椅子上不动。日军中有一个叫平成宽的人，大概是曾与朝鲜做过生意的缘故，多次往来于东莱，那时宋象贤对他很好。于是平成宽想要报恩，他找到宋象贤，对着他行抱拳礼，又牵着他的衣服，指着一处地方让他逃走。但宋象贤不答应，他从椅子上下来，面向朝鲜国王所在的北方，跪拜行礼。

其他日军士兵可就不是平成宽这副态度了，他们进入东莱城后，想要生擒宋象贤。宋象贤身边，有军官宋凤寿、金希寿，乡吏大宋伯、小宋伯，官奴铁寿、迈同等，列立左右。他们都没有逃走，而是上前与日军搏斗。宋象贤自己则用鞋尖踢向日军，表示反抗。但这些反抗根本起不了什么作用，到了最后，宋象贤、宋凤寿、金希寿、大宋伯都被日军杀死，小宋伯、铁寿、迈同等人被日军俘虏。据说，宗义智带着景辙玄苏、柳川调信进入东莱城后，感慨于宋象贤的忠义，为他准备了一口棺材，收敛其尸体，将他埋在城外，还竖立了一块墓碑。①

日军在东莱城内进行搜捕，抓获到了蔚山郡守李彦诚，李彦诚向日军乞求饶命。小西行长想要通过李彦诚劝降朝鲜政府，于是令人写了一封信，交给李彦诚，让他转交给朝鲜朝廷。李彦诚假装答应，结果一去不返，不但没有转奏朝鲜朝廷，连小西行长的信也没有带走。

东莱城陷落的第二天，其东面的左水营、机张城内的朝鲜守军逃亡一空。（《西征日记》）驻守左水营的是庆尚道左水使朴泓，他率领着庆尚道的朝鲜水军，但他见日军兵力众多，不敢出动水军决战，直接放弃左水营逃走了。另一位水军大将——驻守巨济岛的庆尚道右水使元均，也不敢抵抗日军，带着巨济岛的玉浦万户李云龙、永登浦万户禹致绩等，逃到了庆尚道西南的露梁海峡。（《宣祖昭敬大王修正实录》）②

而后，从左水营逃走的左水使朴泓，与从东莱城逃走的左兵使李珏聚到了一起，两人退到了大后方的彦阳城。但过了不久，李珏就又表现出了怯战的姿态，带着他的妾出逃，他的军队也因此崩溃。失去李珏这个难兄难弟后，朴泓从彦阳退兵到了更后方的庆州。（《再造藩邦志》）

而另一方面，小西行长、宗义智率领的日军第一军团乘胜北上，到处攻城略地，涂炭朝鲜生灵。四月十七日，小西行长、宗义智进兵东莱城北面的梁山城，结果发现梁山城的守军早已弃城逃亡，城内留下了来不及被朝鲜军带走的各种货物。（《吉野甚五左卫门觉书》《西征日记》）

四月十八日早上6时，小西行长、宗义智等人从梁山北上，进兵密阳。密阳府

---

① 以上东莱城之战的经过，是根据《西征日记》《壬辰遗文》《宣祖昭敬大王修正实录》等进行叙述的。

② 该书记载，元均下令把庆尚道的100多艘战船和火炮、军器全都沉到海里，庆尚道的1万水军因此不战自溃。这一说法的史料源流是柳成龙的《惩毖录》。但这一说法疑似有误，根据李舜臣的《乱中日记》《壬辰状草》记载，此后李舜臣与元均各自率领全罗道、庆尚道的舟师，并肩与日本水军作战。如果元均将庆尚道的战船全部下令沉了，断然不会如此。

使朴晋发兵在鹊院的狭隘道路上堵截日军，但日军见前面有朝鲜守兵相阻，就从后山绕到朝鲜军背后，从高处直冲而下，朝鲜士兵望见吓得纷纷逃走，军队土崩瓦解。日军乘势追击，斩首300余级。朴晋逃回密阳后，因为势单力薄，又不想城内的物资被日军获取，便纵火焚毁了军器、仓库，放弃密阳城躲进了山里，于是密阳也被日军占领。[①]

同一天，由加藤清正、锅岛直茂、相良赖房率领的日军第二军团（总兵力22800人），黑田长政、大友义统率领的日军第三军团（总兵力11000人），毛利吉成、高桥元种、秋月种长、伊东祐兵率领的日军第四军团（原定兵力14000人，但由于岛津义弘、岛津丰久迟迟未到，实际兵力只有3500人），相继从釜山浦登陆上岸。

四月十九日，小早川隆景、小早川秀包、立花宗茂、高桥统增、筑紫广门率领的日军第六军团登陆釜山浦。第六军团的原定出兵人数是15700人，其中占大头的是小早川隆景的10000人。但根据小早川隆景家臣梨羽绍幽晚年写的回忆录《梨羽绍幽物语》记载，实际上小早川隆景部只来了8000人，所以第六军团最多只有13700人。据此推测，其他部队也可能少来了一些人。

同一天，日军第三军团与第四军团联合进击庆尚道的金海城。金海府使徐礼元在海岸上张罗船只，想在海面堵截日军，但黑田长政军很轻易地就夺取了朝鲜军的船只，之后登上陆地作战，对着朝鲜军放铁炮。徐礼元不敌，逃回金海城内，他亲自把守南门，另使中卫将草溪郡守李惟俭把守西门。但日军割取城外的禾苗、野草，用来填埋城壕（护城河），很快就将壕沟填平并将其堆得和金海城一样高，士兵得以翻过城墙闯入城内。李惟俭见大势已去，便推诿说城外有敌情，借机杀了守城士兵，逃出城外。徐礼元见李惟俭逃跑，也无意再守，借口说要把李惟俭追回来，出城逃走了。失去主心骨以后，金海城很快便陷落于日军之手。[②]

---

① 以上密阳之战的经过，是根据《惩毖录》《再造藩邦志》《西征日记》等史料进行叙述的。对于密阳之战的时间，《再造藩邦志》记录为四月十七日，《寄斋史草》记录为四月十六日，两说皆不准确。

② 以上金海城之战的经过，是根据《黑田家文书》《黑田家谱》《乱中杂录》《再造藩邦志》《宣庙中兴志》《惩毖录》等史料进行叙述的。

还是四月十九日这天，日军第二军团的加藤清正、锅岛直茂、相良赖房在听说第一军团的小西行长、宗义智等人已向西路进发后，决定换一条不同的路线，向东进发，之后便经梁山进兵彦阳。彦阳城的朝鲜守军在此之前已经逃到了庆州，于是加藤清正、锅岛直茂毫不费力地将其占领。由于彦阳粮食充足，加藤清正便派人留守这里，将彦阳作为一个兵粮补给点。(《韩阵文书》)

四月二十一日，加藤清正、锅岛直茂、相良赖房又从彦阳北上，进兵庆州。此时庆州府尹尹任涵并不在城内，只有判官朴毅长、县监李守一在城内。加藤清正、锅岛直茂派一个士兵骑马到庆州城的东门，竖起了一块木牌。朴毅长、李守一命人取来看，只见上面写着"岛主领兵来，判官速出门听约束"。两人看了后，吓得弃城逃走，城也不守了，于是庆州轻易便被日军拿下。(《宣庙中兴志》)城中3000余人惨遭日军杀害，没被杀的朝鲜人逃入山中，但也被日军搜捕出来杀害了。之后，加藤清正、锅岛直茂、相良赖房从庆州北上，向永川进发。(《韩阵文书》)

同日，日军第一军团的小西行长、宗义智等人进兵密阳北面的清道、大丘，并在一日之内攻陷两城。(《西征日记》)四月二十二日，小西行长、宗义智又从大丘北上，攻陷仁同城。宗义智命令从军僧侣西荆撰写榜文，贴在城内安抚民众，其内容为：

> 令散民速还于本宅，而男耕田稼苗，女采桑蓄蚕。士农工商各修家业。若吾军士有犯法以妨汝之业者，必罚矣。(《西征日记》)

四月二十三日，日军第二军团的加藤清正、锅岛直茂、相良赖房从永川北上，攻陷新宁，之后向安东进兵。安东府使郑熙绩不做任何抵抗，直接弃城逃走。庆尚左防御使成应吉、助防将朴宗男顿兵在新宁北面的义兴，徘徊不敢前进。(《乱中杂录》)同日，日军第三军团的黑田长政、大友义统与第四军团的毛利吉成、伊东祐兵等人联手进兵昌原，将此城攻陷，杀死500余人。(《黑田家谱》《旧记杂录后编》《日向记》《承应旧记》)一时之间，日军第一、第二、第三、第四军团席卷朝鲜庆尚道，朝鲜官军望风披靡。

在日本名护屋大本营坐镇的丰臣秀吉收到前线传来的战报后，知道日军已经与朝鲜交战。他认为朝鲜很快就会从属于他，便写信指示黑田长政，要求速速攻取朝鲜王京，生擒朝鲜国王，但不要加害，要像对待日本大名一样对待朝鲜国王，保障朝鲜国王的生活。此外，丰臣秀吉还指示让朝鲜农民返回家园，实施奖励农耕政策，又让小西行长派四五个翻译到黑田长政阵中。(《黑田家文书》)从丰臣秀吉的这些指示看，他认为朝鲜很容易被征服，日本能顺利在此进行统治。

朝鲜官军的崩溃

四月十七日，朝鲜朝廷收到朴泓的边报，才知悉日军大举入侵的消息，举朝震惊。朝鲜国王李昖赶紧起用一批将领南下抵御日军，他任命李镒为庆尚道巡边使，下中路；成应吉为庆尚道左防御使，下东路；赵儆为庆尚道右防御使，下西路；刘克良、边玑为庆尚道助防将，刘克良守庆尚道的竹岭，边玑守庆尚道的鸟岭。接着，李昖又褫夺了庆州府尹尹任涵的官职，起用江界府使边应星为庆州府尹。(《惩毖录》)

四月二十日，李昖任命柳成龙为都体察使、金应南为副使，职责是监督诸将作战；同时任命申砬为都巡边使[1]，作为朝鲜军的高级统帅与李镒等人的后援。在申砬率领8000人出发前，李昖召见了申砬，特意赐给他一把宝剑，授予他生杀大权："李镒以下不用命者，皆斩之。"

另一方面，庆尚道巡边使李镒已奉李昖之命南下，他还不知道李昖已经把他的生死交付给了都巡边使申砬。当李镒领兵越过忠清道与庆尚道交界的鸟岭，进入庆尚道西北一隅的闻庆县时，才发现县城中已经空无一人，他只好从闻庆继续南下，经过咸昌，进至尚州。但尚州牧使金澥以迎候李镒为借口，逃入深山里避难，城里没有一兵一卒，只剩下一名判官，名叫权吉。

见到这种情形，李镒非常愤怒，将尚州没有兵力怪罪到权吉身上，想把他拽出庭外斩首。权吉向李镒苦苦哀求，说他会想办法征集兵力，于是李镒暂时放过了权吉。

---

[1] 此为朝鲜王朝的军官职衔。在该体系里，官职从上往下依次为：都元帅（统辖全国兵马）、都巡边使（统辖数道兵马）、巡边使（统辖一道兵马）、防御使（统辖巡边使麾下的一队人马）、助防御使（统辖防御使麾下的一队人马）、助防将。

权吉经过一晚上的努力，搜遍了附近的村落，找到了数百人用来补充兵力，但这些人都是农民，没有经过训练。于是李镒在尚州开粮仓，吸引逃亡在外的百姓过来应征，又这般招来了山谷中避难的几百人。他把陆续招来的人编成军队，但这些人没有一个打过仗。[1]

四月二十四日，日军第一军团的小西行长、宗义智等人在仁同11.8公里外的某处地方渡河，到达尚州东南方向的善山。（《西征日记》）晚上，开宁县（在善山西南方向）的一个朝鲜人匆忙赶到尚州，向李镒报告日军已经进入善山的消息。但是李镒却认为这是个假情报，报信之人想要动摇军心，欲要把他斩首。报信人叫嚷着对李镒说，不如先囚禁他，如果第二天日军没有到来，再杀死他也不迟。于是李镒就把报信人收监了，但始终没有对这个情报重视起来。这天晚上，日军第一军团屯兵于尚州8公里外的长川，逐步逼近李镒所在的尚州。由于李镒军中没有斥候，所以日军来了也不知道。

四月二十五日早上，日军暂未出现在尚州附近，于是李镒让人把开宁来的报信人从监狱里拉出来斩首示众。但李镒还是心有不安，很快就率领6000人离开尚州，驻兵于尚州北面的山川边，依山结阵，阵中竖起大将旗，做出迎击日军的姿态。在大将旗下，李镒披着铠甲，骑在马上。从事官尹暹、朴箎与判官权吉、沙斤察访金宗武等，下马侍立在李镒坐骑后面。

不一会儿，有几个身份可疑之人从林间出来，徘徊眺望一番后就回去了。朝鲜军怀疑这些身份不明之人是日军的侦察兵，但是他们顾虑到开宁报信人的前车之鉴，所以不敢把这些想法跟李镒说。这些身份不明之人，正是小西行长、宗义智等人派出的斥候。

李镒离开尚州后，从长川过来的日军很快就将尚州占据了，城中几处地方冒起了浓烟。朝鲜军望见后，李镒才派出军官挺豪前去侦察动静。挺豪骑着马，由两名士兵牵着绳子缓缓而去。一些埋伏在林中的日军士兵，用铁炮射中挺豪，随

---

[1] 关于李镒征集过来的民兵与从王京带来的官军人数，在朝鲜史料中有相差悬殊的两种说法，《惩毖录》里记载有八百九人，《宣祖昭敬大王修正实录》里有6000人。因《宣祖昭敬大王修正实录》为朝鲜官方文献，本书采信6000人一说。

后割下了他的首级。挺豪是有名的朝鲜勇士，位于后方的朝鲜军看到他的死状后大惧，为之落胆。不久日军大至，前来攻打李镒结阵的山川，对朝鲜军施放铁炮，中者即刻毙命。李镒大惊，仓促间命令朝鲜军对日军放箭，但是箭矢射出十余步就坠落在地，根本射不到日军。而日军分为左右两翼，持军旗绕到朝鲜军背后，将其围住，不断对着朝鲜军放铁炮，炮声鼎沸。李镒知道情况不妙，骑马逃走，朝鲜军队因此大乱，各自逃命。突然，李镒想起了什么，策马掉头，让从事官尹暹、朴篪跟着他一起逃走。但尹暹不肯离开，对李镒说："将何面目归拜主上乎？男儿到此，为国死，足矣。"

不愿逃走的尹暹独自坐在原地等待着命运的仲裁，最终惨遭日军杀害。判官权吉也在此战中身亡。庆尚道助防将边玑惊慌失措地逃走了，边玑麾下一名叫李庆流的从事官，找不到边玑，便发愤突入日军阵中，格斗而死。

根据日本史料《西征日记》的记载，日军在尚州之战中一共斩得朝鲜军首级300余颗。[①] 作为败军之将的李镒非常窘迫，他被日军追赶得很急，为了不让日军认出自己，竟然狼狈到弃马而逃。逃跑途中，李镒脱下衣服、披散头发，随行的只有从事官朴篪和一个奴仆。

李镒一路狂奔，先是逃到闻庆县，接着又越过鸟岭，逃回忠清道。随行的朴篪不愿再跟着李镒逃命，便进入了山谷中，他对人说："吾十八登状元，受国厚恩，今日失军亡师，将何辞以见吾君？"说完，朴篪便自刎而死，时年22岁。

李镒在尚州战败的消息传到王京后，对朝鲜王室的打击非常大，朝廷震惧，产生了想要迁都的想法。

大约是在同一时间，小西行长、宗义智等人在尚州抓获了一名通晓日语，叫作景应舜的朝鲜翻译。这个时候，他们估计朝鲜已经被日军的武力所震慑，就试图通过景应舜送信于朝鲜朝廷，以劝降朝鲜。但景应舜在赶路途中被日军第二军团的加藤清正杀害，导致小西行长、宗义智发出的议和信号未能传递出去。(《惩毖录》《汉阴文稿》)

---

① 以上有关尚州之战的经过，是根据《惩毖录》《宣祖昭敬大王修正实录》《宣庙中兴志》进行叙述的。

四月二十七日，小西行长、宗义智等人率领日军第一军团从尚州继续北上，攻陷闻庆县，县中百姓逃散一空。闻庆县监申元吉骑上一匹马想要逃走，但是被日军追上。日军让申元吉投降，但是申元吉不肯，还不停地咒骂对方。这激起了日军的愤怒，他们用非常残酷的手段斩断了申元吉的四肢，杀死了他。(《庆尚巡营录》《朝野佥载》)

此前一天，被朝鲜国王李昖委以重任的都巡边使申砬受命南下。经过龙仁（属京畿道）时，申砬听说日军兵力很多，便偷偷向朝鲜朝廷上奏，流露出了很不乐观的看法："贼势甚盛，实难防御。今日之事，不胜闷迫。"

王京的士人、百姓将申砬视作救命稻草，听到他的这番表态后，非常慌乱，白天、晚上都有人从城中逃走，寻找地方避难。

申砬继续领兵南下。到达忠清道的忠州后，他将大军留在忠州南面的丹月驿，自己只带了几个人，骑马赶到忠清道与庆尚道交界的鸟岭，去查看地理形势。

随行的从事官金汝岉劝说申砬据守鸟岭这一险要之地："彼众我寡，难以争锋。宜守此险厄，伏峡中。俟贼入谷，然后乘高，左右射之。"

忠州牧使李宗张也持同一意见，劝申砬扼守鸟岭："今贼方乘胜，而我在散地。扼险为上，野战非利。莫若据岭厄，多张旗帜、烟火以疑贼心，然后方可出奇制胜也。"

但是申砬认为鸟岭这个地方不能施展骑兵，他想要把日军引诱到开阔的平原上，以骑兵歼灭日军步兵，所以没有听从金汝岉、李宗张的意见，掉头回了丹月驿。在回去的路上，申砬碰上了从尚州败退回来的庆尚道巡边使李镒。一见到申砬，李镒就跪在地上，做出一副忏悔的姿态，请求申砬将他处死。

申砬扶起李镒，向他询问日军的情况。李镒回答说："此贼非庚午、乙卯之比，又不若北狄（女真）之易制。"

李镒说的"庚午"是指公元1570年，"乙卯"则是指公元1555年。在这两年中，朝鲜发生了大规模倭寇袭击事件，不过这些入侵之倭最后都被朝鲜驱赶走了。这在《乱中杂录》中有记载：

庚午之贼，仅陷熊川数邑而败。乙卯之贼，陷达梁，杀兵使元迪，连陷康津等官，至灵岩败。

李镒将壬辰倭乱与发生在朝鲜的两起倭寇事件做了对比，认为此次动乱规模远远超过前两次，又说这次来的日本人比女真人还要难打。听了李镒的报告，金汝岉认为难以在平原上抵挡住日军，又劝申砬占据高丘，逆击日军，不然就直接退守王京，保卫京师。李镒附和金汝岉，也跟着劝说申砬："今既不能据险（鸟岭）遮截，若交锋广野，万无能当之理，宁退守京城！"

申砬听了后，气得直骂李镒："尔既败军，又复惊动军卒，法当斩！"

申砬虽然放了狠话，但还是决定让李镒戴罪立功，任命他和从尚州逃回来的边玑作为先锋。同时，申砬坚持己见，想要在平原之地迎战日军，遂放弃鸟岭天险。

回到丹月驿后，申砬领兵移屯于忠州城北的弹琴台，背靠达川江结阵，意图在此迎战日军。事实上，申砬挑了一个很糟糕的地方。弹琴台后有大江，前有水田，水草交杂，不但无法让骑兵驰骋，而且还让朝鲜军失去了退路。

四月二十八日寅时（凌晨3时至凌晨5时），日军第一军团的小西行长、宗义智等从庆尚道闻庆县出发，向忠清道进发。在经过鸟岭天险时，日军一度怀疑朝鲜军在山里设了埋伏，让人探视后，才知道空无一人，于是大摇大摆地向前挺进。当日午时（上午11正至下午1时），日军到达忠州，向申砬领兵布阵的弹琴台扑了过来。

申砬麾下有斥候将金孝元、安敏二人，他们侦察到敌情后，火速赶回来向申砬报告，称日军已经杀来了。朝鲜将士们知道后很是吃惊，士气大为动摇。申砬很生气，认为金孝元、安敏是在动摇军心，下令将二人斩首，但他心知必须做出应对，于是仓促间下令改变阵形迎战日军。结果在接下来的战斗中，朝鲜军完全不敌日军，被对方打得溃不成军。日军挥刀对朝鲜军乱砍，宛如割草一般，得不到一点像样的反抗。由于失去退路，许多朝鲜士兵在日军的逼迫之下跳进了身后的江水中，结果纷纷被溺死。

申砬惊慌失措，屡次想骑马突围而走，都没有成功，只好退到江边。在江边，申砬碰上了金汝岉，试探性问他是否有投降的想法。金汝岉笑着说："我岂惜死之人乎？"说完，金汝岉与申砬一同奔赴敌阵，在马上拉弓引弦，射杀数十名日军士兵。

但终究无济于事，当时朝鲜军队已经大乱，尸体堆积如山。申砬有一个侄子跟在军中，他临阵想逃，申砬非常生气，痛骂了自己的侄子，并抓住他的头，和他一起跳江自杀了。金汝岉也一样跳江自杀了。而李镒和尚州之战败北时一样，又一次临阵逃走。李镒从小路逃进山里，碰到三名日本兵，他拉弓射杀了其中一人，把另两人吓走了，这才得以渡江逃走，抵达了暂时安全的地方。

对于这次弹琴台之战，朝鲜史料《乱中杂录》说朝鲜军一共有6万人马，加上之前的尚州之战，朝鲜精兵在尚州、弹琴台两战被全部歼灭。但这个说法过于夸大，根据《朝野会通·宣祖纪》《湖西左邑志》的记载，朝鲜军在弹琴台之战中的实际兵力只有8000人。又据日本史料《西征日记》记载，日军在弹琴台之战斩得朝鲜军首级3000余颗、俘虏数百人。[①]可见，损失并没有6万人那么夸张。

四月二十九日，朝鲜朝廷收到了弹琴台的败报，朝鲜国王李昖召集大臣紧急开会，称他想要放弃王京逃走。一些大臣附和李昖的意见，认为李昖可以暂时先往平壤避难，再向大明请兵，以图收复失土。也有些大臣提出了反对意见，掌令权愰主张坚守王京，并不支持避难。都体察使柳成龙认为权愰这番话虽然是一腔忠诚，但是时势如此，眼下不得不避难，他主张将临海君、顺和君两位王子分遣到咸镜、江原二道，去招募兵力勤王，世子光海君则跟随国王避难。

李昖同意了柳成龙的意见，仓促间命令临海君前往咸镜道，前左议政金贵荣、尹卓然随行；又命顺和君前往江原道，长溪府君黄庭彧、前承旨黄赫、同知李墍随行。此外，李昖又任命吏曹判书李元翼为平安道巡查使（又称"监司"，朝鲜分道的最高长官），坐镇平安道；同时任命崔兴源为黄海道、京畿都巡查使，坐镇黄海道。（《宣祖昭敬大王修正实录》《壬辰日录》《国朝宝鉴》）

四月三十日，天刚一亮，朝鲜国王李昖一行人就出逃王京。在逃亡途中，李昖和世子光海君骑马，王后乘轿子。这一天下了一整天的大雨，王后和妃嫔们到达王京西大门外的弘济院时，因为雨下得太大，轿子不利急行，都换上了马。在后方，

---

① 以上有关弹琴台之战的经过，是根据《西征日记》《宣祖昭敬大王修正实录》《乱中杂录》《再造藩邦志》《宣庙中兴志》等史料进行叙述的。朝鲜史料记录日军在四月二十七日翻越鸟岭，进入忠州，但日本史料《西征日记》记载日军于四月二十八日才从庆尚道翻越鸟岭，可知朝鲜史料所记日期不准确。

朝鲜官员们痛哭着，冒着大雨徒步逃命。窘迫之际，从行的朝鲜王族、文武官员、扈从人数加起来，还不到100人。

傍晚，李昖到达临津江，准备登船渡江，一路北逃。侍臣们跪在地上，痛哭很久，边上的人都流下了眼泪，不能够抬起头。当时天色昏黑，没有一根蜡烛能够照明。到了深夜，李昖乘坐的船只才渡过临津江，抵达对岸的东坡。为了避免被北上的日军追捕，李昖下令将船只沉到江底，又令近江的百姓迁移房舍。逃亡的百官饥饿交加，散乱地寄宿在百姓家里。这一天，有近一半人没有渡过江。更凄惨的是，朝鲜国王、百官从王京出逃前夕，一些朝鲜奸民竟然涌入内帑库争取宝物。国王、百官出逃以后，乱民大起，焚烧了掌隶院、刑曹，造成了大规模的破坏。(《宣祖昭敬大王修正实录》)

五月一日，李昖召见承政院都承旨李恒福，向他询问接下来的对策。李恒福回答道："可且驻驾义州，若势穷力屈，八路俱陷，则便可赴诉天朝。"他的意思是，让李昖一直逃到与大明交界的义州（属平安道），如果连义州都保不住，那就只能逃入大明境内了。

左议政尹斗寿反对内附大明，他主张退守咸镜道："北道士马精强，咸兴、镜城，皆天险之恃，可逾岭北行。"

李昖又询问都体察使柳成龙，想知道他的想法。柳成龙也反对内附大明，他对李昖说："不可，大驾离东土一步，则朝鲜非我有也。"

李昖听了柳成龙的发言后，表态说他的真实想法是内附大明，但柳成龙还是不认同。

主张内附大明的李恒福觉得柳成龙是在针对他，便与柳成龙争辩起来："臣之所言，非直欲渡（鸭绿）江也，从十分穷极地说来也。"

柳成龙反驳李恒福道："今东北诸道如故，湖南忠义之士不日蜂起，何可遽论此事？"他认为北方的咸镜等道安堵如故，还没发生变故，而南方的全罗道义兵将不日蜂起，因此反对内附大明。

争执一番后，两人都退了出去。柳成龙非常恼怒李恒福顶撞他，并提出了内附大明的言论，因此责备李恒福："何为轻发弃国之论乎？君虽从死于道路，不过为妇寺之忠。此言一出，人心瓦解，谁能收拾？"（以上对话出自《宣祖昭敬大王修正实录》）

李恒福听了，只好向柳成龙道歉。此时朝鲜人心崩溃，百官们全都拿不出什么好的主意。

朝鲜三都陷落

四月二十九日，加藤清正、锅岛直茂率领日军第二军团抵达忠清道的忠州，与小西行长、宗义智等人率领的日军第一军团会合，共同商议进兵攻占朝鲜首都王京的计划。

宗义智把王京地图拿出来给加藤清正看，加藤清正发现地图上有个叫司马门药廛路的地方。由于小西行长是药商小西隆佐之子，加藤清正一向看不起他的出身，这个时候就趁机抓住"药廛路"这几个字大做文章，故意戏弄小西行长说："你攻取此路如何？"

小西行长一下子就听出了言外之意，知道加藤清正是在挖苦他，但他刚想要发作，就被锅岛直茂笑着给制止了。加藤清正又对小西行长说："太阁殿下（丰臣秀吉）令我和你隔一天就互为先锋前进，你为何违背这一命令？自今日起，我们便隔日互为先锋，比比谁强谁弱。"

小西行长拒绝道："已经迫近朝鲜都城，不如分路而进，速速将其攻克。"

加藤清正见小西行长摆出了拒绝的姿态，又拿他的出身挖苦道："违背军令，贪图个人私利，怎么看都是商人作为！"（以上对话出自《征韩伟略》）

小西行长听了大怒，想要刺死加藤清正。经过锅岛直茂、松浦镇信的调解，小西行长才停止和加藤清正争吵。最后，两人选择妥协，决定分道进兵王京：第一军团从忠州北进，经由骊州，从东大门入侵王京；第二军团从忠州西进，经由竹山，从南大门入侵王京。（《丰臣秀吉朝鲜侵略关系史料集成·第一卷》）

五月二日戌时（晚上7时至晚上9时），小西行长、宗义智等人按照既定路线，攻陷朝鲜都城王京。加藤清正、锅岛直茂晚来一步，于五月三日进入王京。之后，宇喜多秀家率领的日军第八军团也于五月六日、七日进入王京，毛利吉成等人率领的日军第四军团、黑田长政等人率领的日军第三军团，以及小早川隆景、立花宗茂等人率领的日军第六军团，亦相继进入王京。（《吉野甚五左卫门觉书》）

五月上旬，日军制订了占领朝鲜八道，并在各道征收兵粮的计划。日军计划派遣到各道的人手和预计征收的兵粮数目如下：

（出自《高丽国八州之石纳觉之事》）

朝鲜八道	遣往该地的日本大名	预计征收兵粮数量
庆尚道	毛利辉元（第七军团）	2887790石
全罗道	小早川隆景（第六军团）	2269379石
忠清道	四国众（第五军团）	987514石
江原道	毛利吉成（第四军团）	402289石
京畿道	宇喜多秀家（第八军团）	775133石
黄海道	黑田长政（第三军团）	728867石
咸镜道	加藤清正（第二军团）	2071028石
平安道	小西行长（第一军团）	1794186石

日军制订的这个分兵入侵朝鲜八道的计划，被称作"八道国割"，意图是征服朝鲜全境，征收足够的军粮，将朝鲜作为入侵大明的前线基地。

五月十一日，在王京待命的日军开始按计划分道进兵。日军第一军团（小西行长、宗义智、松浦镇信、五岛纯玄、大村喜前、有马晴信）、第二军团（加藤清正、锅岛直茂、相良赖房）、第三军团（黑田长政、大友义统）北上入侵京畿道。日军第四军团（毛利吉成、秋月种长、高桥元种、岛津义弘、岛津丰久、伊东祐兵）从别路进发，经京畿道的杨州、永平、麻田，入侵江原道。（《丰臣秀吉朝侵略关系史料集成·第一卷》）第六军团（小早川隆景、小早川秀包、立花宗茂、高桥统增、筑紫广门）、第八军团（宇喜多秀家）暂时留守王京。

朝鲜方面，自国王李昖弃守王京、渡过临津江北逃后，都元帅金命元率领20余将、1000余军士，固守临津江北岸，防止日军越江杀向国王避难的行在。然而，在这生死攸关之际，金命元却捏造战绩，于五月十二日驰启朝鲜朝廷，伪称：他在临津江南岸的碧蹄等处设下埋伏，斩获了许多日军；京城都检查使李阳元也率领李镒、申恪等10余位将士、5000名军士，驻守在大滩，准备收复王京。

朝鲜上下听到这些假消息后，感到很高兴，认为国王过不久就可以回銮。在王京已经陷落的情况下，朝鲜朝廷对前途流露出了异常乐观的态度。

五月十三日，京畿道巡查使权征驰启朝鲜朝廷，声称日军因孤军深入，腿脚肿了，气力没了，请都元帅金命元不要错失时机，趁机进剿日军。朝鲜诸将官人云亦云，纷纷传言日军已经不行了，连路都走不动了。朝鲜国王李昖深信其说，遂降旨金命元，责令他进兵讨伐日军；又起用韩应寅为诸道都巡查使，令其统兵5000人，即刻出发

讨伐日军，不用受金命元节制。(《壬辰日录》)

五月十四日，日军第一军团、第二军团、第三军团相继抵达临津江南岸，隔着临津江，与在北岸的朝鲜军对峙。据西荆的《西征日记》记载："朝鲜人张阵于江之西，吾军在江之东，东山而西平原也。敌屯于五处，多者四五千，少者一二千许也，备兵于江岸如连珠，至四五里而不断。"

由于朝鲜军在北岸严防死守，日军一时间未能越过临津江。与朝鲜军隔江对峙的小西行长和以其女婿宗义智为主的对马岛势力，为了打破僵局，想要写信劝降朝鲜政府，他们命令通晓汉文的从军僧侣西荆，以宗义智家臣柳川调信的名义撰写书信，试图投送给朝鲜军。这封信的原文是这么写的：

> 日本国差来先锋秘书少监平调信，谨启
>
> 朝鲜国某大人足下：
>
> 臣先是奉使于贵国，于再于三，诉廷下者，今日之事也。虽然贵国不容臣之言，故及今日之事。非不祥，亦宜也。今吾殿下起干戈者，不敢怨于贵国，唯为报怨于大明也。伏愿还国王之驾于洛阳，讲和于大明，则臣等所欲也。然和之不行者，独非贵国之罪，可谓天命矣。亮察，惶恐不宣。(《西征日记》)

在这封信中，小西行长和宗义智对朝鲜强调的主要信息是：首先，丰臣秀吉出兵的目的，不是对付朝鲜，而是征讨大明；其次，柳川调信此前出使朝鲜，已经将这一消息透露给了朝鲜，但朝鲜不听，以致今日有此兵祸；最后，柳川调信他们也不想和大明打，因此请求朝鲜国王回到王京，替日军向大明讲和，以期结束战争。

书信写好之后，小西行长、宗义智就派人前去投送。但是日军第二军团的加藤清正与小西行长关系不好，此时他仍在江岸上指挥军队与朝鲜军对射，所以小西行长、宗义智派出的使者不得通过，无法送出信件。五月十五日，加藤清正军暂时解阵退去，信件才终于有机会送出。小西行长、宗义智试图将加藤清正的退兵动作曲解为日军为议和而表达的诚意，便再次让西荆以柳川调信的名义起草了一封信，派人送交给朝鲜军。该信原文如下：

日本国差来先锋秘书少监平调信，谨启

朝鲜国执事足下：

臣今日来于此，退吾军者无他，为讲和也。军士在渡口，则贵国人疑之，故先退兵矣。臣先是屡使于贵国，陈以成败之事，贵国不听臣之言，今也至败亡。盖吾殿下假道于贵国，复怨于大明，去岁审告贵国通信使，臣亦达书于廷下。虽然贵国藩臣梗边，以不通吾道路，加之动干戈，于是乎吾军击破之。遂到尚州，奉书于廷下，不敢赐回教，却闻国王已出洛阳矣，于是诸将之兵入洛阳。由是观之，夫灭朝鲜者，朝鲜，非日本也，亮察亮察。臣窃虑之，还国王之驾于洛阳，以讲和于大明，则贵国之策莫良焉。如此则解吾军阵，待命于畿外者必矣。若疑之，出质子为证。然则日本之与大明和亲，贵国亦复国。不然贵国长失国，亦未可知也。伏愿足下熟计之，今日在江边，以待回翰（函），速送之，自爱不宣。

（《西征日记》）

在这封信中，小西行长、宗义智再次强调，丰臣秀吉出兵的目的是借道朝鲜入侵大明，这事去年已经告知了朝鲜通信使；但日军渡海到朝鲜后，朝鲜不让日军通过，所以才对朝鲜动兵。现在朝鲜国王回到王京，替日军与大明讲和，是最好的对策。如果朝鲜国王愿意这么做，日军肯定会退兵到王京外待命；如果朝鲜怀疑日军的诚意，可以先交出朝鲜王子作为人质，这之后日本就会与大明和亲，朝鲜也会复国，否则就会长久地失去国家。

朝鲜军虽然收到了这封信，但不肯轻易妥协，他们回信给日军，称即便是战死在江边，也不会议和。五月十六日，小西行长、宗义智在了解到朝鲜军的态度后，又命令西荆起草了一封信，托人寄给临津江北岸的朝鲜军。这封信是直接用小西行长、宗义智两人的名义发出的，内容为：

再启，昨日呈愚书以陈讲和之事，贵国不信之，亦宜哉。吾军经万里风波之难、江山之险，直入洛阳。今也无故而欲讲和，贵国不信之，亦宜哉。臣为贵国解之。

吾殿下欲假道而击大明，虽诸将奉命来于此，不欲自此经数千里入大明，是故先与贵国和亲。而后为借贵国一言，以讲和大明也。贵国亦以一言大明，讲和于日本，则三国平安，良策莫良焉。诸将免劳，万民苏甦，是吾诸将之议也。殿下亦不欲与贵国绝交，贵国失邻好之道，拒吾军，故吾军亦动干戈而已。

臣虚受贵国大职，岂忘鸿恩乎？奉国命，以先诸将，因不获止也。今也倾尽肝胆，陈缕缕，足下察之。尚不信之，则是亦可也。传行长、义智两人一纸之书，自爱不宣。（《西征日记》）

在这封信件中，小西行长、宗义智向朝鲜军强调的要点是：丰臣秀吉想要借道朝鲜侵略大明，日军诸将虽然奉命出征，但其实并不愿从朝鲜长途跋涉数千里去攻打大明，因此想先与朝鲜讲和，再通过朝鲜与大明讲和，使日军诸将免于外征之苦。

朝鲜军收到这封信后，表示出了愿意谈判的态度。他们回信给日军，称无法擅自做主，要先禀报承政院，再作答复，让日军等待三天。小西行长、宗义智对此表示同意，下令休战。

五月十八日，朝鲜诸道都巡察使韩应寅奉国王李昖之命，抵达临津江北岸督战，朝鲜军的兵力为之增加。从韩应寅抵达战场的时间来看，此前朝鲜军答应与日军谈判，可能是借故等待韩应寅的援军，是缓兵之计。

韩应寅一意主战，他一来，就准备率领全军渡过临津江去击破日军。但士兵们认为军士远来疲惫，器械也未准备好，敌人的情形亦不清楚，便劝他暂时停止进兵。韩应寅不听劝告，斩杀了数名提出暂缓进兵的士兵。庆尚道助防将刘克良是一名老将，有着丰富的战场经验，他也认为不宜轻举妄动。但是比刘克良官阶高的守御使申硈却主张渡江，认为刘克良是在动摇军心，想要斩杀刘克良。感到被羞辱的刘克良愤愤而出，率领自己的部属率先渡江，杀了数名日军巡逻兵。随后，申硈渡江赶来。

临津江南岸的日军未曾料到朝鲜军会破坏停战协定，渡江来袭，只得仓促应战。①

① 关于临津江之战的经过，朝鲜史料和日本史料的记叙差别很大。朝鲜史料《惩毖录》《宣祖昭敬大王修正实录》记载，日军故意示弱，焚烧掉临津江南岸的庐幕，载回军器，做出引诱朝鲜军渡江的动作；而日军示弱的同时，已在对岸的后山设下了伏兵，就等朝鲜军上钩渡江。但日本史料《西征日记》却并没有记载日军定下诱敌之计，也没有设下伏兵。相反，从《西征日记》后续的记载来看，日军自身并未料到朝鲜军会突然毁约渡江，因此后方的坡州日军、王京日军才在闻变后向临津江前线派出援军。从《西征日记》的相关记载推断，朝鲜史料记载的日军诱敌之计，应该是朝鲜方面事后为了推卸败北之责编造的，日方当时根本没有想出这条计策。

但消息传到临津江后方的坡州，坡州日军很快就派来了援军，使用日军擅长的铁炮攻击朝鲜军。日军得到增援后，朝鲜军不敌日军，瞬间便告崩溃。刘克良急呼申硈，想要退军，但是申硈还没来得及回应，就已经死于乱军之中。刘克良绝望之下，下马坐在地上，弯弓射向日军，箭镞用尽之后也被日军杀害。残兵溃卒们奔逃至江岸，但日军紧追不舍，挥刀乱砍，朝鲜士兵或引颈受戮，或投江自杀。在北岸的朝鲜都元帅金命元、诸道都巡查使韩应寅看到这种情景，感到非常畏惧。

临津江日军受到朝鲜军袭击的消息传到王京后，留守的宇喜多秀家等部队也准备派出援军北上驰援，但刚离开王京11.8公里，就收到了前线的捷报，于是又都退回了王京。（《西征日记》《宣祖昭敬大王修正实录》）

临津江之战后，朝鲜军士气消沉，人心涣散。五月二十七日，一部分日军在临津江下流乘坐小船，做出要渡江的动作，以试探北岸的朝鲜军。朝鲜军副元帅李薲（pín）非常恐惧，连一支箭镞都未射出，就带头先逃了，这造成朝鲜诸军全部崩溃，最终弃守临津江岸这道天险，遁窜北逃。日军仅凭恐吓，就造成了朝鲜军的瓦解，顺利渡过临津江，在北岸登陆。（《壬辰日录》）

五月二十九日，小西行长、宗义智等人率领日军第一军团，加藤清正、锅岛直茂等人率领第二军团，黑田长政、大友义统率领第三军团，一路向北推进，攻陷了京畿道的重镇开城。（《高丽日记》）至此，朝鲜都城王京、松都开城、西都平壤，三都中已有两城沦陷于日军之手。六月一日，小西行长、宗义智换了一个人代笔写信，派人投送给朝鲜军，试图再次劝降朝鲜政府，但没有得到回应。

此后，加藤清正、锅岛直茂率领日军第二军团，按照之前制订的"八道国割"计划，经由别路入侵咸镜道。小西行长、宗义智等人率领第一军团，黑田长政、大友义统率领第三军团，经京畿道继续北进，进发至平安道，列阵于大同江南岸。在大同江北岸的，是朝鲜国王李昖当下避难的行在平壤城。由于日军不知大同江的深浅，又没有船只，所以暂时不敢贸然渡江。

六月九日，小西行长、宗义智继续投书给朝鲜军，发出与朝鲜议和的信号，并邀请曾接待过对马岛使者的朝鲜礼曹参判李德馨不带一兵一卒，乘船来大同江与日军会谈。窘迫之下，李昖只能同意日方的要求，于当日派遣李德馨至大同江与日军会谈。在这次谈判中，日方派出的使者是景辙玄苏、柳川调信。他们二人此次出面，并没有如同之前屡次投送给朝鲜的信中所说的那般，要求朝鲜为日本与大明议和进行斡旋，而是向朝鲜提出了日军在一开始就坚持的"假道入明"。

日军对"假道入明"的具体阐释是什么？朝鲜史料中有两种不同的说法。据《宣祖昭敬大王实录》记载，景辙玄苏、柳川调信要求朝鲜方面"开吾向辽之路"，意思是日军要经朝鲜入侵大明。而据《惩毖录》《再造藩邦志》记载，日方对朝鲜提出的要求，是要经朝鲜进入大明，去向大明朝贡。笔者认为，《宣祖昭敬大王实录》的记载比较符合实情，因为此前小西行长、宗义智派人投送给朝鲜的信中，已经说了日军的本来目的就是经朝鲜入侵大明。而且仗都已经打到这种程度了，日军也不可能再拿"日军要去朝贡大明"这种借口来糊弄朝鲜政府。

在大同江会谈中，景辙玄苏、柳川调信改变了此前在信中要求朝鲜替日本与大明议和进行斡旋的论调，而是重新提出了"假道入明"。这样的变化，证明了日军在此之前投送给朝鲜军的那些信，其实并不是他们的本意。那些信，只不过是日军在战争面临僵局的时候，试图打开僵局、劝降朝鲜政府的一种手段。无论如何，由于话说不到一块儿，李德馨与景辙玄苏、柳川调信的大同江会谈，最后以失败告终。

六月十一日，小西行长、宗义智再次投书给李德馨，要求朝鲜与日本议和。这一次，信件的口吻比之前强硬了很多，也更直接干脆，不再说什么日军想要与大明议和，请求朝鲜帮忙说话，而是直接表态让朝鲜王族交出质子渡海到日本，才可与日本议和。可见，之前日军在信件中表现出的客套，不过是他们伪装出来的。

同一天，朝鲜国王李昖弃守平壤城，向北方的宁边逃窜而去。李昖离开之前，留下都元帅金命元、左议政尹斗寿、吏曹判书李元翼守平壤城，并叮嘱他们在晚上偷袭大同江南岸的日军。到了这天晚上，金命元、尹斗寿、李元翼遵照李昖的嘱咐，派遣武官出身的金弥率领江边士兵百余人，渡江袭击敌营。当时日军正在睡觉，没有及时反应过来，被金弥率领的朝鲜军射杀数百人、夺获130余匹马。但当朝鲜军将要渡江回到北岸时，来接应的船只却没有全到，有30多个士兵被日军追上，溺死在了江中。（《宣祖昭敬大王实录》）

六月十三日晚上，金命元等人在平壤城上望见对岸的日军守备松懈，认为可以故伎重施，再次乘夜掩袭。于是金命元挑选精兵，令平安道宁远郡守高彦伯统兵渡江。当高彦伯领兵渡过大同江时，已是六月十四日的清晨，他见日军还在营帐中没有起身，便率军突击日军第一军团宗义智的阵营。趁着日军惊慌之际，朝鲜军张弓搭箭射杀日军，夺获了300多匹马。宗义智的前队将领杉村右吉郎智清、竹冈节右卫门二人，立刻指挥他们的军队抵抗朝鲜军，结果不敌，杉村右吉郎智清当场殒命。情急之下，宗义智亲自指挥手下军队与朝鲜军激战，并亲手杀死了几个朝鲜士兵。这时，日军第三军团的黑田长政也驰至江边，来支援宗义智。朝鲜军认为日军人多势众，就退回到江边，想要渡过大同江回到北岸。但是船上的水手太过慌张，不敢开船渡江，导致许多朝鲜士兵被日军逼迫至江中溺死。剩下的朝鲜士兵则渡过一条叫王城滩的浅滩，回到北岸。日军一开始不知道大同江的深浅，所以不敢贸然渡江，这下终于知道有浅滩可渡。

于是在这天晚上，日军第一、第三军团大摇大摆地由浅滩渡过大同江北上。负责守江滩的朝鲜军没放一支箭镞，就吓得逃走了。日军渡江以后，怀疑平壤城有备，不敢贸然动手，只是逡巡不前。但平壤城中的金命元、尹斗寿等人早已经吓得丧失斗志，他们连夜弃守平壤，开城门而逃。为了不让日军得到城内的人口和武器，他们把城内的朝鲜士民全部驱赶出城，又将军器、炮火沉入平壤城风月楼的小池当中。（《朝鲜阵记》《惩毖录》）

朝鲜军弃守平壤的次日，小西行长、宗义智等人率领日军第一军团，占领了空无一人的平壤城，获得积蓄在城内的数万石粮食。至此，朝鲜都城王京、松都开城、西都平壤，全部沦陷于日军之手。

朝鲜勤王军溃败

自日军入侵朝鲜以来，位于半岛西南位置的全罗道，暂时还没有被战乱波及。四月份上半月，朝鲜国王李昖还没有从王京出逃时，全罗道巡查使李洸听说日军深入朝鲜腹地，便上书李昖，请求尽发全罗道之兵，北上勤王。李昖同意了这一请求，为此下诏褒奖李洸。

五月四日，李洸集结数万兵力从全罗道北上，抵达忠清道的忠州，准备发向王京。但过了没多久，就有一个从王京南下的官员哭着来到忠州，急匆匆地进入军营告知李洸，说国王已经出逃了，日军目前占据了王京。这个官员带来的消息深深震动了全罗道的勤王之师，数万大军一时间竟然全部溃散而逃。李洸为了收拾局面，派了几个将官守住要害尼山石桥，又让人把溃逃的官军们叫回来，但是无济于事，众军士纷纷拿出刀刃，夺路而逃。李洸没有办法，只好回到全罗道的全州，捕杀了几个逃兵以示惩戒，全罗道一时民怨沸腾，都很埋怨李洸。(《宣祖昭敬大王修正实录》)

李洸为了挽回自己的名声，决心北伐，于是又在全罗道内大征勤王军。到五月十四日，全罗道各地被征发的勤王军共有 10 余万人，李洸下令将这些人集结到全州。至于负责运输粮食的人，数量更是比军队人数多出了一倍。(《乱中杂录》)但是一些地方厌恶被强行征召，于是全罗道境内就发生了内乱，玉果、淳昌两县的军人率先作乱，众人推选出邢大元、赵仁作为盟主。叛军抢劫并焚烧了淳昌县的官舍、邢狱，淳昌县郡守金礼国逃了出来，到全州向李洸报告，李洸立即下令全罗道兵使诛讨叛军。这时候，潭阳府使正领军向全州进发，他在途中遭遇了叛军，结果溃败。而南原、求礼、顺天三县应募的军人，在向全州进发的途中，不战自溃，直接就解散了。(《乱中杂录》《宣祖昭敬大王修正实录》)由此可见，李洸招募的，实际上是一帮乌合之众。

五月十九日，李洸将集结在全州的军队分为两支，分道北上王京。其中一支军队有 5 万余人，由李洸亲自率领，随行的有全州府尹、罗州牧使等 20 多名官员、将官，他们先赶往益山，接着取道忠清道的内浦。庆尚道巡查使金睟也带着 100 多人，跟随李洸一起出发。另一支军队有 4.8 万余人，由全罗道防御使郭嵘率领，随行的有全罗道助防将李之诗、金宗礼与南原府使等 20 多名官员、将官，他们先前往砺山，接着取道忠清道的大道。两军约定在京畿道的振威会合。(《乱中杂录》)

五月二十四日，李洸率领的 5 万军队抵达忠清道的温阳，而忠清道巡查使尹先觉已经率领防御使李沃、兵使申益驻兵于此，再加上庆尚道巡查使金睟也跟着李洸来了，全罗、忠清、庆尚三道的巡查使一时间都集结在温阳，声势浩大，向着王京进发。同一时间，郭嵘率领 4.8 万余人经过忠清道的公州，转向天安。(《乱中杂录》)

五月二十六日，郭嵘与李洸、尹先觉、金晔会合，勤王军集结在京畿道的振威，兵力达到 13 万人之多，旌旗蔽日，运粮队伍连绵 40 公里。虽然勤王军兵力众多，但朝鲜史料《乱中杂录》对其评价不高，认为这支大军不过是"驱羊之势"，只是被官军强行集结在一起的一群弱者。

六月三日，全罗、庆尚、忠清三道勤王军进兵至京畿道水原，李洸的军队布阵在水原的秃城。水原城内原本有日军驻扎，但他们听说朝鲜大军袭来，便在两天前放弃水原阵地，撤退到了后方的龙仁县，与驻守在龙仁县的日军合势。原先驻守在龙仁的日军将领，是日本水军大将胁坂安治的部将胁坂左兵卫、渡边七右卫门，兵力不过 300 人，与朝鲜勤王军相差悬殊。

随后，勤王军进至龙仁县以南 4 公里处。龙仁的日军见朝鲜军兵力众多，不敢出城迎战。全罗道勤王军先锋白光彦、李之诗等人因为杀死了十几个出来砍柴、打水的日军士兵，而对日军大为轻视，露出了骄傲自得的神色。(《寄斋史草》)

六月五日，李洸派白光彦前往龙仁侦察敌情。白光彦发现日军全部结阵在龙仁县北面的北斗门山、文小山，他判断日军"阵微兵残，势似孤弱"，回去后向李洸报告，称日军兵力非常少，不要错过歼灭日军的机会。随军出发的全罗道光州牧使权栗持不同意见，他苦苦劝谏李洸，称京城已经不远了，不可争锋于小敌，以致损折兵威。但李洸执意不听，他将全罗道助防将李之诗、先锋守令等人配置给白光彦，让白光彦带领他们去攻打龙仁的日军。

白光彦不把日军放在眼里，领命后便逼近龙仁，和李之诗各领 1000 人马登山，在距离日军营垒十余步的地方下马射箭。但日军埋伏了起来，从卯时（凌晨 5 时至早上 7 时）一直到巳时（上午 9 时至上午 11 时），任凭朝鲜军如何挑衅，就是不正面迎战朝鲜军。到了午时（上午 11 时至下午 1 时），朝鲜军稍稍松懈，埋伏在周围的日军突然全都杀了出来，他们挥动着日本刀，杀入朝鲜军中，左斩右斫，杀死了许多朝鲜士兵。李之诗、白光彦、古阜郡守李光仁、咸悦县监郑渊皆死于乱军之中，朝鲜勤王军的士气遭到重创。(《乱中杂录》)

六月六日，李洸等人率领勤王军主力渐次进兵，布阵在龙仁西北面的广教山。李洸下令军队做早饭，但炊烟才刚刚升起，日军骑兵就突然冲向了勤王军的阵地。原来，胁坂安治听说自己的部将在龙仁被围，就带人从王京赶了过来。这天黎明时分，胁坂家的旗帜出现在距离勤王军约 2 公里的山岭上，胁坂安治以家臣山冈右近为先驱，渐次前进。苦守龙仁的胁坂左兵卫、渡边七右卫门望见胁坂家的旗帜后大喜，赶紧打开城门，突入敌阵。（《胁坂记》）先行的 5 名日本兵骑着白马，戴着金灿灿的假面具，挥动着日本刀上前。朝鲜勤王军的先锋是忠清道兵使申益，他丝毫不敢抵抗，望风先溃。

申益的不战自溃引起了多米诺骨牌效应，勤王军纷纷溃逃。据朝鲜史料《宣祖昭敬大王修正实录》记载，10 万勤王军一时全部溃散，竟被日军数名骑兵追赶 4 公里。但据日本史料《胁坂家谱》记载，胁坂军应该是出动了包括胁坂安治在内的大部分人马，并且在追击朝鲜勤王军的过程中斩首千余级，俘获了 300 多人。笔者认为，《胁坂家谱》的记载更加可靠一些，如果 10 万朝鲜勤王军被数名日军骑兵追赶了 4 公里，那战斗力也太不堪一击了。但无论如何，勤王军惨败了。

经过龙仁败战的冲击，勤王军将教书、印信、节钺、旗麾、军器、军粮等全都丢弃，这些物资或被日军缴获，或被焚毁一空。战后，李洸败退全罗道，尹国馨败退忠清道，金晬败退庆尚道，全都狼狈地逃回了老家。龙仁的败报传到朝鲜国王李昖避难的行在后，朝廷上下长吁短叹，但又无计可施。

丰臣秀吉增派援军

五月十六日，在日本名护屋大本营的丰臣秀吉接到了朝鲜首都王京陷落的报告，顿时意气激昂，认为进占大明指日可待。他很快就写信指示在朝的日本诸将，要求在朝鲜各地修筑供丰臣秀吉停留的行营，等候他亲自渡海至朝鲜。两天以后，丰臣秀吉致书其外甥丰臣秀次，向他提到了以后的方针，要点如下：

一、朝鲜都城已陷，当遄勘定明国，以明国付关白（秀次）。宜勒兵三万人，期明年正、二月上程，准备勿懈。

二、军人粮料，贷给三万石，扈从给二万石，金币副之。

三、近日所输三十万石，宜供军须。若不足，当用大和廪米，但京都城米不得用。

四、日韩明三国靡从，无有立草，然戎备不可不饬。金装鞘雌雄刀千口、薙刀三十枝、枪二十枝，可新制以供卤簿用。刀重则不堪佩，雄刀量七两，雌刀三两，方可。

五、金不足，当移聚乐（第）之银于大坂，以用其金。换用以金一枚，直银十枚为率。

六、金襕、段（缎）子之类有所须，以书来告，供给不限数。

七、西下兵库以西，宜从水路，唯马由陆路。此地乘马，以一半发遣朝鲜。鞍具犹在，故马不须多从。

八、粮谷，名护屋、朝鲜所在储峙，不须预备。唯仆隶此地之少，不可猝办，宜备数。

九、明国既定，期后二年，奉銮舆西幸，以为明帝。奉彼近畿十国，充御厨资。公卿以下俸禄，亦在此中。贱者给十倍之禄，贵者随才赡给。

十、关白当举近畿百国相付，以为封国。

十一、而日本则奉若宫（良仁亲王）、八条殿（智仁亲王），以为太子。

十二、命大和中纳言（羽柴秀保）、若备前宰相（宇喜多秀家）为关白，高丽使岐阜宰相（织田秀信）、若备前宰相镇之，九州使丹波中纳言（羽柴秀俊）镇之。其平安城及聚乐留守，当临时命之。

十三、銮舆西下，用行幸仪，休顿殿舍，用予来时亭馆。沿道夫马，当限各封内课之。（《严岛文书》《秀吉事记》）

在丰臣秀吉制订的计划中，关白丰臣秀次领兵 3 万（加上其他已经渡海的日军）亲征大明。征服大明之后，以两年时间为筹备期，使日本天皇迁都到北京，成为"大明皇帝"；再将北京周围的十"国"（丰臣秀吉套用日本的行政区划理解明朝疆域）分给天皇，成为天皇的直属领地；又将北京周围的一百个"国"尽数封给丰臣秀次，让他成为"大明关白"。日本天皇既已成为"大明皇帝"，那便在日本皇室中再挑选一人，继位为日本天皇；日本关白丰臣秀次既已成为"大明关白"，那便在羽柴秀保、宇喜多秀家二人当中挑选一人，使他们成为日本关白。至于朝鲜，则分配给织田秀信或者宇喜多秀家。

从丰臣秀吉的这些谋划可以看出，他在得知朝鲜首都王京陷落以后，对拿下大明是胜券在握，以至于还没有摸到大明的边，就已经在安排怎么进行瓜分了。丰臣秀吉私下还妄想，征服大明以后，自己搬到浙江宁波居住，甚至连下一个入侵目标都已经选好了，那就是天竺。(《组屋文书》)

到了六月，丰臣秀吉又收到了从朝鲜前线传到名护屋的战报。他更加跃跃欲试，准备率领麾下直属部队渡海，并增派其他大名率领援军渡海。但丰臣政权中枢的德川家康、前田利家比较清醒，他们认为丰臣秀吉一旦离开日本，将影响日本国内大局，便劝阻道："殿下以近侍先航海，诸将士见之，将不顾暴风怒涛，冒万死而竞渡。恐非所以安众之道矣。不如使诸军先渡，然后进大旆。"又说："殿下亲航，则谁敢迟留此地？方今季夏向秋，飓风发作之。海路危难不可测，万一风涛有变，非啻大举不得志，恐本邦威名有所亏损也。"(《大日本编年史》《丰太阁征外新史》)

丰臣秀吉经过考虑，听从了德川家康、前田利家二人的劝告，决定自己延至次年三月再渡海，先派其他日本大名率领援军渡海。六月二日，丰臣秀吉写信给在朝鲜的日军诸将，告知了他将延期渡海的消息：

> 吾将以手下先众渡海，近侍扈从既上船矣。家康、利家等以夏秋之交，海有暴风，固止我行。且云："大旆虽独进，舟舰不多，待其返还，必在八九月之后。秋季海恶，舟不能解缆，后军何以得继发。"公私危机，所关匪细，故纳其言，先发遣军士。如进大旆，姑延为来岁三月。但明国处分，断不可不了。及期渡海，信如曒日，诸军其勿懈。(《大日本编年史》)

六月三日，丰臣秀吉又写信给加藤清正、锅岛直茂，指示他们："安辑人民，督征租赋。军人粮食，以管内租谷给之。及联队将士，而不管地者，亦准此。自国都（王京）至明国，沿道馆舍，各人修缮，以备明年亲征。"此外，丰臣秀吉又在信中要求在朝日军诸将变更部署，将原日军第三、第四军团合并为一个军团，原第五军团拆分为三个军团，然后迭次进兵，攻打大明。(《加藤文书》)

重新改组后的日本军团编制如下：

编制	大名	兵力	合计
第一军团	小西行长	7000	18700
	宗义智	5000	
	松浦镇信	3000	
	大村喜前	1000	
	五岛纯玄	700	
	有马晴信	2000	
第二军团	加藤清正	10000	22800
	锅岛直茂	12000	
	相良赖房	800	
第二军团	黑田长政	5000	25000
	大友义统	6000	
	毛利吉成	2000	
	岛津义弘	10000	
	高桥元种 秋月种长 伊东祐兵 岛津丰久	2000	
第四军团	福岛正则	4800	8700
	户田胜隆	3900	
第五军团	蜂须贺家政	7200	7200
第六军团	长宗我部元亲	3000	9200
	生驹亲正	5500	
	来岛通之 来岛通总	700	
第七军团	小早川隆景	10000	15700
	小早川秀包	1500	
	立花宗茂	2500	
	高桥统增	800	
	筑紫广门	900	
第八军团	毛利辉元	30000	30000
总计	—	110300	110300

不过，虽然丰臣秀吉计划变更军队部署，但在朝的日军诸将仍旧按照原来的军团部署行事，没有做出改动，所以进行调整的军令只是一纸空文。

在信中，丰臣秀吉又以自己举例，告诉加藤清正、锅岛直茂，说日本是如此彪悍强大的国家，尚且被他征服，更不用说文弱的大明，因此催促诸将进兵攻打大明："以本州之剽悍尚武，吾犹得提数百之卒而勘定之，况明人之长袖？而以此众往，不异于山压卵，其速进而荡平之。"（《萩藩阀阅录》《加藤文书》《细川家记》）

同一天，丰臣秀吉让南禅寺僧人玄圃灵三、东福寺僧人惟杏永哲用汉文撰写征伐朝鲜、大明的檄文，其内容如下：

> 朝鲜国征伐之事，遣前驱，可若慧泛尘涂者。于日域帝都，预察焉。仍遣羽柴对马侍从（宗义智）、小西摄津守（小西行长），如所思，早一国属平均。然则大明亦顿何不归掌握乎？如别幅记三列之备，逐日番番可致先锋，其外各各如记录，竞进可攻伐大明。加之，即令渡海诸军相追随，而与俱可，出奇策抚群民，所出号令也。如众之所知，吾为小臣时，或五百骑，或千骑，以小击大，攻伏日本国中，锐士勇将悉皆命之从。如汝等者，将数十万之军卒，可诛伐如处女大明国，可如山压卵者也。匪啻大明，况亦天竺、南蛮可如此，谁不美乎？于是乃虽欲泛龙船，自为众之先，则诸卒不待顺风，猥可解缆。若后进者，逢不意之难，则似无仁惠。是故先遣甲兵，而后不经日可航海。盖变动无常，因敌转化，勿忽。（《毛利家文书》）

由于玄圃灵三、惟杏永哲两人的汉文修养不高，这封檄文语脉不通，读起来非常晦涩。这篇檄文的大致意思是，丰臣秀吉以自己的经历激励在朝日军，说他早年为人之下时，经常以少击众，凭借 500 人、1000 人，就征服了日本，更不用说现在日军诸军率领着数十万兵马。在他看来，征讨大明非常简单；而且不单是大明，天竺、南蛮（西方国家）同样可以轻易征服。只是，他眼下因故不能亲自渡海，所以先派遣援军，不用多久他们就将渡海来到朝鲜。

做出以上承诺后，丰臣秀吉派遣石田三成、增田长盛、大谷吉继这三位奉行以及加藤光泰、前野长康渡海前往朝鲜，代替他督战；接着，他又使木村重兹、细川忠兴、长谷川秀一等人各率其兵，陆续渡海。这些人都是丰臣秀吉派去朝鲜的援军部队。（《旧记杂录后编》《多闻院日记》《细川家记》《松井家谱》）

实际上，丰臣秀吉派遣的援军远远不止于此。对于日军在后续阶段陆陆续续共出动了多少援军，可以参考《太阁记》《天正记》《岛津文书》《山崎文书》。据笔者统计，以上史料对日本援军的数量记载分别如下：

朝鲜国都表出势之众（征讨朝鲜国都的部队）　　　　　　　　　　（单位：人）

部队	《太阁记》	《天正记》	《岛津文书》	《山崎文书》
增田长盛	3000	1000		1624
石田三成	2000	2000	1646	1640
大谷吉继	1200	1200	1535	1530
前野长康	2000	2000	—	920
加藤光泰	1000	1000	—	1917
浅野长政 浅野幸长	3000	3000	4000	1000
宫部长房	1000	1000	912	912
南条元清	1500	1500	803	800
荒木重坚	850	850	450	450
垣屋恒总	400	400	201	200
斋村广道	800	800	370	370
明石全丰	800	800	363	360
别所吉治	500	500	313	313
中川秀政 中川秀成	3000	3000	—	1520
稻叶贞通	1400	1400	638	630
服部一忠	800	800	693	690
一柳可游	400	800	406	400
竹中重利	300	300	246	240
谷卫友	450	450	340	340
石川贞通	350	350	298	250
羽柴秀胜	8000	8000	4018	4000
细川忠兴	3500	3500	2296	2300
长谷川秀一	5000	5000	2470	2000
木村重兹	3500	3500	1823	1538
太田一吉	120	120	—	110
小野木公乡	1000	1000	—	680
牧村政吉	700	700	—	690
冈本重政	500	500	—	520
加须屋武则	200	200	—	310
片桐且元	200	200	—	—
片桐贞隆	200	200	—	204
高田治忠	300	300	—	200
藤悬永胜	200	200	—	140
古田重胜	200	200	—	160
新庄直定	300	300	—	320
早川长政	250	250	—	340
毛利重政	300	300	—	520
龟井兹矩	1000	1000	—	1330
合计	50220	48620	23821	31468

未在"朝鲜国都表出势之众"编制内的援军　　　　　　　　　　　　　（单位：人）

部队	《太阁记》	《天正记》	《岛津文书》	《山崎文书》
伊达政宗	1500	1500	1258	1000
上杉景胜	5000	5000	—	4500
佐竹义久	—	—	—	1460
山田藤三	—	—	—	187
太田半次	—	—	—	98
青山甚左卫门	—	—	—	470
黑田孝高	—	—	325	—

《太阁记》《天正记》这两份史料记载的日本援军将领名单和兵力数据，是丰臣秀吉在侵朝之前就已做出的调兵部署，被称作"朝鲜国都表出势之众"。从字面上理解，是丰臣秀吉计划占领朝鲜首都的部队。这两份文件表明，丰臣秀吉在侵略朝鲜之前，除了准备必然渡海的 15 万先锋部队以外，还制订了派遣后续援军进入朝鲜的计划。两份文本的差异点，主要在于增田长盛的兵力。《太阁记》记载增田长盛的兵力是 3000 人，《天正记》少了 2000 人，是 1000 人。

但是无论如何，《太阁记》《天正记》记载的只是丰臣秀吉在外征前的调兵部署，至于之后是否按照这一计划派遣援军进入朝鲜，需要以《岛津文书》《山崎文书》这两份史料进行佐证。

《岛津文书》是丰臣秀吉在一年后的万历二十一年（日本文禄二年，1593 年）五月制定的，日军转战朝鲜庆尚道、全罗道的兵力部署。《岛津文书》上的记载证明，在《太阁记》《天正记》中登场的"朝鲜国都表出势之众"，已经有相当一部分人进入了朝鲜，参与了实际作战。但同时，还有很多出现在"朝鲜国都表出势之众"名单上的日本援军将领没有在《岛津文书》中登场，这成了不确定因素。

《山崎文书》这份史料最为重要，它是丰臣秀吉在万历二十一年七月底，将派遣到朝鲜的日本援军召回日本国内的军令。在这份军令中，《太阁记》《天正记》里计划派遣的"朝鲜国都表出势之众"，除了片桐且元以外，全都有提到。而根据《丰臣秀吉文书集》，片桐且元也确实到了朝鲜。因此可证，所有"朝鲜国都表出势之众"都按照丰臣秀吉的计划，渡海前往朝鲜进行增援了。

需要指出的是，《岛津文书》和《山崎文书》记载的"朝鲜国都表出势之众"

的兵力，都是他们在进入朝鲜以后，经过与朝鲜官军、义兵的战斗，不断折损、补充的兵力，并不是最初的渡海兵力。"朝鲜国都表出势之众"的初始渡海兵力，应当以《太阁记》《天正记》为准，在5万人左右。

此外，从《岛津文书》的记载来看，黑田长政的父亲黑田孝高也带领人马渡海至朝鲜，未在"朝鲜国都表出势之众"的编制之内。从《山崎文书》的记载来看，未在"朝鲜国都表出势之众"编制内的日本援军，还有东日本的大名伊达政宗、上杉景胜、佐竹义久，以及山田藤三、太田半次、青山甚左卫门。根据《太阁记》《天正记》的记载可知，伊达政宗渡海时的兵力是1500人，上杉景胜的兵力是5000人，其他人则不得而知。

根据《山崎文书》的记载进行估算，佐竹义久回日本时兵力为1461人，那么渡海前往朝鲜时的兵力可能是1500人；山田藤三回日本时兵力为187人，渡海时的兵力可能是200人；太田半次回日本时兵力为98人，渡海时的兵力可能是100人；青山甚左卫门回日本时兵力为470人，渡海时的兵力可能是500人。以此进行初步推算，所有未在"朝鲜国都表出势之众"编制内的日本援军，加起来应有9000余人。

"朝鲜国都表出势之众"加上未在"朝鲜国都表出势之众"编制内的日本援军，兵力估计为57000人至59000余人。加上丰臣秀吉一开始派入朝鲜的约15万日军先锋，日军在侵朝战争中的实际渡海人数，保守估计有20万人，这也是日本历史上第一次以如此庞大的兵力进行外征。

晋州之战

万历二十年八月，丰臣秀吉派遣的大部分援军已先后抵达朝鲜，进入王京。这时候，日军在朝鲜面临着这样一个难题：庆尚道的朝鲜义兵群起反抗，堵塞了日军在朝鲜的登陆点釜山浦至王京之间的通路，使日军面临补给困难。于是，八月七日，为了镇压庆尚道义兵，木村定光、长谷川秀一、细川忠兴、小野木公乡、牧村政吉、糟屋内膳正、太田一吉、青山修理亮、冈本下野守等日本援军将领，统领13000人从王京南下，向庆尚道进发。（《细川家记》《松井家谱》《太阁记》）

日军首要攻打目标是朝鲜将领李光源据守的庆尚道岩山城。细川忠兴的弟弟细川兴元与部将松井康之杀在最前面，想要靠肉搏登城，但是都受伤败退了下来。直到细川忠兴下令纵火，才终于将岩山城攻陷。(《松井家谱》《细川家记》)日军获胜后一路南下，先打下仁同城，后又一连打下了沿海的镇海、泗川、固城。攻占这些据点后，日军分兵留守各城，剩下的一部分兵力则被派去攻打晋州城。

面对日军来袭，晋州判官金时敏与守城士兵坚壁不出，誓死守城。庆尚道的义兵将领郭再祐听说以后，从宜宁带了援军过来救援晋州。庆尚右道巡查使金诚一也动员周边列邑的兵力，赶过来救援晋州。

由于朝鲜军的兵力得到增强，而日军因分守泗川、固城、昌原，兵力分散，双方的强弱发生了转变。这种情况下，出兵攻打晋州的这一部分日军到了晋州对面的江岸以后，竟然胆怯地不敢渡江，直接掉头逃向泗川城。金诚一闻讯后赶了过来，与金时敏、郭再祐联合，一同追击日军，在泗川城外将日军击破。打了败仗的日军夜里弃泗川城逃向固城，与留守在固城的日军合兵一处。

金时敏等人见日军闻风丧胆，便抽调出一部分兵力，让这些士兵嘴里叼着小木棍，不发出一点声音，偷偷地翻过大屯岭，去偷袭固城日军。惊魂未定的日军得知朝鲜军紧追不舍，感到非常畏惧，勉强撑了几天后，又在夜里弃固城而逃，并唆使留守镇海的日军一同逃走。日军一下子就放弃了刚打下不久的泗川、固城、镇海三座庆尚道沿海城池，这让朝鲜军对其大为轻视。金时敏等人不依不饶，再次发兵追击，并在追赶中击破日军，用计擒获了镇海城的日军将领平小大。在金时敏的奋战之下，泗川、固城、镇海接连被收复，他也因此官升晋州牧使。(《宣庙中兴志》)

长谷川秀一、细川忠兴等人战败之后，非常丢脸地逃到了日军登陆朝鲜的据点釜山浦进行修整。过了一段时间之后，他们准备再次进兵晋州。九月二十四日，他们重整军势，率领金海、东莱的3万日军分道并进，一路自露岘而进，一路自熊川而进，越过安民岭，进犯晋州的前哨站昌原城。

朝鲜庆尚道右兵使柳崇仁为了不让日军突破昌原防线，率领官军、义兵迎战日军，结果战败，麾下士卒被日军杀死许多。次日，柳崇仁收拾散卒再战，结果又迎来大败，只能领兵退走。80多名日军先锋士兵就此直入昌原，到处纵火。二十六日，日军继续向前推进，占领了昌原西面的咸安城。(《乱中杂录》)

十月三日，日军从咸安分兵发向晋州，一军翻越马岘而进，一军由佛迁而进。次日，日军千余骑兵先锋驰至晋州东面的山峰上，在山上纵马驰突，炫耀武力。晋州牧使金时敏下令城中士兵视若不见，不许妄费一支箭、一枚弹丸，又聚集齐城中男女老弱，让他们穿上军装站在城头上，以壮军威。日军先锋见引诱不出城内的朝鲜军，在侦察完地形后很快就回去了。

这一天，先前在昌原战败的庆尚道右兵使柳崇仁，独自骑着一匹马来到晋州城下，恳请金时敏开城接纳。然而金时敏认为，一旦让官阶在他之上的柳崇仁入城，朝鲜军就会更换主将，导致指挥权混乱，所以拒不接纳柳崇仁，只是回话让他"在外为援"。得不到接应的柳崇仁只好漫无目的地找地方逃走，但不幸在途中碰上了日军，结果与泗川县监郑得悦、权管朱大清等人战死。（《宣祖昭敬大王修正实录》《宣庙中兴志》《乱中杂录》）

十月六日，长谷川秀一、细川忠兴等人率领3万日军包围晋州城。日军各部队竖起了代表家族的旗帜，日军将领们则戴着饰有羽毛的金黄色面具，穿着在朝鲜人看来奇形怪状的甲胄。在阳光的照耀下，围城的日军让朝鲜军看得头昏眼花。6名主要日军将领分阵督战，数千名日军铁炮手在山上对晋州城不断开火，硝烟冲天，轰鸣不绝。金时敏命令城中的3800名守军分守城堞，让他们暂勿轻举妄动，等日军的铁炮声弱下来以后，就立刻擂鼓，放炮迎击。

听闻晋州被围，庆尚道的义兵将领们从各个方向赶了过来。崔堈（gāng）、李建从固城出兵，驰援晋州。他们在晚上登上纲陈山，举起火把、擂响战鼓，声音响彻天际。郭再祐派遣麾下将领沈大丞来援，沈大丞带来的200人趁着夜色登上晋州北面的山峰，吹起号角、举起火把，与城中相应，并放出风声说红衣将军（郭再祐因为喜欢穿红衣，又多次打败日军，因此被日本人称作"红衣将军"）将亲自前来。全罗道的义兵将领崔庆会、金俊民，也率领2500人驰援晋州。

晋州城守将在此之前给日军造成了很大打击，日军知道这是一块硬骨头，很难啃下。为了顺利打下晋州城，日军将领们想了很多办法。他们首先抽出部分兵力，前去堵截前来救援晋州城的各个义兵部队。而前来救援晋州的义兵们，本身兵力有限，不敢与日军发生正面冲突，所以这一部分人算是被日军拦住了。接下来，日军制作了很多用于攻城的器械。他们不仅造出数千架竹梯，将其排列在一起，作为大军登城用的工具；还制作了比晋州城都高的战车，让日军士兵站在战车上，对着晋州城放铁炮。

面对日军的压迫，金时敏也做好了应对，他让晋州守军准备好火器、火药，并在城上摆上大炮、大石头，又煮了大锅鼎沸的热水。当日军使用各种攻城器械开始攻城的时候，金时敏命令晋州城守军对着战车上的日军放玄字炮，将其击落；又从城上投下火药，焚烧日军制作的松障（一种攻城武器）；还用大炮击碎了日军编制的竹梯。其他人或从城上浇下滚烫的沸水，或投下大石块，使日军惨遭重创不得不败退。

十月十日夜，长谷川秀一、细川忠兴等人实在咽不下这口气，再度率领日军袭向晋州城。日军先锋手持盾牌，一拥而上，攻打晋州东门，后继的1000多名日军铁炮手则对着晋州城齐放铁炮，使晋州城守军不得立于城上。金时敏指挥将士拼死血战，他下令晋州守军使用弓弩、大炮、巨石等武器顽强抵抗，这使日军持续出现死伤。

战酣之际，另一股日军部队开始攻打晋州城北门，万户崔德良等人冒死拒战，昆阳郡守李光岳拉弓引弦，射杀了一个日军将领。晋州守军坚持抵抗到了次日天亮，未曾有一刻休息，但城中木材、石材都已用尽，金时敏也被日军铁炮击中负伤，倒在了地上（后因伤势过重而死去），晋州城岌岌可危。好在日军打到中午时分便撑不下去了，解除了对晋州的围困，焚烧阵亡日军士兵的尸体退兵而去。（《宣祖昭敬大王修正实录》《乱中杂录》）晋州之战，终于以日军的失利而告终，这一战让日军遭逢奇耻大辱，也给晋州城埋下了他日遭到日军疯狂报复的种子。

加藤清正入侵咸镜道

日本先遣军团制订了"八道国割"计划后，便开始分兵入侵朝鲜各道。小西行长、宗义智等人率领第一军团入侵平安道，加藤清正、锅岛直茂等人率领第二军团入侵咸镜道，黑田长政、大友义统率领第三军团入侵黄海道，毛利吉成、秋月种长等人率领第四军团入侵江原道，福岛正则、长宗我部元亲等人率领第五军团入侵忠清道，小早川隆景、立花宗茂等人率领第六军团入侵全罗道，毛利辉元率领第七军团入侵庆尚道，宇喜多秀家率领第八军团占领京畿道。

除了入侵平安道的日军第一军团之外，其余军团入侵朝鲜各道的具体经过，由于不在主线历史的叙事范围之内，所以长期以来为人忽略，没能得到详细的记录。为此，笔者将在下文中以空间为界，分开叙述这些军团的作战经过。

首先叙述日军第二军团的作战经过。六月十日，加藤清正、锅岛直茂率领日军第二军团从黄海道的宝山驿出发，向东北方向的咸镜道进兵。由于不认识进兵的具体道路，加藤清正在途中抓获了两个朝鲜人，要求他们作为向导，带领日军第二军团进入咸镜道。一个朝鲜人推辞说不认识路，结果立刻就被杀死，另一个人当即被吓得连连答应带路。（《宣祖昭敬大王修正实录》）

六月十七日，加藤清正率军翻越黄海道与咸镜道交界的老人岘，抵达咸镜道最南部的安边。他写信给在日本名护屋大本营的长束正家（丰臣政权的五奉行之一），提到了自己的计划：从咸镜道一直打到兀良哈（日本人对女真部落的称呼）。次日，锅岛直茂也领兵越过老人岘，抵达安边，并就地掠夺兵粮与酒肉。（《普闻集》）

由于咸镜道是朝鲜李氏王朝专门用来流放罪犯的地方，因此这里集聚了很多对朝鲜政府不满的人。日军的到来，对他们来说无疑是"解放"，这些人很快就成了叛民。因此，日军在咸镜道南部并没有遭到什么抵抗，这里在极短时间内被日军纳入了支配之中。咸镜道北部，差不多也是同样的情况，明川、吉州的叛民为了迎接日军的到来，甚至将朝鲜王子临海君、顺和君在咸镜道北部避难的消息写在纸上，用牌子挂在路边，以此告知日军。

六月二十二日，加藤清正和锅岛直茂分配了在咸镜道南部、北部的势力范围。加藤清正将南部的安边作为大本营，锅岛直茂将南部的永兴作为大本营。南部的德原、文川、高原、永兴、定平、洪原这六座城池，由锅岛直茂的家臣驻守；南部的北清、利城、端川，北部的城津、吉州，这五座城池由加藤清正的家臣驻守（《锅岛直茂谱考补》）

六月二十九日，加藤清正从咸镜道南部领兵北上，准备经咸镜道北部发兵女真部落聚居区，顺便在进兵途中搜捕避难的两位朝鲜王子。同一天，锅岛直茂将大本营从永兴移到咸兴，他虽然没有北上，但是派出了家臣成富茂安、后藤家信、龙造寺家晴、藤经众，让他们跟随加藤清正去征伐女真部落。

七月十八日，加藤清正率军翻越咸镜道南北部交界的摩天岭，进入咸镜道北部。在北部地区最南端的城津城附近，有一处叫作海汀仓的仓库。在这里，加藤清正遭遇了忠于职守的北道兵使韩克諴（xián）率领的关北六镇^①军士的抵抗，双方发生激战。韩克諴的目的是保卫摩天岭以北的整个咸镜道北部不受日军侵犯，他率领的骑兵是朝鲜为防御女真部落侵略而专门培养的，可以说是朝鲜最精锐的骑兵部队。因为他的部队擅长骑射，且周围地形又很平旷，于是"左右迭出，且驰且射"，一度将加藤清正率领的日军打得"不能支"，将其逼退到了海汀仓内。（《惩毖录》）

　　战至傍晚，朝鲜士兵又饿又疲，想要稍事休息，等日军自己从仓内出来，再一举歼灭。然而韩克諴不听劝告，指挥军队包围了海汀仓。日军急于应对，连忙搬出海汀仓内屯聚的粮食，堆积在四周，作为防御工事，以避免受到朝鲜军的弓箭攻击；又利用空隙之处发射铁炮弹丸，打死了很多朝鲜士兵。据《惩毖录》记载，日军的弹丸不但能打穿目标，一发弹丸甚至能打死三四个人，而朝鲜军又排列得很密集，因此大败，韩克諴只能收拾败兵逃到了附近的山岭中。

　　当时，朝鲜王子临海君、顺和君二人避难在咸镜道北部的镜城，当他们得知韩克諴在海汀仓战败的消息后，从镜城一路仓皇北逃，一直逃到了咸镜道最北部的会宁，这里已经是朝鲜与女真部落交界的地方了。两位王子还打算继续向北逃跑，想要不顾生命安全逃入女真部落。但是镇守会宁的朝鲜士兵密谋叛变，他们把守住城门，不让两位王子逃出城。次日，会宁镇抚鞠景仁发动叛乱，他自称大将，以500骑兵包围客舍，生擒了两位朝鲜王子和他们的妃嫔、侍女，还有陪同王子一同到咸镜道避难的宰臣金贵荣、黄廷彧、黄赫以及他们的家属。抓捕到这些人以后，鞠景仁很快就写信给加藤清正，向他表示了投诚之意，并直言朝鲜王子已经被捕，请加藤清正亲自前来接收。

　　七月二十四日，加藤清正应鞠景仁之邀，领兵来到会宁，他将军队结阵在城外，自己坐在一抬轿子内，让人抬着进入城内。当他见到被鞠景仁俘获的朝鲜王子和臣僚一干人等全都被绳索捆绑住的时候，对朝鲜叛臣如此对待自己的主君很是看不下

---

　　① 关北六镇是指镜道北部摩天岭以北的稳城、庆源、钟城、庆兴、会宁、富宁。

去，当即责备他们道："此乃汝国王之亲子及朝廷宰臣，何困辱至此？"

说完，加藤清正就下令为两位朝鲜王子松绑，并供给他们颇为丰厚的饮食，但仍将他们作为人质，留在军中严密监视。另一方面，加藤清正又重用鞠景仁，拜他为判刑使，相当于朝鲜的节度使。

之后，加藤清正率军渡过图们江，按照既定计划北上，入侵图们江对岸的女真部落。他进入女真部落的目的，是想经由此地入侵明朝。在进入女真的势力范围后，日军目之所及，只有空旷的田野，没有稻谷，土地上生长了许多高大的罗汉松。这里的部落没有君主，每个村立有一个村长，各自设置栅垒。加藤清正利用日军的兵力优势，攻破了女真部落的几个小型城堡，又一路放火前进。日军所到之处，女真部落的民众全部逃散一空。加藤清正见没有粮食可以掠夺，在抓捕到两个女真人后，便准备撤兵回到咸镜道。(《韩阵文书》)就在这个时候，女真部落对加藤清正发起了疯狂的报复作战，给加藤军造成了极大伤亡。《宣祖昭敬大王修正实录》记载："胡人四起邀击，（加藤军）士卒多死伤。"

由于作战失利，加上兵粮不继，加藤清正败退回咸镜道。期间，咸镜道北部的地主们不但没有趁机痛打落水狗，反而纷纷捉拿各个城池的长官，将他们缚送给日军，向加藤清正表达恭迎之心。最早发动叛乱的是镜城的户长鞠世弼，他捉拿了负责守卫镜城的判官李弘业，将他交给加藤清正，以喜迎"王师"。

之后，稳城的品官姜信等人也发动兵变，绑了稳城府使李洙，作为投降日军的献礼。在钟城，府使郑见龙见势不好，直接弃城而逃，品官南千寿等人接管此城后，直接投靠了日军。(《关北纪闻》)而先前在海汀仓之战中败给加藤清正的北道兵使韩克諴逃入了女真部落，但是女真部落拒不接纳他，将他送回到了咸镜道北部的咸兴百姓家。结果韩克諴立刻就被咸镜道叛民捕获，交到了加藤清正那里。

有了叛民的配合，加藤清正在退兵路上没有遇到任何抵抗，他一路经过钟城、稳城、庆源、庆兴，沿着海边的峡路行走，退兵到了镜城。稍事休整后，加藤清正从镜城继续南下，在吉州留下数千兵力，使家臣加藤安政在此留守。他自己则带上俘获的两位朝鲜王子，回到在咸镜道南部的大本营安边。为了安定咸镜道北部，实行间接统治，加藤清正分别任命了一些投靠日军的咸镜道叛民为首领，让他们替日军镇守稳城、庆源、钟城、庆兴、会宁、富宁、镜城、明川这八座城池，任命的官职有"刑伯""礼伯"等称谓。

尽管咸镜道成了叛民的温床，但不是所有咸镜道之民都愿意接受日军的统治，总会有人站出来反抗日军。咸镜道北部有一名叫郑文孚的评事官①，日军入侵后，他为躲避叛民的搜捕逃窜到了深山荒野之中，差一点就死了。后来，郑文孚又逃到了他的学生池达源家中，池达源住在镜城海边最偏僻的地方，是理想的避难之所。又过了一段时间，西北堡万户高敬民从流亡的朝鲜政府那里带来消息，说天朝兵马（明军）将要到达朝鲜，朝鲜朝廷已经宣判咸镜道为"逆窟"，平倭后要立即进行讨伐。这个消息让咸镜道的叛民们非常紧张，也让怀有反抗日军之心的咸镜道人士感到振奋。

于是，池达源与崔配天等人偷偷召集乡校的学生，以及武士当中的有识之士，集结到郑文孚麾下，他们推举郑文孚为咸镜道义兵将领，一下子就汇聚了数百人。镜城前万户姜文佑听说后，也投靠了郑文孚。义兵们经过商议，决定出兵袭击镜城，攻打被加藤清正任命的镜城守将鞠世弼。

鞠世弼当时正意气自若地在镜城进行治理，他仓促间听说城外有义兵来袭，立即下令关闭城门，并登上城门与义军对峙。姜文佑在城外对鞠世弼晓以祸福，反复劝说他投降。鞠世弼知道不敌，心中动摇，最后他放弃抵抗，开城投降了义兵，并奉上了官印。郑文孚进城后，对义兵下令，不要问责投降日军的旧犯，并使鞠世弼领兵如故；又向镜城南北传发檄文，通告镜城兴起义兵、需要招募义士的消息，进一步扩大抗日的队伍。

义兵在镜城的胜利传开以后，咸镜道北部各地有志抗日之士先后前来投靠郑文孚，使郑文孚的义兵队伍进一步壮大。其中，钟城武士金嗣朱、镜城人吴璞，各自率领精兵前来应募。原先有幸免于被叛民抓捕，逃窜到荒山野外的咸镜道官员与军官们，闻讯后也都先后来投靠郑文孚，如钟城府使郑见龙、庆源府使吴应台、庆兴府使罗廷彦、高岭金使柳擎天、军官吴大男等。

由于咸镜道北部的很多地方官纷纷进入镜城，郑文孚就想把他的大将一职让给郑见龙。但是郑见龙不敢承担这么大的责任，推辞着不肯接受。儒生们也都纷纷劝

---

① 兵马评事的简称，即兵马节度使的副官，是李氏朝鲜在咸镜道、平安道设置的官职，正六品。

说郑文孚，称本来就是以义兵为名起兵，所以不必以官职高低决定大将，且郑文孚出任大将实属众望所归。经过众人的劝说，郑文孚才勉强接受了。

之后，郑文孚集结3000兵力，又组织精锐骑兵作为先锋，交由柳擎天率领。留守吉州的加藤清正部将加藤安政听闻义兵在镜城兴起的消息后，派了100多人北上，在镜城西面侦察情报。姜文佑等人见状，立刻开城门突击，杀死10多个人，剩下的日军士兵全都逃散而去。(《宣祖昭敬大王修正实录》)

郑文孚的兴起，使加藤清正在咸镜道北部的统治遭到了极大的威胁与挑战。而在咸镜道南部，义兵同样挑战着锅岛直茂在当地的统治。原来，锅岛直茂的军队大肆掠夺朝鲜农民的粮食，实行苛政，引起了朝鲜农民的极大反感，于是有人就想要组建义兵进行反抗。

十月，一个叫金应副的儒生找到了躲藏在三水别害堡的咸镜道最高行政长官——咸镜道巡查使尹卓然，请求征召义兵，对日军发起反攻。但尹卓然怀疑金应副是日军的走狗，并不相信他。另有一个叫李希禄的儒生潜入日军阵营侦察形势，他回来后面见尹卓然，力称人心向国，可击敌军，并向尹卓然推荐了武科出身的咸兴人柳应秀、李惟一、朴中立、郑海泽，说他们可以作为义兵大将。尹卓然这下才打消怀疑，起用柳应秀等人。柳应秀得到任命以后，进入咸兴郡北方的高迁社，数日之内就招募到了数千义兵，又斩杀了三名党附锅岛直茂的叛民，并出兵袭击锅岛直茂的大本营咸兴，以及锅岛军控制下的高原、洪原、永兴等郡。(《丰臣秀吉朝鲜侵略关系史料集成·第一卷》)十月十一日，义兵与锅岛直茂的部将成富十右卫门、江口与三左卫门交战于永兴郡，江口与三左卫门战死。(《锅岛直茂谱考补》)

锅岛直茂非常着急，在他看来，对付义兵刻不容缓，于是立刻派人向安边的加藤清正求援。加藤清正指责锅岛直茂对咸镜道南部的支配不够彻底，只让家臣寺田笹之助带了60人去帮助锅岛直茂。锅岛直茂将加藤清正派来的援军与锅岛军合兵一处，派往咸兴郡西面的歧川，准备镇压义兵。

柳应秀听闻日军出动，便把义兵大部队抛在后头，独自率领数千步骑突进。进兵途中，柳应秀遇见了锅岛军的先锋，一番交战后斩杀了对方34人，剩下的锅岛军不敢抵抗，全部逃回阵地。随后，义兵大部队跟了上来，与锅岛军隔着歧川相互对射。日军对着义兵放铁炮，义兵则对着日军放箭。有一个锅岛军将领指挥麾下士兵挥动日本刀进前搏战，结果被义兵放箭射杀。而柳应秀的战马也被日军铁炮射中，倒在了地上。但是柳应秀毫不退缩，反而"气益壮，战益力"，亲手杀死了违抗命令不出战的一名士兵，以此振奋己方士气。义兵士气得到鼓舞后，分出一部分兵力，绕到锅岛军背后，使锅岛军惊惧而逃。不过由于太阳已经落山，义兵并没有穷追锅岛军。次日，义兵听到锅岛军的大本营咸兴城内传出了阵阵哭声，猜测是由于在前一日的会战当中死了许多人的缘故。（《宣庙中兴志》）

接着，李惟一和生员韩敬商来到咸兴东北方向的德山洞（地名，不是真的山洞）招募义兵，一共招募到了3200多人。一行人与锅岛军在德山馆遭遇，义兵斩杀了四五十个日本士兵，并将砍下的首级送到三水别害堡，交给咸镜道巡查使尹卓然验视。尹卓然大喜，认为日军不足忧虑，没什么可害怕的，于是便任命咸镜道南兵使成允文为大将、庙坡权管白应祥为咸兴判官，统领官军、义兵讨伐锅岛军。

成允文出阵黄草岭下，锅岛军闻讯后大举而来，成允文派出白应祥、柳应秀迎战，挫败了锅岛军的先锋部队，并将日军一路追击至歧川西面的洪岛。但就在这里，锅岛军却突然开始大喊大叫地拼死抵抗，让咸镜道的官军、义兵死伤惨重，退兵到了歧川东南位置的独山。虽然战败，但官军、义兵的声势还是很大，锅岛直茂不得不再次向加藤清正请求派兵增援。（《宣庙中兴志》）

然而由于义兵的兴起，不仅锅岛直茂在咸镜道南部的统治岌岌可危，加藤清正在咸镜道北部的统治也同样摇摇欲坠。先前，郑文孚招降了加藤清正任命的伪镜城守将鞠世弼，因此顺利入据镜城。等城内的局势安定下来后，义兵们便纷纷向郑文孚请命，要求出兵讨伐日军。于是郑文孚通过占卜，选择了一个吉利的日子，准备在那一天出兵。

到了这一天，郑文孚将要动身时，义兵们又请求先诛杀留在城内的鞠世弼等叛贼。郑文孚对此表示同意，下令诛杀了鞠世弼等13个投靠过日军的叛民，这让义兵们非常振奋。随后，郑文孚将檄文传达到北关六镇（稳城、庆源、钟城、庆兴、会宁、富宁），号召各镇的有志抗日人士组建武装力量，诛杀与日军合作的叛民首领。在他的号召下，局势大为转变。会宁的儒生申世俊最先响应郑文孚，起兵斩杀了由加藤清正扶植的伪会宁守将鞠景仁，由此光复会宁，此后其余各镇也都陆续光复。

经过义兵的群起反抗，日军在咸镜道北部的实际支配据点，就只剩下北部最南端的吉州、城津、岭东馆栅城。吉州的加藤军为报复义兵，到城外各地烧杀抢掠，其中一支军队在吉州东北方向的明川进行抢掠。郑文孚听说后，就率领义兵从镜城南下，抵达吉州的南村，截断了这支加藤军的退路。在明川进行抢掠的这支加藤军，只好迂回到吉州城东面2公里外的长德山下，想经由这里回到吉州，结果郑文孚带领义兵率先占据了长德山的山巅。山下的加藤军为了突破封锁，争先恐后地登山，并用铁炮仰攻山上的义兵。然而郑文孚麾下的义兵将领柳擎天催促铁骑从高处疾驰而下，瞬间就冲垮了加藤军的队伍，致使加藤军大败。另一名事先埋伏在西边山底的义兵将领高敬民，立刻发炮阻截加藤军。加藤军敌不过义兵，只能退到山涧、小谷之中。郑文孚没有放过他们，指挥义兵将加藤军团团围住，准备将其聚歼。但是到了晚上，突然下起了很大的雪，义兵们都非常冷，没有战下去的力气了，只能暂时停止攻击。

次日天亮以后，义兵在山涧、小谷之中进行搜捕，一共斩获了600多颗首级。待在吉州城的加藤军知道后，吓得紧锁城门，不敢出战。郑文孚不依不饶，又指挥义兵将吉州城围住。加藤军为打退义兵，在吉州城的城楼上对着城下的义兵施放铁炮。义兵在铁炮弹丸的威胁下不能接近城池，只好暂时撤退，但是仍然在距离城池稍远的地方将城池四面围住，不让城内的加藤军有出城砍柴的机会。

此时，在咸镜道北部最南端的岭东馆栅城，还有另外一支加藤军的驻守部队。这支加藤军在郑文孚与吉州加藤军交战的时候，出兵焚烧、抢掠附近的临溟村。十二月十日，郑文孚解除了对吉州城的围困，南下攻打这支加藤军。随后，双方交战于临溟村西边的双浦，义兵的骑兵部队疯狂驰突加藤军，致使加藤军惨败，被义兵砍下了60多颗首级。(《宣祖昭敬大王修正实录》)

对于义兵骑兵部队蹂躏加藤军的场景，朝鲜史料《义旅录》记载道：

> 十二月初十日，又战于吉州双浦。我军以铁骑疾入，冲突其阵。倭兵一番放火后，不及措手，皆辟易散乱，我军遂乘胜大破之。

著名的朝鲜国宝《北关大捷碑》也同样对当时的情景有栩栩如生的记载：

十二月，又战于双浦。战方合，偏将引铁骑横冲之，迅如风雨。贼失势，不及交锋，皆散走。乘胜，又破之。

历经长德山之战、双浦之战后，吉州、岭东馆栅城两地的加藤军，坚守不出，不敢再轻易出城。郑文孚取得了优势后，很快就指挥义兵分别包围两处。(《宣祖昭敬大王修正实录》)加藤清正、锅岛直茂两人在咸镜道的统治，由于义兵的反抗，遭到了极大挫折。

黑田长政入侵黄海道

接着叙述日军第三军团在朝鲜的作战经过。第三军团由黑田长政、大友义统二人率领，总兵力11000人。在日军制订的"八道国割"计划中，第三军团负责的是入侵并占领黄海道。黑田长政在入侵黄海道以前，找到了愿意与日军合作的朝鲜文人，使其撰写榜文，通报黄海道的士人、百姓放弃兵器投降日军，不得有所抵抗。榜文的内容为：

> 黑田甲斐丰臣长政，通谕黄海道两班、人民等：
> 日本非是前日之日本，要与天下共享太平，宽徭薄赋，按堵如旧。大军之过，大小迎谒，入山逃避者斩。自持军器，尽纳于官，违令者斩。虽宰相朝士，避乱者，毋隐来见，公私贱当尽为百姓。(《行年日记》)

很多黄海道的朝鲜百姓看见这张榜文后，就争先恐后地抛弃兵器，迎候日军到来，又将榜文到处张贴，唯恐贴迟了，被日军怪罪。只有极少数地方不愿妥协，坚持抵抗日军，比如延安、海州。

六月十六日，日军第三军团的数十个先锋来到延安城外，要求入城押运粮食，但遭到延安府使金大鼎的拒绝。金大鼎当即射杀了为首的日军头目，剩下的日军全部逃散一空。日军虽然退去，但延安城的朝鲜百姓对于延安府使击退日军一事流露出了很不满的态度。他们觉得延安府使轻举妄动，肯定会招致祸患，打算日军再来，就绑了延安府使，将他送交给日军。（《行年日记》）但还没等朝鲜叛民将延安府使捆起来，延安府使自己就感到后怕，弃城逃亡了，于是延安被日军轻松占据。

六月二十四日，黑田长政、大友义统率领日军第三军团的主力部队进入黄海道，已占据延安城的日军先锋全部从延安撤出，赶往金谷，去迎接主帅。黄海道的朝鲜群众望风归附，黄海道巡查使、首令全都逃到深山里，几乎没有人出面抵抗日军，唯有海州城拒绝投降。七月上旬，日军第三军团发兵攻陷海州，在此实行军事支配，黄海道仅剩下的一个抗击日军的堡垒也陷落了。（《行年日记》）

此后很长一段时间里，黑田长政、大友义统在黄海道都没遭到像样的抵抗。但到了八月二十二日，由朝鲜世子任命的黄海道招讨使李廷馣(ān)，率领数百义兵进驻延安府，重新将延安变成一个反抗日军的据点。其他人马也陆续赶来，延安府使金大鼎带了数十名官军回到城中，参谋官田见龙带来了数百斛田米，平山义兵将领李砥、从事官禹俊民从平山赶了过来，另一名义兵将领宋德润也带来了数百援军。作为最高指挥官的李廷馣命令他们分守城堞、修缮器械，作为守御之计。

日军很快就盯上了延安府，仅仅过了5天，黑田长政、大友义统就出动6000兵力，分别从海州、江阴两个地方发兵延安。平山义兵将领李英、白川义兵将领赵应瑞、江阴假官（临时授予的官职）赵宗男先后向延安发来急报："海州、江阴之贼，不知其数，移向延安"，"贼锋甚盛，急急备御"。

李廷馣登上延安城外的南山，发现四处都弥漫着硝烟。一开始，他以为只要在半个月内修缮完城堞，再求得兵器，就可以抵御日军。但没有料到的是，日军一得到朝鲜军进入延安的消息，就大举袭来，而朝鲜军尚未做好准备。延安府内的朝鲜军民大惊失色，不知所措。李廷馣询问城中有哪些器械后，才知道仅仅只有数柄铳筒、数十斤火药、十部长片箭而已，军粮也在舟中，还来不及输送。

面对巨大的守城压力，幕下将士纷纷劝李廷馣放弃延安逃走：

> 今此剧贼，前古未有。旬月之间，连陷三都，所向无前，未曾闻有一人守城者。今此城中，决不可守御者三：无军也，无食也，无器械也。无此三者，空手御贼乎？且既为黄海招讨使，则非为此一城之守也。不如出城，以避其锋，徐图

后举。（《行年日记》）

众人一心请求李廷馣弃守延安，唯有三个延安儒生持相反意见，劝说李廷馣留下来。李廷馣经过考虑后，抱定了必死的决心，选择坚守延安，又将持有异议之人全部赶出城外，并派人去向江华岛义兵将领告急。

八月二十八日，黑田长政、大友义统的 6000 日军迫近延安城，在城外的南山和西门外结阵。黑田、大友军为了震慑朝鲜守军，在延安城四周放铁炮，声震天地。李廷馣要求分守城堞的将士不得擅离职守，也不要轻易对日军射箭，等日军接近后再射；又要求幕下儒士在城楼上巡视，不允许他们退却；命令赵宗男持剑巡视城内，督促男女老幼搬运石块、泉水。此外，他又下令撤去公家或私人的门扉、楼板，作为防牌；砍伐城中树木，做成白木杖；搜来民家的大鼎，用以煮沸水。李廷馣使出了能想到的所有招数，通宵达旦地据守，使日军不能近城。

八月二十九日，黑田、大友军决定对延安城发起长期围困，于是在南城外设下军营，又在外南山上高筑飞楼（攻城用的一种楼车），俯瞰城中。他们在飞楼的板壁上穿凿孔穴，将炮管从中伸出，对着延安城的城楼连发铁炮；又取来田野中的稻草，填满延安城下的堑壕；并取来长梯，想要登上城楼。日军一旦开始登城，朝鲜守军便将大石块投下去，又用白木杖击打日军，将煮沸的热水浇下去，使登城的日军全都跌落了下去。

四更时分，黑田、大友军趁着朝鲜守军睡着了，扛着梯子蜂拥登上西城。被惊醒的朝鲜守军殊死搏战，才勉强击退日军。在黑田、大友军的队伍中，有一个通晓日语的朝鲜翻译金善庆，他被日军俘虏后从事翻译工作，但是心底却一直向着朝鲜。这个时候，金善庆就偷偷送信给朝鲜守军，透露日军的铁炮弹丸将要用尽，不出四五日就会退兵，希望朝鲜守军能勉力固守城池。李廷馣得到这个情报后大为振奋，让朝鲜守军出城去拾取之前射出的箭镞。

九月一日，黑田、大友军失去了耐心，抱着必定攻破延安城的决心，对延安城发起了总攻。但是他们的铁炮弹丸已经用得差不多了，所剩有限，不能连续发射以仰攻城上的朝鲜守军。无奈之下，他们只能在城下对着朝鲜军大喊大叫，却拿不出实际有效的对策。

李廷馣意识到日军已经黔驴技穷，便让朝鲜守军放开手脚，用弓箭、巨石对日军展开反击，使黑田、大友军严重受挫。第二天，黑田、大友军由于强攻不下，只能解除对延安城的围困，退兵到白川。而朝鲜守军被围多日，人马饥困，也没有能力对黑田、大友军进行追击，只是缴获了黑田、大友军残留在城外的物资，清点下来，一共有30余头牛马、1000余石谷物，以及不可胜数的军器。李廷馣又清点了朝鲜军连日来的损失，共有10余人被黑田、大友军的铁炮打死，数十人负伤。

同一天午时，又有数百日军杀了回来，在延安城的西城外结阵。朝鲜守军通宵达旦地警戒，日军见无隙可乘，便又退了回去。(《行年日记》)延安之战，终以日军的失败告终，此战也因此被朝鲜人称作"延安大捷"。此后，黑田、大友军放弃了此前打下的海州，再也没有余力攻打延安城。

毛利吉成入侵江原道

接着再叙述日军第四军团在朝鲜的作战经过。日军第四军团由毛利吉成、秋月种长、高桥元种、岛津义弘、伊东祐兵、岛津丰久六人率领，计划编制如下：

（单位：人）

编制	大名	兵力	合计
第四军团	毛利吉成	2000	14000
	岛津义弘	10000	
	高桥元种 秋月种长 伊东祐兵 岛津丰久	2000	

在丰臣秀吉制定的外征部署中，岛津家应该出兵1万人，是第四军团当中兵力最多的。丰臣秀吉原本还计划让岛津家当主岛津义久亲自出马，但岛津义久表现得非常消极，迟迟不动身前往名护屋大本营，萨摩也没有一人从军。岛津义久的弟弟岛津义弘非常着急，担心这会让丰臣秀吉震怒，影响到岛津家的存亡，于是决定自

已率领一队人马开赴朝鲜。但岛津义弘苦于没有渡海的船只，在对马岛等了十多天，才租赁到船只，于五月三日渡海至朝鲜釜山浦。岛津义弘到了朝鲜后，听说先他赶到的日本大名已经攻陷了王京，岛津家是最后一支抵达朝鲜的部队。他深以为耻，星夜驰赴王京，找寻自己隶属的日军第四军团。(《旧记杂录后编》)

由于来的人太少，岛津义弘的部队不能成为第四军团的主力军。因为这一情况，日军在制订"八道国割"计划时，将"经略"江原道的任务交给了出兵2000人的毛利吉成，而不是交给原先计划出兵1万人的萨摩岛津氏。从这一情况推断，岛津义弘带来朝鲜的兵力，最多也就在2000人左右。

从五月十一日开始，日军第一军团、第二军团、第三军团与第四军团在王京分开，分道进兵。以毛利吉成为主的第四军团经由京畿道的杨州、永平、麻田，向着江原道进兵。京畿道的朝鲜大军退避涟川，不敢与日军第四军团正面交战，从而使日军顺利地进入了江原道。

江原道的朝鲜百姓为躲避日军锋芒，全都逃散一空，或逃进山中，或从海上遁去。江原道巡查使柳永吉也逃到了春川避难，他派人联系驻守在京畿道骊州的江原道助防将元豪，令其火速赶回江原道支援。

江原道巡查使出逃之际，负责"经略"江原道的日军第四军团大将毛利吉成自己给自己封官，冒称江原监司(巡查使)，他命人撰写招抚朝鲜民众的榜文，得意扬扬地嘲笑道："无知愚民，鸟惊四散……可笑而可哀。"(《文禄庆长之役·别编第一》)以他为首的日军第四军团进入江原道以后，沿途经过铁原、金化、金城，一路杀向淮阳。淮阳府使金炼光上任还不到10天，城内没有任何器械。金炼光知道无法抵抗日军，于是决心以死明志。有人劝金炼光逃走，但是被他严词拒绝。金炼光又让他的妾逃走，但他的妾却留了下来，并说："公能为国而死，妾不独为公而死乎？"

六月五日，日军第四军团毫不费力地杀入了淮阳。金炼光穿着朝服，手捧印绶，正坐在椅子上，对日军严词呵责，誓死不降。日军士兵恼羞成怒，抽刀砍向金炼光的手，鲜血顿时沾满了他的朝服。但金炼光镇定自若，端坐在椅子上，周围的日军士兵见状，围了上来将他乱刀砍死。金炼光的妾也一并被日军杀害了(《宣庙中兴志》)

六月十二日，日军第四军团将一部分军队留在江原道的金化，大部队自淮阳北上，进军至江原道与咸镜道交界的铁岭。咸镜道的南兵使李浑在铁岭发兵抵御，但是被日军第四军团击败。据《宣庙中兴志》记载，日军第四军团狂飙猛进，"日行数百里，势如风雨。所过赤地千里，鸡犬不遗"[1]，并在江原道、咸镜道之间的地域展开了大规模屠杀。

铁岭之战后，日军第四军团越过铁岭，杀入咸镜道的安边。咸镜道巡查使柳永立为躲避日军逃入山中，但是咸镜道的叛民数量非常多，他们为日军带路，抓捕到了柳永立。不过柳永立的运气比较好，北清府使金应田诡称自己是柳永立的家奴，潜入日军阵中，夜里偷偷背着柳永立逃走了。可是咸镜道的其他地方官员就没有柳永立这么好运了，判官柳希津被咸镜道叛民捕获，被逼投降了日军；先前在铁岭之战中败北的咸镜道南兵使李浑逃到甲山，结果被甲山的叛民杀死。这还不够，咸镜道叛民变本加厉，又杀死了甲山府使，作为投降日军的投名状。(《宣庙中兴志》)

在日军第四军团的主力部队越界杀到咸镜道的同时，驻守京畿道骊州的江原道助防将元豪，接到了江原道巡查使柳永吉发来的急令。元豪立即率军返回江原道，准备对付侵入江原道的日军。柳永吉得信大喜，连忙催促元豪进兵攻打留守在江原道金化的日军。不知为何，在金化的日军，事先得知了元豪将要来袭的消息，已在险要之处设下埋伏。而元豪先前驻守在京畿道时，曾在龟尾浦之战、马滩之战中击败过日军，因此颇有轻敌之心，并不太重视敌人。

六月十九日，元豪进兵金化，丝毫不知自己已经陷入了敌人设下的埋伏圈。日军第四军团的伏兵窥准时机，从旁杀出。元豪对日军的偷袭大感意外，他且战且退，被迫聚拢士兵登上附近的山岭，想要躲过一劫。但日军并没有放过他，急攻山岭上的朝鲜军。元豪虽然殊死抵抗，但还是败下阵来，其麾下士兵最后被杀得只剩下六七人。绝境之中，元豪手持弓箭射死了10多名日军士兵，但敌军仍旧源源不断地朝他扑来。元豪射光了箭镞，用尽了力气，他回过头交代麾下士兵，说一起死了没有什么意思，让他们各自逃命。说完这番话，元豪就跳崖自尽了。日军第四军团士兵搜寻到元豪的尸身，割取了他的首级，悬挂在金化的城门上。金化人为元豪的忠义而动容，夜里偷出元豪的首级藏了起来。(《宣庙中兴志》)

---

① 原文将毛利吉成误作加藤清正，今据池内宏、北岛万次的考证进行了订正。

金化之战结束后，日军第四军团的大部队从咸镜道回到了江原道，军队从江原道最东北位置的歙谷出发，一路沿海岸直下，途经通川、高城、杆城、襄阳、江陵，一直到了江原道最东南位置的三陟，才停下脚步，在这里驻兵留屯。

八月，日军第四军团在三陟兵分两路，一路向三陟南面的蔚珍、平海进兵，是为南路军；一路向三陟西面的旌善、平昌、原州进军，是为西路军。西路军、南路军的共同目标是平定江原道内的所有反抗势力，荡平整个江原道。而南路军还有一个目标是侵入庆尚道，打通咸镜道、江原道、庆尚道的沿海通道，与"经略"咸镜道的加藤清正、"经略"庆尚道的毛利辉元构成一条互通的联络线。

当时，庆尚道深山中的丰基、荣川、礼安、奉化、青松、真宝等郡，远离日军兵火侵袭，是一个战乱中的太平之地，被称作"福地"。许多庆尚道士人、百姓在这些地方苟且偷生，将妻子、家财藏匿于山谷中。只有一两个慷慨之士，号召群众组织武装力量反抗日军，但是反被享受了太平日子的庆尚道士人、百姓责备，认为会招致日军侵犯。礼安郡的正九品官柳宗介见到士人、百姓如此态度，不胜愤慨，他怒发冲冠，带头招募义兵。招到几百人的柳宗介，在江原道与庆尚道交界的太白山上结阵。

当柳宗介听说日军第四军团正在侵犯江原道的蔚珍、平海等郡，又将侵入庆尚道的广比村后，便领兵从太白山北上，进入江原道迎击日军。但日军第四军团的南路军非常狡猾，他们在进军途中更换了朝鲜人的服饰，致使柳宗介派出去侦察敌情的斥候没有丝毫察觉，事先在路旁设下的伏兵也都一一散去。于是，柳宗介就在这种毫不知对方底细的情况下，仓促间遭遇了日军第四军团的南路军。虽然他殊死抵抗，但最终由于气力用尽，又没有后援，还是惨遭杀害。

日军第四军团的南路军在打败柳宗介以后，就从江原道侵入了庆尚道，并在礼安、宁海两地纵火抢劫。庆尚道讨捕使韩孝纯占据一处险要之地，才最终击退了第四军团对庆尚道的侵犯，使其退回了江原道。而原先苟且偷生、反对招募义兵的那些庆尚道士人、百姓，历经这次兵祸以后，更加反对招募义兵，不愿意应募。（《乱中杂录》《宣祖昭敬大王修正实录》）

与此同时，日军第四军团的西路军按照预定的路线进兵，已占领了江原道的旌善，其先锋部队继续向平昌进军。平昌郡守权应斗，虽于当年三月才走马上任，但在四月份日军刚开始渡海侵略朝鲜，离江原道尚远时，就已未雨绸缪，率领郡民到达平昌郡南面6公里外的一处地方，利用险要的地势建立起防御工事，以抵御日军来袭。

权应斗建立防御工事的地方，有极其险峻的山崖，山势非常陡峭。山崖之下是深深的水潭，绵延4公里。在群山中央，有上、下两个窟穴，上窟可以容纳十几个人，下窟可以容纳数百人。这两个隐藏在深山中的窟穴，被权应斗选为避难之所，并在其周围设防。

而要到达两个隐藏于深山中的窟穴，过程也很烦琐。首先，需要从外部乘一艘船进入水潭，顺流而下，不到1公里就能到达山崖边。再往东进入一条小溪谷，顺着走10余步后攀登石头间的缝隙，在能够站立的地方搭起10余丈长的梯子，才可以爬上山。山上有一处土筑的高台，可以坐100多人，被称呼为"外台"。从外台向西，再辗转数十步，走到山崖的尽头，结一根巨绳，像猿猴一样攀登，才能够进入窟穴之中。下窟是平昌郡百姓的避难之所，上窟是平昌郡的官吏及其家属的避难之所。

权应斗命令平昌郡的奉事智士涵带领100多人，用盾牌在山上的外台设栅，又准备了很多器械，甚至排列了投石车。在外台对面的山壁上，还有另一处土筑的高台，被称为"小台"，权应斗也让人在那里准备了很多器械。山下有小溪，因此不用担心饮水问题；窟穴内又囤积有粮食，因此也不用担心挨饿。

权应斗认为，一山四面，没有人迹可通，只有一处地方可以出入，即便日军找到了这里，朝鲜守军只要藏好船、去掉梯子，在山崖左右两边的外台、小台同时对日军射箭、投石，就可以"一夫当关，万夫莫开"。

八月七日，日军第四军团的西路军杀向平昌郡。权应斗因自己是"守土之臣，义不可去"，留在平昌城内整理器械，巡视守备，并没有进入窟穴。他顾虑到窟穴可能也不安全，就让爱妾康女逃到同郡的东村。权应斗的小儿子权黙，还有部将高彦英，都认为东村是一个"险阻之地"，也主张撤退到东村，或在此设伏，或夜袭日军，也许能与日军相抗。但康女不愿在生死之际与权应斗分开，又考虑到东村与日军相距不远，觉得东村并不安全，所以不肯去东村。

平昌郡奉事智士涵和其他郡内军官主张撤退到窟穴，他们挥起手臂说："窟险如此，械备又如此，虽有万贼，何畏之有！"听了这番话，权应斗认为还是藏身于窟穴之内安全，便舍弃了逃往东村的想法，决定避入窟穴。

当日傍晚，日军第四军团的西路军先锋从旌善进入平昌郡，权应斗立刻叫了船，带着爱妾康女和小儿子权黙，以及高彦英的四五个奴婢，逃到了平昌郡南6公里外的窟穴中。平昌郡的其他官僚，如奉事智士涵，品官智大成、禹应缙、智大用、智大明、李仁恕、李大忠，以及官僚的亲属、平昌郡的百姓、从忠清道的忠州逃来的避乱人等，一共数百人，也都跟随权应斗的脚步，逃到了窟穴中避难。

八月八日，平昌郡上户长李应寿、兵房李兰秀也逃进窟穴，他们向权应斗报告，称平昌郡内到处都是日军。当天晚上，权应斗派出智士涵、智大成、禹胤善、禹应缙、高彦英等人，让他们从洞窟出去，回到平昌郡，潜伏在暗处用弓箭射击日军。但是这些人都很不争气，最后被日军吓得逃了回来。

八月九日晚上，权应斗再次派出智士涵、智大成、禹胤善、崔业、智大明等，使他们袭击日军，但他们重蹈覆辙，被吓得退了回来。

八月十日傍晚，在权应斗等人还没有来得及藏好船只、梯子的时候，忽然有两名日军士兵来到了他们藏身的窟穴下方不远处，这两个人在下面伫立良久，手举在额头上，左顾右盼。[1]其中一名日军士兵发现了林中所藏的盘类器皿，用石头将其打破。之后两人发现了船只，便进入小溪谷取船，想要进探窟穴。藏身在窟穴内的朝鲜人见了，非常害怕。这时，喝醉酒的智大成，想拉弓射向日军士兵。权应斗心思缜密，劝诚智大成不要轻易放箭，等日军士兵爬山爬到一半时投下石块即可。智大成不听劝告，强发片箭，但没有射中日军士兵，只射中了对方的衣服。两名日军士兵一开始还不知道有人在窟穴中，等智大成射箭后才察觉到，吃惊的两人匆忙逃走。

不久，这两名日军士兵带着30多名同伙过来，隔着溪流站着，对着窟穴大声叫唤，躲在窟穴里的朝鲜人吓得失魂落魄。天黑之后，30多名日军士兵终于退去，却也在山前、山后布下了伏兵。日军退去后，外台对面小台上的朝鲜军受到惊吓，退到了外台，权应斗原先设想的在山崖左右两边的外台、小台同时对日军射箭、投石，以达到"一夫当关，万夫莫开"的计划失败。他无可奈何地说道："窟中军数虽小，皆是精勇。而升平之余，人不习战，见贼先怯，仓皇畏缩，坐失机谋。舟既见夺，梯未及去，

---

① 据《秋月家谱》记载："（秋月）种长抵平昌，城主既逃，穷搜而执之。"由此可见，出兵搜捕平昌郡守权应斗的应该是日军第四军团的秋月种长。

势将危矣，奈何乎天！"

这天晚上，权应斗梦到他将自己的一只鞋子给了族人，让族人去辅佐君王。权应斗的爱妾康女梦到有一根绳子捆住了她的腰，她被牵到日军将领面前。两人惊醒后，权应斗说两个梦都不好，只能将命运交由上天安排。

八月十一日，日军第四军团的秋月种长带着大批人马来搜索窟穴，日军遍布山上、山下。秋月军进入小溪谷后，有的攀登外台下的山崖，有的登上了对面山壁的小台。朝鲜守军在外台迎战，向爬山的秋月军投下大石，杂以沙土，又使用火器攻击登上小台的秋月军。权应斗在《虎口日录》中写道，朝鲜军"呼声齐发，天地晦冥，川岳震动。我军遮截外台，且战且拒"。

在朝鲜军的反抗下，有不少爬山的秋月军士兵死于弓箭、投石之下。但是朝鲜军的损失更大，智士涵、禹应绲、李仁恕、智大忠相继被秋月军的铁炮射杀。高彦英的弓被铁炮打断，他换了张弓，但又被铁炮打中，惊骇之余，高彦英直接逃到了窟穴中。剩下的朝鲜士卒没人统领，惊慌失措之下，也逃进了窟穴内，秋月军就此占领了外台。

10余名秋月军先锋从外台向上攀爬，沿着朝鲜人用木材搭的栈道，先进入下窟，在下窟中避难的朝鲜男女数百人全部束手就擒。秋月军又站在栈道上，面对上窟的出口，拔出刀，催促权应斗从洞里出来。权应斗也拿起长枪，与秋月军对骂，让他们识相点赶紧退走。

上窟离栈道有三丈余的高度（约10米），架有上下的梯子，于是日本士兵就想爬梯上来。权应斗让高彦英举起弓，做出射击日军的动作，日军士兵还没等高彦英拉弓引弦，就退到了栈道之外。过了很久，日军士兵又来，并一边往前走一边出言劝降，高彦英再次做出拉弓的动作，日军士兵则再次退走。如此动作重复了八九次，日军士兵见高彦英始终没有真正射箭，便放大了胆子，渐渐逼近上窟。

通往上窟的栈道很狭窄，人不能并行，上窟的出口仅能够容纳一两名日军士兵，剩下的日军士兵都在山崖外未见之处。权应斗让高彦英对着上窟的出口向日军射箭，但高彦英不敢，越退越回来。权应斗叹息道："彦英虽一夫，若当窟口发矢，则犹可个个射倒，而框怯不敢，可憎可憎！"

相持到中午，日军士兵杀进上窟，藏身在上窟的一些朝鲜人相继被俘，只有权应斗和爱妾康女、小儿子权默、军官高彦英、奴仆彦伊藏身在上窟的最深处,还没有被俘。彦伊抬起头向上看,发现在窟壁的最高处有野鸽巢穴,他想要抓鸟来吃,但屡次攀登都摔了下来。权应斗触景生情,想要自杀,小儿子权默哭着阻止了他。

权应斗放弃了自杀的想法,又责备高彦英不向日军放箭,说:"何不发矢? 先倒数贼,则余皆自北矣。"

高彦英为自己辩护说:"当观势射之,贼亦畏其地势险隘,且知有备,不得轻犯。"

由于权应斗尚未被擒,秋月种长派了一个学习过日语的朝鲜俘虏,来上窟劝降权应斗,他用带有威胁的语气说道:"上官若不出,吾且屠之! 出则可保不死。若不信,有大盟焉。长驱八道,无敢当我者,有何所恃而乃敢抗也? "

权应斗答话道:"出亦何为? 宁为自决,不当为汝虏所杀。"

在权应斗答话的时候,一名日军士兵挺身突入,抓住了高彦英的衣服,把他从洞里拽了出去。权应斗又拿起枪自卫,想刺杀扑向他的日军士兵,但转眼间,对方已挥刀砍向他。康女为保护权应斗,扑到他的背上哀泣,恳求日军士兵杀了她,不要杀害自己的丈夫。权默也流下了眼泪,扑在了父亲权应斗背上。由于洞内狭窄,日军士兵的刀刃触到洞壁,不能肆意挥砍,但还是砍中了权应斗的手臂,顿时血流如注。丧失战斗力的权应斗被日军士兵俘虏,康女等一干人也一并被俘。康女知道日军想要侮辱她,于是不动声色地出了窟穴,但当日军士兵想要扶住她下山的时候,康女就纵身一跃,跳崖自杀了。[①]

秋月种长抓到权应斗后,日军第四军团的西路军继续向平昌西面的原州进军。原州牧使金梯甲招募民丁,广蓄粮食,想要进入原州的鸪原山城这个"险阻可固"的地方抵抗日军侵犯,于是与众将士协商。在会议上,有人劝金梯甲,说日军的兵力远远比原州的守军多,难以抵抗,宜应暂避。金梯甲听了这种主张不抵抗政策的言论,当即痛骂此人,又表达了自己誓死抵抗的决心。之后,金梯甲按照既定计划,带领 4000 人,将原州的士人、百姓全部迁到了鸪原山城。到了鸪原山城后,金梯甲亲自巡视,加强守备。

---

① 以上有关权应斗藏身在窟穴抵抗日军的情节,出自《 南川集·虎口日录 》。

日军第四军团的西路军在进入原州境内后，知道金梯甲有备，便先派出一名使者将一封劝降信送交给金梯甲。但金梯甲亲手把第四军团的使者给砍杀了，回到椅子上坐着的他，头发都气得竖了起来，周围的人都不敢抬头看他。

第二天，日军第四军团的大军进军至鸰原山城下，漫山遍野的日军不停地放着铁炮，令城内的朝鲜守军非常紧张。日暮，数十名日军铁炮足轻沿着山崖边的小路，潜入了鸰原山城内，在城上跳来跳去，招呼城外的大军立即攻城。鸰原山城没有金梯甲想象的那样牢固，城外的日军迅速攻陷了鸰原山城。城池失守后，金梯甲坐在椅子上，试图弯弓射击袭向他的日军士兵，但对方先拉弓射中了金梯甲，箭镞穿透了他的胸膛。残暴的日军士兵强迫金梯甲从椅子上下来，但金梯甲不肯，对日军骂不绝口。于是，金梯甲与其夫人、儿子，一道被日军杀害。[①]

鸰原山城之战结束后，日军第四军团基本平定了江原道，岛津义弘的部队从江原道回到了京畿道的报川，后又移屯到了永川。在京畿道涟川的数千朝鲜军见岛津义弘的兵力并不是很多，便准备出兵永川，袭击岛津军的营地。但由于江水太深，朝鲜军无法渡江，只能隔着江水对岛津军远远放箭，占了一点便宜后就退了回去。驻兵在江原道铁原的伊东祐兵知道后，决定自己去讨伐朝鲜军，就从铁原出兵，进入京畿道攻打涟川。进军涟川时，伊东祐兵手提枪杆，亲自上阵突击。朝鲜人倚靠山崖作为屏障，对伊东军放箭乱射，射死、射伤了很多伊东军士兵。伊东祐兵也被朝鲜军的箭镞射中，但他仍然不退，督军攻陷了涟川城，斩得朝鲜军首级 80 颗。胜利后，伊东军由军配者宫田又左卫门尉举行凯旋仪式，接着回到了在江原道的驻地铁原城。此后没多久，伊东祐兵又听说京畿道麻田城（在铁原城西面）的朝鲜人将出兵袭击铁原驻地，便再次出兵京畿道，夜袭攻破了麻田城，杀死 700 多名朝鲜人。（《日向记》《新纳忠增渡海记》《长友觉书》《安井朝秀书函》）

尽管京畿道涟川、麻田的朝鲜军陆续被伊东祐兵歼灭，但京畿道的朝鲜官军仍然没有放弃抵抗。京畿巡查使沈岱来到与江原道交界的京畿道朔宁郡，他在此招

---

① 以上有关鸰原山城之战的内容，主要是依据《宣庙中兴志》进行叙述的。对于鸰原山城陷落的过程，还有另外一种版本。据《宣祖昭敬大王修正实录》记载："牧使金梯甲与州内士庶，举家入山城，恃险而不设备。贼再三至城外而还，城中人尤轻之。一日贼乍退，即回军乘虚掩袭，城即失守，梯甲不屈而死。"

募军兵，又派人潜入已经被日军占据的王京，安抚城内的朝鲜百姓。这让身在沦陷区的百姓喜极而泣，纷纷将他们私藏的军器输送到朔宁郡。

沈岱收拾好器械，与杨州牧使高彦伯相约收复王京。但是这一计划，却被在王京的石田三成等奉行众察觉到了，他们下令岛津义弘、伊东祐兵出兵，袭击沈岱在朔宁的营地。伊东祐兵招来朝鲜叛民，让他们假装到朔宁应募，就这样获得了朔宁的相应情报。

十月十九日深夜，伊东祐兵从江原道铁原出发，夜袭朔宁。在日军袭来之前，朔宁郡守张志诚率兵埋伏在路旁，以为这样就可以防住日军。沈岱因此不设守备，和麾下士兵睡得很沉。但等日军一杀过来，张志诚就吓得逃走了，伊东祐兵因此围住了沈岱的营帐，纵火焚营。沈岱来不及起身，就被杀害了。日军找到沈岱的尸首，将其首级砍下，放到王京的钟街暴晒。王京百姓感于沈岱为国尽忠，将其首级偷了出来，送到江华岛埋葬。（《宣祖昭敬大王实录》《宣祖昭敬大王修正实录》《日向记》）

在侵略朝鲜各道的日军军团中，第四军团最为顺利，几乎荡平了整个江原道以及京畿道、咸镜道的部分地区。继第四军团之后，本应叙述日军第五军团侵略忠清道的过程，但由于这一路军团的史料过于稀少，难以获悉情况，因而略去不谈。

小早川隆景入侵全罗道

接着叙述日军第六军团的战斗过程。第六军团由小早川隆景、小早川秀包、立花宗茂、高桥统增、筑紫广门的军队组成，根据丰臣秀吉的外征部署，该军团预计出兵15700人，其中小早川隆景出兵10000人。但根据小早川隆景家臣梨羽绍幽晚年写的回忆录《梨羽绍幽物语》记载，小早川隆景实际出兵8000人，因此第六军团的实际出兵人数最多只有13700人。

四月十九日，日军第六军团登陆朝鲜釜山浦，但没有打什么大仗。五月份的时候，他们进入了王京。在王京西北，有一座险峻的高山，朝鲜义兵聚集在山中，筑垒自保，等待时机收复王京。日军侦察到这一情况后，为除去心腹之患，由日军第一军团的有马晴信、第五军团的蜂须贺家政相继出兵，仰攻山峰。但朝鲜义兵占据山峰高处，不断对着日军射箭，使日军不能攻克山上的据点。被丰臣秀吉任命为外征总大将的宇喜多秀家，对立花宗茂说"请烦立花公"，恳请由他出马。立花宗茂答应了这一要求，随即出兵。虽然立花宗茂还很年轻，但却十分老成，他没有强行进攻山峰，而是先将一队精兵埋伏起来，另派步卒在山峰下割取稻草，然后故意示弱，做出一见到朝鲜兵就立即撤退的姿态。朝鲜义兵不知是计，以为可以趁此机会击破敌军，于是纷纷下山追赶，结果埋伏在周围的立花军很快就杀了出来，歼灭了这支朝鲜义兵。立花宗茂由此顺利上山，攻破了朝鲜义兵的营垒。(《立斋旧闻记》)

五月二十五日，小早川隆景等人按照"八道国割"计划，率领日军第六军团从王京南下，向着全罗道进发。朝鲜全罗道巡查使李洸为抵抗日军的进犯，连忙做出部署：全罗道防御使郭嵘布阵于锦山，助防将李由义、南原判官卢从龄布阵于八良峙（全罗道南原郡东部山岭），李继郑布阵于六十岘（位于全罗道长水郡溪内面[①]），张义贤布阵于釜项（位于庆尚北道金陵郡釜项面），金宗礼布阵于冬乙巨旨（所在地不详），同福县监黄进布阵于梨峙（全罗道山岭），全州义兵将领黄璞、罗州判官李福男、金堤郡守郑湛、海南县监边应井布阵于熊峙（全罗道山岭）。

日军第六军团则兵分三路，路线如下：

一、主力部队：庆尚道星州→茂溪县→金山，知礼→全罗道茂朱→龙潭→锦山。

二、别动队：忠清道永同→沃川→清川→全罗道茂朱。

三、僧将安国寺惠琼：庆尚南道→全罗道。(《宣祖昭敬大王修正实录》)

在三路人马当中，最先行动的是安国寺惠琼。他其实应该是跟着第七军团的毛利辉元主力来的，一直在庆尚道，没有和小早川隆景会合。五月以后，安国寺惠琼如毛利吉成一般，冒领名号，自称全罗监司，向朝鲜士民宣称自己是全罗道的最高长官。随后，他率领900日军、18艘倭船，从庆尚道的金海府出发，抵达咸安，准备渡过鼎津（咸安与宜宁之间的江流）西进，进入全罗道，与小早川隆景等人率领的第六军团会合。但有"红衣将军"之称的庆尚道义兵将领郭再祐出动人马，在鼎津对岸与安国寺惠琼隔江对峙，使其不能顺利过江。

---

① "面"是朝鲜的行政区划单位。朝鲜的行政区划从上至下依次为道、郡、面、洞。

安国寺惠琼受阻于郭再祐，不能渡过鼎津西进全罗道，只好乘船溯江北上，再找合适的渡江地点。他到达咸安北岸的灵山、昌宁一带后，准备由此渡过歧江，西进全罗道。灵山、昌宁对岸的宜宁、草溪百姓，听闻日军将要攻来，非常害怕，他们有的逃窜进了山谷之中，有的却打出了欢迎日军的旗号。郭再祐听说后，又驰赴草溪一带，对朝鲜士民晓以大义，并发放军饷犒劳将士，使他们严加守备。安国寺惠琼麾下的日军见郭再祐的部队队列整齐，害怕地说："此必鼎津红衣将军。"不敢贸然渡过歧江西进的日军，继续溯江北上，寻找合适的渡江地点。

之后，安国寺惠琼率领日军船只，经玄风的双山驿（昌宁北面）渡江西进，终于抵达对岸的星州。但郭再祐紧追不舍，又追击至星州安彦驿路，率领精兵袭击日军。然而终因彼众我寡，郭再祐仅仅斩获了几颗首级，就不敌败退了。

击退郭再祐以后，安国寺惠琼从星州西进，抵达庆尚道边境的知礼，然后由此西进，进入全罗道。紧接着，安国寺惠琼向全罗道的茂朱县进发，与从忠清道南下的日军第六军团别动队会合，声势瞬间壮大。而留守在锦山的全罗道防御使郭嵘、留守在冬乙巨旨的金宗礼，面对日军来袭，吓得不敢抵抗，直接放弃了各自的阵地，逃向锦山西南面的高山郡。在这样的情况下，日军第六军团顺利地一连打下茂朱、锦山、龙潭、镇安诸邑。（《乱中杂录》）

之后，小早川隆景率领的日军第六军团主力部队也进入全罗道，以锦山作为后方大本营，向着全罗道的首府全州进兵。因日军声势浩大，附近的朝鲜百姓纷纷投靠日军以求自保，其中以锦山、龙潭两地为甚。（《乱中杂录》）

七月八日黎明，日军第六军团的数千先锋迫近全州的前哨站点熊峙，霎时间喊杀冲天，放炮如雨。驻守熊峙的是全州义兵将领黄璞、罗州判官李福男、金堤郡守郑湛、海南县监边应井，事先在山上布满木栅，横断山路，以阻碍日军进兵，但没有成功。数千日军先锋放着铁炮、提着日本刀，直驱上前与李福男等人交战。朝鲜守军发起了敢死冲锋，将士们个个殊死奋战，射杀了许多日军士兵。

日军在朝鲜军的冲击下，稍稍有所退却，但傍晚时分，日军援军大至，漫山遍野，不可胜数，于是又重启攻势。兵力得到增强的日军分道进攻，白刃交错，铁炮弹丸像冰雹一样狠狠落下，使朝鲜军陷入了不利境地。过了不久，又一股日本援军抵达战场，与之前的两股日军合兵一处，势如风火。黄璞的部队矢竭力尽，溃退到李福男的阵营。日军乘胜突进，登上山岭，造成李福男的部队一同溃败，郑湛和边应井二人战死。李福男且战且退，杀出重围，退兵到全州东面的安德院。日军虽然攻占了熊峙，但同样伤亡惨重。（《乱中杂录》《惩毖录》《梨羽绍幽物语》）

第二天，小早川隆景等人率领日军第六军团的主力部队越过熊峙，前往进攻全州。在紧张的局势之下，全州城中的官吏都想弃城逃走。危急时刻，全州出身的前典籍李廷鸾进入城中，敦促吏民固守城池，才终于使人心安定下来。而日军也因为在前一天的熊峙之战中多失精锐，不敢贸然强行攻城。全罗道巡查使李洸见日军迟疑，便在城外布置人手虚张声势，以此迷惑敌人，并让他们白天多张旗帜，晚上在山上点燃许多火把。日军来到全州城下，因为摸不清朝鲜军虚实，只是层层包围了全州，不敢贸然攻城。（《惩毖录》）

趁着小早川隆景率领主力部队南下全州的契机，全罗道其他地方的朝鲜义兵对日军后方大本营锦山来了一次突然袭击。招募了六七千人的全罗道义兵将领高敬命，原计划从全罗道进入忠清道边境的连山，准备北征日军。但他听说日军第六军团已迂回进入全罗道并占领了锦山之后，就断绝了北上的念头，表示："我等皆恃湖南（全罗道），为之根本。而见贼不逐，惟以北行为意，则是自绝其根本。不如还兵击之，以去后顾之心，然后众情可安。"

之后，高敬命率领义兵回到全罗道，进驻锦山北方的珍山，准备攻打锦山日军。高敬命帐下的从事官柳彭老，考虑到日军人数众多，劝说高敬命暂时不要轻举妄动，应当先与朝鲜官军联合，分守险扼，等日军懈怠下来后再四面出击。由于柳彭老其貌不扬，还瞎了一只眼睛，人们都很轻视他，根本没有听从他的意见。

七月九日，高敬命与全罗道防御使郭嵘（先前日军袭向锦山时，郭嵘不战而逃）合兵，分为左右两翼，进屯锦山城外 4 公里处。高敬命先派出数百精骑，使他们奔赴锦山城下，驰射日军。军官金廷昱因坐骑在交战中受伤，掉头便走，日军乘势追击，打退了朝鲜军。傍晚，日军退回到锦山城内，高敬命又派出 30 多个身手敏捷之人，让他们潜到锦山城下，展开偷袭。奇袭部队先是纵火焚烧了城外的公私家舍，又接连使用震天雷，火势蔓延到了城内的仓库。日军让城内的朝鲜女人用水灭火，自己却躲在城里不出来。太阳落山后，奇袭部队就退了回去。

七月十日，高敬命率领全罗道义兵，郭嵘率领全罗道官军，一同进兵攻打锦山城，义兵战北门，官军战东门。日军见朝鲜军阵仗很大，便全部从城内杀了出来。他们察觉到朝鲜官军比较脆弱，就先突击官军。朝鲜官军的前锋将领是灵岩郡守金成宪，他抵挡不住日军，骑上马率先逃跑。这引起了恶劣的连锁反应，继金成宪之后，官军大将郭嵘望风逃走，整个官军队伍瞬间瓦解，并直接导致了义兵的崩溃。高敬命和他的儿子高因厚、从事官柳彭老等人全部阵亡，只有高敬命的长子高从厚冲出重围，幸免于难。（《乱中杂录》）此战，是为第一次锦山之战。

七月二十日，小早川隆景率领日军第六军团主力部队从全州回奔锦山，其中有一支数千人的部队在回军途中经过梨崎时，在山岭上遭遇了全罗道都节度使权栗、同福县监黄进，两军由此发生交战。日军从一开始就利用自身优势，对着朝鲜军齐放铁炮，炮弹如同冰雹一样纷纷向朝鲜军砸去。黄进勇冠三军，挺身搏战，却不料被日军铁炮打中而死，全军士气大减，纷纷抱头逃走。申时（下午 3 时至下午 5 时），日军打进朝鲜军在山岭上的阵地，跃入砦栅。情急之下，权栗挺剑大呼，冒着被铁炮、弓箭射中的危险督战。此举大为鼓舞士气，朝鲜士兵莫不奋勇冲锋，极力拒守，他们呼声震天，不断射箭、投石，以反击日军。结果，日军在朝鲜军的奋力抵抗下被打得抱头鼠窜，他们卸下沉重的盔甲，拖拽着同伴的尸体逃命，一路上丢弃了许多的军械物资。据《宣庙中兴志》记载："贼兵大败，积尸如山，流血成川，草木为之腥臭。"自此之后，日军第六军团的主力部队退还全罗道的大本营锦山，不敢再轻易出战。（《乱中杂录》《再造藩邦志》《宣庙中兴志》）此战，是为梨崎之战，朝鲜方面又称为"梨崎大捷"。权栗也因为此战的胜利而替代李洸，官拜全罗道巡查使。

八月，权栗开始主动进兵攻打日军第六军团主力屯驻的锦山城，但始终不能攻克。为此，权栗向忠清道巡查使尹先觉发出请求，希望能够将忠清道的义僧将领灵圭调遣到全罗道，作为全罗道官军的前锋。尹先觉同意了权栗的请求，派遣灵圭从忠清道南下。忠清道的义兵将领赵宪不甘落后，带上 700 义兵追了上去，和灵圭一起进入全罗道。权栗原本与灵圭、赵宪约定好在八月十七日一同发兵，但是到了约定的日期，权栗却迟迟没有来。赵宪的脾气很不好，恼怒权栗爽约，决定自己先率军进攻锦山。灵圭对其苦苦劝谏，提醒他必须要有官军应援。但赵宪就是不听，不等权栗传来消息，就带领他的 700 人马进兵锦山了。这点兵力，显然是不敌上万日军的，但灵圭还是带了他麾下的数百僧兵跟了上去。灵圭的部下认为此去必败无疑，请求灵圭不要跟上去。但灵圭却说，如果他不跟上去，就没有人救赵宪了，因此还是决定共同出发。

八月十七日，灵圭与赵宪布阵于锦山城外2公里处。就在灵圭军粗粗扎好营帐，赵宪军还站在露天的原野上时，锦山城内的日军突然杀出，赵宪的军队很快就全军覆灭了，不消片刻，灵圭的军队也随之消亡。此役，是为第二次锦山之战，朝鲜军战死者十之八九。（《闻韶漫录》）

这一战过后，朝鲜史料《壬辰日录》记载："贼亦于是夜，遁向庆尚道，贼自是不敢复犯湖南，盖大挫也。"根据这一记载来看，虽然日军第六军团在第二次锦山之战中几乎全歼朝鲜军，但自身也同样严重受创，于八月十七日夜放弃锦山，逃窜至庆尚道。然而，这一记载是严重错误的。日军第六军团的总兵力在万人以上，不可能被千人左右规模的朝鲜军骚扰后就遭遇重创，而且第二次锦山之战本身便是朝鲜军溃灭，没有对日军造成重大损失。

根据《乱中杂录》的记载，直到一个月后的九月十六日，日军第六军团才从锦山撤退，并放弃了对全罗道的"经略"，经由庆尚道的星州、开宁，撤向忠清道的沃川。而撤退的原因，则是因为王京的日军高层开会讨论后，担忧明军将大举增援朝鲜，所以将日军第六军团从全罗道调到王京前线，以巩固前线阵地的防御。

毛利辉元入侵庆尚道

再来看日军第七军团的战斗经过。第七军团由毛利辉元统领，总兵力3万人，于四月二十日登陆朝鲜釜山浦。该军团的任务是：占领庆尚道，并与日军其他军团一起，建造供丰臣秀吉在朝鲜各地停留的行营；同时，建造连接釜山到王京的系城（连城），以确保日军补给路线的畅通。

行营的数量，据《毛利家文书》记载，有23处，分别为釜山浦、东莱、梁山、密阳、清道、大丘（大邱）、八莒、仁同、善山、尚州、咸昌、闻庆、鸟岭、延丰、槐山、清安、竹山、阳智、龙仁、果川、沙平院、汉江、王京。其中，清道至鸟岭九处，由毛利辉元负责；延丰至竹山四处，由小早川隆景负责；阳智至沙平院四处，由户田胜隆、长宗我部元亲、蜂须贺家政等负责；汉江和王京两处由宇喜多秀家负责。显然，责任最重的，还是毛利辉元。

系城的数量，更在行营之上。据《朝鲜渡海日记》记载，日军建造的系城按顺序依次为：釜山海浦、东莱、梁山、安阳（密阳）、新城、清道、新城、大丘、新城、仁同、开宁、善山、新城、尚州、咸昌、闻庆、新城、新城、忠州、阴许（阴城）、竹山、新城、汤贺、新城、新城、果川、新城、新城、开城府、新城、平山、新城、凤山、黄州、中和、平壤、顺安、肃州、定州、郭山、宣州、铁山、龙山、义州。其中，新城为新建之城，其余系城则利用朝鲜旧有城邑加以改建而成。

五月十七日，毛利辉元率军从庆尚道的玄风北上，准备渡过洛东江，进入星州。然而，宽阔的河面极大地增加了毛利军的渡江困难。渡江时，毛利辉元的主力军遭到了朝鲜义兵的袭击，许多士兵都负伤了，甚至还有一个叫飞落七郎右卫门的士兵被40多个朝鲜义兵围殴而死。留在后方的毛利辉元家臣吉见元赖得到急报，驱驰19.6公里赶来，才驱散了朝鲜义兵。（《朝鲜渡海日记》）

经过挫折的毛利辉元认识到，日本征服朝鲜是非常困难的，他在五月二十六日写了一封信寄回日本，向一个叫觉隆的人诉苦。他在信中提到了支配朝鲜、征服大明的困难，归纳起来，主要有以下几点：

一、朝鲜远比日本辽阔，需要招募大批翻译和了解朝鲜情况的人，否则施行统治非常困难。

二、虽然大明在军事力量上弱于朝鲜（当时日本对明朝存在很多误解，这是毛利辉元的错误认知），但大明比朝鲜更加庞大，因此日本要统治大明非常困难。

三、朝鲜人把日军当成倭寇，日军一接近他们，他们就躲到山里去，不接受招抚。但当日军人数少的时候，朝鲜人就出来袭击日军。

四、用来修筑行营的日军人手远远不够。（《严岛文书》）

毛利辉元在信中提到的这些困难，很难被一头热的丰臣秀吉所理解。

六月四日，毛利军在距离星州稍远的河滩上建立了阵地，毛利辉元的营帐就设在附近的高地上。六月五日，毛利军转移到星州西北方的金山城。城中有一个冰仓，毛利军取来冰水，士兵们用冰水就着米饭吃，感到非常满足。（《朝鲜渡海日记》）

六月八日，毛利辉元的主力军从金山转移到东北方向的善山，毛利辉元本来打算在善山同叔父小早川隆景商议今后的作战计划，但是由于庆尚道义兵蜂起，路途变得十分危险，所以小早川隆景没能前往善山。六月十日，毛利辉元派出一股部队去迎接小早川隆景，但在途中遭到了朝鲜义兵的袭击，伤亡惨重，两名毛利军将领宇佐川孙右卫门、坂垣包大夫也因此负伤。（《朝鲜渡海日记》）

六月十三日，毛利辉元将主力军从善山转移到西面方向的开宁，只让吉见元赖和他的250名部下留在善山戒备庆尚道义兵。吉见元赖留下来后，开始举行活动，在十三日、十四日两天时间内连续举办了连歌会①、祇园会②。然而，和平是短暂的。十五日，毛利辉元派遣一名叫上野善右卫门的武士来善山通知吉见元赖，让他出兵前往善山东北方向的安东，镇压当地的义兵。（《朝鲜渡海日记》）

这时，庆尚道北部的义兵不断袭击毛利军，毛利辉元为了确保自庆尚道开宁到忠清道鸟岭的日军补给路线，决心派兵镇压。在吉见元赖接到命令的同一天，毛利一族的吉川广家也奉毛利辉元之命，出兵镇压庆尚道义兵。

六月十五日早上，吉川广家率领5000人，从毛利辉元的大本营开宁北上，试图扫清北面道路。日军行至龙宫县时，遭到了龙宫县县监禹伏龙及其招募的1000多名义兵的袭击。吉川广家派人送信去招降义兵，信中他用威胁的语气说：“汝等悔罪于车尘、马足之间，人人乞降来，则何须诛戮乎？否则刎颈不旋踵者也！《宿芦稿》）

禹伏龙根本不吃这一套，直接撕毁了吉川广家的信，没有一点投降的意思。劝降不成，吉川广家对义兵发起了攻击。日军从军僧侣宿芦俊岳在《宿芦稿》中对战况记载道：

　　吾军卒声拆江河，势崩雷电，欲挑战矣，敌阵解围，云龙风虎，败北而东矣。吾兵乘胜，逐北走入醴泉县。日薄西山，各凯还于吾营，而献首级于广家卿阵前。

这些华丽的辞藻，叙述了吉川广家打败朝鲜义兵，又派军追击义兵至醴泉县的

---

① 连歌是一种两人对咏一首和歌的游戏，始于平安时代末期。

② 日本神道活动，是每年七月举行的夏季祭祀典礼。

过程。直到太阳快落山的时候，打了胜仗的吉川军才回到龙宫县，将获得的首级呈到吉川广家阵前。但对于吉川军从醴泉退去的原因，朝鲜史料《宣祖昭敬大王修正实录》有这样一种说法：

（禹伏龙）募兵千余，遇贼败散。复聚数百，夜袭醴泉小屯，斩获甚多。

从这一记载来看，朝鲜史料并不否认义兵与日军初次交战时的失利，但后文又提到禹伏龙重新聚集数百兵力，在醴泉打败了吉川军。由此可知，吉川军从醴泉退兵的原因，是因为追击到这里以后，遭到了义兵的夜袭，被杀死了许多人。[1]在这天的交战中，吉川广家与庆尚道义兵一来一往，互有胜负。

回过头，再来说吉见元赖。他在接到毛利辉元的进军命令后，于六月十七日和毛利一族的毛利元康从善山出发，向目的地安东进击。他们先发向善山西北方向的尚州，再经过尚州东南方向的比安，在二十日到达安东南面的义城，这一路上没有遭遇义兵。在义城，吉见元赖、毛利元康发现了蜂蜜、砂糖、松果、米等重要物资，他们在夺取这些物资以后继续行军，抵达万德。(《朝鲜渡海日记》)

六月二十二日，吉见元赖、毛利元康在朝鲜俘虏的带领下，从万德出发，侵入安东。由于在安东还是没有遇见义兵的身影，因此他们安心地住了下来，开始了优哉游哉的生活。吉见元赖下榻在一处十分豪华的民宅里，因为庭院里有一处莲花池，房屋内凉意十足。他命令仆人在莲花池内进行打捞，看看有什么收获，结果打捞出了很多鲫鱼。

六月二十五日早上，吉见元赖请来毛利元康，用面条和鲫鱼汤招待他，两人享受着战争时期难得的美食。饱腹后，吉见元赖、毛利元康开始在安东大肆劫掠，夺取了缎子、衣服、虎皮、豹皮、驴子、兵粮等大量物资。(《朝鲜渡海日记》)

在庆尚道疯狂劫掠的毛利军，大发战争横财。毛利氏的其中一股军队，在六月末满载战利品，准备乘船从洛东江顺流南下，把这些夺来的物资运送到大后方，再

---

[1] 以上龙宫县之战、醴泉县之战的经过，是根据《宿芦稿》《吉川家谱》《宣祖昭敬大王修正实录》的记载进行叙述的。

输送到日本国内。结果庆尚道的义兵将领孙仁甲听说以后，急奔至洛东江下游的草溪，率领义兵在这里堵截毛利军，并沿着江面对敌军射箭。由于"江路深狭，箭道相迫"，这股毛利军被孙仁甲打得大败，死伤殆尽，十余艘贼船被义兵截获。不过有一艘船成为漏网之鱼，趁乱逃了出去。情急之下，孙仁甲骑上马驰入江水之中，试图追击这艘船，结果马陷入了沙坑里，孙仁甲连人带马溺死在了江水中。义兵们为此痛哭，停止了追击，四下散去。(《宣祖昭敬大王修正实录》《宣庙中兴志》)

七月一日，吉见元赖离开安东，进军北方的礼安，意图和留守在安东的毛利元康形成掎角之势，互相呼应。礼安城构造坚固，城内藏有大量的武器、食物、饮水等，这些物资被吉见元赖所得，可以使他过上一段悠闲的日子。然而，局势却很快为之一变。

七月九日，朝鲜庆尚道安集使金玏（lè）纠集义兵，对驻屯在安东、礼安的毛利军发起反攻。在朝鲜义兵的反击之下，吉见元赖被迫放弃礼安，撤到安东与毛利元康会合。(《乱中杂录》《朝鲜渡海日记》)七月十九日，吉见元赖、毛利元康又被迫放弃安东，退兵到后方的永川。

驻兵永川期间，吉见元赖、毛利元康遭到了朝鲜义军持续不断的袭击。根据吉见元赖家臣濑赖直所著的《朝鲜渡海日记》记载，朝鲜义军使用弓箭袭击日军，其中还有人射中了一名叫弥九郎的日军士兵的眼睛上方。在朝鲜义兵持续不断的反击下，吉见元赖、毛利元康在永川也待不住了。八月，两人从永川撤兵，经过尚州，向毛利辉元设在庆尚道的大本营开宁撤退。

由于朝鲜境内的义兵不断反抗，石田三成、大谷吉继、增田长盛三名朝鲜奉行[1]携带丰臣秀吉的朱印状，渡海来到朝鲜，要求毛利辉元出兵镇压平安道的义兵。然而，光是庆尚道的义兵就已经让毛利辉元自顾不暇了，根本无法兼顾平安道。

至八月，在庆尚道起兵反抗日军的朝鲜义兵将领中，声势最大的是金沔和郭再祐。金沔驻屯居昌，抵御知礼、金山的毛利军；郭再祐驻屯宜宁，抵御咸安、昌宁、灵山的日军（这些日军部队应非毛利军，而是丰臣秀吉后续派遣到朝鲜的日本援

---

[1] 奉行是丰臣政权负责政权运作的工作人员，丰臣五奉行为石田三成、浅野长政、前田玄以、长束正家、增田长盛。为侵略朝鲜，丰臣秀吉特别设置了朝鲜奉行，成员为石田三成、大谷吉继、增田长盛。

军）。驻兵在知礼的毛利军，累次出兵进犯居昌，但每次都被金沔击退。

八月三日，金沔主动向日军发起反攻，带领义兵袭击驻兵在知礼的毛利军，放火烧死了许多人。当时有许多全罗道的朝鲜美女被日军俘虏，囚禁在毛利军的营帐中。义兵的纵火，使得这些朝鲜美女也被火海包围了，她们哭泣着、哀求着，想要活下去，但还是被无情的火海所吞噬。而朝鲜义兵也在这次袭击行动中付出了巨大代价，整整有5000人战死。侥幸活下来的毛利军，纷纷从知礼逃走，奔向毛利辉元部将桂元纲驻兵的星州。（《乱中杂录》《宣庙中兴志》）经过惨烈的交战，知礼终于被金沔收复。

八月二十一日，金沔与义兵将领郑仁弘联手，出兵袭击桂元纲所在的星州。桂元纲立即向开宁的毛利军请求增援。在得到毛利辉元派出的援军帮助后，桂元纲击退了金沔、郑仁弘的攻势，是为第一次星州之战。（《萩藩阀阅录》《朝鲜渡海日记》）

九月十一日，金沔、郑仁弘两人经过商量后，再次率领庆尚道义兵攻打星州。义兵的营帐绵延数十里，军势十分浩大。星州的毛利军见义兵众多，不敢出城迎战。有了前一次失败的教训，金沔考虑到星州、开宁两地的毛利军首尾相连，开宁的毛利军在星州被围以后，肯定会发兵救援星州。为了免除后顾之忧，金沔决定以陕川郡守裴楔作为别动军，让他埋伏在一个叫作扶桑岘的地方，截击开宁的毛利军，隔断其与星州毛利军的联系。但是裴楔性情高傲，不愿意受人指使，他假意答应了金沔的要求，却不肯前往扶桑岘设下埋伏，结果招致大祸。

当天晚上，桂元纲再次派人向开宁的毛利军报信，请求援兵。毛利辉元得到消息后，于次日派出吉见元赖、毛利元康二人，令他们率领大军赴援星州。由于裴楔没有按照金沔的吩咐去扶桑岘进行截击，毛利援军毫无障碍地由此通过，直冲正在围攻星州的朝鲜义兵。而在星州城内的毛利军，看到援军的旗帜以后，士气高涨，也开城门突击朝鲜义兵。前后夹击之下，金沔率领的义兵主力溃不成军，只能被迫撤离了战场。而郑仁弘已经吓得呆呆地坐在地上一动不动，直到部下将失了魂的他扶上马，才逃过一劫。混战中，郑仁弘的别将孙承义被毛利军的铁炮击中阵亡。（《朝鲜渡海日记》《宣庙中兴志》）此战，是为第二次星州之战，仍然以朝鲜义兵的失败而告终。

金沔再次失败后，先是退兵到原驻地居昌，后又移驻至知礼。他分遣伏兵，阻遏金山城的毛利军攻向知礼。为了抗击毛利军，庆尚道巡查使不仅抽调咸阳、安阴、山阴三郡的兵力给金沔，还命令晋州牧使金时敏前来协助他。一日，毛利军前来攻打知礼，在沙郎岩一地与金沔、金时敏率领的庆尚道义兵遭遇。金时敏跃马驰突敌阵，一连射杀两名敌军士兵，义兵大呼陷阵，毛利军不敌退去。(《乱中杂录》)

此外，全罗道义兵将领任启英、崔庆会，也进入庆尚道，协助庆尚道义兵抗争。崔庆会留在居昌，协助金沔对付开宁的毛利辉元主力军。任启英从居昌赶到陕川的海印寺，协助郑仁弘对付星州的毛利军。

从九月至十二月，义兵与毛利军厮杀不断，几乎没有一天不发生战斗。在长期的作战行动中，义兵未曾有时间解甲，他们或夜袭，或诱引，与毛利军大战10余次，小战无数次，击退对方30余次。

十二月七日，庆尚道义兵第三次出兵，攻向毛利辉元部将桂元纲占据的星州城。毛利军的十几个骑马武士率先出城应战，步卒则跟在后面。甫一照面，庆尚道义兵就拉弓引弦，将毛利军的两名骑马武士射落马下。剩下的骑马武士尚未交手，就害怕得想要逃入城中。义兵赶紧追击，又射中了4名骑马武士。经过小规模的试探性交战后，毛利军就不再轻易开门出战了。

十二月八日，毛利军中的朝鲜内应黄彦告诉义兵将领郑仁弘，昨天被射中的6名士兵当中，已有5人毙命。这天，又有名倭将从星州城的西门出来，想出去向开宁的毛利军通风报信，结果连人带马落入壕中，右臂立时骨折，几乎就要死了。

十二月十四日，庆尚道、全罗道义兵联起手，对毛利军占据的星州城发起了大规模进攻。此次会战非常激烈，据《乱中杂录》记载，这一天"尽日殊死战，战场及路，尽为血色"。义兵因贪割敌军首级，纷纷趋向星州城下，结果"穷寇"毛利军拼死反抗，杀死了十几个义兵勇士。义兵副将张润的坐骑因为疲惫跑不动了，他就干脆步行作战。张润奋勇突入敌阵，用弓箭射杀了不少毛利军士兵。毛利军不敌，被迫退回了星州城内。在这天出战的毛利军当中，整整有三分之二的人战死。此战，是为第三次星州之战，是义军对星州作战最为成功的一次。

在义兵的不断反击下，星州城的毛利军实在支撑不住了，于是弃城逃走。庆尚道、全罗道的义兵终于成功收复了星州城。自此以后，由毛利军负责的日军后方补给线，被限制在庆尚道的釜山浦—密阳—清道—大丘—仁同—善山，不能再越过善山，将物资输送到前线的忠清道、京畿道等各道。前线日军与后方的后勤联络，由此被切断。同时，因为义兵的抗争，毛利辉元也在庆尚道遭到了极大的挑战与挫折。

李舜臣与日本水军的海战

除了朝鲜各地兴起的义兵使日军大吃苦头外，朝鲜水军也在海路上发挥了牵制日军的作用，使日军叫苦连天。起初，在四月十五日的时候，全罗道左水使李舜臣收到了庆尚道右水使元均传来的消息，得知有90多艘倭船停泊在釜山浦的绝影岛；接着，他又从庆尚道左水使朴泓那里得知，有350艘倭船已经开到釜山浦的对岸。数量如此之多的倭船，让李舜臣警惕起来，他判断这些倭船必然不是来和朝鲜进行贸易的，于是使麾下兵船严阵以待，等待朝廷的命令行事。四月二十日，李舜臣得到了庆尚道巡查使金晬的公文，获悉日军已经攻陷釜山浦、东莱城，并分兵入侵朝鲜内地。(《壬辰状草》)

五月一日，李舜臣将麾下的全罗道水军集结在左水营，准备等日军打到全罗道时，就与日军决战。这时候，庆尚道右水使元均因为不敢单独抵抗日军，派栗浦万户李英男到全罗道向李舜臣求援。全罗道的水军将官们大多认为，全罗道与庆尚道互不干涉，现在全罗道水军用来自保的兵力都尚且不足，更不用说去赴援庆尚道了。只有鹿岛万户郑运、军官宋希立表示反对，劝说李舜臣出兵，他们认为击退敌寇不必区分是本道还是他道，挫败了敌军先锋，则全罗道也可以保全。

李舜臣对此深以为然，于是同意了元均的要求。随后，李舜臣以彦阳县监鱼泳谭为先锋，率领全罗道水军开赴庆尚道。元均也出动庆尚道水军，以麾下的玉浦万户李云龙、永登浦万户禹致绩作为先锋，计划与李舜臣在庆尚道巨济岛的前洋会合。李、元二人碰头后，便率领全罗、庆尚两道水军，进发至巨济岛的玉浦。在这里，他们遭遇了30艘日军船只，并一举将其击破。日军全部弃船上岸，船只被朝鲜水军尽数焚毁。(《宣祖昭敬大王修正实录》)此战，是为玉浦海战，是朝鲜水军与日本水军的首次交战，以日本水军失利告终。

五月二十九日，李舜臣率领全罗道水军来到露梁海峡，再次与元均会合，商量进兵计划。李舜臣向元均询问日本水军现在的停泊之处，得知有部分日本船只停在泗川港湾，于是便发船直指此处。进兵过程中，李舜臣遭遇了一艘从昆阳（泗川西面）驶向泗川的倭船，于是让船手加快摇橹，穷追倭船。前部先锋将领防踏佥使李纯信、南海县令奇孝谨两人拼命追捕这艘倭船，终于将其追上，船上的日军吓得弃船上岸。这艘倭船最终被朝鲜战船撞破，付之一炬。

李舜臣率领全罗道水军靠近泗川以后，发现日军将 12 艘如楼阁般高大的船只停泊在山峰之下，人员已经全部上岸，他们在山峰上结阵，阵形非常坚固。据李舜臣目测，山峰上的日军有 400 多人，他们"长蛇结阵，乱挥红白旗麾，骇眩人目"。而在山峰的最高处，有一处营帐，那是日军的指挥所。日军在山上俯视着朝鲜水军，冲他们挥舞手中的日本刀。见此场景，李舜臣指挥诸船齐进，想在船上用弓箭射向山上的日军，却怎么也射不着。李舜臣又想焚烧掉停泊在山下的日军船只，但顾虑到岸边的潮水已经退去，朝鲜板屋船一旦横冲直进，会搁浅在岸上，所以没有贸然行动。李舜臣考虑到日军在高处，朝鲜水军在低处，地势不利，而且太阳很快就要落山了，所以决定不强攻日军阵地。他和诸将商量道："日军现在颇为轻侮朝鲜水军，我军可以趁着这个机会假装撤退，日军必然登船与我军相战。把日军引诱到中流，到时趁势合击，当是个不错的办法。"（《壬辰状草》）

定下计策后，李舜臣带领朝鲜水军假装撤退。退了还不到 400 米，山峰上的 200 名日军果然从山上下来，他们一半人登上船只，一半人留守在岸上，纷纷对着朝鲜水军放铁炮。此时即将涨潮，这给了李舜臣用水军接近日军作战的机会。李舜臣为此出动了他秘制的兵船——龟船，回过头来迎击日军。据李舜臣自己在《壬辰状草》的描述，龟船：

> 前设龙头，口放大炮，背植铁尖。内能窥外，外不能窥内。虽贼船数百之中，可以突入放炮。

又据李舜臣部将金浣的《龙蛇日录》描述，龟船的构造：

> 船上铺板如龟，背上有十字路容人行，余列插刀锥。前作龙头口为铳穴，后

为龟尾，尾下有铳穴六。藏兵其底，四面发炮，捷疾如梭。其盖覆以编茅，使锥刀不入。贼超登，则掉于锥刀。掩围，则火铳齐发。

等潮水涨起来后，李舜臣命令突击将乘坐龟船，近距离冲撞日军船只，水军将士们在船上使用天、地、玄、黄等各种铳筒射击日军。但朝鲜军也受到了日军铁炮的攻击，在山峰上、岸上、船上结阵的三处日军，同时用铁炮齐射朝鲜水军，炮弹如同倾盆大雨，劈头盖脸地向朝鲜军砸去。军官罗大用被铁炮击中，李舜臣的左肩也被铁炮击中，但不至重伤，其他朝鲜射手与战士亦有相当一部分人被铁炮打中。

李舜臣顿时被激怒了，他督促朝鲜水军加大力度进攻日军，直捣倭船。于是朝鲜诸将莫不拼命，奋力向日军发射铁丸、皮翎箭、火箭，又用天字铳筒（射程96米，大将军箭的发射器）、地字铳筒（射程64米，大将军箭的发射器）发射大将军箭。刹那间，炮声响彻天地，日军阵地如同被狂风暴雨席卷过一般。日军有被朝鲜军击中而倒下的，也有被人扶着逃走的，原先登上船的、留在岸上的，最后都逃回到了山上的阵地里。岸边的12艘倭船全部被朝鲜水军撞破，悉数被焚。山上结阵的日军远远观望，急得直跺脚，有的人甚至失声痛哭，但是却没有办法。李舜臣原本想上岸进剿日军，但是顾虑到丛林树多草深，担心反被日军所害，加上天也快黑了，于是没有继续进兵。之后，李舜臣带领朝鲜水军退到泗川的毛自浪浦，一整晚都严阵以待，但日军没有再袭来。（《壬辰状草》《乱中日记》）此战，是为泗川海战，以李舜臣的胜利告终，元均也参与了此战。

六月二日，李舜臣得知有一部分日本水军停泊在唐浦，便又发船向唐浦进发。到了目的地以后，只见20余艘倭船泊在唐浦港湾，其中有一艘大船，和朝鲜的板屋船一样高大，船上的楼阁足有两丈之高。楼阁里坐着一个日军将领，他看起来泰然自若，一动不动。李舜臣使龟船先突击这艘大船，朝鲜水兵将龟船的龙口对着倭船仰放玄字铳筒，又放天字大将军箭、地字大将军箭，最终撞破了倭船。中卫将权俊突入敌船，一箭射中了为首的那名日军将领，此人应声而倒，瞬间毙命。倭船上的其他日军顿时乱成一锅粥，朝鲜水军对着倭船疯狂射箭，将船上的日军全部歼灭。此战，是为唐浦海战。几乎没有怎么打，朝鲜水军就击败了日方的一员大将。唐浦海战打完不久，有26艘日军船只从釜山方向过来，但一看见朝鲜水军，就往介岛方

向逃走了。(《壬辰状草》《乱中日记》)

六月五日，李舜臣准备出兵追捕从唐浦逃走的倭船，于是扬帆出海。中途，有七八个居住在巨济岛、已经归顺了朝鲜的日本人乘坐一艘小船，前来报信，称："唐浦被逐倭船，由巨济移泊固城地唐项浦。"通过这一情报，李舜臣得知那些倭船现在逃到唐项浦去了，于是便向着这个地点进发。

到了唐项浦的前洋以后，李舜臣眺望东边的镇海城堡，突然发现城外的原野上，有日军甲兵千余骑，竖立旗帜，在此布阵。他派人前去探问情况，得知这些陆地上的日军，原来是被庆尚道的咸安郡守柳崇仁率领1100名骑兵追击到这里的，不足为虑。李舜臣这才放下心来，专心对付唐项浦的日本水军。他先派出两三艘战船去查探地形，并吩咐他们，如果日本水军进行追逐，就假装撤退，将日军引诱到外洋。李舜臣自己则率领舟师主力，隐匿埋伏起来，准备狙击日军。

被派去侦察的战船在侦察一番后，从海口出来，向天空放神机箭报变，通知李舜臣前方有日军。李舜臣收到信号后，在唐项浦的浦口留下4艘战船作为伏兵，率领其余船只从浦口驶入内江，诸船鱼贯而进，首尾相接。行进到召所江西岸以后，黑色的倭船出现在了朝鲜水军面前。其中，像朝鲜板屋船那样大的大船有9艘，中船有4艘，小船有13艘，都靠岸停泊着。日军最大的一艘船，在船头别设三层板阁，就像是一座佛殿一样，内立许多士兵。还有4艘大船聚集在一起，船上皆插着黑幡。

日军看到朝鲜水军以后，就对着朝鲜水军乱放了一阵铁炮。李舜臣下令朝鲜水军围住日军船只，先使龟船突入，放天字铳筒、地字铳筒，之后令其余诸船相继突击，放各种铳筒箭丸，势如风雷。突击将乘坐龟船，冲撞最大的那艘倭船，又仰放铳筒，将其撞破。接着，朝鲜诸船用火箭一齐射向这艘倭船，船上的纱帐与布帆全都被烈焰焚毁了，坐在船上指挥的倭将则中箭坠落。其余4艘较大的倭船，趁着朝鲜水军集中对付那艘最大的倭船的空隙，扬帆北逃。李舜臣与全罗道右水使李亿祺率领诸将追击，又将4艘倭船堵住。船上的日军无心恋战，纷纷从船上跳下逃命，躲避到了岸上。朝鲜战士持枪挟弓，各尽死力，进行追捕，最后斩下了7颗首级（但李舜臣后来在战报里上报了43颗）。由于当时天已经黑了，李舜臣也不敢穷追日军，就和李亿祺率领朝鲜水军退兵到了海口，彻夜严阵以待。(《壬辰状草》《乱中日记》)此战，是为唐项浦海战。

六月七日，李舜臣发船，抵达永登浦的前洋并在此结阵，他听说有倭船在栗浦，就下令伏兵船先为查探。但是日军事先已经知道朝鲜水军逼近的消息，5艘倭船不与朝鲜水军交锋，直奔南大洋企图逃走。朝鲜水军穷追不舍，最终追上倭船，蛇渡金使金浣、鹿岛万户郑运一、虞侯李梦龟联手捕获了其中3艘，总共砍下了36颗日军首级，剩下的2艘倭船则被朝鲜水军放火焚毁了。（《乱中日记》）此战，是为栗浦海战。

与李舜臣之前打的海战不同，栗浦海战不止出现在朝鲜史料当中，也出现在了日本史料中，说明其动静确实比较大，不过两方在细节的记述上略有些出入。据日本史料《高丽船战记》记载，四国志摩守率领大小20艘船与朝鲜六七十艘船相战，结果战败，船只全部被烧。四国志摩守逃到了岛上的城里，婴城固守，但没过多久就切腹自尽了，全家上下也都死了。

与朝鲜史料的主要不同之处在于，日本史料说倭船有20艘，而朝鲜史料说倭船只有5艘，不过结局都是被全灭了。还有四国志摩守的真实身份，也是一个谜题。在第二次世界大战前成书的《近世日本国民史·朝鲜役》《日本战史·朝鲜役》《朝鲜水军史》等著作，都认为四国志摩守的真实身份是日本水军大将之一的来岛通之。但是，当代学者北岛万次在《丰臣秀吉朝鲜侵略关系史料集成》一书中指出，并没有确凿的史料可以证明这一点。近年来，专门研究日本水军史的学者山内让，通过分析《森氏古传记》的相关记载，指出"四国志摩守"的真实身份，应当是阿波国蜂须贺氏的家臣——森志摩守村春。笔者也认同这一看法。无论如何，栗浦海战结束后，日本水军暂时收敛了兵锋，李舜臣也率领舟师回到了全罗道，暂时停止了对日本水军的打击。

六月十四日，胁坂安治、九鬼嘉隆、加藤嘉明等日本水军大将聚集在釜山浦，举行军事会议，商量如何对付朝鲜水军。会议结束后，日本水军开始重新在庆尚道的沿海地区活跃起来。

七月六日，已经回到全罗道的李舜臣收到了倭船在庆尚道的加德岛、巨济岛一带出没的消息，便率领全罗道水军从左水营发船，抵达位于庆尚道昆阳与南海岛之间的露梁津，与庆尚道右水使元均、全罗道右水使李亿祺在此会合，准备再次联合击破日本水军。

七月七日，胁坂安治得知朝鲜水军出动，便率领麾下水军从熊川发船，进至巨济岛边上的见乃梁，寻求与朝鲜水军决战。朝鲜水军在这一天行至唐浦，距离东面的见乃梁还有一小段距离，因为东风大吹，不能发船，所以暂时停泊在此。傍晚时分，李舜臣派人去砍柴、打水，在山上避难的放牧人看到朝鲜水军，就赶紧向他们报告日本水军已经到了见乃梁的消息。

七月八日，李舜臣、元均、李亿祺率领朝鲜水军发向见乃梁，到了中洋后，望见日军大船一艘、中船一艘。这两艘倭船是日军的先锋船只，对方一见朝鲜水军来势汹汹，就掉头退到了后方阵地。李舜臣、元均、李亿祺立即进行追击，结果在他们面前出现了36艘大船、24艘中船、13艘小船，这些船列阵停泊在见乃梁。李舜臣发现见乃梁地形狭隘，又有很多隐藏的岛礁，朝鲜的板屋大船难以上前作战，便建议将倭船引诱出外洋，再行歼灭。但元均的意见与李舜臣相反，他认为在以前的海战中，朝鲜水军都打败了日本水军，所以不用害怕，直接冲击倭船就行了。

李舜臣向元均劝说道："此处海港隘浅，不足以用武，当诱出于大海而歼之。"元均执意不听，李舜臣怒责道："公不知兵，乃如此！"说完，李舜臣就无视元均，强行按照自己的作战计划行事。

李舜臣先派出五六艘板屋船，做出追击倭船的动作。胁坂安治不知李舜臣在故意引诱他们，就下令麾下倭船全部从港口出击，向着朝鲜水军袭来，并对着朝鲜水军急放鸟铳。李舜臣见日军上当，便下令朝鲜水军全部佯退，故意装出不敌日军的样子，撤向后方。胁坂安治扬帆追逐，结果被李舜臣引诱到了外洋。这个时候，李舜臣就不用再刻意伪装了，他命令诸将布置成鹤翼阵，掉头迎击日本水军。一时间，朝鲜水军齐进，对倭船施放地字、玄字、胜字等各样铳筒，不一会儿就击破了两三艘船。剩下的倭船都不敢再与朝鲜水军为敌，纷纷逃遁，朝鲜水军乘胜踊跃追击，不断使用弓箭和铳筒射向倭船，势若风雷。根据李舜臣事后在战报《壬辰状草》上的叙功，朝鲜水军诸将对日本水军造成的打击包括：

顺天府使权俊舍生忘死突入敌军，率先击破一艘有楼阁的大船，将其俘获，斩首10级；

光阳县监渔永潭亦率先突击敌阵，撞破一艘带有楼阁的大船，将其俘获，斩首13级；

蛇渡佥使金浣捕获一艘大船，斩首 16 级；

兴阳县监裴兴立捕获一艘大船，斩首 8 级，并迫使很多日军士兵跳海；

防踏佥使李纯信捕获一艘大船，斩首 4 级，又追击撞破两艘倭船，将之焚毁；

左突击将及第李奇男捕获一艘倭船，斩首 7 级；

左别都将营军官尹思恭、贾安策等，捕获两艘有楼阁的倭船，斩首 6 级；

乐安郡守申浩捕获一艘大船，斩首 7 级；

鹿岛万户郑运用铳筒打穿两艘有楼阁的大船，又与诸船夹击，将之焚毁，斩首 3 级；

吕岛权管金仁英捕获一艘大船，斩首 3 级；

钵浦万户黄廷禄撞破一艘有楼阁的倭船，又与诸船夹攻，合力将之焚毁，斩首 2 级；

其余日军大船 20 艘、中船 17 艘、小船 5 艘，被朝鲜水军合力焚毁，无数日军士兵被迫跳入海中。

这场海战打到最后，日军只剩胁坂安治乘坐的那艘船还没有被攻破。但在混战之中，胁坂安治的家臣胁坂左兵卫、渡边七右卫门相继战死，胁坂安治的铠甲也被朝鲜水军射中。

胁坂安治惊慌之余，带着船上仅剩的 200 多名士兵逃到了附近的闲山岛，弃船登陆。朝鲜水军很快追来，将这艘船烧毁。远处，有日军大船 1 艘、中船 7 艘、小船 6 艘在观望，这些船同样是胁坂安治水军的一部分，但出发时掉队了，落在了后面。此时，他们看见朝鲜水军把倭船压着打，都不敢赴救，直接掉头逃走了。而朝鲜水军也因为打了一整天仗的缘故，将士们又困又乏，加上天也已经黑了，所以没有穷追日军，只是在见乃梁的内洋结阵，彻夜严阵以待。① 此战，是为闲山岛海战，是朝鲜水军大破日本水军的一场胜仗。对于日本水军的失败，《胁坂家谱》并没有讳言。

据《宣祖昭敬大王修正实录》记载，闲山岛海战结束后，日军阵营中出现传言，说是在这次海战中战死了 9000 多名日军士兵。但是，这一个说法属于朝鲜史料的夸大其词，因为胁坂安治的水军兵力，只有 1500 人之多。

---

① 以上闲山岛海战的过程，是根据《宣祖昭敬大王修正实录》《壬辰状草》《胁坂家谱》进行叙述的。

七月九日，胁坂安治的同伴加藤嘉明、九鬼嘉隆得知了他在闲山岛战败的消息，为此展开救援，于当日率领 40 艘倭船抵达安骨浦。李舜臣也侦察到了日军的动静，与李亿祺、元均商讨作战方案。

七月十日，李舜臣、李亿祺、元均出动 58 艘大船、50 艘小船、3 艘龟船，从巨济岛出发，向着安骨浦前进。（《高丽船战记》）接近目的地时，李亿祺留在安骨浦外洋的加德岛旁结阵，作为应急救援部队，以备不虞。李舜臣将麾下舟师布置成鹤翼阵，继续带领兵船前进，元均也跟在李舜臣的船队后面。二人抵达安骨浦后，望见港湾中有日军大船 21 艘、中船 15 艘、小船 6 艘。其中，有楼阁的三层大船 1 艘，二层大船 2 艘，停泊在安骨浦的浦口。

李舜臣观察到安骨浦地势狭浅，朝鲜的板屋大船不容易出入，因此就想故伎重施，将日本水军引诱到广阔的外洋，再加以歼灭。但是加藤嘉明、九鬼嘉隆先前已经研究过朝鲜水军的战术，所以无论李舜臣如何引诱，他们就是据守险沧，坚持不应战。势不得已，李舜臣只好下令诸将相继突击浦口的日本水军，专门盯着刚才看到的 1 艘三层大船、2 艘二层大船打。于是，朝鲜水军对着倭船乱放天字、地字、玄字铳筒与长片箭。留在后方的李亿祺，此时也率领援军部队赶过来与李舜臣、元均合攻日本水军，声势更加浩大。这三艘日军大船上所载的士兵几乎死伤殆尽，幸存下来的士兵则逃到了一艘来接应的有楼阁的大船上，但是这艘大船也被朝鲜战船撞破了。幸存下来的日军士兵全部弃船，逃到了陆地上。李舜臣本来想焚烧掉这些倭船，但是顾虑到安骨浦附近有避难的朝鲜百姓，一旦焚毁倭船，日军就会成为流寇，扫荡附近的朝鲜百姓，所以还是没有烧船。之后，李舜臣就退兵一里许，结束了此次战斗，彻夜严阵以待。（《壬辰状草》）此战，是为安骨浦海战，虽然朝鲜水军获胜，但未能打击加藤嘉明、九鬼嘉隆的主力。

七月十四日，丰臣秀吉接到了胁坂安治在闲山岛海战中失利的消息，他为此非常生气，狠狠责备了胁坂安治。但他又不得不向现实妥协，指示胁坂安治暂时停止海战，转而在巨济岛筑城，严设守备。同时，丰臣秀吉催促尚未开赴朝鲜的日本水军大将藤堂高虎速往朝鲜，又命羽柴秀胜以及肥前兵前往朝鲜赴救。（《胁坂家谱》）

另一方面，经过朝鲜水军的多次出兵剿捕，日本水军暂时收敛了起来，自庆尚道的加德岛以西，不再有一艘倭船的影子。李舜臣决定扩大战果，进兵捣毁日本水军的大本营釜山浦，于是再次与元均、李亿祺合兵。

九月一日，鸡鸣声一响，朝鲜水军便从加德岛北边发船，向着釜山浦进发。途中，朝鲜水军在花樽仇未遭逢 5 艘日军大船，在多大浦前洋遭逢 8 艘日军大船，在西平浦前洋遭遇 9 艘日军大船，在绝影岛遭遇 2 艘日军大船，皆一一撞破，并将之全部焚毁。扫清釜山浦外围的倭船后，李舜臣派了一艘小船去侦察釜山浦日军的动静，发现约有 500 艘倭船停泊在港湾东边的山麓下。有 4 艘日军先锋大船发现了朝鲜侦察船，邀击于草梁项。李舜臣与元均、李亿祺进行商议，他认为在这种情况下，朝鲜水军不得不迎战，否则将会被日本水军轻侮。

确定了作战计划后，朝鲜水军便直逼釜山浦，直捣日本水军的大本营。右部将鹿岛万户郑运、龟船突击将李彦良、前部将防踏金使李纯信、中卫将顺天府使、左部将乐安郡守申浩等人率先出击，撞破 4 艘日军先锋大船，并将其全部焚毁。船上的日军士兵被逼跳入海中，然后逃到了岸上。后方的朝鲜战船乘着胜利，扬起旗帜、擂起战鼓，宛如长蛇一样前进。停泊在釜山浦东面山下的 470 多艘倭船见朝鲜水军来势汹汹，都不敢解缆出战。

等朝鲜水军打到日本水军面前时，船上的日军全都弃船而逃，他们携带着铳筒、弓矢，登陆上岸。然后，日军攀爬到附近山峰上，分别屯兵在六处不同的地方，利用居高临下的地势，对着朝鲜水军乱放铁炮和箭镞。有日军对着朝鲜水军放大筒弹，其弹大如木果；又有日军对朝鲜水军扔水磨石，石大如钵。在日军队伍中，甚至有一些为其效力的朝鲜伪军，对着朝鲜水军发射片箭。日军放出的这些弹丸、箭镞，多击中朝鲜战船。鹿岛万户郑运居前作战，结果被铁炮打穿头部，当场阵亡，让朝鲜水军折损了一员大将。朝鲜诸将倍感愤怒，冒死驱船前进，同时对着山峰上的日军仰放将军箭、皮翎箭、长片箭、铁丸，打死了许多日军士兵。日军士气大挫，很多幸存下来的日军士兵拖曳着阵亡同伴的尸体，逃进了山窟里。

交战终日，朝鲜水军又将停泊在岸边的 100 多艘倭船给撞破了。李舜臣准备抄领朝鲜水军登陆上岸，歼灭山峰上的日军，但是他注意到日军队伍中有很多骑马示勇者，而朝鲜水军并没有战马，担心敌不过日军，因此还是作罢了。再加上太阳快要落山了，李舜臣担心继续耗下去，恐有腹背受敌的危险，因此不得已之下，只能与元均、李亿祺率领朝鲜水军退兵。当晚三更（晚上 11 时至凌晨 1 时），朝鲜军退到加德岛，彻夜严阵以待。① 此战，是为釜山浦海战，李舜臣原先的战略目标是捣毁釜山浦的日本水军据点，但是并未成功，因此此战可以视作李舜臣打的一场败仗。

事实上，朝鲜史料也认为李舜臣在釜山浦海战中的表现不如人意。如《乱中杂录》记载道：

> 湖岭水兵诸将讨贼于釜山浦，鹿岛万户郑运死之，我军退还。

《宣庙中兴志》也直言不讳地道：

> 时贼以重兵久居釜山，改建城壁楼橹，盘踞甚壮。舜臣知不可易攻，乃引兵还，以待天兵。

《宣祖昭敬大王修正实录》更是直截了当地写道：

> 李舜臣等攻釜山贼屯，不克。倭兵屡败于水战，聚据釜山、东莱，列舰守港。舜臣与元均悉舟师进攻，贼敛兵不战，登高放丸。水兵不能下陆，乃烧空船四百余艘而退。鹿岛万户郑运居前力战，中丸死，舜臣痛惜之。

在以上史料中，《乱中杂录》将朝鲜水军的退兵，归结于鹿岛万户郑运的战死。而《宣庙中兴志》将退兵的原因，归结为日军在釜山浦修筑倭城，李舜臣知道难以攻克这一重镇，只好退兵，等待明军来援。《宣祖昭敬大王修正实录》则直接说李舜臣攻打釜山不克，只能烧毁日军 400 多艘空船，然后退兵。以上记载，都体现了朝鲜方面认为李舜臣的釜山海战是没有成功的。尤其是《宣庙中兴志》的记载，充分说明了无论朝鲜水军如何给予日本水军打击，也无法做到捣毁其据点、驱逐其出境，只能够等待明军施以援手。

---

① 以上釜山浦海战的经过，主要是根据《壬辰状草》《宣祖昭敬大王修正实录》《宣庙中兴志》进行叙述的。

本章小结

一、如果朝鲜正规军能够认真抵抗，朝鲜沦陷的速度会慢很多。朝鲜人虽然在武器方面劣势很大，但是并非完全不能弥补，日军的巨大胜利跟朝鲜正规军的一触即溃和不专业有很大关系。

二、日军其实非常虚弱，他们虽然拥有先进的武器，但是后勤补给严重不足，而且攻坚能力也弱，甚至连普通民众组织的抵抗都会造成一定的威胁。

三、朝鲜虽然有很多军官尽忠职守，但他们没能动员群众的力量，自身能力又不足，以致无论是野战还是守城，多是兵败身死的结局。

四、依据《惩毖录》《宣祖昭敬大王修正实录》的记载，庆尚道右水使元均在壬辰倭乱中畏首畏尾，他在日军渡海之初，就不敢迎战日军，反而擅自将100多艘庆尚道的战船给沉入海中，自己独自带着几个部将逃到了庆尚道西南的露梁海峡，因此导致庆尚道1万多名水军将士不战自溃。但这应该不是事实，因为根据全罗道左水使李舜臣的《乱中日记》《壬辰状草》来看，壬辰倭乱期间，他一直与庆尚道右水使元均、全罗道右水使李亿祺在庆尚道沿海地区剿灭日本水军。元均沉船之说，应出自《惩毖录》的诽谤，后被《宣祖昭敬大王修正实录》继承。而柳成龙之所以攻击元均，主要还是朝鲜党争之故。

五、壬辰倭乱期间，负责在海上对付日本水军的，不只是李舜臣，还有元均、李亿祺。这三人职责平等，很多时候都是联合行动的，功劳不能算在李舜臣一人头上。包括玉浦海战、泗川海战、闲山岛海战、安骨浦海战、釜山浦海战在内，都是李舜臣与元均共同行动的。元均很大程度上是被后世史料过度抹黑了。

六、关于朝鲜水军在壬辰倭乱中发挥的作用。在《壬辰状草》中，李舜臣自言经过几次扫荡以后，日本水军在庆尚道加德岛以西的地带不敢出没。但是朝鲜水军在壬辰倭乱中发挥的最大作用也仅限于此，根本没有破坏日本水军的补给线（名护屋—对马岛—釜山浦）。

七、李舜臣并不是无敌的，他在釜山浦海战中就打了败仗。他发动这次战役的目的，本来是宏大的，是为了切断日本水军的补给路线，但是最后以失败告终。

八、光依靠李舜臣的力量，是无法将日军驱逐出朝鲜的。《宣庙中兴志》说得很直白，李舜臣自己也知道沿海倭城不好打，他只能够暂时退兵，等待明军出马。

万历朝鲜战争

第二章

壬辰倭乱（中）：

从朝鲜向明朝求援到沈

惟敬与小西行长议和

朝鲜告急

万历二十年五月十日，在小西行长、宗义智等人率领的日军第一军团登陆朝鲜釜山浦近一个月以后，大明朝廷收到了朝鲜国王发来的咨报，获悉了"倭船数百直犯釜山，焚烧房屋，势甚猖獗"（《明神宗实录》）的消息。

此时在位的明朝皇帝是明神宗，也就是万历皇帝朱翊钧。他向兵部指示道："这倭报紧急，你部里即便马上差人，于辽东、山东沿海省直等处，着督抚镇道等官，严加操练，整饬防御，毋致疏虞。"（《万历邸钞》）

当时，朝鲜国王李昖在日军的压迫下，已弃王京北遁，出逃平壤。提心吊胆、害怕日军追来的李昖产生了逃离朝鲜、内附大明的想法，于是打算以右副承旨柳梦鼎作为圣节使出使大明，向明神宗传达内附之意。但是，柳梦鼎却告知李昖，大明现在正怀疑朝鲜勾结日本，若不先向大明请援，而直接提出内附的要求，恐怕会加深大明对朝鲜的怀疑。他建议李昖，先将日军入侵朝鲜的详情报告给大明的辽东巡抚，请求其出兵救援朝鲜，在打消了对方的疑虑之后，再提出内附大明的请求。（《宣祖昭敬大王修正实录》）李昖对柳梦鼎的意见表示了赞同，很快便派遣他出使大明。

然而，朝鲜朝廷内部对于向大明求援一事，意见并不统一。有的朝鲜大臣认为：即便大明肯出兵来援，也必定是派辽东、广宁人马过来，这些地方的人性情顽暴，与鞑子没有区别，渡过鸭绿江以后，肯定会踩蹋朝鲜；当今朝鲜八道之中，七道已经为日军踩蹋，只有平安道还算清净，如果平安道再被明军踩蹋，那么朝鲜君臣就没有落脚的地方了，所以决不可向大明请兵。（《再造藩邦志》《月沙集》）

与朝鲜对大明的不信任一样，大明也对朝鲜充满了怀疑。壬辰倭乱爆发以后，很多不实的消息广泛传播于辽东，当时流传着这样一些谣言：朝鲜已经与日本勾结在了一起，想要入侵大明；朝鲜诡称被日军侵略，实际上却充当了日本入侵大明的向导；真正的朝鲜国王与朝鲜猛士已经逃进了北道避难，现在的朝鲜国王是日军让人伪装的。（《宣祖昭敬大王实录》）

谣言传到北京以后，明朝朝廷半信半疑。兵部尚书石星密谕辽东都司，让林世禄、崔世臣等人以查探敌情为名出使朝鲜，到平壤与朝鲜国王会面，审其真伪。六月十日，林世禄来到平壤。[①]朝鲜都体察使柳成龙带他登上平壤城的练光亭，指着城外南岸的日军士兵，告诉林世禄："彼倭兵也。"

林世禄顺着柳成龙指的方向，往南岸眺望，发现那边的人很少。他不相信日军的人数会这么少，就质问柳成龙："何其少也？"

柳成龙向林世禄解释道，这是日军的诡诈之术，他们是想引诱己方上钩："倭巧诈。虽大兵在后，而先来试探者，不过如此。若见其少，而忽之，则必陷其术矣。"

听了柳成龙的解释，林世禄才相信城外那些人就是日军，日军入侵朝鲜的消息并不假，于是他立刻向柳成龙索取了文书，回到辽东复命。

通过林世禄、崔世臣等人的汇报，辽东都司才相信朝鲜是真的被日本入侵了。关于是否援救朝鲜，明朝朝廷有很多不同的声音，尽管如此，身为兵部尚书的石星还是力主救援朝鲜。而先前被李昖派出的圣节使柳梦鼎也到了北京，他在兵部哭诉，请大明速发援兵。石星很同情他，将他比作申包胥[②]，更加坚定了出兵援朝的意志。（《宣祖昭敬大王修正实录》）

六月十一日，辽东都司开始为救援朝鲜做筹备工作。在辽东都司的授意下，宽甸堡副总兵都指挥佟养正进入朝鲜，抵达平安道的义州。佟养正招来朝鲜翻译，吩咐朝鲜人在平壤到义州之间设置通报敌情用的烽燧。要知道，义州再往西，就是辽东了。但是这一指令还没有落实下去，朝鲜国王李昖就在这一天从平壤出逃，一路向北逃窜。他中途经过顺安，于傍晚到达肃川。安顿下来后，李昖又以大司宪李德馨作为请援使，派遣其出使辽东，再向大明请援。（《壬辰日录》）

六月十三日，林世禄再次从辽东进入朝鲜，将辽东都司的文书送了过来，承诺辽东都司会派兵进行援助。（《宣祖昭敬大王修正实录》）这天，李昖一行人逃亡到了平安道的宁边，他在宁边的行宫引见从臣，透露了想要内附辽东的想法。朝鲜大臣们意见不一，领议政崔兴源对此表示不赞同。李昖采纳了兵曹判书李恒福的意见，决

---

① 当时平壤还没有被日军攻陷，所以林世禄能来平壤视察。

② 申包胥，又称"王孙包胥"，春秋时期楚国贵族，曾与伍子胥结为知交。楚昭王十年（公元前506年），吴国用伍子胥之计攻破楚国，申包胥到秦国求救，痛哭七日七夜，秦哀公乃出兵救其国。楚昭王归国赏功，申包胥坚持不受。

定先进驻义州（朝鲜最靠近辽东的边境之地），以迎接明军。如果情势危急，再内附辽东。

但李昖摇摆不定，很快又抛弃了暂驻义州的想法，想要直接内附辽东。他和从臣在六月十四日逃亡到平安道的博川，十六日逃亡到嘉山，他每逃到一个地方，就向从臣透露出想要逃入大明的想法，但是朝鲜大臣们还是不赞成的居多。

另一边，辽东都司开始调遣一部分明军援兵进入朝鲜。六月十五日，督战参将戴朝弁、广宁游击史儒带着1029名明兵、1093匹马，从早上开始分批渡过鸭绿江，至下午2时左右陆续进入朝鲜。刚进入朝鲜的明军，号令严明，秋毫不犯。（《宣祖昭敬大王实录》）

六月十七日，继戴朝弁、史儒之后，广宁游击王守官、原任参将郭梦征带着506名明兵、779匹马，渡过鸭绿江，进入朝鲜义州城。随后，副总兵祖承训也带着1319名明兵、1259匹马渡江。

至祖承训进入朝鲜为止，一共有2854名明兵、3131匹马进入朝鲜。然而，后续批次的明军进入朝鲜以后，不像第一批明军那样恪守军纪，反而大肆抢掠，在朝鲜百姓中造成了很大的恐慌。这一点，正如此前反对向大明请援的朝鲜大臣所预料的一样。据朝鲜官方史料《宣祖昭敬大王实录》记载，"后来之将，纪律不严。且令军马，拦入民家。人民骇散，城中一空"，"及天兵渡江，入城抢掠，人民皆避入山谷，城中空虚"。

六月十八日，史儒、郭梦征率领1000骑兵，从义州南下，抵达朝鲜国王李昖当下避难的行在——宣川林畔馆。李昖为表重视，穿上衮龙袍，戴上翼善冠，亲自前来拜见两位明将，对他们的到来表示感激，称谢道："不幸，守国无状，致有今日之祸，至勤天朝大人之行，不胜惶恐。"

史儒、郭梦征表示会与祖承训商量，尽早出兵收复平壤，又问李昖有什么打算："不能早救平壤，是可为恨。祖总兵将到义州，俺等当还与祖爷讲定。贵国，何以为计？"

李昖表示一切听明将吩咐，对史儒、郭梦征说："一国存亡，系大人进退。凡所指挥，愿谨领受。"

虽然李昖在面见明将时显得比较冷静，但是朝鲜群臣见到两名明将以后，情绪非常激动，他们大声喧哗，或让明军与朝鲜都元帅金命元合兵进讨日军，或说一切听从明将吩咐。

郭梦征感到非常不耐烦，不满地对李昖说："贵国君臣，有同聚讼，极无礼也！"

李昖一挥手，让朝鲜群臣退下，但史儒和郭梦征也不再停留，领兵回到了义州。

六月二十一日，李昖派到大明的请援使李德馨到了辽东，他向辽东都司呈上咨文，替李昖向大明提出了内附辽东的想法。辽东都司对此表示非常惊讶，称这得上奏朝廷，但又表示如果情况非常危急，可以允许李昖渡过鸭绿江进入辽东避难。随后，辽东都司开始拨发船只，准备接应李昖渡江。六月二十二日，李昖从平安道的龙川出发，抵达义州。他虽然准备渡江逃入辽东，但是又遭到了朝鲜大臣们的反对和阻拦，加上他听说大明准备将他和逃亡的朝鲜大臣们安置在辽东宽甸堡的空廨（空置的官员办公场所），觉得受到了怠慢，于是决定久驻义州，打消了内附辽东的念头。

六月二十四日，原任参将郭梦征从辽东带来了明神宗为解朝鲜燃眉之急，而下赐给朝鲜的两万两皇银。李昖亲自在义州西门外迎候郭梦征，随后双方来到龙湾馆。郭梦征和李昖相互作揖后，便让李昖清点银两。李昖表示惶恐，推辞说："受皇赐，何敢数也？恐伤事体。"

郭梦征毫不客气，说朝廷法令很严，让李昖赶紧清点。李昖只好遵照命令，把皇银一一清点，后又将其中一些分给了跟他逃亡的大臣们。郭梦征嘱咐李昖，让他安排明军的粮草，打点好这些以后，明军就会进击日军。

然而，明朝朝廷此时尚未完全打消对朝鲜的怀疑，仍疑心朝鲜是在替日军做入侵大明的向导，并认为朝鲜国王也是日军派人假扮的。为此，兵部尚书石星奏请朝廷，派出指挥徐一贯、参将黄应旸、游击夏时进入朝鲜，查探实情。此外，明廷还专门派出了以前出使过朝鲜的黄仁宪和一个画师，来验证朝鲜国王的真假。

七月一日，明使到达朝鲜义州。朝鲜礼曹判书尹根寿向明使出示了日军在此之前投给朝鲜的两封带有威胁措辞的劝降信，经过反复解释，才让明使相信了朝鲜的清白。黄应旸将两封书信放进衣袖中，对尹根寿说会回去奏报天子。之后，明使一行人带着这两封信件，赶在10天内从义州回到北京，归报兵部。画师也把偷偷画下的朝鲜国王李昖画像带了回来。（《宣祖昭敬大王实录》）经过确认，大明才知道朝鲜没有二心。兵部尚书石星闻讯大喜，决议出兵救援朝鲜。（《宣祖昭敬大王修正实录》）

明军败走平壤

至七月，由辽东都司派入朝鲜的明军大约有 3500 人（《宣祖昭敬大王实录》），根本无法与日军相比。但明军副总兵祖承训自恃勇武，有与北方游牧民族作战的经历，因此很是轻视日军。据《宋经略书》记载，祖承训"善骑射，有胆略，初为李宁远（李成梁）家丁。时虏中有骁将，善用双刀，重各五十斤，长十尺，挥而突阵，众莫敢当。承训造双刀，长各十二尺，习用甚熟。然后与之相角，卒砍其臂，而生获以献。由此知名，累功为副总兵"。祖承训此人骁勇善战，曾与虏将单挑，将其砍伤并生擒，确实是一名难得的骁将，他也由此知名，难怪颇为自负。

跟随明军出征的，有一个叫作王蛮子的算命先生，号称很擅长占卜。据他推算，七月十七日这一天很适合进兵平壤。祖承训对此深信不疑。朝鲜都体察使柳成龙、都元帅金命元考虑到最近几天连续下雨，道路湿滑，劝说祖承训不要进兵。但是祖承训不以为然，他向朝鲜人自夸曾以 3 万骑兵歼灭 10 万鞑子，根本不将日本人放在眼里，执意要进军平壤。（《寄斋史草》）

七月十六日，朝鲜平安道顺安郡守黄瑗向都元帅金命元驰报，声称平壤日军已经南下王京，留在城里的日军很少，被日军俘虏的朝鲜女人站在城上让朝鲜官军趁机攻城。这一情报更加刺激了祖承训，同时坚定了他进兵平壤的决心。根据祖承训事后的说法，朝鲜方面宣称平壤的日军只有一两千人，而且日军只擅长使用"铁丸"（铁炮）、"长剑"（日本刀），除此以外没有长技。（《宣祖昭敬大王实录》）

但实际上，黄瑗的情报是错误的。当时，平壤日军并没有大规模南下，留守兵力不止一两千人，而且日军队伍中还有收编的擅长使用片箭的朝鲜伪军。这些情况，祖承训显然并不知情，他接到黄瑗的报告后，又想起王蛮子的占卜，便一心只想着进兵平壤。

祖承训率领明军从平安道义州南下，到达嘉山后，他询问了当地的朝鲜人，知道平壤的日军还在。于是他举起酒杯感谢上苍，认为日军尚未退去是上天厚爱，给了他建功立业的机会。接着，他传令明军次日早上开始攻城，攻破平壤之后再吃早饭。（《寄斋史草》）

七月十七日，天气和过去几天一样，大雨不止。由于祖承训非常迷信王蛮子的占卜，又对朝鲜的情报深信不疑，因此不顾天气情况，和郭梦征、史儒、王守官、戴朝弁诸将统领明军，冒着大雨进军平壤城，试图将城内日军驱逐。

之后的经过，据朝鲜官方史料《宣祖昭敬大王实录》记载，祖承训令朝鲜军挑出 500 名猛士，明军则分为五队，每队以 100 朝鲜军猛士作为先锋引路。黎明时分，祖承训与史儒、王守官等人领军进至平壤。明军用火炮攻打平壤城，将城门砍破，分道攻入城中。游击史儒奋勇督战，与千总张国忠、马世隆杀了将近十个日军士兵，但三人全被日军铁炮打中战死。其余明军见史儒三人阵亡，溃败而走，朝鲜军也跟着溃退了。

在《宣祖昭敬大王实录》之后成书的《宣祖昭敬大王修正实录》，则是如此记载此战经过的。

三更时分，祖承训自平安道的顺安出发，直驱平壤城外。朝鲜都元帅金命元也派遣一名朝鲜将领，使其带领 3000 兵马，跟随祖承训出征。平壤日军没有料到明军突然杀来，因此来不及把守城门，只能在城内险要之处设下伏兵，等待明军陷入埋伏。祖承训不知道日军已经在平壤城内设伏，指挥兵马从七星门直入城内。这时候，埋伏在七星门附近的日军从左右两个方向对明军施放铁炮。因为下大雨的关系，道路十分泥泞，以致明军的战马都陷入了泥地之中，行动变得非常困难。游击史儒身中铁炮而死，祖承训立即退兵，殿后军队多被杀伤。参将戴朝弁与千总张国忠、马世隆，也被日军铁炮射杀。戴朝弁的军队，军纪严明，颇受朝鲜人尊敬，朝鲜百姓听说他战死的消息，都感到很可惜。

根据以上记载来看，虽然祖承训被错误的情报误导，从而导致战败，但当明军袭向平壤城时，日军事先并不知情，仓促间没有做好准备。这一情况，可以得到其他日本、朝鲜史料的佐证。

据《惩毖录》记载，明军行至距离平壤 2 公里的顺安时，小西行长等人尚不知晓，城里没有任何防备。《寄斋史草》甚至记载，日军事先连平壤城的城门都没有锁上，以致被明军直接突入城内，可见守备非常松懈。《朝野佥载》解释了日军不在平壤设防的原因，是因为那一天正好下起了大雨，所以平壤城上没有守军。

日本史料《丰太阁征外新史》还提到了这样一个情况：明军袭来前，小西行长将主要兵力抽去修筑平壤南面的中和城，留在平壤城内的兵力并不多。因此，明军反攻平壤时，日军来不及披上甲胄，就慌张地拿刀出战了。混战之中，松浦镇信的膝盖还中了一箭，血流不止。

在日本史料《大日本编年史》的记述中，明军于五更（凌晨3时至凌晨5时）时分潜入平壤外城，呐喊齐呼，城里的日军非常慌乱。松浦镇信父子与明军短兵相接，小西行长与军监小野木公乡等人则在门楼上对明军乱放铁炮。

尽管以上史料在一些细节上存在差异，但是都提到在祖承训杀向平壤时，日军并没做好充分准备，是非常仓皇的。另有一些有异于以上版本的记录，则认为日军并非仓促迎战，而是以逸待劳，主动攻击明军，致使明军战败。

据明人诸葛元声的《两朝平攘录》记载，祖承训、史儒统领的都是辽东骑兵，不谙朝鲜地利，也不知攻倭之法，又因天下大雨，明军战马的马蹄长期踩在泥泞之中，都烂掉了，结果一登上山坡，马足就裂开了。于是明军骑兵发挥不出优势，而日军则以逸待劳。七月十七日[1]，祖承训、史儒进军至平壤的安定馆，还未来得及布置营地，当日晚上，日军就主动袭击了明军，明军顿时大乱。日军多数戴着"鬼头狮面"等骇人面具，明军的战马受面具惊吓，慌不择路地逃跑，结果陷进泥泞当中动弹不得。明兵不得已卸掉甲胄，跳下马，但自己却又身陷泥沼之中。日军挥刀逼近明军，史儒被杀，祖承训仅以身免。

按照《两朝平攘录》的记载，日军在准备充足的情况下，主动迎战来袭的明军，致使明军大败；同时，日军凭借"鬼头狮面"等面具，扰乱了明军骑兵。对于日军戴面具吓到明军战马一事，明代史料《经略复国要编》一书亦有提及，可见应有此事。日本史料《锅岛直茂谱考补》还提到，日军不但自己戴面具，还给他们的战马戴上了金龙、白象、龙、虎等面具。

虽然日军戴上面具恐吓明军的说法得到了其他史料的佐证，但笔者认为《两朝平攘录》记载的日军以逸待劳、主动袭击明军的说法是错误的。因为无论是其他的朝鲜史料，还是日本史料，都提到日军在平壤城的守备非常松懈，甚至连城门都没有锁，祖承训是直接从七星门杀进去的。但另一方面不得不承认，朝鲜人提供的假

---

[1]《两朝平攘录》记载的日期为七月十五，有误，此处已更正。

情报，使祖承训过于轻敌；受大雨影响，明军战马的马足陷入泥泞之中，发挥不出骑兵优势，且战马受日军面具的恐吓而失控，给明军骑兵制造了很大的混乱。最后，辽东骑兵无法完全施展战斗力，以致被日军用铁炮击退，收复平壤的计划以失败告终。

虽然明军战败，但在平壤之战中，明、日双方都可谓损伤惨重，折损了重要将领。明军在平壤之战中死了一个参将、两个千总、一个游击，而日军也损失了几名重要将领。据《佐贺县立名护屋城博物馆所藏文书》记载，日军军监小野木公乡的弟弟小野又六追击明军，结果战死。又据弗洛伊斯的《日本史》记载，小西行长的一个弟弟、一个从弟，还有堺港商人日比屋了珪的孙子都战死了。在平壤之战中，日军阵亡了四个嫡系人物，损失不小。

祖承训在战败以后，带领剩下的明军经顺安、肃川北逃，最后于夜半到达安州城外。他骑在马上，对安州城上的朝鲜翻译喊话道：“吾今日多杀贼！不幸史儒伤死，天时又不利，不能歼贼，当添兵更进。语汝宰相，勿动！浮桥亦不可撤！”

进入安州后，祖承训因害怕被日军追击，又一路北逃，一直逃到了嘉山。因为天下大雨，祖承训在控江亭停留了两天，并在此清点明军人马。关于明军在此战中的伤亡人数，朝鲜史料《寄斋史草》记载，明军在战前有 7000 人，战后只剩下 3000 人，阵亡了 4000 人。但是，当时进入朝鲜的明军最多只有 3500 人，所以《寄斋史草》的这一说法是错误的。又据明人诸葛元声的《两朝平攘录》记载，明军在平壤之战中几乎全军覆没，3000 人当中活着回去的只剩下数十人。长期以来，这个说法流传得很广，有很大的影响力，也成了人们的常识。

但是根据朝鲜官方史料《宣祖昭敬大王实录》的记叙，明军的阵亡人数是 300 人，而非近 3000 人。据此书记载，平壤之战结束后，朝鲜国王李昖向礼曹判书尹根寿询问平壤日军的数量：“平壤之贼，多少几何？”

尹根寿回答说：“我国体探人（侦察兵）皆以为数小，而天兵则曰多至数万。”

李昖认为日军一开始是故意示弱，让朝鲜侦察兵上当，才将错误的情报汇报给了祖承训，等祖承训攻城时才发现敌军人数很多。他又问尹根寿：“且未知天兵之登城而战死者几许耶？”

尹根寿回答说：“登城者皆精兵，而点阅则三百失亡矣。史儒勇力过人，曾与鞑贼战，多有功。不幸而死，可谓痛惜。”

在与尹根寿的对话中，李晬知道了明军在平壤之战中的实际阵亡人数是 300 人。

两人还有过一次类似的对话。李晬对尹根寿说，明朝传闻 3000 辽东兵全军覆没：
"今见闻见事件，则云辽兵三千渡江，无一还者。中原亦多虚言矣。"

尹根寿指出，这一消息完全不实，明军战后点兵，只死了 300 人："败归时，天将点兵于控江亭，则马失千匹，人亡三百，而追来者亦多。岂至于如是之多乎？"

从李晬、尹根寿的谈话内容可以看出，明军在平壤之战中的阵亡士兵只有 300 人，并没有近 3000 人。另外，日本史料中也没有说明军 3000 人在平壤之战中差点全部溃灭。松浦镇信家臣的回忆录《吉野甚五左卫门觉书》虽然严重夸大了明军的兵力，声称辽东、鞑靼合计 6 万骑攻向平壤，但也只说其中 2000 人被杀。又据《佐贺县立名护屋城博物馆所藏文书》记载，小西行长在平壤之战后向石田三成、大谷吉继、增田长盛三奉行报告，称 3 万多明军与朝鲜军联合起来袭击了平壤，但是被日军击败，战死 1000 人，日军自身战死 50 人~ 100 人。小西行长的这个报告，虽然严重夸大了明军的兵力，但提到的明军最大阵亡数字也不过是 1000 人，同样不是《两朝平攘录》所说的 3000 人几乎全军覆没。

另据日本学者鸟津亮二的《小西行长》一书介绍，小西行长在汇报尚州之战时，就有虚报战功的前例，将斩首 300 级虚报到了斩首千余级。由此推断，日军关于平壤之战的报告也可能存在相同情况，即将斩首 300 级虚报到了斩首千余级。这样来看，《宣祖昭敬大王实录》的说法应当是正确的。

此外，据弗洛伊斯的《日本史》记载，日军在平壤之战中杀死了残留在城内的 300 多名明兵，之后在追击中又杀了一些人。这个数字，也与朝鲜史料的说法相近。由此可见，明军在平壤之战中的阵亡士兵最多只有数百人。在明朝史料中盛传的明军全军覆没的说法，是错误的。

再说回明军在战败后的动向。他们露宿在野外，因为天下大雨的关系，导致衣服和甲胄全部湿透了，将士们都很埋怨祖承训。这时候明军士气已经跌落到了谷底，失去了继续战斗下去的斗志，祖承训只好从朝鲜退兵，撤回辽东。(《再造藩邦志》)

祖承训回去后，自然要对明军战败有一个说法。他向辽东总兵杨绍勋告状，称在交战过程中，朝鲜军有一个小营投降了日军，甚至帮助日军作战，用弓箭射击明军，因此导致明军战败。但是，祖承训对之前出使过朝鲜的指挥徐一贯说的，又是另一个版本。他对徐一贯说：当时他看到朝鲜将领李薲似乎和日军说了什么，日军才稍稍退却，他因此判断朝鲜人和日本人勾结在一起，明军打不了胜仗，于是掉头就走；结果日军追了上来，这时李薲带兵杀死了十几个日军追兵，终于使日军退了回去。

祖承训的辩解似乎难以说通。正如后来朝鲜司谏李幼澄向徐一贯解释的那样，如果李薲勾结了日军，那又如何还会杀死十几个日军追兵？但无论如何，祖承训给杨绍勋的报告，引起了明朝的怀疑，认为朝鲜人早就和日本人勾结在了一起，替对方做了入侵大明的向导。

但是朝鲜人当时不知道祖承训已经做了这样一个报告，他们对于明军的败北十分不体恤，仍然想要使新败不久的祖承训再战日军。为此，朝鲜国王李昖派遣兵曹参知沈喜寿前往辽东九连城，呈文杨绍勋，恳求他命令祖承训留在朝鲜，还击平壤日军。结果杨绍勋当场发作，怒斥道：" 自古以来，安有大国为小国劳动许多兵马，救济急难于数三千里之外者乎？……而尔国将官，不此之思，管兵、管粮、管船诸臣，皆落后不肯上阵，独驱吾兵犯贼。且贼中多有善射者，不曾说吾，是何等意思也？ "（《宣祖昭敬大王实录》）朝鲜对这一责难非常紧张，专门派遣辩诬官员出使大明去解释此事。[①] 辽东巡按御史李时擎、辽东巡抚郝杰接受了朝鲜方面的解释，不仅打消了疑虑，还特意安慰朝鲜官员，说这是因为祖承训想推脱战败责任，对朝鲜进行的污蔑，让朝鲜大可放心，不必担惊受怕。（《寄斋史草》）

虽然明朝官方做出了这样的结论，但并不能完全认定这就是祖承训为推卸战败责任而诬告朝鲜人的行为。事实上，根据朝鲜官方正史《宣祖昭敬大王实录》的记载，在杨绍勋的质问之下，朝鲜使者也不得不承认，在平壤之战中，确实有被日军俘虏的朝鲜人被逼用弓箭帮助日军作战：" 今此天兵逢箭者，未知其故。平壤射者，或（日军）令我（国）人被抢者发射也。"

但不管怎么说，由辽东都司派遣入朝的明军，这次是打了败仗。朝鲜、明朝、日本三方对此有着不同的反应。

---

① 据《再造藩邦志》记载，明朝兵部为了核实祖承训的说法是不是真的，派遣锦衣卫都指挥使黄应旸到朝鲜义州查探实情。朝鲜国王李昖亲自在中江迎接黄应旸，礼曹判书尹根寿、李恒福向黄应旸反复出示了几份日本方面此前胁迫朝鲜的书信，试图让黄应旸打消怀疑。黄应旸虽然一度怀疑，但最后也释然了，并为朝鲜鸣冤叫屈。但是根据《宣祖昭敬大王实录》的记载，黄应旸出使朝鲜，时间应为祖承训战败之前。

朝鲜朝廷在平壤之战后的反应，《寄斋史草》的记载是"上下丧胆，相聚顿足而已"。朝鲜君臣被吓得失魂落魄，只能急得直跺脚。

而有关明廷收到平壤败报后的反应，《两朝平攘录》的记载是"举朝震惊，京师戒严"。不过，笔者认为这一记载并不是实际情况，应当是严重夸大了。根据《皇明二祖十四宗增补标题评断实纪》的记载，明朝朝廷收到平壤败报以后，"朝议震动，请止登莱、天津、旅顺、淮阳所在，添募设防"。又据《明史稿·石星传》记载："中朝震动，濒海州县皆增戍。"可见，明朝确实受到了很大程度的震动，但主要是在沿海地区增加兵力戍守，提防日军从海路侵犯大明本土，但还没有到连京城也有迫在眉睫之感。

而日军方面，也同样受到了不小的惊吓。据《寄斋史草》记载："贼亦见天兵声势，为之敛避，不出焉。"由此可见，日军在平壤击败明军之后并没有非常嚣张，反而是吓得躲在平壤城里不敢出来。朝鲜官方史料《宣祖昭敬大王实录》也披露了日军在平壤战后受到很大惊吓的三件事情。

第一件事，与《寄斋史草》写的一样，说日军在平壤之战结束后的很多天里，都被吓得不敢出城，直到风声过去了，才敢出城抢掠。

第二件事，则是在明军战败的前提下，日军对明军的战斗力做了非常高的评价，惊呼道："孰云天兵无勇？胜负在天。今虽败归，其实甚勇难当云。"

第三件事，是日军询问朝鲜奸人金应灌，日本是否可以战胜明朝，结果金应灌答道："中原则以石灰涂城，决不可攻，难以入犯云。"

这三件事情，反映出小西行长在和明军交手以后，虽然战胜了对方，但同时也清醒地认识到了对方的实力，因此才会对战败的明军做出极高的评价，同时连续多日不敢出城，并不自信地向朝鲜人询问日本是否可以战胜明朝。由此可见，平壤之战对日军打击很大，甚至直接影响到日军接下来的战略部署。

除了以上三件事外，还有一件可能严重影响到未来朝鲜战场的事情不得不提。祖承训战败后，建州女真部落酋长努尔哈赤派遣部下马三非前往北京朝贡。马三非替努尔哈赤向兵部尚书石星禀报，称努尔哈赤是忠勇好汉，麾下有三四万骑兵、四五万步兵，请求朝廷能够允许他进入朝鲜境内"征杀倭奴，报效皇朝"。据马三非所说，努尔哈赤这么做，是因为建州与朝鲜相邻，日军侵夺朝鲜之后必定进犯建州，因此想要先发制人。但石星考虑到"夷情叵测，心口难凭"，担心努尔哈赤别有所图，终究没有答应努尔哈赤提出的这一请求。努尔哈赤后来回忆说："壬辰年间，朝鲜被侵于倭奴。吾欲领兵驰救，禀报于石尚书，不见回答，故不得相援。"(《宣祖昭敬大王实录》)如果当时石星批准了努尔哈赤的请求，那他进入朝鲜以后，首先要面临的对手，就是在咸镜道的加藤清正。然而，这一切终究没有发生。

王京军议

日军虽然在平壤之战中获胜，但却被明军打得不敢西向，在城里躲了好几天才敢出城。事后，小西行长招诱朝鲜乱民，编成队伍，让他们修筑平壤城。看到日军的这一反应，朝鲜方面认为平壤日军已经势衰，不需要再等明军就可以收复平壤，反击日军的时候到了。

七月二十九日，黄海道义兵聚集成群，前来进攻平壤城，但被小西行长击退。(《木岛氏文书》《惩毖录》)义兵败退之后，朝鲜官军也开始进兵平壤。都元帅金命元、平安道巡查使李元翼、巡边使李薲招募散卒，编成军队，抵达平壤北方的顺安；又让别将金应瑞进逼平壤西面，金亿秋等人率领水军据大同江口（平壤东面），形成犄角之势。

八月二日，朝鲜官军分三路出击，攻打平壤城。一开始很顺利，朝鲜军射杀了20多名日军先锋。但发现形势不利的日军诸将，立即出城迎战，打得朝鲜军望风而走。(《惩毖录》《国朝宝鉴》《吉内竹兵卫觉书》)朝鲜官军在祖承训败走后发起的平壤收复之战，最终以失败告终。

而另一方面，自祖承训在平壤败北以后，在王京的日军高层预料到明军大举增援朝鲜将是迟早的事情。此时日军面临的境况是，明军可能继续增兵进入朝鲜，但日军已经出现了兵粮不继的情况，后勤补给已经快要跟不上了。于是在八月上旬，侵朝日军总大将宇喜多秀家，会同石田三成、增田长盛、大谷吉继、前野长康、加藤光泰，以及丰臣秀吉派遣到朝鲜的上使黑田孝高，召集远征朝鲜的日本大名集中在王京开会，讨论下一步的战略，是为王京军议。

八月七日，小西行长从平安道进入王京，宗义智留守平安道。其余在朝鲜各地的日本大名，也都相继进入王京。只有加藤清正、锅岛直茂远在咸镜道，未能赶来。

据《黑田家谱》记载，当日军诸将集结王京后，宇喜多秀家率先发言问道："朝鲜各处城池基本已被攻下，朝鲜人不战自溃，这都是各位的功劳。然而，朝鲜是大明的属国，大明定会派出援兵。考虑到日本军队的目的是攻入大明，大明为了防卫肯定会派出大军。这个时候，当考虑与大明作战的方法。"

黑田孝高提出了他的防御方案："朝鲜战败，大明必定会派出援军大举攻来。虽然王京至釜山浦有十余日的路程，距离颇远，而通往日本的路途就更加遥远了，运送物资十分不便，但舍弃王京也很可惜。因此，秀家与诸大将应固守王京，以一日路程为限，在王京以北筑造几处城砦，分派将士屯守。明兵若来进攻这些城砦，就及时从王京派出援军，尚有制胜之可能。如果在远处构筑城砦的话，则难以及时从王京调遣援军，可能会有意外情况发生。"

黑田孝高提出的方案是缩小战线，让日军放弃王京以北的其他据点，不要过于深入，集中力量在王京附近迎击明军。但这一提案刺激到了驻守在最前线平壤城的小西行长，他反击道："迄今为止，我将大队朝鲜人马打败，与我为敌者皆落荒而逃，朝鲜人应该不会再出战了。就算朝鲜国王再次恳求大明皇帝出兵救援，大明皇帝也不会派出数万兵力。特别是朝鲜和大明之间隔着鸭绿江这条大河，大明派出的大队人马、军粮和诸多武器都难以渡河。因此，诸位应和以往一样守卫各城，我将逼向大明近处，攻下其城。"

小西行长此言一出，就遭到了黑田孝高的反对，他对小西行长说："你屯军在远离王京的城池里，如果大明军队逼近，包围了城池四方，修筑起坚固的防御工事，甚至堵住了援兵前来的道路，那时该怎么办呢？我方的部队，就算有5万甚至7万人，也不能作战。此时，就算后悔也来不及了。因此，在距离王京一日路程之地修筑城砦，严格遵守军法，我认为才是上策。"

小早川隆景听了黑田孝高的发言，觉得不失为良策，对此表示赞同，发言说："我认为正如孝高所讲的那样，在远离王京的地方驻扎存有后患。虽然鸭绿江会成为大明派出大军的障碍，但是明军的军粮可以通过朝鲜南面的海路运送。而且，虽说有大河，但是只要准备船只，渡河也并非难事。我认为此时明军不会立刻出兵朝鲜，趁现在加强防御方为上策。"

小西行长见小早川隆景主动给黑田孝高帮腔，就强硬地说："我认为，深入至与大明的交界处，敌人的大军袭来也不足畏惧。我将孤军杀入大明，请你们担任后备力量！"

以上，便是《黑田家谱》记录的王京军议的详情。小西行长在对话中所展现的，是一个冒进鲁莽、无所畏惧的莽夫形象，一直声称自己要孤军杀入大明。但根据葡萄牙耶稣会士弗洛伊斯的《日本史》记载，平壤之战结束后，小西行长便派遣他的弟弟小西与一郎回到日本，向丰臣秀吉报告了朝鲜现在的形势，并列举了多项理由，认为远征大明不可能成功，劝告丰臣秀吉断绝征明的念头。这个记载，与《黑田家谱》中小西行长所展现出的姿态完全不同。

在《日本史》中，弗洛伊斯披露了小西行长认为不可征明的两大原因。

首先，日军在朝鲜的统治并不稳固，无法平定朝鲜人的反抗。在釜山浦至王京之间日军未能支配的区域，不断有朝鲜人袭击日军。即便是 300 名日军成群结队地走在一起，也不安全。从王京到平壤的这段路途，也有很多朝鲜人袭击日军，最起码要 500 个日本士兵走在一起才算安全一些。

其次，小西行长表示和祖承训交手以后，认识到了明军的实力远远比自己想象的强大，他们不仅勇气过人，而且战术高超。这之后，小西行长对明军的印象不再是过去道听途说的不堪一击。《日本史》对此记载道：

> 但是，向小西行长发起挑战的（明朝祖承训的）士兵们，是与鞑靼人一起驻扎在国境线上的部队（辽阳副总兵的军队）。双方的这场战斗，无可回避。事实上，如战场中展现出的那样，他们有着非凡的勇气与优秀的战术。因此，小西行长了解到明朝人的实力，并通过与他们的实战，改变了对其战斗力的认知。

《日本史》毕竟是时人所作，比在江户时代成书的编纂物《黑田家谱》要可靠很多，这显示出小西行长在平壤之战以后，对待进攻明朝的态度是消极保守的，而不是积极冒进的。基于此，很难想象劝告丰臣秀吉断绝征明念头的小西行长，会在严肃的王京军议上发表与此完全相反的激进论调。

此外，王京军议之后，石田三成、增田长盛、大谷吉继三奉行写给丰臣秀吉的报告（称为《佐贺县立名护屋城博物馆所藏文书》），提到了从平壤回到王京的小西行长向奉行众带来的两个坏消息：一是前线的兵粮严重匮乏，二是即将迎来寒冷的冬季。这让奉行众对丰臣秀吉策划的在年内入侵大明的计划产生了动摇。

通过分析《佐贺县立名护屋城博物馆所藏文书》与《日本史》可知，小西行长对进攻明朝的态度应是保守的。因此，《黑田家谱》中有关小西行长在王京军议上的言论，自然就值得怀疑了。鸟津亮二在《小西行长》中便指出，小西行长在王京军议上，提出的建议应是停止进兵攻打明朝，而不是冒进。

又据弗洛伊斯的《日本史》记载，基于现实上的种种困难，日军大名在王京军议上最终确定了如下方针：由于即将迎来严寒天气，暂时停止在朝鲜各处攻城略地，先固守各自的阵地，当务之急是确保有撑过冬天的粮食。日军做出这一决定，很大程度是受到了小西行长带来的情报的影响。

王京军议举行时，加藤清正因在女真部落作战，没有赶来参加会议，但他事后将自己得到的消息写信报告给了丰臣秀吉的亲信木下吉隆。信中提到王京军议的结论，那就是参会的日本大名认为征讨明朝是不可能的："平安道是通往大明的道路，由摄津守（小西行长）负责管辖。然而，至今为止仍未平定该道。甚至听闻诸位大名在王京相谈之时，声称太阁移驾大明之事终不可成。鄙人因为出兵兀良哈（女真部落）之故，未参与讨论。移驾入明之事，若朝鲜国中其余诸道皆如咸镜道这般可以平定，则可攻入大明。然如上所述，若其余诸道皆如平安道这般混乱，鄙人亦认为此事甚为艰难。"（《明将祖承训败走以后我军之态度》）

在这封信中，加藤清正自夸他"经略"的咸镜道已经平定，但平安道非常混乱，因此很难保证日军攻入大明。但事实上，加藤清正自己在咸镜道遭到了朝鲜义军持续不断的反抗，伤亡惨重，根本谈不上平定咸镜道，而且这段话也有很明显的中伤小西行长的意思。但无论如何，加藤清正的信件，透露出了在王京军议上，日本大名认为丰臣秀吉征服大明是难以施行的这一结论。

有理由相信，日军虽然在平壤之战中获胜，但通过与祖承训的交手，小西行长领略到了双方的实力差距，进一步动摇了进取之心。这样的事实，可以反映出日本战国军队的脆弱，即便是在打了胜仗的情况下，也对明军大感畏惧，甚至动摇到了侵略明朝的念头。

有关王京军议的详情，还有另一种记载，同样体现出了侵朝日军的退缩姿态。据《曹溪院行状记》《加藤光泰·贞泰军功记》等史料记载，日军诸将面对明朝可能大举增兵的情况，感到难以为继，甚至是莫名的恐惧，纷纷提议说直接撤退到日军刚登陆朝鲜时的釜山浦①。在会议上，加藤光泰非常看不惯日军诸将一副怯懦退缩的样子，发言反对说："明兵之援，曷骤慑之（怎么一下子感到害怕了）？且釜山浦距此数百里，若班师，则敌又收此地矣，且可哉？"

加藤光泰一边嘲讽日军诸将对明军援兵感到害怕，一边又说釜山浦距离王京遥远，如果日军退出王京，则王京必定被明军占据。

持退守釜山浦观点的日军诸将无奈地说道："兵食弗可继。"

但加藤光泰还是不肯屈服，回击道："粮绝，则食沙而已！"

加藤光泰说了这句话后，日军诸将皆无语。石田三成看不下去，质问加藤光泰道："人岂食沙哉？"

加藤光泰笑着回答说，他也不知道怎么吃沙子，如果日军诸将愿意离开就离开，留下他一人就行。又表示，如果他能活下来，就与日军诸将会合。这番话让日军诸将非常尴尬，不再提撤守釜山浦。

以上，便是《曹溪院行状记》《加藤光泰·贞泰军功记》等史料对王京军议详情的记载。这些史料虽然有彰显加藤光泰之嫌，却也暴露出了日军在形势占优的情况下，仍然对明军大感畏惧，有直接退缩至朝鲜沿海的想法。当时，日军不仅在平壤之战中一举击破辽东骑兵，而且收到了丰臣秀吉的征明指令，石田三成、大谷吉继、增田长盛、加藤光泰、前野长康、细川忠兴、长谷川秀一等人的增遣军也从日本渡海而来，进入王京，使日军在朝兵力达到20万人。但即使如此，日军也表现出了极其退缩的姿态，想退守朝鲜沿海的一隅之地。这个记录，充分暴露了日本战国军队的虚弱本质。

王京军议结束以后，石田三成、增田长盛、大谷吉继三奉行写信给丰臣秀吉，

---

① 据《加藤光泰·贞泰军功记》记载，提出撤退到釜山浦的是石田三成。而在《武田兵术文稿》中，提出撤到釜山浦的是小早川隆景。

报告了征明计划的不现实。《史学杂志》收录的池内宏所著的《明将祖承训败走以后我军之态度》这一论文，提到了三奉行向丰臣秀吉报告征明的难点：在朝鲜釜山浦至王京之间，不断有朝鲜人蜂起抵抗；后方难以巩固，自然不可能远征明朝。

又根据《近世日本国民史·朝鲜役》一书收录的《神田文书》记载，石田三成、增田长盛、大谷吉继写信向丰臣秀吉报告了由于缺乏兵粮、天气寒冷、兵力不足等原因，难以进兵攻打明朝的事实。信中说：

> 如赴辽东，则缺兵粮，且寒气渐逼，辙不能行军。臣等虽于日本闻朝鲜已平定，然如今来到此地，事实并非如此。自釜山至辽东，土地旷远，且多山谷。以目前兵员防守诸要害，尚有不足之虞，因与诸将相商，各于其辖地戡乱，修改租税赋役，以仰明春殿下亲临指挥。

丰臣秀吉收到前线的战况报告以后，也意识到了吞并朝鲜、侵略大明的困难，于是放弃了亲自渡海督战的想法。九月二十三日，他写信给加藤清正：

> 现在渡海至朝鲜，实乃无用之举……具体原因是王京至釜山浦之间已经连续掀起了一揆（义兵）运动。已经令宇喜多秀家、毛利吉成、毛利辉元、小早川隆景及其他将领相互协商，对其进行镇压。（《纪州德川氏所藏文书》）

同一天，丰臣秀吉写信对"经略"全罗道的小早川隆景下达命令，要求其镇压釜山至庆尚道一带的义兵。但是王京的日军高层担心明军大举来袭，已将小早川隆景从全罗道调防到了京畿道的开城，无暇顾及义兵了。

日军调整防线

在八月份召开的王京军议上，日军内部出现了退守釜山浦的声音。虽然日军最后并没有直接退兵到釜山浦，但是在王京会议结束以后，日军为了防止明军在未来大举来袭，在防线上做了很大的调整，显示出了极为被动的守势。

九月，原先负责"经略"全罗道的小早川隆景、立花宗茂等人放弃了对全罗道的侵占，率军从全罗道的锦山撤出，调防到京畿道最前线的开城[①]，以及附近的临津镇、长湍、高阳。原先负责"经略"黄海道的黑田长政，也放弃了打下的黄海道首府海州，将兵力移动到靠近王京的黄海道白川城、平山城等。据日本学者池内宏考证，这两个举措，都是为了巩固王京的防卫。

石田三成、增田长盛、大谷吉继三奉行因为顾虑大明将增发援军进入朝鲜，命令诸将分守王京附近诸城，加强戒备。其中，王京南面的京畿道广丹城，由户田胜隆驻守[②]；王京北面的京畿道麻田城，由长宗我部元亲驻守；王京东面的江原道春川城、金化城，由岛津丰久、岛津义弘分别驻守。(《征韩录》)

据《岛津国史》记载，江原道的金化城位于险峻之地，"当咸镜、江原、庆尚三道之冲"，战略位置十分重要。日军诸将都对驻守此城没有信心，因此奉行众将这一防守重任交给了原本驻守在京畿道永平城的岛津义弘。

然而《义弘公御谱中》的说法却截然不同，此书谓金化城"五谷不熟，菜根亦不甚多，诸般穷困边地"，是一个非常穷困的地方，因此诸将都不愿意去，最后只能让岛津义弘去了。相比之下，这个说法更加切合实际。

岛津义弘还没有从京畿道永平城移屯至江原道金化城时，江原道发生了一场春川之战。关于此战，《征韩录》记载，十月份时，6万明军大举袭来，攻向了由岛津丰久驻守的江原道春川城。而春川城内的岛津守军只有500余人，岛津丰久自然不敌，便向驻守在京畿道永平城的岛津义弘发起求援。岛津义弘得到消息后，立即派出援军赴援。明军一听日军出动援兵，就"一战不及，早速引退"，选择了退兵。岛津义弘派出的援军见状，退回了永平城。但是等岛津义弘的援军一退，6万明军又杀了回来。无奈之下，岛津丰久只能背水一战，最后竟然真的以区区500兵力击破了6

<hr />

① 据朝鲜史料《乱中杂录》记载，小早川隆景军团从全罗道的锦山撤军后，退到了庆尚道："(九月)十六日，出向沃川中路屯聚，日夕还锦山。翌日夜半，撤向沃川，因下星州、开宁。"但是这一说法有误，依据小早川家臣所著的《梨羽绍幽物语》记载，小早川隆景是调防到了京畿道的开城，而不是退到了庆尚道。

② 此据《征韩录》。不过在《日本战史·朝鲜役》《明将承训败走以后我军之态度》中，户田胜隆在王京军议后从开城撤守，此城交由小早川隆景调防，之后他撤到了庆尚道尚州，不是把守在王京南面的广丹城。

万明军，并斩得 70 颗首级。

不过，《征韩录》的这个记载却存在着很大的问题，自祖承训在七月败走以来，明军并未在十月派出援军进入朝鲜，兵力更不可能有 6 万人之多。而且明军如果要打到江原道的春川，从地理位置来说，必须首先收复平安道的平壤，在突破平壤这道防线后，才能长驱直下打到春川，但明军当时尚未收复平壤。因此，6 万明军攻打春川城的说法，并不可靠。

又据《义弘公御谱中》记载，攻打春川城的实际上是"朝鲜敌兵六万余人"，可见岛津丰久的真正对手是朝鲜军，而非明军。不过，即便是说朝鲜军有 6 万人，这一数字也过于夸大了，实际上的兵力不可能有这么多。

而与岛津丰久在春川交战的朝鲜军将领，并没有明确的史料记载。据池内宏考证，可能是朴浑。他的根据，是朝鲜史料《关东志·原州志》的记载：

> 朴浑，壬辰之乱从军，遇贼于春川，力战不利，奋身当锋，终不旋踵。

在春川之战结束后的十二月，岛津义弘才将驻地从京畿道的永平城迁移到了江原道春川城北面的金化城。

截至十二月，日军又在王京附近增添了很多守备兵力。这时，王京周围的卫星城与守备兵力如下所示：

守备地点	守备将领	守备兵力
牛峰（黄海道，王京西北）	小早川秀包	约1500人
白川（黄海道，王京西北） 江阴（黄海道，王京西北） 平山（黄海道，王京西北）	黑田长政与其家臣栗山利安等	约5000人
长湍（京畿道，王京西北）	立花宗茂、高桥统增	约1500人
开城（京畿道，王京西北） 临津镇（京畿道，王京西北） 高阳（京畿道，王京西北）	小早川隆景与其家臣冈景忠等； 毛利辉元的部将吉川广家；天野元政、毛利元康	约20000人
麻田城（京畿道，王京北）	长宗我部元亲	约3000人
金化城（江原道，王京东北）	岛津义弘	不明
春川城（江原道，王京东北）	岛津丰久	约500人
广丹城（京畿道，王京东南）	户田胜隆	约3900人

日军在王京附近安排重兵把守，是为了防止明军来袭，加强并巩固王京周围的防卫力量。可见，日军在王京军议上定下的最终方针，是黑田孝高提出的"固守王京"。不过，日军诸将没有完全听从黑田孝高的话，就此放弃距离王京以北不止一日路程的诸多城池，因此本质上没有达到收缩战线的目的。日军在朝鲜的战线依然拉得过长过深。

无论如何，小西行长在平壤之战后向丰臣秀吉劝谏远征大明不可行，日军在王京军议上出现退守釜山浦的议案，以及日军在王京军议后安排重兵巩固王京防线等种种现象，都已表明当时的战局发生了变化。日军一开始设想的"八道国割"，即每个大军团分别占据一个朝鲜分道的计划事实上已经失败了。

处在农业社会时代的日本，以区区三岛之国远征异域，所承受的压力早已远远超出自身负荷，显现出了疲态。就算祖承训打了败仗，也让日军心生畏惧，产生了一系列的过激反应，足见日本战国军队脆弱的本质。正如池内宏在《明将祖承训败走以后我军之态度》这篇论文中所作的结论一样，虽然日军表面上在平壤之战中打败了明军，但此战后日军的态度产生了极为明显的变化，发动壬辰倭乱的日军，以平壤之战为分水岭，出现了颓势。

沈惟敬的起用

祖承训在平壤战败以后，明朝朝廷大为震动，为此在登莱、天津、旅顺等沿海地区增加兵力戍守，以防日军渡海袭来。此时，明朝西北地区爆发的宁夏之乱尚未被完全镇压下去，面临日军侵略沿海地区的威胁，明朝实在难以两线作战。兵部尚书石星，深知"宁夏未平，复有事辽左，殆罢于奔命，虽鞭之长不及马腹。越江而战，非完策也"（《两朝平攘录》），为了避免让明朝同时面临两线作战的巨大挑战，也为了避免财政上的入不敷出（《东征记》），他想到了先与日军停战。于是，石星起用了一个叫作沈惟敬的人，让他以侦察敌情的名义进入朝鲜，与日军进行议和。（《宣祖昭敬大王实录》）

沈惟敬，一个流寓北京的南方人。他的籍贯，一说是嘉兴府嘉兴县，一说是嘉兴府平湖县，但不论是哪个县，他都是嘉兴人。对于沈惟敬的社会身份，《明史稿》称他为"诡谲无赖"，《明史》称他为"市中无赖"，《刑部奏议》则称他为"市井恶棍"，评价都差到了极点。石星为何会起用这么一个人，又是如何与他相识的，还要从头说起。

天启年间成书的《平湖县志》，记载了沈惟敬早年在浙江嘉兴的经历。按照此书的描述，沈惟敬的父亲沈坤家境殷实，不用为吃穿发愁，他在嘉靖年间做了一个收粮官。嘉靖三十四年（1555年），倭寇侵入中国沿海，沈惟敬当时刚满20岁，与其父沈坤在时任浙直总督的胡宗宪幕下做事。一天，倭寇入侵浙江嘉兴北部的王江泾，明军作战失利，胡宗宪也被日军围住。沈惟敬单骑突入重围，将胡宗宪救了出来，此后胡宗宪更加器重沈坤，授予他千总之职，领3000士兵。后来父子二人设下计谋，故意搭乘满载毒酒的船只经过倭营，假装犒劳将士。预计倭寇将要出营追赶的时候，沈惟敬父子弃船逃走。结果整船酒都被倭寇得到了，他们很高兴，争相痛饮，结果死了许多人。

从《平湖县志》的记载来看，沈惟敬早年是抗倭将领，并且单骑救出过在王江泾之战中被倭寇围困的浙直总督胡宗宪。然而，根据《明史》的记载，胡宗宪并没有参与王江泾之战，参与此战的将领实际上是总督侍郎张经、副总兵俞大猷、参将卢镗等人。关于此战的结果，是明军大破倭寇，并没有失利。因此，《平湖县志》说沈惟敬单骑救胡宗宪，是存在问题的，并不正确。至于此书提到的沈惟敬父子设计用毒酒杀害倭寇的说法，也许是事实。

对于沈惟敬在此之后的活动，以及如何与石星相识的，能从《两朝平攘录》《万历野获编》《甲乙剩言》等明代史料中找到痕迹。综合这些史料，我们可以推断出沈惟敬此后的大致经历。

沈惟敬虽然是名家支属，但后来家道中落，流落到了北京。他喜欢炼制丹药，平常和方士、无赖之辈混在一起。时间久了，沈惟敬就和一个同样出身吴地的女子陈澹如好上了。在陈澹如居所旁边，有一个叫作郑四的卖水贩子（有说法称，郑四本是陈澹如家里的奴仆），他对沈惟敬之后的行动影响很大。关于郑四的出身，一说他原本是福建漳州人，投降倭寇后被明军擒获，被他脱狱逃走；又说，郑四原本是浙江温州乐清赵世桢家的奴仆，小时候被倭寇掳走，在日本住了18年才逃回大明燕赵之地，靠卖水维生。不论哪种说法正确，沈惟敬认识了郑四以后，就经常让他谈论日本的见闻。郑四据实以告，让沈惟敬对日本有了很大的了解，包括他们的习俗、用具、语言。万历二十年，日军入侵朝鲜，这一年，沈惟敬已经近60岁了。明廷下令，能驱逐侵朝日军者，赏银万两，世袭伯爵，但无人应募。恰逢兵部尚书石星有一妾，其父袁茂和沈惟敬爱好相同，喜欢炼制丹药，两个人因此认识。有一天，袁茂到陈澹如家做客，沈惟敬也在。袁茂无意间对沈惟敬说了石星为日寇烦恼之事，以及朝廷承诺平倭后的回报。沈惟敬听了，认为建功立业的时机到了，于是将他了解到的日本知识在袁茂面前侃侃而谈，仿佛自己真的去过日本一样。袁茂听了感到很高兴，就将沈惟敬推荐给了石星。就这样，通过如此曲折的过程，石星与沈惟敬产生了交集。

在明人徐希震所著的《东征记》里，对于沈惟敬结识石星的过程，还有一种与上述说法不同的版本。书里写道，沈惟敬地位低下，但他通过贩卖古董，结识了一些士大夫。沈惟敬察觉到明朝的援军对日军计无所施，便想借此获利，于是游说内阁首辅赵志皋、兵部尚书石星，称自己曾在日本做过生意，熟识倭将，可以劝说他们罢兵。

在朝鲜史料中，对于沈惟敬是如何与石星搭上线的，说法与《东征记》较为类似。据《再造藩邦志》《日月录》记载，沈惟敬的父亲因为做生意的原因，经常往来日本，所以知道一些日本的事情。沈惟敬又自称在嘉靖年间，与父亲在当时的浙直总督胡宗宪幕下做事，曾设计鸩杀倭寇，因此也了解日本的一些事。由于有相关的日本知识，所以沈惟敬便毛遂自荐，主动上书兵部，推荐自己。

无论是石星小妾之父向石星推荐沈惟敬，还是沈惟敬主动向兵部请缨，沈惟敬最终与石星搭上了线。据《壬辰史草》记载，沈惟敬见了石星以后，提出自己愿意亲入倭营，先用计策让日军暂时停止在朝鲜的军事活动，之后朝廷或对其用兵，或进行羁縻。

经过交谈，石星认为自己找到了一个懂倭情的人，他让沈惟敬冒称游击三营指挥将军，以侦察敌情的名义进入朝鲜，与日军假意讲和，实际上施以缓兵之计。之后，沈惟敬将郑四的名字改作沈嘉旺，充当麾下，又带上十几个随从，奔赴朝鲜。

沈惟敬动身以后，科臣罗栋以"宁贼纵横，倭奴猖獗，东西征剿无功"为由，上疏弹劾石星。这让石星受到了很大的心理打击，于是上奏明神宗，请求辞去兵部尚书一职。明神宗并不答应，只是让他好好做事。（《明神宗实录》）

八月十七日，沈惟敬和他的随从带着明廷赐给朝鲜的皇银，进入朝鲜义州，朝鲜国王李昖亲自出义州西门外迎接，向沈惟敬行了隆重的四拜礼。沈惟敬当面向李昖夸下海口说，不久以后将有70万明军进入朝鲜："圣上以尔国事大至诚，故兵马七十万已令调发，不久当来。"

李昖听了，反复催促沈惟敬请求明军速速讨伐日军。但这本就是沈惟敬在吹牛，他自然无法找出70万兵力，只好推诿说朝鲜不懂兵法，不知不能轻易用兵，况且辽东兵目前正在改造兵器："尔国，以礼义之邦，不知兵法，故如是强请也。凡用兵之道，不可轻易。且辽兵自经战后，其弓箭遗失颇多，今方改造矣。"

刚说完，沈惟敬又忍不住夸下海口，说70万明军将直捣日本巢穴："用兵之道，上观天文，中见地利，下察人事。前日之役，反此而致败。皇上闻而震怒，所以发兵七十万者，非但恢复尔国，而直欲荡覆日本巢穴也。"

李昖也不傻，他见沈惟敬敢这么说，就催促他让明军进兵："大人既奉圣旨，速进剿灭。"

沈惟敬自然变不出70万人，于是明军的兵力又在他口中缩水到了3000人。李昖试探性地问沈惟敬，若朝鲜不再派特使向大明求援，大军是否还会来援："陈奏使虽不更遣，大军自当出耶？"

沈惟敬回答称不需要再派遣使者，石星已经调发援兵了："石尚书已为调发，吾意以为，不须遣也。"（以上对话出自《宣祖昭敬大王实录》）

双方一问一答，说了很多话。但是沈惟敬的话，让朝鲜君臣觉得前后矛盾。会面结束后，李昖回过头对朝鲜大臣们说，他觉得沈惟敬的话不可靠，还是应该向大明再派出使者告急求援。于是，朝鲜背着沈惟敬，偷偷派出了新的使者进入明朝讨要救兵。据《宣祖昭敬大王实录》记载，朝鲜人对沈惟敬的第一印象是：这个人长得很丑，但口若悬河，俨然是一个辩士；但他爱说大话，居然自称和宗义智、丰臣秀吉很熟。

与朝鲜君臣短暂会晤后，沈惟敬离开义州迅速南下，先抵达平壤郊外的顺安县，之后抵达斧山院。之后，沈惟敬派出沈嘉旺，让他携带自己写的一封信，放在黄色包袱内，前往平壤宣谕日军。沈嘉旺遵照沈惟敬的命令，骑马直赴平壤，通过普通门进入城内，将书信交给小西行长等人。

小西行长看了沈惟敬的信后，决定与明朝进行和谈。他为此派出了早年间被倭寇俘虏到日本、目前作为日军随军翻译的浙江人张大膳，让他前往斧山院，与同样出身浙江的沈惟敬相议，约定八月二十九日双方在平壤郊外的乾伏山议事。

对于小西行长同意与明朝和谈的原因，日本近代历史学者德富猪一郎在他所著的《近世日本国民史·朝鲜役》一书中分析道：

> 小西本来就是讲和的，他无战争目的，他系为和平——即允许中日通商而来。他之所以不时从东莱、尚州、临津江、大同江把谈和尺牍投向朝鲜当局，其目的即在于此。当沈惟敬亲自来说和，此于行长实如顺水推舟。因之，他接受惟敬提议，实不足为怪……因此小西行长希望早日停止战火，与明恢复通商，并结束他心目中所认为的愚妄举动。朝鲜兵之懦弱固为事实，却有如苍蝇之难缠。满室苍蝇虽绝无杀人之虞，但挥去以后立刻又来，使人困惑不已。何况朝鲜兵非苍蝇，他们知投石技术，他们的半弓常使日本兵穷于应付。并且他们熟悉地理，隐匿山谷、竹林及使人意想不到的地方，而出日本兵不意地出现，使其防不胜防。因此，三奉行之报告朝鲜未平，必为事实。三奉行之联名书虽未提水军消息，然使行长不但同意和谈，并且热衷和谈的动机之一，乃日本水军雌伏釜山，不能绕全罗道多岛海以举所谓水陆并进之实。无海军应援之陆军实令人不安，万一后方被切断，则他们非饿死不可。而更为顾虑的，则为日本军士气的低落。

简而言之，《近世日本国民史·朝鲜役》把小西行长同意和谈的原因归为四点，一是小西行长本来就无战争目的，一直想尽早结束战争；二是朝鲜军的不断骚扰，使日军疲于应付；三是日本陆军得不到水军支援，后勤补给随时有被切断的危险；四是日军士气低落。归根到底，日军当时已经很难有所进展。由于现实原因的逼迫，日军不得不与明朝进行和谈。

除了德富猪一郎总结的这几点之外，笔者再补充一条，从弗洛伊斯的《日本史》和《宣祖昭敬大王实录》的记载来看,通过平壤之战与祖承训率领的明军骑兵交手，小西行长认识到了明军的强大，知道侵犯大明是不可取的，为此也非常务实地与想对方进行和谈，避免继续扩大冲突。

乾伏山会谈

到了八月二十九日这天，沈惟敬准备遵守与小西行长的约定，动身前往乾伏山。他周围的很多人都认为此行非常危险，纷纷劝阻他，但沈惟敬却笑着说，对方根本没有什么理由来害他。说完，沈惟敬便潇洒地带领三四个随从前往平壤了。

小西行长为迎接沈惟敬，带着宗义智、柳川调信、景辙玄苏、宗逸等人，整理好日军队伍，摆出一副威仪的姿态，和沈惟敬在平壤城北4公里的乾伏山（又称降福山）会面。当时日军人数众多，剑光如雪，但沈惟敬丝毫没有畏惧，他下马直入日军阵中，日军士兵立刻将他团团围住。（《日月录》）

根据朝鲜史料《宣祖昭敬大王修正实录》的记载，小西行长见到沈惟敬后，向他提出了封贡的要求。所谓"封贡"，是明朝的一种贸易体系。简单地说，只有承认明朝为宗主国，得到明朝册封的藩属国才有资格以"朝贡""通贡"的名义来华贸易。小西行长提出封贡的要求，是希望日本与明朝议和以后，能合法地向明朝通贡，双方进行正常的通商贸易。小西行长是商人出身，与明朝建立通商关系，能让他这样的商人赚得巨大的利润，也能让他效忠的丰臣政权博取巨大利益，他对这一条件看得非常重。

在小西行长提出这一要求后，沈惟敬对他说："此（平壤）乃天朝地方，尔等可退屯，以待天朝后命。"

小西行长等人拿出地图，对沈惟敬说："此明是朝鲜地。"

沈惟敬解释道："常时迎诏于此，故有许多宫室。虽是朝鲜地，乃上国界，不可留此。"

以上，便是《宣祖昭敬大王修正实录》记载的沈惟敬与小西行长会面时的情景。

又据朝鲜史料《再造藩邦志》记载，沈惟敬见到小西行长以后，对日方表现出了一副趾高气扬、居高临下的姿态。他先是恐吓日军，称明朝将要发兵百万而来，日军将面临灭顶之灾："天朝以百万众来压境上，尔等命在朝夕。"

接着，他又狠狠责备身为僧侣的景辙玄苏："上天好生，尔既剃发为僧，何来从逆夷，虔刈我属国耶？"

仰慕中华文化的景辙玄苏被沈惟敬一番恐吓后，惊慌失措地向沈惟敬叩头，辩解称，他是中国僧人的徒孙，不敢助纣为虐；又称日本原是想借道朝鲜进入明朝，请求封贡，因为被朝鲜阻拦，所以才攻打朝鲜。"中国有中峰祖师，四代孙曰四明禅师。嘉靖十八年，我师入朝，拜四明师，为弟子。天子嘉其远来，钦赐袈裟一袭，至今犹在。鄙生得传衣钵，无非向顺之诚，岂敢助逆为虐乎？本国久绝于天朝，欲假道朝鲜以求封贡。伊反集兵拒我，致有今日，此岂独鄙僧之罪耶？"

沈惟敬恐吓完景辙玄苏以后，又安抚小西行长等人，声称只要他们恭顺，明朝自然会满足他们提出的封贡要求："尔等既悉诚思顺，则天朝何惜封贡以绝远夷之望？"

小西行长等人听了沈惟敬的话，唯唯应诺。

以上，便是《再造藩邦志》记载的沈惟敬与小西行长、景辙玄苏会面时的情景。

从《宣祖昭敬大王修正实录》和《再造藩邦志》的记载来看，小西行长和景辙玄苏在乾伏山会谈中都向沈惟敬提出了封贡要求，希望明朝册封日本，并让日本向明朝通贡。但是根据《两朝平攘录》里收录的一封小西行长写给沈惟敬的信来看，小西行长只是对沈惟敬提出了向明朝通贡的要求，并没有言及册封。

根据日本近代历史学者德富猪一郎的判断，从《两朝平攘录》收录的这封信的修辞手法来看，应该是景辙玄苏、宗逸这两名略通汉文的和尚，用他们不熟练的汉文替小西行长代笔写的，所以充满了日本风味，可以判定不是明人的伪作。也就是说，《两朝平攘录》收录的这封信是真的，也代表了小西行长的真实意愿。

此外，根据一手史料《药圃龙蛇日记》收录的《李元翼状启》，小西行长向沈惟敬提出的要求也只是通贡，同样没有言及册封。可见，小西行长提出的应该确实只是通贡，并没有册封。出现这样的情况，应该是小西行长这时候还不了解明朝的封贡体系，不知道明朝要先完成对外国的册封，才能允许对方通贡。

当小西行长向沈惟敬提出通贡要求以后，根据《宣祖昭敬大王修正实录》的记载来看，沈惟敬故意称平壤是大明地界，要求小西行长先退出平壤，再等待大明回复。但小西行长没有单纯到这种地步，据《李元翼状启》记载，小西行长只是承诺: 等大明准许日本通贡以后, 他们便退出平壤。

又据《两朝平攘录》记载, 小西行长虽然同意退出平壤, 但提议以平壤城东面的大同江为界, 大同江以西属朝鲜, 大同江以东割让给日本。另外, 根据《明史·朝鲜传》的记载, 小西行长欺骗沈惟敬, 说自己不久以后就将退出平壤, 并承诺以大同江为界, 平壤以西尽属朝鲜。依照这两个记载, 小西行长秉持的方针是: 与明朝成功议和后 (明朝准许日本通贡), 日军退出平壤; 以大同江为界划分朝鲜领土, 确保平壤以东的大半朝鲜领土全部划归日本。

从小西行长提出的这些条件来看, 这时候他显然已经完全放弃了入侵大明, 他所追求的, 是尽最大可能维持当前的战果, 与明朝达成和议, 建立起通商、朝贡关系, 并与明朝划分朝鲜领土。需要注意的是, 小西行长只是丰臣秀吉的家臣, 不可能擅自做主, 违背秀吉的意志, 在如此重大的事情上做出决策。联系此前小西行长派人劝谏丰臣秀吉停止征明计划, 我们有理由相信, 丰臣秀吉收到前线的糟糕战报后, 已经放弃了征明计划, 并同意了小西行长的谏言, 因此小西行长才能公然与明朝展开谈判。

为了与日军停战, 沈惟敬对小西行长提出的要求, 明面上表示愿意接受。葡萄牙耶稣会士弗洛伊斯的《日本史》对此记载道:

> 他 (沈惟敬) 通过将朝鲜的一部分让与日本, 与关白 (指丰臣秀吉, 但他此时应为太阁) 缔结和平友好, 并约定向关白处派去使者。作为约定的证据, 他向日本方面送去了人质。但是在向北京送去使者, 报告给中国的国王之前, 无法签订协议。因此, 他希望宽限两个月 (实为 50 天)。在此期间, 要求两国恪守休战。

从《日本史》的记载来看, 沈惟敬夸下海口, 承诺将朝鲜的一部分领地割让给日本 (尽管不在他的权限范围内), 以此作为与日方议和的条件。但笔者认为, 这应该不是沈惟敬的真意, 他的这一承诺, 只是牵制日军的缓兵之计。沈惟敬刻意拿出这样一个筹码, 就是为了博取日方的信任, 为明军出兵朝鲜争取足够的时间。

从之后的行动可以看出, 沈惟敬确实是这么想的, 同时他还很注意搜集日军的军事情报, 以便明军为后续行动做好准备。同样据《日本史》记载, 沈惟敬为摸清日军武器的威力，让明军以此为参照，制作制衡日军的优良刀枪铠甲，便故意欺骗小西行长，称希望能向大明皇帝和指挥官们展示日本武器有多么优良，让他们认识到与日本作战是不可能取胜的。小西行长听了很高兴，对此表示同意。但同时，小西行长又察觉到有些不对劲，他感到很疑惑，想不通既然大明如此强大，为什么又要与日军讲和，还给出了如此有利的条件。沈惟敬为博取小西行长的信任，又编造了一大套谎话骗他。据弗洛伊斯的《日本史》记载，沈惟敬对小西行长说："只要大明希望，大明的军队就能将日本赶出朝鲜。但因这样做有不利之处，所以没有实行……不管是朝鲜人在朝鲜，还是日本人取而代之，对我们都是巨大的负担。日本军队非常勇敢，在短时间内已经攻下了朝鲜大部分领土。朝鲜人无法守卫自己的国土……倭军攻占平壤之时，朝鲜大军、聚集而来的女真人和四千大明骑兵却没有抵抗，将城拱手让人。看到这个事实，就会明白将日本军队赶出朝鲜是不可能的，如果强行实施就会受到重大损失。因此，才决定与日本商量谋求和睦的方针。"

为了彻底让小西行长相信自己说的话，沈惟敬又编造了明朝人非常讨厌朝鲜人，很早以前就想将他们驱逐出去的谎言。如此一来，才终于打消了小西行长的疑虑，使他同意将日军的武器装备送一部分给沈惟敬。

根据《宣祖昭敬大王修正实录》的记载，沈惟敬通过发放帽子给日军的方式，摸清了平壤城内的日军人数究竟有多少，为明军搜集到了日军的兵力情报，准备以后用倍于日军的兵力攻城。从沈惟敬的这些行为来看，他的城府是很深的。

之后，沈惟敬和小西行长立下约定，称他会向明朝奏报日本的通贡之请，等待朝廷裁决，并让小西行长等他回来，约定双方以50天为期。在这段时间里，沈惟敬要求日军不得出平壤西北5.5公里（明代的10里）之外，朝鲜军也不得入5.5公里之内。为此，沈惟敬专门写了一封榜文，让人挂示在日军与朝鲜军的缓冲地带：

> 天朝大将有令，此界口，二国且各不许过界，亦不许交战。大明游击将军沈传示贵国日本先锋大将，烦转传与王京等处日本来将知悉。本府亲往天朝请旨通贡等情，面与先锋大将议定五十日不可与朝鲜兵马交战，亦不可杀害百姓，烧毁民房，且各暂守住处，勿得逞强，偏特见以使本府，亦先锋大将失信于朝鲜，决不可违误。
>
> （《药圃龙蛇日记·李元翼状启》）

但投降了日军的朝鲜人金顺良故意使坏，让日军不要相信沈惟敬，他对景辙玄苏说："明人遣使求和好者，恐出于谲谋，勿为其所欺，陷于术中。"

景辙玄苏将金顺良的话说给小西行长听，但小西行长认为不可违背约定，表示："既与彼游击约，食言不可也。"（《松浦家记》）

傍晚，会谈结束，沈惟敬策马返回斧山院。因为沈惟敬答应小西行长等人，会替他们转奏通贡之请，所以小西行长等人非常恭敬地为沈惟敬送行。对于沈惟敬单骑闯入乾伏山与小西行长会谈，朝鲜史料《寄斋史草》给予了相当高的评价，认为朝鲜地方数千里，没有一个朝鲜将领能够挡得住日军的侵略，然而沈惟敬却单骑直入贼营，使日军收敛兵锋，低头屈服，实在了不起。此书还说，当沈惟敬闯入乾伏山时，沿途的朝鲜士人、百姓成群结队地在远处围观，争相观看"何壮男子，做如此事业。"

送走沈惟敬后，小西行长派人将议和停战的消息报告给了在王京的侵朝日军总大将宇喜多秀家，以及石田三成、增田长盛、大谷吉继三奉行。（《朝鲜征伐记》《丰臣秀吉谱》）

从《日本西教史》的记载来看，日军方面的认知是明军经过平壤之战的惨败后，被吓得失魂落魄，因此才派人来求和，要求休战两个月：

> 朝鲜兵与中国援兵合围平壤，驾起飞梯登城，然日本守卒能防，敌兵为之殒命者甚多。小西行长生擒敌将，送至太阁之处。中国的首将经此一败，滋生恐惧，以致向小西行长乞和，约定让中国皇帝派使者到日本讲和，乞求修战两个月。

从日军的这一理解来看，他们已经被沈惟敬的伪装欺骗了。

沈惟敬的城府

乾伏山会谈后的次日（九月一日），小西行长派遣一名使者来到沈惟敬所在的斧山院，转达对沈惟敬的钦佩之情："昨日，大人在白刃丛中，颜色不变。虽日本人，无以加也！"

沈惟敬以唐朝名将郭子仪单骑宣谕回纥退兵自比，不屑地对日本使者说："尔不闻唐朝郭令公单骑入回纥万军中乎？我何畏尔也！"

之后，沈惟敬又和这名日本使者进行交谈。他先是询问日本为何侵略朝鲜："朝鲜有何罪，日本敢动干戈，侵扰土地，杀戮良民乎？"

日本使者胡扯说，是因为朝鲜曾经向日本朝贡，但是后来又不进贡了，所以出兵："朝鲜囊日曾访对马岛，又曾差陪臣入日本朝贡，留半年。其后贡亦不进，人亦不去，以此起兵来犯矣。"

沈惟敬向日本使者撒谎，称大同江以东是朝鲜地方，随便日本侵犯，但大同江以西的平壤至义州都是大明地方，不得日军侵犯，又问日军为什么敢对祖承训下手："大同江以东，则皆是朝鲜地方矣，任汝来犯。大同江以西至义州，则本大明地方，大明使王代治，故天朝遣使，则国王必来迎于平壤一路馆舍……且祖总兵曾送一千兵马哨探之时，你们何敢下手乎？"

日本使者回答说，当时天在下雨，辽东兵突然杀了过来，他们也是被迫还击："其时雨中，辽兵冲城入门，多杀把门者，不得已应之，岂知哨探军乎？"

沈惟敬又问平壤城中有几名倭将，日本使者回答说有 5 名。沈惟敬让他写下这些人的名字，日本使者回答说："名则不知，只书职名。一高山，一大村，一五岛，一平户松浦，一小西德寺（摄津守），即大将也。"

沈惟敬又问，在王京的日本大将是谁。日本使者回答说："关白之孙小田八郎（即宇喜多秀家，但他并非丰臣秀吉之孙，而是养子）。八郎虽尊重，而用事则在行长矣。近欲合聚诸处散兵守城，城中之兵，欲下义州矣。"

日本使者在答话中，透露宇喜多秀家虽然是日军大将，但实际指挥权掌握在小西行长手中，又说小西行长在与沈惟敬会谈之前，打算聚拢周围的兵力攻打义州，拿下整个朝鲜。

沈惟敬告诫日本使者，让他们遵从之前的约定，不要越界："俺今当奏闻，息两国之兵，你们从前刈草处则已矣，勿出十里之外。俺亦令我兵及朝鲜兵勿杀刈草之倭，以待旨下可也。"（以上对话出自《药圃龙蛇日记·李元翼状启》）

之后，沈惟敬给了日本使者一锭银子，并馈送了酒，让他回去复命了。

第二日（九月二日），朝鲜平安道巡查使李元翼从翻译那里获悉有关消息，得知沈惟敬将要回到北京奏报日本要求通贡之事。他担心沈惟敬真的有这个意向，而明军也不再帮助朝鲜驱逐日军了，为此感到非常慌乱。他找到兵使李薲，请求对方能够安排他面见沈惟敬。李薲找到沈惟敬，沈惟敬答应了他的请求，在房间里会见了李元翼。

李元翼先是礼节性地向沈惟敬致谢，让翻译代为感谢沈惟敬为朝鲜冒险周旋，然后试探性地问沈惟敬："老爷欲向北京耶？不知为何事耶？"

沈惟敬知道李元翼听到了一些风声，就对李元翼解释，他想出了三条计策替朝鲜人对付平壤的日军。第一条计策是拿酒灌醉日军，趁机杀死他们："吾计有三。倭本喜饮，近城间家多储酒瓮，倭人出而群饮，乘醉击之，则蔑不胜。吾于浙江已试之，此第一计也。"但是沈惟敬很快又说，因为朝鲜很穷，一时半会拿不出这么多酒，所以这条计策就不用了。

接着，他又说了他的第二条计策，将3万支火箭埋伏于要道，等日军出城时一齐发射，就可以歼灭日军："多埋火箭三万于要路，俟其出而齐发，则可以歼尽，此第二计也。"但是沈惟敬为难地说，因朝鲜没有器械，所以这条计策也不能用。

最后，他说出了第三条计策，那就是假装答应替日本人奏报通贡之请，与他们讲和，作为缓兵之计："许贡讲好以缓师期，此计之三也。"

沈惟敬说，他目前实行的就是这第三条计策，他只是欺骗日本人，假装答应他们向朝廷奏报通贡，实际上是要回到辽东去调兵："而出于不得已，盖假说而已，岂真乎哉？俺责彼以据平壤，即令移去，则彼以谓大明君许朝贡，则当移去云。故俺亦以奏闻北京为辞以实其事，而实欲但向辽，见巡按调兵出来尔。"

虽然沈惟敬费尽唇舌地解释，但李元翼还是担心日军不守承诺，会在50天内越过中立地区杀过来，问沈惟敬到时候该怎么办，又向他表达了朝鲜绝不会与日本议和的态度。沈惟敬让李元翼不必担心，说辽东援军这个月底就会到来，他亦知不可与日军讲和："俺到辽调发兵马，其迟速不可必，似可于本月尽头来到。不可讲和，俺亦知道，亦岂得使你国讲和乎？"（以上对话出自《药圃龙蛇日记·李元翼状启》）

沈惟敬对李元翼说的，确实是他的真心话，他是假意与日军议和，达到牵制日军，使其不再西向的目的。从之后的发展来看，平壤日军在双方约定的50天内，确实遵循了与沈惟敬的协议，没有越过平壤西北 5.5 公里外的中立地带。沈惟敬与小西行长的会谈，的确起到了缓兵之计的作用，为明军之后调动大军进兵朝鲜争取到了时间。从结果上而言，沈惟敬完成了石星交代的任务。

在沈惟敬假意与小西行长议和，对其进行牵制的同时，明廷也在为大举援朝做准备。八月五日，明神宗下发敕书，命令行人司①的行人薛藩带着敕书出使朝鲜，向朝鲜君臣宣谕明军将会调动军兵来援的消息。八月二十一日，明神宗又任命兵部右侍郎宋应昌前往保定、蓟州、辽东等处，经略备倭事宜。（《明神宗实录》）

九月三日，薛藩渡过鸭绿江，进入朝鲜义州。朝鲜国王李昖亲自率领百官迎受大明敕书，李昖对薛藩行了隆重的四拜礼，礼毕后受领敕书。李昖见了薛藩，忍不住痛哭失声，朝鲜百官也跟着哭了起来，薛藩为他们感到难过，表示了关切。在敕书中，明神宗向朝鲜承诺，会派遣文武大臣二员，统率辽阳各镇 10 万精兵前来救援，还说会宣谕琉球、暹罗等国调兵数十万征剿日本本土。（《宣祖昭敬大王实录》）

四天以后的九月七日，沈惟敬回到义州，告知尹根寿、韩应寅两位朝鲜大臣，他还会在朝鲜停留一天，之后就回辽东拜会诸位巡按，调动大军来援。

次日，沈惟敬收到了小西行长从平壤寄来的信件和铁炮。小西行长在信中规规矩矩地写了自己和宗义智的名字和官职，直到这时沈惟敬才知道他们的真名叫什么。小西行长在信中援引明朝隆庆年间俺答封贡②的例子，希望明朝既然能开鞑靼通贡之路，也能够开日本通贡之路。铁炮是小西行长按照沈惟敬之前的请求寄送给他的，小西行长不知道沈惟敬是故意想套出日军的武器威力，自己还在信中觉得不好意思，认为铁炮的装饰很丑，特意提了这一点表示歉意。（《两朝平攘录》《宣祖昭敬大王实录》）

近代日本历史学者德富猪一郎在《近世日本国民史·朝鲜役》一书中，认为

---

① 行人司，是古代的一种官署名，明洪武十三年（1380 年）置，掌传旨、册封等事。行人司，设行人，正九品，左、右行人，从九品。后改行人为司正，左、右行人为左、右司副，另设行人 345 人。凡颁行诏敕、册封宗室、抚谕四方、征聘贤才，及赏赐、慰问、赈济、军务、祭祀，则遣行人出使。建文中罢。成祖即位，复旧制。

② 俺答封贡又称"隆庆和议"，是隆庆年间改善与蒙古鞑靼部关系的事件。嘉靖以来，蒙古鞑靼土默特部不断侵扰明朝西北地区。隆庆四年（1570 年），鞑靼首领俺答向明朝请求封王、通贡、互市。隆庆五年，明朝封俺答为顺义王，封其子弟为都督等职，允许通贡。九月，双方在大同得胜堡、新平堡及宣府张家口等地展开互市。俺答死后，其妻三娘子，继续与明朝通贡，受封"忠顺夫人"。

小西行长这一举动非常愚蠢，将日军视为珍宝的铁炮暴露给了明军。从德富猪一郎对小西行长的这一指责来看，沈惟敬事实上为明军后续对日军动武做好了情报收集工作，成功地耍弄了小西行长。因此，沈惟敬的这次出使，虽然在过程中对朝鲜人、日本人撒了很多谎，但对明朝而言，确实起了很大的积极作用。

而与伪游击沈惟敬勇敢出使倭营形成鲜明对比的，是备倭经略宋应昌的胆怯。宋应昌一接到圣旨，就对经略备倭事宜的前景感到不乐观，他对明神宗表示："臣本书生，未娴军旅，过蒙皇上特遣经略，臣遽承之，曷任悚惕。臣切计之，倭奴不道，奄有朝鲜，诡计狂谋，专图内犯。辽左、畿辅外藩与之比邻，山海关、天津等处畿辅水陆门户，俱系要地……顾今天下承平日久，军务废弛，人心习于治安，玩惕已极，不大破拘挛之见，则国事终无可济之理。"（《明神宗实录》）

御史郭实抓住把柄，弹劾宋应昌出任经略不称职。于是，宋应昌于九月初七日请求辞职，理由是被人怀疑"不知兵"，根本不足以服众，不能号令将士："今臣未拜朝命，知臣者目臣为不知兵，则三军之士惑而不受令矣。臣又闻之兵法曰：'疑志者不可以应敌。'臣今内惭无实，外虑人言，不一心矣。以不一心之将统不受令之师，未有能济者……臣以无我之心从虚内照，经略责任在臣实不能堪，台臣之论原非谬也。"

明神宗马上下旨，驳回了宋应昌的辞职请求："倭奴谋犯，督抚各守防房地方，战备一无所恃，且沿海数百里不相连属，一旦有警，深为可虞，特遣经略专任责成。郭实如何又来阻挠？"

九月十三日，宋应昌再次请辞，又被明神宗驳回："宋应昌已奉命经略，只为郭实一言，遂畏避不肯前去，沿海边务责成何人？浮言反重于朝命，国纪何在？倭报已紧，宋应昌可即择日行。九卿科道依违观望，今亦不必会议。郭实怀私妄奏，阻挠国是，着降级边杂职用。再有渎扰的，一并究治。"（《明神宗实录》）

明神宗既然已经发狠话，"再有渎扰的，一并究治"，宋应昌不敢再辞，只能领了敕书，起程赶往辽阳，履行经略职责。

对于宋应昌出任备倭经略一事，《定陵注略》很不屑地嘲讽道："呜呼，朝廷纵乏人，奈何令此辈当一面，褰中国之威灵，而取外夷之轻侮哉！"该书还称，宋应昌处事荒诞，能力有限。例如，在山东巡抚任上时，宋应昌听到日本入侵朝鲜的消息后，第一时间是向登、莱两府征集了数万枚鸡蛋。别人问他有什么用，他说如果倭寇侵犯山东，就把这些鸡蛋扔到倭寇的船上，让倭寇滑倒，站立不稳。周围的人听了，哈哈大笑，嘲笑宋应昌愚蠢。再如，宋应昌迷信方术，很信任一个叫张君就的方士。张君就到了辽东以后，向民间索要几百张桌子，将它们堆了起来，高有数丈。他披散头发，持剑立在桌子上，施符演法，对众人说："三日后当有天兵十万助我灭倭。"结果到了晚上，张君就潜入娼家夜宿，因为琐事和一个武弁争打了起来，还弄瞎了对方的眼睛，只好负罪潜逃。宋应昌知道后感到很沮丧，说他有神术，可以令倭酋自缚来降。从这些事情可以看出，宋应昌志大才疏，实际能力有限。

宁夏之乱（上）

壬辰倭乱爆发后，明朝承诺朝鲜会出兵救援，结果却迟迟未出动大军渡过鸭绿江，只是由兵部派沈惟敬进入朝鲜与日军假意议和进行牵制。之所以如此，是因为日军入侵朝鲜的同一年，在明朝的西北地区，发生了宁夏哱（bā）拜之乱。明朝为此调动大军讨伐宁夏叛军，耗时很久，故分身乏术，难以同时抽调大军团进入朝鲜作战。

哱拜之乱的起因，要从叛乱的主角哱拜说起。哱拜是蒙古鞑靼部人，曾在嘉靖中期因触犯本族首领，导致父兄被杀。为躲避追杀，哱拜藏身于水草之中，才幸免于难。逃过一死后，哱拜逃出部落，投靠了宁夏守备郑印，此后效力于郑印麾下。

哱拜勇敢凶猛，多次立下战功，累官至都指挥使。万历十七年（1589 年），已被加封为副总兵的哱拜卸任，由他的儿子哱承恩袭职。致仕的哱拜可能再也不会上阵厮杀了，但很快就发生了改变他命运的事情。万历十八年（1590 年），青海蒙古部落的两位酋长——真相、火落赤率众入寇甘肃，而被明朝册封为顺义王的蒙古鞑靼部首领扯立克也趁火打劫，入寇明境。这群人在六月攻入了旧洮州（今甘肃西南）。明军副总兵李联芳率领 3000 人抵御蒙古军，但是全军覆没。七月，蒙古军继续深入，在河州、临洮、渭源大肆劫掠。前宁夏总兵刘承嗣与游击孟孝臣各自率领一支军队抵御，但是全遭败绩，游击李芳等战死，西陲大震。(《明史·列传·卷二百十八·西域二西番诸卫》)

万历十九年（1591 年），朝廷派大臣巡视九边①。巡视宁夏镇②的御史周弘禴（yuè），推举哱拜之子哱承恩、哱拜义子哱云、指挥土文秀领兵击退蒙古军。被朝廷任命经略七镇的戎政尚书郑洛，也催促宁夏镇调军。但是宁夏巡抚党馨只下令土文秀率领 1000 骑兵西援，并没有派遣哱拜、哱承恩、哱云父子三人。哱拜虽然年老告休，但是家中蓄养了很多家丁，声称是为了报国。他认为土文秀难以独当一面，便亲自到辕门拜见郑洛，称愿意率领 3000 部众与儿子哱承恩从征赴援。郑洛认为哱拜很豪爽，便答应了，但是党馨却很厌恶哱拜的自荐行为，不给哱拜调换羸弱的马匹，即便有多余的马匹也不给他，这使哱拜很不满。

随军出发的哱拜到了金城（今甘肃兰州）后，发现明朝各镇兵马的战斗力比他的家丁弱，于是逆反心理作祟，开始轻视明军。入侵甘肃的蒙古军退走以后，哱拜取道塞外，回军宁夏，途中又遭遇了一股蒙古骑兵。不料对方并不迎战，而是直接避开他逃走了，这又让哱拜萌生了轻蔑的心理。有了这种念头以后哱拜开始胡作非为，骄横跋扈。党馨因此更加厌恶哱拜，每次都压制他，又想核实哱拜冒领军粮的罪行。哱拜之子哱承恩因为强娶民女为妾，被党馨抓住，下令鞭打二十。于是，哱拜、哱承恩父子与党馨的矛盾瞬间激化。而哱拜的义子哱云、指挥土文秀，也因对升官授职之事不满而怨恨党馨。

万历二十年年初，宁夏镇的戍兵请求发放过冬的衣服、布匹与当月粮饷，因为朝廷已经很久没有发放这些物资了。为了安抚戍兵，坐营张廷辅请求巡抚党馨发放欠发的饷银，以安军心。但是党馨却认为这是在要挟他发银，于是对张廷辅进行了威胁，恐吓他如果助长这种风气，将会被灭族。党馨的这番表态激起了军队前锋刘东旸的愤怒，他非常气愤地拔掉了巡抚行署门前的鹿角③。已有不臣之心的哱拜趁机

---

① 九边是明朝弘治年间，在北部边境沿长城防线陆续设立的九个军事重镇：辽东镇、蓟州镇、宣府镇、大同镇、太原镇（又称山西镇）、延绥镇（又称榆林镇）、宁夏镇、固原镇（又称陕西镇）、甘肃镇。

② 宁夏镇隶属陕西行都指挥使司。

③ 鹿角是古代战争中，用来防止军营遭到敌军骑兵偷袭的以尖木棒制成的木栅栏。骑兵以速度快、灵活性高、杀伤力大成为偷袭营寨的常用兵种，因此通过鹿角可以有效预防敌军骑兵发起冲锋。有些军营会在鹿角上绑上铃铛，这样当敌军步兵移动鹿角时就可以为守军提供警报，及时有效地防止敌军对本军营寨发起袭击，大大提高了军营的安全性。

煽风点火，唆使刘东旸反叛。很多人跟着起哄，根本无法制止。

二月十八日，刘东旸纠集同党，闯入宁夏巡抚衙门与总兵衙门，发动兵变。宁夏总兵张维忠平时没有什么威望，被众人轻视，见许多人进来感到非常害怕，不能制止骚乱。叛军亮出兵刃，抓住副兵使石继芳，将他拥入衙门。党馨自知招全军上下怨恨，便逃到水洞中，结果还是被叛军搜捕到，和石继芳一同被杀死。

杀死宁夏巡抚党馨与副兵使石继芳以后，叛军放火烧毁公署，搜走兵符大印，放掉囚犯，抢掠城中。他们劫持了宁夏总兵张维忠，令他上报朝廷，军兵是因为将领克扣军粮才发生哗变的。河东佥事隋府、通政穆来辅两人刚到宁夏镇，就被叛军劫持了。

二月二十三日，先前与党馨关系不睦的哱拜义子哱云、指挥土文秀率领500人，从外面回来，也加入到叛军的队伍，合力杀死了抵抗叛军的游击梁琦、守备马承光。二十五日，叛军向总兵张维忠索要朝廷封印，张维忠被迫交出，上吊而亡。刘东旸在取得封印后自称总兵，他听从主谋哱拜的意见，在城里屠杀牲畜，让叛军诸将祭祀结盟，授哱承恩、许朝为左、右副总兵，土文秀与哱云为左、右参将。叛军又挟持了宁夏庆王，令其代替他们向朝廷请求赦免罪过。

时任兵部尚书兼都察院右副都御使，总督陕西、延、宁、甘肃军务的魏学曾，当时正在陕西花马池视察，他听到宁夏兵变的消息以后，派遣麾下将领张云、郜宠前去劝谕叛军投降。张云、郜宠到了宁夏以后，刘东旸提出了自己的议和条件：要求朝廷授予官阶，承认他的地位，并世世代代驻守宁夏，否则决不投降，还要与河套蒙古骑兵一同杀奔潼关。这一无理要求，自然是遭到了拒绝。

谈判破裂后，叛军继续作乱，攻击宁夏镇城附近的官军驻地。叛军伪左副总兵哱承恩包围了官军驻守的玉泉营，游击傅坦拒绝投降，进行了防守。但是官军内部却发生内乱，千户陈继武抓住傅坦，投降了哱承恩。夺取玉泉后，哱承恩又围攻中卫、广武，参将熊国臣弃城逃匿。整个黄河以西地区在叛军作乱下相继沦陷，唯有叛军伪左参将土文秀攻打的平虏堡，因官军参将萧如薰坚守而始终未能攻克。

席卷黄河以西之后，叛军渡过黄河，想要攻取官军据守的灵州。他们凑够了金帛，引诱河套蒙古部落的著力兔、打正（又称宰僧）入侵明境，希望他们出兵花马池、平虏堡。于是叛军势力大为猖獗，整个陕西都受到了震动。

三月四日，总督魏学曾下令宁夏副总兵李昫暂代总兵之职，征剿宁夏叛贼，并急命他带领游击吴显救援灵州，另派遣游击赵武向鸣沙州急行军，在黄河沿岸制止叛军南渡。魏学曾则亲自驻守花马池，抵御叛军攻击。

在官军向灵州派出援兵之际，灵州裨将吴世显却与叛军结为同党，约定三月九日与叛军里应外合拿下灵州。到了这一天，叛军带着吴世显给的书信，妄图骗得灵州守军打开城门。但参将来保不为所动，誓死保卫城池，经过一番激烈交战后将叛军击退。宁夏总兵李昫听闻灵州情况紧急，与游击吴显昼夜兼程，飞驰赶到，叛军的阴谋才被挫败。

三月十日，官军又调来延绥、兰靖的援军，军队刚一集合完毕，李昫就分遣军队渡过黄河，准备收复失地。被叛军任命的广武伪游击张天纪、大坝伪守备高田爵挡不住官军的攻势，全都逃遁。三月十五日，官军收复枣园堡、中卫、空寺堡。

三月二十日，河套蒙古部落响应宁夏叛军，派出 1000 骑兵侵入明境。官军出兵抵御，千总汪汝汉连发三箭，射杀三名蒙古骑兵，迫使河套蒙古军暂时退去。之后，官军又收复玉泉营等 47 处营寨、堡垒，叛军据点仅剩下宁夏镇城。

但过了没几天，河套蒙古部落便准备率领人马再次入寇。宁夏叛乱的主谋哱拜听说后，嘱咐叛军伪右副总兵许朝、伪左参将土文秀前去迎接蒙古军。二十五日，著力兔、打正等河套蒙古部落的酋长全副武装，率领 3000 骑兵侵入明境。叛军抢掠了许多女子献给蒙古骑兵，又献上黄河东部、黄河西部的地图。河套蒙古军得到女子和地图后大喜，声称他们与哱拜已经是一家。于是，哱拜、土文秀一同改换蒙古军的装束，与一部分河套蒙古骑兵合兵，前往进攻被官军收复的玉泉营。

三月二十九日，叛军伪右参将哱云引导著力兔，带着另一部分河套蒙古骑兵，前往进攻官军参将萧如薰坚守的平虏堡。但哱云、著力兔联军非但未能成功，哱云反而丢掉了身家性命。萧如薰设下计谋，派兵埋伏在南关，然后假装溃败，诱使哱云进入埋伏圈，最后射死了哱云，并杀死了叛军骁勇将领吴敖霸。著力兔率领的河套蒙古军见哱云战死，便逃出塞外。另一边，率军驰援玉泉营的宁夏总兵李昫，也击退了叛军和河套蒙古军。

第二天，李昫会同曾任宁夏总兵的牛秉忠，督率六路军兵，抵达叛军占据的宁夏镇城下。此时，朝廷已擢升董一奎为宁夏总兵、李贲为宁夏副总兵，两人也已抵达城下。叛军从东、北两门各派出 2000 精锐骑兵与官军搏斗，步兵则排列用来火攻的战车作为营垒。

四月五日，官军发起冲锋，将叛军打得大败，不但夺取了叛军 100 多辆战车，还追击叛军，将其逼入河中，溺死的叛军士卒多得无法计数。延绥副总兵王通作战尤其卖力，他的家丁高益和另外两人乘胜追击，率先杀入北门，然而后继的榆林军兵却没有及时跟上。叛军发起反击，结果高益被杀，王通也伤了额头，榆林游击俞尚德战死。虽然叛军暂时击退了官军，但是自身损失不小，因此伪右副总兵许朝、伪左参将土文秀从城东走向城楼，向官军乞求暂时罢兵，愿绑首恶献出。恰逢官军粮食吃完，于是就答应了叛军的要求。利用这个机会，官军撤退到附近的城堡进行修整。

休兵期间，总督魏学曾日夜促办粮草，又调遣来延绥、庄浪、兰、靖的援军。四月二十一日，官军再次抵达宁夏镇城下，架起云梯、越过堑壕，对叛军发起进攻。但叛军很能打，他们杀死、打伤了许多官军。伪总兵刘东旸、伪左副总兵哱承恩亲自率领精锐骑兵潜伏，从延渠掠夺到官军粮饷 200 余车。

在此之前，朝廷大臣们认为宁夏副总兵李蕡不是边将之才，难以担当平叛重任，就起用麻贵为副总兵，代替李蕡。麻贵素有勇名，又有很多家丁组成的部队，他率军到达后，于四月二十九日发兵攻打叛军据守的宁夏镇城，官军顺风放火，又架起了云梯准备登城。但叛军事先准备了滚木、巨石，不断从城上投下，又投火烧死官军 1000 余人，使官军再次败退。

仗打到这个时候，城中妇女、宝物，已被搜刮殆尽，但叛军仍然没有停止行动，许多人无辜而死。

总督魏学曾征讨叛军两月而未能成功，心里感到非常着急。有人建议引诱叛军伪总兵刘东旸、伪右副总兵许朝，离间他们与叛军谋主哱拜的关系，让刘、许二人立功赎罪，暗中授意他们杀死哱拜。魏学曾觉得这个主意不错，于是就派家丁叶得新去见二人。但此时刘东旸、许朝与哱拜父子誓同生死，根本无法离间。魏学曾的这一谋划暴露后，叶得新被叛军抓住投入狱中，小腿也被打折了。

宁夏之乱（下）

因宁夏叛乱迟迟未能平定，浙江道御史梅国桢认为山西总兵官李如松有大将之才，他的弟弟李如梅、李如樟也都是少年英杰，因此向朝廷推荐让他去平乱。有人认为李如松手握重兵，担心他心怀不轨，不应该引狼拒虎。但梅国桢大力保举李如松，称其忠勇，可堪大任，于是明神宗决定起用李如松，任命他为提督山西讨逆军务总兵官，梅国桢为军监，赶赴宁夏。此外，朱正色被推为宁夏巡抚。甘肃都御史叶梦熊上书表示愿意讨贼，明神宗遂诏令朱、叶二人，协助李如松赴宁夏。

五月，宁夏巡抚朱正色渡过黄河督战，他根据明神宗的命令颁赏将士，全军士气踊跃。叛军听说了，就欺骗官军乞求投降。曾任宁夏总兵的张杰与哱拜有交情，朱正色便派他进城招安。得到朱正色的命令后，张杰单骑进入叛军据守的宁夏镇城，重重责备了哱拜。之前，总督魏学曾派家丁叶得新入城，离间叛军伪总兵刘东旸、伪右副总兵许朝与叛军谋主哱拜的关系，但是失败被捕。许朝等张杰来了以后，就向他叙述叶得新试图用反间计杀掉哱拜的经过，为此愤愤不平。张杰不信，许朝就把叶得新抬了出来，让他吐出实情。结果叶得新对许朝破口大骂，许朝恼羞成怒，拿刀杀死了叶得新，又把张杰拘禁了起来。

此时，官军已平叛数月，却始终未能攻克叛军占据的宁夏镇城。为加快平叛速度，明神宗特赐总督魏学曾尚方宝剑，违者立斩。

六月，甘肃都御史叶梦熊从甘州押运400多车火器到达灵州，他申明军纪，增派苗族军队助战。浙江巡抚常居敬在浙江招募千人，自备粮草，也进入宁夏参与平叛。援军新集以后，官军分为五路攻打叛军据守的宁夏镇城：董一奎攻打城南，牛秉忠攻打城东，李昫攻打城西，刘承嗣攻打城北，麻贵率领游军策应。

六月二十日，官军一齐进逼至宁夏镇城下。哱拜自北门出战，欲亲自去请河套蒙古部落的援军。但麻贵率领参将马孔英抢先冲杀敌人，追击哱拜，迫使其回城，此役擒斩叛军117人。在此之前，哱拜为巩固与河套蒙古部落的关系，整天待在对方酋长著力兔的帐中，方便双方调动军队。但这时，叛军不能出城，河套蒙古部落见不到哱拜，也就没有再渡过黄河深入。

六月二十二日，军监梅国桢、提督李如松统率的辽东、宣府、大同、山西军抵达战场，军势大振。叛军大为震动，躲在城里不敢出来，又向官军投下了降旗。梅国桢在城南接受了降旗，叛军进一步请求当面归顺，得到梅国桢应允。伪总兵刘东旸、伪右副总兵许朝在叛军士兵的保护下，从梯子上翻下城墙。城下的叛军士兵严密保护着刘东旸、许朝二人，剑戟发出耀眼的光芒。城上的叛军也拉弓引弦，注视着二人的安危。但梅国桢毫无畏惧，策马上前。许朝大惊，不自觉地屈膝跪倒。然而叛军没有投降的诚意，很快又回到城里负隅顽抗，官军因此决定全力攻城。

六月二十五日，官军用3万布袋盛土，垒出高台，成功登上宁夏镇城的城墙，但被叛军用炮石击退。第二天，游击龚子敬率领苗族兵马进攻南关，李如松想趁势攻入城中，却又被叛军用炮石击退。官军稍停攻击，以便休息进食，叛军就趁机出城抢夺官军的云梯、盾牌，放火焚烧攻城器械，使官军攻势受挫。

由于总督魏学曾督战数月，迟迟未能镇压宁夏叛军，因此被给事中许子伟弹劾，说魏学曾被叛军假意投降所迷惑，未能取得成功。于是朝廷在七月罢去魏学曾总督一职，令甘肃都御史叶梦熊代替魏学曾，赐尚方宝剑如故。

而在宁夏镇城的叛军阵营中，也发生了内变。指挥赵承光、葛臣、威钦，武生张遐龄，百户姚钦等人，与城外官军取得联络，并与官军秘密相约，愿意作为内应。他们与官军约好，半夜在宁夏镇城楼的四面并举烽火，城下的官军见到烽火后就立刻爬上城墙。

到了约定的时间，赵承光等人在宁夏镇城楼上举起烽火，谯楼上的烽火一下子就亮了起来，南城的烽火也跟着亮了起来。赵承光等人在城中擂鼓，大呼杀贼。叛军早已经发觉，把赵承光、威钦等人捆绑起来杀害了。尽管及时杀死了"内贼"，叛军还是受到了惊吓。伪右副总兵许朝想开小南门逃走，因为城外官军严阵以待而不敢出城，这时候城中粮食将尽，叛军锐气大减。

七月二日，伪右副总兵许朝等人来到南关，请求与宁夏总兵董一奎恳谈，但是未能成功。之前被叛军劫持的金事隋府，则趁机同家人带着官印从城上跃下，结果隋府因胳膊受伤而不能起来。叛军发现后出城，把隋府抓回下狱。

七月三日，总督叶梦熊与监军梅国桢确定计策，认为应该决开黄河大坝，将黄河水灌进宁夏镇城。这与丰臣秀吉水淹高松城，用的是同一招。决策既定，官军就绕宁夏镇城筑堤，历经14天，终于在十七日筑成，长1700尺，之后便决水灌城。

在官军对宁夏镇城用水攻之前，哱拜派出其养子克力盖，前去河套蒙古部落的酋长著力兔处求援。提督李如松刺探到这个情报，命裨将李宁追杀克力盖，缴获信符、令箭。但是不知道是什么原因，河套蒙古部落的另外两个酋长，庄秃赖和卜失兔，突然集合3万人攻入大明境内。他们派出一个叫土昧铁雷的手下，作为先锋去侵犯定边、小盐池。

无论河套蒙古部落是在未接到哱拜求援的情况下突然入侵明境，还是因为通过某种渠道收到了哱拜的求援才出兵，都确实对哱拜起到了侧翼援助的作用。此外，河套蒙古部落还有另外一个酋长，叫作打正，他之前与哱拜有过一次合作的经历，这次也从花马池西的沙湃口出发入寇明境。

为了对付河套蒙古部落，总督叶梦熊派遣麻贵去迎击打正，另派董一元去捣毁土昧铁雷藏身的地方。麻贵出击后，在石沟一地与打正交战，打正失利退去，分兵趋向下马关、鸣沙州。而董一元这边，也找到了土昧铁雷，他杀敌130多人，之后夸大战绩，向叶梦熊报告说斩首3000余级。河套蒙古军闻讯大惊，全部引兵退去。叶梦熊派遣游击龚子敬率领苗族军队800人，在沙湃口堵截打正的退路。苗族军队冲锋在前，但由于人少不敌，被围十余匝，龚子敬奋力作战而死，全军覆没。虽然龚子敬战死，但河套蒙古军最终还是退去了，宁夏叛军外援断绝。

在击退了河套蒙古部落后，官军便加速开决大坝水，用水来灌宁夏镇城。八月一日，宁夏镇城外的水深八九尺，整个城的外围都被水淹了。为了突围，叛军当夜乘坐小船挖堤放水，被官军擒杀16人、俘虏1人。据俘虏交代，城中缺乏粮食，军士皆食马肉，马还剩500多匹，百姓只能吃树皮，死亡人数不断上升。

但由于官军筑造的堤坝被叛军部分毁坏，到了第二天，城东、城西的大堤崩溃了100余丈，都司吴世显、参将来保所筑大堤也各崩溃20余丈，水顿时减少。总督叶梦熊斩吴世显以警示众人，来保则凭借先前在灵州立下的战功而免罪，继续全力修补大堤。叛军几次出兵来骚扰，都被官军斩杀、俘获。而这时候，河套蒙古部落又入寇明境，出兵来救援宁夏叛军。

八月二十一日，河套蒙古部落的酋长著力兔派800骑兵入侵镇北堡，又派兵1万入侵李刚堡，之后分兵渡过黄河。提督李如松派裨将李宁飞驰赴黄峡口，迎击河套蒙古军，自己则率领精兵千余人策应。李如松行军至张亮堡时，与河套蒙古军遭遇，与之搏战。两军从卯时打到巳时，因为敌寇实在强锐，明军未能将对方击败。为了振奋士气，李如松持剑杀死了两名行动迟缓的士兵。正好麻贵和李如松的弟弟李如樟等人赶到，明军纵左、右两翼夹攻敌寇，于是河套蒙古军战败而走。明军追杀至贺兰山，河套蒙古军全部逃往塞外。追击中，明军捕杀了120余人，缴获骆驼、马匹无无数。之后官军将蒙古兵首级出示给叛军，叛军为此感到丧气。

九月三日，参将杨文率领浙江兵抵达战场，来支援官军。过了不久，苗兵、庄浪兵也抵达了战场。官军再次得到援军补充后，大规模整顿攻城器械，定下攻城期限。总督叶梦熊在军中张贴告示，称最先冲到城下的，赏赐万金。

五天以后，因为被水浸蚀的关系，宁夏镇城的北关城墙崩倒。守卫北关的叛军将领薛永寿等人认为大势已去，于是与官军约为内应。官军趁机定下声东击西之计，假装调集船筏进击北关。伪左副总兵哱承恩、伪右副总兵许朝不知是计，急赴北关督兵鏖战。这时候，提督李如松、参将萧如薰率领精锐掩杀南关，已经70岁的牛秉忠，凭借勇力率先登上南关。军监梅国桢以此激励将士奋战，于是官军士气高涨，争相登上南关。但随后，叛军退据内城，官军攻打了几天也无法攻克。

即便如此，伪左副总兵哱承恩还是大为丧气，连忙把之前俘获的官军劝降使者张杰送出城去，请求官军饶他们不死。因为叛军反复无常，总督叶梦熊假装允诺，但是暗中继续治办攻城器械，并再次派人进城离间叛军头目。

九月十六日，官军围攻越发紧迫。由于长期被围，叛军内部难免意见不合，于是被官军成功离间，很快因私事产生矛盾，在绝境中相互猜疑，自相残杀。先是伪总兵刘东旸杀死伪左参将土文秀，后是伪左副总兵哱承恩与刘东旸的部下周国柱密谋，哱承恩杀死了伪右副总兵许朝，周国柱又杀死了他的长官刘东旸。

到最后，叛军主将只剩下了哱氏一族。哱承恩不敢再负隅顽抗下去，他将刘东旸、许朝、土文秀三名叛军首领的首级悬挂在城楼上，向官军显示投降的诚意。官军望见后，士气大为振奋，提督李如松、参将杨文率先登城，萧如薰、麻贵、刘承嗣等人随后跟上，宁夏镇城全部平定。此时，哱氏仍然拥有家丁组成的军队，总督叶梦熊在灵州听说后，急忙传令次日早晨一定要灭掉哱氏。

第二天早晨，身为败军之将的叛军头目哱承恩去南门拜见军监梅国桢。梅国桢一出来，参将杨文就抓住了哱承恩。李如松急忙率兵包围哱拜家，哱拜和他的家丁仍然想要抵抗，李如松便举起弓箭，喝令哱拜等人放弃抵抗。哱拜走投无路，仓皇上吊自杀。李如松之弟李如樟的部将何世恩在火中砍下了哱拜的首级，官军又生俘哱拜次子哱承宠、养子哱洪大，以及同党土文德、何应时、陈雷、白鸾、陈继武等人。总督叶梦熊、巡抚朱正色、军监梅国桢等随后进入宁夏镇城中，慰问宗室、官吏、百姓。叶梦熊为斩草除根，下令将哱拜的同伙和投降的 2000 余人就地处死，而哱氏一族的叛乱首脑则被献俘到北京。宁夏叛乱就此宣告平定，官军向朝廷报捷，明神宗登殿受群臣祝贺。

之后，明神宗下诏处死哱承恩、哱承宠、哱洪大、土文德等人，又下诏慰问被叛军劫持的宁夏庆王，免除宁夏田租，并大赏平叛功臣，允许叶梦熊、朱正色、梅国桢的子孙世袭官职。武臣李如松功劳第一，加封宫保。其余人，如萧如薰、麻贵、刘承嗣、李如樟、杨文、牛秉忠等也陆续受封，并追赠战死的龚子敬为都督佥事。

宁夏叛乱告平后，明朝终于免除了在宁夏、朝鲜两线作战的巨大隐患，可以倾力对付侵略朝鲜的日军。而在宁夏之乱中参与平叛的李如松、麻贵、董一元，都将陆续登上救援朝鲜的历史舞台。

沈惟敬再入倭营

九月二十六日，宁夏之乱被平定 9 天后，由兵部尚书石星派出与日军进行"议和"的伪游击沈惟敬从朝鲜回到辽东，之后又回到北京，向内阁、兵部报告了出使朝鲜的成果。明廷为此召开了一次九卿科道会议，确定了后续的对日交涉方针。经过石星的上奏，沈惟敬被实际授予游击将军署都督指挥佥事一职，不再是一个被临时任命的伪游击了，接着他被调往备倭经略宋应昌麾下听命用事。(《再造藩邦志》)

十月，沈惟敬到达山海关，前来拜见宋应昌。他告诉宋应昌，小西行长的目的是让日本与大明建立封贡关系，两人约定 60 天（实际上是 50 天）内日军不攻打朝鲜，现在对方正在等待回音。眼看约定的时间快到了，沈惟敬想用银子贿赂小西行长，让小西行长收兵。宋应昌认为目前军队没有调集完毕，这样做可以争取更多的时间，不失为一个好办法。而石星也特地写信关照宋应昌，让他按照沈惟敬说的计策做，并拨给沈惟敬 1000 两银子。既然是石星特意吩咐，宋应昌只得照做，他让军官如数拿出银子，交给了沈惟敬，让他立刻动身前往朝鲜。(《经略复国要编》)

在平壤的小西行长，非常期待沈惟敬能够再来，早点达成通贡之请，完成和议，结束战争。此时，由于朝鲜义军活动频繁，日军的补给线受到了严重破坏，后方粮食已无法送到最前线的平壤。除此之外，城中出现了传染疾病，许多人因此死亡。(《吉野甚五左卫门觉书》)

十月二十日，沈惟敬与小西行长约定的 50 天休战时间已经到期，但沈惟敬还没有进入朝鲜。为了稳住日军，沈惟敬先派家丁沈嘉旺前往平壤，并作为人质留在平壤城内，让小西行长等人等候沈惟敬亲自前来。日军不敢怠慢沈嘉旺，安排他好吃好喝，饮食比从前招待沈惟敬的时候还要丰盛。但另一方面，他们又将信将疑，不知道沈惟敬是不是真的在替他们交涉通贡的事情。直到明朝兵部派出特使娄国安前来平壤安抚日军，小西行长等人才释然，觉得沈惟敬应是在替他们请求通贡，于是在十一月七日释放了沈嘉旺，赠送给他一把大剑，同时送给娄国安一些银子。

沈嘉旺离去之前，小西行长等人问他："游击（沈惟敬），定于何日间到来？"

沈嘉旺回答说，沈惟敬年老体衰，走得慢，要晚点才到："日寒昼短，年且衰老，日行不过五十里，可于二十日前到此。"

于是，小西行长等人将回信交给沈嘉旺，对他说："尔速往速来，我且等待。"

说完，小西行长等人突然换了一副嘴脸，恐吓起了沈嘉旺。这是因为他们听到了一些传闻，说朝鲜和大明会调遣大军来攻打平壤。他们对沈嘉旺表示，他们不怕朝鲜和大明组成联军打过来，要和就和，要打就打："闻朝鲜调出数万兵，沈游击亦领数十万兵马出来云。和则和，战则战。自大同门至普通门，弥满结阵者，皆是新添之兵也。"（以上对话出自《宣祖昭敬大王实录》）

小西行长的这番表态，让沈惟敬的缓兵之计差点就功亏一篑了。但由于日军自身的局限性，在朝鲜很难有所进展，所以他们对沈惟敬的回复还是充满期望，并没有急于撕破脸，仍然在等待回复。

到了十一月十五日，沈惟敬终于渡过鸭绿江，进入朝鲜义州。此行，他带来了宋应昌的檄文以慰谕朝鲜国王。这封檄文措辞激昂，声称明朝"已令闽、广将帅，连暹罗、琉球诸国之兵，鼓艨舰、扬帆樯，直捣日本巢穴"，而且"复调秦之锐卒、蜀之棘矛、燕之铁骑、齐之技击、朔方之健儿，阵凤凰城，渡鸭绿江，抵对马岛"，目标是"誓绝倭奴之族，血泛海潮，髓涂山雪，鬼蜮全消，蛟螭剸（tuán）断"（《宣祖昭敬大王实录》）。在檄文中，宋应昌发出了要吞灭日本，将其灭族的怒吼。不过，这也仅仅只是虚张声势罢了。

两天以后，朝鲜国王李昖在义州龙湾馆接见了沈惟敬。沈惟敬告诉朝鲜君臣，他这次来，是要假装与日军议和，并不是真要和对方议和，他的策略是想骗日军释放被俘虏的两位朝鲜王子并退出平壤，使朝鲜军入据平壤。

李昖看了沈惟敬带来的兵部宣谕日军退兵的《兵部帖》，认为这份文件有"讲和之意"，怀疑沈惟敬是真的来与日军讲和的，他带有不满地说："见兵部札付，曰'有讲和之意'，不胜闷迫。小邦与贼，有万世必报之仇。前日坚守五十日之约，以待天兵，而今反有许和之意。以堂堂天朝，岂可与小丑讲和乎？"

沈惟敬只好再次耐心地解释道，他不是真心与日方议和，而是伪装与其议和。目前因为气候原因，道路泥泞，朝鲜需等待明军在合适的时候出兵，一举荡平日军："俺初以五十日为限者，非为倭也。只以道路泥泞，难于进兵，故欲待水田尽涸，秋谷毕收，然后方始举事故也。今姑许和，使贼尽还贵国男女、玉帛及二王子，然后徐待大兵之至，一举荡平矣。"

李昖还是不相信沈惟敬的说辞，焦躁地质问道："然则宋爷（宋应昌），今到何地方？师期的在何时？兵马几何？"

沈惟敬回答说："大军总七万，而地有远近，来有迟速。故先出者，万有二千余。"

李昖听了沈惟敬的这些话感到非常不满意，认为明军一直在延误，没把朝鲜的事情放在心上，便对沈惟敬发脾气，说要依靠朝鲜军的力量驱逐日军："天兵既不可待，而小邦等是灭亡。欲以我国兵马，决一胜负耳。"

沈惟敬听了，嗤之以鼻，觉得李昖简直是在吹牛，因为朝鲜军虚弱得不成样子，于是不屑地对李昖说："以贵国军马，可以灭贼，则甚善。但俺见贵国将士，队伍不明，号令不肃。驱刈刍（割草）之人，强之以为兵，此辈岂能驰突击刺乎？必待天兵之至，可举事也。"

沈惟敬又不厌其烦地解释道，他是尽心尽力为朝鲜办事，是假意与日军讲和："俺见国王播越（逃亡），不觉泪下。贵国，一则礼义之邦，一则藩篱之国，当尽力周旋，以计诳倭奴耳。前夏，亦以单骑驰入，定约而来，何暇计一身生死乎？俺官非不高，亦可安卧私室，而所以往来不惮烦者，只为贵国也。且石爷（石星）为贵国寝不安、食不下，俺以石爷之心为心，故尽心力耳。"（以上对话出自《宣祖昭敬大王实录》）

这场对话并不愉快，朝鲜国王质疑明朝兵部是真的想要与日军议和，急躁地催促大明出兵，这引起了沈惟敬的不满，双方的谈话充满了火药味。

十一月十九日，沈惟敬带着用来贿赂小西行长的1000两银子，离开义州东行，停驻于斧山院。二十五日，沈惟敬派人先进入平壤城，与小西行长等人会面。次日，他亲自入城去见小西行长等人。

再次见面后，沈惟敬先将银子交给小西行长，然后以《兵部帖》宣谕日军。在《兵部帖》中，兵部对日军宣称：

兵部已经知道日本原先只是为了从朝鲜通过，向大明求贡；而朝鲜轻易许诺日本借道，后来却失信，日本才出兵朝鲜，并没有别的原因。在此基础上，兵部同意日本向明朝通贡的要求，到时候按照封贡的先后程序，先册封日本诸将为日本国王，日本诸僧为日本国师。现在日军既然已经接到《兵部帖》，就先退出平壤、王京，将这一带地方还给朝鲜，把俘虏的朝鲜王子、王女也还给朝鲜，然后罢兵还巢。兵部会让水陆各军不对日军兵刃相加，也会告诫朝鲜不得阻拦日军的归路。（《宣祖昭敬大王修正实录》）

《兵部帖》的内容，不能只从表面上的文字理解，其实这封公文并不是代表明朝真的同意了日方的通贡请求，实际上只是一种羁縻策略，试图凭借一纸公文将日军哄骗出平壤、王京，并释放俘虏的朝鲜王室，从朝鲜罢兵。

但是，面对沈惟敬的重金贿赂和兵部提出的议和条件，小西行长却没有轻易妥协，他说被俘虏的朝鲜王子在咸镜道的日军将领手中，他不能做主："咸镜道，各有将官（加藤清正、锅岛直茂）。还两个王子之事，我不得主张。"

小西行长又说，平壤城在他支配范围之内，他可以还给朝鲜，但大同江以东至王京的区域，各有5个将官，他同样无法做主："平安一道，我为主将，当让还平壤城。大同江以东至京城地方，各有五个将官，我不得主张。"

小西行长之所以没有轻易妥协，是因为他之前听到了明军将会出兵朝鲜的风声，开始怀疑沈惟敬的真实意图，于是便试探性地问沈惟敬："听得老爷来时，带兵马来云，兵马安在？"

虽然小西行长想要继续套沈惟敬的话，但是沈惟敬很快做出了反应。他拿出新旧两份勘合印信，告知小西行长，旧勘合上写明他的随从只是 10 个人，新勘合上写明他的随从是 15 个人，除此以外再无一人，更别说军队："旧勘合十人，新勘合十五人，此外更无一人，谁谓我带兵马而来乎？"（以上对话出自《宣祖昭敬大王实录》）

由于沈惟敬的机智反应，小西行长又一次被他蒙蔽，以为明军还不会采取军事行动。但是沈惟敬同样没有成功把日军骗出平壤、王京，小西行长最多只是在表面上答应沈惟敬愿意退出平壤。

为了确保和谈继续进行下去，小西行长向沈惟敬索取明朝将官作为人质。沈惟敬编造谎言，不惜虚构出一个名叫"唐之关白"的身份高贵之人，说大明将送上"唐之关白"等 21 名人质给小西行长。虽然这只是沈惟敬的谎言，但小西行长却轻易地相信了。后来，小西行长派人将这个消息带回了日本，于是大明将送上"唐之关白"等人质渡海的谣言在日本名护屋传得沸沸扬扬。（《南部文书》）

会谈结束以后，小西行长将沈惟敬贿赂他的 1000 两银子与石田三成进行了分赃。（《宣祖昭敬大王实录》）而沈惟敬则在十二月三日从平壤回到义州龙湾馆，之后很快就回到辽东，向宋应昌报告此次出使的情形，称小西行长只愿意退出平壤，以大同江为界划分朝鲜。

但是，此时明朝已不像祖承训在七月战败时那样，面临宁夏、朝鲜两线作战的被动局面。面对日军提出的苛刻议和条件，没有必要再做妥协。宁夏之乱在九月已经平定，明神宗下诏，命令在宁夏战役中立下头等功的李如松提督蓟州、辽东、保定、山东军务，充任防海御倭总兵官，前往救援朝鲜。（《明史》）

十二月八日，李如松赶到辽阳，与备倭经略宋应昌会合，相互誓约"彼此同心，勿生疑二"。两人面议，将东征军士分为三支：中协、左翼、右翼。中协由中军副将都督佥事杨元率领，左翼由辽东巡抚标下副总兵都督佥事李如柏率领，右翼由协守辽东副总兵张世爵率领。

此时，增援朝鲜的大军已在辽阳集结，随时可以动身讨伐日军。小西行长提出的划分朝鲜这一要求，自然不会被经略宋应昌、提督李如松答应。既然沈惟敬诱退日军失败，经略、提督便只能顺势而为，采取武力手段解决日军了。

据《两朝平攘录》记载，宋应昌听到沈惟敬的报告以后，非常震怒，喝令将沈惟敬捆打一百，想要杀死他。但是提督李如松与赞画袁黄、刘黄裳纷纷劝告宋应昌，说沈惟敬是大司马石星派遣的，因为这层关系不能杀他，宋应昌方才罢手。

而据《明史》记载，李如松在听到小西行长不仅求封（实际是求贡），还要求以大同江为界划分朝鲜后，直斥沈惟敬是奸邪之辈，想要杀了他。而李如松的参谋李应试从旁劝谏，说可以利用沈惟敬欺骗日军，假装答应他们提出的要求，然后趁机偷袭对方。经过李应试的劝谏，李如松才没有杀死沈惟敬。

不管哪一种说法正确，宋应昌最后将沈惟敬拘禁在李如松营中，不允许他再入倭营，以避免走漏明军将要出兵朝鲜的风声。（《明神宗实录》）无论如何，沈惟敬的行动，都使日军暂时收敛了兵锋，为明军出兵朝鲜争取到了时间，也为明军搜集日军的兵力与武器情报做出了一定的贡献。

万历朝鲜战争

第三章

壬辰倭乱（下）：

从明军收复平壤到败走碧蹄馆

明军大举来援

对于明军将要大举增援朝鲜，远在日本名护屋的丰臣秀吉已经有所警觉，他在十一月十一日派遣近臣熊谷直盛、垣见一直携带朱印状前往朝鲜，对在朝的日军诸将宣谕军令。在该份朱印状中，丰臣秀吉对日军的指示如下：

> 明春，（秀吉）必亲航海，剿荡土寇（朝鲜义兵）。卿等宜各守汛地，自釜山至国都，自国都至平壤，沿道城砦，峙粮饷兵，守备完缮，以俟我出。其旁径他路，俟明春一齐经略，但有余力，宜随便措置。船舶遗足备熊川，余皆返致。又明军攻行长，国都诸将应援勿失时。（《大日本编年史》）

在这一封朱印状中，丰臣秀吉不再狂妄地放出要吞灭大明的狂言，而是现实地要求日军诸将固守朝鲜占领区，囤积粮食，修缮城池，等待他亲自渡海，剿灭朝鲜义军。又提到在朝鲜熊川留下足够的船只，剩下的船只全都返回日本，作为后续援军渡海至朝鲜之用。他最后重点提到了明军必然会再次进攻小西行长所在的平壤，要求王京日军一定要注意救援。

丰臣秀吉在另一封写给家臣加藤光泰的书信中，也指出小西行长孤军深入，所处位置颇为危险，让增田长盛、石田三成、大谷吉继、前野长康、加藤光泰监督小西行长，为明军来袭做好戒备工作。（《近世日本国民史·朝鲜役》）此时，丰臣秀吉已经从前线收到的报告中认清了现实的残酷，开始清醒地对前线做出防御明军来袭的指示。但前线日军受沈惟敬蒙蔽，对与明朝和谈依然抱有幻想。

十二月九日，日军高层集结在京畿道开城，召开重要的军事会议，商讨与明朝议和的具体条件。参加会议的人有石田三成、增田长盛、大谷吉继三奉行，以及小早川隆景、小西行长、大友义统、岛津义弘、松浦镇信、立花宗茂、高桥统增、吉川广家、筑紫广门、安国寺惠琼等人。

根据日本史料《黄薇古简集》的记载，在会议上，日军高层提出了以下三点强硬意见：

一、大明每年都要回应日本的要求，派遣使者前往日本京都，由日本处置。

二、将朝鲜八道中的三道还给朝鲜国王，但剩下的五道需要割让给日本。

三、大明、朝鲜交出人质，在次年正月送到釜山浦，由小西行长带领他们渡海。

根据《朝鲜渡海日记》的记载，小西行长决定得到大明人质以后，就立刻带着他们回日本谒见丰臣秀吉，竭力促成通贡，就此结束战争。由此可见，虽然日军已经有了停止战争的想法，但和平条件苛刻，仍然坚持实现割地、通贡，还要大明派出人质渡海。

十二月十三日，开城军议结束，日本大名将相关内容写信报告给丰臣秀吉，之后离开开城，各自回到驻地，等待议和消息。然而，日军没等到议和，却等来了明军的武力征伐。

十二月二十五日，大明提督李如松以副总兵杨元为中协大将、副总兵李如柏为左翼大将、副总兵张世爵为右翼大将，领着3万余人，浩浩荡荡地渡过鸭绿江，开启了救援朝鲜的征程。据《经略复国要编·报进兵日期疏》记载，明军三协的编制如下所示：

编制	主将	部将	兵力	总兵力
中协	杨元	原任参将杨绍先	宁前等营马兵339人	10639人
		标下都司王承恩	蓟镇马兵500人	
		辽镇游击葛逢夏	锋右营马兵1300人	
		保定游击梁心	马兵2500人	
		大同副总兵任自强 游击高升 游击高策	马兵5000人	
		标下游击戚金	车兵1000人	
左军	李如柏	原任副总兵李宁 游击张应种	辽东正兵、亲兵1189人	10632人
		宣府游击章接	马兵2500人	
		参将李如梅	义州等营军丁843人	
		蓟镇参将李芳春	马兵1000人	
		蓟镇原任参将骆尚志	南兵600人	
		蓟镇都司方时辉	马兵1000人	
		蓟镇都司王问	车兵1000人	
		宣府游击周弘谟	马兵2500人	

编制	主将	部将	兵力	总兵力
右军	张世爵	游击刘崇正	辽阳营、开原参将营马兵1534人	9926人
		原任副总兵祖承训	海州等处马兵702人	
		原任加衔副总兵查大受	宽佃等处马兵590人	
		蓟镇游击吴惟忠	南兵3000人	
		标下都司钱世祯	蓟镇马兵1000人	
		真定游击赵文明	马兵2100人	
		大同游击谷燧	马兵1000人	
续到蓟镇应调步兵2800余人				
提督李如松居中指挥，赞画刘黄裳、袁黄随军筹划机谋				

根据以上这份名单，明军进入朝鲜的援军至少应有33997人。但事实上，实际进入朝鲜的明军将官，已经超过了上面这份名单。对此，《宣祖昭敬大王实录》有所补漏，据该书记载，明军的编制如下：

职务	姓名	兵力
钦差提督蓟辽、保定、山东等处防海御倭使，军务总兵官，中军都督府都督同知	李如松	
标下中军；原任参将、都指挥佥事	方时春	
统领管下亲兵；原任参将	李宁	马兵1000人
钦差管理经略中军事务、中协副总兵、都督佥事	杨元	兵2000人
钦差征倭左营副总兵、署都督佥事	李如柏	兵1500人
钦差征倭右营副总兵、都指挥使	张世爵	兵1500人
协守宣府东路，统领营兵；副总兵、都指挥使	任自强	宣府马兵1000人
统领辽东调兵；原任副总兵、都督同知	李平胡	马兵800人
统领南北调兵；原任副总兵	查大受	马步兵3000人
统领辽东调兵；原任副总兵	王有翼	马兵1200人
镇守辽东东路；副总兵、都指挥使	孙守廉	马兵1000人
统领保定蓟镇调兵；原任副总兵	王维贞	马兵1000人
统领昌平右营兵；参将	赵之牧	马兵1000人
统领蓟镇遵化兵；参将	李芳春	马兵1000人
义州卫镇守、参将	李如梅	马兵1000人
统领蓟镇调兵；参将	李如梧	马兵500人
辽东总兵标下，管领夷兵；原任参将	杨绍先	马兵500人
统领南北调兵；涿州参将	张应种	马兵500人
统领浙直调兵；神机营左参将、都指挥使	骆尚志	步兵3000人
统领大宁营兵；原任参将	张奇功	马兵1000人
统领山西营兵；原任参将	陈邦哲	马兵1000人
统领浙兵；游击将军、都指挥使	吴惟忠	步兵3000人
统领宣大八卫班兵；游击将军	宋大斌	马兵2000人

职务	姓名	兵力
统领南兵; 游击将军	王必迪	步兵1500人
统领大同营兵; 游击将军	高策	马兵1000人
统领浙兵; 游击将军	叶邦荣	马兵1500人
统领山东秋班; 经略标下御倭防海游击将军	钱世祯	马兵1500人
统领嘉湖苏松调兵; 游击将军	戚金	步兵1000人
提督标下, 统领大同营兵; 游击将军	谷燧	马兵1000人
统领宣府营兵; 游击将军	周弘谟	马兵1000人
统领蓟镇右营; 游击将军	方时辉	马兵1000人
阳河游击将军	高升	马兵1000人
建昌游击将军	王问	马兵1000人
保定游击将军	梁心	马兵1000人
真定游击将军	赵文明	马兵1000人
陕西游击将军	高彻	马兵1000人
山西游击将军	施朝卿	马兵1000人
统领保真建遵调兵; 游击将军	葛逢夏	马兵2000人

《宣祖昭敬大王实录》统计出来的明军总兵力是46000人，但是这个数字实际上也并不完全接近事实，据《经略复国要编·益乞增兵益饷进取王京疏》记载，最后真正进入朝鲜的明军人数只有38937人。

而在李如松统领大军渡过鸭绿江之前，钱世祯[①]、王问、楼大有、吴惟忠、王必迪等明军将领已先行渡江，进入了朝鲜。然而在平壤的小西行长等人，竟然对这些情况毫无察觉。之所以如此，是因为小西行长失去了朝鲜叛民作为耳目。

原先，小西行长收买了金顺良等40多个朝鲜叛民，将他们散布于平壤北面的顺安、肃川、安州、义州等处作为耳目，通报朝鲜机密之事，因此朝鲜的山川形势、道路迂直、行军日期，日军无不知晓。只要朝鲜叛民将朝鲜的告示、秘密公文拿回来给日军看，日军就赏赐他们布匹、牛马。但是在十二月中旬，朝鲜平安道都体察

①　关于钱世祯渡过鸭绿江的时间，有不同的说法。据《寄斋史草》记载，钱世祯在十二月二十二日领南兵3000人渡过鸭绿江。又据《征东实纪》记载，钱世祯早在十二月二日就已经渡过鸭绿江，与原任副总兵查大受会合，休兵数日; 在李如松于十二月二十五日率领大军渡江的同一天，钱世祯已经过定州，抵达肃宁，与后方大军相距220公里，与日军占据的平壤城相距66公里，此时日军尚且不知。但据《宣祖昭敬大王实录》记载，钱世祯在十二月十日的时候渡过鸭绿江，十九日的时候已经过了朝鲜平安道的安州。由于《宣祖昭敬大王实录》是朝鲜官方史料，其他两本都是由民间编修，因此前者更加可靠，也更值得采信。

使柳成龙捕获了叛民头目金顺良，审讯之后将其处死，接着按照审出的名册追捕其他叛民。于是叛民四散一空，小西行长没有了渠道，使得日军对明军进入朝鲜的消息一无所知。（《西厓集》）

朝鲜国王李昖得知明军渡江入朝，亲自在义州的义顺馆道迎接李如松。李如松穿着红锦袍，意气风发地坐在红明轿上。之后，他在龙湾馆与李昖会晤。

李昖见到李如松后，礼节性地问了明神宗的身体状况。

李如松回答说明神宗身体很好，又安慰李昖道："愍贵国无故被倭患，大发兵马来救。今当剿灭凶贼，愿国王放心也。"

李昖激动地对李如松感谢道："以寡人守国无状，贻念皇上（明神宗），致诸大人远事征伐。虽剖心腹，安得报此天地罔极之恩？"

李如松笑着回答说："皇上天威，国君（朝鲜国王）洪祚。此贼自当歼尽，何谢为？"

李昖又说："小邦一缕之命，惟在大人。"

李如松拱手道："既承皇上之命，何所辞死？且俺先世，本贵国之人，来时俺父亦戒之，俺何敢不力于贵国乎？"

寒暄一番后，李昖向李如松行茶礼，又向李如松行酒礼。李如松饮了两杯酒后，向李昖辞谢道："此何等时，而设宴乎？剿灭还归时，俺当不辞。"

李昖又向李如松呈上礼单，但李如松坚辞不受，对李昖说："奉圣天子命，来救属国，安用礼物为乎？只领诚心而已。国王以优礼遇我，我当尽力讨贼耳。"

李昖又手持一双环刀，想献给李如松，李如松认为这很有意义，便欣然收下了。之后，李昖又与明军三协大将杨元、张世爵、李如柏见面，对他们说："皇恩罔极，无以为喻。小邦存亡，惟恃大人。"

三大将安慰李昖道："贵国世效忠贞，无故被兵，皇上遣俺等来救。先复平壤，次复王京，至于釜山，荡扫倭贼而后已。"（以上对话出自《宣祖昭敬大王实录》）

李昖又向三大将行茶礼、酒礼，三大将接受了。李昖呈上礼单，三大将同样推辞不受。李昖又向三大将赠送环刀，三大将才和李如松一样接受了。

因为感到身体疲劳，李昖没有再会见其他明军将官，这让明军诸将非常愤怒，李如松也对此感到惊讶。李昖在晚上知道了明军诸将的不满后，想在次日去见他们，但第二天一早，李如松就领兵起行了。

十二月二十六日，李如松出城清点明军人数，突然发现游击葛逢夏的军队少了400人，明军兵力削减到38537人。原来，葛逢夏军中有许多疲弱者，葛逢夏就将这些人全部放了回去，让他们做了逃兵。李如松知道后非常生气，想对葛逢夏动用军法，但最后还是作罢了。（《宣祖昭敬大王实录》）

转眼，万历二十年过去了，时间进入到万历二十一年。一月三日，李如松从嘉山抵达安州，下营于城南。① 黄昏时分，他叫来平安道都体察使柳成龙谈话。柳成龙从袖中拿出平壤地图给李如松看，并为其指点形势和城门入口。李如松很高兴地听着，频频用毛笔在地图上圈点，一会儿说"贼在吾目中矣"，一会儿又说"倭但恃鸟铳耳，我用大炮，皆过五六里，贼何可当也？"（《惩毖录》）

两人谈完话后，柳成龙告退，李如松在一把扇子上题诗一首，赠送给柳成龙，只见扇上写着：

提兵星夜渡江干，为说三韩国未安。

明主日悬旌节报，微臣夜释酒杯欢。

春来斗气心逾壮，此去妖氛骨已寒。

谈笑敢言非胜算，梦中常忆跨征鞍。

为了侦察敌情，李如松派出一名夜不收② 前去侦察平壤城内的日军动静。夜不收从平壤城侦察回来后，向李如松汇报说，日军尚不知道明军已经进入朝鲜。根据《孙子兵法》的教导，"兵者，诡道也"，李如松决定利用日军的情报不足，刻意放出假消息，声称沈惟敬已经答应日方提出的条件（向明朝通贡、以大同江为界划分朝鲜），将要再次前往平壤谈判。李如松准备用这个假消息将平壤城内的日军引诱出来，再趁机掩击，将其一举歼灭。（《宣祖昭敬大王实录》）

按照上述计划，到了一月四日，李如松从安州南下，驻兵肃川。副总兵查大受

---

① 此据《宣祖昭敬大王实录》。另据《征东实纪》记载，李如松在一月二日就已抵达安州南面的肃宁了。

② 明代辽东边防守军中的哨探或间谍的特有称谓。

继续南下，先行抵达顺安县的安定馆，他派家丁金子贵前往平壤，向日本人送去一封信，欺骗日本人"沈游击将至"，与日方约定在平壤郊外的斧山院会谈。平壤城的日军得到这一消息后非常高兴，倭僧景辙玄苏更是为此吟诗一首：

> 扶桑息战服中华，四海九州同一家。
> 喜气忽消寰外雪，乾坤春早太平花。

　　景辙玄苏的这首诗，表明了日本低头向中华屈服的姿态，与丰臣秀吉当初意欲吞并大明的雄心壮志，诚可谓是云泥之别。不过，小西行长自然不会像李如松想象的那样，让日军全部出城去迎接沈惟敬，他只是和宗义智派出家臣大浦孙六、竹内吉兵卫，让他们带着23名士兵和日军阵营中的浙籍翻译张大膳，到斧山院去迎接沈惟敬。实际上，小西行长特意留了个心眼。据《再造藩邦志》记载，小西行长其实是以迎接沈惟敬为由，窥探虚实。

　　当日酉时（下午5时至下午7时），大浦孙六、竹内吉兵卫、张大膳一行人抵达斧山院，但他们没有见到沈惟敬，只见到了查大受。竹内吉兵卫等人一开始很谨慎，但还是被查大受诱骗到顺安的安定馆。将要进入顺安时，日本人看到一些朝鲜军人在顺安城上设置守备，开始怀疑对方的真实意图，迟疑着不敢入城。查大受见日本人迟疑，便一挥手，让朝鲜军人退走了，他又再三向日本人作揖，使他们逐渐放松了警惕。如此一来，日本人才失去戒备心理，进入了城内。查大受表面设宴招待他们，让大浦孙六、竹内吉兵卫、张大膳在内厅吃饭，并引诱他们喝酒，又让其余20多个小兵在外厅吃饭，实际上他已经在帐后埋下了伏兵。（《惩毖录》《朝鲜阵记》）

　　等日本人喝醉以后，副总兵李宁等人举起酒杯大声呼喊，埋伏在帐后的明军将士一拥而上，李宁、雷应坤等将士的家丁对日本人挥刀乱砍，杀死了绝大部分小兵，又生擒了竹内吉兵卫、大浦孙六、张大膳和一部分小兵。

　　根据《李元翼状启》的记载，沈惟敬曾经对李元翼说，他设想用酒灌醉平壤日军，然后将对方歼灭。又根据《平湖县志》的记载，沈惟敬在嘉靖年间曾经和其父沈坤在酒中下毒，设计毒杀倭寇。按照这两份记录推测，此次明军引诱日军喝酒，趁机袭击他们的主意，很可能就是沈惟敬想出来的。如果真的是沈惟敬的提议，那他可谓是用心良苦了，即便被宋应昌等人软禁在军中，但还在时时刻刻琢磨着怎么对付日本人。

到了晚上，大浦孙六趁明军不注意，带着 6 名小兵见机逃走了，而竹内吉兵卫却没能逃走。李如柏等将发现后立即追击，但没能追上。大浦孙六一行人于夜半时分回到平壤，向小西行长禀告了此事。直到这时，小西行长才后知后觉地知道明军已经进入了朝鲜，当下惊慌失措，开始加强平壤城的戒备。①

明军方面，李如松知道有几名日军俘虏逃走以后，非常生气，认为明军迫近平壤城的消息已经泄露，日军肯定会有所戒备。他立即率领 18 名家丁，齐齐带上弓箭，从肃川赶赴顺安，大军则跟在他身后陆续进发。到了顺安后，李如松准备治李宁、雷应坤两人的罪，将他们斩首示众。李如柏哭着对李如松请求赦免二人，李如松这才收回了将他们斩首的想法，改为杖责李宁 15 棍、雷应坤 30 棍。他又用非常凶狠的语气对亲兄弟李如柏说："汝辈违吾军令，亦必枭首，决不贷汝！"

众将士听到这句话以后，两腿发抖，脸色都变了。为了不让日军及时反应过来，李如松督军从顺安出发，准备在日军做好准备前攻破平壤。②

明军收复平壤

万历二十一年一月六日，李如松会同朝鲜军，进抵平壤城下③，在靠近平壤城的地方安营扎寨。李如松同诸将及沈惟敬绕平壤城勘察地形，只见平壤东、南两面临近大同江，西面靠着陡峭的山崖，北面的牡丹峰高高耸立，形势最为险要。日军在

---

① 据《明史·李如松传》记载，几名日军士兵逃回平壤以后，小西行长大惊之余，又派亲信内藤如安（小西飞）来谒见李如松，询问是怎么一回事，但是被李如松给哄了回去，消除了"误会"。这个说法应当并非事实，因为早期的一手史料没有这样的记载，而且这一动作也不合常理。

② 以上关于一月四日之事，是根据《朝鲜阵记》《吉野甚五左卫门觉书》《宣祖昭敬大王实录》《宣祖昭敬大王修正实录》《惩毖录》《经略复国要编》《再造藩邦志》进行叙述的。

③ 据《明史·李如松传》记载，在李如松到达平壤的这一天，小西行长还以为是明朝封使（沈惟敬）来了，让日军穿着花花绿绿的衣服在道路两旁迎接封使，并不知道是明军杀来了。但事实上，《西厓集》说得很清楚，在几名日军士兵逃回平壤以后，"贼中始知兵至，大扰"，日军已经知道明军将要袭来了。

平壤城的四周布置了拒马①、地炮，城上守兵徘徊观望，很难急攻。平壤有四个主城门：西北门七星门、西门普通门、南门含毬门、东门大同门。勘察完毕后，李如松分兵围住平壤城，让人在城外竖立白旗，上面写着："朝鲜军民，自投旗下者免死。"

平壤城内的日军见明军、朝鲜军进抵平壤城下，先分兵1000余人②，驻守城北的险要之地牡丹峰，他们竖起青白色的旗帜，大喊大叫地朝联军放铁炮；又分兵5000人③，站在自城北到普通门的城楼上，手里拿着盾牌和刀。此外，一个日军大头目，带领数百劲兵④，竖起大将旗，吹锣鸣鼓，巡视城上，指挥诸军。

此前，小西行长收到明军大举袭向平壤的消息后，就派遣使者向驻守在后方白川城的黑田长政、凤山城的大友义统、牛峰城的小早川秀包讨要援兵。在求援信中，小西行长夸张地说，明军兵力有20万人，本想博取友军的同情，不料这个数字却吓退了三人。大友义统派出斥候去侦察敌情，使者回报称明军兵力在10万以上，充斥山野，已经和小西行长打了起来。大友义统非常吃惊，认为明军兵力这么庞大，小西行长肯定已经战死了，于是直接放弃驻守的凤山城（黄海道），一路逃向王京（京畿道）。后来，大友义统因此事被丰臣秀吉没收全部封地。黑田长政、小早川秀包二人虽然没有这么窝囊，但也犹豫不决，商量来商量去，终究还是不敢出兵救援平壤，于是只能由小西行长独自等待命运的裁决。（《义弘公御谱中》）

中午，李如松派出一支部队仰攻平壤北面的牡丹峰⑤，日军在牡丹峰上穿凿小孔，从孔内对着明军乱放铁炮，明军立刻退了回去。日军见明军逃走，就从牡丹峰下来追赶，明军又弃置了数十面铁盾退去，日军便争相抢夺这些铁盾。不料明军在日军

---

① 拒马是一种木制的可以移动的障碍物，即将木柱交叉固定成架子，架子上镶嵌刃、刺。拒马可用以堵门，阻止行人通过，后来用于战斗，以阻止和迟滞敌人的行动，并可杀伤敌人。

② 此据《宣祖昭敬大王实录》"宣祖二十六年一月十一日"条，但"宣祖二十六年二月十日"条与此有异，作2000人。

③ 此据《宣祖昭敬大王实录》"宣祖二十六年一月十一日"条，但"宣祖二十六年二月十日"条与此有异，作1万人。

④ 此据《宣祖昭敬大王实录》"宣祖二十六年一月十一日"条，但"宣祖二十六年二月十日"条与此有异，作四五千人。

⑤ 关于进攻牡丹峰的明军是哪一支，有很多不同的说法。《征东实纪》记载，李如松自率标下家丁和大同兵进攻牡丹峰。《宣祖昭敬大王修正实录》记载，李如松派真定兵进攻牡丹峰。《再造藩邦志》《宣庙中兴志》记载，李如松派南兵进攻牡丹峰，此外还有朝鲜僧兵助其声势。

捡铁盾的时候，突然杀了回来，日军被迫退回了牡丹峰。李如松见状，鸣鼓收军，回营驻扎。①

当天晚上，日军派出一股军队②，从平壤城内的密德土窟出来，他们嘴里叼着小木棍，不发出一点声音，前往偷袭明军营寨③。明军察觉到贼情以后，对着日军不断放炮，日军知明军有备，便退回了平壤城内。（《驰启天兵进攻平壤形止状》）

除了夜袭明军的这股日军外，还有另外一股日军部队前往偷袭布阵在平壤城含毬门外的 8000 朝鲜军。日军从大同门出城，迂回到朝鲜军的背后，发动攻击，朝鲜军大败，阵亡者十之七八。（《平壤续志》）

一月七日，李如松派人取来朝鲜军在顺安搭的长梯，作为攻城用的工具；又派出几天前在顺安俘虏的日军翻译张大膳，让他回到平壤城，对城内的日军晓以利害。午时，张大膳带回了日军的书信，并将其交给李如松，称平壤城内的日军请求明军解除围困，日军愿意放弃平壤，退走到 12 公里外的地方。日军还向李如松保证："愿暂退天兵，奉表纳贡于福建。"（《宣祖昭敬大王实录》）

但李如松并不相信这番说辞，认为是日军诈伪之词，便派出金子贵回话说："尔等欲降，则（派兵）二千出城外，听我命可也。尔等何敢出退天兵之说？"

拒绝日军的要求后，李如松督军进攻平壤城西面的普通门，然后假装不敌退走。日军不知是诈，从普通门开城追击，结果明军又杀了回去，斩得日军首级 30 颗，追击至城门而止。

当天晚上，日军再次出动 800 人，前往偷袭李如柏的阵营，但是被明军击退。④而李如松在进行烧香、占卜等一系列活动后，得到了一个很好的卦象，准备在次日

---

① 关于一月六日的牡丹峰交锋，《宣祖昭敬大王实录》等朝鲜史料认为是李如松的诱敌之计；《征东实纪》则认为是李如松真刀实枪地与日军交战，胜负未分而返，让日军颇为轻视明军。

② 关于偷袭明军的日军兵力，有不同的说法。《宣祖昭敬大王实录》"宣祖二十六年一月十一日"条称，日军夜袭部队有数百人；但"宣祖二十六年二月十日"条称，有 3000 人。《征东实纪》则称，有数千铁炮足轻。

③ 关于日军的袭击目标有不同的说法。《宣祖昭敬大王实录》"宣祖二十六年一月十一日"条称，日军袭击李如柏的右营；但"宣祖二十六年二月十日"条称，日军袭击杨元、李如柏、张世爵三营。《宣祖昭敬大王修正实录》则称，日军袭击的是吴惟忠的营地。

④ 此据《宣祖昭敬大王实录》"宣祖二十六年二月十日"条，但《经略复国要编·叙恢复平壤开城战功疏》《征东实纪》都没有记载明军在一月七日与日军发生冲突。

对平壤城发起总攻。

　　同一天，明朝兵部移咨朝鲜，宣布无论是朝鲜军还是明军，只要能擒斩平秀吉（丰臣秀吉）、平秀沈（丰臣秀次）、僧景辙玄苏这三名倡乱元凶，每个人头赏银1万两，立功之人封伯世袭；只要能够擒斩平秀家（宇喜多秀家）、平秀忠（羽柴秀胜）、平行长（小西行长）、平义智（宗义智）、平镇信（松浦镇信）等有名的日军头目，每个人头赏银5000两，立功之人世袭指挥使。若能擒斩其他日本岛内的头目来献，许诺封立功之人为日本国王。（《宣祖昭敬大王实录》）

　　一月八日黎明，明军还来不及吃早饭①，李如松便与三协大将分统军兵，匆匆下令攻城。游击将军吴惟忠、原任副总兵查大受负责攻打密德土窟、牡丹峰，中协大将杨元、右协大将张世爵负责攻打七星门，左协大将李如柏、参将李芳春负责攻打普通门，副总兵祖承训、游击骆尚志与朝鲜平安道兵使李镒、防御使金应瑞负责攻打含毬门。②此外，朝鲜将领曹好益结阵于大同江（平壤城东），以截断日军退路。（《平壤贼遁形止状》）

　　部署完毕后，李如松向军中宣告，最先登上城头者赏银300两③，授以都指挥金事④，但众将士不得割取敌军首级⑤，违令者斩。之后，李如松亲自督领亲兵百余骑，往来平壤城下，指挥将士对平壤城发动总攻。关于明军攻打平壤时的武器、装备、阵形，葡萄牙耶稣会士弗洛伊斯在其著作《日本史》中记录道：

---

　　①　据《经略复国要编·叙恢复平壤开城战功疏》记载，明军在一月八日五鼓时分（凌晨3时至凌晨5时）做好了饭，传食三军，吃饱了饭才攻打平壤城。但是依据《宣祖昭敬大王实录》"宣祖二十六年二月二十日"条引用的游击王必迪的发言，明军根本没有吃早饭，就空着肚子攻打城了。笔者采纳了王必迪的说法。

　　②　此据《宣祖昭敬大王实录》。对于明军的部署，另有几种不同的记载。据《经略复国要编·叙恢复平壤开城战功疏》记载，杨元领中协打小西门，李如柏领左协攻打大西门，张世爵领右协攻打西北城角（亦作北门），只留东门一面不攻，以示围师必缺之意。又据《再造藩邦志》《宣庙宝鉴》《宣庙中兴志》等朝鲜史料记载，张世爵攻打七星门，杨元攻打普通门，李如柏攻打含毬门。

　　③　《再造藩邦志》作李如松承诺赏银50两，《宣祖昭敬大王实录》"宣祖二十六年一月十一日"条作李如松承诺赏银5000两，《经略复国要编》《征东实纪》作承诺赏银1万两。笔者采纳《宣祖昭敬大王实录》"宣祖二十六年二月二十日"条引用的游击王必迪的发言，也就是赏银300两。

　　④　《经略复国要编》作李如松承诺先登城者世袭指挥使。笔者采纳《宣祖昭敬大王实录》"宣祖二十六年二月二十日"条引用的游击王必迪的发言，李如松承诺的应该只是先登城者授以都指挥金事。

　　⑤　《宣祖昭敬大王实录》《经略复国要编·叙恢复平壤开城战功疏》《征东实纪》都提到了李如松下达过不允许割取日军首级的命令。

太阳出来两小时后，明军利用大量射石炮，开始了威吓射击。在战鼓的激鸣声和人们的呐喊声中，明军排列整齐的队伍攻向了日本军。明军战斗人员全部为骑兵，他们的坐骑高大强健。他们身着厚薄适中的、钢铁制成的铠甲，佩戴着钢铁打造的护膝。就算他们骑在马上，铠甲也能垂到足边。由于他们的身体被这些制作精良且强韧的铠甲所覆盖，所以就算用优良的日本刀枪也无法给他们造成丝毫损伤。他们使用的是上等的钢铁制头盔，他们还送过几个这样的头盔给日本。他们使用的弓箭和枪可以说是最佳的攻击武器。和日本人一样，他们使用刀、剑和许多铁炮。他们的铁炮究竟是如何发射的，我至今都没弄明白，真是太不可思议了。在发射了无数次后，居然没有使日本人出现一名伤亡人员……明军各自完成使命，没有人插手别人的领域。有人架梯子，有人运送伤员，有人运送火药、铁炮台、箭。据说，从战场逃脱、放弃任务将被判处死罪。在战场上，不管是攻击的时候还是受到攻击的时候，明军一直采用以新月阵形包围敌人的战略。

从《日本史》的记载来看，尽管明军有攻击力较强的弓箭、枪，并且甲胄精良，能有效地抵御日军的冷兵器攻击，但他们的"铁炮"却没能发挥出太大的效用，命中效率极低，未能对日军造成威胁。日本历史学者洞富雄认为，明军使用的这种"铁炮"，类似于日军的火绳枪，但性能上较为落后，因此不容易奏效。不过即便如此，明军的各类火炮还是对日军造成了很大震慑。据《宣祖昭敬大王实录》记载，辰时（早晨7时至上午9时），明军在距离平壤城2公里的地方，摆列佛郎机、虎蹲炮、灭虏炮等火器，对着平壤城齐放炮弹、火箭。炮声就像轰鸣的惊雷一样，震动山岳，硝烟弥漫数十里，咫尺不辨。只听得呐喊声伴随着炮声，就像上万只黄蜂在哄闹一样。

吴惟忠带领南兵攻打密德土窟、牡丹峰。明军用火箭引燃了密德土窟，在一阵忽然吹来的西风助力下，风急火烈，土窟迅速被火焰包围了起来。城上的日军旗帜，一下子被烧光了许多。（《宣祖昭敬大王实录》）

李如松激励诸军加强攻势，孰料日军藏身在矮墙中，对着明军乱放铁炮，"鸟铳铅子飞下如雨，中者无不立毙，有铅弹一枚而穿透二人者"（《经略复国要编》）。日军又往城下泼沸水，扔大石块，死守平壤城，还齐刷刷地将长枪、大刀刺向正攀爬登城的明军，明军因此稍稍退却。李如松在城下巡视，亲自动手斩杀了一个逃兵，又以物质承诺激励明军将士,喊话道:"先上城者,与银三百两,或授以都指挥金事!"

重赏之下,必有勇夫。在李如松的激励之下,明军"三军齐奋,呼声震天,无不以一当十。前军被杀,后军继至"(《经略复国要编》)。将士们手持矛戟、盾牌,相杂着一齐前进,或射箭,或放炮,或仰刺城上的日军。

激战中,很多明军将士被日军击伤。参将李芳春被日军的箭镞射中咽喉,右臂也被射穿。参将李如梧被日军的铁炮击穿了左臂。副总兵李如柏的头盔被日军铁炮击穿,幸亏头盔里的布料比较厚实,才不致重伤。游击将军吴惟忠被日军铁炮打中了胸部,但仍然坚持作战。攻打含毯门的游击将军骆尚志纵身攀爬城堞,但日军在城上投下巨石,砸伤了骆尚志的脚,可骆尚志还是迎头直上,没有丝毫退却。《乱中杂录》甚至记载了这样的情景:"骆尚志等乱投死尸于城上,贼兵以为天兵飞入城,益自惶怯。"浙兵擂鼓呐喊,跟在骆尚志身后登城,日军不敢抵抗,于是浙兵率先登上含毯门,拔掉了日军的旗帜,改竖明军的旗帜。

随后,祖承训、李宁带领明军北兵、朝鲜军,跟在浙兵后面杀进含毯门。对于北兵的表现,有两种说法。一说,北兵对着日军放三穴鸟铳,几乎歼灭了含毯门的日军,敌军只剩下三四百人逃入松林。一说,北兵只是跟在南兵后面,骑马驰入含毯门,不顾李如松禁止斩取日军首级的命令,争斩日军尸体的首级。(《宣祖昭敬大王实录》)朝鲜平安道兵使李镒虽然也随明军北兵杀入含毯门,但是却并不能任意割取首级。李镒军中有明军派来负责监军的1名将领、4名士兵,但这些人却没有带上翻译。由于言语不通,在队伍中的明军只要稍稍对李镒军的表现有所不满,就用剑背击打李镒军的士兵,即便是李镒军的士兵斩下了一些日军首级,也都被明军抢走。(《平壤贼遁形止状》)

而在七星门方向,李如松亲自督左协大将张世爵、中协大将杨元攻城,但日军立在门楼上,用铁炮等武器反击明军,明军一时未能轻易攻下。直到李如松下令用大炮轰城,大炮打中了门楼,将其"撞碎倒地烧尽",七星门的城门才被明军攻破。巳时(上午9时至上午11时),李如松整军从七星门进入平壤城内。

已经入城的明军乘胜争前,骑兵、步兵云集,与日军展开激烈的巷战。当时战况,据《经略复国要编·叙恢复平壤开城战功疏》记载:

大城既破，我兵四集，云涌风驰，雷轰电掣，健马奔冲，短兵相接，贼尽摧伏。栅下火箭飞射，中者焚，触者死。

对于明军与日军的巷战情景，弗洛伊斯也在《日本史》中记录道：

虽然日本兵顽强抵抗明军的攻击，勇猛果敢地奋战，但是日本军队与明军相比在兵力上处于劣势。他们的刀在多次肉搏战以后变钝了。明兵的武装非常坚固，日本军队的刀几乎不能造成任何损伤。双方混战在一起，陷入了不能使用铁炮的乱战状态，日本方面的伤亡开始增加。行长的一个兄弟和一个从弟战死了（此处疑为《日本史》笔误，与第一次平壤之战记载相同），除此外还有众多人员伤亡。

日本史料《松浦家世传》也记录了平壤外城被攻破后，日军陷入苦战的场景：

公（松浦镇信）及小西作右卫门所守，专当敌之冲，箭、丸渐乏，刀折枪碎，势气已尽，且众寡不敌。晡所（下午3时至下午5时），三大门破……我兵退入内城，于是行长建旗于石垣城，公建旗于松山城（日军在牡丹峰附近建造的栅寨）以守焉。松山城，内城也。残兵稍来集，公将日高喜以兵三百人守门拒战，不利，遂死之，其兵三十六人战死于一所。作右卫门及公甥松浦定拒战于北门，明兵断其后，定恶其为敌所害，自刃而死，麾下兵三十骑许，亦战死于此。作右卫门突敌出城，绕东，入石垣城。泰岳公（松浦久信）亦与定俱守北门，弗敢退。公亲往要（同"邀"）之，与俱入松山城。

明军骑兵、步兵云集平壤城后，砍杀日军首级1285颗，生擒2名日军士兵，夺获2585匹马、455件倭器，救出被俘虏的朝鲜男女1115人。(《经略复国要编》)日军在肉搏战中敌不过明军，便逃到城内的各处房屋中躲避，但明军又相继焚毁了这些房屋。(《宣祖昭敬大王实录》)

日军一再退缩，又退据到了城内的练光亭土窟（疑为《松浦家世传》提到的"石垣城"）。李如松命人搬来柴草，堆积在练光亭四面，准备纵火将其烧毁。然而练光亭坚固难拔，明军难以将其攻下。李如松会同诸军，仰攻练光亭。但是日军在练光亭土窟上穿凿了许许多多的孔穴，望之就如同黄蜂的巢穴一样，日军以土窟为屏障，从孔穴内发射铁炮，使明军士兵接连中弹，相继战死。练光亭边上，是平壤城的东门大同门，一些投靠了日军的朝鲜伪军在大同门上对明军乱发片箭，射死了许多明军士兵。（《宣祖昭敬大王实录》）在督兵攻打练光亭的过程中，李如松的战马被日军铁炮打死，诸将请求李如松暂时退兵修整。李如松不听，换了一匹战马继续督战，结果他被毒火箭击中，鼻孔流血，但他没有退缩，坚持指挥督战。（《经略复国要编》）

傍晚，李如松见实在打不下练光亭，加上众军又饥又渴，于是暂时解除了对练光亭的进攻，下令全军退兵到平壤城外，还营驻扎。据《日本西教史》记载，明军退兵之际，小西行长忽然杀出，尾击明军至城郭之外。

而在牡丹峰方向，发起进攻的吴惟忠、查大受同样无法将其拿下，甚至出现了失利的情况。李如松见强攻不下，只好解除了对平壤城的围困。（《西厓集》）由于明军打不下练光亭、牡丹峰而暂时退兵，因此日方在记录中无耻地认为此战是他们获胜，不过多少有些底气不足。松浦镇信的家臣吉野甚五左卫门在他的回忆录《吉野甚五左卫门觉书》中记载道：

> 日落西山后，敌军终于撤走了，见其后松山之城周围不远便尽是死人。此战虽胜，米仓和营中皆被烧毁，无米不行……

当时，平壤城内只剩下3000余石军粮。（《宣祖昭敬大王实录》）即便没有明军攻城，日军在平壤也坚持不了多久，因为粮食已经支撑不下去了。明军暂时撤退后，小西行长清点城内剩下的日军兵力，日军士兵或死或逃，只剩下几千人，而援军却迟迟未至。他和士卒们商量道："援兵不至，今已如此，岂得击走明之多兵乎？今与徒死，不如先逃。"（《义弘公御谱中》）

显然，小西行长知道等不到援军，不愿白白送死，已经决定要逃走了。据弗洛伊斯的《日本史》记载，小西行长还列出了如下撤兵理由：兵卒疲劳，许多士兵战死，负伤者众多；武器、弹药用尽，装备受损，粮库被烧毁；明军次日还会来袭，必定使日军全军覆没，已难以再承受一两次攻击。

由于实在撑不下去了，小西行长等人决定三十六计，走为上计。当晚，小西行长等人率领残兵溃卒撤出平壤城，渡过结冰的大同江逃走。而对于明军是否察觉日军逃走并进行追击，史料中有几种出入较大的说法。

第一种说法，是广为流传的主流说法。据明军战报《经略复国要编·叙恢复平壤开城战功疏》记载，李如松料定平壤日军已黔驴技穷，晚上必定逃遁，于是遵照经略宋应昌暗中授予他在大同江东面设伏的计策，让李宁、张应种、查大受、祖承训、孙守廉、葛逢夏等将率领精兵3000人，趋往大同江东面的小路设下埋伏，在此截击日军。当夜，日军果然带着伤从大同江小路逃走。李如松率领李如柏、杨元、张世爵等将从大路追赶，但是没能够追上。而埋伏在大同江东面小路的3000明兵，在路上成功截击日军，砍下362颗首级，又生擒3名日军士兵。剩下的日军弃甲抛戈逃走，明军因为筋疲力尽，也无力穷追。清点下来，加上在平壤攻城时所得，明军一共砍下了1647颗日军首级。

第二种说法，据《宣祖昭敬大王实录》记载，李如松在退兵城外后，又派出翻译张大膳去劝降小西行长，对他说："以我兵力，足以一举歼灭，而不忍尽杀人命。姑为退舍，开尔生路。速领诸将，来诣辕门，听我吩咐。不但饶命，当有厚赏。"小西行长并没有听从李如松的话去投降，而是通过张大膳向李如松回话说："俺等情愿退军，请无拦截后面。"李如松急于攻克平壤城，就答应了小西行长的要求，又通过翻译吩咐朝鲜平安道兵使李镒，让他撤去中和（平壤南面）一路的伏兵。到了夜半时分，小西行长、宗义智、柳川调信、景辙玄苏等人率领平壤城内的残兵溃卒出大同门，渡过大同江一路南逃。途中，日军没有被明军或者朝鲜军伏击，可见李如松确实遵守了与小西行长的约定。

第三种说法，据柳成龙所著的《平壤贼遁形止状》中引用的《李元翼驰启》记载，日军夜里从平壤城的土窟逃走，次日天亮以后明军才发觉，为此恼怒朝鲜军没有侦察到敌情。但是明军也没有立刻发兵追逐，而是直到中午才派兵追击日军。

综合以上这些史料来看，笔者认为，无论是李如松私下与小西行长达成退兵协议故意放走了小西行长，还是在未与小西行长达成退兵协议的情况下，直到第二天才后知后觉地知道日军已经从平壤城撤走，明军应当确实是没有在大同江设下埋伏。因为从朝鲜方面的一手史料来看，日军在从平壤撤走的过程中，完全没有遭到明军伏击的记载。以往的主流说法，认为李如松派人在大同江伏击日军，应该有误，因为只有在明军的战报中，才首次出现了大同江伏击战这一说法，并被后世成书的史料反复引用。明军在战报里这么写，应是为了推脱小西行长逃走的责任。

至于究竟是李如松与小西行长私下议和后将其放走，还是在不知情的情况下让小西行长等人逃走，笔者倾向于第二种。因为，日本史料《义弘公御谱中》也提到，李如松在次日黎明再次杀入平壤城的时候，才发现城内已经没有一个敌兵，李如松为此非常后悔，等派兵追击时，已经来不及了。该书原文对此记载道：

> 黎明，李如松竟攻本城，而无一兵。如松大悔其不得杀行长，乃分兵追之，而不得也。

日方的这一记载，与朝鲜方面的一手史料《平壤贼遁形止状》吻合。而在清朝人钱谦益的《牧斋初学集》中，也有类似的记载，其原文为：

> 行长夜半渡大同江，江冰，引还龙山。如松旦日进攻，始知倭去，乃誓师入空城。

可见，当时的实际情况，应当是日军在明军不知情的情况下偷偷逃走，明军直到第二天入城时才发现。而将日军"放走"，主要责任应该是在朝鲜军。本来按照明军的部署，朝鲜军结阵于大同江，以截断日军的退路，但是日军竟然就这样在他们的眼皮子底下逃走了。柳成龙也认为主要责任在于朝鲜军，据他的《平壤贼遁形止状》记载，平安道兵使李镒与左、右防御使在一月八日的战斗结束后，就退阵到了普通门，没有在日军退路上的咏归楼近处留下一支军队，以遮遏南逃的日军，结果错失了大好机会，使笼中之鸟寻得生路。

虽然日军最终逃遁而去，未能被明军集中歼灭，但无论如何，从结果上而言，第二次平壤之战无疑是日军打了败仗，明军也通过此战一雪第一次平壤之战的败军之耻。对于日军在平壤之战中的伤亡，有许多种说法，现统计如下：

战前兵力	死伤程度	战后兵力	史料出处
一万六七千人	平壤之战中被斩首1285级，大同江之战中被斩首359级		（朝）《宣祖昭敬大王实录》"宣祖二十六年二月十日"条
15000人		五六千人	（日）《征韩录》
15000人		5000人	（日）《义弘公御谱中》
15000人		不满5000人	（日）《朝鲜征伐记》
10000人		8000人	（日）《朝鲜渡海日记》
六七千人			（朝）《燃藜室记述》
6000多人	平壤之战中被斩首1285级		（朝）《宣祖昭敬大王实录》"宣祖二十六年一月十一日"条
不满5000人			（日）《和汉三才图会》
	被杀过半	仅剩一两千人	（日）《梨羽绍幽物语》
		仅剩800人	（日）《旧记杂录后编》
	平壤之战中被斩首1500级，烧死6000余人，出城后落水溺死者5000余人		（明）《万历邸钞》
	平壤之战中被斩首1285级，大同江之战中被斩首362级，合计被斩首1647级，焚死、溺死约10000人		（明）《经略复国要编·叙恢复平壤开城战功疏》

至于明军在此战中的伤亡，有四种不同的说法。《经略复国要编·叙恢复平壤开城战功疏》记载："查计各营，阵亡官丁七百九十六员名，阵伤官军一千四百九十二员名，在阵射死马骡五百七十六匹。"《经略复国要编·报石司马书（二十三日）》则说："平壤伤毙不下千人。"《万历邸钞》记载："平壤所报，阵亡一千七百。人言啧啧，岂下三四千？"又据《宣祖昭敬大王实录》，李如松入城后对朝鲜人说："我兵为救活尔等，死伤几三千余名。"

需要注意的是，虽然日军在平壤战败是确凿无疑的事实，但日方为了掩饰失利，不惜过分夸大明军的兵力，甚至还有声称日军在此战中获胜的。如《梨羽绍幽物语》《吉见元赖朝鲜日记》称明军有数十万骑，《大曲记》《吉野甚五左卫门觉书》称明军有百万骑。《增田长盛书状》说小西行长击破数十万明军，杀敌3万，最后因为粮食用尽才退兵。《富田仙助氏所藏文书》也称小西行长击破数万明军，杀敌1万，只因粮尽才不得已退兵。其中最无耻者，属《享禄以来年代记》，此书记载小西行长在平壤击破百万明军，杀敌38000人，经此一战后，明朝派人赴日向丰臣秀吉乞和，此后两国再未发生战争。这些说法，显然都是在颠倒是非。

同样的，明军在战报《叙恢复平壤开城战功疏》中也有夸大之处。战报中提到一共在平壤之战中斩得 3 名知名日军将领的首级，分别是宗逸（僧竹溪宗逸）、平镇信（松浦镇信）、平秀忠（羽柴秀胜）。但是，这些都是明军在战报中捏造的内容。因为竹溪宗逸和松浦镇信都还活得好好的，至于羽柴秀胜，则早在一年前就已经在巨济岛病死了。除此之外，《经略复国要编》卷五收录的《议取王京开城疏》，也谎称倭僧景辙玄苏在平壤被箭射中，于逃亡途中身亡。据此可见，明军战报同样存在夸张和虚构之处，不可尽信。在战争中夸大战绩，在当时的各国属于普遍现象。

《黑田家谱》中的虚构战役

小西行长从平壤出逃的第二天，也就是一月九日的早上，明军才后知后觉地发现小西行长等人逃走了，为此愤怒于朝鲜军队的不作为。因为按照本来的部署，应该是由朝鲜军负责堵截日军的归路。但是明军知道日军逃走后，也没有立刻发兵追击，而是直到中午才派出游击将军李宁率领一队人马去追击日军。（《宣祖昭敬大王实录》）

李如松率领诸军进入平壤城后，副总兵查大受的家丁查应奎前往查探牡丹峰旁的瓮城。查应奎在那里发现了被火箭焚烧致死的许多日军尸体，尸臭蔓延数十里。有一个投靠日军的南京人，留在平壤城内来不及逃走，被明军俘虏，他哭着哀求李如松不要杀他："愿活性命，千万年更不作贼！"

但李如松很看不惯此人行径，下令将他处死。

同日，小西行长一行人从平安道逃到黄海道，黄海道左防御使李时言发兵尾击日军，但不敢截断对方退路，只杀死了因饥饿、生病掉队的 60 多个日军士兵，又生擒了 1 个日军士兵，移交给明军。小西行长一行人逃到黄海道的黄州时，黄州判官陈晔见日军已经是落水狗，也尾击日军，砍下了 90 多颗首级。

这时候，小西行长一行人由于饥寒交迫，便有士兵逃入朝鲜百姓家中，也有士兵逃入寺刹中，但他们不过是丧家之犬，并不被朝鲜人收容，反倒会被痛恨日本人的朝鲜人所杀，被杀的日军士兵有 30 多人。当时小西行长一行人的境况非常悲惨，据柳成龙的《惩毖录》记载，小西行长一行人因为缺乏力气，一瘸一拐地逃跑，有的人甚至匍匐在田间，趴在尸体旁边乞求食物。

小西行长一行人逃到黄海道的凤山以后，发现原本驻兵在这里的大友义统早已弃城逃走，城里没有一个日本人。逃亡的日军士兵非常窘迫，虽然想要休息，但是担心明军追兵将至，因此还是不敢停留，继续挣扎着连夜上路了。一路上，日军又饿又冷，不断出现死者。(《吉野甚五左卫门觉书》《黑田家谱》)

一月九日，明军游击李宁一路追击日军到黄州，如果小西行长等人没有及时从凤山撤去，第二天便会被明军追上。

一月十日黎明，李宁从黄州南下，追击到凤山。① 虽然发现有倭营，但是没有一个日军士兵留在这里，也没有朝鲜郡守和官员的影子。李宁又独自与百余名家丁骑马追至釖水，发现了逃窜的日军身影，但他认为难以穷追，就收兵回到了凤山，没有再继续追击。(《宣祖昭敬大王实录》)小西行长一行人由此摆脱明军追逐，带着日军第一军团的残兵溃卒，逃向日军第三军团黑田长政在黄海道的驻地。

黑田长政的家臣小河传右卫门驻扎在龙泉城（黄海道瑞兴面），他听说小西行长在平壤战败以后，每日每夜都要登上城橹，看看小西行长的败兵是不是逃来了，果然在一月十日这天看到了远方逃来的小西行长军队的旗帜。于是，小河传右卫门让川岛七郎左卫门、河端八右卫门两名武士带着一队人马，配备100挺铁炮，到龙泉城外去迎接小西行长一行人，这让小西行长非常激动。川岛七郎左卫门、河端八右卫门为防明军从后面袭来，亲自带着铁炮足轻殿后，护卫小西行长一行人进入龙泉城内。

在《黑田家谱》中，有这样一个情节。明军一路杀来，追击小西行长到龙泉城外，将小西行长一行人围困在两座山中间的险要之处。明军在两山之上，对着小西行长一行人疯狂射箭，小西行长等人仰发铁炮，迎战明军，但是敌不过。小河传右卫门在龙泉城的城橹上望见，派出川岛七郎左卫门、河端八右卫门率领两队人马支援，才用铁炮帮助小西行长打退了明军的追兵，是为龙泉之战。

---

① 另据《征东实纪》记载，李如松派北兵将领李宁、祖承训追击日军至凤山，日军见明军追到，结阵以待，做出与明军决战的姿态，明军因此不敢穷追，只斩了100多颗首级就返回了。南方将士知道后，都以此事揶揄北兵。但是，除此之外，没有任何史料能够支持《征东实纪》的说法。根据《宣祖昭敬大王实录》的记载，李如松只派出游击李宁去追击日军，并没有出动副总兵级别的李宁、祖承训。

但如前所述，明军游击李宁的追兵追到釰水后，就放弃了继续追击，撤兵回到凤山，没有南下龙泉城。因此并不可能与小西行长、小河传右卫门发生龙泉之战，此战只能是《黑田家谱》虚构的。

小河传右卫门见小西行长一行人饥饿交加，于是给他们熬了粥吃。小西行长大受感动，感激地说因为小河传右卫门，他才得以重获新生。小河传右卫门将小西行长在平壤战败、逃到龙泉城的消息报告给了黑田长政，黑田长政得到消息后亲自率兵前来迎接，将小西行长一行人迎入自己的驻地白川城，给了他们衣服和食物。

小西行长劝说黑田长政跟着他一起逃到日军的大本营王京，但是黑田长政拒绝了这一要求。小西行长也不再勉强黑田长政，他带着残兵败卒继续逃跑，逃到了小早川秀包驻守的牛峰城（黄海道金川面）。他想劝小早川秀包也一起逃走，但是小早川秀包和黑田长政一样拒绝了小西行长的要求。小西一行人只好继续上路，先逃向小早川隆景所在的开城，后又逃向王京。

小西行长离开后，黑田长政向驻守在前线龙泉城的小河传右卫门下达了退兵命令，让龙泉城的守军后撤到由黑田家臣栗山备后守驻守的江阴寨（在白川北面）。

这之后，《黑田家谱》又出现了这样一个情节。小河传右卫门退到了江阴以后，明军追了过来。江阴寨外有一条江，等明军渡江渡到一半的时候，栗山备后守等人从寨内杀出，大喊大叫地对明军放铁炮，杀死了许多明军士兵，明军不敌败退，淹死了许多人。等黑田长政出兵来救的时候，栗山备后守等人早已打退了明军。此战，是为江阴之战。

但正如前所述，明军的追兵追到釰水后就停止了追击，撤兵回到凤山，没有了进一步的动作。所谓"江阴之战"，同样是《黑田家谱》虚构出来的一场战斗。

但《黑田家谱》意犹未尽，又记载了"江阴之战"后面的情节。一月十一日，3万明军袭击黑田长政所在的大本营白川城。黑田长政对部将下达命令，要求明军逼近白川城时，对着明军打一发铁炮，然后一齐突击敌军。当明军打过来的时候，部将遵照这一命令行动，使得明军非常狼狈，黑田长政趁机挺身奋战，打败了明军。此战，是为白川之战。

然而，正如前文屡次指出的那样，当时明军的追兵早就已经放弃追击，不可能打到黑田长政的大本营白川。而且依照《黑田家谱》的前文叙述，明军既然连白川城的前哨站江阴寨都打不过去，那更不可能打到白川城下。所以，所谓"白川之战"，仍是《黑田家谱》虚构的一场战斗。不过，从日军当时的战报提到了这一战来看，白川之战应是出自黑田长政本人的虚构。

平壤战败后日军的反应

再说明军方面，万历二十一年一月十一日一早，平壤城内的李如松便让人把前一天捕获到的一个日本人带上来，通过翻译向他问话："倭贼精兵在何处? 咸镜道贼（加藤清正、锅岛直茂部日军）数几许? "

这个日本人回答说："精兵都在此城，咸镜道之贼当初一万余兵，多被杀伤，今不满万矣。"

接着，李如松又带着恐吓的语气问这个日本人："我率十五万众直向京城，此后又有十万军马继来，渠能当我乎? "

这个日本人被李如松这么一问，吓得跪倒在地上不停磕头，战战兢兢地说：

"老爷威声震动，京城及咸镜之贼闻之则必尽遁矣。何必过动兵马如是之多乎? "

这一番谈话下来，李如松觉得这个日本人比较听话，还有些利用价值，就想带着他一同向侵朝日军的大本营王京进发，临战时还让他出主意对付日军。

吃完早饭以后，李如松命人准备祭祀物品，在平壤城的普通门外祭奠战死的明军将士。他失声痛哭，难以抑制自己的感情，其他明军将官、士兵，也都触景生情，流下了眼泪。

李如松又出大同门，招呼朝鲜百姓过来，含着眼泪说："我兵为救活尔等，死伤几三千余名。攻城时，你们得见乎? "

朝鲜百姓跪在地上对李如松磕头，李如松安慰他们："我明日直向京城，杀尽倭奴，你们安心奠居。"（以上对话出自《宣祖昭敬大王实录》）

就在李如松宣称要直捣侵朝日军大本营王京时，日军方面大为震动。在咸镜道的肥前大名锅岛直茂听到明军大举攻入朝鲜的消息后，非常不安，担心明军一路打到朝鲜沿海地区，那样停泊在庆尚道金海的锅岛军船只将受到破坏，连回日本也回不去了。为此，锅岛直茂紧急派出家臣田尻鉴种、姊川房安、池尻右马助、田杂源六，

让他们从咸镜道南下，奔赴庆尚道的金海去护卫船只。(《锅岛直茂谱考补》)

事实上，早在前一年的十二月二十日，锅岛直茂就已经听到了明朝出动大军救援朝鲜的风声，为此派遣家臣下村生运从咸镜道南下，前往王京询问详情，确认这一消息的真实性。由于从咸镜道通向王京的路途上充斥着大量抵抗日军的朝鲜义兵，日军经常遇阻，下村生运一路上备尝艰辛，终于在一月十日左右到达了王京。石田三成、大谷吉继、增田长盛三奉行接待了下村生运，向他询问日军第二军团在咸镜道的作战情况，才知道加藤清正的部将在吉州被朝鲜义兵围困，处境很不利。(《锅岛直茂谱考补》)

一月十二日，小西行长在平壤战败的消息也传到了王京。宇喜多秀家与石田三成、大谷吉继、增田长盛三奉行紧急在王京召开会议。众人经过商量以后，认为王京以北的日军占领城池，都抵抗不了大明军队，应当紧急召还所有在王京前线的军队，让他们全都回到王京固守。于是，石田三成等奉行众派出使者向前线的日军大名下达退兵命令。其中，安国寺惠琼前往开城，去向小早川隆景宣谕这一命令。(《黑田家文书》《梨羽绍幽物语》)驻兵在江原道的毛利吉成，率先应召奉行众的命令，从江原道退回了王京。

因局势紧张，石田三成、增田长盛、大谷吉继、加藤光泰、前野长康又联名写了一封信，寄到日本的侵朝总指挥所名护屋，报告了日军当前在朝鲜面临的不利境况。信件中提到：小西行长从平壤撤退，正退向王京；加藤清正的军队深入咸镜道北地，先锋部队遭到朝鲜军袭击；福岛正则的军队也多次遭到朝鲜军袭击，武器损坏；朝鲜水军出击庆尚道沿海的釜山浦至熊川一带，不断骚扰日军；当下在王京的日军总兵力有1.7万人；日军目前在朝鲜的兵粮严重不足，请求急调兵粮。(《富田仙助氏所藏文书》)不过，尽管五奉行在信中报告了当前的种种不利，但还是厚颜无耻地声称小西行长等人在平壤杀死上万明军，最终因为粮尽而退兵；又声称黑田长政打败了3万明军，杀死1300余人(指黑田长政虚构出来的白川之战)。

当下村生运确认明军大举出兵朝鲜后，便准备回到咸镜道向锅岛直茂报告。增田长盛写了封信，让他转交给锅岛直茂。信里，他谴责加藤清正深入咸镜道，却作战失利，又不与后方联络；又对锅岛直茂说，明军正是因为听到了加藤战败的消息，才出动大兵进入朝鲜，目前已经攻取了平壤。为了不失脸面，增田长盛虚构事实，又说小西行长在平壤杀死3万明军。这封信的大意是这样的：

清正的先锋为敌人所窘迫，而他却不将军队的消息、行军远近向王京报告。甚至进兵远境，屯兵许久，却不速速撤还。如果太阁（丰臣秀吉）知道他违背节度，肯定深加谴责。正因为朝鲜人将清正战败的事情告诉了大明，明人才大举出兵攻打小西。小西奋力战斗，杀死了三万明军。但数十万明军逼近平壤，城中又缺乏粮食，所以小西不得已姑且退到了黑田的屯营。不过料定明军必会来犯，（奉行众）命令毛利壹岐（毛利吉成）戮力邀战，截击明军先锋。咸镜道的事情，你要稳妥处置。其他要说的事情，交代给生运了，来不及细说。（《锅岛直茂谱考补》）

大谷吉继也写了一封信，让下村生运带回去交给锅岛直茂，信件的内容同样是严厉谴责加藤清正，并让锅岛直茂不要学加藤清正：

加藤的所作所为违背节度，你应该直言相抗，不要听从他的话。我们担忧加藤会有失误，所以之前发送了很多信件，但是都没有收到回信。以此而论，加藤也不将当地情况向名护屋进行禀告，是很明了的。如果真的是这样，太阁生气起来，必然牵连到你，认为你也慢吞吞地不遵循命令。所以你的行为应该和加藤有所区别，这样才能够避免被牵连到。（《锅岛直茂谱考补》）

一月十四日，奉行众派出的使者安国寺惠琼抵达开城，向小早川隆景宣谕了奉行众下达的退守王京的命令。小早川隆景将奉行众的相关指示写了信，寄给驻守在黄海道白川城的黑田长政，向他传达了退兵的命令。但是，小早川隆景自己却执拗地不肯走了，坚持在开城迎战明军，他口气强硬地说："大同江以南，筑寨相保者，本以备明国也。今闻明兵至，未加一矢、交一兵，而框怯遁去，何以寨为？且吾初受命，奋不顾身。明兵新来，当决战以耀我武。吾龄已颓，死不足惜，且失一将，亦未为损国事。诸君自择去就，吾绝不弃此！"（《小早川隆景传》）

而在王京前线的其他日军部队，也不肯妥协退兵。屯兵在京畿道抱川县的日军，与屯兵在江原道金化城的岛津义弘、江原道铁原城的伊东祐兵构成了一条互相呼应的防线，到处杀掠。（《宣祖昭敬大王实录》）

一月十五日，奉行众之一的大谷吉继亲自动身前往开城，劝谕小早川隆景退兵，对他说:"公之胆勇,非常人所企及,但军机要归于一。请回入京城,与诸将谋议区处。"

经过大谷吉继的亲自劝说,小早川隆景一改之前的强硬态度,同意弃守开城,退向王京。而就在小早川隆景同意从开城撤军的次日,明军左协大将李如柏统领先锋部队从平壤动身南下,开始追击日军。(《宣祖昭敬大王实录》)

一月十七日,小西行长一行人历经艰险,终于逃到了王京。十七日、十八日两日间,屯兵在江原道金化的岛津义弘、屯兵在江原道金城的日军部队,态度也开始松动,从原驻地撤回王京,并在王京的东大门外结阵。(《宣祖昭敬大王实录》)江原道日军在撤退途中,连掳掠的15个朝鲜女人也顾不上了,将她们丢弃在报川县。

江原道日军撤回王京以后,原本在王京的日军也从城内出来,结阵于东大门、南大门外的沙汉里、汉江等处。日军在王京的四大门外布置鹿角,负载货物的马匹往来于汉江。为了维护王京城内的"稳定",日军又对王京城内的青年男子实施削发政策,将他们的头发都理成日本人的发型,并对年老男子实施残酷的屠杀。

一月十九日,小早川隆景率领2万日军从开城撤退,军队越过临津江,向南面的坡州撤退。撤军之前,日军对开城进行了破坏,穆清殿被拆毁,高大的树木被砍伐,官员的办公场所也被全部烧毁。民众的房屋没被毁太多,幸存者十之八九。(《宣祖昭敬大王实录》)

据明军的官方战报《叙恢复平壤开城战功疏》记载,李如柏在这一天领兵逼近开城,放火搜山,开城日军看见明军之后仓皇逃走。李如柏又渡过临津江追击日军,斩得首级165颗,但明军也付出了相应的代价:冯仲说等6人阵亡,高得功等67名军丁负伤,战马被射死35匹、负伤44匹。战报原文对此记载道:

> 十九日直近开城,放火搜山,陈兵列营,城内贼众望风逃遁。本官(李如柏)据城,领兵进袭,前有大江,地暖冰开,寻踪追袭过江,贼众以精锐收后札营,对敌本官。因贼众我寡,率三营兵丁夜袭砍杀,贼势大溃,当阵斩获首级一百六十五颗,夺获倭马二匹,盔甲、刀铳、倭器共八十七件,阵亡军丁冯仲说等六名,阵伤兵丁高得功等六十七名,射死马三十五匹,被伤马四十四匹。

但根据《宣祖昭敬大王实录》引述的明军第一时间作出的报告,李如柏直到第二天，也就是一月二十日才逼近开城，而当时开城的日军早已"屠民焚屋，既皆遁去"。因此，日军并不是如同明军战报中所讲的那样，因为李如柏在一月十九日的时候打到开城，才突然间仓皇撤退的。事实上，明军直到一月二十日才打过来，但日军已经在一月十九日撤出开城了。

值得注意的是，据称是明军将领钱世祯所著的《征东实纪》当中还有这样的记载，一月十九日，蓟镇游击钱世祯追击日军至开城，日军分为左、右两翼迎击明军。日军左青旗，右白旗，中央黄旗下有一个倭将"金铠银兜，腰悬双刀，手执大斧，挺马胡言挑战"。钱世祯飞马横刀，直取倭将，不到十回合，就将这名倭将斩于马下。之后钱世祯突围而进，后骑也鼓勇争先，打到开城城下攀爬城堞，斩首满地。日军望风而逃，开城被钱世祯收复，缴获两面大旗、无数器械。

按照《征东实纪》的叙述，钱世祯先飞马横刀斩杀了一名倭将，又一鼓作气打下了开城，情节俨然如同演义小说一样。然而正如前文所述，明军的战报将挺进开城的日期提早了一天，变成了一月十九日进兵开城，日军吓得弃城逃遁。但明军事实上是在一月二十日时才进兵开城的，彼时日军早已经弃城南遁，明军并未与日军在开城交战。《征东实纪》的这一记载，无疑是根据明军的战报改写的，只不过是将收复开城的"战功"从李如柏转移到了钱世祯身上，又做了大量与事实不符的叙述，于是在一个不可能与日军发生交战的日期，钱世祯有了大施拳脚的表现机会。而类似的行文内容，《征东实纪》中并不少见。可以说，《征东实纪》如若不是钱世祯自吹自擂的著作，就是后人以其名义所作的一本伪书。

日军进退失据

一月二十日，从平壤南下的明军左协大将李如柏、副总兵李宁领兵进逼开城，而开城的日军早已经逃遁而去。开城被明军收复后，李宁继续领兵南下，随后望见临津江边上有三四千日军屯聚。李宁不敢逼得太近，就在能望见日军阵营的地方驻扎。

而日军看到明军的踪影后，也很畏惧明军追击他们，因此故意放出两个被俘虏的朝鲜女人，让她们到对面的明军阵营，去劝说明军不要继续追击下去。这两个朝鲜女人对明军中的翻译说："倭子将退去，而天兵蹑其后，不得已驻营于此。若天兵少缓，则彼当自退。"

李宁直截了当地拒绝了这一要求，对两个朝鲜女人说："朝廷既令我辈尽杀倭贼，无使一人逸去，然后安下国王于京城，限十年留此护御，我无少缓之理。饶尔命不杀。"

在李宁拒绝了两个朝鲜女人的要求以后，20多个日军士兵偷偷来侦察明军阵营，李宁纵兵迎战，斩得12颗首级，生擒1人。之后，李宁领兵追击，才发现驻营在临津江边上的日军已经渡江南逃了。当时临津江虽然已经结冰，但是冰面很薄，李宁担心有破裂的危险，又疑心日军狡诈，所以不敢发兵穷追，只是驻营在临津江边上，等候提督李如松的后继大军。之后李宁派出的摆拨（侦察兵）回报，在临津江南面11公里的山坡上，有一万四五千日军屯聚在那里。

一月二十一日，一队明军越过临津江，袭击驻营在坡州梨川院的小早川隆景大军，斩得10余颗首级。但是明军自身也遭到了日军的攻击，小早川隆景见来袭的明军都是"骑马武者"，于是对士兵们下达命令：集中弓箭、铁炮射杀明军的战马，不要射杀人，将马匹射倒后，再徒手捕获明军。在这一命令下，日军对着明军的马匹乱放弓箭、铁炮，明军的马匹纷纷倒下。在此过程中，许多人被弓箭、铁炮射杀、射伤。之后小早川隆景下令焚毁倭营，向王京撤退。

此战，是为坡州梨川院之战，记录在朝鲜史料《宣祖昭敬大王实录》与日本史料《毛利家记》中。事实上，明军在其战报《叙恢复平壤开城战功疏》中提到的渡过临津江后斩首开城日军165级的那场战斗，指的应该就是这一战。

对照明军战报与朝鲜史料，可以发现明军将战果夸大了16倍，原本是一队明军斩得10余颗首级，却变成了李如柏统领三营兵马砍下165颗首级。之所以如此，有一个可以参考的传闻是钱谦益所著的《牧斋初学集》。据此书记载，明军占领了开城这座空城后，见没有一个日本士兵的身影，就割取了道路旁已经腐烂的朝鲜人尸体的首级，冒充日本人进行报功。该书原文写道：

> 攻开城，自旦至午，寂无人声。令西兵梯而入，收其所设戈帜，割过旁（朝）鲜人腐首，报再捷。

而另一方面，明军的战报又透露出明军自身损伤颇大：阵亡 6 人，负伤 67 人；战马被射死 35 匹，负伤 44 匹。因此从战术上看，明军的损失并不比日军小。尽管如此，当时战略上的总体优势，仍是倾向明军的。

小早川隆景从坡州撤退后，明军副总兵李宁、参将张应种于当日统领六七千精骑，渡过临津江的浅滩南下，占领了坡州，兵锋直指侵朝日军的大本营王京。（《宣祖昭敬大王实录》）与此形成鲜明对比的是，次日，即一月二十二日，在王京以北的日军诸大名，成群结队地逃回了王京。南逃日军的编队组成是：一番队天野元政（毛利元就第七子）、二番队小早川隆景（毛利元就第三子）、三番队小早川秀包（毛利元就第九子）、四番队筑紫广门、五番队吉川广家（毛利元就第二子吉川元春之子）、六番队立花宗茂与高桥统增兄弟、七番队大友义统、八番队黑田长政、九番队毛利元康（毛利元就第八子）。庞大的日军队伍，于傍晚抵达了王京城外。（《朝鲜渡海日记》）

此时，除了远在咸镜道作战的加藤清正、锅岛直茂以外，其余在王京以北的日军大名，都已相继退回了王京城内，由此可见第二次平壤之战对侵朝日军造成的冲击是如何巨大。

当日军诸将相继进入王京以后，小早川隆景又摆起了姿态，不肯进入城中，说要在城外与明军决一死战，但诸将没有理会他，强行把他拉入城内。日军集中在王京后，连夜召开紧急军事会议，商讨如何应对明军来袭。会议上出现了三种议案：

一、固守王京（日本人称呼为"笼城"，即婴城固守）。

二、在王京城外迎战明军。

三、放弃王京，直接撤退到朝鲜沿海的釜山浦。

石田三成、大谷吉继、增田长盛三奉行传达丰臣秀吉的命令，主张固守王京，不要在城外与明军决战，他们对诸将说："有殿下命，不许城外战。"（《岛津国史》）

但小早川隆景考虑到王京兵粮已经不充裕，难以支撑长时间守城，所以反对固守王京，主张在城外迎战明军，他说："敌大兵围城，兵食乏绝，坐至危困。且行长自平壤退，逾程十日，兵势萎缩。苟不鼓舞士气，决胜于一战，何得自完？"（《毛利家记》）

立花宗茂也持相同意见，他认为如果日军固守王京，明军将会包围王京，并会阻断釜山浦自王京的援路，日军将会陷入极大的危机之中，因此也主张主动迎战："我若婴城而守，敌兵合围，绝釜山援路，旷日弥久，援绝力尽，何以克捷？彼怙胜轻我，

必为（我）不能战。今出其不意，张阵决战，取胜必矣！"(《立斋旧闻记》)

经过一再商量，日军诸将最终同意了小早川隆景、立花宗茂的意见，决定在王京城外迎战明军，并定下了各自的防守阵地。其中，黑田长政负责守王京东大门，小早川隆景负责守南大门，小早川秀包、吉川广家、立花宗茂等人归小早川隆景指挥。此外，日军又更迭派遣巡逻部队，出城侦察明军动向。(《朝鲜渡海日记》)

一月二十三日，聚集在王京的日军统计出城内的大名、奉行，共有宇喜多秀家、小早川隆景、大谷吉继、增田长盛、前野长康、小西行长、宗义智、黑田长政、岛津义弘、大友义统、立花宗茂、高桥统增、小早川秀包、筑紫广门、安国寺惠琼、天野元政、毛利元康等人。(《朝鲜渡海日记》)这样的规模，已经集中了侵朝日军的精锐与绝大部分兵力。不过，王京日军听说庆尚道牧使出动数万朝鲜官军、义兵，截断王京至釜山浦的通道，因此决定将岛津义弘移军至王京南面的龙仁城，以随机应变。如果岛津义弘没有被调走，他将在几天后迎来与李如松的正面对决。①

一月二十四日，王京城内的一部分朝鲜人开始暴动，他们争相作为明军的内应，在王京纵火。日军因为愤恨之前在平壤的败北，又发现城内的朝鲜人内通明军，因此对城内实施了大规模屠杀。对于此次屠杀的对象，朝鲜史料中存在两种说法。第一种说法出自《宣祖昭敬大王修正实录》，里面记载，日军的主要屠杀对象是朝鲜男子，并不包括女子在内。所以有一些男子穿上女装，打扮成女人的样子，企图逃过一劫。第二种说法出自《再造藩邦志》，该书记载，日军无论男女全部屠杀，一共杀死了数万人："贼酋愤平壤之败，又疑京中人或有内应者，尽数搜出。自钟楼至汉江，列坐数万人，拔长刀，无论男女，以迭次斩之。"

大肆屠戮后，王京城内的日军恐惧明军会在同一天打过来，于是悉数出城，结阵于王京城外的西大门，但是始终没有见到明军的踪迹。

---

① 根据《西藩烈士干城录》《宣祖昭敬大王实录》《朝鲜渡海日记》的记载，可知岛津义弘已在正月十七日到十九日从江原道撤退到王京，之后到二十三日一直待在王京，再之后被调到龙仁。而《征韩录》《岛津国史》则声称，直到正月二十七日碧蹄馆之战爆发，岛津义弘都在江原道，没有撤兵，并且向立花宗茂派遣了由马重纯率领的100多名铁炮手。相比之下，前一种说法能够得到朝鲜官方正史和日本参战者日记的一致佐证；而后一种说法则没有类似材料可以佐证。除了日记之外，在亲历碧蹄馆之战的日本武士撰写的回忆录，如《安东统宣高丽渡唐记》《服部传右卫门自记》中，都没有提到岛津义弘派遣援军参与此战。

同日，石田三成、增田长盛、大谷吉继、加藤光泰、前野长康写了一封联署状（联名书信），寄到日本的侵朝总指挥所名护屋，向丰臣秀吉报告日军当前在朝鲜面临的困境。在这封联署状中，他们主要向丰臣秀吉汇报了以下几点：

一、小西行长的军队经过几次战斗后（隐瞒在平壤战败的事实），武器破损、兵粮不足，退到了据守黄海道白川城的黑田长政处。黑田长政的驻地就此成了最前线的据点。由于王京兵力薄弱，故没有派出援军，加上白川的兵粮也跟不上了，所以黑田长政、小西行长退到了小早川隆景的开城。这之后，因为开城后方的临津江上的冰面将要融化，亦无法保障王京的兵粮输送到开城，所以小早川隆景、黑田长政、小西行长又一同从开城向王京撤退了。原先在江原道的毛利吉成，也撤兵到了王京以南的系城。

二、预计临津江与汉江的冰面解冻以后，朝鲜军将利用水路迫近王京。日军在釜山浦到王京之间设置的系城，因受到朝鲜义兵的攻击而中断联络，目前很有必要加强系城的防御。为防止明朝出动水军，与朝鲜水军一起袭击釜山浦，也有必要在釜山浦一带筑城。

三、日军兵粮严重不足。王京城内仅余 1.4 万石（此为日本标准，相当于明朝的 2.4 万石）兵粮，够日军再撑两个月。釜山浦到王京之间的系城，兵粮也只能撑两个月。希望太阁允许他们出兵忠清道、全罗道，稳定后勤。（《金井文书》）

查大受与加藤光泰的接触战

万历二十一年一月二十三日，从平壤南下的李如松率领大军进驻开城。[①] 他看到开城的朝鲜士人、百姓非常饥饿，十分同情他们，于是拨银 100 两、米 100 石，令副总兵张世爵发放这些物资进行赈灾。

根据《征东实纪》记载，一月二十四日，李如松在城中准备了许多酒水，招来

① 李如松于一月二十三日进入开城，见《宣祖昭敬大王实录》"宣祖二十六年一月三十日"条。但在《象村稿》《再造藩邦志》中，李如松于一月二十五日进入开城。此处采信《宣祖昭敬大王实录》。

诸将召开军事会议，询问他们攻取王京的计策。诸将纷纷向李如松献计，但都切不中要害。游击将军钱世祯上书李如松，提醒他明军远来疲惫，而日军以大军顿兵于王京，不要太轻视日军：

> 我兵深入重地，去中土千里。以克平壤、取黄州、平开城，浃辰之间，席卷二十二州郡。倭奴取朝鲜，如拉朽木，自来未尝有此败衄，今丧气狂奔，心胆坠地。我整理大军，漫山遍野，多张旗帜，倍设烟火。徐行而前，为疑兵。若断其归路，彼当恫疑，恇愡之际，忽见大军，势必宵遁。若力争，吾兵虽云乘胜，实远来疲罢。倭奴集各道之兵于王京，且有以虎视石之戒，正未可轻敌也。

又据《征东实纪》记载，其他明军将领对钱世祯说的话并不在意，只有游击将军周弘谟与钱世祯的看法相同。钱世祯推测，大概是因为副总兵查大受料定王京城内的日军必会逃走，想要把攻取王京的功劳揽在自己身上，就对李如松进行伪报，说已有超过一半的日本人从王京逃走，不需要怎么调动兵力就能拿下王京，于是李如松被麻痹了。

但是，《征东实纪》里的这个说法颇有疑问。因为根据第一手史料来看，事实完全不是如此。据柳成龙在一月二十五日写成的《驰启京畿以后粮难料办缘由及提督自欲赈救灾民状》记载，李如松听说日军多聚集于王京之后，不等后方的军器全部运到，就在一月二十五日天刚亮的时候，宣布要挑选 3000 精兵，前往占据龙山（在王京的西南面），自己则亲自启程前往王京，查看地理形势。

根据柳成龙的奏报来看，李如松在一月二十五日以前，收到的消息应该是日军多屯集于王京，而不是超过一半的日军从王京逃走。而李如松在明知王京日军兵力众多的情况下，仍然决定亲自深入前线侦察地理形势，甚至还声称要派遣 3000 精兵去占据王京西南面的龙山。在当时的情况下，李如松之所以提出占据龙山的口号，实际意图应该是想破坏日军在龙山的粮仓，切断日军的补给。《义弘公御谱中》就有指出龙山粮仓对日军的重要意义：

> 王城西南有大河，鳍有仓廪数间，积兵粮于其中数十万石（实际上当时只剩

下日本标准的 1.4 万石），王城诸将以此为今年之支给，而斩及近邻之薪木。

一月二十五日早上，就在李如松宣布将要亲往前线视察地形时，副总兵查大受率领 500 骑兵组成的侦察部队一路南下，摸到了王京城外的西大门。日军奉行众之一的加藤光泰的部队此时正在西大门巡逻，意外遭遇了南下侦察的查大受部队。查大受纵铁骑驰突加藤光泰的巡逻队，杀死对方的铁炮众 63 人，加藤光泰不敌，带着剩下的部队逃回了王京。王京城内的日军听说加藤光泰遭到明军攻击后，反应非常大，整整出动约 4 万人的兵力，出城回击。但是查大受早已绝尘而去，退到了后方的碧蹄馆。① 直到此时，日军都误以为查大受的兵力有一两万人。（《朝鲜渡海日记》）

一月二十六日，李如松按照先前的计划，领兵从开城南下。他率军经过东坡，渡过临津江的浅滩，驻兵于南岸的坡州。② 在此之前，柳成龙协助明军督造浮桥，使明军的炮车、军器、辎重等陆续过江，运到前线。（《惩毖录·录后杂记》）其中，神机箭和几门天字大将军炮被运到了查大受驻扎的碧蹄馆，此处是明军当下进取王京的前线基地。

关于当天的情形，《征东实纪》记录下了这样一个情节。一月二十六日黎明，钱世祯忽然看到李宁、祖承训、孙守廉率领李如松的 3000 家丁从开城的城门出去，其他明军将领都不知道发生了什么事。钱世祯问李宁等人这是怎么一回事，但李宁等人支吾其词，不愿意告诉他。钱世祯感到很奇怪，追了上去，碰见李如松，看他一副意气风发的样子。李如松告诉钱世祯，他将要亲自前往前线探路，诸将各自率领几百人随行就可以了。于是钱世祯跟着大部队出发，抵达临津江边，却无船可渡。询问向导后，一行人才从浅滩渡江，日暮抵达乌山，此处距离王京 44 公里。

《征东实纪》的这一说法，仍是存在疑问的。因为根据《宣祖昭敬大王实录》的记载，李宁作为追击日军的先遣将领，早在一月二十一日就已经同参将张应种统

---

① 此战在中文史料中只有只言片语，《象村稿》载，查大受"哨探于慕华馆而返"，而慕华馆就在王京西大门。《宣祖昭敬大王实录》"宣祖二十六年二月十六日"条记载："去二十五六日，查、李两将，连日剿贼，斩获甚多。"

② 此据《宣祖昭敬大王实录》。在《再造藩邦志》中，李如松是在一月二十七日天刚亮时进入坡州的。笔者此处采信《宣祖昭敬大王实录》。

领六七千精骑,从开城南下,驻兵于坡州。因此,钱世祯不可能在一月二十六日的黎明,还看到李宁从开城的城门出城,并追上去向他问话,这是不可能的。

李如松在领兵进入坡州以后,与驻兵在这里的李宁、张应种等人会合。他决定先派遣孙守廉、祖承训、李宁、张应种、高升、胡鸾等将统领3000精兵南下。对于这批部队的作用,当时的史料中有三种说法。

柳成龙引述李如松在一月二十五日的公告,说这批部队计划"驰据龙山",也就是出兵占据在王京西南面的龙山。但是龙山既有王京作为屏障,王京又有日本大军屯驻,明军显然难以轻易打过去。

而李如松自己在战报、奏疏中,对于派遣3000精兵南下的目的有两说。一说,让这批部队"哨探王京道路,以便进兵埋伏攻取"(《经略复国要编》)。另一说,是让这批部队"分道追赶(日军),直至王京城下"(《壬辰记录》)。以事实而言,当时李如松既已知王京尚有日军大部队屯聚,不可能直接就派3000人去攻打王京。相比之下,哨探王京道路的说法是合理的。这一批部队,实际也就是继查大受之后的第二批明军侦察部队。

明军与日军的大战部署

万历二十一年一月二十七日半夜,查大受与朝鲜京畿道防御使高彦伯率领500骑兵,从碧蹄馆启程,再度向王京进发,去勘察前线的地形。孙守廉、祖承训、李宁、张应种、高升、胡鸾等将率领3000骑兵,作为后继部队,跟在查大受部队后面出发。据《经略复国要编》《宣祖昭敬大王实录》记载,明军侦察部队的编制如下:

姓名	职责	兵力(刚进入朝鲜时)
查大受	副总兵	519人
祖承训	副总兵	700人
孙守廉	副总兵	702人
李宁	副总兵	1189人
张应种	参将	
高升	游击	不明
胡鸾	游击	不明

而另一方面，日军也不清楚明军的动向，因此各部队轮流派出侦察人员四处巡逻。寅时（凌晨 3 时至凌晨 5 时），在外巡逻的立花宗茂的两名家臣十时但马、森下备中，侦察到明军正在逼近王京，于是立即返回报告给立花宗茂，立花宗茂又报给了王京方面。王京日军得知明军将要杀来的消息后，立即部署军队迎战。

根据下濑赖直的《朝鲜渡海日记》记载，日军的部署是这样的：一番队立花宗茂，二番队粟屋四郎兵卫（小早川隆景的家臣）、小早川隆景的直属部队，三番队毛利元康、吉见元赖（毛利辉元的重臣）、小早川秀包、筑紫广门、天野五郎右、三吉殿、佐波殿，四番队吉川广家，五番队黑田长政；队伍一直列到八番队。从部署上看，被安排迎战明军的日军将领，主要都是来自侵朝日军第六军团，其中又以安艺毛利一族为主。

美中不足的是，作为日方一手史料的《朝鲜渡海日记》缺漏了自六番队到八番队的将领名单，以及从一番队到八番队的各番队兵力。但这些缺漏在《日本战史·朝鲜役》中得到了补充，此书详细列出了一番队到八番队的将领与兵力：

队列	主将	兵力
小早川隆景统率的先锋队		约20000人
一番队	立花宗茂、高桥统增	约3000人
二番队	小早川隆景	约8000人
三番队	小早川秀包、毛利元康、筑紫广门	约5000人
四番队	吉川广家	约4000人
宇喜多秀家统率的直属部队		约21000人
五番队	黑田长政	约5000人
六番队	石田三成、增田长盛、大谷吉继	约5000人
七番队	加藤光泰、前野长康	约3000人
八番队	宇喜多秀家	约8000人
总计	—	约41000人
留守京城	小西行长、大友义统等人	

不过，《日本战史·朝鲜役》这份兵力编制表，事实上存在很大的瑕疵。这份兵力编制表，是以《朝鲜渡海日记》为基础，综合《毛利家记》等史料进行增补的。但是，《日本战史·朝鲜役》却对《朝鲜渡海日记》原文记载的日军编制名单有所删减。在《朝鲜渡海日记》中，关于日军二番队的主将，先写了小早川隆景的家臣粟屋四郎兵卫，然后才写了小早川隆景的直属部队，这体现了小早川隆景的战术安

排。但《日本战史·朝鲜役》，却将粟屋四郎兵卫的名字给删除了，只留下了小早川隆景。对于日军三番队的主将，《朝鲜渡海日记》写了毛利元康、吉见元赖、小早川秀包、筑紫广门、天野五郎兵、三吉殿、佐波殿，但《日本战史·朝鲜役》却只留下了小早川秀包、毛利元康、筑紫广门的名字，其余不太出名的人物都被删除了。

除了删除人名，《日本战史·朝鲜役》中列出的日军各番队兵力也有问题，基本上只是把一番队到八番队的日军部队在万历二十年刚登陆朝鲜时的兵力加起来，没有考虑这些日军部队在此之后因为转战朝鲜各地，历经大半年时间，出现了不同程度的损伤，兵力必然减少，不可能一直维持在刚登陆朝鲜时的人数。

由于日军历经多次转战，兵力逐渐减少，有时候日军也会在军队中吸收朝鲜伪军，或者从日本本土征召援军，以补充自身兵力。朝鲜史料《燃藜室记述》就记录了小西行长的日军第一军团在刚进入平壤时，兵力只有六七千人，于是招募朝鲜乱民守城，补充自身兵力的不足。黑田长政统率的日军第三军团，征战两个月以后统计出的兵力是5269人，比刚登陆朝鲜时的5000人多了269人，可见也是吸纳了新的兵员。

所以，日军的兵力一直是浮动的，并没有十分确切的数字。因此《日本战史·朝鲜役》里的41000人并不可靠，只是这本书依据不严谨的计算方式推测的一个大概数字。

当时的一手史料，留下了一小部分关于日军兵力的相关记录，我们可以据此进行推算。奉行众于一月十二日寄到名护屋的信件指出，在其他日军尚未进入王京之前，王京城内的宇喜多秀家、石田三成、增田长盛、大谷吉继、加藤光泰、前野长康的兵力共有17000人。又据《朝鲜渡海日记》记载，一月十九日，小早川隆景带着开城的日军撤退，兵力一共有20000人。以此而论，王京日军的兵力估计在37000人以上。加上其他日军大名的兵力，大致能推算出当时王京日军的总兵力应当为四五万人，但是并没有十分精确的数字。

查大受与立花宗茂的遭遇战

据《立斋旧闻记》记载，立花宗茂了解到明军不久将要袭来后，部署了以下迎战阵形：小野和泉守、立花三左卫门率领500人打头阵，十时传右卫门、内田忠右卫门率领 700 人作为中阵，立花宗茂和弟弟高桥统增率领 2000 人作为后阵。

渡边村男的《碧蹄馆大战记》一书列出了更加详细的编制，合计 3600 人：

编制	职位	将领	兵力	阵形
头阵	侍大将	十时传右卫门（十时连久）	立花宗茂队战斗员 500 人、高桥统增队战斗员 200 人	鹤翼阵
	侍大将	内田忠右卫门（内田统续）		
	旗奉行	池边龙右卫门（池边永晟）		
	不详	天野源右卫门		
	直次部下	伊藤与助		
中阵	侍大将	小野和泉守（小野镇幸）	立花宗茂队战斗员 700 人	鱼鳞阵
	侍大将	立花三左卫门（米多比镇久）		
	不详	户次治部大辅（户次统直）		
后阵	总大将	立花宗茂	立花宗茂战斗员 1500 人、高桥统增战斗员 700 人	常山蛇阵
	侍大将	立花吉右卫门（立花成家）		
	侍大将	十时摄津守（十时连贞）		
	不详	户次中务少辅（户次镇林）		
	不详	小田新部介		
	不详	森下备中		
	不详	安东彦右卫门（安东连直）		
	不详	安东津之助幸贞（安东幸贞）		
	主膳正	高桥统增		
	不详	今村喜三兵卫		
合计	—	—	3600 人	

不过，《立斋旧闻记》《碧蹄馆大战记》的记载可能都有问题。因为根据一手史料《天正十九年立花宗茂、高桥统增两队军役表》的记载，立花宗茂、高桥统增两兄弟出兵朝鲜的兵力总共才 3000 人，而且这 3000 人中包含了超过一半的非战斗兵员，实际战斗人员只有 1400 人。根据此军役表，两队的具体编制如下：

战斗人员	人数	非战斗人员	人数
骑士	150 人	马卒	300 人
步士	150 人	挟箱持	150 人
铁炮足轻	200 人	铁炮足轻小者	200 人
弓足轻	100 人	弓足轻小者	100 人
枪足轻	500 人	徒差物足轻小者	200 人
升足轻	100 人	手明夫（预备输卒）	650 人
徒差物足轻	200 人	—	—
合计	1400 人	合计	1600 人

包含非战斗人员在内，立花宗茂、高桥统增兄弟二人刚登陆朝鲜时的总兵力，不过才 3000 人，并没有达到《立斋旧闻记》的 3200 人，或《碧蹄馆大战记》的 3600 人。而他们在登陆朝鲜以后，历经多方转战，兵力已经减员了一半。据《毛利氏四代实录》记载，万历二十年十二月，立花宗茂、高桥统增兄弟奉命进驻王京西北的长湍城时，他们能拿出的兵力仅剩 1500 人，这一数字包括非战斗人员在内。因此，扣除其中占比超过一半的非战斗人员，立花宗茂、高桥统增在万历二十一年一月能拿出的战斗人员只有几百人而已。依据《宣祖昭敬大王实录》引述的《俞泓驰启》，两队的实际战斗兵员应只有六七百人。

尽管兵力不多，但立花宗茂被王京日军安排为迎战明军的一番队，与明军接战是不可避免的。当他确认明军将会袭来以后，便将立花、高桥两队人马布置于王京北面的砺石岭。考虑到天气寒冷、风也很大，担心士气受到影响的立花宗茂亲自取来白米，熬成粥给立花、高桥两家的士兵享用。接着，立花宗茂又取来大锅热酒，分给众人，并对他们说："以此防寒，努力! 明虏（对明军的蔑称）必来战，今日是彼我胜败之所也!"

立花、高桥两家士兵喝了粥和酒，又听了宗茂这番话，士气顿时为之振奋。(《丰太阁征外新史未刊本》)

一月二十七日卯时（凌晨 5 时至早上 7 时），查大受、高彦伯率领 500 骑兵组成的侦察部队经碧蹄馆南下，进至砺石岭①，在这里遭遇了立花宗茂、高桥统增兄弟率领的打头阵的六七百人②，战端就此开启。两军先是用弓箭、火器互射，之后近距离用刀、枪肉搏。(《吉田物语》)查大受为了诱敌，稍稍向后退却，立花军的二阵大将十时传右卫门中计，追了上去。埋伏在后的孙守廉、祖承训、李宁、张应种、高升、胡鸾等将立即率领 3000 人从两旁杀出，以优势兵力围攻十时传右卫门，将其杀死。(《碧蹄馆大战记》)

---

① 对于查大受与立花宗茂交战的地点，在朝鲜史料中有昌陵近处（《宣祖昭敬大王实录》柳成龙驰启、《乱中杂录》）、砺石岭（《惩毖录》）、弥勒院前野（《象村稿》）、迎曙驿（《宣祖昭敬大王实录》正文）、碧蹄（《宣祖昭敬大王实录》李德馨语）、王京城下（《宣祖昭敬大王实录》陈方哲言）等众多说法。

② 对于立花宗茂在砺石岭之战中的兵力，朝鲜史料有二百（《简易集》）、数百（《宣祖昭敬大王实录》柳成龙驰启、《象村稿》）、六七百（《宣祖昭敬大王实录》俞泓驰启）等不同说法，笔者取六七百一说。

据朝鲜史料《宣祖昭敬大王实录》记载，明军侦察队率领的是"三千精骑"，兵力全由高大的辽东骑兵构成。又据日本史料《朝鲜渡海日记》记载，日军看到明军骑兵使用二尺五寸到三尺长的刀，并且配备了三眼铳："（明军）武具之事，铁炮玉口为三，三筒合为一筒。可以自由发射一次，或三炮连发。"

相较之下，日军一番队不仅在兵力上与明军侦察部队相差悬殊，兵种构成也与明军完全不同。据《天正十九年立花宗茂、高桥统增两队军役表》记载，立花宗茂、高桥统增两队的战斗人员中，骑马武士有150人，徒步武士有150人，用铁炮的足轻有200人，用弓的足轻只有100人，而用枪的足轻最多，但也只有500人。这些兵力加起来也不过才1100人，而且还是立花、高桥刚出兵朝鲜时的兵力。在砺石岭之战中，其兵力仅剩下几百人而已。

在明军骑兵的驰突下，立花、高桥两军毫无优势可言，最终败下阵来，一共阵亡了300人[①]，损失了近一半人马。据《象村稿》记载，其中有130多具[②]死尸的首级被明军割取。朝鲜将领高彦伯的军队也用弓箭射杀了很多的立花、高桥士兵。而有关明军在此战中的伤亡，日本史料《毛利家记》宣称明军有600人阵亡，《立斋旧闻记》宣称明军有2300人阵亡，但显然这两个数字都过于夸大。目前，还没有优秀史料记录下明军的真实损失。

对于砺石岭之战打了多长时间，记载立花宗茂事迹的日本史料《立斋旧闻记》说得很夸张，说是从早上6时开始，一直打到10时，打了整整4个小时，是一场激烈的恶战。但这种说法存在很大的问题，立花宗茂以寡兵抵抗明军4小时之久，后方的王京日军大部队竟然一直无动于衷，不出兵救援，实在是匪夷所思。

事实上，日本一手史料《朝鲜渡海日记》只记载此战从早上6时开始，没有记载什么时候结束。朝鲜史料《宣祖昭敬大王实录》《象村稿》则都提到，查大受

---

① 此据《立花战功录》。在《毛利家记》中，立花军战死73人，负伤数十人。在《吉川家谱》中，立花军战死36人，负伤者无数。而在《碧蹄馆大战记》中，立花家臣战死10余人，士兵战死、负伤200余人。《梨羽绍幽物语》则指出，立花军战死大半人员，这与《立花战功录》吻合，最接近事实。

② 在《乱中杂录》《惩毖录》中，日军被斩首100余级。在《宣祖昭敬大王实录》中，其引述的《俞泓驰启》，作日军被斩首400级；同书引述的李德馨禀，作日军被斩首1000余级；同书正文作日军被斩首600级。笔者采纳130余级这一说法，是因为碧蹄馆之战结束后，李如松上报斩首日军167级，这些首级包括了之前在砺石岭之战中的斩获，因此必定不可能超越这一数字。

在打败日军先锋以后，派人请李如松亲自赶过来，而李如松在辰时（上午 7 时至上午 9 时）就从坡州动身南下，是在《立斋旧闻记》提到的砺石岭之战结束的 10 时之前。日本史料《户川记》也记载，上午 9 时日军二番队的小早川隆景已经接替一番队的立花宗茂，与明军交战。由此而言，砺石岭之战在上午 9 时就已结束，并没有打到 10 时。此战短则 1 个小时，长则 3 个小时，都不到 4 小时。但若是战斗持续两三个小时，王京的日军大部队不应该不出兵救援立花宗茂、高桥统增，因此此战的合理时间应该是 1 小时，或根本就不到 1 小时。立花宗茂被《太阁记》的作者小濑甫庵吹嘘为"宗茂勇武可谓朝鲜军中无比伦矣"（《碧蹄馆大战记》），然而就这样败北了。

身为败军之将的立花宗茂，铠甲上插满了明军的箭镞，看上去就如同一只刺猬一样。体力不支的他脱离战场后，带领剩下的残兵败卒逃到了附近的小山丘（日本史料称为"小丸山"）上稍作休整，补充体力。（《黑田家谱》《黑田略记》）

立花宗茂并未因战败影响到自己的情绪，他让手下人马休息，自己大口大口吃起了饭团。立花宗茂家臣小野和泉守在晚年写的战争回忆录中，回忆了当时的场景。当时，小野和泉守开口劝说众人吃一些他带来的竹叶饭团。但由于受败战情绪影响，又眼看明军的骑兵蜂拥到山谷，立花家麾下久经战阵的武士们失去了食欲。小野和泉守见众人没有反应，便自顾自拿起一个竹叶饭团啃了起来。但小野和泉守自己也很紧张，食物难以下咽，最后好不容易才吞了下去。立花宗茂看到这幅情景，招呼小野和泉守把饭团拿给自己，他慢慢咀嚼了三个攒在一起的竹叶饭团。小野和泉守见立花宗茂从容进食，又想拿起一个竹叶饭团吃，这回却怎么也咽不下去，最后只好扔掉。（《小野和泉咄》）

立花宗茂败退到小丸山以后，日本史料出现了迥异的两种说法。

《黑田家谱》记载，友军黑田长政赶到前方战场，接应了败下阵来的立花宗茂，并且代替他击退了明军。然而极其讽刺的是，根据立花宗茂的家臣荐野增时的回忆录《宗茂公朝鲜军之次第御物语觉》记载，黑田长政、大谷吉继虽然赶到了战场附近，却始终畏惧不前，一味躲在后方，根本不敢迎战明军。

李如松的进兵目的

立花宗茂在砺石岭与明军交战时，王京的日军诸将已经出城准备迎战明军。等立花宗茂战败的消息传来后，日军诸将不像立花宗茂一样仍能气定神闲地吃饭团，而是大为震动。奉行众经过紧急讨论后，决定立即停止战斗，全军退回王京，婴城固守，并让黑田长政去劝说拥有重兵、同时顽固主战的小早川隆景。小早川隆景直接拒绝了黑田长政的游说，奉行众之一的大谷吉继只好亲自出马，去劝说小早川隆景。但小早川隆景仍然坚持自己的意见，拒绝了大谷吉继的劝说，并要求诸将听他号令。（《毛利家记》）

在小早川隆景的坚持下，已经出城的日军大部队终究没有撤回王京，而是坚持了原有的既定方针——在王京城外迎战明军。

而明军方面，查大受等人在击破立花宗茂、高桥统增以后，对日军大感轻蔑。查大受派遣快骑向李如松报告贼情，让他亲自赶到前线。

至于查大受报告的内容是什么，有两种说法。

第一种说法，据《再造藩邦志》《宣庙中兴志》记载，查大受向李如松报告："贼已夺气，可破也！愿速进兵！"请求李如松直接出兵打下王京。

第二种说法，据《宣祖昭敬大王实录》引述知中枢府事李德馨的话，查大受在打败日军头阵以后，只是请李如松亲自视察王京贼情和地理形势，没有让他直接出兵打下王京。

两种说法，意思完全不同。以史料的优先性而言，当时查大受向李如松报告的内容，应该只是让他亲自来前线视察而已。

无论查大受报告了什么，当时还存在这样一种情况，那就是有朝鲜哨兵故意隐瞒事实真相，向李如松报告说："倭贼已退，京畿已空！"（《宣祖昭敬大王实录》）声称日军已经全部撤出了王京。而朝鲜哨兵之所以用假情报欺瞒李如松，据《牧斋初学集》记载，是因为当时出现了明军在平壤、开城割取朝鲜人首级假冒日本人，向明廷奏捷的传闻。因此，一些朝鲜人非常痛恨李如松，就散播谣言，说日军已经放弃王京逃走了。而李如松没有丝毫察觉，就这样上当了。

身在坡州的李如松得到查大受、朝鲜哨兵的报告以后，与中协大将杨元、左协大将李如柏、右协大将张世爵选带 2000 兵丁 [①]，于辰时从坡州动身出发，一路疾驰，奔赴王京方向。[②] 行进到距离王京 49.5 公里的马山馆时，李如松与李如柏、张世爵领兵 1000 人继续前行，留杨元领兵 1000 人继后。

对于李如松此行的目的，有两种不同的说法。第一种说法，多见于当时的史料。据明军战报《叙恢复平壤开城战功疏》记载，李如松自己说是要"亲去踏看"王京道路。在朝鲜史料《壬辰记录》收录的《李提督自辩》中，李如松也说自己的目的是"踏勘道路"。朝鲜官方史料《宣祖昭敬大王实录》，同样记载李如松的目的是"欲亲审京城道路形势"。其收录的兵曹判书沈忠谦的奏草，也说明军是去哨探的："兹者碧蹄之出，（日军）适遇（明军）哨探之师，暂逞蜂虿之毒。"同书收录的柳成龙驰启，一样说李如松的目的是"将欲亲自体探于京城"。柳成龙写的《西厓集》，同样说"天将欲亲视京城形势"。 以上这些记载皆出自一手史料，都说李如松只是想去探视进兵道路。

第二种说法，据《牧斋初学集》卷二中的《送刘编修颁诏朝鲜十首》记载，朝鲜人欺骗李如松，称日军已经放弃王京逃走，李如松相信了，想直接用几千人拿下王京，他在马山馆说："人言平壤之役，辽人居后。我今提辽兵三千人，独进取王京。"朝鲜史料《宋经略书》也是类似说法，认为李如松因为平壤的胜利而产生轻敌之心，想以轻骑直接拿下王京："壬辰，攻平壤克之，仍进兵向京城，以前捷谓倭易与。与查大受等不待南兵，以轻骑径进。"这两种记载，都显示出李如松刻意不带南兵，只带上辽兵，意图火速拿下王京。

从史料的性质而言，李如松前往"踏勘道路"的说法出自同时代的史料，时人也并未质疑这一说法。而李如松欲以辽东轻骑袭取王京的说法，则是出自后世史料。从史料的优先性考虑，李如松的目的应该是去查看进兵王京的道路，而不是想直接

---

① 对于李如松带的兵力，有单骑（《宣祖昭敬大王实录》李德馨语）、数十人（《再造藩邦志》《惩毖录》）、100 余人（《宣祖昭敬大王实录》柳成龙驰启）、1000 余人（《西厓集》）、2000 人（《万历三大征考》）等不同说法，李如松自己也有 500 人（《壬辰记录·李提督自辩》）、2000 人（《经略复国要编·叙恢复平壤开城战功疏》）两种说法，笔者取 2000 人之说。

② 《征东实纪》记载，在坡州的钱世祯没有等到李如松的调兵命令。"二十七日，俟令调遣，辰时而令不至。遣人探之，提督公已率其家丁赴碧蹄矣。"

就带着几千人去占领王京。因此，查大受、朝鲜哨兵的报告，固然使李如松对日军产生了轻视心理，但只是促使了李如松以轻兵前进，去侦察前线的贼情与进兵道路，其目的仍是探路，尚未到决心以几千人攻取王京的地步。

而在砺石岭之战中得胜的明军侦察队，尚未得意多久，形势就发生了改变。在小早川隆景的一意主战下，已出王京城的四五万日军"悉众而来"，布阵于砺石岭，逼向明军。（《宣祖昭敬大王实录》）这时候，明军与日军的兵力比例就颠倒了过来，明军只有 3000 余人，而日军有四五万人。明军副总兵祖承训、游击胡鸾、高升三人见日军黑压压的一片，不由心生畏惧，直接掉头逃跑。（《经略复国要编》）三将的不战自溃，引起了多米诺骨牌效应，剩下的将士见状纷纷掉头逃命。最后，3000 余名明军士兵从砺石岭后退到了碧蹄馆。

因王京日军大部队的突然出现，柳成龙在《请输运唐粮以济大事状》中认为，砺石岭之战本身就是王京日军主力刻意为之的"钓鱼"之战，在事先埋下伏兵的情况下放出饵兵，引诱明军上钩：

> 查总兵与防御使高彦伯驰到昌陵近处，贼多设伏兵于山谷间，先出数百人诱引。总兵挥军掩击，贼披靡散走，斩获殆尽。欲引退之际，贼后队大兵继至。

然而，笔者并不赞同这一观点。首先是日本方面的一手史料完全没有这一战术安排的记载，如果真有这回事，相关日本史料不可能不提。再者，据《毛利家记》记载，立花宗茂与明军交战后，黑田长政、大谷吉继都产生了避战心理，先后劝说小早川隆景撤回王京，不要继续迎战明军，最后经过小早川隆景的坚决反对才作罢。又据盐谷世弘的《小早川隆景传》记载，得知立花宗茂战败的消息后，小早川隆景"坚阵不敢动"，表现出了畏惧的神色，过了一会儿才下令对明军动武。从这些记载来看，日军并没有在事先就心思缜密地安排好伏兵，等待明军上钩，砺石岭之战的发生对他们而言也是突然的。正如《宣祖昭敬大王实录》所记载的那样，砺石岭之战本身只是一场突如其来的遭遇战而已，后方的日军诸将听说先头部队立花宗茂军被击败，才倾巢出动，赶到了砺石岭战场，并没有刻意设下埋伏。

碧蹄馆大战

明军侦察队从砺石岭退兵到碧蹄馆后，日军并没有就此罢手，以毛利一族为主的日军二番队、三番队，在家族长辈小早川隆景的指挥下，从砺石岭下山，对明军侦察队穷追不舍。据《毛利家记》记载，毛利一族的阵形安排如下：第一阵为井上五郎兵卫（井上景贞）、粟屋四郎兵卫（粟屋景雄），第二阵为裳悬弥左卫门，第三阵为小早川隆景的本队人马，第四阵为桂宫内大辅，第五阵为小早川秀包，第六阵为毛利元康。

下山以后，小早川隆景改变阵形，把军队分布在不同地方。他将井上五郎兵卫、粟屋四郎兵卫、裳悬弥左卫门、小早川隆景的本队、桂宫内大辅布置在砺石岭与碧蹄馆之间的望客岘，作为中军；将小早川秀包、毛利元康布置在望客岘东面的丘陵，作为右翼部队；而原先败退到望客岘西面丘陵（小丸山）的立花宗茂、高桥统增，则待在原地配合小早川隆景的行动，作为左翼部队。(《近世日本国民史·朝鲜役》）如此一来，日军从望客岘、西侧丘陵、东侧丘陵三个方向对退屯碧蹄馆的明军形成了包围。

日本学者北岛万次对小早川隆景的战术安排是如此解释的：小早川隆景将中军安排在望客岘，故意向明军示弱，左、右两翼则分别埋伏于望客岘两方的丘陵，一旦明军中计，与望客岘的中军发生交战，左、右两翼便齐出包围明军，将其一网打尽。

笔者认为，北岛万次先生的这一解释并不太正确。当时明军侦察队意识到日军兵力众多，为此从砺石岭一路撤退到了碧蹄馆，日军根本没有必要再向明军"示弱"，明军也不会就这样上当。小早川隆景的这一手安排非常简单，就是依赖兵力优势，分三个不同方向进逼明军，使其难以逃脱。而在日军后方的砺石岭上，还有几支预备队对明军虎视眈眈：四番队吉川广家，五番队黑田长政，六番队石田三成、增田长盛、大谷吉继，七番队加藤光泰、前野长康，八番队宇喜多秀家。(《毛利家记》）《宣祖昭敬大王实录》记载，日军"分布山野，看看渐逼"。

从坡州南下的李如松，此时已经行进到了碧蹄馆北面的惠任岭（惠阴岭）。他在进兵途中，碰到了从碧蹄馆逃回来的朝鲜高彦伯军的军官，经过详细询问，才知道王京日军已经倾巢出动，在碧蹄馆与明军对峙。李如松知道这些情况后，没有任何迟疑，立即驰赴碧蹄馆战场，救援前线被困的明军。(《宣祖昭敬大王实录》）从这时候开始，李如松的目的从侦察王京道路，变成了救援前线明军。赴援的同时，李如松不忘以令旗传令后方，调动诸将前来支援。①

但在奔赴碧蹄馆的路上，李如松的战马蹶倒，把李如松从马背上摔下来，让他的左脸颊受了一点轻伤。这是李如松自平壤之战以来，第二次从战马上摔下来。过了很久，李如松才从地上爬起来，骑上马继续奔赴碧蹄馆。

在《牧斋初学集》中，有个非常有意思的说法。当时军中把将军阵亡称呼为"倒马"，所以当李如松从马上摔下的消息传到后方的马山馆时，留守在这里的中协大将杨元误以为是李如松战死了，大笑着说："我当拜大将，收平壤功矣！"当时随提督李如松南下的，还有左协大将李如柏、右协大将张世爵。杨元打的如意算盘是，只要这些人全死了，那就只能拜他为大将，收复平壤的功劳就算在他一人头上了。当然，他的这个如意算盘没有打成。

一月二十七日巳时（上午9时至上午11时），李如松与李如柏、张世爵率领1000精骑赶到碧蹄馆，发现前线的3000余名明军将士因为日军兵力众多，全都在迟疑，不敢上前与之交战。李如松见状，当即喝令诸将士上前与日军搏战，下令畏缩不前者立斩。（《经略复国要编》）于是4000余名明军将士踊跃奋战，碧蹄馆之战正式打响。

关于此战一开始的经过，柳成龙的《惩毖录》里有一段很误导人的记载：

> 时贼匪大众于砺石岭后，只数百人在岭上。提督望见，挥其兵为两翼而前，贼亦自岭而下，渐相逼。后贼从山后遮上山，阵几万余。天兵望见心惧，而已接刃，不可解⋯⋯

按照这一记载来看，日军在砺石岭上以数百人引诱明军交战，而大部队则埋伏于砺石岭后，等待明军上钩。李如松不明就里，将明军骑兵分为左、右两翼逼向日军。结果日军伏兵从砺石岭后现身，使明军陷入了极其不利的境地。

---

① 根据《牧斋初学集》卷二中的《送刘编修颁诏朝鲜十首》记载，参军李应试、蓟镇都司方时辉，收到了李如松的令旗，立即分道出兵，策应前线明军。但是这一记载是孤证，没有其他的朝鲜、明朝史料能够佐证。

但柳成龙的这一说法与事实相悖，并非实情。当时，明军侦察队因为日军人数众多，从砺石岭后退到了碧蹄馆，而日军也从砺石岭下山追击明军。这时，两军交战的地点已经变成了碧蹄馆，而不是此前的砺石岭。况且，李如松在驰赴碧蹄馆的途中已经得知了日军大举出动的消息，知道对方兵力众多，不可能在砺石岭中诱敌之计。所以，《惩毖录》的这一记载显然是错误的。

综合《宣祖昭敬大王实录》《宗茂公朝鲜军之次第御物语觉》《朝鲜渡海日记》《义弘公御谱中》《大将军炮图记》《国榷》等史料的记载，明军与日军在碧蹄馆甫一交战，首先面对的是小早川隆景安排打头阵的粟屋四郎兵卫率领的部队。李如松下令明军使用神机箭、三眼铳、天字大将军炮等火器，先以火力压制日军，同时用弓箭射击日军。

长久以来，后人普遍认为明军在碧蹄馆之战中只带了钝劣的短剑，没携带任何火器，这都是因为受到了柳成龙所著的《惩毖录》的误导。《惩毖录》记载道：

> 时提督所领皆北骑，无火器，只持短剑钝劣。贼用步兵，刃皆三四尺，精利无比。（明军）与之突斗，（日军）左右挥击，（明军）人马皆靡，无敢当其锋者。

《惩毖录》的这一说法，可以说是完全错误的。根据朝鲜官方史料《宣祖昭敬大王实录》的记载，碧蹄馆之战中，明军刚一交战，就对日军使用了神机箭，直接推翻了《惩毖录》的说法。在日方记载中，亦提到明军使用了火器。立花宗茂的家臣荐野增时在《宗茂公朝鲜军之次第御物语觉》中提到，明军用"大筒"炮轰毛利军（实指小早川隆景军的先头部队）；毛利辉元军团的下濑赖直也在《朝鲜渡海日记》中提到，明军在碧蹄馆之战中使用了三眼铳。可见，明军使用的火器并不止神机箭。江户时代的日本人玉乃惇成撰写的《大将军炮图记》，以及二战前的日本学者有马成甫写的《火炮的起源与流传》《朝鲜役水军史》，则分别介绍了日军在碧蹄馆之战结束后缴获的三门天字大将军炮，其编号为二十五号、六十九号、一百三十五号。可见，明军还在碧蹄馆之战中使用了天字大将军炮。明代史料《憨山老人梦游集》也记载，万历朝鲜战争末期，浙江绍兴人吴汝实潜入日本，将日军在碧蹄馆之战中俘获的一些火器带回了明朝。从诸多史料来看，明军在碧蹄馆之战中确确实实使用了火器，笔者特将依据制成表格，使读者一目了然：

使用火器	史料出处
三眼铳	（日）《朝鲜渡海日记》
神机箭	（朝）《宣祖昭敬大王实录》
天字大将军炮二门	（日）《火炮的起源与流传》《朝鲜役水军史》
天字大将军炮一门	（日）《大将军炮图记》
"大筒"	（日）《宗茂公朝鲜军之次第御物语觉》
火器（不知具体指向）	（明）《憨山老人梦游集》

明军使用火器攻击日军后，日军也施放铁炮回击明军。小早川隆景的家臣梨羽绍幽在《梨羽绍幽物语》中说，日军与明军隔着四五百米互相射击，日军动用了数千挺铁炮攒射明军，其射程能达到 500 多米远，又说明军射出的箭不到数十步就坠落了，打不到日军。此外，据朝鲜官方正史《宣祖昭敬大王实录》记载，在当时的日军队伍中，有许多投靠日本人的朝鲜伪军，他们协助日军，用片箭射击明军，射伤了很多明军士兵和马匹。李如松事后说，王京日军中只有八九千人是真的日本人，其余一万多人全都是朝鲜人。此话虽然夸张，但也可见在碧蹄馆之战中协助日本人作战的朝鲜伪军数量并不少。无论如何，由于明军利用火器奋起反击，日军逐渐落入下风。《宗茂公朝鲜军之次第御物语觉》记载道：

（明军）鸣响大鼓，放起大筒（结合《朝鲜役水军史》等资料，此处应指天字大将军炮），升起黑烟，攻了过来。毛利家先锋队承受不住攻击而败。

又据《吉田物语》记载，有 200 多名明军骑兵上前突击粟屋四郎兵卫右边的阵地，或对其放箭，或对其放铁炮（应指三眼铳），之后回旋到左边，逐次增加生力军，反反复复对粟屋四郎兵卫的阵地进行回旋攻击。

在明军的火力压制下，粟屋四郎兵卫终究不敌败退，由小早川隆景安排在第二阵的井上五郎兵卫接替战斗。井上五郎兵卫在《碧蹄馆大战记》一书收录的《隆景碧蹄里之战史》中，被评价为"勇冠军中"，可见是个不可小觑之人。但明军不屈不挠，依旧打得井上五郎兵卫非常被动，日军士卒甚至开始向后逃窜。情急之下，

井上五郎兵卫大声激励手下士卒:"士之临战场也,以进死为荣,以退生为辱! 汝等努力,慎勿去此!"(《义弘公御谱中》)

尽管如此,井上五郎兵卫还是败退了。但小早川隆景留有后手。两军酣战之际,小早川隆景使左翼的立花宗茂、高桥统增从望客岘左侧的丘陵迂回到明军后方,右翼的小早川秀包、毛利元康等将从望客岘右侧的丘陵迂回到明军后方,他自己则亲自率领本队人马从正面迎战明军,霎时间对明军形成包围之势。(《近世日本国民史·朝鲜役》)日军"左右散出,冒死突出,直冲中坚","左冲右突,一时直前"(《宣祖昭敬大王实录》)。

陷入重围的明军,面临小早川隆景的包围,不得不拼死作战,以求突围。但原本在砺石岭观战的日军预备队相继出动,从望客岘左右实行夹击,将明军团团围住,使明军难以突破日军的包围圈。

从日本史料的记载看,王京日军在最后阶段,真正做到了倾巢而出,将明军团团围住。据《吉川家谱》记载,吉川广家、宇喜多秀家、石田三成、增田长盛、大谷吉继、加藤光泰等人相继率部投入战斗,甚至连在平壤之战中遭受重创的小西行长也率部杀出城外。[①]按照《户川记》的记载,宇喜多秀家的家臣户川达安不甘心被小早川隆景抢了战功,于是一马当先,争先奋进,抢着立功。

碧蹄馆之战,至此演变成李如松率领的4000余名明军将士,对战由小早川隆景、立花宗茂、吉川广家、石田三成、大谷吉继等人率领的数万日军的激烈会战。但明军在绝对的劣势之下,仍旧爆发出了巨大的战斗力,与日军从巳时一直打到了午时,仍然未处下风。诚如《征韩伟略》一书所言:

> 奇兵宗茂、秀包等见机而下山,直冲如松中军,隆景亦纵横奋击。而如松兵有节制,进退自在。两雄相会,战甚苦,自巳至午。

毛利家史料《萩藩阀阅录》亦透露了当时两军激战的惨烈程度,小早川秀包

---

① 《立斋旧闻记》的说法与《吉川家谱》的说法稍稍有异,该书声称小西行长、加藤光泰等部队虽然杀出城外,但他们在此前的战斗中输给过明军,因此逡巡不前,没有实际与明军交战。

的部队因受到明军冲击，伤亡较大，家老横山景义、武士桂五左卫门、内海鬼之丞、伽罗间弥兵卫、手岛狼之助、汤浅新右卫门、吉田太左卫门、波罗间乡左卫门等战死当场。可见明军在逆境下仍旧顽强作战，毫不屈服。又据《碧蹄馆大战记》记载，立花宗茂、高桥统增的部队同样死伤惨重。算上此前的砺石岭之战，立花宗茂的家臣在这一天战死了十时传右卫门、池边龙右卫门永晟、户次中务少辅镇林、安东善右卫门常久、小野久八郎、小野喜八郎成幸、小串忠左卫门成重，高桥统增的家臣战死了今村喜兵卫、井上平次、帆足左平、筑赖新介。立花、高桥两家的士兵战死者多达 500 余人。

由于明军的甲胄十分精良，日军亦相当被动。亲历碧蹄馆之战的下濑赖直在《朝鲜渡海日记》中写道：

> 大明国士兵的衣服，外面是红色的棉织物，里面是用铁链串在一起的、切割成二寸见方的铁片，乍一看就像是道服。他们的头盔都是铁制的，磨得铮亮雪白，手部防护用具也是铁制的。箭无法射穿，刀也切割不断。

又据《户川记》记载，宇喜多秀家麾下有一个名叫国富源右卫门的大力武士，与明军交锋时，用刀刃长三尺的太刀砍了对手的盔甲三次，都被弹了回来。国富源右卫门扔掉刀上去扭打，不一会儿工夫就被按倒在地。虽然国富源右卫门拼命挣扎，但是好像被大石头压住一样无法动弹。情急之下，他拔出佩带的短刀瞄准对方的腹部捅过去，但还是捅不破对方的护甲。性命危急之时，国富源右卫门得到己方士兵的帮助，才终于杀死对手。

虽然明军拼死搏战，但终究因日军兵力众多，未能将日军击退。险境之中，李如松与骁将数十人冲锋陷阵，在马上用弓箭射杀日军，但"势不能支"，无法敌过兵力众多的日军。见实在无法打退日军，李如松便指挥明军撤退，并由他亲自殿后（《宣祖昭敬大王实录》）但这时，一名不知具体身份的金甲倭将，指挥士卒团团围住李如松，直逼如松本人，情势非常危急。《宣祖昭敬大王实录》记载："贼三千余人直逼提督，提督且射且退，贼遂趁锐乱斫，天兵死者数百。"

当金甲倭紧逼李如松时，指挥使李有升拼死保护李如松，手刃数倭，但后被日军用钩子拉下马，惨遭肢解，周遭 80 余名明军勇士亦被砍死。李有升是辽东铁岭卫人，勇力绝伦，常跟随在李如松身边作战，李如松为他的战死感到伤心，下马痛哭。李有升战死后，在金甲倭的指挥下，逼向李如松的日军更多了，一个日军士兵的刀刃甚至砍到了李如松的重铠，使李如松命悬一线。（《牧斋初学集》卷二《送刘编修颁诏朝鲜十首》）

为保护李如松，李如松的兄弟李如梅、李如柏、李如梧和副总兵李宁等人护卫在其身边，一同协力射击、砍杀日军。李如梅拉弓引弦瞄准金甲倭，将其射下马，一箭毙命，周遭的日军士兵哭着扶起金甲倭的尸体而去。日军见明军勇猛，不敢再急于冲突。（《经略复国要编》）

关于这名金甲倭的真实身份，后世传说是立花宗茂的家臣小野成幸，或者是安东常久。但是，在立花家的史料中却找不到相应的记载。对此，后世成书的日本史料《鹿儿岛外史》《征韩伟略》皆称金甲倭是小早川隆景的家臣井上五郎兵卫。[1]然而，明朝史料《经略复国要编》《虔台倭纂》记载李如梅一箭射杀了金甲倭[2]，而根据日本史料《萩藩阀阅录》的记载，井上五郎兵卫一直活到了战后，并没有毙命。所以，这名金甲倭的真实身份仍是不明的，并未有可靠的文献记载他究竟是谁，这是一个解不开的谜团。事实上，在朝鲜史料中，有大量"金甲倭"的记载遍布于不同的战斗当中，碧蹄馆之战出现的金甲倭只是其中之一。

射落了金甲倭以后，李如松趁乱率领李如柏、张世爵等将冒死突围，在此过程中杀死了许多日军士兵，但因日军势大，未能够割取对方首级。混战中，副总兵李宁的左手被砍伤，铠甲叶片被日军铁炮射穿，但没受重伤。此外，副总兵孙守廉也被砍伤了右臂。（《经略复国要编》）情势危急之下，李如松又一次跌落马下。先前被明军击退的井上五郎兵卫见到，察觉出落马之人是明军大将，于是跃马突进，准备斩杀李如松。万死一生之际，周围的明军将李如松扶起，让他骑着另外一匹马逃走了。

---

①《鹿儿岛外史》记载："《皇明实记》载一金甲倭骑前搏李将军急矣，犹记井上事耳。"《征韩伟略》记载："《明史》，井上作金甲倭。"

②《经略复国要编·报石司马书》记载："闻李如梅射死倭中金甲大将一员。"《虔台倭纂》记载："酋秀吉爱将金甲荧煌数数出入于阵，如松弟如梅故善射，稍稍物色金甲酋，比近发一矢毙之。"

井上五郎兵卫未能斩杀李如松，气得咬牙切齿。（《丰臣秀吉谱》）

激战至午时，明军经过拼死奋战，终于突破重围，向坡州方向撤退。撤退过程中，明军骑兵因为道路泥泞而难以驰骋，甲胄、辎重、炮车等军用物资被弃置于碧蹄馆，一片狼藉。其中，编号六十九、一百三十五的两门天字大将军炮，被小早川隆景缴获（《朝鲜役水军史》），编号二十五的天字大将军炮则被吉川广家缴获（《大将军炮图记》）。这些被缴的天字大将军炮，后来都被日军作为战利品运送回了国内。

在江户时代，日本人玉乃悖成见到被吉川广家俘获的二十五号天字大将军炮后，特意写了一篇《大将军炮图记》，将这门炮的样子记录下来：

> 是丰臣氏朝鲜之役，吾先君全光公（吉川广家）所得之器也。形状一如图样，用南蛮铁造，长四尺八寸，口径四寸，唇厚一寸五分，腹围一尺九寸一分，底径六寸，重三百七十五斤。有耳便架，有环便提。火门无盖，照星、照门皆无。箍八而脱其一，第一箍勒"皇图巩固"四字，第二箍勒"天字贰拾伍号大将军"九字，第八箍勒"监造通判孙兴贤"七字，各一字横列。腹上勒"万历壬辰、季夏吉旦、兵部委官、千总杭州、陈云鸿造"二十字，四字五行横列。腹后勒"教师陈胡、铁匠董世金"九字，四字、五字二行横列。

日本昭和时代的学者有马成甫也在《朝鲜役水军史》中，记录下了小早川隆景俘获的两门天字大将军炮的样式。其中一门大炮上面刻的铭文为"皇图巩固、天字陆拾玖号大将军、监造通判孙兴贤、万历壬辰、仲秋吉日、兵部委官、千总杭州、陈云鸿造、教师陈雄、铁匠徐玉"。该门炮的口径为 11.9 厘米，长 142 厘米。另一门大炮上面刻的铭文为"皇图巩固、天字壹佰叁拾伍号大将军、监造通判孙兴贤、万历壬辰、孟冬吉旦、兵部委官、千总杭州、陈云鸿造、教师陈雄、铁匠刘渥"。该门炮的口径为 11.3 厘米，长 143 厘米，膛长 122 厘米，壁厚 4.4 厘米，重约二三百斤，炮身有九道加固箍。另据黑田源次的《神机火炮论》一文介绍，该门炮的炮身是厚皮圆筒状的，炮身上的九道加固箍每道宽 5 厘米、高 1.2 厘米。

再说回明军，李如松从碧蹄馆突围后，一路向北逃窜，但日军仍在后方追击，对明军紧追不舍（《翁物语》《服部传右卫门觉书》）。当日军追至惠任岭时，明军援军突然出现在岭头。(《宣祖昭敬大王实录》《乱中杂录》)日军见明军援军在惠任岭现身，心里变得没底起来。立花宗茂的家臣小野和泉守担心明军人多势众，己方会被包围，当即劝说停止追击。(《梨羽绍幽物语》)日军诸将顾虑到明军援军势大，因而听从了小野和泉守的这一番话，停止继续追击，回到了王京。至此，李如松终于逃出绝境，碧蹄馆之战由此结束。

出现在惠任岭上的明军援军，正是被李如松留在马山馆的中协大将杨元率领的那1000人。杨元收到李如松从前线发出的令旗后，知道李如松"倒马"只是摔下马，并没有战死，便与参军郑文彬、中军旗鼓官王希鲁等带领麾下骑兵，驰援李如松。(《经略复国要编》)由于时间仓促，杨元只带上了骑兵，没能来得及带上行动缓慢的步兵和炮手。[①] 但在韩国人李炯锡所著的《壬辰战乱史》中，却出现了杨元带着虎蹲炮、佛郎机等火炮驰赴战场，并与日军总大将宇喜多秀家大战的情节。应当指出，这一说法纯属虚构，并没有其他史料记载这件事。

除《壬辰战乱史》的误说以外，日本史学界也流传着杨元带来了火炮部队的传说。北岛万次编纂的《丰臣秀吉朝鲜侵略关系史料集成》辑录了一条《再造藩邦志》的记载，声称杨元在碧蹄馆之战中率领"火军"驰赴战场，杀入重围："会杨元率火军，斫重围，而倭遂退。"于明治四十三年（1910年）发行的朝鲜古书刊行会版《再造藩邦志》中，也有同样的记载。

但是，如今韩国活字化版的《再造藩邦志》中记载的内容却是："会杨元率大军，斫重围，而倭遂退。"这一条记载，说杨元率领的援军是"大军"，而非"火军"。之所以出现这一分歧，是因为朝鲜的《再造藩邦志》古籍原版是草书，而"大军"的原字，非常像"火军"。一百多年前，日本人在活字化《再造藩邦志》的时候认错了字，将"大军"认成了"火军"。这一个错字，导致后来的很多日本史书都受到了误导。如日本朝鲜总督府编撰的《朝鲜史》、德富猪一郎的《近世日本国民史·朝鲜役》、中里纪元的《秀吉的朝鲜侵攻与民众·文禄之役》，都写的是"火军"，可以说影响深远，直到现在日本人还深受其害。事实上，正如《宣

---

① 见《宣祖昭敬大王实录》，"天朝人又告杨总兵下营处，炮手、步兵未及领去，只以骑兵驰送"。

祖昭敬大王实录》所指出的那样，杨元只带来了骑兵，没能带上步兵、炮手。

而且，杨元只是率领骑兵组成的援军出现在了惠任岭，并没有与日军实际交战。但由于杨元是经略宋应昌的亲信，所以后来明军在战报中报功的时候，把杨元的名字给报了上去，说他带领援兵杀入重围，才解救了李如松。明、清两朝的史书，以及一部分参考了明、清史书的朝鲜史料深受明军战报的误导，人云亦云，都跟着犯错。但从明朝史料《明神宗实录》以及朝鲜史料《宋经略书》《宣祖昭敬大王实录》《乱中杂录》的记载来看，杨元自始至终就没有与日军交战。《明神宗实录》："碧蹄之战，如松兄弟已溃围出，而杨元后至，倭不敢追，而以批难解围归之杨元，则众论不平。"《宋经略书》："杨元当如松败回之日，其众实不来。回军到三十里地，始与元军相值，以此与如松相失。"《宣祖昭敬大王实录》："贼追至惠任岭，望见大军，不敢逾岭。"《乱中杂录》："贼追至前岭，望见官军大至，走还京。"不过，即便双方未发生交战，杨元率领的援军出现在惠任岭后，日军就吓得不敢进一步追击却也是事实。

对于杨元仅仅率领1000骑兵就吓退了追在李如松后面的日军，后世成书的日本史料不但不承认，反而对这一事实极力粉饰，声称日军一路追杀明军到临津江，在这里杀死明军万余人；抑或在这里将明军逼入江中，致使明军溺死万余人。临津江在哪儿？惠任岭的北面是前线明军屯驻的坡州，也就是李如松出发的地方，坡州的北面是临津江，渡过临津江，再北面是开城。相关日本史料的意思是，日军在碧蹄馆获胜后一路追击明军，端掉了李如松驻兵的坡州，把他逼到了临津江的江边。

后世的日本史料不乏这种夸张的说法，如《续日本史·小早川隆景传》记载："我兵蹑击，至临津，获虏（对明军的蔑称）万余口。其余排挤入水，溺死者不可枚举，水为之不流。"《日本外史·毛利氏》记载："如松仅以身免，逐北至临津，斩首万余级。"《续本朝通鉴》记载："明兵之溺于开城川（临津江）而死者尤多，凡今日死者及一万余人。"盐谷世弘的《小早川隆景传》记载："追亡蹙之临津，斩馘五万，僵尸如丘，临津为不流。"还有比这些更无耻的说法，《续本朝通鉴》说日军把李如松逼到临津江畔，明军被杀死1万人之后，李如松才渡江逃到了开城；而日军则开会商量是否渡过临津江，杀到李如松目前所在的开城。这一说法可谓无稽之谈。

但无论如何，碧蹄馆之战的最终结果是明军败北，被迫放弃了碧蹄馆这个进兵王京的最前线据点，几门被视作重要武器的天字大将军炮也被日军俘获了。

对于战败的原因，南兵参将骆尚志认为：

> 前日碧蹄之战，若大军前进，尽杀倭奴，则国王可安顿王京，天兵亦已陆续回还。而提督轻敌贪功，不带南兵，只率家丁，几死贼手，大败而退，误了一场事。自后畏怯，无前进之心。（《宣祖昭敬大王实录》）

江户时代的日本文人青山延光也持相同意见：

> 明将李如松之取平壤，大抵皆南军之力。南军，浙江地方之兵，善用火器，勇锐无比。然如松北人，以故痛抑南军。至碧蹄之战，如松军皆北骑，无火器，竟以是败。呜呼！令如松善用南军，必非我军之利也。而如松不用，自取挫败，私心害事如此。（《征韩杂志》）

时人骆尚志和后人青山延光，都认为是由于李如松在碧蹄馆之战中没带南兵，所以输给了日军，又认为如果带了南兵去，则日军绝对无法处于优势。但是他们忽略了一个基本事实，碧蹄馆之战并非是明军对王京日军发动的总攻性战役，而是李如松在哨探王京的途中与数万日军不期而遇，退无可退，才发生了战斗。正如朝鲜史料《简易集》所指出的那样：

> 碧蹄之事，初非战也。官军为探视形便，总兵查（大受）以数百骑先进，遇贼二百有余，没数斩获。既而贼兵数万大至，提督以千骑继进，交战不利。

而将哨探王京道路的任务交给辽东骑兵无疑是最合适的，因为南兵除了钱世祯率领的骑兵外，大多都是步兵，且骆尚志、吴惟忠等南兵将领，当时都因为在平壤攻城战中负伤而在后方养伤，更不可能承担这一任务了。

青山延光指出南兵善用火器，北兵无火器，所以在碧蹄馆战败。这种说法实际上是被柳成龙的《惩毖录》误导，明军北兵在碧蹄馆之战中也使用了三眼铳、神机箭、天字大将军炮等火器，对此前文已经指出过。明军最终落败而逃，根本原因在于兵力悬殊，而不是善用火器与否。

实际上，即便没有用上任何火器，日军也通过此战的交锋而对明军骑兵大感畏惧。碧蹄馆之战结束以后，蜂须贺家政、立花宗茂在往来的信件中提到，一定要想办法获得大明的马匹。（《立花家文书》）由此可见，日军骑兵战斗力较低，并且明军骑兵在碧蹄馆之战中对日军造成了很大的冲击。

碧蹄馆之战的死伤

明、日双方在碧蹄馆之战中实际投入的兵力与伤亡程度，一直是充满争议的话题，长久以来悬而未决，没有定论。据笔者多年来的整理和统计，明、日双方在此战中出动的兵力以及伤亡人数，在明、日、朝三国史料中，存在众多说法，现整理如下：

明军兵力	明军死亡人数	日军兵力	日军死亡人数	史料出处
108万骑				（日）《安西军策》
108万人				（日）《柳河明证图会》
100万骑	38000余人			（日）《太阁记·第十五卷》
100万人	37000人至38000人			（日）《久国杂话》
100万人				（日）《小野和泉守觉书》
100万人				（日）《续续本邦史记》
	51701人			（日）《史料稿本》收录文书
	5万余人	8万人	死亡73人、负伤数十人	（日）《毛利家记》
	5万余人			（日）《毛利三将传》
40万人	至少2万人	三四万人	100余名立花军士兵	（日）《碧蹄馆大战记》
40万骑	6000人	3万骑		（日）《本朝武家高名记》
40万人		三四万人		（日）《国恩录》
40万人	6000人			（日）《柳川战死者名誉录》
40万人	6000人			（日）《宗茂公战功略记》
40万人	6000人			（日）《立花近代实录》
30万人	全灭		200人	（日）《天野源右卫门觉书》
30万人	38000余人			（日）《立花家事迹集纂·第六》
			三四百名立花军士兵	（日）《朝鲜二役中的战死者》
20万人	38000人	至少17000人	300名立花军士兵	（日）《立花战功录·劳书序》
20万人	38000余人	至少17000人		（日）《太阁公御感状序谚解》
	38000余人			（日）《加藤光泰·贞泰军功记》

明军兵力	明军死亡人数	日军兵力	日军死亡人数	史料出处
	38000余人			（日）《加藤家传》
30万人	1万人			（日）《日本史记·立花宗茂传》
20万人	至少2300人			（日）《松荫灵社记》
数十万人	数千人			（日）《历代镇西志》
数十万人				（日）《立斋公御吐之觉》
10万余骑	17300人	出城5万人，实际作战3万人	300名立花军士兵	（日）《立斋旧闻记》
			300名立花军士兵	（日）《玉峰记》
10万余人	1万人	3万人		（日）《国史纂要》
10万骑	1万余人	2万余骑		（日）《朝鲜征伐记》
10万人	1万人	24500人		（日）《丰臣秀吉谱》
10万人	1万人	24500人		（日）《义弘公御谱中》
10万余人				（日）《藤泽南岳：日本通史》
10万步骑				（日）《日本外史补·立花氏》
10万人	1万人	2万人	100余人	（日）《续日本史·小早川隆景传》
10万余骑	1万人	2万人	100余人	（日）《日本外史·毛利氏》
10万步骑	5万人	34000人	100余人	（日）《盐谷世弘：小早川隆景传》
10万人	1万人		100余人	（日）《野史·小早川隆景传》
10万步骑	1万余人	24500人	100余人	（日）《征韩实记》
10万步骑	1万余人	2万人		（日）《逸史》
10余万人	1万人	2万人		（日）《泗川新寨战绩之伟绩》
10余万人	1万人			（日）《续本朝通鉴》
10万人	1万人			（日）《征韩录》
10万人	数千人			（日）《户川记》
数万骑	1000余人	四五万人	100余名立花军士兵	（日）《朝鲜渡海日记》
头阵3万人	1万人	24500人		（日）《岛津世家·松陵公》
	9737人		死亡39人、负伤743人	（日）《松浦家世传》
2万余人	6000余人	41000人		（日）《日本战史·朝鲜役》
2万人上下	五六千人	15000人以下	2000人	（日）《近世日本国民史》
2万人	1万人			（日）《征韩伟略》
2万人	1万人	22000人		（日）《征伐记》
数万人				（日）《立花家谱》
数万人				（日）《宗茂感状集序》
数万人		至少5000人		（日）《筑紫记》
数万人				（日）《立花怀觉记》
数万人	1万人	25000人		（日）《黑田家谱》
	数万人			（日）《清正高丽阵觉书》

明军兵力	明军死亡人数	日军兵力	日军死亡人数	史料出处
至少1万人	6000人	2000名立花军士兵		（日）《日本外史补·立花氏注》
1万人			167人	（朝）《五峰先生文集》
1万余人	数百人		数十人	（日）《萩藩阀阅录》
	1万余人	3万人		（日）《大日本史略》
	1万余人	3万人		（日）《日本外史·丰臣氏》
	1万余人			（日）《皇朝战略编》
	1万余人			（日）《汉文内国史略》
	1万余人			（日）《石村贞一：国史略》
6000人	3000人	8万人		（日）《隆景碧蹄里战史》
	3000人			（明）《万历邸钞》丁应泰上言
5000人	264人	数万人	167人	（明）《经略复国要编·李如松揭报》
4000精骑	数百人	至少3000人	600人	（朝）《宣祖昭敬大王实录》正文
至少3500人			220人	（朝）《宣祖昭敬大王实录》陈方哲语
3500人		五六万人		（朝）《壬辰记录·李提督自辩》
3000人	五六百人	1万余人	1000余人	（朝）《宣祖昭敬大王实录》李德馨语
3000人	1万人	1万余人		（日）《野史·外国传·明》
3000人	死亡十分之七		死亡十分之一	（明）《虔台倭纂》
3000人		10万人	167人	（明）《两朝平攘录》
3000人			160人	（明）《征东实记》
2000人				（明）《万历野获编》
2000骁骑				（明）《皇明实记》
	数千人			（日）《安国寺惠琼文书》
	数千人			（日）《小早川家文书·344号》
	1500人			（朝）《宣祖昭敬大王实录》吴惟珊语
	300人		300人	（朝）《宣祖昭敬大王实录》徐一贯语
			149人	（明）《经略复国要编·报石司马书》
	数百人			（日）《小早川家文书·345号》
	数百人		130余人	（日）《筑前三池立花数马所藏》
	100人			（日）《阴德太平记》
1000余人			100余人	（朝）《惩毖录》
1000余人	80余人	1万余人		（朝）《宣庙中兴志》
1000余人		1万余人	100余人	（朝）《汉阴先生遗稿》
1000余骑		数万人		（朝）《简易文集》
1000余人				（日）《大日本编年史》

明军兵力	明军死亡人数	日军兵力	日军死亡人数	史料出处
数百人		1万余人	130人	（朝）《再造藩邦志》
数百人			130人	（朝）《象村集》
数百人	80余人	1万余人	130人	（朝）《燃藜室记述》
至少200骑	80余人			（朝）《春坡堂日月录》
		至少6000人		（日）《常山奇谈》
100余人	数十人			（朝）《宣祖昭敬大王实录》柳成龙驰启
		8万余人		（朝）《海东绎史》
			100余人	（朝）《攷事撮要》
20骑				（明）《国榷》
	20余人			（日）《安东统宣高丽渡唐记》
			93人	（日）《鸟取次郎兵卫的手记觉书》

对于碧蹄馆之战，日本史料不外乎鼓吹这是一场辉煌大捷，因此其记载的明军兵力非常夸张。其中，最为夸张的是《安西军策》和《柳河明证图会》，说明军出动了108万人。略逊于此的，是《太阁记》《久国杂话》《小野和泉守觉书》《续续本邦记》，提到明军出动了百万骑。再往下，日本史料提到的明军兵力有40万人、30万人、20万人、10万人……远远超过明军的实际兵力，可谓夸张至极。

记载明军兵力最少的日本史料，是明治时代由太政官修史馆编纂的准正史《大日本编年史》。该书作为明治政府的国家正史工程，取材相对严谨，引用了柳成龙《惩毖录》的记载，称明军在碧蹄馆之战中实际只出动了千余骑，应该说是众多日本史料中态度最为端正的一本书了。但《惩毖录》记载的数字也不正确，包括其他大部分明朝和朝鲜文献，虽然记载的明军兵力远远比日本史料可靠，但毕竟不是一手资料。

在碧蹄馆之战中明军的兵力问题上，最为可靠的文献是《宣祖昭敬大王实录》与《经略复国要编·叙恢复平壤开城战功疏》。结合两个记载，明军前后投入五批部队，兵力总计约5500人，编制如下：

顺序	出战将领	兵力
第一批	查大受	约500骑
第二批	祖承训、孙守廉、李宁、张应种、高升、胡鸾	约3000骑
第三批	李如松、李如梅、李如柏、李如梧、李如楠、张世爵	约1000骑
第四批	杨元、郑文彬、王希鲁	约1000骑
合计	—	约5500骑

据明军游击陈方哲说，碧蹄馆之战中，明军的侦察部队是3500人，查大受领500人先行，其余3000人埋伏于后。[①]但是有学者认为陈方哲的话不可信，以为明军侦察队只有3000人，没有3500人。这一观点，是根据明朝史料《经略复国要编》记载的查大受、祖承训、孙守廉、李宁、张应种这五位侦察队将领的入朝兵力，计算出他们的总兵力是3000余骑，认为这就是他们在碧蹄馆之战中投入的兵力，而陈方哲是把查大受的兵力给重复计算了，并不正确。

但实际上，这一说法并不准确，因为他们少算了两个人，那就是游击高升、胡鸾。这两名将领实际上也参加了碧蹄馆之战，但鲜为人知。据朝鲜史料《象村稿》记载，高升刚进入朝鲜时的兵为1000人，胡鸾的入朝兵力则不明。以一个保守的数字进行估算，将他们二人的兵力加上其余五将的兵力，明军在碧蹄馆之战中的人数肯定在3000人以上，列表如下：

姓名	职责	入朝时兵力
查大受	加衔副总兵	519人
祖承训	副总兵	700人
孙守廉	副总兵	702人
李宁	副总兵	
张应种	游击	1189人
高升	游击	1000人（出自《象村稿》）
胡鸾	游击	不明

因此，明军侦察队的实际兵力为3500人无误，加上李如松率领的第一批援军1000骑，杨元率领的第二批援军1000骑，明军投入的总兵力应该是5500骑。但是，据明朝史料《明神宗实录》、朝鲜史料《宋经略书》记载，杨元的援军部队并没有实际参战，因此实际投入作战的明军应该只有4500人。

至于明军在碧蹄馆之战中的死伤人数，鼓吹得最厉害的仍是日本史料。最夸张的是《天野源右卫门觉书》，说明军30万人全军覆没。其次是《史料稿本》收录的一则文书，说日军斩首明军51701级。再往下，是毛利家的史料《毛利家记》

[①]《宣祖昭敬大王实录》记载，明军游击陈方哲告诉朝鲜人："去月二十七日，先送五百军马，体探京城。又以三千，埋伏于后。"

《毛利三将传》，称日军在碧蹄馆之战中杀死明军5万人。《太阁记》收录的《宇喜多秀家注进状》，则说宇喜多秀家在碧蹄馆之战结束后写信给安威摄津守，提及在碧蹄馆之战中击败百万明军，斩首38000余级。其他日本史料大多也说明军至少死亡1万人，但是仍然超过明军实际兵力。最离谱的是饭田忠彦的《野史·外国传·明》，此书抄录各种史料来写碧蹄馆之战，但是没有进行仔细校勘，结果前文称明军兵力只有3000人，后文却写明军阵亡1万人，闹出了大笑话。

虽然日本史料往往将日军的成就吹得天花乱坠，但当时的日本人对明军的实际损伤还是很清楚的。碧蹄馆之战结束后，丰臣秀吉写感谢状褒奖立花宗茂，提到明军阵亡数百人（《立花家文书》），可见他得到了相对准确的情报。朝鲜官方史料《宣祖昭敬大王实录》的正文，也称明军在碧蹄馆之战中被杀数百人。而根据李如松战后写的报告，明军在碧蹄馆之战中战死264人、负伤49人，马匹死亡267匹。(《经略复国要编》)从明、日、朝三国的第一手资料来看，明军在此战中实际战死人数应是数百人。值得注意的是，大友义统家臣所著的《安东统宣高丽渡唐记》记载，日军在此战中只斩首明军20余级。这是最低的一个记录，和其他日本史料记载的斩首数目大相径庭。

至于日军在碧蹄馆之战中出动的总兵力，事实上并没有非常精确的记录。《日本战史·朝鲜役》推算出来的总兵力是41000人，但推算方法很不严谨，无非是把相关日军部队进入朝鲜时的兵力全部加起来，没有考虑这些部队在战前的伤亡和其他因素的影响。对此，前文已经指出过。在有限的几份亲历碧蹄馆之战的当事人记录中，《朝鲜渡海日记》的记载是四五万人，《壬辰记录》的记载是五六万人；立花家的史料《立斋旧闻记》则指出，虽然5万日军倾巢而出，但小西行长、加藤光泰等部队在先前的战斗中败给了明军，因此逡巡不前，实际参与会战的只有3万人，这应该是接近事实的一个数字。

而有关日军在碧蹄馆之战中的死亡人数，日本史料一般记录在100人~300人之间。在大多数日本史料中，这部分阵亡者都是指打头阵的立花宗茂部队，至于其他部队的损伤则不明。据《松浦家世传》记载，日军在碧蹄馆之战中阵亡39人，而负伤者竟然达到743人，这一数字透露出了此战的激烈程度，并且可从中窥见日军在碧蹄馆之战中的实际阵亡人数，绝对远远不止其所说的39人。

有学者提出了日军在碧蹄馆之战中阵亡5000多人的说法,这是最大的一个估值,该说法有较为广泛的影响。提出这一说法的学者,其依据非常简单。无非是直接拿部分日军部队在万历二十年刚登陆朝鲜时的兵力,直接减去这些日军部队在万历二十一年三月于王京统计出的剩余兵力,由此得出了日军在碧蹄馆之战中阵亡5000人的结论。相关学者的依据详见下表:

(单位:人)

部队	兵力(万历二十年七月末)	兵力(万历二十一年三月二十日)
黑田长政	8000	5269
小早川隆景、小早川秀包	10000	9552
立花宗茂、高桥统增	3200	1132
筑紫广门	900	327
合计	22100	16280

但是,这一统计方式是严重错误的。首先,该学者依据的数字样本,源自日本旧参谋本部的《日本战史·朝鲜役》,结果他却在抄录此书数据时发生了误抄。《日本战史·朝鲜役》原文,写黑田长政在万历二十年时的入朝兵力是5000人,而相关学者误抄成了8000人,并用8000这一数字,减去次年在王京统计出的黑田长政部队的5269人,得出黑田军在碧蹄馆之战中损失2000余人的结论。用一个误抄的数字做减法,得出黑田军死伤2000余人的结论,可谓草率至极。其次,事实上黑田军在王京统计出的兵力,比一年前入朝时有增无减,根本不可能计算出其在碧蹄馆之战中的损伤。更不可能通过此,得出日军在碧蹄馆之战中阵亡5000人的结论。

只要对照王京日军在万历二十年入朝时的兵力,与万历二十一年三月在王京统计出的兵力,以及同年五月转战全罗道、庆尚道的兵力,就能知道有部队的兵力有增无减,比入朝时还多。经笔者统计,王京日军在前后三个阶段的兵力如下:

(单位:人)

部队	万历二十年	万历二十一年三月	万历二十一年五月
大谷吉继	1200	1505	1535
石田三成	2000	1546	1646
增田长盛	1000	1529	1624
加藤光泰	1000	1400	1097
前野长康	2000	717	922
小西行长全军团	18700	6626	7415

部队	万历二十年	万历二十一年三月	万历二十一年五月
黑田长政	5000	5269	5812
大友义统	6000	2052	—
立花宗茂	2500	1132	1033
筑紫广门	900	327	327
宇喜多秀家	10000	5352	7785
小早川隆景、吉川广家	10000	9552	6598

从上表可以看出，至少大谷吉继、增田长盛、加藤光泰、黑田长政四人的部队，后来的兵力比刚入朝时要多。而这四队人马都参与了万历二十一年的碧蹄馆之战。所以，并不能用万历二十年日军刚进入朝时的人数，直接减去万历二十一年三月统计出的人数，得出日军在碧蹄馆之战中的伤亡人数。

对于日军在碧蹄馆之战的阵亡人数，明军自身不敢说得很大。李如松在报告中称斩倭首167级。宋应昌的《经略复国要编》认为："（明军）士马虽有损伤，然亦斩级一百六十七颗。其余（日军）中箭带伤、相继死于王京者，实数倍焉。"根据这一说法，"斩首一百六十七级"还不包括回到王京后因受伤而死的日军，实际死亡的日军人数是被斩首的好几倍。朝鲜知中枢府事李德馨则说，"（明军）与贼死伤相当，几至五六百矣"，认为明军和日军阵亡人数都在五六百人。这一数字，与《经略复国要编》提及的数倍之说接近，也接近日本史料中的数字。

综合以上分析，笔者认为碧蹄馆之战中的日军兵力，依据《立斋旧闻记》的记载，是出城5万人，实际投入作战3万人，剩下2万人因畏惧明军而选择避战。至于伤亡人数，应是战死五六百人（《宣祖昭敬大王实录》）、负伤743人（《松浦家世传》）。不过根据李如松在碧蹄馆之战后的说法，他在此战中斩获的首级，大部分头发完整（不是日本人的月代头发型）。由此而言，在碧蹄馆之战中被日军驱赶在前与明军作战的，主要还是朝鲜伪军。

通过以上对明、日两军的兵力、死伤分析，再结合相关事实，可以得出以下结论：

碧蹄馆之战本身，是场不期而遇的遭遇战。查大受率领的这支3500人的明军侦察队本意是哨探王京道路，途中却与日军打头阵的立花宗茂部队在砺石岭相遇。查大受等人打败立花宗茂后，十分轻敌，派遣快骑让李如松亲自来前线侦察敌情与地理形势。于是李如松带了1000人驰赴碧蹄馆，目的仍然是探视前线，并非攻打王京。

而王京日军在立花宗茂战败后，倾巢出动来对付明军侦察队，明军被迫退到碧蹄馆。李如松在行进途中得到了前线明军被日军大军包围的消息，他没有丝毫犹豫，当即驰赴碧蹄馆救援前线明军，于是发生了碧蹄馆之战。李如松是主动冲进日军包围圈，而不是中计陷入日军的埋伏。碧蹄馆之战从巳时打到午时，小早川隆景、立花宗茂、吉川广家、石田三成、大谷吉继等人率领 3 万人，以绝对优势包围了只有 4000 余人的明军。人多打人少，在小早川隆景的战术安排下，碧蹄馆之战本可成为一场包围歼灭战，结果明军成功突出包围圈，而日军自身也付出了战死五六百人、负伤 743 人的惨重代价，可见日本战国军队的战术水平相当低劣。

李如松意气消沉

碧蹄馆之战结束后的日暮时分，李如松越过惠任岭，逃回到了他的出发地坡州。由于指挥使李有升在碧蹄馆之战中为了保护李如松，遭日军残忍杀害，因此李如松一回到坡州，就召见了李有升的女婿王审，抚着其背痛哭道："好男儿为我死矣！"

到了晚上，李如松仍然因为李有升的死而伤心、哭泣。朝鲜三道都体察使柳成龙等人来向李如松问安，询问他从前线退兵的原因。李如松回答说："将官见敌先退，故以此还来。"

李如松只是说明军将官见敌军退走就跟着退了，没有提及在碧蹄馆作战失利的事情。虽然没有告知柳成龙实情，但李如松因为刚打了败仗，还是下令明军在坡州严设守备。（《惩毖录》）从李如松的这一举措来看，他担心日军在碧蹄馆之战后乘胜北上，一直打到坡州。

不过，这一情况并未发生。因为碧蹄馆之战对明、日两军造成的冲击都很大。碧蹄馆之战结束的那天晚上，不止李如松在哭泣，日军也因为损伤过大，而在王京城内失声大哭。据派出去侦察敌情的明军哨探回报："是夜王京城内哭声不绝，因渠魁中箭身死，又杀伤贼酋甚多等因。"（《经略复国要编》）

次日（一月二十八日）早上，李如松因为经受不住碧蹄馆之战失败的打击，想要渡过临津江，从坡州退到后方的东坡。在坡州的朝鲜官员听说以后，都赶到明军的驻营进行劝谏。来的人有三道都体察使柳成龙、都元帅金命元、接待使李德馨、户曹判书李诚中等。他们向李如松反复恳请，希望他能够打消退兵的念头。

柳成龙这时候已经听说了李如松在碧蹄馆战败的事情，他不留情面地揭露李如松在前一天说的是谎话，劝谏李如松不要因为一时失败而萌生退意："俺等仄闻老爷将欲西还，不审老爷深意之所在。而若以少衄为戒，则恐不然。胜负，兵家常事，当观势更进，奈何轻动？"

李如松被柳成龙的话刺激到了，连忙否认在碧蹄馆打了败仗，辩解说："吾等昨日胜捷，别无败北之事。今之欲驻东坡，非有他意，只缘此处（坡州）马草绝乏，后有江水。火炮、器械、南方义兵，亦未齐到，以此欲还驻东坡。休兵数日，更以整齐以进。"

柳成龙等朝鲜官员一听李如松的说辞，知道他决意退兵，于是齐齐跪了下来，求他不要退兵："大兵已进，若退一步，贼气乘胜，民心动摇。此机甚关，且南方义兵及各处将官闻大兵之到，皆至汉江，军粮连续输到。老爷岂可不念此，而遽即退军乎？此处遗民，闻王师之来，各自扶携，来寻旧基。今又弃去，必尽为贼所害，何可忍此？"

李如松向朝鲜官员们解释说："吾之初意，本欲体探（侦察王京）而来。今之还驻，非有他计，只欲休兵更来。"

柳成龙等人还是不肯妥协，固执地请求李如松不要退兵。李如松拿出一则自己准备上报的奏文给柳成龙等人看。奏文的大致意思是，王京方面有20万日军，而明军只有数万人，且多有死伤，兵粮也不够了，李如松自己也得了病。

事实上，明军当时的处境确实非常堪忧，士兵的军粮、战马的粮草，难以为继，很难再继续进兵。柳成龙也知道实情，他在《惩毖录》中记录道：

> 京畿粮饷，当初输运迟缓，艰困万状。至于马草，则乏绝不继。且路傍原野，贼皆焚荡，四山焚尽，寸草不遗，坡州一境尤甚。

此时，明军的粮秣已经到了将要断绝的地步。根据朝鲜工曹正郎徐渻的报告，他在明军收复平壤以后，从七星门进入城内，只见"各卫所屯天兵，皆极瘦脊。虽复留养十数日，未可用于战阵，而倒损者，又不知其几"。

徐渻看到平壤城内的明军非常瘦弱，就算休息了10多天，仍旧没有力气再去打仗。徐渻还说，明军因为缺粮缺得厉害，不得已把他们心爱的战马都给杀了，分食马肉；又拿着腰刀到4公里外的地方去割取粮草，"担者、负者、戴者，陆续道路，所见极为惨测"（《宣祖昭敬大王实录》）。

但是，柳成龙并没有体谅明军的难处，他只想催促明军进兵收复王京，完全不顾明军的死活。他看了李如松出示的奏文后，认为李如松故意在夸大王京日军的兵力，作为退兵的借口，因此情绪激动地用手指着这封奏文，质问李如松："倭贼之在城中者，多不过万余，缘何得至二十万？"

李如松解释说："尔国文书中，所言如此矣。"

柳成龙不相信李如松的话，又质问他说："贼兵岂有二十万之理？本国文书中，安有此语？"

李如松反问道："文书有之，不然吾岂知之？"

被李如松这么一问，柳成龙也不再纠缠这一问题，但仍然劝说李如松不要退兵："此大事，愿老爷更加三思。"

朝鲜平安道节度使李薲干脆上前，在李如松面前扑通一声跪了下来。围绕在李如松身边的明军将士对李薲这种行为十分不耐烦，斥骂他，让他退下去。明军副总兵张世爵尤其支持李如松退兵，因此面色严厉，声音很响亮地呵斥李薲，让他速速退下。而李如松始终态度温和，却一直说着重复的车轱辘话。柳成龙等人见实在是打动不了李如松，只好先行退下了。

不久，朝鲜三道体察使俞泓进入明军驻营，他通过翻译向李如松传达了不要退兵的意愿。但是，这时候明军已经做出了退兵的决策。没过多久，军队就开始从坡州退兵，向着东坡撤退了。撤退途中，明军的战马死了很多，剩下的战马也大都瘦弱，不堪驱驰。

二月二日的早上，已经跟着明军撤退到东坡的柳成龙和李德馨来到明军营地，又来向李如松问安。李如松当着他们面对部将下令：将东坡明军的一半军马送回开城，使之休息，火箭、器械也同样送回开城。

柳成龙感到很讶异，令翻译向李如松询问原因。李如松解释说："此处无一房屋，天若下雨，军器尽湿，则不可用，独不见祖承训之事乎？"

此时，由于明军匮乏粮食，加上军队内部出现疫情，李如松决定收缩战线，将部队撤往后方。柳成龙却没有体恤李如松，他用带有讽刺的语气说："前日自坡州还驻东坡，远近民情，莫不惊惧。今又分兵送于开城府，则虽老爷切于休兵更进，愚民岂知此意？且贼（此处指加藤清正）闻之，必乘胜西下，前功尽弃。愿老爷退军还进曲折，明白分付，臣亦当分道，兼措开城府粮料。"

柳成龙讥讽李如松，退兵就明明白白说出来，别找借口，丝毫不给李如松情面。

见柳成龙当面顶撞自己，李如松非常生气，愤怒地对柳成龙说："吾岂有退去之意？尔辈何以不晓事而多言耶？"

柳成龙受到李如松的诘责后，哑口无言，不得已告退。黄昏，李如松招来翻译，让他传话给柳成龙，说自己算过八字后，发现今年正月的运气不好，必须等下个月进兵："正月，吾本命对冲，不吉，故落马，又不利于击贼。必须于来月，可以进兵。"

二月三日早上，李如松因为战马多死，亲自设坛祭奠。刚好天气微微有些阴沉，这使李如松找到了退兵的理由，他宣称："天雨，则当退驻开城。"

柳成龙等人一听就急了，再劝李如松不要退兵："大军一退，则贼气愈骄，远近惊惧。临津以北，亦不可保，愿少驻，观衅以动。"

李如松假装答应了柳成龙，柳成龙告退。柳成龙走了以后，李如松立刻跨上马，带领明军从东坡撤向开城，只留下副总兵查大受、游击将军毋承宣二人率领千余人留守在临津江岸边。

柳成龙等人知道李如松退兵以后，又派人追了上去，请求他进兵。李如松不以为意，敷衍着说："天晴路干，则当进兵征剿。"说完，李如松就不顾朝鲜使者，径自领兵回到了开城。

过了一段时间后，黄海道谷山郡守向接待明军的李德馨驰报贼情："北贼（加藤清正）自安边向德原。"

当时，日军第二军团的加藤清正、锅岛直茂还滞留在咸镜道，没有退回王京，他们所处位置在明军的东北方向，等于在明军的背后，这就严重威胁到了明军。而根据谷山郡守提供的情报来看，加藤清正从咸镜道的安边向德原方向移动，意图不明。

李德馨将谷山郡守的信件传示给明军游击沈惟敬看（沈惟敬此时已被解除软禁，恢复了自由），沈惟敬又向李如松说了。李如松得到这个情报后，认为如果加藤清正从明军背后搞动作，那明军就很危险了，于是即刻拨发6000兵马还守平壤。

又过了一段时间后，明军军中出现了这样一个流言：加藤清正可能会越过咸镜道的阳德、孟山，偷袭平壤。

而李如松在碧蹄馆败北后就丧失了战意，有了归志，便以此为理由，表态说："平壤乃根本，若不守，大军无归路，不可不救。"

于是，李如松下令其余明军也撤出开城，向平壤撤退，只留下副总兵李宁、游击将军王必迪留守开城。①

从李如松在碧蹄馆之战后的反应可以看出，碧蹄馆之战虽然由于明军骑兵的英勇奋战，对日军造成了伤亡千余人的打击，但对明军的斗志打击更重，使其一退再退，从坡州一路退回了平壤。

虽然战败是事实，但李如松对碧蹄馆之战的失败讳莫如深。他在战报中声称在碧蹄馆打了胜仗，以5000人大破数万日军：

> 本月二十六日，职先遣原任副总兵孙守廉、祖承训、游击李宁等选领精兵三千，前锋哨探王京道路，以便进兵埋伏攻取。去后二十七日，职率副将杨元、李如柏、张世爵等选带兵丁二千亲去踏看，至马山馆，离王京九十里，留杨元领兵一千继后，职与李如柏、张世爵等领兵一千前行至碧蹄馆，离王京五十里。闻报我兵与贼对敌，职即督兵驰至，见得各将因贼势众，方在迟疑，职当即奋喝将士，如敢畏缩不前者斩首。于是官兵齐上，与贼砍杀一处……职喝官兵争前砍杀，贼即披靡大溃。我兵乘胜追逐，当阵斩获首级一百六十七颗，内有贼首七名……职谓此番之战，原为踏看攻取地形，不意猝遇大敌，职以五千孤军，冲击数万勍寇，得以斩获微功，非职等之力，实仰赖我皇上天威远震之所致也。（《经略复国要编·叙恢复平壤开城战功疏》）

---

① 以上有关李如松在碧蹄馆之战后的退缩反应，主要是根据《再造藩邦志》《惩毖录》进行叙述的。

与李如松一样，经略宋应昌同样隐瞒了碧蹄馆之战的失利，并把此战称作"大捷"，他写信对兵部尚书石星夸耀说："杨元提兵策应，杀入阵中，杀死倭奴颇众，群倭哭遁入城，其胆甚寒。"（《经略复国要编·报石司马书》）他又向全军宣告说："照得平壤、开城、碧蹄馆之捷，皆尔等奋勇所致。"（《经略复国要编·通示谕帖》）

李如松、宋应昌的这一行为，与石田三成、大谷吉继、增田长盛等丰臣奉行众类似。奉行众在小西行长败走平壤以后，也同样向丰臣秀吉隐瞒小西行长战败的事实，并对不明情况的锅岛直茂宣传小西行长击破数十万明军，杀死三万人，只因粮食用尽才退兵。（《增田长盛书状》）由此可见，谎报战功、隐瞒失利，在当时各国是普遍行为。尽管李如松、宋应昌试图粉饰太平，但无法改变明军因在碧蹄馆之战战败，已成强弩之末的事实。

对于碧蹄馆之战的影响，明末清初的史学家万斯同在《明史稿·李如松传》中总结说：

> 初，官军捷平壤，锋锐甚；转战开城，势如破竹，不复问封贡事。及碧蹄败衄，如松气大索。顿兵绝域，师老财匮，海气郁蒸，疫痢甚作。应昌、如松急图休息。

也就是说，虽然明军一开始势如破竹，先后收复平壤、开城，但经过碧蹄馆战败的打击后，李如松意气消沉，明军士气大衰。加上长期在国外作战，明军水土不服，出现疫情，而财政方面同样面临窘境。在这样的背景下，宋应昌、李如松的当务之急是让明军修养整顿。

端川、吉州之战

碧蹄馆之战结束以后，加藤清正的动向成了明军关注的焦点。这是因为，若位于明军东北方向的加藤清正率军偷袭平壤，就会切断明军的退路，使明军进退失据，陷入万劫不复之地。由于在咸镜道作战的加藤清正远离王京的日军大部队，活跃在另一个比较遥远的地域，行动相对独立，因此有必要介绍加藤清正在碧蹄馆之战前的情况。

自日军于万历二十年五月三日占领王京以来，后方就一直不稳定。在庆尚道沿海的釜山浦至王京之间，朝鲜义兵群起，时常袭击日军，使日军的通道堵塞，补给路线被截断。为了镇压活跃在庆尚道的义兵，细川忠兴、长谷川秀一等人在当年十月出兵，攻打庆尚道的晋州城，但是却打了败仗。"经略"庆尚道的毛利辉元，长期遭到义兵骚扰，甚至被迫放弃了星州城。于是，王京的日军诸将就想将在咸镜道作战的加藤清正、锅岛直茂召还回来，让他们击退庆尚道的朝鲜义兵。（《义弘公御谱中》）因此之故，石田三成、大谷吉继、增田长盛三奉行就联名写了一封信，对远在咸镜道的加藤清正、锅岛直茂下达了立即撤回王京的命令，要求他们回来击退朝鲜义兵。（《日本战史·朝鲜役》）

由于路途遥远，且充满危机，三奉行先将这封信送到江原道，然后托驻兵在江原道金化城的岛津义弘将信送给加藤清正。岛津义弘接到委托后，命令部将敷根仲兵卫赖丰、猿渡扫部兵卫信丰率领 200 多名精兵，冒着危险奔赴咸镜道送信。（《征韩录》）

而彼时，咸镜道也兴起义兵，使得日军大吃苦头。加藤清正的家臣加藤安政在咸镜道的吉州被朝鲜义兵围困，九鬼广隆在咸镜道的端川被朝鲜官军围困。万历二十一年一月初，加藤清正收到了三奉行的信件以后，犹豫着是遵循三奉行的退兵命令，还是去解救吉州、端川的家臣，他为此前往锅岛直茂在咸镜道的大本营咸兴，与锅岛直茂商量对策。锅岛直茂认为应该优先执行三奉行的命令，立即从咸镜道撤兵，舍弃掉吉州、端川被围的士兵，任其自生自灭。但是加藤清正放不下自己的家臣，他坚持出兵去救援吉州、端川的部属，等自己人全部获救以后再从咸镜道撤退。锅岛直茂也只好表示同意。

一月十五日，加藤清正和锅岛直茂各自派出了救援队，去救援被围在端川、吉州两地的加藤军。加藤清正派出的援军里，部将有佐佐平左卫门、庄林隼人佐、松下小右卫门、小代下总守；锅岛直茂派出的援军里，将领有龙造寺七郎左卫门家晴、成富十右卫门茂安、龙造寺又八郎、本告左马助、藤井久兵卫、叶次郎右卫门、水町弥太右卫门等。（《加藤清正：朝鲜侵略的实像》）两支部队的援军加起来共有1000 余人。

这个时候，端川守将九鬼广隆、加藤与左卫门、出田宫内、井上大九郎，正以500兵力苦苦守城。由于端川城内的兵粮已经严重不足，他们化身为亡命之徒，出城掳掠。与端川加藤军对峙的是端川郡守姜灿、高岭金使柳擎天，他们率领的朝鲜步兵无法击退四处掳掠的端川日军，通常一遇到日军就溃退了。在没有办法的情况下，姜灿只好亲自出面，去向正在包围吉州的咸镜道义兵大将郑文孚请求援兵。面对姜灿的请求，郑文孚麾下的将领们有些犹豫，议论不一，但郑文孚经过考虑，还是决定派出援兵。救援部队由200精骑组成，共分为四队，每队50骑。第一队的将领是吾村权管（朝鲜各镇的武官之一，从九品）具滉，第二队的将领是钟城府使朴银柱，第三队的将领是造山万户印元忱，第四队的将领是高敬民。

一月二十日，郑文孚派出的吉州救援队从多信里出发，两天后到达端川，与姜灿的端川官军会合。二十三日，吉州的四队兵马埋伏在端川城外8公里的地方，让端川官军作为饵兵，到端川城外2公里的地方挑战，引诱城内日军出战。城中留守的日军因为此之前屡次打败端川朝鲜军，所以非常轻敌，200名日军士兵没有什么顾忌，就从城内杀了出来，直接攻向端川朝鲜军。端川朝鲜军假装撤退，将日军引向埋伏圈。在这一过程中，因为自身实力太过弱小，一些士兵落后掉队，被日军砍死。日军更加不把端川朝鲜军放在眼里，继续追击，结果陷入了吉州救援队设置的埋伏圈内。埋伏在周围的四队兵马一时突出，"或遮其前，或截其腰，或断其后"，对着日军疯狂射箭。仓促间遭遇朝鲜精骑的日军，一下子就慌了手脚，仓皇失措地向朝鲜军放铁炮，但都没有打中目标，于是只好落荒而逃，向端川城逃去。吉州救援队追击至端川城下，总共射杀了60余名日军士兵，剩下的日军逃入了城中。（《农圃集》）日军一扫之前的嚣张姿态，开始苦苦守城。

但是局势到了一月二十六日发生了变化。这一天，由加藤清正、锅岛直茂派出的日本援军前来救援困守端川城的加藤军。朝鲜军与日本援军交战于端川马屹境，最后不敌战败。[①]端川城内的日军就此脱困，获得了解救。次日，加藤、锅岛援军越

---

① 对于此战，日本史料和朝鲜史料都缺乏具体记载。《宣祖昭敬大王修正实录》记载，"清正遂以大兵逐之，（姜）擎天等退走"，算是承认朝鲜义军战败。《义旅录》则记载，"正月二十六日，战于端川马屹境，三战三胜，遂还军吉州，休其士马"，称朝鲜一方获胜，但结果却是朝鲜义军向后方撤退。据此判定，此战是朝鲜一方战败无疑。

过摩天岭，一路北上，与坚守在咸镜道城津城的加藤军守将近藤四郎右卫门、安田善介会合，之后继续北上，向吉州进发。

同一天，从端川败退的朝鲜将领具滉连夜奔驰，向正在包围吉州的郑文孚报告贼情，称一股1000余人的日本援军队伍已经越过了摩天岭，正发向吉州。郑文孚得到具滉的报告以后，当即统领三卫的3000兵马南下，屯驻于吉州、临溟之间的白郊塔，又使其中的600精骑作为伏兵，准备在白郊塔阻击日军。

一月二十八日黎明，加藤、锅岛援军"蔽野而至"，进入到白郊塔。郑文孚统领的三卫大将——中卫将吴应台、左卫将柳擎天、右卫将韩仁济从正面迎战日军，"遮前截腰"。而埋伏在附近的朝鲜将领具滉、朴银柱、姜文佑、印元忱、高敬民、金国信，也各自率领所部人马迎击日军。其中，金国信统领的定虏卫，是朝鲜王朝为防备女真部落而设的骑兵营，是咸镜道骑兵中的精锐。

这次交战，朝鲜军与日军打得非常激烈，一直从上午7时打到了下午6时，血战24公里。《宣庙中兴志》记载，郑文孚"发伏兵，截其尾，自纵轻骑，绕左右驰射，杀伤众，流血被野"，日军伤亡惨重。在锅岛直茂派出的援军将领中，锅岛孙右卫门、成富源三郎等多人战死。(《普闻集》)但朝鲜军同样伤亡惨重，镜城前训导（地方行政官，从九品）李鹏寿、朱乙温，万户李希唐被日军的铁炮打死。其中，李鹏寿是郑文孚的股肱之臣。

经过一天血战后，付出巨大伤亡的加藤、锅岛军击败了郑文孚率领的朝鲜咸镜道骑兵，当夜进入吉州城，接应在城内苦苦支撑的加藤军。郑文孚在拦截行动宣告失败后，萌生退意，想要退守后方的明川。北虞侯韩仁济认为日军很快将要南归，不会久驻于此，劝说郑文孚不要退兵，应屯兵观望。但郑文孚不听，还是带兵退到了明川。

不甘心就此放弃的韩仁济派出人去侦察日军动向，只见加藤、锅岛军收集日军战死者的尸体，堆积在吉州的官厅焚毁，之后来不及做饭，就从吉州撤兵，一路南下了。韩仁济将这一情况报告给了郑文孚，郑文孚佩服地说："君之料贼，何其神也！"韩仁济趁机提出要追击日军，但郑文孚经过白郊塔之战的失败，不敢穷追，因此加藤、锅岛援军得以安然无恙地从吉州撤退。

为了接应派出去的加藤、锅岛援军，加藤清正从咸镜道安边的大本营北上，他先带着俘虏到的两名朝鲜王子到了咸兴，再次与锅岛直茂会面。之后，从咸兴出发的加藤清正行进到北清时，遇见了从吉州撤退的加藤、锅岛援军。当时从端川、吉州逃脱的加藤军饥寒交迫，有很多人冻伤，加藤清正为了安抚他们，让人拿来大锅煮饭，给每一个士兵分饭团。逗留三天后，加藤清正领兵撤退到了大本营安边。

加藤清正还军安边时，明军正陷入碧蹄馆之战败北后的兵荒马乱中，既无法打败前方的王京日军，又要面临后方加藤清正突袭平壤的威胁，进退失据。备倭经略宋应昌茫然无措之际，东征赞画袁黄麾下有一名叫冯仲缨的策士，主动请缨，愿意去说服加藤清正退兵。袁黄向宋应昌上报，宋应昌表示同意。(《牧斋初学集》卷二《送刘编修颁诏朝鲜十首》)二月十五日，冯仲缨一行抵达咸镜道安边的加藤清正营地，与加藤清正进行交涉，目的除了说服加藤清正从咸镜道撤退外，还要求释放被他俘虏的两位朝鲜王子。

对于安边会谈的详情，史料中主要有两种不同的版本。

第一种版本，是日本史料《清正高丽阵觉书》。此书记载，冯仲缨抵达安边后，恫吓加藤清正说："明皇帝发大军救朝鲜，尽复诸城，擒小西（行长）、浮田（宇喜多秀家），阖国无复倭兵，皇帝闻足下高义，使臣为报告之。足下莫若速返韩王子，收军而归。否则天兵四十万，以韩兵为前驱，直达于安边矣。"

但是加藤清正没有被冯仲缨的威胁给吓到，反而回讽冯仲缨说："我近苦无事，贵国来伐，何幸如之! 咸镜之道险扼，骑卒不得并行。兵之来，日不过一万，迎而歼之，四十日可了。既歼之，度辽破燕，奉大驾（明神宗）于海东（日本），清正可以复命矣。"

加藤清正放出狠话，说不怕明军40万大兵，只要每天歼灭1万明军，40天时间就可以将明军消灭干净；又说歼灭这些兵力以后，日军就可以经辽东攻入北京，将明朝皇帝带回日本。冯仲缨自讨没趣，只好回去复命。

第二种版本，是清初史料《牧斋初学集》。此书记载，冯仲缨单骑进入安边倭营，加藤清正让麾下军队盛装迎接他。冯仲缨因为收集到的错误情报，对日本的时政产生了误解，认为加藤清正的故主是室町幕府的将军。将军之位被丰臣秀吉篡夺后，加藤清正虽然为丰臣秀吉做事，但对丰臣秀吉怀有二心，秀吉难以控制他。因此，冯仲缨故意强调丰臣秀吉篡夺室町幕府将军一事，借此挑拨丰臣秀吉和加藤清正的关系："汝故主源道义（室町幕府第三任将军足利义满）受天朝封（指足利义满在建文、永乐年间被明朝封为日本国王），汝辈世世陪臣，忍忘故主而慢天朝乎？"

冯仲缨知道加藤清正与小西行长的关系非常恶劣，又想挑拨二人关系，便进入日军帐中，对加藤清正宣谕说："汝巨洲世将，故主之介弟，封王盛典，宜听汝请。今行长俨然主封贡，挟天朝以为重，而汝甘心下之，可耻也。今与汝约，急还朝鲜王子、陪臣，退兵决封贡，勿蹈行长逗留不决自误。"

冯仲缨一边让加藤清正从咸镜道撤兵，释放朝鲜王子；一边忽悠加藤清正接替小西行长的外交工作，并承诺他日军退兵以后，就促成日本与明朝建立封贡关系。加藤清正听了以后，手举过额头，向冯仲缨表示感谢，又解下一件花锦袍给冯仲缨，和他歃血为盟。随后，加藤清正又让两位朝鲜王子和朝鲜陪臣过来谒见冯仲缨，定下退兵日期。

以上，便是《牧斋初学集》记载的安边会谈。如果说《清正高丽阵觉书》体现的是加藤清正的狂妄与不可一世，那《牧斋初学集》体现的则是加藤清正的谦卑与恭顺，两种态度截然不同。笔者认为，《清正高丽阵觉书》的记载更加贴近实际情况。因为从史料学的角度来讲，《牧斋初学集》成书时间要晚很多，且不是亲历者记录的，而《清正高丽阵觉书》是亲历者加藤清正部将的回忆录。再者，《牧斋初学集》中，冯仲缨对日本的时政和人物关系有所误解，加藤清正断然不可能被这些错漏百出的说辞给吓住。

无论安边会谈的详情如何，在此之后，加藤清正、锅岛直茂确实从咸镜道撤退了，并没有如传闻中一样去突袭平壤。《牧斋初学集》将日军从咸镜道撤兵的功劳，归功于冯仲缨的三寸不烂之舌。但事实上，根据日本史料《锅岛直茂谱考补》《朝鲜日记》的记载，早在冯仲缨一行人抵达安边的四天之前，也就是二月十一日，加藤清正与锅岛直茂在咸兴商量好以后，就决定从咸镜道撤回到王京了。朝鲜史料《惩毖录》也可以佐证这一点。

所以，冯仲缨一行人的出使，实际上并没有起到什么作用。他们抵达咸镜道安边时，加藤、锅岛两军实际上已经在撤兵的路上了，冯仲缨不但没能索回朝鲜王子，反而被加藤清正一番虚词恐吓后就回去交差了。而回去以后，正赶上加藤清正撤兵，冯仲缨便吹嘘了一番，把功劳揽在自己身上，所以才有了《牧斋初学集》当中的叙事版本。

加藤清正、锅岛直茂从咸镜道一路撤到江原道，此过程非常艰辛，锅岛直茂军中的从军僧人是琢在《朝鲜日记》中记录了当时的场景：

> 十一日，出咸兴府赴京。雪齐膝而人不能步，马亦不前。然则洛夷之间，有金刚山，此是江原道第一高山也。山耶雪耶，更无知其深浅，人马悉被冻杀雪。

而加藤清正在撤兵途中，仍不忘记沿途杀掠，《乱中杂录》对此记载道：

> （清正）由岭东、岭西，流下岭南，所过赤地，山川尽变。清正在贼中，凶毒为最，故前后所经之地，焚荡之酷、杀掠之惨，非他贼可比。

二月二十八日，锅岛直茂军历经千辛万苦，终于撤退到了王京。经过长时间在咸镜道的苦战，锅岛直茂军的兵力，从刚登陆朝鲜时的12000人，减员到了7644人，可谓死伤惨重。次日，加藤清正带着他俘虏的两位朝鲜王子，也撤退到了王京。经过长期转战，加藤清正军的损伤极其惨重，从刚登陆朝鲜时的10000人，减员到了5492人。（《加藤清正：朝鲜侵略的实像》）

幸州山城之战

在日军重兵屯驻的王京南方，有一座叫水原秃城的山城（属京畿道）。自万历二十年十二月开始，朝鲜全罗道巡查使权栗领兵进驻于此，以掣肘王京日军。侵朝日军总大将宇喜多秀家为解决这一威胁，从王京出兵数万，分道来侵，布阵于乌山驿，日日向权栗挑战。但权栗坚守不战，避免与日军正面交战；又时时出动奇兵，埋伏、射杀日军。宇喜多秀家见占不了便宜，便命令日军在晚上烧毁乌山营寨，撤兵回到了王京。（《乱中杂录》）

到了万历二十一年正月，明军收复平壤以后，权栗听说明军将从开城南下，进兵王京，便准备联络明军，一同夹击日军，收复王京。在做出这一决定后，权栗领军从水原秃城北上，抽出4000兵力给全罗道兵使宣居宜，使其屯兵于阳川江岸[①]，他自己则率领助防将赵儆等人，带着剩下的3200精兵渡过阳川，移阵于高阳的幸州山城。幸州山城在王京的西面，距离王京只有11.8公里，此城左右皆是山崖，背靠大江，只有一条道路进出山城，可谓险峻非常。(《梨羽绍幽物语》)权栗带领朝鲜军在这里"设栅为卫"，"筑砦于此，郭外结栅，耸石垣于其中"(《义弘公御谱中》)，在山城上构筑了一系列的城防工事。

但是权栗到了幸州山城以后，并不能对日军采取主动攻势，因为这时候明军已因碧蹄馆战败北遁而去。权栗此前设想的与明军夹击日军之策，无法实施，计划宣告流产。另一方面，王京日军深恨未能在碧蹄馆之战中剿杀李如松，总想借机发泄，宇喜多秀家见权栗率领朝鲜军孤军深入，加上对朝鲜军的轻视心理，便与石田三成、增田长盛、大谷吉继三奉行商量，想要将幸州山城打下来。

万历二十一年二月十二日，日军部署好阵形，从王京依次出发：一番队小西行长、二番队石田三成等奉行众、三番队黑田长政、四番队宇喜多秀家、五番队吉川广家、六番队毛利元康与小早川秀包、七番队小早川隆景。[②]王京日军由宇喜多秀家亲自督战，总兵力为3万人[③]。由于小早川隆景得了感冒，一直在咳嗽，所以便由兼久内藏丞等三名家臣代替其出阵。(《梨羽绍幽物语》)

日军此次布阵有一个特点，那就是将碧蹄馆之战时的队列顺序进行了倒换。这一做法其实很好理解，在碧蹄馆之战中排在前头的日军部队，因明军的激烈反抗，

① 此据《宣祖昭敬大王实录》。《宣祖昭敬大王修正实录》认为，宣居宜布阵的地点在衿川光教山。根据北岛万次《丰臣秀吉朝鲜侵略关系史料集成》一书的注释，衿川光教山在京畿道龙仁的水枝面。但是，根据日本史料《岛津国史》的记载，当时龙仁由岛津义弘驻屯，朝鲜军不可能在此布阵。因此笔者采纳《宣祖昭敬大王实录》的记载，认为宣居宜布阵的地点应该是阳川江岸，而非《宣祖昭敬大王修正实录》的衿川光教山。

② 出自《朝鲜渡海日记》。关于日军的阵形，还有另外一种说法，据《吉川家什书》《吉川家谱》记载，日军队列为：一番队加藤光泰、前野长康，二番队小西行长，三番队石田三成、长束正家、大谷吉继，四番队宇喜多秀家，五番队毛利氏族。笔者此处采信《朝鲜渡海日记》。

③ 关于日军的兵力，《朝鲜渡海日记》为3万人，《义弘公御谱中》为2万人，《宣庙中兴志》为7万人。笔者依据史料的成书时间，采信3万人的说法。

顺序越靠前的部队受到的损伤越大，所以这次就调换了。在碧蹄馆之战中队伍排在最前面的立花宗茂、高桥统增兄弟，这次干脆就没有出兵，由此可见损伤之大。

黎明时分，权栗得到斥候的报告：日军分为左右两翼，各持红、白旗帜，正从弘济院（王京的驿站）直向幸州山城而来。权栗下令军中不要轻举妄动，切勿发出一点声音。他登上高台往外望去，只见在相距2公里的高原上，日军弥漫山野。

而对面山野上的3万日军，也从岭头眺望幸州山城，只见城中炊烟不举、人声不闻，没有一点动静。增田长盛、加藤光泰、长谷川秀一、木村重兹等人感到很奇怪，于是派出100余名骑兵前去侦察。当日军侦察兵进迫城下时，城中将士在权栗的命令下屏息以待，安静地没有发出任何声音。但这不能打消日军退兵的念头，3万日军很快就"蔽野而来"，直杀向幸州山城，并"一时围抱，直进冲突"。

由于幸州山城后临大江，朝鲜军完全没有退路，所以将士们殊死作战。他们占据高地，不断在高处对日军射箭、投下石块，又对日军连放大小胜字铳筒、震天雷等各种火器。（《宣祖昭敬大王实录》）由于幸州山城地势险要，所以日军没有地形上的优势，每个番队都冒死顶着朝鲜军的箭雨、火器、投石，在山城之下不停变化队列向前推进，大呼奋战。日军发起自杀式冲锋，在十分险恶的环境下攻破了幸州山城的外郭，但是自身也伤亡惨重，就连宇喜多秀家、石田三成二人的大将旗都被扯裂了，吉川广家也伤了额头。（《梨羽绍幽物语》《吉川家什书》《吉川家谱》）

从卯时（凌晨5时至早上7时）打到酉时（下午5时至下午7时），日军三进三退[①]，无法轻易将幸州山城攻克，而朝鲜军的箭镞也将用尽了。这时朝鲜忠清道兵使丁杰派遣船只运来箭支，从幸州山城背后的大江输送到了城中，保障了城中武器充足。

日军为求速克幸州山城，也拿出了他们自认的撒手锏。许多日军将士抬着一顶高大的轿子出现在战场上，上面载着几十个铁炮足轻，这些人立于高处，对着栅栏内的朝鲜军不断放铁炮。但是日军的这一拙劣战术很快就被朝鲜军瓦解，权栗的助防将赵儆取来大炮，直对着日军的大轿放，一下子就将日军的大轿给击碎了。日军

---

① 《宣祖昭敬大王实录》称"三进三退"，《宣庙中兴志》称"九进九退"，笔者采纳"三进三退"一说。

不死心，又趁着风势将点燃的稻草丢向幸州山城的栅栏，想要将其烧毁，但很快就被朝鲜军用水给扑灭了，日军的阴谋再次被挫败。

负责守卫幸州山城西北城角的是朝鲜僧兵将领处英，他麾下有 1000 僧兵。日军选中僧兵据守的西北城角，冒死直突，终于在这里打开了一个缺口，大喊大叫地涌入城中。(《再造藩邦志》)情急之下，权栗拔出剑，督诸将作战，朝鲜将士莫不拼命，冒着日军的刀刃与之搏战。增田长盛等人认为难以猝拔幸州山城，于是在日暮时分撤军。日军刚一撤退，朝鲜军就趁机出城追击，用朝鲜军最擅长的半弓射向日军，增田长盛等人大败，就连日军大将宇喜多秀家也中了朝鲜军的流矢，场面非常狼狈。(《义弘公御谱中》)

战败的日军，一路上丢弃了许多铠甲、器械。但他们逃跑之余，为了不让朝鲜军拿阵亡同伴的尸体泄愤，将这些死尸收聚并焚毁。(《宣庙中兴志》)

日军虽然战败，但还是决定于次日再次攻打幸州山城。权栗听说以后，认为朝鲜军经不起反复折腾，加上心中忧惧，于是下令毁弃幸州山城的栅栏，全军撤向王京北方的坡州山城，投靠朝鲜都元帅金命元。(《宣祖昭敬大王修正实录》《梨羽绍幽物语》《惩毖录》)因此从结果上而言，虽然朝鲜军在幸州山城之战中获得了战术性的胜利，但是在战略上还是被迫放弃了幸州山城这一据点，对当时的整个战局而言起不了太大作用。

权栗逃走后的第二天，小早川隆景派人来侦察幸州山城的情形，发现朝鲜军已经撤去。增田长盛等人非常后悔，认为昨天再坚持一下就好了，没有参与攻打幸州山城的小早川隆景为此颇有怨言。(《义弘公御谱中》)此后，日军又屡次出兵权栗的新据点坡州山城，但都只是做做样子，没有实际进攻。

被李如松安排留守临津江岸的副总兵查大受、游击将军毋承宣，为了掌握日军的动向，派出侦察部队往来巡逻，因此很快收到了幸州山城之战的消息，查大受为此感慨地称赞权栗乃"外国真将军"。而李如松在听说了日军在幸州山城之战中吃亏的消息后，也非常懊悔自己这么快就退兵平壤，下令副总兵张世爵回兵开城，蓄粮待命。(《宣祖昭敬大王修正实录》)

熊川海战

权栗从水原秃城北上幸州山城，原打算趁明军收复平壤的东风，与明军共同夹击王京的日军，收复王京。但是由于明军在碧蹄馆打了败仗，所以这一计划以失败告终。与权栗的判断失误一样，朝鲜朝廷也因为明军在平壤之战中获胜，判断王京日军必定逃遁，因此在万历二十一年一月二十九日（这时碧蹄馆之战已经结束两天了）下令全罗道左水使李舜臣呼应明军，在海路上切断日军的退路，使日军"片帆不返"。为此，李舜臣制订了袭击胁坂安治、九鬼嘉隆、加藤嘉明这三名日本水军大将驻兵的庆尚道熊川水营的计划。

二月七日，李舜臣到达巨济岛见乃梁海峡，与庆尚道右水使元均会合，次日又与全罗道右水使李亿祺会合。二月十日卯时，李舜臣率领朝鲜水军出发，直指熊川浦。但日本水军将船只藏在深处，并在海浦设置险要，始终不与朝鲜水军正面交战。李舜臣想要诱使日本水军出战，但对方的船只只是隔一段时间出来查看一下，很快又退了回去，仍然在避免正面交手，这使朝鲜水军始终未能取得一点进展。李舜臣痛彻心扉地在日记中写道"痛愤痛愤"，表达了极为无奈的心情。二更（晚上9时至晚上11时）时分，苦无战果的李舜臣只好退兵到了巨济岛上的苏秦浦。

二月十三日，李舜臣率领朝鲜水军，分为三路，再次进击熊川浦。但日本水军还是和上次一样，无论李舜臣怎样引诱，始终不出海与朝鲜水军决战。李舜臣无奈之下，再次在日记中失望地写道"奈何奈何"，之后便退回了漆川梁。(《乱中日记》《壬辰状草》）

二月十八日早上，李舜臣率领朝鲜水军，第三次进击熊川浦。这次，李舜臣让蛇都金使金浣挑选伏兵将领，埋伏在要路。经过筛选，金浣带领吕岛万户金仁英、鹿岛假将、左别都将、右别都将、左突击将李彦良（龟船主将）、右突击将、兴阳代将，以及光阳二号船、防踏二号船，前往松岛埋伏。剩下的朝鲜船只与之前一样，负责引诱日本水军出战。

这次，一些日军将士失去了耐心。3艘载有百余日军士兵的船只经受不住挑衅，从熊川浦出港，向着朝鲜水军杀来，但他们很快就陷入了李舜臣布下的埋伏圈。埋伏在松岛的朝鲜水军伏兵赶了过来，围堵3艘日军船只，对着其射箭，杀死了对方许多人。由于海战的特殊性，朝鲜海军只砍下了一颗首级。船上有一个穿金胄红甲的日军小头目，大声呼喊着船夫摇动船橹，想要尽快逃命，结果被朝鲜水军的皮翎箭射中，倒在了船中。虽然3艘日军船只损伤惨重，但还是突破了朝鲜水军的包围，向着熊川浦逃去。李舜臣也不穷追，太阳尚未落山就下令朝鲜水军到院浦去取水喝。黄昏时分，朝鲜水军退兵到巨济岛的永登后洋，整晚严阵以待。

二月二十二日，天色昏暗，东风大吹，天气状况不利于出海，但李舜臣还是决定再次出兵。待风势减弱以后，李舜臣带领15艘朝鲜水军船只出发，第四次发向熊川浦。据李舜臣在战报《壬辰状草》中所说，朝鲜水军此次在日军船只的停泊之处交替突战，使出了地字铳筒、玄字铳筒等火器，半数日军船只被撞破，很多日军士兵被射杀。

但是，这个说法事实上存在不少问题。因为李舜臣的日记《乱中日记》记载他在当天的作战中失利，丝毫未提及击破日本水军。而且日本水军在熊川浦设置险要，朝鲜水军并不能轻易靠近，此前李舜臣几次想要接近都没能成功，皆以失败告终，所以他每次都想以诱敌之计，把日军引诱到海面上歼灭。因此，李舜臣在《壬辰状草》中的说法，无疑是其向朝鲜朝廷奏功时捏造出来的，而他的日记才道出了当时的实情。

根据《乱中日记》的记载，熊川海战前，李舜臣构想出了水陆两路夹击日军的战术：他自己率领朝鲜水军直向熊川浦；同时派遣三惠、义能两名僧兵将领乘坐船只前往熊川西面的茅浦，做出将要登陆的动作；又派遣庆尚右道诸将乘坐船只前往熊川东面的安骨浦，做出即将登陆的动作。李舜臣设想，日军会被朝鲜军水陆夹攻的动作吓得仓皇奔窜，届时军队将会分散，力量减弱；这个时候他就可以集中各处朝鲜战船横冲直撞，歼灭熊川浦的日军。但是李舜臣还是失算了，全罗左道钵浦统船将官李应溉、全罗右道加里浦统船将官李庆集不听李舜臣号令，分别指挥钵浦二号船、加里浦二号船率先突进，在熊川浦的浅滩登陆，结果一上岸就被日军围住，造成了很大伤亡。李舜臣见到此景，在日记中绝望地写道："其为痛愤痛愤，肝如裂如裂。"

过了不久，珍岛的指挥船也被日军给围住，几乎不能救出。庆尚道的左卫将、右部将，即使看到了也不去救援。李舜臣见了，又在日记中极度失望地写道："今日之愤，何可尽说。"由于攻势受挫，李舜臣只好整顿朝鲜水军，退兵回到了巨济岛苏秦浦。事实上，李舜臣此次无疑是在熊川浦打了一场败仗，结果他却在战报中吹嘘自己。

二月二十八日，天气晴朗，海上无风，李舜臣率领朝鲜水军，第五次向熊川浦进发。当来到熊川浦对面的加德岛时，李舜臣发现日本水军仍是固守阵地，没有一点出战的意向。李舜臣并没有在加德岛与日本水军继续对峙下去，而是率领朝鲜水军后退到了金海江下端的秃杀伊项，做出了避让日军的动作。没过多久，前线就传来急报，称军情紧急，李舜臣以为是日本水军出动了，就又从秃杀伊项回军加德岛。但是，李舜臣并未见到日本水军的身影，却见到庆尚道右水使元均的军官出动两艘船只，在岛屿上出没搜寻，想要猎杀渔民，割取其首级冒充日本人。李舜臣见状非常生气，就把这些军官给绑了，押送到元均的大营。由于猎杀渔民的主意是元均出的，因此元均也非常震怒，认为李舜臣当众羞辱他。结果朝鲜水军不但没能剿杀熊川日军，反倒是先滋生了内部矛盾。

到了三月六日，李舜臣率领朝鲜水军，第六次进兵攻打熊川浦。据李舜臣在《乱中日记》中的记载，这一次，日军水军放弃坚守海浦，而是仓皇奔窜到陆地，在山腹位置构建起防御阵地。朝鲜水军对着日军放铁炮、片箭，杀死了许多日军。此战，朝鲜军救回了一名被俘虏的泗川女人，之后退兵到巨济岛漆川梁。在战报《壬辰状草》中，李舜臣称，朝鲜水军对着山岸之贼放震天雷等火器，炸死炸伤了许多人，不少日军士兵拖拽着同伴的尸体逃窜；但由于日军处于陆地上，朝鲜军在海上，所以不能割取对方首级。

笔者认为，关于第六次熊川海战，李舜臣在日记和战报中写的，都存在疑点。因为在此前的对峙中，只要日本水军坚守熊川浦，不主动出海迎战，李舜臣丝毫拿对方没有办法。但是在三月六日，日本水军在未交战的情况下，却主动放弃了海岸防线，逃到山上龟缩，被动挨打，这实在是不可思议。恐怕当时的实情是日本水军仍然延续原来的老办法，坚守海岸不与朝鲜水军发生冲突。苦无战果的李舜臣，深受打击，在日记里编造出虚幻的情节欺骗自己。而李舜臣接连六次发动的熊川浦袭击战，也就此结束了。

从战术意义上说，六次熊川海战中，李舜臣绝大部分时候没与日军正面交手。

而从战略意义上来说，李舜臣既没有完成切断日军退路的既定战略目标，也没有打掉熊川倭营这个日本水军据点。无论从战术意义还是战略意义上来说，李舜臣发动的熊川海战实际上都是失败的。

万历朝鲜战争

第四章

明、日和谈（上）：
宋应昌与李如松伪报战功、
欺瞒朝廷始末

火烧龙山仓的谎言

历经碧蹄馆之战、幸州山城之战、熊川海战后，无论明军还是朝鲜军，短时间内都难以击败日军，打破僵局。明军乏粮，死伤颇多，士气十分消沉。提督李如松从一开始一意主战的强硬姿态，逐渐转变成了谋求讲和的退缩姿态。(《明史稿·李如松传》《明史稿·宋应昌传》)

根据《再造藩邦志》的记载，李如松在碧蹄馆战败以后，意气消沉，又因为军队水土不服，疾疫盛行，产生了从朝鲜撤兵的意向，但仍有些犹豫。直到幕下的郑文彬、赵如梅劝说李如松与日军讲和罢兵，李如松才终于下定了决心。

又据《宣祖昭敬大王修正实录》记载，李如松因为粮运断绝，已无意进取，屡次派人联络经略宋应昌，希望能够与日军议和。宋应昌渡过鸭绿江后[1]，责备李如松轻易退却，但李如松却说，"贼众盛强，战不可敌"，表示难以与日军相抗。宋应昌也因此动摇了心意，准备重新起用沈惟敬，让他去和日军议和。

与明军的情况相同，此时日军也存在严重匮乏兵粮的境况，已经撑不下去了，同样有与明军议和的需求。日军的后方补给路线，早已被朝鲜义兵切断，因此前线日军无法及时得到兵粮补充。早在碧蹄馆之战爆发前几天，石田三成等奉行众就已经写信给名护屋，报告王京的兵粮严重不足，只够日军再撑两个月。

另据《再造藩邦志》记载，日军不仅缺乏粮食，而且很多士兵因为水土不服，皮肤都肿烂溃疡了。他们听说明军出动战车，在临津江边放虎蹲炮等各种火炮，声势浩大，场面壮观，都对此感到畏惧。同时，他们对在平壤败北耿耿于怀，认为应当吸取教训。在这些因素的推动之下，日军流露出了撤兵的意愿。

隶属日军第一军团的吉野甚五左卫门，在其回忆录《吉野甚五左卫门觉书》中记录了日军当时的窘境：

> 无论昼夜，均须小心防备。在浮桥远哨者，闻唐（明）、高丽（朝鲜）之

---

① 据《宋经略书》记载，宋应昌渡过鸭绿江，驻扎在朝鲜平安道的安州，是在万历二十一年三月。但根据《宣祖昭敬大王实录》的记载，宋应昌渡过鸭绿江的时间应是一月二十四日。

大军在河口扎营，故各地大名皆至都城。在都城的，自宇喜多宰相（秀家）、三奉行为始，每日均开军事会议。自一月下旬起，至今已是三月，大家无不以为命在旦夕。兵粮且尽，使人难堪。

从《吉野甚五左卫门觉书》的记录来看，王京日军从一月下旬开始，就已经面临兵粮断绝的窘境了。他们担心在这种情况下会受到明朝、朝鲜大军的袭击，人人都很忧虑。

对于日军缺粮的原因，李如松、宋应昌在公文报告中有一套自己的解释，认为是由他们主导造成的。据《事大文轨》记载，李如松在二月下旬向宋应昌报告：

> 本月二十日，密遣哨丁金子贵等同朝鲜通事，潜夜前去倭贼屯扎处所，将龙山馆积贮粮草二十三处，乘西北风，用明火、毒火、火箭齐发，飞射仓房草垛，尽行焚烧。贼见火箭飞空，不知我兵虚实，伏不敢救。次日，放火自烧南关房屋。

根据李如松的说法，二月二十日，他偷偷派哨丁金子贵等人带上一个朝鲜翻译，去夜袭王京日军的粮仓龙山馆（在王京南面，由小西行长、宗义智等人率领的日军第一军团戍守），将龙山仓的粮食焚烧一空。

而宋应昌在收到了李如松的来函后，居然在三月三日的《报王、赵、张三相公书》里，将李如松的报告全部揽为己功，说是自己命令李如松派人去放火烧了龙山仓：

> 倭奴远栖异国，所恃惟在粮饷。彼龙山堆积一十三仓，某命李提督遣将士带取明火等箭烧之。二十日，往彼举箭烧尽无遗，倭奴虽列营分守，不敢来救。

三月五日，宋应昌又在发往兵部的报告《报三相公并石司马书》中表示：

> 至如龙山仓粮已烧，倭奴或难久驻，然倭谋叵测，未可必也。

后世成书的史料，如《皇明从信录》《两朝平攘录》《明史》等接受了李如松、宋应昌的说法，又结合后来日军撤出王京的事实，认为火烧龙山仓以后，日军粮草断绝，不敢与明军为敌，只好退遁朝鲜沿海。然而，如此重要的事情，日本史料里却没有一丝一毫的记载。在朝鲜史料里，甚至还出现了完全相反的记载。

在李如松的报告里，金子贵等人火烧龙山仓的时间是在二月二十日，并且将日军粮仓"尽行焚烧"。但事实上，根据朝鲜官方史料《宣祖昭敬大王实录》的记载，就在8天后的二月二十八日，同样意识到烧毁日军粮仓具有重要战略意义的朝鲜军，开始制订火攻龙山仓的计划，全然没有明军已经将之焚毁的迹象。当时，明军与朝鲜军一直有联络，并不存在通信不畅的可能。如果明军已经将龙山仓焚毁，朝鲜军完全没有必要再去重复做这件事情。

又根据《惩毖录》的记载，到了三月五日，也就是宋应昌正式向明朝兵部报告"龙山粮仓已烧"的那天，作为朝鲜三道都体察使的柳成龙，再次制订了火烧龙山仓的计划，还是没有龙山仓已经被明军焚毁的迹象。柳成龙指出，实施火攻龙山仓的计划在现实层面上有很大困难：

> 今贼既屯据京邑，凭恃险阻，而龙山等仓尚有余谷，主客劳逸之形，悬然不同。如非天兵大势进剿，则我兵难以轻进也……龙山仓火攻一策，臣亦料理已久。故忠清水使丁杰近日率舟师，往来于龙山之下者有日。又令京畿水使李蘋及倡议使金千镒各率舟师以助声势。又借火箭数十于天将，送于丁杰，使之相机善处。但龙山地势，江面有断垄，仓在其内，我军若容易下陆，为贼所掩，则必至奔败。故臣令丁杰等逐日耀兵，使之牵制贼兵。而别令陆军乘夜从后以进，以试火策。而将帅军卒必须精练敢进、素谙地形之人，然后乃可，故至今未试。

简单地说，柳成龙虽然制订了焚烧龙山仓的计划，但他认为朝鲜军实力尚且不足，因此并不敢贸然行动。柳成龙提出这一计划是在三月五日，但李如松却声称在二月二十日就已经焚毁了龙山仓。如果真的像李如松所说的那样，柳成龙又何必事后诸葛亮，多此一举呢？

到了三月十五日，朝鲜忠清道水使丁杰依照柳成龙的计划，率领水军北上，准备火烧龙山仓，结果一波三折，没有成功。据丁杰驰报，他率领水军直抵龙山仓下，与结阵在江边的日军放炮相战，只是没有想到对方人数竟然达到 2 万人之多。(《惩毖录·驰启京城贼势速请提督进剿状（三月二十日）》)

从丁杰的驰报可以看出，日军在龙山仓附近防守严密，配置了相当多的兵力，因此使丁杰火攻龙山仓的计划以失败告终。从朝鲜水军制订、实施火烧龙山仓计划的时间来看，宋应昌、李如松二人声称的火烧龙山仓是相当值得怀疑的。

再从其他记载来看，火烧龙山仓也大有可疑之处，甚至我们可以断定这件事并不存在。根据朝鲜史料《乱中杂录》《再造藩邦志》的记载，三月，宋应昌、李如松二人派遣沈惟敬前往王京与日方议和，要求日军撤走，日方同意并许诺将龙山仓剩下的 2 万石米粮全部留下。四月十九日，日军撤出王京，并遵守之前的约定，将 2 万石粮食交给了李如松的差官沈思贤。由此可见，龙山仓的粮食不仅没有被明军焚毁，日军在撤退时甚至还将剩余的粮食留给了明军。

而小西行长的说辞，也可以佐证《乱中杂录》《再造藩邦志》的记载，证明龙山仓的军粮没有被明军偷袭焚烧，而是日军将余粮留给了明军。据《宣祖昭敬大王实录》记载，小西行长撤出王京以后，致信沈惟敬，信中提到"从麾下之言，引兵退王京，遗二十余万粮物，不烧灭之"。

不过，无论是《乱中杂录》《再造藩邦志》提及日军剩下 2 万余石兵粮，还是《宣祖昭敬大王实录》提及日军剩下 20 余万粮食，这两个说法都有所夸大。根据石田三成等奉行众在一月二十日写给名护屋的书信，王京日军的兵粮仅剩下 1.4 万石（此为日本标准，相当于明朝的 2.4 万石），只够他们再撑两个月。又根据柳成龙的《惩毖录》记载，日军于四月十九日撤出王京后，他清点了龙山仓的余粮，发现还有 2000 余石。

虽然一些朝鲜史料将日军留在龙山仓的余粮进行了夸大，但也可以看出，火烧龙山仓一事并不存在，相反，日军在撤兵后将余粮留了下来。事实上，直到日军四月十九日撤出王京前，柳成龙还在制订火烧龙山仓的计划，但因为顾虑到沈惟敬身在倭营而未敢动手。(《惩毖录·驰启军功状（四月十九日）》)甚至，在朝鲜史料《燃藜室记述》一书中出现了"上驾幸龙山仓,出食谷散给坊民"这样的记载。也就是说，日军撤走后，回銮王京的朝鲜国王李昖，将龙山仓的余粮赐给了附近的百姓。这一条记载，同样可以佐证明军并没有焚烧龙山仓。

后来，从朝鲜回国的宋应昌，编写了一部名为《经略复国要编》的书，此书主要是夸耀他为朝鲜复国做出的功绩，书中多次提到他派人火烧龙山仓，导致日军粮饷断绝这件事。但《宣祖昭敬大王实录》指出，宋应昌这一说法完全是不实之词：

> 应昌著成一书，名曰《复国要编》……应昌曰，"王京城子险峻，未易攻拔，故使查大受焚龙山仓。倭贼无粮饷，宵遁"云。当时城中粮米狼庚（堆积散乱之意），何得云无粮饷乎？此则欺天矣。

近代日本实证主义史家星野恒也指出，在柳成龙的《惩毖录》当中不仅没有出现明军火烧龙山仓的记载，反而有王京回到朝鲜人手里后，柳成龙让人看守龙山仓的记载，足见龙山仓没被焚烧。星野恒据此进一步指出，明朝史料虚构了火烧龙山仓一事，追根溯源，主要是李如松等人因耻于无功而捏造了这件事：

> 《明史》《两朝平攘录》《皇明从信录》诸书皆云："李如松令查大受间道焚龙山仓，倭人遂乏食。"然《惩毖录》所不载。且柳成龙《四月二十三日分付诸人收拾京城状》中有"龙山仓，则令月串金使者守之"语，则其不焚仓审矣。如松等耻无功，捏造是等事，诸书从而录之耳。今不取。（《大日本编年史》）

星野恒的这一论断，是十分公允的，可以得到朝鲜史料的一致佐证。李如松、宋应昌宣称的火烧龙山仓，实乃一欺世之大谎言。仅仅凭借侦察兵金子贵和其他少数家丁，再带上一个朝鲜翻译，断然不可能焚烧由日军重兵把守的龙山仓。一些后世成书的明朝史料可能察觉到了这个纰漏，于是便做了一些篡改。如诸葛元声的《两朝平攘录》，便修改为查大受、李如梅、戚金率一批死士去焚烧龙山仓。

不过笔者认为，虽然并不存在"火烧龙山仓"这件事情，但李如松在二月二十日，应该确实是派金子贵、金善庆等人去龙山仓了。公文史料有一个特点，那就是对日期的记载正确率很高，但具体到在这天做了什么事，就会因为著述目的的不同而出现偏差。笔者猜测，金子贵等人此行的真正目的，有两种可能：

一、金子贵、金善庆等人应当只是作为间谍，偷偷去刺探日军情报。他们可能发现龙山仓虽然有余粮，但数目不多，判断日军撑不了太久，因而向李如松做了相关汇报。李如松据此夸张地说金子贵等人将龙山仓烧毁了，并报告给了宋应昌。而宋应昌得到李如松的报告后，又将这一功劳揽到自己身上，于是便在后世的史料中衍生出了"火烧龙山仓"的故事。

二、金子贵、金善庆等人可能是去龙山仓与小西行长进行接触，试探日军是否有和谈之意。这在此前就有过先例，第二次平壤之战爆发前后，金子贵就至少两次进入平壤，与小西行长会面，并将小西行长的想法转告给李如松，实际上担任了小西行长与李如松之间的联络员。因此，金子贵很可能通过与日军的接触，得知对方缺粮，便将相关情报汇报给了李如松。而李如松据此判断日军撑不了多久，便借机捏造出了"火烧龙山仓"的功绩。而宋应昌沿袭了李如松的说法，并将其揽为自己的功劳。

日军的退兵意志

二月二十日，也就是李如松派金子贵、金善庆前往龙山仓的这一天，丰臣秀吉派遣到朝鲜的特使熊谷直盛来到了王京。熊谷直盛此行的目的是为了听取日军诸将的报告，将前线情况带回去汇报给秀吉。

二月二十七日，日军诸大名、奉行为了向丰臣秀吉进行汇报，集结在王京召开军事会议。参加会议的人有宇喜多秀家、小早川隆景、大友义统、小西行长、黑田长政、前野长康、加藤光泰、大谷吉继、石田三成、增田长盛、福岛正则、生驹亲正、蜂须贺家政、毛利吉成，一共14人。

经过讨论，日军诸将在会议上得出结论：由于缺粮乏食，只能把军队撤退到朝鲜沿海的釜山浦，并由熊谷直盛回去向太阁（丰臣秀吉）报告应该撤兵回国。（《朝鲜渡海日记》）从日军诸将做出的决定来看，他们这时候由于严重匮乏兵粮，已经决定弃守王京，准备先撤退到朝鲜沿海，再撤回日本本土。

会后，日军诸大名、奉行在联署状上签名，约定以后"凡议启事，若军事，互吐胸臆，不相隐蔽。务舍私从公，事决于众。既决而启，功过必分，勿独自洁"（《吉川家什书》）。从约束的内容来看，当时日军内部产生了对立意见，所以才在契约上要求诸将相互之间坦诚相待。

二月二十八日、二十九日，从咸镜道撤退的加藤清正、锅岛直茂先后抵达王京。三月三日，连同他们二人在内，日军诸大名、奉行又举行了第二次军事会议，最终确定了撤兵之事，制成联署状向丰臣秀吉汇报。这封联署状主要提到，王京的兵粮将要告尽，最多只能够日军坚持到四月十一日；但又扬言日军各部队已经在王京集结，无论大明派出多少大军，都要对其进行讨伐。（《日本战史·朝鲜役·文书》）

从这份联署状想要透露给丰臣秀吉的信息来看，因为严重匮乏兵粮，日军诸将对继续作战下去已无把握，但在表面上还是嘴硬，说要向明军诉诸武力。

虽然日军口头上仍然宣称要讨伐明军，但他们很清楚在当前情况下，只能主动向明军、朝鲜军求和。就在同一天，日军将要求议和的书信绑在箭上，射到经过汉江的明军、朝鲜军船只上面。（《昭代武功编》）次日，熊谷直盛带着联署状从王京出发，回到日本名护屋向丰臣秀吉汇报兵粮断绝，诸将请求撤兵。

根据《惩毖录》《宣祖昭敬大王实录》的记载，日军将一封要求议和的信件交给了再次来到龙山仓江边的金子贵、金善庆等人。[1] 在信中，日本人向明朝提出了册封丰臣秀吉为日本国王、允许日本向明朝通贡的要求（合称封贡），声称明朝同意封贡后，日军就会从王京撤出。之后金子贵等人从龙山仓回去，将这封信交给了驻守在坡州的明军副总兵查大受。同时，日军又将另一封求和信投给了龙山仓下流江面上的朝鲜忠清道水军。忠清道水军收到日军的这封信后，转交给了三道都体察使柳成龙。柳成龙不敢怠慢，于三月七日将他手中的信交给查大受。

明军传递情报的速度很快，仅过了一天，也就是三月八日，坐镇后方的经略宋应昌就得知了小西行长投书"恳求封贡东归"的消息，他非常振奋，写信指示李如松立即与日军进行和谈工作。（《经略复国要编》）

同一天，宋应昌又专门起草了一篇宣谕小西行长的谕文，要求他返还侵占的朝鲜领土、释放俘获的两位朝鲜王子，并要求小西行长转告丰臣秀吉，让他上表向大

---

① 从这个记载可以推断，此前金子贵、金善庆来到龙山仓，试探日军有无和谈意愿的可能性很大。

明天子谢罪；同时表示，如果日本方面能够全部做到，他将题奏兵部册封丰臣秀吉为日本国王。接着，宋应昌话锋一转，口头威胁起小西行长，表示如果日军一直怙恶不悛，他将集结福建、广州、浙江、南京、蓟州、保定、京师、真定的精锐，并联合暹罗、琉球等属国，备齐万亿火龙神鸦等火器，直捣日本巢穴，尽行诛灭。（《经略复国要编》）不过，尽管宋应昌话说得非常狠，但这只是他恐吓日军的手段，并不是真的打算这么做。这时候无论李如松还是宋应昌，都是竭力避战的。

而日军方面，由于王京的兵粮实在已经不多了，只好出城劫掠。根据日本史料《朝鲜渡海日记》的记载，三月十日，备前众、中国众、龙造寺众出动1万多人，到王京东门外16公里~20公里的地方抢劫粮食。《再造藩邦志》载："倭乃乏食，出掠东南诸邑，恣意抢夺。地窟所藏米谷，尽被掘取。又向加平、抱川，深入春川，焚抢殆尽。清正又分遣其卒千余人，出掠不已。环畿郡邑，冢坟亦发。"从这个记载可以知道，此时日军的粮食已经快要耗尽了，他们不仅劫掠诸邑，甚至还掘了朝鲜人的坟墓。如果当时李如松、宋应昌能再坚持一下，重启攻势，可能日军真的将迎来末日。不过明军也有现实层面上的困难，难以进取，况且历史是不能够假设的。

三月十五日，遵照宋应昌、李如松的指示，沈惟敬再次以游击将军的身份，乘船前往龙山仓与小西行长议和。根据弗洛伊斯所著的《日本史》记载，沈惟敬来访后，首先推卸掉自己的责任，派人向小西行长解释此前明军发起第二次平壤之战跟他无关，他说："先前犯下的过失，不是我的责任。那是北京新派出的指挥官（李如松），他不同意我与贵殿缔结的和平协议，所以把贵殿的家臣竹内吉兵卫骗出去并俘虏了……"虽然沈惟敬费劲唇舌，想取得小西行长的信任，但这绝非易事，双方会面过程是一波三折。

小西行长将沈惟敬前来议和的消息转达给了石田三成、大谷吉继、增田长盛这三位奉行，以及日军侵朝总大将宇喜多秀家。三奉行和宇喜多秀家认为沈惟敬谎话连篇，因为之前他在平壤欺骗了小西行长，说同意通贡，让两军停战，但转眼就背弃约定，使明军发起了第二次平壤之战，小西行长被迫放弃平壤。三奉行和宇喜多秀家估计沈惟敬这次又是想来欺骗小西行长，所以并不同意。小西行长为了保住面子，想扣押沈惟敬，但是沈惟敬待在船上不肯上岸，而船上戒备森严。小西行长只能表示妥协，他派人告知船上的沈惟敬，如果愿意上岸来谈判，那么三奉行、宇喜多秀家也会过来与他谈判。沈惟敬对此表示同意，于是在随行人员的护卫下上岸，进入龙山仓。三奉行、宇喜多秀家如约而来，其他大名也都纷纷赶来。之后，双方开始了谈判。（《再造藩邦志》）

对于小西行长突然转变态度的原因，朝鲜史料《宣祖昭敬大王修正实录》《再造藩邦志》的解释是：小西行长本来准备围住沈惟敬，将其挟持为人质，但宇喜多秀家、石田三成、增田长盛、大谷吉继、小早川隆景都认为不可以这么做，小西行长这才作罢，随后与日军将士共 37 人一同来向沈惟敬道歉。由此可见，日军高层虽然并不信任沈惟敬，但他们克服不了现实困难，急需谋取出路，只能死马当活马医，与沈惟敬议和。

接着，双方正式谈判。根据弗洛伊斯所著的《日本史》记载，沈惟敬以言语威胁，百般劝诱日军从朝鲜撤军，他给出的理由主要有两条：

一、日军没有明军英勇，武器、战术等方面也都不及明军。

二、明军士兵无数，且战场离本国很近，眼下已出动陆军和一支大舰队，前去阻断日军归路。相反，日军兵力远远比明军少，长期作战将不可避免地陷入疲劳之中，而且在异国他乡作战，兵粮又跟不上，如此下去只会打败仗。

对于沈惟敬恐吓日军一事，朝鲜史料《宣祖昭敬大王修正实录》《再造藩邦志》中也有记录。《再造藩邦志》载：

> 天朝以尔等不于期限退军，攻破平壤，以示天威。若遵前约，诚心归顺，岂必穷兵芟灭？今二赞画（袁黄、刘黄裳）统兵四十万，一抵乌岭截尔归路，一拒汉江阻尔粮道。经略（宋应昌）、提督（李如松）又亲提三十万众，今将至矣。尔等还王子、陪臣，敛兵南还，则封事可成，而两国无战争之祸，岂不俱便？

在这份文献中，沈惟敬不仅要求日军释放被他们俘虏的朝鲜王子、陪臣，退兵回到日本；同时还恐吓他们，说明军已经出动 70 万大军，分别在陆路、水路上截断日军的退路。这一说法，与弗洛伊斯的《日本史》完全吻合。

无论沈惟敬的恐吓是否吓到了日军，日军都不得不做出妥协。根据《日本史》的解释，主要原因是：

这些武将因长期征战而感到倦怠，焦急地等待回归故土，如果老关白（丰臣秀吉）占领了朝鲜，他们担心一定会被安排驻留于此。而且，日军的粮草与弹药十分匮乏，从海路与陆路无法通行的冬天，到夏天到来为止，皆处于无望获得老关白支援的状态。他们还从实战中感受到，现实中的明军与他们预想中的相去甚远，非常强大，于是开始对明军感到害怕。最后的结局是，他们决定缔结协议。

从这一记载来看，使日军决定妥协的最根本原因，一是日军兵粮已经见底了，二是他们被明军的强大武力慑服。这一情况，与朝鲜史料《再造藩邦志》的叙述相同，日军不仅缺粮，而且由于平壤之败，已经流露出了归志。这种情况下，日军除了议和以外，实在别无出路。但是，日军诸将又担心这样做会损害丰臣秀吉的名誉，便准备想一个既不损害其名誉，又让其断绝对外征战念头的办法。

根据《日本史》的记载，小西行长向沈惟敬提出了这么一个主意：明军先派出两名使者渡海至日本，向丰臣秀吉乞和；再以明朝皇帝的名义，派出另一名使者渡海至日本，同意恢复日本与明朝之间的贸易往来（实际上就是通贡）。如此一来，丰臣秀吉就会同意日军从朝鲜撤兵了。

关于这一提议，日本人其实另有考虑。实际上，他们要求明朝方面派去出使日本的使者，就是日军用来要挟明军、掩护日军撤退的人质。因此，他们要求明军必须派出使者。

不管怎么样，为了推动和谈的顺利进行，沈惟敬对日方提出的要求表示同意，但他要求在他带来使者（事实上也是人质）以后，日军在四月八日从王京撤出，并在撤兵当日释放朝鲜王子。（《惩毖录》《宣祖昭敬大王实录》）同时，沈惟敬承诺，日军履行这两个条件之后，明朝也会立刻同意通贡。根据《明史稿·石星传》的记载，沈惟敬在这时候答应日方提出的通贡要求，实际上是得到了兵部尚书石星的直接授意，并不是他私自许可的。由于明军难以打开僵局，石星的态度转向与日军议和，希望以此换取日军尽快从王京退兵。但是石星授意沈惟敬向日军做出允许通贡的承诺，是在隐瞒明朝朝廷的情况下"阴许之"的。

另一方面，沈惟敬答应日军的通贡要求，同样得到了宋应昌、李如松的直接授意。根据《明史稿·宋应昌传》的记载，碧蹄馆之战后，"应昌、如松由是气夺，阴许封贡"。正是因为经过碧蹄馆之战的打击，加上明军严重匮乏粮食、水土不服的现实原因，宋应昌、李如松两人急欲结束战争，便私自以通贡作为筹码，答应日军的议和要求。石星、宋应昌、李如松三人俨然打定主意，与日军妥协，而沈惟敬就是替他们具体执行谈判任务的人。

会谈中，沈惟敬还向日方提出了这些要求：日军退兵以后，不得出兵攻打全罗道；日军撤兵之日，将龙山仓的余粮留下，不得焚毁或带走；同时，在撤兵之日，留下一个倭将作为人质。[1]（《宣祖昭敬大王实录》）日军对这些条件表示接受。双方在龙山仓谈了一整天，会谈才终于结束。会后，日军写信将沈惟敬的意思报告给了丰臣秀吉。（《梨羽绍幽物语》）

还没等沈惟敬回去，明军随行的飞探就火速动身出发，向后方的李如松通报了和议已经达成的消息。据《宣祖昭敬大王实录》记载，明军全军上下"一闻和议之成，莫不喜悦，欢声如雷"。当时，若不与日军议和，明军因为缺乏粮食、疾疫盛行，也撑不了太长时间。龙山会谈还带来了一项重要成果，那就是在碧蹄馆之战中被日军俘获的明军士兵，会议结束后被陆续释放了，李如松因此非常高兴。

而日军方面，即便与沈惟敬达成和议，内部仍然存在着对立意见，依然是人心惶惶。三月十九日，立花宗茂的弟弟高桥统增给家里写了一封信，信中提到当下的形势对日军非常不利，他对前景十分悲观：

> 这个国家的百姓对日本军发起了出其不意的攻击。这件事情如石浮叶沉，本不该发生。但是，在这样紧迫的状况中，日本军内部还存在着对立的意见。我想十有八九王京的汉江会成为我们的三途川（冥界之河）……由于兵粮已尽，我们不得不在四月中旬撤退至釜山。（《中外经纬传》）

再说回沈惟敬，龙山仓谈判结束后，他于三月十六日乘船启程，三月二十四日

---

[1] 根据《明史稿·石星传》的记载，沈惟敬在会谈过程中向日军私许和亲，这一点超过了石星授权的谈判底线。又根据《文英清韩长老记录》的记载，沈惟敬向日军承诺：日军退出王京、释放朝鲜王子以后，朝鲜国王将渡海到日本，并对丰臣秀吉施礼致谢；朝鲜归服日本；朝鲜割让领土给日本。不过，这些说法是否正确还有讨论的余地。

回到义州，向经略宋应昌汇报了此次议和的结果。

对于小西行长原话提出的让明军派出皇帝特使去日本"乞和"，沈惟敬可能没有向宋应昌做非常全面的报告，或者是换成了其他可以令宋应昌接受的措辞，使得宋应昌认为存在可以从日本讨来"关白降书"的可能性。根据《宣祖昭敬大王实录》的记载，宋应昌听了沈惟敬的汇报以后，对他说："此间和议，汝既专主，我不当欺朝鲜，亦不敢诬朝廷。尔须率策士五人，领倭众归日本，受关白降书以来。我得此，然后转旨请奏，封关白为王，使之进贡，勿令误事。"

从宋应昌这番话，可以看出他已经完全倾向与日本议和，急欲结束战争，但仍自信能在议和问题上占据主导地位。他让沈惟敬率领5名策士随侵朝日军前往日本（实际上是明军使者作为人质跟随日军渡海），讨来丰臣秀吉的降书。等这份降书交到宋应昌手上后，他就会转奏朝廷，按照封贡的程序，先册封丰臣秀吉为日本国王，再允许日本向大明通贡。对于小西行长向沈惟敬提出的议和要求，宋应昌基本上已经妥协，表示了接受。

之后，宋应昌又对前来拜见他的朝鲜左承旨洪进表明了与日军和谈的态度：

> 近者倭奴悔罪求贡，其辞极哀，至于再三。我姑许之，且以义责之。约于四月初八日，尽还王子陪臣等，渠即回巢。我当差官，勒令倭众卷还关白处，受关白降书以回，方题本请旨，封关白为日本王，使之由宁波入贡。此贼已慑于平壤之败，今日之悔过服罪，似出于真诚……（《宣祖昭敬大王实录》）

可以看出，宋应昌的态度全然转向同意小西行长提出的通贡请求，并公然透露给朝鲜人。为了不节外生枝，宋应昌发牌文给朝鲜全罗道巡查使权栗，要求朝鲜军不得剿杀日军。相比之前说出"誓绝倭奴之族"的狂言，宋应昌此时的心态无疑是大为退缩。

由此可见，虽然明军介入朝鲜战争，在很大程度上打击了日军，迫使日军决定退兵到朝鲜沿海地带，但明军也因为兵败、乏粮等因素，难以一气呵成地将日军驱逐出朝鲜，不得不做出很大的妥协。

接着，宋应昌决定按照日方提出的条件，派出使者去日本议和。对外，宋应昌则宣称是使者带领日军渡海回巢，去讨关白降书。首先，沈惟敬必须去，宋应昌给了他 200 两银子作为路费。其次，沈思贤、周洪谟两人也被选中，一同前往。另外，宋应昌标下的谢用梓、徐一贯被临时授予参将、游击的官衔，冒充大明天子派出的敕使，以符合小西行长所要求的天子御使。

谢用梓、徐一贯两人知道宋应昌要让他们出使日本后，顿觉晴天霹雳，非常害怕。两个大男人居然一边跺脚，一边哭了起来，他们埋怨道："都是沈游击（沈惟敬）所为，而宋爷（宋应昌）乃如是分付于俺等，俺将何为？贼情真不真，俺何知之？"

谢用梓、徐一贯非常着急地找到宋应昌，当面乞求不要派他们去日本，但宋应昌坚决不答应。谢、徐二人心灰意冷，绝望地对人说："死是一死，奈何？"（《宣祖昭敬大王实录》）

丰臣秀吉的撤兵指令

万历二十一年二月二十七日，当集结在王京的日军诸将因为兵粮不足而做出撤兵决议，让熊谷直盛返回日本向丰臣秀吉报告时，作为侵朝战争主导者的丰臣秀吉，实际上早已收到日军在前线兵粮不足的情报，也流露出了退兵之意。巧合的是，同样是在二月二十七日，远隔重洋的丰臣秀吉非常默契地制定了发给侵朝日军的朱印状，允许集结在王京的日军在兵粮将尽时举兵南撤。（《立花家文书》）

三月十日，丰臣秀吉在没有收到熊谷直盛汇报的情况下，决定让日军从王京尽数撤退到朝鲜半岛南部的庆尚道尚州至釜山浦一带，在这之间的系城配置兵力，并在釜山浦周边筑城，在其附近增设水军。对于之后怎么做，丰臣秀吉是这么想的：由于在前一年的庆尚道晋州之战中，朝鲜晋州城守军让日军大吃苦头，所以日军撤退到庆尚道以后，务必要倾力打下晋州城，以发泄前怨。

为了确保顺利攻克晋州城，巩固在庆尚道的防卫阵线，丰臣秀吉打算增派兵力，使前田利家、蒲生氏乡、最上义光、南部信直、油利五人众、大崎义隆、宇都宫国纲、里见义康等人率领名护屋的预备兵力前往朝鲜。为此，丰臣秀吉在这一天下达了新的军令。

首先，他制定了攻打晋州城的军队部署：

攻打晋州城部署

（单位：人）

组别	将领	兵力
总指挥	前田利家	7000
	蒲生氏乡	1500
第一组	最上义光	300
	长谷川秀一	3000
	细川忠兴	2000
	木村重兹	2000
	大谷吉继	1200
第二组	上杉景胜	5000
	蜂须贺家政	5000
	福岛正则	3000
	户田胜隆	2500
	中川秀成	2000
	小野木公乡	600
	牧村政吉	400
	冈本重政	300
	加须屋武则	120
	高田治忠	188
	藤悬永胜	120
	太田一吉	80
	片桐贞隆	120
	古田重胜	120
	新庄直定	180
第三组	秋田实季	134
第四组	南部信直	100
第五组	本道忠亲	25
第六组	大崎义隆	20
第七组	油利五人众	88
合计	一	37095

接着，对于小西行长、加藤清正等侵朝日军主力，丰臣秀吉计划让他们从王京退到庆尚道最北部的尚州，具体部署如下：

尚州城在阵部署

（单位：人）

组别	将领	兵力
第一军团	小西行长	4500
	宗义智	3500
	松浦镇信	2000
	有马晴信	1300
	大村喜前	700
	五岛纯玄	500
第二军团	加藤清正	7000
	锅岛直茂	8000
	相良赖房	500
第三军团	黑田长政	3500
	大友义统	4000
第四军团	毛利吉成	1300
	岛津义弘	7000
	高桥元种 秋月种长 伊东祐兵 岛津丰久	1300
第五军团	小早川隆景	7000
	小早川秀包	1000
	立花宗茂	1700
	高桥统增	500
	筑紫广门	600
合计	一	55900

日军撤出王京以后，镇守庆尚道尚州至釜山之间的军队，丰臣秀吉是这么安排的：

庆尚道守军部署

（单位：人）

镇守地点	将领	兵力
尚州至釜山浦之间各城	宫部长房	700
	南条元清	1000
	荒木重坚	500
	垣屋恒总	250
	斋村广道	500
	明石全登	500
	别所吉治	350
	服部一忠	500
	稻叶贞通	900
	一柳可游	250

镇守地点	将领	兵力
尚州至釜山浦之间各城	竹中重利	200
	谷卫友	300
	石川贞通	200
咸昌城	龟井兹矩	700
金海城	毛利重政	200
釜山浦并金海城	早川长政	170
合计	—	7220

至于在釜山浦周边筑城的部队，丰臣秀吉部署如下：

釜山浦附近筑城军队部署　　　　　　　　　　　　　（单位：人）

组别	将领	兵力
主要负责人	浅野长政 浅野幸长 伊达政宗	4900
	羽柴秀胜	6000
	增田长盛	1000
增田长盛一组	宇都宫国纲	300
增田长盛一组	里见义康	150
增田长盛一组	那须资晴 成田氏长	220
合计	—	12570

以丰臣秀吉在三月十日发布的这道军令为分界线，他的原定战略目标宣告失败。中野等在《秀吉的军令与大陆侵攻》一书中指出：丰臣秀吉原先的战略方针，是追求以闪电般的速度攻入明朝，但现在变成了日军全面撤退至朝鲜沿海地带。从这一变化可以看出，丰臣秀吉已经被迫放弃征明的既定战略目标了。

德富猪一郎的《近世日本国民史·朝鲜役》一书，更是敏锐地通过丰臣秀吉的指令变化，嗅出了日军的虚弱，对丰臣秀吉进行了强烈的揶揄与嘲讽：

> 彼大军渡海的直接目的，不是为了取晋州城，这无可置疑。秀吉调动大军，本来目的在于一举吞灭明朝。然未经一年，其大军便沦落到仅仅被用来攻陷这一座小城。没落到此种龌龊的境界，不管是谁，都会有昨是今非之感。

三月十五日，日军与沈惟敬举行龙山仓谈判，之后将会谈结果报告给了丰臣秀吉，声称明朝将会派出使者来到日本向丰臣秀吉乞和。据《梨羽绍幽物语》记载，丰臣秀吉并不满意这一结果，他要求小西行长让大明派一个王孙到日本，方允许与其议和。然而，日军缺粮乏食，撤退已是必然之势，而且明朝也不可能满足日本如此苛刻的条件，所以丰臣秀吉这话也就是自己说说，在内部表示一下强硬的姿态，实际上还是只能接受龙山仓谈判的结果。

四月八日，到了约定好的日军从王京退兵的日子，沈惟敬再次进入倭营，催促日军退兵。但日军始终对之前被沈惟敬欺骗，以致小西行长兵败平壤之事耿耿于怀，于是便将他扣留了下来，也没有在这一天撤兵，使明军陷于被动。

四月十七日，谢用梓、徐一贯带着几十名随从、50 匹马，继沈惟敬之后进入王京。小西行长、石田三成、增田长盛、大谷吉继、小早川隆景等人借此夸大军情，他们写信给名护屋，欺骗和取悦丰臣秀吉，说明军在碧蹄馆大败后，总大将主动向日本谢罪，并要派两名敕使来日本。(《日本战史·朝鲜役·文书》)

明朝使者相继进入王京倭营以后，日军士兵非常高兴，因为这代表着和议已成，他们能够撤军了。据日本史料《吉野甚五左卫门觉书》记载："我军人见之，知和成，大喜，欢声如雷。"这一反应，与明军一模一样，可见双方都非常期待结束战争。

明朝使者对日军来说，同样也是人质。随着明方人质陆续到齐，日军裹挟着他们，以及俘虏的两位朝鲜王子与朝鲜众大臣，开始从王京撤退。撤退之前，日军将龙山仓剩下的 2000 石米留了下来，交付给李如松的差官沈思贤。原本依照沈惟敬与日军在龙山仓谈判的议和条件，日军在撤出王京之前，要释放两位朝鲜王子及一干大臣，并留下一个倭将作为人质，但是日军并没有履行这些约定。

四月十九日，日军大摇大摆地从王京撤退。结合《是琢朝鲜日记》《宣祖昭敬大王修正实录》《燃藜室记述》的记载，日军撤退时，以第二军团的锅岛直茂作为殿后部队，他们渡过王京南面汉江的浮桥，一路经过京畿道、忠清道，向着庆尚道撤退。宇喜多秀家、小西行长等人翻越忠清道与庆尚道交界的鸟岭时，以沈惟敬、两位朝鲜王子与一干朝鲜大臣骑马作为前导，日军聚集搜刮到的美女、才人、歌儿、乐工，日夜作乐，以示凯旋之状。

虽然丰臣秀吉要求日军从王京撤退以后，最前线的军队驻守在庆尚道尚州一线，但由于庆尚道的补给线已经被朝鲜义兵破坏，善山以北的地区都得不到补给，因此日军无法在尚州久留，只能在五月的时候全部撤退到庆尚道的沿海地区。退到沿海以后，日军各军团分布在蔚山、西生浦、东莱、釜山浦、金海、熊川、巨济等处，建成首尾相连的16个屯兵点，皆依山凭海、筑城掘壕，以为久驻之计。(《朝鲜阵记》)

日军从王京撤出的次日，李如松便率领大军收复了王京。几十天以后，经略宋应昌怕别人议论自己不进行追击，不得已发牌文给提督李如松，要求他追击日军，但其实只是想做做样子而已。李如松也配合宋应昌进行演出，行军速度非常缓慢，有时候一停下来就是好几天，最后干脆就不追了，直接原道返回。①朝鲜国王李昖气得大骂李如松："堂堂天将，终不过为倭贼殿后护送之将。"(《宣祖昭敬大王实录》)

四月，四川总兵刘綎率领在福建、西蜀、南蛮等处招募的5000士兵，作为后继援军进入朝鲜，稍稍缓和了紧张的气氛。刘綎所部的到来，无疑起到了鼓舞士气的作用。宋应昌、李如松稍稍振作起来，调遣兵力布防在庆尚道，与退兵到庆尚道南部沿海地区的日军形成对峙局势。其中，刘綎屯兵在庆尚道的星州（后驻大丘）；南兵将领吴惟忠屯兵在庆尚道的善山、凤溪，骆尚志、王必迪屯兵在庆州；北兵将领李宁、祖承训、葛逢夏屯兵在庆尚道的居昌。(《惩毖录》《宣祖昭敬大王修正实录》)

名护屋谈判

五月初，由经略宋应昌派出的谢用梓、徐一贯、沈惟敬，带着他们的随从人员，跟随日军大部队撤退到了庆尚道沿海地区。同月八日，石田三成、增田长盛、大谷吉继、

---

① 此据《惩毖录》《宣祖昭敬大王修正实录》。二书认为宋应昌、李如松在日军撤出王京之前，态度已经转变为主和，所以两人串通起来，只是做做追击日军的样子而已。但对宋应昌和李如松的态度，有另外一种说法，认为宋应昌在日军撤出王京之前一直是主战的，但由于李如松等将态度消极，才逐渐转变为主和。据朝鲜史料《宋经略书》记载，日军从王京撤退以后，宋应昌督令李如松追击，又移咨朝鲜，令朝鲜将官协同明军追剿。但李如松不肯进兵，宋应昌又令副总兵刘綎督众追击日军。宋应昌担心李如松制约刘綎，又使赞画员外刘黄裳与刘綎一同进兵。但刘綎到了庆尚道南部以后，得知日军兵力众多，也不肯进兵。宋应昌为此责怪李如松，但李如松回到定州见了宋应昌以后，极言不可轻敌，宋应昌相信了，此后其方针便由主战转变为主和，而且主和的意志甚至超过了李如松。朝鲜屡次恳请宋应昌进兵，但是宋应昌都不听。

小西行长、景辙玄苏等人领着谢用梓、徐一贯和随行人员从釜山浦出发，渡海前往日本。十八日，一行人登陆名护屋，准备谒见丰臣秀吉。不过，沈惟敬留在釜山浦，没有随团出发。两位朝鲜王子与众朝鲜大臣作为人质，也被日军羁留在釜山浦。

明使渡海之前，丰臣秀吉听说大明皇帝派出的敕使要来日本乞和，就想让大明使者好好见识日本的威仪，准备让武士全部出动。前田利家密切配合丰臣秀吉，他为了装饰士兵的枪柄，从加贺、能登两地调配了许多金箔、银箔。（《三轮家传书》）

这时候，丰臣秀吉不知道谢用梓、徐一贯的敕使身份是伪造的，真实身份只不过是两个地位低下的小官，因此对明使赴日非常重视，派出了德川家康和前田利家分别招待二人。这在中日两国的外交史上，是非常戏剧性的一幕。

另一方面，丰臣秀吉一边准备与明使进行和谈，一边调整攻击晋州城的部署，仍不放弃在朝鲜继续使用武力。五月十九日，丰臣秀吉让石田三成、大谷吉继、小西行长先渡海回到朝鲜，督促诸将攻克晋州城，只留下增田长盛招待明使。

五月二十三日，丰臣秀吉在名护屋接见了两名伪敕使。他带着谢用梓、徐一贯参观了名护屋城内的黄金茶室，赏赐给二人 300 两白银、两把太刀与几十件衣服，又赏赐给大明使者的随行下级官员们 500 两白银。随后，丰臣秀吉委派略懂汉文的倭僧景辙玄苏与明使进行笔谈，磋商日本与大明的和谈条件。

笔谈开始后，景辙玄苏在纸上写好要说的话，然后出示给谢、徐二使看，上面写着："朝鲜全罗、庆尚两道之人，虽然一开始开路让日军先锋通过，但之后却占据险要之处，阻碍日军进兵，这是朝鲜的欺诈之处。因此之故，日本没有从两道撤兵。如此虚诞的朝鲜，大明难道也不诛灭吗？大明姑且与日本和亲，尽快落实，日本肯定会很快收兵。日本与大明和亲后，将会与大明缔结属国之约，成为大明的属国。此后大明以日本为先驱，讨伐鞑靼，则鞑靼也会归大明掌握。日本粉身碎骨，欲报效大明皇帝。"

景辙玄苏在纸上提出的要求，是要明朝与日本和亲，也就是让大明公主下嫁日本。这一条要求，是秉承丰臣秀吉的意愿。话锋一转，景辙玄苏又说日本想要成为大明的属国，替大明征伐鞑靼。这番说辞的真实意图不明，也不能明确是不是代表丰臣秀吉的意志。而谢用梓、徐一贯二人，以为景辙玄苏说的"和亲"是指大明、日本两国通好，并不是两国联姻，又为了尽快脱身回国，便决定用表面上好听但实际上空洞的话来回答景辙玄苏，他们在纸上答道："阁下承示太阁之意，每句话都说到了要点，我们感到很佩服。刚才说到朝鲜欺骗日本的事情，朝廷也不知是真是假，所以派使者去朝鲜查探真伪。现在听了你的话，所有的疑虑都没有了。我等归国后，必将朝鲜的虚诞上奏朝廷，命三法司科道召开会议，想必不会轻饶朝鲜。之后再派遣使者向贵国通报，请体谅此意。"

景辙玄苏又在纸上写了话，出示给谢、徐二使看："太阁也想要足下速归，将日本的赤诚报于大明，促成两国和亲之实。讲和大事，不得不待大明天子之命，所以日本军的撤兵速度快慢，实由大明决定。"

谢用梓、徐一贯继续在纸上虚与委蛇地回应道："太阁对大明的忠诚，可达于天地，归奏大明天子，天子肯定会感到很高兴，从而嘉赏太阁。如有鞑靼之祸，派遣使者来贵国请兵，帮助大明亦无不可。不过现在九边清宁，天下太平，又得贵国通好，这是千万年难遇之美事，还有什么比这更加高兴的呢？"

谢、徐二人先是假装答应了景辙玄苏在第一张纸上的要求，说若有必要，会向日本请兵征讨鞑靼，但很快又说天下太平，没有什么风波，婉拒了日本出兵鞑靼的请求。此时，谢用梓、徐一贯并没有把这件事放在心上。然而令他们没有想到的是，一语成谶，这种当时想都不敢想的事情，居然真的发生了。

53年后，也就是公元1646年，此时明朝北京政权已经灭亡两年了，而南方的隆武政权还在苦苦支撑。面临清兵南下的威胁，南明水师都督周鹤芝，令参将林籥舞带了两封书信到日本去乞兵，说尽好话，恭维日本是"大国"，希望德川幕府能够借3000士兵，帮助南明攻打清朝，结果被幕府将军德川家光直接拒绝。

回过头，再继续说景辙玄苏与谢用梓、徐一贯的谈判。被明使婉拒日本出兵鞑靼的请求以后，景辙玄苏又在纸上对二使道："太阁以石田三成、增田长盛、大谷吉继、小西行长四人为心腹之臣，重要的事情都和四人商量。现在看两位使者，也是天朝的心腹之臣。太阁看待四臣，就像天朝看待两位使者一样。"

景辙玄苏并不知道谢用梓、徐一贯只是宋应昌派出的伪敕使，真实身份其实很低，误以为他们在大明的地位可以和三奉行及小西行长相比，因此做出了错误的比较。

之后，景辙玄苏又捏造事实，在纸上对二使写道："太阁殿下让我向二位使者报告出兵朝鲜的本末。三年前，日本告知朝鲜国王，说有要事要通报大明，请朝鲜代为转奏，朝鲜答应了。但是，日本等了三年，也没收到朝鲜的回信，于是起兵，目的不是为了侵犯大明，只是想从朝鲜借路，前往大明，向大明直抒胸臆。因为朝鲜遮截日本前往大明的通道，所以日本发军讨伐朝鲜，这是对朝鲜欺骗日本的惩戒。天朝现在派遣两位使者来为朝鲜说和，若仍旧惯纵朝鲜，那么太阁将领兵直入辽东，亲向天子禀告。两位使者回国以后，将这个意思如实转奏而不进行欺瞒，那么和亲之事可成，愿思量。"

在这段话中，景辙玄苏一改之前的口吻，用丰臣秀吉将亲自出兵辽东这种话，威胁谢用梓、徐一贯，迫使明使答应大明与日本和亲之事。但谢用梓、徐一贯一直以为景辙玄苏说的"和亲"是指两国通好，而不是缔结两国婚姻关系，所以没有被吓住，继续用虚伪动听的好话与景辙玄苏周旋，他们在纸上答道："去年八月，贵国欲通中国之情，先锋（小西行长）已经告诉沈游击（沈惟敬）了。沈游击回奏天子，文武百官都信。奈何朝鲜不以实言相告，所以误了事。现在派我们二使来会见太阁，正是为了得知实情。你的话，和先锋的话如口一出，我们知道肯定不是虚假的。两国之和好，可以延续万年之久了，我们这些人是何等幸运啊。我等也当早日回国，上奏太阁殿下的美意。"

景辙玄苏见明使始终回避和亲，又在纸上写道："如果大明继续惯纵朝鲜的欺骗行为，那么日本的怨恨就会继续加深，而难以对大明忠诚。二位使者宜速速促成与日本的和亲，到时候就可以带着太阁游历北京和明朝各处名胜风光了，而这都将是你们两位好媒人的功劳。"（以上对话出自《中外经纬传》《近世日本国民史·朝鲜役》）

至此，景辙玄苏与谢用梓、徐一贯的笔谈结束了。实际上，这次笔谈还是不得要领，在此之后，丰臣秀吉准备改以南禅寺的僧人玄圃灵三出面与明使谈判。丰臣秀吉以胜利者的姿态，起草了日本与大明议和的七个条件，让玄圃灵三在之后的谈判中向大明使者提出，并想办法让对方答应。这七个条件被统称为"大明日本和平条件"，具体的条款内容如下：

一、和平誓约无相违者，天地纵虽尽，不可有改变也。然则，迎大明皇帝之贤女，可备日本之后妃事。

二、两国年来依间隙，勘合近年来断绝矣。此时改之，官船、商舶可有往来事。

三、大明、日本通好，不可有变更旨。两国朝权之大官，互可题誓词事。

四、于朝鲜者，遣前驱追伐之矣。至今弥为镇国家、安百姓，虽可唯遣良将。此条目件于领纳者，不顾朝鲜之逆意。对大明，割分八道，以四道并国城，可还朝鲜国王。且又前年，从朝鲜差三使，投木瓜之好也。余蕴付与四人口实。

五、四道者既投返之，然则朝鲜王子并大臣一两员为质，可有渡海事。

六、去年朝鲜王子二人，前驱者生擒之。其人非凡间，不混和平，为四人，度与沈游击，可归旧国事。

七、朝鲜国王之权臣，累世不可有违印之旨，誓词可书之。

以上七个条件，是日本人用生涩的汉语写的，读起来晦涩难懂，大意是：

1.大明皇帝的公主下嫁给日本天皇。

2.恢复日本与大明的勘合贸易（通贡）。

3.大明、日本两国大臣互相交换誓词，表示通好之意。

4.大明居中仲裁，朝鲜咸镜道、江原道、平安道、黄海道，还给朝鲜国王，剩下的庆尚道、忠清道、全罗道、京畿道割让给丰臣秀吉。

5.未被生擒的朝鲜王子和一两个大臣作为人质，渡海到日本。

6.放还之前生擒的两位朝鲜王子。

7.朝鲜权臣向日本提交誓书，发誓永不叛变。

这七个条件，除了第六条是日方履行的义务外，其他几条都要明朝、朝鲜履行，且每一条都非常苛刻。丰臣秀吉俨然以胜利者的姿态，向明使提出这些条件。据弗洛伊斯的《日本史》记载，原先，丰臣秀吉从小西行长等人那里听说了明军的实力，放弃了对朝鲜领土的野心。但现在明朝使者来到名护屋，他就忘了日本士兵曾经在朝鲜的都城被明军包围，陷入窘境的事情。不管如何，他要求把朝鲜一部分领土割让给日本，并提出了其他种种利益主张。

一个月后的六月二十一日，玄圃灵三出马，与谢用梓、徐一贯再次笔谈。会谈一开始，玄圃灵三就将七个议和条件出示给两人看。看了日方出示的议和条件后，谢用梓、徐一贯才知道之前景辙玄苏所说的和亲是指明、日两国联姻，而且还是让大明公主下嫁给日本天皇。他们对此犯了难，在纸上对玄圃灵三写道："出示的这些条件，太阁想让我们二使件都答应吗？或可稍稍做些变动？"

玄圃灵三在纸上答复道:"太阁的这些条件,只供两位天使看,如果有什么想法,今天可以提出来。不过既然是太阁的严命,条件不可更改。"

谢用梓、徐一贯只好无奈地在纸上写道:"如果是这样的话,那就任凭尊意。"

但玄圃灵三却突然退让了一步,在纸上写道:"两位天使还是可以把你们的想法说出来,我之后会报告给太阁。"

谢用梓、徐一贯松了一口气,在纸上写道:"我们二人出使日本,无非是想和日本延续旧好,所以没有一点夸大之言,以忤太阁之意。但是现在看到太阁所示条件,其中很多都不通情理。如果是这样的话,难道让我们二使将此意隐瞒,不报我大明天子吗?还是说把这些话直接上奏天子?隐匿不报的话,就涉嫌欺骗。如果直接上奏,则与日本和好之事就难办了。一定想要和好的话,请削除几个条件,则大事可成。"

玄圃灵三充满疑惑地在纸上写道:"请示以想要删除的条件。"

谢用梓、徐一贯写道:"削除第一个条件(指大明公主下嫁给日本天皇)。"

玄圃灵三非常不满,对谢用梓、徐一贯写道:"削去嫁娶这一条件,还怎么让两国和亲?"

谢用梓、徐一贯在纸上解释道:"自周朝迄今,日本、大明和好,虽有旧典,但从未闻有婚嫁。和亲之事,历朝历代何时有过?想必老禅师肯定知道。当年鞑靼也曾向我国求和,我国也只是封鞑靼王为顺义王,而无和亲之事。如果两国要通好,又何以和亲为必要条件!愿思之。汉朝的时候,以民间女嫁往匈奴,史书至今骂不绝口。如果将和亲这个条件上奏朝廷,天子必然大怒,大事坏矣!我们二使与贵国以诚信来往,不想有所隐瞒。如果我们表面上答应了贵国的和亲条件,但是回国后却不向天子奏报,那就是我们的欺心之举了。如果我们就这样渡海回去,肯定遭遇沉舟之祸。我们据实相告,希望能够削除此条件。"

玄圃灵三的汉文水平有限,理解不了谢用梓、徐一贯说的去掉"此条件"是指丰臣秀吉提出的全部条件,还是指其中一个条件,便在纸上问二人:"此条件是指两张纸上写的全部条件,还是专指其中某一个条件?"

谢用梓、徐一贯没有正面回答,而是在纸上写道:"日本提出的议和条件,原文呈给经略宋老爷(宋应昌)看的话是可以的。但要我等上奏朝廷,则必须按照我等的书写方式重写,用词要谦虚恭顺,方能和好。"

他们又在纸上写道:"七个条件中,削除第一个条件外,其他六个也要全部领纳吗?让朝鲜王子作为人质到日本,朝鲜未必会允。待我们二人回去向经略禀告,再做定夺。"

玄圃灵三为了谈判成功,做了一定程度的让步,提出在明朝满足日方的两个条件(大明公主下嫁日本天皇、朝鲜王子作为人质送到日本)后,日军可以退还占据的朝鲜土地。以此为底线,玄圃灵三在纸上对明使写道:"朝鲜八道之中,其中四道和国都,已经依照大明的命令还给朝鲜了,剩下的四道还掌握在日本手中。让大明命令朝鲜王子、大臣两三人为人质,居住在日本,再和日本通婚,剩下的朝鲜四道就可还给朝鲜。"

接着,玄圃灵三重新起草了一份态度恭顺的上奏明廷的公文,内容大致是:"早在周朝时,日本就和中国通好了。从洪武年间到嘉靖年间,日本与大明一直都有往来,直到嘉靖三十五年(1556年)才中断联系。如今太阁凭借天神赐予的力量,平定四方,只是和中国不通往来,每次想到这里就感到遗憾。三年之前,太阁约朝鲜代为向大明申诉。朝鲜却欺骗了日本,因此去年三月的时候出兵讨伐朝鲜,但太阁还是告诫前锋诸将:'遇见大明人,就把日本想和大明通好之意告诉他们,就地驻兵等待回复。'今蒙两位天使亲临日本,乃知天朝不弃日本之情,不胜感激。跪求准照旧例,让日本的朝贡商船往来于大明。"

写完以后,玄圃灵三对谢用梓、徐一贯示意道:"大概这样写,就很顺利了。"

谢用梓、徐一贯继续在纸上问玄圃灵三:"那两张纸上的议和条件,已先给朝鲜国王看了吗?还是先给我国陛下看?"

玄圃灵三在纸上回复道:"不给朝鲜国王看。"接着,他又写道:"二位天使回大明的时候,虽然日本也可以派使者跟着去,但既有太阁的两份押印文书,大明也不会怀疑二位天使的上奏,就不派使者去了。"

谢用梓、徐一贯看了回复内容,在纸上写道:"派出日本使臣更好,如果不肯,那就罢了。"

突然,玄圃灵三用威胁的语气恐吓二使,以元朝出兵攻打日本结果失败的历史为例,夸耀日本武力强大,逼迫他们接受和亲这一条件。玄圃灵三在纸上写道:"日本与中国,确实自古以来没有婚嫁之事。但元朝至元年中,元军以10余万人攻打日本，结果失败，生还者仅有 3 人，此事详载于《元史》。"

谢用梓、徐一贯感到受到了挑衅，义正词严地在纸上回击玄圃灵三："婚嫁之事本来就没有。至于元朝攻打日本，不能生还之人当然是有的，但日本出兵 1 万人，也自损 3000 人。就算是现在日本攻打朝鲜，兵将都能人人保全吗？这些话不是你在和我们讲和的时候应该说的，你说话小心一点！"

玄圃灵三被谢用梓、徐一贯警告以后，便结束了这次笔谈。之后，玄圃灵三将谢用梓、徐一贯的回答报告给了丰臣秀吉。知道明使不肯一下子接受七个议和条件，丰臣秀吉做了一定程度的让步，要求玄圃灵三在下一次谈判中，一定要让明使答应与日本和亲、割让朝鲜四道给日本，而底线是让明使答应与日本和亲。次日，谢用梓、徐一贯再次与玄圃灵三进行笔谈。

笔谈开始后，玄圃灵三在纸上对两名明朝使者写道："昨天两位天使所指示的，我已全部告诉太阁了。太阁回话说：'大明、日本不行婚嫁，怎么表示诚意？不然的话，朝鲜八道当中的四道，按照大明皇帝的要求还给朝鲜国王，剩下的四道给日本。盖上大明皇帝金印，中分朝鲜国，划分疆域。'大明和日本缔结婚姻、中分朝鲜，这两条要求，如果都不能满足，那么大事就难成了。"

谢用梓、徐一贯在纸上回复道："我等奉命出使，只因朝鲜乃我大明属国，为其排忧解难。承蒙贵国收兵釜山，可见确实有通好之意。至于婚嫁，决不可行。而中分朝鲜八道，也不可行，难道我大明想要得到朝鲜土地？朝鲜既然是大明属国，那么朝鲜八道，也全为大明所属。如果欲中分朝鲜，那将置朝鲜国王于何地？如果依照太阁所想，那我大明还有什么必要救援朝鲜？今救朝鲜，却反而中分朝鲜，那就是我大明不仁不义，还怎么做天下人之主？太阁英雄之名已闻于远近，现在取朝鲜土地，徒有不义之名，又有什么好处？只有和我天朝通好，从朝鲜撤兵回到日本，保全朝鲜人民，则太阁的美名、仁德将扬名后世，岂不是很好？这是我们两位使者的愚见，希望你这位高明之人能够知晓。如果太阁一定要取朝鲜四道，我们回去报告天子，倘若不被允许，不要怪我们今天没有直言。"

玄圃灵三见谢、徐二人态度强硬，便继续在纸上写道："两位天使虽然到了日本，却没有带来大明的议和条件，所以太阁写了七个条件。而这之中，迎娶大明公主、中分朝鲜八道两条最为要紧。这两个条件如果不能满足，那么大事难成。两位天使不肯答应，自有道理，回到大明以后可以上奏大明天子，也可以回到朝鲜釜山和沈游击商议。自汉朝以来，中国就有许多与外国婚嫁的例子，两位天使如果能将此上奏，与日本结亲订盟，则可保全朝鲜人民、撤回大明士兵，成为名留千古的良媒。古有毛延寿为汉朝忠臣，今有二位天使保全大明、朝鲜亿万人民。而且，就算大明不肯划分朝鲜四道给日本，日本也可派遣猛将讨伐朝鲜，这都在太阁的掌握之中，愿两位天使好好思量。"

在这番话中，玄圃灵三误解了中国历史，他以为西汉时期的宫廷画师毛延寿把宫女王昭君画成了一个美女，把画像献给匈奴单于，使王昭君得到赏识，下嫁匈奴，从而促成汉朝和匈奴和亲，是一个功臣。实际上，据晋代葛洪抄录的《西京杂记》记载，毛延寿是个利欲熏心之人，只有宫女贿赂他，才把她们画得美，使其受到皇帝宠幸，而王昭君从不贿赂，所以把她画成了一个丑女。匈奴单于来求亲，汉元帝挑选了画像中最丑的王昭君。当王昭君阴差阳错将要嫁给匈奴单于时，汉元帝才后知后觉地发现王昭君原来是后宫第一美女，因此非常后悔，愤怒地下令将毛延寿斩杀了。但是玄圃灵三却误解了，用这个错误的例子来规劝明朝使者答应把大明公主嫁给日本天皇，认为一旦促成两国婚姻，谢用梓、徐一贯就会成为毛延寿那样的"忠臣"。

面对玄圃灵三的口头威胁，谢用梓、徐一贯抓住他对中国历史不甚了解的纰漏，对他进行了反驳："你说得很有道理，但是王昭君这件事情不是你理解的那样。事实上，画工毛延寿将美女王昭君的图像献给匈奴单于，单于拿着这张画来向汉朝求婚。此时的汉朝与匈奴关系亲厚，于是皇帝根据这张图找到了王昭君，把她赐给了单于。但是事情过后，皇帝就把毛延寿杀了，因为他让天子错失了一个美女。至今仍然有王昭君心怀怨恨的传说，称胡地皆荒草，唯独昭君墓上是青草，而且都往南方生长。我们二人不愿意做毛延寿这种'忠臣'。至于太阁要派遣猛将征讨朝鲜，这事我们自会上奏。"

谢用梓、徐一贯虽然指出了玄圃灵三对中国历史的误解，但是他们本身也有误会，因为他们受到了元杂剧《汉宫秋》对毛延寿形象再创作的影响。

遭明使拒绝通婚以后，玄圃灵三又写道："讨伐朝鲜八道，全凭太阁决断。迎娶大明公主、中分朝鲜八道这两个条件，如果连一个都无法满足，太阁将再次出兵讨伐朝鲜。两位天使可以回大明上奏此事。朝鲜八道中的四道，已经根据大明的敕令退还给朝鲜国王，至于剩下的四道则归属太阁，这也是先前提出的条件之一。当然了，剩下的四道也不是不可以还给朝鲜，使其受大明保护，但这样的话，大明一定要和日本通婚才行。州郡县邑、金银珠宝，都不是太阁想要的，只有留下功名于千秋万世，才是他的希求。希望两位天使据此上奏，成败在此一举。"（以上对话出自《两国和平条件》）

玄圃灵三根据丰臣秀吉之前的指示，就分割朝鲜八道这件事表示了退让，但是仍然坚持让明朝公主下嫁到日本。提出这一要求后，笔谈也随之结束了。

几次笔谈下来，双方实际上没有达成任何协议。谢用梓、徐一贯觉得丰臣秀吉提出的议和条件过于苛刻，因此向日方声称，需要先回大明，上奏宋经略和天子，再做定夺。而丰臣秀吉俨然认为自己已经取胜，明朝迟早会低头屈服接受这些条件，所以对明使回去复命一事表示同意。于是，明使渡海回到朝鲜的事情提上了日程。

六月二十八日，丰臣秀吉让人将《大明日本和平条件》抄写在纸上，让人交付给已经回到朝鲜的石田三成、大谷吉继、小西行长，以及留在日本招待明使的增田长盛，要求他们在后续阶段就这些条件继续与明朝展开谈判，完成明、日两国议和。同时，他又起草了《对大明敕使可告报之条目》，让四人对两位明朝使者再强调几个要点：

一、秀吉 11 年来统一日本全国，乃"天之所授也"。

二、秀吉禁绝倭寇，大明却不道谢，因此欲征大明。

三、大明敕使来日本名护屋和谈，秀吉向他们提出了七个条件，让石田三成、增田长盛、大谷吉继、小西行长四人对他们详细说明。在大明对此答复之前，秀吉会延迟派遣日本援军渡海到朝鲜，暂时停止战斗。

六月二十九日，谢用梓、徐一贯两位使者离开名护屋，在增田长盛等人的陪伴下，发船返回朝鲜，结束了这次日本之行。

第二次晋州之战

丰臣秀吉与明使在名护屋进行和谈之时，仍不放弃用武力攻打朝鲜庆尚道的晋州城。之所以如此，主要有两方面的原因。

一是日军在前一年惨败于晋州，死了很多士兵。二是明军与日军和谈以后，宋应昌下令朝鲜方面不得对日军动武，但朝鲜军还是杀死了很多出来砍柴的日军士兵。因此丰臣秀吉忍不住进行报复，他借口朝鲜不遵守大明的命令，要求日军再攻晋州，打破城池。为此，丰臣秀吉制定了新的军令，再次调整了攻击晋州城以及留守朝鲜沿海的日军兵力部署。

据《岛津家文书》记载，经过丰臣秀吉重新调整以后，日军的部署如下：

晋州攻城部署

编制	将领	人数
第一队 合计30980人 （原文如此，实际人数合计26454人）	锅岛直茂	7642人
	黑田长政	5812人
	加藤清正 相良赖房	6790人
	毛利吉成	1671人
	岛津义弘	2228人
	高桥元种	741人
	秋月种长	388人
	岛津丰久	476人
	伊东祐兵	706人
第二队 合计52000人 （原文如此，实际人数合计26182人）	小西行长 松浦镇信 大村喜前 五岛纯玄 有马晴信	7415人
	长谷川秀一	2470人
	细川忠兴	2296人
	昌原十一人众	4400人
	浅野长政 浅野幸长	4000人
	羽柴秀胜	4018人
	伊达政宗	1258人
	黑田孝高	325人
第三队 合计18822人	宇喜多秀家	7785人
	石田三成	1646人
	大谷吉继	1535人
	木村重兹 太田半次 山田藤三	1823人
	稻叶贞通	638人
	明石全登	363人
	斋村广道	370人

编制	将领	人数
第三队 合计18822人	别所吉治	313人
	一柳可游	406人
	竹中重利	246人
	服部一忠	693人
	谷卫友	340人
	石川贞通	298人
	宫部长房	912人
	垣屋恒总	201人
	南条元清	803人
	荒木重坚	450人
第四队 合计22350人 （原文如此，实际人数合计22546人）	毛利辉元	13600人
	小早川隆景	6598人
	小早川秀包	400人
	立花宗茂	1333人
	高桥统增	288人
	筑紫广门	327人
留守釜山浦等地 合计7000人 （原文如此，实际人数合计6990人）	毛利辉元麾下	3000人
	增田长盛	1624人
	前野长康	922人
	加藤光泰	1097人
	早川长政	347人
留守金海城	毛利重政	520人
留守机张城	龟井兹矩	1336人
留守巨济岛一组 合计6950人	蜂须贺家政	4500人
	生驹亲正	2450人
留守巨济岛二组 合计7430人	长宗我部元亲	2590人
	福岛正则	2500人
	户田胜隆	2340人
留守加德岛一组 合计2723人 （原文如此，实际人数合计2724人）	九鬼嘉隆	834人
	加藤嘉明	314人
	菅达长	106人
	来岛通总 来岛通年	570人
	胁坂安治	900人
留守加德岛二组 合计2736人	藤堂高虎	1473人
	堀内氏善	574人
	杉若主殿头	185人
	桑山一晴 桑山贞晴	504人

丰臣秀吉为了拿下小小一座晋州城，就计划动用 94004 人同时攻城（不计留守在沿海地区的兵力）。这样的举动，可以称得上是丧心病狂了。但不可思议的是，日军诸将却对攻打晋州城还有一丝迟疑。根据《征韩录》记载，加藤清正、浅野长政、毛利吉成三人担心日军一旦出兵攻打晋州城，李如松必定会提兵南下，驰援晋州。他们认为，应该在晋州北面挑选一个地方筑城，并让岛津义弘作为城主，抵御挥师南下的李如松。但岛津义弘认为自己兵力很少，难以抵挡李如松的大军，不愿意主动送死，因而直接表示拒绝。由此可见，日军虽然已经与明军议和，但仍对李如松有所忌惮。

　　另一方面，身在釜山倭营的明军游击沈惟敬听说日军要动用大兵攻打晋州，便苦苦劝谏日军先锋小西行长、总大将宇喜多秀家、奉行石田三成，要求他们停止这次行动。小西行长颇为动容，他让沈惟敬偷偷告诉朝鲜人：将晋州城的朝鲜军民全部撤出，日军见是一座空城，就会立即撤兵东归。（《宣祖昭敬大王实录》）沈惟敬随即将小西行长的意思转告给了朝鲜都元帅金命元，让军民全部退出晋州，以免被日军屠戮，但是朝鲜方面不肯接受这套方案。倡义使金千镒认为，晋州相当于全罗道的篱笆，如果失去了晋州，日军必然长驱直入，从庆尚道打到全罗道，所以决不可放弃晋州。（《宣庙中兴志》）

　　由于小西行长告诉沈惟敬的时候，将发兵攻打晋州的责任全部转嫁到加藤清正身上，所以驻兵在庆尚道大丘的明军副总兵刘綎移书加藤清正，责备他背弃停战盟约，又晓谕祸福，要求他停止出兵晋州，但加藤清正没有对此做出任何答复。在日军不愿意放弃对晋州城动武的情况下，朝鲜都元帅金命元下令附近的官兵、义兵全部进入晋州城死守。同时，金命元又到大丘拜见刘綎，请求刘綎能够发明兵急救晋州，但刘綎表示他被上级掣肘，行动并不自由。于是金命元又驰报刘綎的上级宋应昌、李如松，请他们发兵相救，但宋应昌、李如松二人正与日本和谈，不好变卦，所以不肯出兵，金命元对此感到很绝望。（《宣祖昭敬大王实录》）

　　六月七日，朝鲜国王李昖认为金命元能力平庸，将他罢职，升任全罗道巡查使权栗为都元帅，使他成为朝鲜最高指挥官。不过这时候，金命元的征兵命令已经发出了，各地的官兵、义兵响应号召，先后往晋州城进发。

　　六月十四日，倡义使金千镒领 300 士兵，率先驰入晋州城，与晋州牧使徐礼元相会。此时，巨济县令金俊民、金海府使李宗仁已经在城中，与徐礼元商议守备。

六月十五日，各地官兵、义兵将领相继进入晋州城。其中，忠清兵使黄进领兵700人，庆尚兵使崔庆会领兵500人，义兵复仇将高从厚领兵400人、副将张润领兵300人、义兵将李继琏领兵100余人、李潜领兵300人、闵汝云领兵200人。此外，全罗道兵使宣居怡、永川郡守洪季男、助防将李继郑，以及姜希悦、高得赍、姜希辅、吴宽熊等人，也都各自带兵来援，但他们的具体兵力不明。（《宣祖昭敬大王修正实录》）

六月十六日，新任都元帅权栗传令全罗道兵使、将领入援晋州。同日，日军按照丰臣秀吉的部署，出动9万余人[①]，分成四队人马向晋州进军。其中，锅岛直茂、黑田长政、加藤清正等人为第一队，小西行长、伊达政宗、黑田孝高等人为第二队；宇喜多秀家、石田三成、大谷吉继等人为第三队，毛利辉元、小早川隆景、立花宗茂等人为第四队。日军大张旗鼓地由庆尚道金海、昌原出发，水、陆并进，在这一天进犯了晋州的前哨站咸安，都元帅权栗和副元帅李薲聚集在此的数万朝鲜军瞬时溃走[②]，来不及逃走之人，惨遭日军杀害。日军攻陷咸安后，到处杀人放火。

咸安的陷落，使晋州城内的全罗道兵使宣居怡、永川郡守洪季男打起了退堂鼓，他们认为敌众我寡，劝说诸将不如放弃晋州，退守全罗道。倡义使金千镒抗议不从，但宣居怡、洪季男还是自顾自地领兵离开晋州，退兵到了全罗道的云峰。（《宣祖昭敬大王修正实录》）城内许多将领受此影响，跟着逃出了晋州，好不容易聚集起来的队伍，一下子就散了大半。留下来的主要将领，有晋州牧使徐礼元、倡义使金千镒、庆尚道右兵使崔庆会、忠清道兵使黄进、晋州判官成守庆、金海府使李宗仁等。

金千镒与黄进、崔庆会三人艰难地收聚起留在城内的兵力，只有3000余人。（《宣祖昭敬大王实录》）他们划分各自的职责，由金千镒统领各路义兵，崔庆会统领各路官军，黄进为巡城将。留在城内的义兵与官军划地分守，戒严待变。

六月十八日，日军自咸安出发，飞渡鼎津，直奔对岸的晋州城。负责把守鼎津这道防线的是庆尚道义兵将领郭再祐，他不敌日军败退，都元帅权栗和副元帅李薲、

---

① 此据《岛津家文书》。朝鲜史料《乱中杂录》声称日军的兵力达到30万人，这自然是夸大其词。

② 《乱中杂录》记载，30万日军进犯咸安时，"李薲、权栗、宣居怡等诸将数万余兵，一时溃走"。但这个记载似乎存在疑问，因为根据《宣祖昭敬大王修正实录》的记载，当时宣居怡在晋州城，不在咸安。

军官李福男也退向山阴。日军一路前进至晋州东北方向的宜宁，烧杀抢掠。宜宁陷落以后，晋州失去了所有前哨站，只能直面日军。

六月十九日，日军自宜宁开赴晋州，军队浩浩荡荡，漫山遍野，炮声动地，喊杀连天。日军在中途分兵，或发向晋州西北方向的丹城、三嘉，或发向晋州西南方向的昆阳、东南方向的泗川，以驱逐晋州的所有外援。副元帅李薲于同日退向位于庆尚道边陲的咸阳。①

六月二十一日辰时（早上7时至上午9时），日军数千骑出没于晋州东北的马岘峰上，俯瞰晋州城后退去。巳时（上午9时至上午11时），又有数百骑登上马岘峰，列阵耀兵。过了一会儿，日军大军继至，将晋州城重重围困，整整围了三匝，弥漫数百里，但就是不放一发铁炮，以试探城中动静。而城中也按兵不动，日军僵持了一会儿，就暂时解围，退到晋州东面的闻庆院至马岘布阵。日军大阵一共有三处，其余小阵星罗棋布，不可胜数。（《隐峰野史别录》）

六月二十二日，日军对晋州发起总攻，"万炮齐发，声震天地"（《宣庙中兴志》）。晋州城守军尽力死战，射中30余人，日军暂时敛兵而退。城内将领姜希辅认为贼势浩大，难以相敌，便招募敢死士，付与林遇华，让他带着潜出城外求援。但是林遇华等人出城不到2公里，就被日军捕获了。

六月二十三日，日军从西北城角突入，晋州守军惊慌退却。原来，晋州城南面矗立着巨石，再往外是险要的南江，晋州守军料定日军必定不敢由此进犯。而城门西北面被晋州守军改造成了护城河，因此日军一开始只能从城东方向攻城。但是日军在这天破坏了河道，使西北的护城河干涸，然后挑来泥土填塞，将其作为进兵道路，突破了西北城角，使守军一时退却。忠清兵使黄进带着伤独自督战，诸军才渐渐聚集起来，在城上用弓箭、石块攻击日军。但日军冒死聚集在一起，誓要毁坏城池，不然决不罢休。同时，日军又直掘城底，运出墙台大石，使晋州城护墙岌岌可危。守军与日军激战一整天，日军七进七退，但还是没能攻克晋州城。（《宣祖

---

① 《乱中杂录》记载，全罗道兵使宣居怡、永川郡守洪季男也在六月十九日从晋州退到咸阳，但这一记载存在疑问，因为根据《宣祖昭敬大王实录》《宣祖昭敬大王修正实录》的记载推断，两人最迟在六月十六日就已经退出了晋州。

昭敬大王实录》《宣庙中兴志》《宣祖昭敬大王修正实录》)

六月二十四日，日军在晋州城东面的山上召开作战会议。倡义使金千镒见状，命令守军向山上发炮，击中了第二阵日军。日军大怒，又进攻晋州城，但是被击退。（《宣庙中兴志》）

六月二十五日，日军在晋州城外不断填土，堆成高高的丘陵，并在其上修筑山屋，俯视城中。日军利用地形优势，放出铁炮，弹丸如大雨一般落入晋州城中。忠清兵使黄进为了不落下风，也下令在晋州城中对筑高陵，意图利用更高的地势反击日军，工程自黄昏一直进行到深夜。黄进尽脱衣笠，亲自背负石头，城中男女感激涕零，竭力帮助他筑造高陵。众志成城之下，高陵一夜之间就建成了。于是，晋州守军站在高陵上，对城外的日军放玄字铳筒，打破了日军筑造的山屋。（《宣祖昭敬大王实录》《宣庙中兴志》）

六月二十六日，日军制作了一个特殊的攻城工具，用来攻打晋州城。据《宣祖昭敬大王实录》记载："贼作木柜，裹以生皮，各自负戴，以防丸石，来毁城子。"《宣庙中兴志》也记载道："贼又作大柜，裹树皮，人各负戴，以毁城。"不过，日军特意制作的这个攻城武器并没有发挥什么大作用，晋州守军从城上扔下火把、砸下大石块，又不断地放箭，终于打碎了这一攻城武器。

不甘心失败的日军，又在晋州东门外竖起两根大木头，高数十丈，上设板屋，俯瞰晋州城。日军精兵潜伏在板屋内，从中将火把扔到晋州城中，使城内的草屋被引燃，火势很大。晋州牧使徐礼元大感畏惧，害怕地倒在地上，无法再指挥诸将进行抵抗，于是倡义使金千镒令义兵副将张润暂代晋州牧使。

过了一会儿，天下起大雨，晋州城的一角在雨中坍塌，日军大声叫喊，冲入城中，晋州守军大战良久，才将日军驱逐出城外。宇喜多秀家投书城中，劝降晋州守军："大国之兵，亦且投降，尔国敢为抗拒乎？"晋州守军也以书信答复宇喜多秀家："我国死战而已，况天兵三十万，今方追击汝等，尽剿无遗。"晋州守军故意抬出明军恐吓日军，但当时明军根本就无意进剿日军，日军一下子就识破了这个谎言。据《宣祖昭敬大王实录》《宣祖昭敬大王修正实录》《宣庙中兴志》记载，日军看到信后，故意掀起裤子，拍打着屁股，不屑地嘲讽道："唐将已尽退矣！"

六月二十七日，日军在晋州城东、西两门外造了5座土山，在上面用竹子做成房屋，使士兵藏身其中，俯瞰晋州城，对城中乱放铁炮，一时间弹如雨下，打死了300人。加藤清正和黑田长政"又作大柜为四轮车"，制作了一种叫龟甲车的攻城武器，使数十名日军士兵身穿铁甲，推着龟甲车前进，用车上装备的铁锥凿城。不过，日军新研制的这门攻城武器并没有发挥出什么大作用。金海府使李宗仁膂力冠于军中，他拉弓引弦，一连射死了5名日军士兵，推着龟甲车前进的日军士兵见状全部弃车而逃。晋州守军又从城上投下火把，烧毁了龟甲车，藏身在龟甲车内的日军士兵被全部烧死。到了晚上，日军又进犯新北门，但是仍被李宗仁带兵杀退。(《宣祖昭敬大王实录》《宣庙中兴志》）

六月二十八日黎明，李宗仁回到原本由他负责把守的晋州城西门。李宗仁不在的这段时间，由原晋州牧使徐礼元替他代守西门，但是徐礼元把守不严，导致日军偷偷来凿城，西门城墙眼看就要倾倒。李宗仁大怒，斥骂徐礼元，之后督众殊死力战，杀死许多日军。其中一名日军头目被射杀，周围的日军拖拽着他的尸体而去。但是有一名日军士兵潜伏在晋州城下，向城上仰放铁炮，打中了忠清兵使黄进，致使黄进当场身亡，城中的朝鲜军民见状十分恐惧。(《宣祖昭敬大王实录》）

六月二十九日，原晋州牧使徐礼元代替黄进，成为巡城将。但徐礼元十分畏怯，他哭哭啼啼地骑着马，态度迟疑。庆尚道右兵使崔庆会因徐礼元动摇军情，一度想要杀死他，但最终还是没有这么做。未时（下午1时至下午3时），晋州东门城墙因下雨倒塌，日军蚁附而上，李宗仁与其亲兵舍弃弓矢，拿起刀枪，与日军短兵相接，死者堆积如山。日军暂时退却，但是很快又从晋州城西北门高声突进，《宣庙中兴志》记载，"贼骁将（伊达）政宗先登"。在此把守的倡义使金千镒战败，军队溃散，晋州守军全部退守背靠大江的矗石楼。日军突破西北门后，一拥攻入城内。混乱之中，徐礼元最先逃走，城内守军一时溃散，李宗仁被日军铁炮射杀，金千镒倒在地上。部下扶起金千镒，劝他逃走，但是金千镒坚决不从，与其子金象乾相抱投江而死。失去主将后，晋州随即陷落，日军毫不留情地展开了大屠城，城内白骨撑天，碧血满地。

据《宣祖昭敬大王实录》记载，晋州城内的死者有3万人、6万人、8万人等不同说法，莫衷一是。但这些数字或有夸大，后来监使金玏命令沙斤察访李潚验视城中死尸，发现城中积尸只有1000余具。不过，李潚发现晋州城外也有许多尸体："自蠹石楼至南江北岸，积尸相枕；自菁川江至玉峰还五里，死者塞江而下。"晋州城外的具体死者人数不明，但从城内积尸数量推断，晋州城内外的死者合计约有数千人，不会达到数万人。事实上，日本史料《大和田重清日记》记载日军在晋州斩首3000余级，没有杀死数万人之多。如果真杀死数万人，日军不可能不拿这样庞大的数字向丰臣秀吉邀功的。所以《宣祖昭敬大王实录》记载的死亡3万人到8万人的说法，无疑是夸大了。

值得一提的是，尽管在第二次晋州之战中，明军始终没有出兵干预，但成书于江户时代的日本史料《国恩录》，还是虚构出了刘綎的部将琳虎率领6万大军驰援晋州，结果被立花宗茂打得大败而逃的故事。实际上，明军之中根本没有一个叫琳虎的人，而且当时在朝明军的兵力最多不过4万余人，根本凑不出6万多人。《国恩录》的这一说法，可谓是无稽之谈。

朝鲜在晋州陷落以后，准备向明廷上本，诉说日军攻陷晋州并展开屠城的事实。但经略宋应昌为了与日本的议和之事不节外生枝，力阻朝鲜上奏，试图对事实进行掩埋。同时又移咨朝鲜，极言和议之是、进兵之难。不仅如此，宋应昌又向明廷上本，声称日军已遵从约束、尽数撤兵，请求让明军撤兵回到辽东。(《宋经略书》)

日军进犯全罗道

日军攻陷晋州以后，并未就此罢手，而是分兵在庆尚道、全罗道两地肆虐。但对于日军的具体军事行动，以及明军、朝鲜军对此的反应，史料中有多种不同版本的记载。

第一种版本是《宣祖昭敬大王实录》。此书记载，晋州陷落以后，日军的其中一支军队侵入庆尚道的丹城、山阴，然后转入庆尚道与全罗道交界的智异山；另一支军队直出晋州西面，与闯入智异山的这支日军联合，一同从庆尚道侵入全罗道，散入求礼、光阳、南原、顺天，抢掠街巷。当时明军参将骆尚志驻守在南原，他修筑城池，严防死守；又派300炮手列阵于鹫城岭上，多张旗帜，举火为应。朝鲜庆尚道永川郡守洪季男从鹫城岭下来，遭遇日军先锋，双方在道路上打了起来。洪季男转战数十里，大战良久，先将日军驱逐到求礼，又将日军驱逐到全罗道边陲地带的光阳。日军占不到便宜，只好退到了庆尚道，又分为几支队伍在庆尚道进行劫掠：其中，一支军队焚掠泗川、固城；一支军队焚掠三嘉、宜宁，然后退兵到了咸安、昌原等地；一支军队装载被俘虏的男女、货物，退兵到金海。

第二种版本是《宣祖昭敬大王修正实录》。此书记载，晋州陷落以后，日军分别掳掠庆尚道的昆阳、河东、三嘉、丹城、山阴诸县，大搜智异山。但李如松反而向明廷伪报，声称他亲自提兵前往庆尚道，解了晋州城之围，瞒下了晋州城陷落的情况。朝鲜向明朝告急的奏本，也被力主议和的宋应昌拦了下来。日军变本加厉，又从庆尚道入犯全罗道，侵入求礼县。朝鲜士民没有想到日军会打过来，大半受伤。日军焚烧街巷，拆毁城墙。全罗道的南原由明、朝联军共同驻守，城内军民闻之惊溃，一夜之间从城内逃出，使南原成了一座空城。明军将领骆尚志、查大受、宋大斌，以及朝鲜将领洪季男等，全都躲避日军的锋芒纷纷退走。不久，刘綎派兵来援南原，骆尚志、宋大斌、洪季男诸将才入守南原。日军则退兵到晋州，之后又退到沿海地区。

两个版本的文献，对于日军从庆尚道侵入全罗道的记载没有太大差异，但是《宣祖昭敬大王实录》强调明将骆尚志坚守全罗道南原，朝鲜将领洪季男更是勇敢迎战日军，转战数十里，将日军驱逐到了求礼、光阳，迫使日军退回庆尚道；而《宣祖昭敬大王修正实录》则记载骆尚志、洪季男畏战，一开始甚至放弃了南原，直到刘綎派兵来援，才敢入守南原，至于洪季男也没有勇敢迎战日军。

比较这两个版本，笔者认为《宣祖昭敬大王修正实录》的记载更加符合实际情况。因为朝鲜将领洪季男是庆尚道的官员，此前他带兵入援晋州，但是因为怯战，就退兵到了全罗道的云峰。因此，很难想象此前如此胆怯的洪季男，在日军入侵全罗道后会变得那么英勇，甚至与日军转战数十里。

此外，还有第三个版本，那是赵庆男的《乱中杂录》，此书以日记形式，较为详细地记录了日军、明军、朝鲜军在晋州城陷落以后的动向。

七月四日，流窜到庆尚道山阴的众多日军，发兵庆尚道西南边陲的咸阳，焚荡沙斤驿后退兵而还。另有数千日军进军庆尚道岳阳的村落，一时间硝烟弥漫，炮声震天。过了一会儿，日军大队继至，搜山杀掠。之后，在岳阳的五六千日军，又杀入全罗道，先锋进入花开燕谷，焚荡劫掠。明军副总兵查大受从王京领兵数千，南下全罗道南原，责备留守在这里的明将骆尚志没有及时出兵援救晋州。骆尚志为迎击杀入全罗道的日军出兵龙头（现全罗道求礼郡文尺面龙头里），放炮呐喊，观兵耀武，至傍晚回到南原。

七月五日，日军突至全罗道石柱，朝鲜全罗道古阜郡守王景祚、前判官卢从龄等人溃走，明将宋大斌等人退兵到南原。接着，日军侵入求礼县，拆毁城墙，大肆杀戮。当晚，把守南原城的军队溃散，许多士兵翻墙逃走。

七月六日，朝鲜副元帅李薲、全罗道兵使宣居怡、永川郡守洪季男从全罗道的云峰领军退向南原。李薲、洪季男列阵于城外的原川院，宣居怡列阵于城外的虎山院山城；明将宋大斌列阵于城外的原川院坪，查大受列阵于城外的金岸永思亭，骆尚志留守南原城。同日，日军自求礼分兵，四散掳掠，或入赤旗、华严、天彦等谷，焚荡寺刹，搜山杀掠；或向南原，焚荡山外各村。洪季男以单骑侦察贼情，在花亭遭遇日军，斩下3颗首级。因日军大至，洪季男退回了原川院。

七月七日，数千日军焚荡山洞村，发兵求礼北面的宿星岭，朝鲜副元帅李薲、全罗道兵使宣居怡的军队一时溃散。明将宋大斌将300骑兵埋伏在头骨峰内，他自己则率领1000余人在宿星岭抵御日军。日军因此退走，但又翻越屯山岭，焚荡水旨等村落。骆尚志发遣精锐，分兵数道追逐日军，查大受也发精骑追杀日军。日军回避明军，渡过鹑子江，焚荡固城村落，横行无忌。

七月八日，宋大斌、李薲、宣居怡、洪季男等人领兵进入南原城，朝鲜僧兵将领惟政也从庆尚道带领僧兵前来，进入南原。白天，宋大斌分兵把守南原外城；晚上，则派人严守城堞。刘𬭚当时虽在庆尚道大丘，但也派数千兵力赴援南原。在这样的情况下，日军放弃了进犯南原。同日，在谷城焚荡的日军全部撤回了求礼。

七月九日，聚集在求礼的日军全部从全罗道撤兵，退回了庆尚道晋州。

以上，就是《乱中杂录》记载的日军攻陷晋州城后侵犯庆尚道、全罗道的全部经过。由此可见，尽管日军与明军已经在议和了，但日军还是准备进犯明军把守的全罗道南原；明军对击退日军也没有十足的把握，因此有士兵逃亡，所幸日军最后还是退兵了。

丰臣秀吉的凯旋计划

七月七日，日军攻陷晋州、斩首 3000 级的消息传达到了日本名护屋。在丰臣秀吉看来，明朝敕使已经来到日本乞和，晋州也已被攻陷，日军报了前仇，因此决定不再亲自渡海前往朝鲜。七月二十九日，丰臣秀吉下达军令，指示先将 5 万军队分为四组，依次撤回日本，以表凯旋。丰臣秀吉要撤回的 5 万日军部队名单，依下表所示：

番组	武将	人数
一番 （总计11390人）	伊达政宗	1000人
	加藤光泰	1917人
	上杉景胜	4500人
	佐竹义久	1460人
	木村重兹	1538人
	山田藤三	187人
	太田半次	98人
	服部一忠	690人
二番 （总计11374人）	宇喜多秀家	8000人
	一柳可游	400人
	谷卫友	340人
	冈本重政	520人
	石川贞通	250人
	竹中重利	240人
	稻叶贞通	630人
	古田重胜	160人
	片桐贞隆	204人
	加须屋武则	310人
	新庄直定	320人
三番 （总计11210人）	羽柴秀胜	4000人
	细川忠兴	2300人
	前野长康	920人
	小野木公乡	680人
	青山甚左卫门	470人
	长谷川秀一	2000人
	牧村政吉	690人
	高田治忠	200人
	藤悬永胜	140人
	太田一吉	110人

番组	武将	人数
四番 （总计12899人）	中川秀成	1520人
	明石全丰	360人
	别所吉治	313人
	宫部长房	912人
	垣屋恒总	200人
	荒木重坚	450人
	南条元清	800人
	斋村广道	370人
	石田三成	1640人
	大谷吉继	1530人
	增田长盛	1624人
	浅野长政	1000人
	龟井兹矩	1330人
	毛利重政	520人
	早川长政	340人
合计	—	47183人

　　虽然撤回了以上军队，但丰臣秀吉还是指示剩下的日军部队继续霸占着朝鲜庆尚道沿海城池，坚守不退，并将此作为日本与明朝在谈判中讨价还价的巨大筹码。留下来的日军部队，分别占据以下沿海各城：

城池	在番主将（或部队）
西生浦城	加藤清正
林浪浦城	毛利吉成、岛津丰久、高桥元种、秋月种长、伊东祐兵
机张城	黑田长政
东莱城	吉川广家、毛利辉元部队
龟浦城	小早川隆景、立花宗茂、小早川秀包
釜山浦城	毛利辉元、毛利秀元
加德城	毛利辉元部队
金海竹岛城	锅岛直茂
熊川城	小西行长、宗义智、松浦镇信等西肥将士
安骨浦城	胁坂安治、加藤嘉明、九鬼嘉隆
巨济岛永登浦城	岛津义弘
巨济岛松真浦城	福岛正则等四国将士
巨济岛长门浦城	蜂须贺家政等四国将士

　　丰臣秀吉自万历二十年上半年以来，长期在肥前名护屋督战，指示前线日军应该如何行动。万历二十一年八月四日，发生了一件对丰臣秀吉来说震动很大的事，

那就是丰臣秀吉的侧室淀姬在大坂为他生下了一个男婴。丰臣秀吉此时已经56岁了，之前唯一的儿子鹤松在两年前夭折，本来已经很难再有子嗣了。这个男婴的诞生，无疑延续了丰臣秀吉的血脉。俗话说贱名好养活，丰臣秀吉命令将这个男婴取名为"拾"，意思就是捡来的。这个男婴，就是日后的丰臣秀赖。

在当时出现了这样一个传闻，认为"拾"不是丰臣秀吉亲生的，而是淀姬和丰臣家的家臣大野治长私通而生的孩子。就连被俘虏到日本的朝鲜儒学者姜沆，也在日本听到了这个传闻，他在《看羊录》里写道："秀吉之嬖妾生男子秀赖，或云大野修理大夫者得宠于秀吉，常出入卧内，潜通秀吉之嬖妾所生也。"

而根据日本学者服部英雄在《河原ノ者·非人·秀吉》一书中的考证，"拾"的生父未必是大野治长，而应该是在大坂的阴阳师，"拾"是淀姬和阴阳师私通产下的孩子。无论淀姬究竟和谁私通，"拾"的生父应该都不是丰臣秀吉，因为丰臣秀吉自万历二十年上半年开始，就一直在肥前名护屋督战，而淀姬却留在大坂，没有跟随丰臣秀吉去名护屋，两人并没有亲热的机会。从分娩的日期上逆推，可以算出"拾"并不是丰臣秀吉的亲生儿子。

同样根据《河原ノ者·非人·秀吉》一书的考证，丰臣秀吉从一开始就知道"拾"不是自己的亲生儿子，但他为了丰臣政权的稳定和延续，只能含泪接受了这个事实。他致信给正室北政所，说以后只能把淀姬的儿子当成亲生子一样抚养长大。八月二十六日，丰臣秀吉从名护屋启程，回到大坂。他回去以后，默默地驱逐了大坂城内的所有阴阳师。

宋应昌、李如松私自许婚

就在谢用梓、徐一贯渡海去日本名护屋的时候，滞留在釜山的沈惟敬与小西行长做出约定，由沈惟敬带领小西行长的家臣内藤如安（明代、朝鲜文献称之为"小西飞"）直赴北京，面见兵部尚书石星，商讨议和之事，之后再派遣明朝大官来朝鲜。小西行长与沈惟敬商定好以后，将此事上报给了丰臣秀吉，得到了丰臣秀吉的允许。（《宣祖昭敬大王实录》）

经过与明方的多次接触，小西行长已经了解到明朝在程序上要先实施册封，才能允许通贡，所以他要内藤如安出使明朝谈判的是封、贡两项条件，不再只是通贡。为此，他制定了一份乞封名单，让内藤如安带去大明，希望在名单上的日本人能够得到大明册封，被授予相应的官爵。名单上的人分别是：

要求册封的爵位	要求册封的人物
日本国王	丰臣秀吉
妃	丰臣氏（丰臣秀吉正室北政所）
神童世子	丰臣秀赖
都督兼关白	丰臣秀次
大都督	小西行长、石田三成、增田长盛、大谷吉继、宇喜多秀家
日本禅师	景辙玄苏
亚都督	德川家康、前田利家、羽柴秀保、羽柴秀俊、蒲生氏乡、毛利辉元、某国保（真名不详）、小早川隆景、有马晴信、宗义智
日本一道禅师	竹溪宗逸
都督指挥	前田玄以、毛利吉成、长束正家、寺泽正成、施药院全宗、柳川调信、木下吉隆、石田正澄、某家次（真名不详）、某信亲（真名不详）、小西末乡
亚都督指挥	岛津义弘、松浦镇信、山中长俊、五岛纯玄、冈本重政、某信口（真名不详）
封爵	平山五右卫门、安宅甚藏、平田四郎兵卫、西山久助、吉下申藏、吉田善右卫门、西川七郎、吉田九次、十濑少吉、松井九大夫

此外，小西行长还让内藤如安带去了一个特殊要求，那就是希望大明能够册封小西行长"加世西海道，永与天朝治海藩篱，与朝鲜世世修好"。根据日本学者鸟津亮二的研究，这一个要求体现了小西行长的野心，他的目的在于通过明朝的册封，获得西海道（九州岛）以及东亚海域的统治权。

六月二十日，沈惟敬带着内藤如安从釜山动身，前往明军大部队在朝鲜的驻地王京。值得注意的是，小西行长没有要求内藤如安带着丰臣秀吉的七个议和条件去和明朝谈判，而是先按照他的想法和明朝进行和谈。之所以如此，是因为丰臣秀吉制定的《大明日本和平条件》，在六月二十九日才由增田长盛等人从日本名护屋发船带回朝鲜，由于时间差，小西行长此时还没有收到。

七月二日，沈惟敬领着内藤如安，带着几箱子金银钱物，抵达王京。同时带来的，还有一封日本人的奏本。这封奏本起草者不明，应该是小西行长让他麾下懂汉文的禅僧起草的。原本宋应昌令沈惟敬讨来关白降书，方可允许封贡，但是沈惟敬带来的却是日方措辞强硬的乞贡文书。该文书把日本和明朝摆在对等的位置上，俨然是逼迫明朝就犯，上面这样写着：

盖闻治世，五帝禅宗，岂中华而有主焉？夷狄而无君？乾坤浩荡，非一主之独权。宇宙宽洪，则诸邦有分守。尧舜有德，四海来宾。汤武施仁，八方拱手。夫天下者，天下之天下，非一人之天下也。臣居经略之倭、偏僻之国，城池未满六尺，封疆未足千里，常怀知足之心。故知足者，常知足者也。陛下作中华之主，万乘之君，至尊也，常怀不足之心，而行灭施之意，率起尽之兵，来侵臣境，是以水来压降之至将迎。自古军无常胜，将无常败。臣论文，有孔孟道德之文章；论武，有孙吴韬略之兵法。上既不慈，下以不孝，如贺蓝山前，略而不甚者，有何慎武？不如罢刀兵，而讲和为上，霸战为下计。年年来进，岁岁来朝，惜人民之艰辛，免生灵之涂炭。今差首将哈哩吗，斋本赴奏，谨表奏闻。（《宣祖昭敬大王实录》）

此外，内藤如安传达小西行长的要求，开出了几个苛刻的议和条件给宋应昌：

一、允许日本每年与明朝通贡三次。

二、割让朝鲜的全罗道给日本。

三、赔偿日本二万两银子。

四、实现以上条件后，方可释放朝鲜王子与陪臣。

从这些要求可以看出，即便小西行长因为平壤战败，退据沿海，但仍坚持实现部分割地要求，哪怕只有朝鲜一道。宋应昌得知小西行长的这些要求以后大吃一惊，表示："全罗乃朝鲜祖宗地方，银二万两又何给之？若不先还王子，则亦不可许贡也。"（《宣祖昭敬大王实录》）由于宋应昌坚持，不愿在割让全罗道、赔偿二万两银子上让步，只同意封贡，小西行长的这些无理要求也就不了了之了。

七月十五日，由宋应昌派出的伪敕使谢用梓、徐一贯，在增田长盛的陪伴之下，乘船渡过对马海峡，回到釜山浦。同时被他们带回的，还有丰臣秀吉提出的《大明日本和平条件》，石田三成、大谷吉继、小西行长三人因此了解到丰臣秀吉的谈判条件。

七月二十二日，日军遵照《大明日本和平条件》中的第六条，释放了俘虏的两位朝鲜王子（临海君、顺和君）与一干朝鲜大臣，在为他们践行以后，由谢用梓、徐一贯带着他们，从釜山浦启程，回到王京。（《宣祖昭敬大王实录》）

明代史料和后来的史学专著，对谢用梓、徐一贯回到朝鲜以后，是否将丰臣秀吉提出的七个条件向宋应昌报告，都语焉不详，没有进行细致的说明。而这一点，却是影响到以后明朝与日本进行谈判的重要环节，是绝对不可忽视的。

根据朝鲜官方史料《宣祖昭敬大王实录》的记载，谢、徐两人为了促成议和，伪造盖有皇印的公文，答应了日方提出的七个议和条件中的四个——纳质、通商、割地、联姻，并将伪造的公文交给了日方。

再看《经略复国要编》收录的宋应昌上奏朝廷的奏疏："先遣二使徐一贯、谢用梓，自日本回至釜山，云已面见关白。关白极其恭谨礼待，愿顺天朝。"按照这一说法，宋应昌似乎并不知道丰臣秀吉提出的那些苛刻的议和条件，他从徐一贯、谢用梓那里得到的消息是丰臣秀吉很恭敬，愿归顺明朝。再综合《宣祖昭敬大王实录》的记载看，似乎是徐、谢二人为了完成任务，伪造盖有皇印的公文答应了日方的条件，又对宋应昌上报关白恭顺，将宋应昌蒙在鼓里。

然而，在日本史料中，丝毫没有谢用梓、徐一贯私自答应日方条件的记载。如果有的话，日方之后自然会以此为依据，强迫明朝履行承诺，而不会与明朝反复交涉。事实上，在名护屋会谈期间，谢用梓、徐一贯一再向日方表示，由于日方所提条件过于苛刻，他们需要先回到大明，向宋经略、大明天子禀报，不敢擅自做主，丰臣秀吉对此表示同意。而且，他们二人不过是被宋应昌临时任命的伪官，没有权力在如此重大的事情上做出决断。由此判断，《宣祖昭敬大王实录》的这一记载，可信度不高。

根据日本学者北岛万次在《加藤清正：朝鲜侵略的实像》一书中的指摘，谢用梓、徐一贯回到朝鲜以后，将丰臣秀吉提出的七个议和条件报告给了他们的上司宋应昌，而沈惟敬等特定人物也通过他们知道了这七个议和条件。但由于谢、徐二人只是宋应昌派出的伪敕使，而不是真正的使者，所以他们没有直接将情报报告给明朝朝廷。从北岛万次的指摘来看，谢、徐必然是报告给了宋应昌的。日本学者三木晴男的《小

《西行长与沈惟敬》一书，也持相同观点。

显然，经过谢用梓、徐一贯的报告，宋应昌已经知道丰臣秀吉提出的议和条件数目繁多且非常苛刻，所要求的不仅仅是小西行长等人此前反复恳请的通贡。至于宋应昌的反应，则非常耐人寻味。朝鲜史料《乱中杂录》记载：

> 宋应昌、李如松，因沈惟敬与倭讲约许婚，欲以常家女代送。且奏天朝曰："倭奴已尽渡海，只有一二阵留在釜山，以待封王准贡之命。经乱之邦，士马难久留，请撤还辽阳，以待缓急。"

根据这一记载，宋应昌、李如松二人，在得知丰臣秀吉的七个要求后，第一反应不是强烈地拒不妥协，反而是竭力向明廷隐瞒事实，甚至想通过沈惟敬与日本人讲定婚约，准备找一个民间女子冒充大明公主，送到日本去，以便尽快议和。另一方面，宋应昌、李如松又向明廷进行伪报，声称日军已经尽数渡海撤回日本，只有一两支军队还留在釜山，等待明朝的封王准贡之命。在此基础上，宋、李又请求明廷，要求从朝鲜撤兵，回到辽东。

对于《乱中杂录》的这条记载，笔者认为真实性还是比较高的。因为宋应昌、李如松在知道了丰臣秀吉提出的七个议和条件后，立即着手处理许婚这一要求，而这一要求正是日方与谢用梓、徐一贯在名护屋会谈时透露的底线。此前宋应昌敢让谢用梓、徐一贯这两个小官冒充敕使渡海去日本议和，这次就想故伎重施，挑选一个民间女子冒充大明公主送到日本去，也没什么好奇怪的。[1] 从宋应昌、李如松二人的反应来看，他们非常急于与日本议和，早早结束战争，以致变得毫无底线，在暗地里耍弄这种手段，欺瞒朝廷。

事实上，早在谢用梓、徐一贯回到王京之前的七月二十八日，宋应昌就已写信

---

[1] 又据明人诸葛元声的《两朝平攘录》记载，顾养谦接替宋应昌出任经略之后，派胡泽出使朝鲜。胡泽从朝鲜带来了小西行长的亲笔书信，顾养谦从中发现了日本要求和亲的蛛丝马迹，对此起了疑心。然而谢用梓、徐一贯与沈惟敬合谋，竭力向顾养谦隐瞒日本求亲的事实，并将日本求亲曲解成日本要求停止战争。沈惟敬甚至想效仿汉、唐之事，找一个宗室女子（非皇帝之女）嫁去日本。顾养谦严厉要求他们在朝中不得妄言和亲之事。由此来看，沈、谢、徐三人正是秉承了宋应昌的意向，替他隐瞒真相。

给兵部尚书石星，伪称日军已经全部渡海回国了：

> 李提督因倭住釜山，未有归着，而将倭、沈惟敬且来，深加切责。小西飞（内藤如安）俯首伏罪，提督因命小西飞差小倭一名、沈惟敬差家人一名、提督亦差家人一名，于七月初九日前往釜山，晓谕诸倭归岛。今去人已还，亲见诸倭俱已上船，王子、陪臣，送还在路。既各上船，渡海有日，此社稷之福，台下洪猷所致也。先此驰报，少舒尊怀，俟有出关之期，再当奏闻。此系提督差人所报，谅不虚也，余不敢赘。（《经略复国要编》）

从这封信来看，是李如松派往釜山敦促日军退兵的使者，先把日军已全部撤回日本的消息伪报给李如松，李如松报告给宋应昌，宋应昌再报告给石星的。换言之，是由于前线使者的误报，才让经略、提督做出了误判，认为日军全部撤回国内了。但在当时的情况下，李如松的使者根本不可能在这么大的事情上进行欺瞒。宋应昌、李如松两人在这件事情上，必然是串通好的。信中，宋应昌特别强调他是从李如松那里听来的消息，他之所以强调这点，恐怕是担心实情败露以后，直接问责自己，所以把第一责任推到了李如松身上。

在写给朝廷的奏疏中，宋应昌同样上报说，日军已经全部渡海回国，只有小西行长带领少量倭众在海中西生浦，等待前往大明乞求封贡的使者内藤如安的回音。奏文摘录如下：

> 大众倭奴，俱乘船浮海，离釜山远去。惟行长量带倭众，亦远在海中西生浦暂住，以待小西飞回音。属国尽复……（《经略复国要编》）

为了使日军撤兵显得顺理成章，宋应昌、李如松还伪报说明军在碧蹄馆打了大胜仗，日军因此非常畏惧明军，向明朝乞和。宋应昌依据这一"事实"，代日军向明廷力求封贡，希望以此结束战争，早日回朝叙功。

明廷收到宋应昌、李如松二人传来的伪报以后，很快向他们发来了从朝鲜撤兵的指令。八月十日，李如松领兵离开王京，准备回到辽东。宋应昌也准备在十四日从定州启程，回到辽东。

然而，宋、李二人报告的消息毕竟不是真的，日军尚且屯聚在庆尚道沿海地区不退，朝鲜人为此非常紧张，朝鲜礼曹参议吴亿龄、司掌府掌令李尚毅急忙发咨文挽留宋应昌。他们情绪激动，责备宋应昌"如此而举众引还，盖无是理"，请求他能够"指挥南下，进薄海濆"，使用武力手段将日军驱逐出朝鲜。但是他们的咨文不但没能挽留宋应昌，反而彻底激怒了他。

八月十八日，李如松与副总兵杨元招来朝鲜经略接伴使尹根寿，将宋应昌对两份咨文的批示拿给他看，直言宋应昌非常生气。因为礼曹参议吴亿龄在咨文中提到日军仍然遍布朝鲜沿海八城，戳破了宋应昌、李如松诡称的日军已全部撤退回国的谎言，杨元就此诘问尹根寿："倭贼在釜山者及他处贼，并皆还去。其未去者，自釜山尽归西平浦（西生浦），此云遍满八城者，何耶？"

尹根寿理直气壮地辩解道："西平亦我国连陆之地，与釜山何异？"

李如松对尹根寿说："西平即上船之所，求贡而将尽过海去矣。且老爷虽欲留兵你国，每告无粮。安有无粮，而赴战者乎？尔退而思之。"（以上对话出自《宣祖昭敬大王实录》）

虽然李如松强行狡辩，但是他提到明军缺乏粮食，而朝鲜人难以提供，导致明军无法进取这一情况也属事实。因此尹根寿听了，哑口无言，只好告退。

九月十三日，宋应昌、李如松如愿以偿地从朝鲜退兵，渡过鸭绿江，回到了辽东。小西行长派往大明的使者内藤如安，也被带回了辽东。宋应昌、李如松只留下16100人继续驻守在全罗道、庆尚道，其中刘綖领川兵5000人，吴惟忠领南兵2000人，骆尚志领南兵600人，戚金领蓟兵3000人，谷燧领兵1100人，宋大斌领兵1100人，张应种领兵1100人，邓永和领兵1000人，陆承恩领兵700人，刘崇正领兵500人。（《经略复国要编》）

另一方面，朝鲜国王李昖在宋、李二人撤兵以后，也于十月一日从碧蹄馆出发，回到了阔别已久的朝鲜都城王京。

"碧蹄馆大捷"与宋应昌、李如松的辩白

虽然宋应昌、李如松向朝廷递交伪报，称明军在碧蹄馆打了大胜仗，日军已尽数撤兵回国，但朝鲜战场上的真实情况还是被明朝的一些地方大员探知。浙江巡抚彭应参为此弹劾宋应昌捏造"碧蹄馆大捷"，又向日本人阴许通贡，劝阻明神宗不要许可日本人的通贡之请。

彭应参在疏文中说："当初朝鲜用兵，倭奴紧逼我朝国境，经略宋应昌令沈惟敬频繁往来倭营。等到碧蹄馆一战，我师长驱之气已沮，倭奴请求通贡的口气愈加高傲，而宋应昌代求通贡之说愈加坚定。时内阁诸臣，为此争论激烈，随即皇上下达'不得轻许通贡'之旨。臣心想，倭奴通贡，断不宜许，皇上可以一言而决。现在降旨说'不得轻许'，是明示以临机应变之意，但还是流露出了可许的态度。又接到当事者的书信称：'倭奴碧蹄馆一战之后，畏威服罪，乞哀通贡，不出五月可了。'这个说法非常可笑，此战中，我军大将仅以身免，倭奴何畏之有？而倭奴乞哀求贡，是出于真心吗？不过是宋应昌因为师出异域、久无功绩，所以阴许通贡，速得倭奴回巢，归朝叙功。臣窃想，倭奴通贡，势必自宁波入，而绍兴、杭州、嘉兴等处，皆必经之地。臣恐怕地方骚扰，设备劳费，如果倭奴趁机肆虐，那沿海重镇、财赋大区，所遭荼毒，将不知如何惨烈。又想到天下财赋，一年不过400万两白银。北虏（鞑靼）通贡，一年就要为他们花费掉360万两。耗尽天下财富，也不过仅仅应付虏贡，所幸东南无事耳。如果再许倭奴求贡，那淮安、扬州、苏州、松江、浙东、浙西、福建、广州这些地方都要开市，皆当备御，而东南的市费，当不减西北，这些都是严重危害国家的地方。臣希望皇上断然不许通贡，辅臣、兵部尚书各输忠赤之心，不要过分听信匪人的自辩之计。"（《明神宗实录》）

宋应昌被弹劾以后，先是狡辩自己只答应日本人册封，并没有答应准贡。后来，他情绪更加激动，又洋洋洒洒写了一纸奏文，向明神宗辩白。他辩称自己答应日本人通贡，只不过是欺骗日本人的羁縻之计，是把日本人骗出平壤、王京、朝鲜的调虎离山之计。在奏文上，宋应昌如此替自己辩解：

一、臣从万历二十年九月开始，奉命经略备倭事宜，十月末抵达山海关。此时，我军才刚刚开始征用东征兵马，购置粮草，军火、器械也都才开始制造，提督大将

李如松亦未来到军前。臣与赞画刘黄裳、袁黄等人苦恼之际，沈惟敬来到山海关面见臣。此前七月，沈惟敬奉兵部尚书之命，至倭营探听消息，十月自倭营回来，面见兵部尚书。兵部尚书上奏题本，将沈惟敬发往臣标下听用。惟敬到了山海关，对臣说："倭酋长行长欲乞通贡，约定在60天之内不攻朝鲜，以待回音。现在约定的日期已经到了，希望带着金子再入倭营，使行长收兵。"臣默默地想："军前诸务未集，沈惟敬这么做，足缓倭兵西向。"而兵部尚书也写了亲笔信交给臣，让臣拨发1000两白银给惟敬，于是臣便嘱咐中军将官杨元，让他如数将银两交给惟敬，使其再入倭营。臣则即刻兼程行至辽阳，星夜督办进兵朝鲜之事。而提督李如松，也在十二月初抵达辽阳，奖率三军，选定吉日出师。这时候，正好沈惟敬又从倭营回来，向臣禀报："行长愿意退出平壤，以大同江为界。"臣姑且许可，将惟敬发往提督标下，拘留在营中，不许他私自再进入倭营，命令他跟随提督的军队，一同向平壤进发。如松听了臣的话，只许惟敬派遣家丁去见行长，约定在一两日内退出平壤。此时行长尚在踌躇，家丁未及回话，而我兵已抵平壤城下，出其不意，攻其不备，于是便有平壤之捷，之后又收复了开城。设想如果当初不让惟敬出使平壤，不与行长协议停战，那倭人将逞其凶焰，从平壤长驱至义州，分党徒把守鸭绿江。恐怕到那时，我兵就不能飞渡鸭绿江了，又哪里还会有平壤、开城之捷？这实际上，就是臣的讲贡之计。臣假装答应与倭奴讲贡，牵制了倭奴，才得以攻破平壤。

　　二、在此之后，倭奴并集王京，合咸镜、黄海、江原等道倭兵，据报一共有20万人之多。而我兵不满4万人，转战之后，士马疲劳，强弱众寡，已不相当。大雨滂沱，道路泥泞，天时地利又不在我。于是只有暂时休息，广布军声，对外声称臣与如松前后统兵不下数十万人，以恐吓倭军；又多行间谍，发免死帖数万纸，招出王京城内被日军胁从的朝鲜百姓，分散敌人的力量；又修筑开城城垣，以示久驻之意；命令死士夜持明火、飞箭，射烧龙山仓粮，摧毁敌人的粮储；时时增添新兵，运粮于开城间，以示不久将攻王京之意。于是，倭奴既畏惧我军的这些动作，又没有察觉到我军的多方失误，便再次致信沈惟敬，想要乞贡退归。臣又想，趁其清贡乞和之机，可施以调虎离山之计，随即便应允了倭奴。王京为朝鲜都会，居本国之中，左江原，右黄海，南全罗，东庆尚、咸镜，为之掎角，忠清为之辅车。如果不度量敌我的力量差异，强行力攻，则非但王京不能攻克，也将使我兵不能保全。即便小胜，反使倭众东犯西掠，贻害无穷，朝鲜将一直遭受日本荼毒。在这种情况下，臣假意答应行长乞和，责令沈惟敬专主其事，以释其疑；发谕帖，晓以利害，以示其诚；分布将领，不许偷杀零倭，以示其仁；责令速还王子、陪臣，途中不许生事，以结其义；立即题请皇上封贡，颁发明旨晓谕，以固其心。在这种种动作之下，倭奴才相信了臣，在四月十九日的时候遁出王京。臣听说倭奴退出王京以后，随即令大兵尾进，一以绝其复来，一以禁其旁掠，一以督其速归。不到20天的时间，倭奴就全部退到釜山了，而釜山是海角荒僻无人之地。自王京以南千余里，朝鲜故土尽复，得以中兴。设想，如果臣当初拒绝了行长的乞贡之求，那样麻烦就大了。届时，倭奴没有归志，还会以其20万众分为数股，东扼汉江之南、西绝岳山之北，然后抄掠全罗等处未破郡邑，以取兵食，时时出动游骑往来临津江上下，以扰我师。那样的话，臣恐怕东征也没有罢师之日了。就像臣之前在塘报中所说的那样，"通贡一事，只有听从皇上主持，从来没有轻易许贡。不论贡与不贡，但使倭奴尽数下海，朝鲜故土复还"，报书现在可查。实际上，这还是臣的讲贡之计。臣再一次假装答应与倭奴讲贡，结果把倭奴诱骗出了王京。

三、之后，倭奴屯驻釜山，臣调遣大兵扼守大丘、善山、南原、云峰一带，又预先咨文朝鲜国王，令其速调全罗等道水兵、龟船，前赴釜山海口。臣当初想，如果倭奴迁延不归，就选择时机，联合朝鲜水军前后剿杀。但这一计划最终难以实现，因为朝鲜兵船为倭奴隔绝，不能前来；而我将士，也声称因为缺粮、生病，在追击途中撤兵了。因此，臣只留刘綖等兵分布大丘等处防守，又行牌督责沈惟敬久在倭营不归之罪，令他星夜前来，勿再羁留倭营，并令沈惟敬晓谕倭将行长、清正等："为何尚结阵釜山不退？如果敢于执拗、倔强不服，那天朝便要整顿马步军兵，以将军、霹雳、飞虎、子母等炮，直至釜山声罪致讨，断不轻饶。"于是在六月二十日，沈惟敬自釜山起身，带领倭将小西飞和30名倭众前来乞贡。但这个时候，又接到报告："倭奴攻犯晋州，欲逼全罗道。"臣怀疑倭奴阳顺阴逆，随即命令如松发兵，协守全罗道。除了救援晋州外，又行牌嘱托如松："如果惟敬与倭将前来乞贡，提督听其所讲何事，如果对方讲的话不当，就晓谕他们：'尔今不放还王子、陪臣，不调归釜山倭众，不令谢用梓、徐一贯二使前来，此贡断难准许。'然后就将倭将羁留，勿要轻放。"又行牌嘱托沈惟敬，令其晓谕倭将速还王子、陪臣，然后尽数渡海回国，如果敢别生异议，那天朝将发兵剿灭。到了七月二十日，如松禀称："惟敬带倭将而来，某立即示以兵威，并同众将见倭将，责备道：'尔等既欲封贡，如何又犯晋州？是何道理！既然如此背约，今日先斩尔等！'倭将听了以后大惧，跪在地上不停叩头。某又差人前去釜山，开谕倭众。"这时候，先遣二使谢用梓、徐一贯从日本回到釜山浦，说："已经面见关白，关白非常恭谨礼待，愿意效顺天朝。他对我们二使及随从人员，都有厚赠。"于是，行长等人立刻释放朝鲜王子、陪臣、家眷，在粗粗践行以后，就让他们跟随谢用梓、徐一贯于七月二十日从釜山回来。在此之后，倭奴乘船浮海，离釜山远去，回到日本。只有行长带着少量倭众，在海中西生浦暂驻，以待先遣倭将小西飞的回音。此时属国朝鲜已尽复，王子、陪臣、二使尽归。之后操纵封贡与否，皆由我做主。如果说臣真的许贡，那倭奴出王京之时，何以令大兵尾击？何以调朝鲜兵船？何以屡次下令诸将剿杀倭奴？何以不奖惟敬之功劳，而责惟敬之罪过？何以倭将到来，不施之以恩，而加之以威？这实际上，仍然是臣的讲贡之计。臣再一次假装答应与倭奴讲贡，结果把倭奴诱骗出了朝鲜。

四、倭酋前后虽有乞贡之称，但臣实际上只是假装答应讲贡，没有真许之意。只是将计就计，托以空言而已。跪求皇上敕下兵部，再为酌议，查核臣前后讲贡之由，实是借贡以退倭，未曾轻许而误国。（《经略复国要编》）

宋应昌在奏文中洋洋洒洒写了许多理由替自己辩白。应该说，他说的有一部分确实是事实。例如明军收复平壤，确实是依靠事先就已经制订好的"讲贡之计"。明军假意与日军议和，答应日军提出的通贡要求，在日军解除心理防备的情况下，趁机掩袭平壤城，将日军打了个措手不及，从而将其驱逐出平壤。但之后是否也同样如此，宋应昌一而再再而三地实施"讲贡之计"以诱退日军？其实，这些都是宋应昌替自己狡辩的说辞。事实上，他在碧蹄馆之战以后，确实是"阴许封贡"，向日本人妥协了。（《明史稿·宋应昌传》）而他在替自己澄清的奏文里，还伪称除了小西行长带着少量倭奴在海中西生浦暂驻，等待内藤如安的回音外，其余倭众已尽数渡海回国。这样的说法，无异于是公然欺骗明神宗。

态度全然转向主和的兵部尚书石星也站出来为宋应昌说话，替他圆谎。石星向明神宗解释说宋应昌的"许贡"确实是退敌之计，兵不厌诈，他自己作为兵部尚书也参与其中；又说无论册封还是通贡，从没有轻易许诺过日本人；还说，已经让宋

应昌、李如松宣谕小西行长从西生浦回国，可以等关白献上降表以后再讨论封贡之事。（《经略复国要编》）

但宋应昌、石星的谎言，很快就被兵科都给事中张辅之戳破了，他上奏说：

> 经略宋应昌之奉命东征也，逾匝岁于兹矣。据其奏报，其所自鸣则报捷叙功已耳，其所谓倭则畏威悔罪已耳，初未尝显言某日议贡、某日议封也。借贡退倭之说，至今月初八日始见应昌疏中。而同谋借贡之说，至今月十八日再见本兵石星疏中。夫绝贡之旨屡下，两人胡以擅许也？彼托之"兵道尚诡，非真许也"，许贡之谋已久，而诸臣胡以不闻也？彼托之"兵事贵密，难轻泄也"，譬如养疽，而不虑腹心之将溃乎？（《明神宗实录》）

尽管张辅之的话都切中了要害，不过明神宗并没有处罚宋应昌。

另一方面，李如松同样被弹劾捏造"碧蹄馆大捷"，不得不上疏辩白：

> 本兵（兵部尚书石星）亟于东征，促臣速行，只得抱病誓师，渡江进发。遵奉经略指授，同赞画刘黄裳督领将士，复克平壤，袭取开城。于时各贼望风四散，奔集王京。臣又预令副将李宁、祖承训、张应种、高升等，领前锋三千人，分道追赶，直至王京城下，遇贼五六万齐出，趣（趋）至碧蹄馆，为贼所困。比臣随兵止五百人，踏勘道路，侯闻前兵被困，臣即星驰至彼，一面调兵接应。然而两军展战，必待应兵，缓不相及，臣遂跃马，突入重围。军士厉气从臣，以一当百，挺身血战，奋呼冲杀……而贼遂披靡，遁归王京，臣于碧蹄安营。是倭奴之胆，既丧于平壤，再丧于开城，而又大挫于碧蹄之一战。盖平壤之师，主客相当，开城之追，势如破竹；独碧蹄猝遇，众寡不敌，军无生路，岌乎殆哉，贼见我以寡胜彼，遂悔罪乞款。我得长驱东向，克复王京，驱之釜山，皆碧蹄一战力也。（《壬辰记录·李提督自辩》）

根据李如松的狡辩，碧蹄馆之战是他以3500人大破五六万日军的辉煌大捷，以寡胜众，日军"大挫"。经碧蹄馆一战，战败的日军从王京逃遁，一直逃到了釜山，并悔罪乞贡。李如松又狡辩道，他已经把日本人全部驱逐出朝鲜，日本人尽皆回到海岛，拼命向明朝乞求通贡：

> 夫王京之倭，追而至釜山矣。朝鲜地方尽数恢复矣。虽其逡巡跧伏，忽犯全罗，而臣预有精兵埋伏，猝遇于宿星岭，斩首三十五颗，而奔溺死伤，不能计数。由此倭亦恐惧，悉归海岛，将朝鲜王子、陪臣，送还归国，求款益切。(《壬辰记录·李提督自辩》)

从宋应昌、李如松的辩白来看，两人胆大包天，竟然在奏文中捏造事实，公然欺骗明神宗。不过，两人有惊无险，并没有出什么事。然而，对宋应昌、李如松二人欺瞒行为的揭发，并没有就此结束。

吴惟忠血战加藤清正

宋应昌、李如松率领明军主力撤回辽东以后，副总兵刘綎驻守在庆尚道大丘，节制诸将。(《经略复国要编》)吴惟忠、骆尚志两名南兵将领驻守在庆尚道庆州，与退据沿海的日军相持。其中，吴惟忠出身浙江义乌，是戚家军中的抗倭老将。他早年跟随戚继光在东南沿海的浙、闽抗倭，后随戚继光奉调蓟镇，驻守山海关，修葺长城。(《万历援朝战争中的南兵》)

明、日两军在朝鲜沿海对峙时，小西行长派遣家臣内藤如安跟随宋应昌、李如松前往明朝乞求封贡，双方约束手下，暂时罢战。正因为此，宋、李二人才放心大胆地进行伪报，声称日军已经全部渡海回国了。但屯兵在庆尚道西生浦的加藤清正与小西行长交恶，想要找借口破坏议和，便故意扬言说："内藤如安入明，而不见其报，乃是明人杀之也！行长讲和之弊如此！"(《续本朝通鉴》)

以此为口实，加藤清正发兵入侵庆州，挑起了与南兵的战争冲突。但是吴惟忠、骆尚志发兵堵截，将加藤军击退。侵犯庆州未遂的加藤清正，又打起了庆州北面安康县的主意，再次挑起了与明军南兵的冲突。

事实上，加藤清正侵攻安康，是为了抢夺明军军粮。对此，《宣祖昭敬大王修正实录》指出："倭久屯海上，以完和事为言，而时出抢掠，收粮谷。"由于安康县在庆州北面，如果日军占据了安康，那将会切断庆州明军的兵粮补给，使其陷入绝境。正如《五峰集》所言："本道输运军粮、接济大军皆由此路。此路若失，则粮道断绝。而庆州在贼围中，则危甚矣。"

十一月三日，加藤清正部日军，包括朝鲜伪军在内，兵分三路，进犯庆州北面的安康。(《宣祖昭敬大王实录》)日军突入安康县城，在县内纵火焚掠，取仓谷千石，安康人民四散逃走。(《宣祖昭敬大王修正实录》)这时候，驻兵在庆州附近的朝鲜将领，有兵使高彦伯、别将权应铢、府尹朴毅长、助防将洪季男等，但他们全都不敢抵抗日军，只是一味退避。

由于日军此次出动的人马很多，驻守在庆州的吴惟忠、骆尚志，一开始也不想迎战日军，只是"托以众寡不敌，闭城自守，不敢交锋"。于是，朝鲜人只好向刘綎求援，刘綎随即派遣提调马禹卿等人带领援军来到庆州。马禹卿反复劝说吴惟忠和骆尚志，认为很有讨伐日军的必要，吴惟忠这才决定出城迎战。(《宣祖昭敬大王实录》)但是骆尚志还是有所迟疑，便告诫吴惟忠不要轻举妄动。吴惟忠坚持自己的意见，与其他将领一同出城，去迎击日军。然而令人遗憾的是，安康之战的结果是明军战败，朝鲜史料《宋经略书》对此记载道：

> 惟忠与贼战于安康县，兵败，多死伤。惟忠曰："吾恨不听老将之言，以至于败。"

明军在安康之战中是怎么战败的，骆尚志在写给柳成龙的信中进行了说明。这封信是不折不扣的一手史料，被收录于《唐将书帖》，上面是这么说的：

> 十月内，倭奴突犯庆州，迤南二十里之间烧掠，随发官兵堵截，不遂而遁。又于十一月初三日复统大众，六路连营，恣肆烧荡，延至安康。离庆州北数十里之程，系各县运粮通衢，焉得不发兵救剿？生带兵守住营寨，以为后应。吴游府统兵前去，相机拒堵。彼处草深林厚，被贼诱入咽喉，两下冲杀，讵料贼众漫山塞涧而来，

不但无暇取级，抑且折损官兵，深愧无谋，以致如此。但生所部不满六百，安能自展庸才，徒付之慨叹！虽然安康遭害，幸得庆城安堵，亦可塞其责耳。

根据骆尚志的说法，明军之所以在安康战败，是由于吴惟忠被加藤清正部日军引诱到了"草深林厚"的咽喉之地，结果被漫山遍野的日军夹击，吃了败仗。而骆尚志的部队不足 600 人，难以抵挡日军，只能留守庆州。

另外，南兵游击王必迪也写信给柳成龙，提到此战的情况：

> 十（一）月初三日，倭犯安康。本营防守庆州，势不容于不援，距州北三十里许，遇贼截杀。众寡不敌，彼此多伤。本营阵亡官兵二百一十六员名，丁壮之夫横罹锋刃，情实可惨。第不能代贵国歼灭贼寇，久戍于此，只增汗颜。（《唐将书帖》）

除了骆尚志、王必迪的书信以外，《宣祖昭敬大王实录》也提到了安康之战，该书收录的朝鲜接伴使金瓒的驰报对此记载道：

> 诸将日出行师，贼之去处，无从访问。忽有二十余贼，快走天兵之右，似为掩后之状。天兵一时退走，不复回顾。贼高声追后，斫杀如麻。天兵死者，几至数百。大概贼不过数百，而以千余兵不能抵挡，大失兵机，终至于此，不胜痛愤。

按照金瓒的说法，明军从庆州出城追踪日军，但是无迹可寻，不料突然间有 20 多名日军士兵绕到明军背后发起偷袭，明军大为恐慌，以致大败。明军在安康之战中出动了千余人，而直接与明军交战的日军只有数百人。

在《宣祖昭敬大王实录》中，安康之战的经过，还有柳成龙对朝鲜国王李昖口述的另一种版本：

> 唐兵闻贼来，见山谷间有可容隐处，欲往设伏。而贼先据伏兵，一时相值。唐兵放炮，贼少退。唐兵皆着羊皮长衣，不能善走。贼十余名，挥剑冲突，唐兵多死于水中。适洪季男，得射数贼，救出被掠唐兵七十余名。

柳成龙的说法，与骆尚志的说法有所出入。据他所说，明军并没有被日军引诱到险要之处，而是主动想在山谷间设伏，但是没想到日军已经在这里设伏了，结果不敌战败。笔者认为，由于骆尚志是亲历者，所以他的说法更加可信。

此外，在《宣祖昭敬大王修正实录》中，安康之战还有这样一个版本：

> 时，天将吴惟忠、骆尚志、马禹卿在庆州，出兵千余人，阵于城外，见倭兵少，长驱直进，发炮杀贼数十。既而，倭兵舞剑突前，天兵不能抵挡，一时溃退。背有大川，争先涉水，衣甲尽湿，不能运步。贼自后乱斫，死者二百余人。

《宣祖昭敬大王修正实录》对安康之战的叙述，明显参照了柳成龙的说法，有明军对日军放炮、被日军逼退到水中等细节。但是这份史料没有说清楚明军是不是被日军引诱到险要之处，才导致失败的。

而明朝人诸葛元声的《两朝平攘录》，最接近当事人骆尚志的说法，该书记载道：

> 十一月初三，倭见小西飞信不回，清正复发兵抢安康。此时三将所统苗兵一千，在庆州未撤，闻之往救，被倭诱入险地。伏起，杀我兵三百余人。

无论安康之战的具体经过如何，明军都以惨败收场，损伤很大。据《经略复国要编》收录的刘綎揭报记载，游击吴惟忠折损麾下官军227人，千总陆承恩折损麾下甲兵49人，参将骆尚志折损麾下官兵24人，提调马禹卿、李为瑚折损官兵27人，合计战死327人。

安康之战后，日军对明军感到轻视，就连朝鲜人也不把明军当作靠山。《宣祖昭敬大王修正实录》对此记载道："贼初畏天兵，自是意甚轻之，我人亦无所恃。"前一年，祖承训率领的辽东骑兵在第一次平壤之战中败给了日军，但是日军反应却很大，此后就一直回避与明军作战，断绝了征服明朝的想法。但吴惟忠的南兵在安康之战战败后，换来的却是日军对明军的轻蔑。这一情况，一定程度上说明了，明军骑兵在壬辰战争中起到的震慑作用还是胜过南兵的。

闰十一月五日，副总兵刘綎将安康之战上报给了已经退兵回国的经略宋应昌：

十一月初二日，据守庆州游击吴惟忠呈报："残倭与同朝鲜叛民犯抢安康等处粮食，请发官兵防范。"随发马禹卿等领兵前赴吴惟忠调遣，与贼接战，折伤多于我军。虽有斩获，不敢报功。(《经略复国要编》)

安康之战的爆发，对宋应昌、李如松来说都不是什么好消息。此前，两人向朝廷伪报，说日军已经渡海回国，只有小西行长在西生浦、釜山浦留下了少量兵力，等待日本使者内藤如安的回音。但是宋应昌非常狡猾，他将西生浦曲解为地处海中，解释成了一个离岛；又捏造事实，说日本人在百余年前就已经聚居在釜山浦了，这里居住的日本人早已演化为当地土著，是"旧有倭户"，声称这个地方的日本人是难以驱逐的。而安康之战的爆发，无异于揭露了宋应昌、李如松二人的谎言，证明日军并没有从朝鲜撤兵回国，并且还和驻守在庆尚道的明军发生了冲突。

为了压住这件事，宋应昌不惜上本弹劾吴惟忠和刘綎，声称："倭众已归，惟行长一支远住海岛，自遣小西飞前来乞款，安静不敢生事……游击吴惟忠好大喜功，寡谋轻敌，驱杀无知乱民，不足为武，伤折远戍，我军实已损威……伏乞敕下兵部，将臣首先罢斥，刘綎量为罚治，吴惟忠先行革任，其功罪俟臣查明议处，庶赏罚明、军令肃矣。"(《经略复国要编》)

宋应昌将吴惟忠与加藤清正部日军的交战，曲解成了吴惟忠因为好大喜功，驱杀一股朝鲜乱民，结果自身伤亡惨重，请求将其革职，又说刘綎不加以管束，也应对此负责，量为罚治。因为宋应昌的弹劾，吴惟忠最终惨遭革职，和其他5名将领一同被征召回国，而刘綎暂时还不受影响。吴惟忠等人撤回国内以后，驻朝明军就只剩下了刘綎率领的5000人了。

《宣祖昭敬大王实录》记载了吴惟忠离开朝鲜前，朝鲜国王李昖接见他的情形。那一天，李昖在南别宫接见骆尚志、吴惟忠、王必迪、胡尚忠、谷燧、葛逢夏六将，他始终担心日军屯聚沿海不退，而诸将现在又撤还，因此很焦急地说："海边丑类屯聚不归，而诸大人今皆撤还。小邦之危亡迫在朝夕，不胜闷迫。"

吴惟忠听了以后非常激动，故意对李昖说："去十（一）月初三日，奉圣旨，倭贼尽退，唯有朝鲜乱民屯结，速撤入归云。国王何不具其始终，达于朝廷乎？"

李昖诧异地说："安有乱民乎？行长在釜山浦，清正在西生浦。贼之留屯，大人皆知之矣。倭贼若已尽渡海，则沈游击岂入贼阵乎？且前后奏闻，非一非二，而中路阻遏，不得上达。"

李昑指出，他多次想将倭贼尚未渡海退去的事情上报给大明朝廷，但都被大明方面的相关人士阻拦了下来，没有成功。吴惟忠见李昑的这番表态，知道李昑是明白是非之人，便情绪激动地大声说："朝廷以俺安康之战，为捕杀乱民！乃至参劾亏官！李提督辈，报以贼退……"

但吴惟忠抱怨归抱怨，还是不得不收拾行囊，回到大明。

"大明美少女"之约

从宋应昌、李如松二人的种种行为来看，他们欺瞒朝廷的，主要有以下几点：

一、声称在碧蹄馆打了胜仗，使日军畏罪乞降，向明朝乞求通贡。

二、声称派遣哨丁金子贵等人烧毁了粮仓龙山仓，使日军粮尽退兵。

三、为了确保与日军议和之事顺利进行，阻挠朝鲜向明朝上奏日军发动第二次晋州之战并已攻陷晋州的事实。

四、竭力隐瞒日军仍屯据在朝鲜庆尚道沿海的事实，伪报日军已经渡海回国。

五、试图掩盖《大明日本和平条件》的存在，想私下送民女到日本，冒充大明公主与日本和亲，落实与日本的议和，使日军撤兵回国。

六、安康之战发生以后，为掩盖日军仍然屯聚在沿海不退的事实，压下安康之战的实情，弹劾吴惟忠、刘綎。

七、使用各种手段，阻止朝鲜将真实情报传递给明朝朝廷。

不过，并不是没有人揭露他们的欺瞒行为。十月，留守庆州的明军副总兵刘綎找到朝鲜都元帅权栗，告诉他宋应昌向明廷伪报日军已经尽数渡海回国，让他把这个消息告知朝鲜国王，再让朝鲜国王上奏明廷，揭穿宋应昌的谎言。

根据《宣祖昭敬大王实录》的记载，权栗随后上奏朝鲜朝廷，使朝鲜朝廷得知了丰臣秀吉提出的七个议和条件，也就是《大明日本和平条件》的存在。从事件发生的先后顺序来看，这必然也是刘綎告知权栗的。由此可见，虽然宋应昌、李如松二人试图掩盖《大明日本和平条件》的存在，但这件事在当时根本瞒不住。不过，朝鲜人得到的七个条件内容与原本的有出入，他们得到的是丰臣秀吉向明朝提出了和亲（此处指两国通好）、割地、求婚、求王、准贡、赐蟒龙衣、赐印信这七个条件。

虽然信息存在误差，但这些条件同样非常苛刻，朝鲜朝廷深感震惊。朝鲜国王李昖与群臣召开会议商讨此事，他们一开始以为宋应昌不知道这些苛刻条件，想要派人将这些条件细则传给明朝方面。但朝鲜朝廷没有想到的是，正是因为宋应昌的刻意阻挠，无论是宋应昌、李如松向明廷伪报日军已经尽数撤兵，还是丰臣秀吉提出的那七个苛刻的条件，朝鲜都没能传达给明廷。

另一方面，已经回国的宋应昌、李如松也急于落实与日军的议和，他们想以许婚、封贡作为条件，使日军尽快撤退到对马岛，否则他们伪报的日军已经尽数撤回日本的骗局终有暴露的那一天。在此之前，宋应昌面对别人弹劾他"轻许封贡"，向明神宗狡辩说他其实"许封不许贡"，又狡辩说他的"许贡"只是诱骗日军退兵的计策。但到了这个时候，他已经不得不想办法尽快落实封贡。

许婚方面，宋应昌、李如松准备委托沈惟敬找一个民间女子送到倭营。但封贡方面，虽然作为小西行长使者的内藤如安已经跟随明军进入辽东，但从明朝的册封程序上讲，必须讨来关白降表，使日本在名义上向明朝臣服、认错，宋应昌才能据此上奏，让明廷实施封贡。此前沈惟敬虽然从釜山带来了小西行长的乞贡书信，但那份书信用词很不恭敬，绝不可能被明廷接受。

为此，宋应昌、李如松派出了辽东都指挥使谭宗仁，让他携带两人的书信，前往小西行长所在的庆尚道熊川倭营，试图讨来关白降表，并劝谕日军尽快撤兵到对马岛。但是小西行长却将谭宗仁羁留了下来，他要求明朝方面派出沈惟敬，亲自过来与他谈判。之所以如此，是因为小西行长一直是与沈惟敬谈判的，他始终很介怀沈惟敬在此前的议和中欺骗了他，加上沈惟敬带内藤如安去乞贡以后，迟迟没有动静，因此他对沈惟敬十分不信任。在写给沈惟敬的信中，小西行长一一列举了沈惟敬以往的欺骗行为，要求沈惟敬必须亲自前来。

因为小西行长的这一要求，宋应昌再次派遣沈惟敬出使倭营。闰十一月，沈惟敬带上内藤如安麾下的一个日本小兵以及一个日本翻译，向着庆尚道熊川倭营出发。而这个时候，明朝内部对于与日本议和一事（即同意日方的封贡要求）存在着很大的争议。沈惟敬出发后，宋应昌遭到给事中许弘纲弹劾"主和之非"，结果被革去经略一职，致仕回籍。(《宋经略书》)兵部左侍郎顾养谦替代宋应昌，成为新任经略，"经略防海御倭军务"。宋应昌虽然被革职，但从某种角度来讲，也因祸得福，此后与日本议和的首要责任人，就成了兵部尚书石星。不过对石星来说，却又是很大的灾难。正如《明史稿·宋应昌传》所言："应昌去，而石星独受祸矣。"

话说回来，在沈惟敬未至熊川之前，谭宗仁还被羁留在熊川倭营。日本人告诉他，他们不会轻易退去，因为"沈惟敬在平壤讲和时，许割朝鲜汉江以南四道以与之，今不割地，吾无退去之期"(《宣祖昭敬大王实录》)。

日本人所说的，确有其事。万历二十年，沈惟敬与小西行长在平壤初次谈判时，小西行长向沈惟敬提出了以平壤为界，划分朝鲜的提案。沈惟敬当时将其作为一种羁縻日军的谈判策略，爽快地表示了同意，最终麻痹了日军，赢得了停战50天的协议，为明军出兵朝鲜、收复平壤争取到了足够的时间。但是之后，明军未能强行使用武力手段将日军驱逐下海、赶出朝鲜，结果留下了后患。于是，当初沈惟敬的这个口头承诺又被日军旧事重提，并作为不从朝鲜撤兵回国的理由。谭宗仁听了日本人的说辞以后，非常生气。十二月，沈惟敬来到熊川倭营，谭宗仁一见到他，就非常生气地怒骂他，沈惟敬无言以对。

但无论如何，该谈的还是要谈。沈惟敬这次过来，目的是为了取得关白降书，然后由兵部向明廷上奏请求封贡，真正完成与日本的议和，使残留在朝鲜沿海的日军全部撤回国内。但关白降书也不是能够轻易讨得的，此前丰臣秀吉制定的《大明日本和平条件》，这时候已经到了小西行长手里，上面的条件非常苛刻，俨然是丰臣秀吉以胜利者的姿态，指导小西行长与明朝和谈。这次沈惟敬与小西行长会谈，便是围绕着《大明日本和平条件》上的内容展开的。

不过，小西行长并没有让沈惟敬接受《大明日本和平条件》中的每一个条目。此前，日方与谢用梓、徐一贯在名护屋和谈时，透露的议和底线是通婚这一条，即大明公主下嫁日本。对此，宋应昌、李如松早已决定妥协，指示沈惟敬找一个民间女子，冒充大明公主送到日本，以便完成议和。于是，沈惟敬遵照宋应昌、李如松此前的指示，与小西行长就通婚一事达成协议。沈惟敬向小西行长承诺"以大明美少女，许嫁日本王子"(《宣祖昭敬大王实录》)，定以五月为期，送到小西行长这里。

小西行长则对沈惟敬表示,如果到时候能把"大明美少女"送过来,日军就撤兵回国;如若做不到,日军就添调新兵,从朝鲜全罗道直入明朝,又请兵于南蛮国,渡海攻打浙江,到时南北夹攻,吞并中国。(《宣祖昭敬大王实录》)

对待明朝表面上一贯温顺的小西行长,此时态度如此强硬,可见他是忠实地执行了丰臣秀吉的命令,围绕《大明日本和平条件》与明朝展开谈判。加上小西行长一直以来坚持的通贡,实际上小西行长代替丰臣秀吉,使明方接受了《大明日本和平条件》中的通婚、通贡(勘合贸易)这两个议和条件。

在沈惟敬向小西行长许诺会送来"大明美少女"以后,小西行长也表示了退让。他为了使明廷尽快落实封贡,便按照沈惟敬的要求,交付了"关白降表"。根据《宣祖昭敬大王实录》的记载,该降表是这么写的:

万历二十三年(此为误记,实为万历二十一年)十二月二十一日,日本关白臣平秀吉,诚惶诚恐,稽首顿首,上言请告。伏以上圣普照之明,无微不悉,下国幽隐之曲,有求则鸣。披沥愚衷,仰干天听。恭惟皇帝陛下,天佑一德,日靖四方。皇极建而舞干羽于两阶,圣武昭而柔远人于万国。天恩浩荡,遍及遐迩之苍生。日本渺茫,咸作天朝之赤子,屡托朝鲜而转达,竟为秘匿而不闻,控诉无门,饮恨有日,不得已而构怨,非无谓而用兵。且朝鲜诈伪存心,乃尔虚渎宸听。若日本忠贞自许,敢为迎刃王师。游击沈惟敬忠告谕明,而平壤愿让。丰臣行长等输诚向化,而界限不逾。讵谓朝鲜构起战争?虽致我众死伤,终无还棺。第王京,惟敬旧约复申,日本诸将初心不易。还城郭、献刍粮,益见输诚之悃;送储臣,归土地,用申恭顺之心。今差一将小西飞骠守,陈布赤心,冀得天朝龙章恩锡,以为日本镇国宠荣。伏望陛下,廓日月照临之光,弘天地覆载之量,比照旧例,特赐册封藩王名号。臣秀吉,感知遇之洪休,增重鼎台,答高深之大造,岂爱发肤?世作藩篱之臣,永献海邦之贡。祈皇基丕著于千年,祝圣寿绵延于万岁。臣秀吉,无任瞻天仰圣,激切屏营之至。

这一降表,俨然是以丰臣秀吉的口吻,恭顺地向明朝乞求封贡。但该文件的真伪也有不同的说法。据《宣祖昭敬大王实录》记载,这封关白降表或出自"中国文臣之手"，或是"行长自为假表"，总之没人相信出自丰臣秀吉之手。日据朝鲜时期，由朝鲜总督府命人主编的《朝鲜史》，则认为这封关白降表是小西行长和沈惟敬联手伪造的。也有另一种说法，按照《乱中杂录》的记载，此降表确实是丰臣秀吉授意的，目的是"怀羁縻误我（朝鲜）之计"。

笔者认为，从该降表的文脉来看，思维方式确实有些肖似小西行长，但文辞却不像是日本人能够写得出来的。因为那时候的日本人汉语水平非常差，绝不会有如此高的汉语素养。《宣祖昭敬大王实录》也指出，沈惟敬往返倭营不到一个月，就把降表带了回来，非常可疑。从当时的交通情况来看，如果是丰臣秀吉亲自授意奉上降表，速度断然不会这么快。因此有理由相信，这份关白降表，确实是沈惟敬与小西行长伪造的。不过值得注意的是，小西行长愿意与沈惟敬伪造这份降表，目的不是为了单纯地让日本向明朝谢罪，他是以追求封贡为前提的。所以，这可以理解为小西行长为追求日本的利益，而采用的一种外交手段。

但不管怎么样，沈惟敬总算完成了任务，拿到了"关白降表"，之后他从庆尚道熊川倭营返回辽东。可纸包不住火，沈惟敬向小西行长私许和亲之事很快就暴露了。

万历二十二年（1594 年）一月，朝鲜全罗道防御使李时言捕获到一个外出的日军士兵，对其进行审讯。此人交代，前一年十二月，沈惟敬来熊川讲和，承诺"以大明美少女，许嫁日本王子"。这名日军士兵的供词，让沈惟敬私下许婚的事实暴露了出来。于是在同月十七日，李时言将这个情报驰报给了朝鲜朝廷。

而除了和亲一事外，沈惟敬向日军承诺割让朝鲜南部的传闻也逐渐流传了开来。要知道，沈惟敬与小西行长在平壤初次会谈时，确实承诺过割让朝鲜领土。至于沈惟敬是否在熊川之行再次重申割地旧约，确保此前的承诺仍然有效，在史料中并没有非常确凿的证据。但从《宣祖昭敬大王实录》的记载来看，无论是驻守在庆尚道大丘的明军副总兵刘綖，还是占据庆尚道西生浦的加藤清正，明、日两军阵营都听到了沈惟敬与小西行长约定许婚、割地的传闻。

一月二十五日，刘綖招来朝鲜翻译李希仁、柳依摈，告诉他们沈惟敬和小西行长谈判的内情：

> 谭宗仁则捆住在倭营，沈游击近日赍表文出来。而天朝尔国之事，沈也都坏

了。表文非关白之书，乃行长自为假表也。关白使行长，专主和亲及攻伐尔国之事。沈也与行长同心，谓行长曰："天兵尽撤，只留刘总兵军五千。"行长闻之大笑："且关白所欲，在于两件事，第一与天朝为婚，第二汉江以南割地事也。"沈惟敬曰："割地事，石爷已许之，准汝封贡后，任意为之也。"谭则好汉子，言直而不屈。（《宣祖昭敬大王实录》）

朝鲜朝廷根据李时言和刘綖提供的情报，判断沈惟敬不仅私下许婚，还向日本人做出了割让朝鲜南部的承诺。朝鲜国王李昖为此非常紧张，立即让人出使大明，把这些情报传递给新任经略顾养谦，竭力阻止明朝与日本和谈。（《宣祖昭敬大王实录》）

不过，此时兵部尚书石星、经略顾养谦都一意主和，竭力避免再起冲突，因此不愿节外生枝，他们和宋应昌一样，阻拦朝鲜上奏大明朝廷。据《宋经略书》记载，宋应昌、李如松去见顾养谦，对他说"伊贼势大，可以计退，不可以战胜"，明确表态难以用武力战胜日军。顾养谦听了前任经略、提督的这番话后，态度直接就趋向议和了。朝鲜差遣陪臣许琐去陈奏倭情，阻止明朝与日本和谈，结果被顾养谦阻拦。

而对于朝鲜使臣已经送达到兵部的表文，凡是提到倭情的，石星都做了淡化处理，甚至肆意篡改朝鲜使臣的奏文，完全按照自己的意思来写，然后再转奏朝廷。据《宣祖昭敬大王实录》记载：

> 冬至使许晋[①]启曰：
>
> 臣赍去呈文一件，礼、兵部誊书进呈。凡干贼情，既已详尽，臣等请贸军资呈文中，亦陈贼势。而石尚书厌闻贼势之言，略不见答，覆题奏闻之时，乃敢删去，自以己意，做出文字，有若出于臣等之言，不胜痛闷。

四月，朝鲜国王李昖又派遣金晬、崔岦出使大明，将丰臣秀吉提出的七个条件上报兵部，试图阻止和谈。带去的表文中，对丰臣秀吉所提七条是这样说的：

---

① 许晋是另一名朝鲜使者，他成功地出使了明朝，将朝鲜陈奏的相关文书送到了明朝兵部。

号名非慕也，恭顺非其性也，此果甘心封贡，受约束而退者乎？虽其言初止如此，为不足信。而况所要七件之事，如曰割地、曰封王、曰通贡、曰印颗、曰蟒龙衣、曰冲天冠，而其一乃欲效单于之于汉室，悖嫚无礼，所不忍详而道也。言之已播，不可掩也。而说和者独摘封贡二件，告于当事之也。（《简易集》）

按道理说，朝鲜国王这次上奏，已经将丰臣秀吉的七个苛刻条件上报到了兵部，将会使兵部察觉到《大明日本和平条件》的存在，知晓丰臣秀吉想要的远远不止封贡这么简单，还有求婚、割地等极其严苛的议和条件。但是，兵部对此没有任何回复，此事再无下文。出现这一情况，很可能是石星仍然与过去一样，因为自己厌闻倭情，把这件事情压了下来。正如郑学稼先生在《日本史》中指出的那样："这一反和平运动，因为未得到新经略顾养谦的支持，并为兵部尚书石星所不喜，当然不会发生效力。"

在此需要指出的是，一些明史通俗读物将沈惟敬塑造成了一个"大忽悠"的形象，认为沈惟敬在与日方的谈判过程中，一直竭力向朝廷隐瞒《大明日本和平条件》的存在，甚至私自答应日方这些要求，而明朝主事者全不知情，被蒙在鼓里。但事实全然不是如此，从史料上看，宋应昌、李如松、顾养谦、石星等人，对此必然是知情的，但他们一直努力在向明廷掩盖这些事情，希望以封贡了结战争，避免节外生枝。至于沈惟敬，只不过是替他们执行谈判任务的人而已。但出了事情，就需要沈惟敬替他们担责，这一点也正是他的可悲之处。

同样是四月，沈惟敬向日本私许和亲之事，在大明不胫而走，消息流传开后，李如松受到了波及。原来，李如松家里曾有个名叫诸龙光的塾师，受到过李成梁、李如松父子的礼遇，但后来渐渐与李氏父子疏远了，因而积累了很多对李氏父子的怨恨。等到沈惟敬私许和亲这件事流传开来以后，诸龙光知道与李如松有关，就想借机打倒他。于是诸龙光便控告李如松私许与日本和亲，将状纸投给了广东道御史唐一鹏。唐一鹏上疏弹劾李如松以及石星、宋应昌、顾养谦、刘黄裳，说他们联合起来蒙蔽朝廷。给事中乔胤也附和唐一鹏，认为确有私许和亲一事。

这件事闹得很大，震动了明神宗，无论是否有和亲之事，这一说法的散播着实让明神宗脸上无光。为此，明神宗下令审讯诸龙光，问是谁指使他控告李如松的，却不得要领。主张与日本议和的兵部尚书石星，站出来替李如松说话，极力诋毁诸龙光，结果使诸龙光下狱。明神宗大怒，最终将诸龙光处死。这件事尽管被压了下来，使李如松幸免于难，但沈惟敬还是要给个解释。沈惟敬在这种情况下，编了一个谎言，颠倒是非地说"彼国有天王女，欲献当今（明神宗）"，曲解成日本天皇想把女儿下嫁给明神宗。沈惟敬把这个谎言说给石星听，石星据此力保沈惟敬，此事才算了结。（《万历野获编》《国榷》《宣祖昭敬大王实录》）

不过此事过后，沈惟敬也不敢兑现原来给小西行长的许诺，找一个"大明美少女"送到日本去。原本按照宋应昌、李如松的计划，沈惟敬找一个民间女子，冒充大明公主送到日本，那么议和之事多半可成。但因为诸龙光事件引来了朝廷上下的关注，计划的实施变得非常困难。因此，沈惟敬最后只能告诉小西行长，大明公主已经出发了，但途中不幸生病离世。（《宣祖昭敬大王实录》）然而另一方面，沈惟敬已经与小西行长做了约定，实在难以违约。于是作为大明公主的替代品，沈惟敬后来赠送了300匹马给日方，作为两国无法通婚的补偿。沈惟敬赠送马匹的行为，根据《明神宗实录》《再造藩邦志》的记载来看，实际上就是兵部尚书石星直接授意的。由此而言，石星对于"和亲"传闻的内情，必然是清楚的。更进一步讲，沈惟敬始终不过是按照朝廷主和派首脑的意志办事，并不敢擅自做主。

万历朝鲜战争

第五章

明、日和谈（中）：

从明朝拒绝封贡到同意册封

许孚远派间谍到日本探听情报

由于日军尚且屯据在朝鲜沿海，因此明朝必须与日本在某些条件上达成妥协，实现议和，才能使日军从朝鲜尽数退兵。以兵部尚书石星、前经略宋应昌、现经略顾养谦、提督李如松为首的主和派，为顺利与日本议和，避免节外生枝，向大明朝廷隐瞒了丰臣秀吉提出的《大明日本和平条件》，又设法处死了泄露私许和亲之事的诸龙光。当和亲的传闻闹得沸沸扬扬以后，主和派将议和的唯一希望寄托在封贡问题的解决上，希望明神宗允许日本提出的封贡要求，以换取日本从朝鲜撤兵。

但是，自从宋应昌、李如松带领乞求封贡的日本使者内藤如安进入辽东以后，朝廷内部对于是否封贡，争议不断。

万历二十二年一月，已经离职的前经略宋应昌向明神宗上奏，声称内藤如安表现得恭敬、真诚，没有异样，请求朝廷尽快同意日本的封贡要求。(《壬辰记录·宋应昌议贡题本》)同年四月六日，接替宋应昌的新经略顾养谦也向明神宗上奏，请求同意日本提出的封贡请求。明神宗对此指示说："敕兵部会九卿科道议闻。"

五月一日，朝廷召开九卿科道会议，讨论封贡之事。多数科道官的意见是"罢款议守"，也就是停止跟日本议和并加强边境守备。五月六日，福建巡抚许孚远递上《请计处倭酋疏》，表示不可对日本封贡。次日，辽东巡抚韩取善也上奏要求并绝封贡，并提议将明军的防线收缩到鸭绿江一带。

兵部尚书石星虽然力主封贡，但是顶不住巨大的舆论压力，《明史稿·石星传》说他"张皇，不敢决业"。在巨大的心理压力下，石星只好于同一天上奏明神宗，表示不可对日本封贡。之后，明神宗下旨说"这封贡都着罢了"。

根据日本学者三木聪的研究，对大明朝廷决定不许封贡影响最大的，其实是福建巡抚许孚远上奏的《请计处倭酋疏》。这份疏文分为两个部分，前半部分整理了许孚远派人在日本进行的谍报活动和采集到的日本情报，后半部分是许孚远反对封贡的理由，以及制定的对日军事方案。正是基于这些情报，明神宗才做出了不许封贡的决策。许孚远是如何采集这些情报，并直接影响到明朝的对日政策，还得从他出任福建巡抚说起。

万历二十年十二月，宋应昌、李如松出兵朝鲜前夕，许孚远上任福建巡抚。兵部尚书石星派名色指挥沈秉懿、史世用二人来见许孚远，声称要取道福建，前往日本打探倭情。但许孚远觉得沈秉懿年纪大了，看上去比较狡猾，并不是很可靠，就让他回去向石星报告，没有起用他。而对于史世用，许孚远则相当看重，认为他体型魁梧，又有才华，便让他到日本去刺探情报。

万历二十一年四月，许孚远让史世用扮成商人，跟着一个叫许豫的海商从泉州府同安县出发，渡海前往日本萨摩。这位许豫，实际上也是许孚远派出的间谍人员。六月，许豫、史世用从福建发船，随行的还有张一学、黄加、黄枝、姚明、姚治衢等扮作海商的间谍。一行人于七月在日本九州岛的内浦港登陆，这里距离萨摩尚远。

许孚远在萨摩有一个内应，这个人就是许仪后，他是寓居萨摩的华人，同时也是萨摩岛津家家督岛津义久的药师，深得岛津义久的器重。当年丰臣秀吉准备入侵大明的消息，最早就是许仪后偷偷托人通报给福建地方政府的。史世用在内浦港登陆后，打听到岛津义久和许仪后已经一同离开萨摩，前去丰臣秀吉的侵朝总指挥所名护屋了。于是，他与许豫分别，自己单独前往名护屋，设法去找许仪后。而张一学等人则偷偷前往丰臣秀吉日常居住的城郭，观其山川形势，探其动静。

八月十三日，岛津义久、许仪后离开名护屋，回到萨摩。二十七日，史世用把许仪后带到内浦港面见许豫，悄悄商量刺探日军情报的事情。九月三日，许豫准备好了礼物，让史世用假扮成客商，两人跟随许仪后去萨摩，面见岛津家的老中伊集院忠栋。但伊集院忠栋一见到他们，就起了疑心，对许仪后说："此恐非商贩之人。"

许仪后也干脆大方地承认，说："亦是大明一武士也。"

经过一番解释，伊集院忠栋打消了怀疑，并将自己穿的盔甲送给了许豫。但到了九月十九日，许豫、史世用等人前来刺探倭情的消息被人泄露。岛津义久派其军师——大隅的日本僧人玄龙来到内浦港，试探性地问许豫："船主得非大明国福建州差来密探我国动静之官耶？"

许豫大方承认，对玄龙说："是。因尔国侵伐高丽，杀害人民，我皇帝不忍，发兵救援。近闻差游击将军沈惟敬来讲和好，我福建许军门听知，欲发商船前来贸易，欲审虚实，先遣我一船人货来此，原无他意。"（以上对话出自《敬和堂集》）

玄龙听了许豫的解释，半信半疑。

十月，岛津义久将许仪后派往朝鲜，而史世用与许豫的关系也出现了裂痕，于是史世用决定先离开日本，回到福建向许孚远报告倭情。但史世用乘坐的船在途中遇到大风，飘到了琉球，之后经历了一段流浪生活，过了很长一段时间，才辗转回到福建。

而许豫、张一学、黄加、黄枝、姚明、姚治衢等人继续留在内浦港，没有回到福建，因为他们受到了岛津义久的监视，不被允许离开。

十一月，岛津义久会同伊集院忠栋，派出一名叫黑田的日本人，来到内浦港，把许豫带到萨摩问话，确认他有没有探听情报的嫌疑。经过倭僧玄龙与许豫的笔谈问答，岛津义久确定许豫没有嫌疑，因此非常高兴，允许他将原先在日本购买的200担硫黄载回福建。岛津义久又将一封信交给许豫，让他回到福建后转交给福建巡抚许孚远。在信中，岛津义久表达了与大明通商、贸易的意愿。

万历二十二年一月，许豫带着同行商人郑龙、吴鸾，以及一个早年被掳掠到日本的温州瑞安人张昂，从九州岛发船回到福建，向许孚远报告在日本打听到的情报。许豫汇报的情报一共有以下几条：

一、探得关白姓平，名秀吉，今称"大阁王"，年五十七岁，子才二岁，养子三十岁。关白平日奸雄诡诈，六十六州皆以和议夺之。

二、前岁侵入高丽，被本朝官兵杀死不计其数，病死与病回而死者，亦不计其数。彼时弓尽箭穷，人损粮绝，思逃无地，诡计讲和，方得脱归。

三、关白令各处新造船只千余。大船长九丈，阔三丈，用橹七十枝（同"支"）；中船长七丈，阔二丈五尺，用橹六十枝。豫访诸倭，皆云："候游击将军和婚不成，欲乱入大明等处。"

四、日本六十六国，分作二关，东关名"相板关"，西关名"赤间关"，内称有船数千船，限三月内驾至千大溪点齐，莫知向往何处。文点兵十八岁至五十岁而止，若有奸巧机谋者，虽七十岁亦用之。

五、日本长崎地方，广东香山澳佛郎机番每年至长崎买卖，装载禁铅、白丝、扣线、红木、金物等货，进见关白，透报大明虚实消息。仍夹带倭奴，假作佛郎机番人，潜入广东省城，觇伺动静。

六、关白奸夺六十六州，所夺之州，必拘留子弟为质，令酋长出师以侵高丽，实乃置之死地。各国暂屈，仇恨不忘。及察倭僧玄龙与豫对答语气，义久等甚有恶成乐败之意。豫于写答间，亦略有圆诱（引诱）之机。

七、浙江、福建、广东三省人民，被虏日本，生长杂居六十六州之中，十有其三，住居年久，熟识倭情，多有归国立功之志，乞思筹策，令其回归。(《敬和堂集》)

许豫汇报的消息里，最重要的是第三条和第六条。第三条情报指出，游击将军沈惟敬没能及时兑现与日本人的"和婚"约定，致使丰臣秀吉下令新造千余艘船只，准备侵入大明。许豫带来的跟"和婚"有关的这条情报，日本学者三木聪指出："对于打算借由允许封贡来达成明、日媾和的经略宋应昌和游击沈惟敬而言，让明朝中央知道秀吉要求和婚的事情是大为不妥的，因此他们竭力隐瞒和婚的真相。"(《福建巡抚许孚远之谋略——围绕于丰臣秀吉"征明"》)

而在第六条情报中，许豫指出岛津义久希望丰臣秀吉侵略朝鲜失败，对丰臣秀吉似乎颇为不满，他认为可以抓住这一点，设法让岛津义久对丰臣秀吉竖起反旗。

基于掌握到的情报，许孚远上奏《请计处倭酋疏》，请求朝廷不可答应日本的封贡之请。他在这份上疏中提出了自己的看法：丰臣秀吉不但在统一日本的过程中发挥"奸雄之智"，"篡夺国柄，诈降诸岛"，还用"攻伐之谋"来"兴兵朝鲜，席卷数道"；现在，他"整造战舰，以数千计，征兵诸州，以数十万计"，无疑"有窥中国之心"。此次乞封并不是秀吉的最终目的，他是想利用册封让日本"诸夷"处于服从地位。大明以"信义"来应付秀吉"豺狼之谋，狐兔之狡"，是完全行不通的。许孚远坚信不管大明封贡与否，秀吉必定会发动侵略。他建议对日本"诸酋长"发下"擒斩秀吉"的诏敕，其中最适合的人选是萨摩的岛津义久，认为十分有必要将其策反。许孚远又建议，在必要时刻，大明可以发战船2000余艘，出兵20万人，直捣日本巢穴，使秀吉无处遁逃。

许孚远的《请计处倭酋疏》于五月上呈朝廷以后，对明朝的对日方针产生了重大影响，明神宗宣布并绝封贡，不接受日本人提出的议和要求。但值得注意的是，许孚远的《请计处倭酋疏》无疑提到了沈惟敬向日本人私许和亲的事实，而上个月刚刚发生了诸龙光因检举李如松私许和亲而被下狱处死的事件。许孚远从福建海商那里得到的情报，无疑证实了诸龙光的说法并非子虚乌有，他是被冤枉的。但是这一细节，大明朝廷却有意无意地忽略了，并没有做任何计较。

再说回许孚远，他在《请计处倭酋疏》中提出的策反岛津义久对付丰臣秀吉的战略，一定程度上取得了进展。岛津义久秘密派遣亲信张五郎，从萨摩来到福建，前来拜谒许孚远。许孚远与福州知府何继高商议，决定利用岛津义久挑动其他日本大名，让他们一同造反。二人设想，一旦日本国内出现动乱，朝鲜不用明朝相救便可保全，而大明自身也不用特别防卫日本。于是，许孚远授予海商许豫"名色把总"一职，由他带上把总刘可贤、名色把总伍应廉、岛津义久的亲信张五郎等人，再次从福建开船驶向萨摩。许孚远做了两手准备，他一方面制作了檄文，让许豫、刘可贤等人带去交给丰臣秀吉，劝谕他罢兵；另一方面又让许豫、刘可贤和许仪后搞好关系，让许仪后做足策反岛津义久的工作。（《敬和堂集》）

许孚远写的这篇檄文，被收录在《岛津家文书》中，原文如下：

> 钦差提督军务兼福建地方都查院右佥都御史许，檄告大（太）阁先生关白知道。我久闻先生掌握兵柄，大名若雷，大福若山，尽海外无双之品也。统率六十六州，山河赤子，岂非英雄豪杰者所为？我天朝自洪武皇帝开国以来，计二百余年。虽主圣臣良，无异唐虞三代世界，而一念怀柔远人之道，实拳拳殷殷，无一日息也。兹者旧年有尔萨摩州修理大夫藤原义久（岛津义久），将文书一通，付我武生许豫、同本州通事张昂，赍到福建，交送与我。我诵其文中，意趣甚好。且称，尔国君臣，思与我天朝款好。我思，此样文字，必出于先生高妙。则知，平昔谣传，尔国屡欲兴兵内犯，率皆奸徒勾诱邀利者，倡为此说，以污先生美名，遗累盛德。今当不辩而破矣。似此安享天年，静回造化，而天地神明，必保佑先生积善之报。理当天赐贵子贵孙，世济大位，而扬名万祀也。吾今特遣守备刘可贤，军门赞画姚士荣，名色把总许豫、伍应廉，同原在萨摩州差使人张昂，同赍文前来，回答义久。因思先生在主日本，且久瞻仰风采，乃谨具檄文一通，附候钧座幸惟照谅。是祷。

从这封檄文来看，许孚远百般恭维丰臣秀吉，甚至敬称其为"先生"，希望用温和的语气劝告丰臣秀吉罢兵。不过，这封檄文并没有得到丰臣秀吉的任何答复，最后不了了之。不过，刘可贤还是说服了岛津义久。岛津义久派遣军师玄龙随刘可贤一同返回福建，前来与许孚远会谈具体事宜。但等刘可贤回国时，许孚远已被调离原职，新任福建巡抚沈稠对于策反岛津义久之事没有什么兴趣。而玄龙见许孚远已经离职，也"无语可告"，不肯透露机密，于是沈稠便将玄龙打发回国了。许孚远制定的策反岛津义久的战略，最终以失败告终。(《跨境人员、情报网络、封贡危机：万历朝鲜战争与16世纪末的东亚》)

玄龙的离去，表面上看非常可惜，让许孚远联合岛津家推翻丰臣政权的计划胎死腹中。但事实并没有如此简单，根据岛津家史料《征韩录》的披露，岛津义久亲自将许孚远写的檄文交给了丰臣秀吉，后者看过以后又还给了岛津义久。而在此之前，岛津义久写信给许孚远，表示希望日本与大明"贸易通利"，而这也是根据丰臣秀吉的指示所写的。由此而言，岛津义久不过是秉承丰臣秀吉的意志行事。玄龙作为岛津义久的使者前往大明，实际上并不是代表岛津家和福建地方政府商量除去丰臣秀吉，而是作为日方的间谍人员而来。许孚远向日本派遣了多名间谍，不料丰臣秀吉"以彼之道，还施彼身"。在这点上，许孚远还是低估了丰臣秀吉。

刘綎派人与加藤清正谈判

自宋应昌、李如松与日军展开和谈以来，朝鲜一直反对议和，朝鲜水军也没有遵从明军号令与日军停战，仍然断断续续与日军发生冲突。万历二十二年二月末，熊川倭营的倭船出没于庆尚道的固城半岛周边，这一情报接连不断地传来，刺激到了朝鲜三道水军统制使李舜臣，使他下定决心再战日军。[①]

三月三日，李舜臣下令聚集舟师大军，结阵于胸岛前洋，使右助防将鱼泳潭率领精锐船只30艘，先行讨伐日军。黄昏时分，鱼泳潭行船到纸岛。

三月四日四更时分，鱼泳潭抵达镇海前洋，追捕、焚毁了6艘倭船，又在昌原

---

① 李舜臣原任全罗道左水使，自万历二十一年起兼任忠清、全罗、庆尚三道水军统制使。

郡猪岛焚毁 2 艘倭船。三月六日，鱼泳潭率领麾下舟师烧毁了唐项浦的 21 艘倭船。但朝鲜水军的行动没多久就被迫中止了。当时，明朝都指挥使谭宗仁作为人质，被扣押在小西行长所在的熊川倭营，他在小西行长的授意下，向李舜臣发来了禁止讨伐日军的牌文。李舜臣非常愤怒，但是没有办法，只好暂时停止军事行动。

同样是在三月，留守朝鲜的明军副总兵刘綖离开原驻地庆尚道大丘，移镇全罗道南原。从这个月开始，他与屯兵在庆尚道西生浦的日军将领加藤清正展开了谈判。刘綖的对日策略，与福建巡抚许孚远的类似。许孚远想挑唆岛津义久对丰臣秀吉造反，刘綖则是想挑唆加藤清正对丰臣秀吉竖起反旗。

自日军退屯沿海以来，"太阁专委兵权于行长，故凡军务，行长主之"(《宣祖昭敬大王实录》)。在丰臣秀吉的授意下，一直都是小西行长主导与明朝的和谈工作，这引起了与小西行长关系不睦的加藤清正的强烈嫉妒。加藤清正为破坏小西行长的和谈工作，一度借口内藤如安被明朝人杀死，发起了袭击南兵的安康之战，杀死300 多人。(《经略复国要编》)

尽管他一再挑衅明军，但明朝主和派竭力掩盖此事，所以加藤清正没能破坏和谈工作的进行。于是，加藤清正就想干脆取代小西行长，由他主导和谈工作。加藤清正释放了一名叫郑连福的朝鲜俘虏，让他带着自己的书信，投交到庆尚道左兵使高彦伯营中，邀请对方派人前来西生浦谈判。

高彦伯将这一消息告知朝鲜都元帅权栗，权栗又告诉了负责接待明军副总兵刘綖的接伴使金瓒，金瓒顺理成章地转告了刘綖。刘綖得报后大喜，决定派人与加藤清正展开谈判。双方名义上是和谈，但刘綖的谈判方针，是想挑拨加藤清正与小西行长、丰臣秀吉之间的关系，唆使加藤清正自立为关白，对丰臣秀吉举起反旗。

刘綖派去与加藤清正谈判的人员，有朝鲜僧兵将领惟政、高彦伯的军官李谦受、权栗的军官申义仁与梁梦海、翻译金彦福、僧侣等 20 余人。三月十三日，一行人前往加藤清正所在的西生浦倭营，见到了加藤清正的副将喜八。

喜八问惟政一行人："君等从何处而来，是什么僧人？"

惟政回答说："我等自督府（刘綖）营下而来，兼承朝鲜都元帅之令。"他又故意欺骗喜八说："我十六七岁入仕朝廷，18 岁出家做了和尚，在金刚山修行。中年的时候进入大明，与督府相识。如今朝鲜遭汝国侵略，督府领兵来朝鲜，让我也跟了过来。因为没有别的可靠的人，才派我来你这里，与你们议和。"

喜八面露喜色，高兴地说："我国商量大事，都是让高僧出面。贵国也派高僧过来，肯定是很重视这件事。"又问惟政："君等自督府营下而来，有带来督府的信吗？朝鲜王子的信也带了吗？"

惟政谎称王子目前在大明，对喜八说："督府的信带来了，但王子在平安道拜见天将以后，根据大明天子的命令，被召入大明，目前没有回来，所以没有送信。"

喜八突然莫名其妙地问惟政："你是不是清楚知道督府的心事才来的？那究竟是什么事？"

惟政回答喜八："督府的心事，我等怎么会知道？"

喜八又问："日本的小西飞，目前在哪里？"

惟政不知道喜八在说什么，回答道："不知小西飞是谁？"

喜八怕说不清楚，让人用汉字写在纸上，拿给惟政看："小西飞是和沈游击一起到大明的人。"继续又问惟政："沈游击讲和的条件，君都知晓吗？"

当时，沈惟敬向日军私许和亲、割地的传闻，早就在朝鲜传得人尽皆知，但惟政一行人故意说不知道。

喜八惊讶地说："君等自督府营而来，怎么会不知道沈游击的事情？"说完，喜八就让人在纸上写了"与天子讲婚""割朝鲜四道"这两个议和条件，出示给惟政等人看，对他们说："这就是沈游击、行长讲和的条件，怎么说不知道呢？"

惟政说："沈游击、行长讲和的这两个条件，万无事成之理，上官（朝鲜人对日军将领的称呼，此处指加藤清正）想要的条件也和他们一样吗？"

喜八回答说："上官所欲与此有异。"

黄昏，喜八将惟政一行人引入加藤清正所在的地方。惟政等人坐下以后，加藤清正推门进来，先慰劳了惟政一行人，之后问他们："沈游击的事情，为什么说办不成？"

惟政观察到加藤清正似乎不希望沈惟敬和小西行长议和成功，就故意回答说："沈游击的事万万办不成。"

加藤清正这时候突然说："这件事很机密，用谈话交流的话，我怕被别人传来传去。我进入房中让人写在纸上，君等也在纸上作答就可以了。"

说罢，加藤清正就进入房中，让人把他要问的话写在纸上，拿来出示给惟政看。

在纸上，加藤清正反复问小西行长与沈惟敬的议和能不能成。

惟政想试探加藤清正的真实态度，就故意回答说不成。

替加藤清正与惟政进行笔谈的，是两个日本和尚，他们穿着金色的袈裟，粗通汉文。这两个僧人中，有一个是本妙寺住持日真。笔谈过程中，日、朝双方代表都喝了很多酒，一直谈到深夜，最后因天色太晚而暂时结束笔谈，惟政一行人宿于加藤清正安排的营帐中。

四月十四日一早，惟政一行人吃完早饭以后，喜八过来见惟政，告知其五个讲和条件，表示这就是小西行长与沈惟敬正在商讨的内容：一、大明公主下嫁日本天皇；二、大明割朝鲜属日本；三、朝鲜、日本如前交邻；四、朝鲜王子一人入送日本永住；五、朝鲜大臣入质日本。

这其实就是丰臣秀吉制定的《大明日本和平条件》的变种版本，只是从原本的七个条件演变为五个，减少了明朝与日本恢复勘合贸易、明朝大臣与日本权臣交换誓书、朝鲜大臣向日本提交誓书这三条要求，又把原本的朝鲜王子、大臣渡海到日本作为人质这个条件，拆分为了两条。

可见，丰臣秀吉只将完整版的《大明日本和平条件》抄写本交给了小西行长和石田三成、大谷吉继、增田长盛，让他们主导与明朝的谈判，而加藤清正并没有收到完整的《大明日本和平条件》，所以在条目细节上产生了差异。

喜八出示这些条件后，对惟政说："这些条件能不能成，可以细细答示。"

惟政一行人经过商议以后，认为每条都不可能成，于是在纸上回答道：

一、关于大明公主与日本天皇结亲。当年汉朝皇帝以一个宫女与单于和亲，此事虽然过去千年，但世人至今仍在指责汉朝皇帝。当今大明天子以尧舜之德、日月之明，统御天下，又怎么可能将大明公主送到万里沧波外去结婚呢？就算是放牛牧马的童子，也知道这件事是不可能的。更何况刘督府是天子重臣，文武双全，运筹高明，知道这件事情不义，又怎么会不知道这件事不成？

二、关于割朝鲜属日本。四海之内，莫非王土，就算是片地寸草，也是大明天子掌握之物，是否割舍土地在于天子决断。沈游击怎能使天子决断割舍土地与否？日本兴无名之师，践踏天子领域，涂炭生灵，过分到了极点。天子不得已，出动兵马，防御三年，哪有割让给日本的道理？万万没有此事！以此知晓，行长、沈游击的这一条件，是绝对谈不拢的。

三、关于朝鲜、日本如前交邻。让朝鲜忘记君父之仇，与日本结为兄弟之交，这是不可能的。我等回去告诉刘督府，让刘督府处置如何？

四、关于王子一人入送日本永住。此事万万不可。日本无故兴师动众，践杀生民，涂炭我宗庙社稷。身为臣子，又怎么可能将王子送到鲸海之外，永住他国异域？让沈游击、行长将王子送到日本，我等万死不从。况且大明圣天子是天下之主、亿兆人之父，又怎会容许此等劣事？所以，这件事也是不可能的。刘督府身为中朝大臣，深知礼仪，自然也知不可。

五、关于朝鲜大臣入质日本。此事同样不可。昔日我国全盛时，与日本对等交邻，从来没有此事。现在让朝鲜忘记与日本的仇恨，结为兄弟之国，我不知道可不可以。这些事，让刘督府启禀圣天子之后处置如何？

六、以上五件事，皆不合大义。以此可知行长、沈公议和之事肯定不成。这并非是我等所知如此，刘督府也是知道的。如今上官与刘督府商量议和之事，希望能够好好协商，则议和之事必定可成。

得到了惟政的答复以后，喜八将加藤清正的意思写在纸上，出示给惟政看："如果沈公、行长议和不成，则日本之兵将再次渡海，直向大明。那个时候，朝鲜的百姓就会全部饿死，你看这样如何？"

面对这一措辞强硬的威胁，惟政义正词严地回答道："我朝鲜受命于大明天子，是礼义之邦。当初日本兴无名之师，我国来不及反应，于是日本便残杀我国百姓。今则大明圣天子运中国粮饷，连续接济我国百姓，发南兵50万，与我国忠义之士扫荡敌军。就算是死一百次，也不愿答应沈游击、行长的议和条件！"

做出了这一答复后，这天的谈判就结束了。惟政一行人仍旧待在加藤军的营帐里，准备明天继续谈判。这一天，加藤清正送来了4桶酒。

四月十五日，喜八将惟政等人引入加藤清正处，加藤清正让惟政与李谦受坐在椅子上，继续和他们讨论议和的五个条件。加藤清正问，惟政答。加藤清正事先让人在一张纸上写下了答复惟政的话，上面逐条驳斥了惟政前一天对五条议和条件列出的反对意见。但由于日军的汉语水平非常低，语脉不通，惟政完全看不懂，询问一边的翻译，才知道了大致意思。于是回答加藤清正说："这些事情昨天已经在纸上作答了，再无别的话可说。我已派人报告给刘督府，刘督府也同意我的意见。"

加藤清正继续让翻译在纸上写汉字，和惟政笔谈，这次问："刘督府为何移阵于全罗道？"

惟政回答："天兵数十万，多数都驻在全罗道沿海。督府想要调兵，而南原处于全罗道腹地，所以移阵在此，同时统领全罗、庆尚两道兵马。"

加藤清正突然关心起了刘綖的年龄，问道："督府多大年纪了？"

惟政回答："今年 33 岁了。"

加藤清正继续问："平安道、咸镜道、忠清道、京畿道，分别是哪几个大明将军领兵？"

惟政故意夸大了明军兵力，回答道："宋经略（宋应昌）、李提督（李如松）已经回国了，现在顾侍郎（顾养谦）统领诸兵 30 余万，已到平安道，同时统领四道兵马。"

加藤清正得到这一答复后，突然让翻译直接用朝鲜话质问惟政："朝鲜的事情，无论大小，你们全部委托给大明处理，而不以实相告。还有让朝鲜王子向我送答书的事情，你们也推给大明，结果到现在都没有送来，为什么这么没有诚信？"

惟政从没听过让朝鲜王子送答书的事情，疑惑地问加藤清正："上官和王子临别的时候，有什么约定，还是定下了什么盟约？"

加藤清正回答："没有什么约定，又哪来的定盟？只不过我和他们住得久了，临别之前相约交好。但是到了今天，他们也没有写一个字来感谢我，人情就这么薄凉吗？"

惟政撒了一个小谎，开解加藤清正道："怎么说我们没有诚信呢？王子目前在大明，早晚会回到朝鲜，那时候送答书，又有什么难的？还有我国本来就是大明属国，事事委托给大明，不也很对吗？"

加藤清正又让翻译将话写在纸上，和惟政笔谈。他让人在纸上诘问惟政道："君等必定了解督府的心事，但是为什么却隐晦不说呢？"

惟政抓住这个机会，想趁机离间加藤清正与丰臣秀吉，便在纸上答复道："我等怎么会知道督府的心事？但是督府每次都和我们说：'西生阵将清正，是日本世守地方官后裔，是一个豪杰，他怎么甘心做关白这种庸人的手下呢？如果他在异国，肯定是那个国家的领袖了。'督府时常这样为上官感慨。"

得到了这样的答复，加藤清正只是微笑不语。

惟政问加藤清正："我国认为关白是日本国王，他以上官为臣，派遣来本国，是这么一回事吗？"

加藤清正表示否认："我不是关白之臣，我是天皇之臣。关白是恶人，以武力平定西国，现住那里。"他仍然解不开朝鲜王子不送书信答谢他的心结，突然又问惟政："拘拿朝鲜王子的人是我，放还朝鲜王子的人也是我，缘何放了以后就不回信给我了，怎能如此无信？"

惟政又想借此离间加藤清正和小西行长，便再次编造谎话，哄骗加藤清正："王子放还之功在于上官，但这只有督府知道，大明和朝鲜都不知道。这是为什么呢？因为小西行长向我们炫耀功劳，说王子是他放还的，不是上官。"

加藤清正微笑着说："王子当初在我手中，小西行长说的这是什么话？"

惟政想探知加藤清正的谈判底线，便试探着问他："上官你想知道督府心里怎么想的，但上官心里又是怎么想的，同样不曾吐露。希望上官能把心事说出来，我等回去好报告给督府。"

加藤清正笑着说："我心里怎么想的，和沈惟敬、小西行长不一样。如果他们议和之事不成，君过来与我通好，我也会派人与督府相通，一天之内就可以成事，用不着等很久。"

过了一会儿，加藤清正拿出10卷白纸、10柄扇子，对惟政说："我和君已经很亲切了，没什么好送的，我这里有纸卷、扇柄，聊表心意。远在异国，没有什么别的宝物，希望不要嫌弃。"（以上对话出自《奋忠纾难录》）

惟政不想要，但是碍于正在与加藤清正谈判，怕对方起疑心，只好接受。双方会晤暂时告一段落，惟政一行人告退。次日早上，吃过早饭以后，惟政一行人离开西生浦，喜八和倭僧日真手持美酒佳肴，率领50名铁炮足轻前来践行。临行前，喜八嘱托惟政，以后可以将小西行长与沈惟敬的议和进程写信告诉他们。

五月五日，惟政、李谦受回到全罗道南原，向刘綎汇报此次出使的详情。刘綎先是好好慰劳了惟政，两人寒暄一番之后，惟政情绪激动地对刘綎说："沈游击是什么人？！轻许求婚、割地两事！就算是放牧的童子也不敢乱说这种话，何况他为人臣子！以天朝威灵赫赫，而不图其人为恶之心，以至于此！"

刘绖赞同地说："你这个和尚说得很对。那个姓沈的，只以倭人要求封王、准贡答复天朝。至于求婚、割地之事，他根本不敢对天子讲，而对倭人却一直这么应承。不知道他的下场会是怎样，他就是一个小人！求婚这件事情，就算是要乞丐的女儿，也不会许可。更何况大明天子的圣女，又怎么可能下嫁给倭奴？万万没有这个道理。"（以上对话出自《奋忠纾难录》）

从刘绖、惟政等人的表态来看，沈惟敬因为被传许诺与日本通婚、割朝鲜土地给日本，这时候已经声名狼藉了，成了众人眼中的一个小人。客观来说，沈惟敬是否在熊川向小西行长许诺割地，在史料上并没有确凿的直接证据。但他之前在平壤确实做出过这样的承诺，不过那是羁縻日军的缓兵之计。至于沈惟敬许婚一事，也确实是有的，但那是宋应昌、李如松授意沈惟敬做的，沈惟敬不过是其政策的具体执行者而已。诸龙光事件发生以后，许婚是不可能实现了，实际上也就作废了。但是这些丑事在朝鲜广泛传播，所有的恶行，直接矛头指向的都是沈惟敬，而不是授意他做出这些丑行的真正决策者，这正是沈惟敬的可悲之处。

惟政与加藤清正的激辩

万历二十二年七月十日，朝鲜僧兵将领惟政、军官李谦受再奉刘绖之命，出使加藤清正所在的西生浦，这次跟随他们去的人有蔚山郡守军官蒋希春、忠清防使军官判官崔福汉、庆尚防使军官主簿金彦福等37人。一行人抵达西生浦时，正赶上加藤清正和副将喜八从外边回来，他们看到惟政等人十分高兴。

喜八在纸上写道："惟政怎么这么晚才来？上官待之苦矣！"

寒暄过后，由于天色已晚，惟政一行人宿在西生浦，准备次日展开具体谈判。

第二天早上，喜八过来找惟政谈话，但是没有谈出什么实质内容来。到了晚上，李谦受进入喜八的私人住所，继续与喜八谈话。李谦受按照刘绖的谈判方针，想要挑拨加藤清正和丰臣秀吉的关系，让清正起兵造反，便故意对喜八说："上官与关白同时起兵，关白何德而为王？上官何恶而为臣？"

喜八回答道："清正与关白，是一个村的人。因为清正年纪轻，所以不居关白之上。"

李谦受继续挑拨道："上官既然身为大丈夫，其兵力与关白不相上下，为什么不称王于东海呢？"

喜八解释说日本国情不同："我国之法，国王万世不改，关白不是国王，乃是武官之长。清正是关白的副将，怎么能够称王呢？"

李谦受加大挑拨力度，将话写在纸上，出示给喜八看："上官虽然不能成为国王，那成为关白应该是没问题吧？关白原是村人的仆夫，却侥幸得志，篡灭其君，罪不容诛。后来又动兵尽杀日本诸岛之人，现在还害了我国。天下人怨恨关白，就像是有深仇大恨一样。清正世受爵禄，慈爱人民，有王者气象，怎能甘居关白之下？督府常为清正感到可惜。如果清正有意图谋关白之位，督府愿鼎力相助，料来易如反掌，此事如何？"

喜八看了以后，沉默很久，才回答李谦受："此事不可为，关白已为关白，清正乃下将。我国之法，下不为上也。"

李谦受不为所动，继续挑拨道："但是关白本来就是下人，现在怎么成了人上人？万古以来，帝王尚且不断更换，更何况是关白！"

喜八面露不悦地回答道："不可也。"

说完这句话之后，喜八便让李谦受离开，回到日方提供的住所。

次日傍晚，喜八带领惟政、蒋希春、翻译金彦福等，来到加藤清正处，与其直接对话。只见加藤清正坐于堂中，正与倭僧日真等三人对话。加藤清正让惟政等人坐下，惟政将刘綖写给加藤清正的信交给了他。加藤清正将信交给倭僧，倭僧翻译成日文说给加藤清正听。加藤清正用笔在纸上写上日文的答复内容，再由倭僧翻译成汉文，出示给惟政等人看。双方用这样的形式进行谈话。

加藤清正先问了以下七个问题：

一、大明天子许婚一事如何？

二、朝鲜王子一人入送日本一事如何？

三、割朝鲜四道属日本之事如何？

四、朝鲜大臣入质日本一事如何？

五、朝鲜与日本如前交邻如何？

六、大明一人入质日本之事如何？

七、大明以何物与日本通好？

这七个问题，同样脱胎于《大明日本和平条件》。在加藤清正与惟政的初次谈判中，他就已经问过前五个问题了，这次则新添了后面两个问题。

惟政看了加藤清正出示的问题，答复他道："前五条，我第一次来的时候，已经回答得很清楚了。今天送来刘督府的信，他的态度和我此前的答复一样。况且沈游击、行长的议和之所以不能成，也是因为这些事不可能办到，所以还有什么好说的呢？至于新增的两条，也不是我等可以擅自回答的，只能由督府处置。"

加藤清正说："日本与大明议和的条件，就是这五件事。"

惟政回答说："我前一次来的时候，上官说'我想要的和沈、行长不同'，我等将此意告诉了督府，督府也写信答复。这次过来，是想知道上官的本意。再则，那五条要求确实无法应承，这也是沈游击、行长议和不能成功的原因，所以没有什么必要再讨论。"

加藤清正问："那督府想用什么条件和日本议和？"

惟政抓住这个时机，遵照刘綎的指示离间加藤清正与丰臣秀吉，对他说："督府的心事和前面五条非常不同。督府以为上官乃豪杰之人，却屈尊于关白之下，实在为上官感到不值。督府想要上奏大明天子，封上官为日本关白，以兵助之。"

倭僧将惟政的话翻译给加藤清正听后，加藤清正沉默不语。过了一会儿，他才问道："你们都说，前五事不成，那应该谈什么，才可以达成和议？"

惟政回答说："朝鲜与日本如前交邻一事，还有商榷的空间。其余四事，连沈游击都不敢禀报天子，还有什么可以讨论的余地？"

加藤清正威胁道："沈游击和行长讲和之事充满虚伪，实不可成矣。现在我所讲的，都是真真切切的议和条件，你们胆敢不从吗？"

惟政辩解道："行长之事不成，自然是无可置疑的。但上官想要的，与沈游击、行长无异，又岂有能成之理？"

加藤清正不愿退让，表态说："此五条，是关白之命，不可不从。"

惟政坚决不从，答复加藤清正道："即便是关白之命，也不可不合大明之意，不可不合于义理。即便是天崩地裂，此议终不可成。"

加藤清正又问："那什么样的条件，才能促成和议？"

绕来绕去，两人还是绕回到了这个问题上。惟政答复道："如果有别的通好条件就好了，只能回去先告知督府。"

之后，两人围绕加藤清正提出的五条议和条件展开了反复讨论，惟政始终不肯妥协，只愿意就"朝鲜与日本如前交邻"一条表示退让。加藤清正很失望，怅然地说道："如果是这样的话，日本用兵海外三年的辛劳，到头来只是一场空。"

惟政占据大义名分，责备加藤清正道："日本就算是用兵 10 年，也是动无名之师扰天下之民。汉史说'兵骄者灭'，现在是日本自取灭亡，跟我等有什么关系？"

听了惟政这番表态，加藤清正突然发怒，他带着强烈的不满情绪对惟政说："行长、义智等，不过是海岛中卖盐之人！他们进犯平安道的时候，总是停留不前，蹉跎岁月，导致不能抓到朝鲜国王，结果旷日持久地耗着，终于在平壤打了败仗，接着又被明人欺骗，退兵南下。而我在朝鲜打仗，绝不像他们这样窝囊！我战无不克，一直打到咸镜北道，生擒了朝鲜王子及诸大臣。北道诸臣，有谁能从我手里逃脱？我还深入女真部落，擒杀屠戮，无所不至。去年夏天，行长等人攻打晋州，结果一开打就退了下来，而我则一举告捷。你等去打听打听，攻陷晋州的是谁？如果我乘胜向西，就会一直打到平安道，朝鲜臣子即便是忠义如山之辈，也不能捍卫自己的国王！现在我退到海边，不是因为打不过你们的士兵，只是怜悯朝鲜的生灵。"

加藤清正这么一说，惟政也被激起了脾气，他态度强硬地答复道："日本想要与我国讲和，就以武力恐吓吗？我国之卒习于战伐，甚为精锐，不比汝国之兵差！我国之兵再与天朝兵马合势，则谈笑间可以制服汝兵！"

加藤清正见吓不倒惟政，态度又软了下来，对惟政说："你虽然说'日本与朝鲜如前交邻'这一条可以答应，但是也要满足其他两个条件才行。我之前说，割让朝鲜四道给日本。现在不需要割四道，割让二道就可以了。再送朝鲜王子到日本，作为人质。这样的话，两国就可以如前交邻了。"

加藤清正这番表态，对比他之前要求惟政全盘接受五个议和条件，已经大为退让，削减为了三个条件。原先要求的割让朝鲜四道，也改为割让二道。

惟政拒不妥协，他对加藤清正说："割地、送王子为质，还谈得上交邻吗？势不得已，以兵力相决。"

这一天的谈判没谈出什么具体结果，惟政等人暂时告退。

七月十三日早上，喜八奉加藤清正之命，带惟政、李谦受、蒋希春、金彦福等人来到加藤清正的住处。谈判开始后，加藤清正又对惟政进行了一番武力威胁，但惟政仍旧没有被吓倒。无奈，加藤清正只能再次绕回去，问惟政："督府想要以何事议和？"

　　惟政按照刘綎的谈判方针，再次挑唆加藤清正对丰臣秀吉造反："督府能观天象，察人事。当年上官在咸镜道的时候，督府夜观天象，发现有王者之气聚集于上官住处，就想要帮助上官成为日本国王。从此以后日本、朝鲜、大明三国和平，万世不改。对上官来说，这不是很好吗？"

　　加藤清正听了惟政的这些话，既不生气也不正面回答，只是顾左右而言他。过了一会儿，加藤清正对惟政说："欲成交邻事，必须督府亲自来庆州面议，然后可成。"

　　惟政回答说："我等归告督府，等待处置。"

　　加藤清正与诸倭僧用日语相谈了一会儿，过了很久才对惟政、李谦受说："那惟政就留在这里，李谦受回去复命。"

　　加藤清正这番表态，俨然是想把惟政留下，作为人质，借此试探对方的和谈诚意。惟政没有惊慌，他假装高兴地对加藤清正说："我当然希望留在这里，但只怕督府起疑心，又担心往来的其他使者也起疑心，使议和之事不容易办成。"

　　加藤清正突然正色道："现在才知道你们说要议和，都是假的。惟政留在这里，何事不成？"

　　惟政开解道："我一个山里人，即便是留在这里，也无损于我国。但如果要议和，则非但是今日，还有以后很多时日，都需要双方解除怀疑，永绝疑心才可。自古以来，我国使者去日本，日本使者来我国，没有一点阻碍，就是因为没有疑心的缘故。"

　　加藤清正笑道："惟政你说得很对，我也是想试探你们是否有和谈的诚意，才故意那么说的。现在看来，你们是真心来议和的。当初关白起兵，以行长、义智为先锋渡海，我等跟随而来。现在行长等人在平壤战败，因为怕被关白怪罪，所以以通和大明的名义退屯海滨，长期居住于此。我倒是想回日本，但是一想到外征三年，就不愿一无所获地回去。如果朝鲜想要与日本恢复到从前的交邻关系，便速速决断，那样我就能渡海回国了。"

　　加藤清正的态度开始软化，表示朝鲜方面只要履行与日本交邻的条件，双方就能实现和议。加藤清正边上的日军听到后，都为能尽早结束战争感到高兴，面露喜色，他们表示要在傍晚的时候做炊饼，慰劳惟政一行人。在双方之后的谈话当中，加藤清正反复问"督府来庆州与否""天子许婚与否"，惟政也多次进行答复。谈话进行了一整天，到了傍晚，双方坐在一起吃饭，宴席十分丰盛。晚餐结束以后，惟政一行人暂时告退，回到日军提供的住处。

当日夜半，喜八使朝鲜翻译金三斤偷偷去找来李谦受，把他接到自己的住所。李谦受来到喜八的房间后，喜八通过金三斤问他："朝鲜与日本交邻一事，汝等认为可成吗？"

李谦受回答道："我等归告督府，再启禀大明天子，才可决断，哪能事先决断？"

喜八说："我上官在此图之，则事无不成，汝等须速速决断。若成事，则我等受封于明朝，永为和好，那不是很好吗？"

喜八又用手附在金三斤耳朵上，悄悄说："关白若求朝鲜王子，则交邻必定不成矣。汝国可取他人之子，年纪八九岁者，冒充王子入送，则事当速成。"（以上对话出自《奋忠纾难录》）

喜八的这一番表态，无疑是加藤清正的意思。他们想让朝鲜找一个民间儿童冒充朝鲜王子，送到日本去，顾全丰臣秀吉的面子，这样就可以实现和议。就加藤清正的这一表态来说，相比之前坚持的那五个条件，无疑是做了很大程度的让步。这一个现象非常有趣，宋应昌、李如松曾经想找民间女子冒充大明公主送到日本去，而此时加藤清正也想让朝鲜找个民间儿童，冒充朝鲜王子送到日本去。由此可见，当时双方的谈判者都想用作弊的手段，来达成和议。

七月十六日上午，惟政一行人离开西生浦，喜八亲自护送他们到大路上，约定等待朝鲜回音，让他们十月份的时候再过来谈判。

刘綎撤兵

再说回大明境内的情况，原本明神宗在各方的激烈反对下，已经下旨不许封贡，停止与日本谈判。以兵部尚书石星为首的主和派，表面上就此妥协，但实际上仍想另辟蹊径，使朝廷同意封贡，完成与日本的议和。

在此背景下，新经略顾养谦派遣参将胡泽进入朝鲜，以胁迫的方式，逼着朝鲜向明廷上奏，代日本乞求封贡。朝鲜政府不肯配合，胡泽就威胁朝鲜，称朝鲜胆敢拒绝，明朝将召还仅剩的驻朝明军（刘綎部5000人），将明军的防线收缩到鸭绿江，不再管朝鲜的事情；又进一步威胁称，即便日军再来入侵朝鲜，明朝也不会对朝鲜施以援手。（《宣祖昭敬大王实录》）

在胡泽的威吓下，朝鲜只能稍稍让步，写奏文陈述日军目前在沿海地区没有生事，想向明朝乞求封贡，但只是用叙事口吻，并没有直接代日本向明朝请求封贡。胡泽见朝鲜态度松动，非常高兴，他私自篡改朝鲜的奏表，改成朝鲜代日本向明朝乞求封贡，然后带上朝鲜的陈情使许顼，一同返回辽东复命。（《宣祖昭敬大王修正实录》）

然而就在这期间，顾养谦被罢去经略一职，改由孙矿接替。对于顾养谦离职的原因，存在两种不同的说法。《明史稿·顾养谦传》《宋经略书》记载，顾养谦迫于朝中反对封贡的舆论压力，主动请辞，并推荐孙矿接任。《宣祖昭敬大王修正实录》则记载，顾养谦是因为被弹劾而被革职的。至于新经略孙矿，他在对日方针上，也是"外为讨贼之言，而其中则阴主和谋"（《宋经略书》），实际与宋应昌、顾养谦并无本质区别。

万历二十二年九月，明神宗收到了朝鲜代日本请求封贡的奏文，他为此责怪之前力主反对封贡的那些大臣，又责备石星不能主张大事。在此前提下，明神宗不再坚持禁绝封贡，封贡之议再起。

同月，刘綎奉明廷之命，开始从朝鲜撤兵回国。之所以撤兵，是因为前经略顾养谦力主尽撤驻朝明军，并得到了明神宗的首肯。虽然顾养谦在九月的时候已经卸任经略一职，但撤兵命令早在好几个月前就已经下达给刘綎了。刘綎的军队一共有5000人，这批军队撤去以后，明朝在朝鲜就没有留下任何驻军了。临行前，朝鲜国王李昖在王京的慕华馆为刘綎践行，他惋惜地对刘綎说："小邦之人，惟大人是仰。今乃撤回，不胜缺然。"

刘綎以不舍和劝谏的语气对李昖说："俺亦两年留此，情不忍别也。当归见经略，力陈贵邦事情耳。唯愿殿下，更加忧国，以安地方。"

李昖带有遗憾地说："承此指授，不胜感激。大人若更率大兵，剿除凶贼，济小邦之生灵，立万世之奇勋，不亦伟乎？"

刘綎感慨道："士生天地，孰无成功之心哉？古人云：'雁过留声，人过留名。'俺亦欲树立功业耳。"

李昖令人呈上礼单，想把礼物交给刘綎，但是被刘綎拒绝了，他对李昖说："俺来此，扰害地方多矣，不以为罪，亦云幸矣。况此馈运，非至一再，心甚未安，决不敢受。"

李昖坚持将礼物交给刘綎，刘綎只勉强接受了砚、弓矢、獭皮。他又劝谏李昖说："俺得侍殿下久矣，愿献一言：'亲君子、远小人、明赏罚、宽刑法，此四者，殿下须勉力焉。'"

李昖担心明军全部撤走以后，朝鲜的国防得不到保障，又对刘綎说："小邦军兵，皆是不教之卒，不可用于缓急，故敢请天兵耳。"

见李昖提出向明朝请兵的要求，刘綎表示："兵则虽十万、二十万，不难调发，而粮饷极难。千里行师，士有饥色，则不可用兵矣。"

刘綎向李昖反映的，确实是实情。即便明朝调再多兵马来朝鲜，若得不到足够的粮饷支持，那也是白搭，这也是宋应昌、李如松未能一气呵成将日军驱逐出朝鲜的最根本原因。

李昖又问刘綎："大人之意，以为发兵几许，可灭此贼耶？？"

刘綎回答说："必须十万乃可。"

李昖始终担心明军撤去以后，朝鲜的安全得不到保障，便很委婉地表示希望刘綎能够留下来："凶贼畏大人，不敢动矣。今日大人西还，全罗将不守。若失全罗，则大兵虽出来，不及救矣。"

刘綎当即教李昖如何应付日军："彼贼每因粮而进。今若再动，则必由全罗路出来。要害之地，按伏邀击，清野以待，可也。"（以上对话出自《宣祖昭敬大王实录》）

这之后，刘綎与朝鲜国王相互作揖，随后上马离去。明朝在朝鲜的驻兵，至此全部撤回国内。

在刘綎开始撤兵回国的同月，福建巡按御史刘芳誉收到了福建海商黄加、黄枝、姚明、姚治衢四人从日本带回来的情报。黄加等人在前一年搭乘许豫、史世用的船只到达日本，作为福建巡抚许孚远派去的间谍，他们到丰臣秀吉的住城展开贸易，在那里遇到了一个被掳掠的朝鲜人廉思谨。廉思谨将他知道的倭情写成一封信，交给了黄加等人，然后由黄加等人带回福建，投交给泉州府衙门。廉思谨在信上，透露了沈惟敬曾经向日本人私许和亲的事实："往年游击将军沈惟敬，进兵朝鲜之时，与倭连和。而送倭之时，约送徐一贯、谢用梓于倭王。倭王与沈惟敬约曰：'可送大明王女于日本也。若然，则大明王女为倭王妃，而明年不往征，永永天地相好。'"（《宣祖昭敬大王实录》）

刘芳誉获悉这条情报以后大怒，随即上奏明廷。其实早在几个月之前，沈惟敬私许和亲之事，就已经在明朝传播开了，李如松的私塾教师诸龙光掌握到此事与李如松有关，向广东御史唐一鹏揭发，礼部郎中何乔远、吏科林材也先后上疏，为此引发了一场风波。结果兵部尚书石星力保李如松、沈惟敬，诬陷诸龙光。明神宗震怒，认为此事让他很没有颜面，便将没有靠山的诸龙光处死。

而刘芳誉得到的情报，是从被俘虏到日本的朝鲜人那里听来的，与诸龙光的说法对得上，由此可知诸龙光并没有诬告李如松，他是被冤枉的。因此，刘芳誉便据实上奏，希望朝廷能够掌握到沈惟敬向日本人私许和亲的事实，把欺君辱国的石星、宋应昌、李如松、刘黄裳、沈惟敬等人一并判决，公正处理此事。在奏疏中，刘芳誉把话说得很重：

> 星以握枢大臣，为（沈惟敬）所蒙蔽，而卒乃辱国至此，而欲腆颜就列耶？皇上不即显斥，星亦可以自裁矣。至于经略宋应昌、提督李如松、赞画刘黄裳，其欺君误国之状，诸臣言之甚悉，而皇上未遽处分者，独以和亲之说为无据耳。今有据矣，惟敬何以辞罪？而应昌、如松、黄裳三人又将何以自解者哉？孔明有街亭之败，请贬爵三等。应昌辈，视孔明何如，而有碧蹄之败，又加以和亲之辱。臣谓夺爵不足辜者，顾容其瓦全，不一贬损耶？亦太姑息矣。时闻封贡，已若贼臣惟敬计，必捕之，勿令窥逸，为他日患。（《宣祖昭敬大王实录》）

刘芳誉将宋应昌等人向日本私许和亲的事情与碧蹄馆之败联系起来，认为正是碧蹄馆之战输了以后，明军才出现这种"和亲之辱"。但是刘芳誉的上疏，却没有被上报给明神宗，而是被内阁有意给压了下来。据《万历邸钞》记载，内阁看到刘芳誉的上疏，非常不满。而刘芳誉事后也得到贬职处分，被调任浙江温州知府。从这一事件来看，内阁首辅赵志皋对沈惟敬私许和亲之事无疑是清楚的，但赵志皋与石星一样都是主和派的首脑，他们一直在背后操纵着和谈，对此采取了隐秘的态度，一次次地保护了宋应昌、李如松、沈惟敬等人。

场门浦、永登浦海战

由于朝鲜反对与日本议和，所以当驻朝明军全部从朝鲜撤退回国后，朝鲜备边司出现了讨伐日军的声音。左议政兼三道都体察使尹斗寿主张先讨伐巨济岛的日军，朝鲜朝廷对此表示同意。于是，尹斗寿亲自进驻全罗道南原，将麾下数千兵丁交付给忠清兵使宣居怡，让他进屯庆尚道固城，为进攻巨济岛做准备。接着，他传令都元帅权栗、统制使李舜臣、忠勇将金德龄发兵，水陆夹击巨济岛日军。(《宣祖昭敬大王修正实录》)

万历二十二年九月二十九日，李舜臣发船数十艘[①]，突入巨济岛的场门浦倭营，用"大铁炮""石火矢"[②]攻击日军阵地。屯驻在场门浦倭营的日军将领是福岛正则、户田胜隆、来岛通之、来岛通总，他们面对来袭的朝鲜水军，只是在岸上占据险要之地，"高设楼阁，筑垒两峰"，不敢轻易下海抵抗。此时，日将岛津义弘屯驻在巨济岛的永登浦，他得知场门浦倭营受到攻击后，派遣部将伊集院抱节前去支援。但之后发生了什么，日本史料与朝鲜史料分歧巨大。

据李舜臣的《乱中日记》记载，朝鲜水军打败2艘日军先锋船后，船上日军纷纷逃到陆上，剩下的空船被朝鲜水军撞破后焚毁。之后，李舜臣退兵到漆川梁，整晚在此结阵。而岛津家史料《征韩录》的说法与此有很大的出入。该书记载，伊集院抱节与福岛正则、户田胜隆等组成联军，一同迎击朝鲜水军。福岛正则亲自下

---

① 此据《征韩录》。《岛津国史》作大小二百余艘。

② 此据《征韩录》。《岛津国史》作铁炮、佛郎机。

海,烧毁了一艘搁浅在岸滩的朝鲜大船,并烧杀了许多朝鲜士兵,其余朝鲜船只见状,纷纷掉头逃跑。两相对比,朝鲜史料认为日军不敢迎战,被李舜臣烧了空船;而日本史料则认为福岛正则烧了朝鲜战船,朝鲜水军逃窜。这成了双方最大的差异点。

十月一日早上,李舜臣从漆川梁发船,会同庆尚道右水使元均、全罗道右水使李亿祺、忠清道水使李纯信,再抵场门浦。四人在此分兵,元均、李亿祺留在场门浦的前洋,李舜臣与李纯信以及先锋诸将进击岛津义弘屯驻的永登浦。这之后发生了什么? 朝鲜史料与日本史料的说法较为统一。

李舜臣的《乱中日记》记载,岛津义弘把船停泊在码头,不敢迎击朝鲜水军,两军没有发生交战。岛津家史料《征韩录》说,数十艘朝鲜战船载着"大铁炮""石火矢"袭向岛津阵地。岛津义弘虽然想要歼灭朝鲜水军,让对方一艘船也不剩下,但对方在午后就退兵了。换句话说,两军实际上并没有真正爆发冲突,只不过各自表述不同而已。

与岛津义弘一番对峙后,李舜臣在日暮时分退兵回到了场门浦。据《乱中日记》记载,李舜臣回到场门浦以后,发生了这样的一件事情。

朝鲜水军的蛇渡二号船停泊在岸边,日军的2艘小船急遽接近,对蛇渡二号船投以火把,将该船烧毁。朝鲜水军未能及时扑灭火势,眼睁睁地看着蛇渡二号船被焚毁,李舜臣痛心疾首,狠狠责罚了蛇渡军官。二更时分,朝鲜水军退兵到漆川梁。

《乱中日记》的这个记载,与《征韩录》里福岛正则焚毁一艘朝鲜大船的记载高度重合,可以判定是一件事情。但《征韩录》将焚船日期记成了九月二十九日,而《乱中日记》则记载这一事件发生在十月一日。由于《乱中日记》是李舜臣写的日记,属于一手史料,而《征韩录》成书时间较晚,因此前者的可信度更高。《征韩录》应是将日军焚毁朝鲜大船的时间给记错了。换言之,在九月二十九日,福岛正则等人始终不敢迎击李舜臣,还被李舜臣烧毁了2艘先锋船只。但《征韩录》玩了移花接木的手法,让人以为福岛正则在得到岛津义弘派出的援兵后,反而打跑了李舜臣。

十月一日之后,朝鲜水军和日军的交战经过,在日本史料里便没有了记载,只见于朝鲜史料。而朝鲜史料的说法存在多种版本,不过大致可以分为三套说辞,分别出自李舜臣的日记、元均的战报与官方实录。

首先是十二月二日的动向。《乱中日记》记载,李舜臣派遣30艘先锋船只,前去侦察场门浦日军的动向，之后很快退了回来。然而在元均的战报里，这一天并没有如此平静，而是发生了激战。战报上说，十二月二日天刚亮，朝鲜水军与日军在场门浦交战，日军屯聚于三处高峰，大张旗帜，对朝鲜水军乱放铁炮。朝鲜将士慷慨赴战，激战了整整一天，直到天黑才退却，结阵于外咤浦。

接着是十月三日的动向。《乱中日记》记载，李舜臣亲自率领诸将，一早就来到场门浦，与日军相战终日。日军畏惧，不敢出抗。日暮，李舜臣率领诸将退兵到漆川梁，整晚在此结阵。

相比李舜臣的日记，元均的战报对这天的战况记载要详细很多。战报上说，朝鲜水军全部出动，列立于场门浦江口，先使先锋迫近场门浦城，向日军挑衅。日军在岸上，远远地躲避朝鲜军射出的箭镞、扔出的石头，他们有人躲藏在城内，有人在城外挖坑藏了进去。日军躲在城里、战壕里，对朝鲜水军放铁炮、大炮，炮丸"大如手拳"，远至300余步，非常凶猛。元均看见靠近海岸的一处日军阵地堆积了很多马草，便挑选精锐，放箭驱逐了守卫该地的日军，将其尽数焚毁，火势蔓延很大。但因为日军躲在岸上，不下海与朝鲜水军决战，朝鲜水军无计可施，元均感到极为痛愤。战后，元均与统制使李舜臣、义兵将领郭再祐、忠勇将金德龄商议，决定水陆合攻场门浦，陆上由15名巨济射手作为向导，元均再将他麾下可堪陆战的31名战士配置给郭再祐，听他号令。

对于这一天的战况，元均的战报相比李舜臣的日记更加写实，在其记述中，日军坚守岸上的阵地，以火器回击朝鲜军，令朝鲜水军无计可施。李舜臣的日记在文辞上显得矛盾，如果日军不敢出抗，又怎么可能与朝鲜水军相战终日呢？

接着是十月四日的动向。《乱中日记》记载，李舜臣与郭再祐、金德龄相议后，挑选出数百士兵登陆场门浦，他们爬上山头，来回挑衅日军。李舜臣率领中军进迫场门浦，水陆呼应，日军仓皇失措，东奔西走。突然，登陆的朝鲜水军见到一个日军士兵气势汹汹地挥动着日本刀，于是急匆匆地退回到了船里。日暮时分，李舜臣退兵回到漆川梁。

李舜臣的日记，不仅语焉不详，而且显得有些底气不足。元均的战报，则补充李舜臣日记里没有的细节。战报上是这么说的，卯时，朝鲜水军驾船突入场门浦贼巢，一些人放明火飞箭，一些人放玄字铳筒、胜字铳筒，以挑衅日军。朝鲜水军又分派精锐前往永登浦的岛津义弘驻地，以示冲东击西之状，绝其相援之路。但日军坚壁不出，朝鲜水军无法将其歼灭，元均感到不胜痛愤。

仔细对比李舜臣的日记和元均的战报，会发现有矛盾之处。《乱中日记》说在朝鲜水军的打击下，日军仓皇失措、东奔西走；而元均的战报则说日军坚壁不出，没有提及日军惊慌逃窜的情况。而根据朝鲜官方史料《宣祖昭敬大王修正实录》的记载，朝鲜军在这一天打的完全是一场败仗：

> （尹）斗寿驻南原，以麾下兵数千付宣居怡，领率进屯固城。传令都元帅（权栗）、统制使（李舜臣）、忠勇将（金德龄）水陆夹攻巨济贼。贼依山设险，诸军乘舟入岛。金德龄等率勇士居前，贼乘高放丸，德龄军仰攻，多中丸。居怡等诸将皆退，德龄收队而归。

接着是十月五日的动向。根据《乱中日记》的记载，李舜臣在这一天已经在起草战报了，之后没有发生战事。元均的战报，也说这一天休兵，没有打仗。

再接着，就是十月六日的动向。《乱中日记》记载，李舜臣派遣先锋船只，再次前往场门浦，只见日本人在地上插着牌子，上面写着"日本与大明方和睦，不可相战"。之后，就没有朝鲜水军与日军相战的后文了。

而元均的战报则提到朝鲜水军在这一天仍然与日军相战，战报上说，朝鲜水军的4艘斥候船行进到巨济岛的吾非咤浦，望见2艘倭船，便挥动旗帜邀战。船上一半的日军已经登陆上岸，那些留守的日军见朝鲜船只杀了过来，纷纷跳水逃命。斥候船上的将领元士雄、曹俊彪、金希进协力攒射落水日军，使许多日军士兵负伤。但先前已经下船的30名日军士兵手持铁炮来援，最终使落水日军逃脱而去。最后，朝鲜斥候船缴获了2艘倭船上的橹楫、莫凤席、水桶、镰斧，然后放火烧毁了倭船。

笔者认为，李舜臣的日记和元均的战报关于这天的记载并没有矛盾之处，因为他们记录的活动区域不同。李舜臣记录的是派遣先锋船只再往场门浦，而元均记录的是4艘侦察船在巨济岛的吾非咤浦遭遇2艘倭船。

最后是十月七日的动向。《乱中日记》记载，宣居怡、郭再祐、金德龄等人从漆川梁退兵，李舜臣留在原地未退，没有任何交战的记载。不过，元均的战报记载这一天发生了战斗。战报上说，朝鲜斥候船再次来到巨济岛的吾非咤浦，看见五六名日军士兵在海岸边彷徨，若有所失。观察到这个情况后，朝鲜战士从船上下来，登陆追逐这几名日军士兵，对其弯弓射箭。这几名日军士兵吓得逃到了山谷中，其中有一名士兵来不及逃走，他解下佩刀，向朝鲜士兵投降了。

李舜臣的日记和元均的战报，在这一天的记录上，虽然说法各一，但依然没有任何矛盾之处，因为他们记录的活动空间还是不同的。

十月七日以后，朝鲜水军就没有与日军交战的记载了。十月八日，李舜臣从漆川梁退兵到闲山岛，结束了这次战役。

朝鲜水军发起场门浦、永登浦海战，本意是打掉这两个在他们看来最容易得手的日军据点，但是最后并没有成功，从战略目标上来说是以失败告终的。而从战术角度来说，在十月四日的永登浦海战中，李舜臣、郭再祐等朝鲜将领确实败给了福岛正则等人。无论从战术角度还是从战略角度来说，朝鲜水军发起的场门浦、永登浦海战都是失败的。战后，司谏院、司宪府弹劾主张发动这场战役的尹斗寿，使他被革职了。场门浦、永登浦海战的失败，也充分说明仅仅凭借朝鲜自己的力量，是断然无法将日军驱逐的。

咸安会谈

再说回丰臣秀吉，在长达一年半的停战期内，他一直在等待与明朝议和的最新进展，但迟迟等不到回音。他失去了耐心，让人传话小西行长：如果大明再不把公主送到日本，他将在第二年春天亲自出兵，直捣大明。（《宣祖昭敬大王实录》）

不过，受到诸龙光事件的影响，在朝鲜负责主和事务的小西行长已无法实现和亲，他只希望通过解决封贡问题完成与明朝的议和，使丰臣秀吉停止出兵。但由于明军副总兵刘綎已经从朝鲜撤兵回到辽东，大明在朝鲜已无驻军，小西行长失去了与明方的直接联络渠道。同时，小西行长还听到了这样一条与事实有所出入的传闻：沈惟敬携带关白降表回到大明以后，大明原本已经允许小西行长提出的封王、准贡之请，正准备派出使者来到朝鲜宣谕这一消息，但是由于朝鲜和刘綎上本阻挠，所以大明天子又收回了封贡之命。

在这种情况下，小西行长只能试图与朝鲜疏通关系，希望让朝鲜代替日本向明朝上奏，请求明朝能够准许封贡，尽早完成议和。于是在万历二十二年十一月一日，小西行长致信朝鲜庆尚道右兵使金应瑞，要求派出专人，与他议事。金应瑞随即派遣军官李弘发出使熊川倭营，与小西行长会面。柳川调信、宗义智、景辙玄苏等人支开左右闲杂人等，对李弘发说：

> 南蛮、琉球，皆是外夷，而奉贡、称臣于大明，日本独为弃国，未参其列。前以此意请朝鲜，欲达于大明，而朝鲜牢不肯许，不得已举兵出来。及至天兵之出，闻沈惟敬讲和之言，退在于此，而迄无黑白。两国相持，退去无期，贵国其何堪耶？贵国若以此意传达于天朝，特遣天使，许赐封爵，则志愿毕矣，即当撤归。贵国人无遗刷还，军粮谷种亦当优送。不然则明年正月，关白亲领兵出来，直入大明定计矣。仄闻清正传语于贵国曰："结婚天朝、割地贵国，然后退去云。"此则非关白之意，而私自作言，沮此和议。（《宣祖昭敬大王实录》）

在谈话中，柳川调信、宗义智等人特意强调，如果议和不成，丰臣秀吉将在次年正月亲自领兵直犯大明；又强调丰臣秀吉没有提出过许婚、割地这两个条件，这是加藤清正为破坏议和捏造出来的。但事实上，小西行长此前确实与沈惟敬提出过许婚、割地这两个要求，只是后来都不了了之了。小西行长的议和条件，到最后只剩下了坚持封贡；而加藤清正的议和条件，则只剩下让民间假扮的朝鲜王子渡海到日本作为人质。

其实，无论小西行长还是加藤清正，双方在谈判过程中，都曾以《大明日本和平条件》与明朝、朝鲜展开交涉，但最后都没有迫使对方接受《大明日本和平条件》的全部条目，只要求对方履行其中一条。

李弘发从熊川倭营回去后，小西行长、宗义智等人与金应瑞继续通信。十一月三日，锅岛直茂的部将锅岛茂里手持小西行长等人的信件，从庆尚道金海城出发，再次来找金应瑞。在信里，小西行长请求金应瑞选定时间，前往昌原或者咸安，与他们会面谈判。金应瑞将这一消息报告给了都元帅权栗，权栗又报告给了朝鲜朝廷。

朝鲜朝廷顾虑到驻朝明军已经全部撤回国内，一旦丰臣秀吉真的在次年正月出兵朝鲜，朝鲜将难以应付，于是便让金应瑞赴会。

十一月二十一日，金应瑞抄率百余精锐，来到咸安地谷岘，等待与小西行长会面。小西行长先派了几个人过来问安，过了一会儿，景辙玄苏、竹溪宗逸、柳川调信率领100多名日本士兵赶来，他们在远处下马，随后步入正厅，与金应瑞相互作揖。

景辙玄苏对金应瑞恭维道："久仰大人，每欲一拜，今日才得以参拜帐下，不胜惶恐。"

金应瑞也客气地道："大人等昔日来我国时，仆在咸镜道，未得一见。今幸相遇，多谢多谢。"

相互客套一番后，景辙玄苏开口说出此次邀请金应瑞前来会面的目的："今日来此者，欲论大明许贡之事。使道（对金应瑞的尊称）善示成事之道，如何？"

金应瑞要求此事必须由小西行长、宗义智亲自出面谈判，他对景辙玄苏说："大明许贡之事，吾未能详知也。然行长、义智来参后，议事可也。"

景辙玄苏对此表示同意，之后两人坐在椅子上，等小西行长、宗义智等人过来。

辰时，小西行长、宗义智率领3000余名日军士兵来到咸安，二人在距离营帐50余步的地方下马。日军放三发大炮作为礼炮，向朝鲜方面示意。随后小西行长、宗义智解除佩刀，步入正厅，与金应瑞相互作揖，面对面坐在椅子上。营外的3000多名日军士兵同时高声呐喊，对天空齐放铁炮，然后隐藏起来，营外一时寂静。

营内，小西行长率先寒暄起来，对金应瑞说："使道冒寒先到，不胜惶恐，不胜惶恐。"

金应瑞回答道："久仰大名，今日有幸相见，实非偶然。"

小西行长说："今日不计艰险，来拜见兵使的原因，是想要诉说我的想法，希望能够得到赐教。"

金应瑞说："我没有什么赐教的，只听大人之言。看其可不可采纳，然后报告给元帅府。"

小西行长、宗义智、景辙玄苏、竹溪宗逸、柳川调信支开营内的闲杂人等，对金应瑞说："日本向天朝乞求通贡，已有三年，至今未成。将士们远来他国，皆思念故土，度日如年。先前沈惟敬持关白降表回到天朝复命，天朝已经答应封王、准贡之事，但天朝使者将要来朝鲜宣布这一消息时，朝鲜与刘总兵（刘綖）上奏要求停止，这是为何？”

金应瑞回答说：“我从来没有听过这件事，哪有这个道理？此言出自何处？”

小西行长回答说：“大明石大老爷（石星）写信给在辽东的大人，我等由此知之。希望朝鲜能够奏闻天朝，替我们说好话。那样则三国和平、百姓安堵，我等也能回国，岂不是很好吗？”

金应瑞说：“我国不会做这种事情。朝鲜与日本有不共戴天之仇，哪里还有帮日本说话的道理，让天朝答应日本的求贡之请？”

小西行长、宗义智等人连忙编造各种理由，向金应瑞辩解说：“日本出兵，本意不是想攻击朝鲜，只是想要借道朝鲜，将通贡、乞和之意传达给大明。而朝鲜将官，以干戈回应日本，因此不得已相战，残害朝鲜。当年两国未交兵之时，景辙玄苏、柳川调信、宗义智等，已经将此意传达给朝鲜礼曹判书及宣慰使李德馨、吴亿龄、沈喜寿、釜山金使李舣、通信使诸位，但贵国将官不听，又不修战备，以致一败涂地，我等也为此叹恨。日本想要依托朝鲜上奏大明的事情，在渡海之日，就已经以书信挂示在釜山城的南门外。但是釜山令公（郑拨）不将信取来看，反而应战，杀我日本兵，所以不得已攻陷其城。到了东莱，又出示书信，但同样不见答复，徒费兵器，日本兵不得已攻陷其城。日本兵挥刀突入，见东莱府使坐在轿椅上，一动不动，便将其斩杀。东莱府使在临死之前面不改色，闭口无言。愚劣倭卒把他的头颅砍下，交到了我面前。鄙人与东莱太守，昔日有旧情，于是将他的尸体收殓，埋在了东莱城东门外，并立了牌子。东莱府使之妾，也不让日本兵侮辱，而是将她送到了对马岛。但关白表示朝鲜宰相之妾不可送来，命令将她送回了朝鲜。”

他们又对金应瑞说：“东莱城陷时，日本兵捕获了蔚山郡守，只记得他胡子很多，但不知道名字。蔚山郡守乞降求生，鄙人因此将日本所求之事以及朝鲜祸福写在信上，让他去交给朝鲜朝廷。但是此人并没有将信传达给朝廷，结果造成了日本一直与朝鲜兵戎相见的局面，悔之莫及。这个人现在还活着吗？说这件事，是想说明我等不是无缘无故要加害朝鲜。现在大明、日本、朝鲜和好之事，还请大人指示。”

金应瑞答复道：“日本想要借路我国通往大明，但我国侍奉大明，就像儿子侍奉父亲一样，所以这件事情办不成。日本与大明讲和之事迟迟未成，也不是我国的原因。现在要让朝鲜和日本恢复到从前那样正常的外交关系，尚且都很困难，更何况让大明答应日本的通贡之请？我听说，大明不答应封贡，是日本自己招致的。原先沈惟敬与日本讲和以后，日本兵退据海岸，乃是畏天知命、称臣纳贡之意，且不忘昔日与朝鲜交邻之谊，我深叹行长、义智两位大人审时度势之力。但是日本与天朝约和之后，又攻陷我晋州，践踏我稻谷，杀戮我男女，所以敝邦不相信两位大人有讲和之意，即便是兵残粮竭，自知势弱，在朝之臣、在野之民皆欲死而后已。"

小西行长又解释说："攻陷晋州之事，是关白下达的命令，所以有进无退，势不得已。但是，先前我已将空城池、活居民之意，转达给了沈游击，让他通知朝鲜。无奈朝鲜不相信我的话，所以这不是我的罪过。朝鲜征伐之事，也不由我主掌，是日本诸将聚集在关白面前商定下来的。清正为了毁谤我而造谣，说是我挑起了战争，为此我感到非常痛愤。"

听了小西行长的解释，金应瑞态度缓和下来，对小西行长、宗义智说："我前日与督府刘爷（刘綎）同在八莒，多次与清正通信。从清正使者那里，听说日本之所以出兵侵略我国，都是由于两位大人的缘故；又听说释放两位王子，是清正的功劳。由此之故，我国不知道真相之人，都以为清正很讲道义，佩服他的德行，想要和他相谈。清正还说，几位大人往来我国，知道我国有通大明之路，又知关白欲讨伐我国，遂加以劝说，所以关白才动兵。清正又对刘爷说：'行长欺骗关白，称大明天子会下嫁公主给关白之子（交涉过程中出现的误传）；沈惟敬欺骗大明天子，称行长已经尽数撤兵，只留一二阵在釜山，等待天朝传达封王、准贡之命。但至今行长等人仍然屯据不退，不渡海退回日本，那大明天子终究也不会答应封王、准贡之事。如果大明天子只答应封王、准贡之事，则非但和好不成，也会得罪关白。'"

小西行长辩解道："我从没说过向大明索求皇女的话，这不是我说的。大明乃天下之大国，日本乃海岛偏僻之小国，岂敢仰告天朝，以求许婚之事？就算关白真的这么想，对大明这么说了，大明只要回答说没有皇女，关白又有什么办法？这明显就是奸人说的。清正一向与我关系不好，必定是此人说的。听说以前有朝鲜僧将进入清正驻地时，清正曾以求婚、割地之言，恐吓天朝。"

金应瑞说："不管清正是怎么说的，我等念及朝鲜、日本两国子民，舍生忘死来此。但万一日本兵真的一直不渡海回国，大明天子必定不许封王、准贡，到时候应该怎么办呢？早在七月，大明天子因为日本兵不渡海回国，就已经令浙江府宁波张把总乘坐船只查看水路，准备在明年四月率领闽、广、湖、浙江、天津等卫防海舟师前来。只不过因为我国粮饷竭尽，天朝的船恐怕在明年四月之前未能及时到来。"

小西行长说："大明想动用舟师，荡灭日本军，这不是很好的想法。假使我等全部战死，关白必定震怒，发动大兵，年年侵攻朝鲜。那倒霉的还是朝鲜吗？朝鲜替日本向大明上奏，力陈封贡之事，让我等解兵还国，这样不是很好吗？"

金应瑞说："我听说大明朝廷不同意封贡，是因为日本与天朝在去年讲和之后，又在十一月袭击了庆州之地，多杀天兵（指安康之战）。当初沈游击欺骗皇帝说：'日本兵已经尽数撤还，只有行长、义智留在釜山，等待朝廷许贡之期。'于是皇帝很高兴日本的恭顺，即刻允许准贡、封王。但是在将要派遣天朝使者来朝鲜之际，大明天子听说日本兵完全没有渡海，还留在朝鲜境内，屯结40余阵，多次发生斩杀天兵事件，因此震怒，收回了封贡之命。"

小西行长问："那应该怎么做，才可以成事？"

金应瑞对小西行长、宗义智、柳川调信说："我国之事，我尚且不能详知，更何况天朝大事呢？不过我觉得，三位大人商量以后，使诸军卒尽数撤回日本，只留一二阵，再向天朝上表乞降，那封贡之事就可以办成了。但日本兵里有恶人，即驻扎在林浪浦、豆毛浦、梁山、九法谷、巨济岛的兵卒。这些人，频频掳掠我国子民。因此朝鲜诸将都很痛愤，想要杀了他们。自古成事之道，诸将同心协力，然后事情可成。我听说大人与清正的意见多不相同。只要有清正在，那么大人所希望的事情，终究不能办成。让清正和其他诸将全部渡海撤回日本，只留下大人在朝鲜，勉力图之，那还有可能成事。"

小西行长说："我也想要惩处清正，但是我没有杀死他的理由，有气也没有地方出，令人感到气愤！让贵国国王将清正的罪过写在纸上交给我，我再交给关白，那清正及诸将渡海撤回日本的事情，就不难做到了。"

金应瑞附和道："大人之言甚是，我当急报于元帅府，再由元帅转奏殿下，殿下将会尽心。"

尽管得到了金应瑞同意联手惩治加藤清正的答复，但对于金应瑞提出的让日军尽数渡海回国，只留下一二阵的做法，小西行长还是表示了迟疑，他推辞道："只留下一二阵，兵力似为孤弱。出兵他国，岂无意外之虑乎? 日本兵在庆尚左右道星列结阵，没有别的原因，只是因为日本粮船出航时，总会因风势不顺飘散到各地，故以巨济岛、西生浦作为依靠。"

金应瑞开解道:"定约之后，即便日本船只漂泊到全罗道，也不会剿杀，肯定会送回大人的军营，对此不必疑虑。诸将若是现在撤回日本，天朝就知道日本的诚意了，那么一定会准允封贡之请，且不日就será宣谕。"

小西行长说:"我也是这么想的，现在先将撤兵一事报告给关白。希望朝鲜也能将日本乞贡之事上奏天朝，让天朝许贡。这样的恩德，千载不忘。事成之后，朝鲜以我为臣，我也不会反感的。"

金应瑞说:"为仇人奏请封贡，原则上决不可为。但如果大人对以前的过失一一认错，写成降书，送呈我处及元帅府，则可以据此驰报我国陛下，然后再转奏给大明，那样是可以的。除此之外没有别的好办法，请大人好生考虑，妥善处置。"

金应瑞让小西行长写降书，他再据此上奏朝鲜朝廷，由朝鲜朝廷转奏大明，落实封贡。这一动作，实际上与沈惟敬此前在熊川讨要关白降书时的情节一模一样。

小西行长说:"吾等降书，奏闻天朝，则虽死从之! 使道替吾等起草降书，交付吾等如何?"

从小西行长让金应瑞代写降书的这一请求来看，他之前很可能与沈惟敬联合伪造了关白降书，不然不会有这么突兀的请求。但金应瑞拒绝道:"汝纳降之书，吾何以成章? 汝等相议，从便为之可也。"

小西行长对此表示同意，金应瑞又问他:"若请求封王，汝等用天朝正朔，还是日本正朔?"

小西行长回答说:"岂有受封于天朝，而不用天朝正朔之理?"（以上咸安会谈的对话详情，出自《乱中杂录》）

说完，小西行长就按照金应瑞的要求，让军中略通汉文的禅僧起草"降书"。过了一会儿，"降书"写好了。但只是在信封封面上写了一个"降"字，信中的言辞却非常狂妄，并不恭谨，但无论如何，形式上是完成了。小西行长将"降书"交给了金应瑞，希望由金应瑞带回去，层层上报，使大明尽快落实封贡。

会谈结束后，金应瑞与小西行长等人相互揖别，准备回到各自的驻地。得知会谈结束，营外的 3000 余名倭卒齐放三发大炮，随后向空中齐放铁炮，同时大声呐喊，俯伏在地上。小西行长等人从营内出来，跨上马后，众倭高声相应，同时从地上起立，前导后拥，簇拥着小西行长等人退去，回到熊川倭营。

内藤如安出使北京

实际上，在小西行长与金应瑞展开咸安会谈两个月之前的十月二十三日，明朝兵部尚书石星已经向明神宗上奏，请求对日本进行册封，以示诚信。

石星担心，如若再不册封日本，就难以对日本起到约束作用，日军将会攻陷朝鲜全罗道，然后祸及辽东，而明朝此时已经兵疲力竭，粮饷也不够了，此时接战隐患很大。如果日军生事，"辽左以残破之余，虏乘其内，倭攻其外，其何以支？又况海内兵端屡动，无处无患，所在兵疲饷竭，无一堪恃"（《明神宗实录》）。

对于石星的上疏，明神宗表示同意。也就是说，明朝经过长期的封贡论战，最终决定册封日本，但是不准通贡。总体上，明朝只想通过册封丰臣秀吉为"日本国王"，以虚名羁縻住日本，而始终没有同意通贡，以避免日本借"通贡"之名骚扰东南沿海。

十一月五日，兵部尚书石星再次向明神宗上奏，声称既然圣旨已经下令许封，便令游击姚洪前往辽阳，将内藤如安带入北京；又令游击陈云鸿、沈嘉旺一同前往釜山，宣谕小西行长尽快从朝鲜退兵，等待明朝封使抵达日本。（《明神宗实录》）

十二月，内阁大学士赵志皋向明神宗上奏，称日本使者小西飞（内藤如安）将来朝见，请皇上亲自上朝听政，"百官侍班，甲士修列，庶体统肃而朝廷尊"。但明神宗认为还有必要核实日本人请求册封的真伪，他向兵部指示道：

一、仔细研究丰臣秀吉为何出兵侵略朝鲜，并在战败以后，屯驻在釜山不退，而今又遣使请封。

二、宣谕小西行长，不许留在釜山，倭夷尽还本国，将所造房屋全部烧毁。

三、宣谕朝鲜，等倭夷尽数回国后，遣使上奏。

四、小西飞抵达北京以后，兵部在紫禁城太和殿前左方位置的体仁阁向他问话，

之后将其所答内容上奏，再决定是否册封。（《明神宗实录》）

十二月七日，滞留在辽东已经将近一年半的内藤如安，终于抵达北京。十一日，内藤如安前往鸿胪寺，学习参见明神宗的礼仪；十四日，朝见明神宗。朝见完毕以后，内藤如安被兵部官员带到仁和殿，责令他签一份承诺书，答应三件事：

一、朝廷准许册封以后，釜山倭众一概不许滞留朝鲜，也不许待在对马岛，应全部撤兵回到日本本土。

二、册封以后，日本不得再向明朝提出通贡的要求。

三、日本与朝鲜修复关系，同为明朝属国，不得再侵犯朝鲜。

兵部提出的这三个议和条件，被称作《原约三事》，与当初丰臣秀吉向明朝提出的《大明日本和平条件》南辕北辙。之所以出现这种局面，明、日双方都有原因。首先，在一线与明朝进行议的小西行长，只是强调明朝完成册封、准贡这两件事，没要求明朝履行《大明和平日本条件》的全部条款。事实上，包括通贡在内，小西行长确实曾就《大明日本和平条件》中提及的通婚、割地、通贡这三个条件与沈惟敬展开过谈判，但通婚、割地的要求最后都不了了之了，小西行长只坚持实现册封、通贡。其次，石星、宋应昌、李如松、顾养谦等主和派势力，一直在隐瞒《大明日本和平条件》的存在，巧妙地利用小西行长坚持实现封贡这一要求展开议和谈判，想借此使日本退兵。

在这种情况下，小西行长对实现册封、准贡的追求十分执着。同年十二月，小西行长与庆尚道右兵使金应瑞在咸安会谈时，仍在竭力促成封贡。但是明朝内部在封贡问题上存在极大争议，经过妥协，最后确定了"许封不许贡"的方针。

作为小西行长的使者，内藤如安的使命是来北京乞封、求贡。但这时候，兵部强硬地表示允许册封，不许通贡。对此，内藤如安表示接受，亲自写了保证书。没有直接证据显示是小西行长指示内藤如安这么做的，内藤如安之所以妥协，恐怕是此时除了遵守兵部的约束以外，没有更好的选择。

十二月二十日，兵部尚书石星会同内阁大学士赵志皋、定国公徐文璧、礼部尚书孙丕扬、科道官等，一同聚集在体仁阁，询问内藤如安请封始末。

问话开始后，石星等人向内藤如安提出了第一个问题："朝鲜是天朝的恭顺属国，你们关白为何前年无缘无故发兵侵犯？"

内藤如安沿用小西行长、宗义智此前一贯捏造的陈腔滥调，回答道："日本请求天朝册封，曾让朝鲜代为向天朝请示。但是朝鲜隐瞒不报，欺骗了日本整整三年，又把日本人骗去杀害，所以举兵。"

石星等人提出第二个问题："日本既有求封之意，只要通好朝鲜，令其转奏天朝就好，为何举兵相犯？"

内藤如安不答。

石星等人提出第三个问题："朝鲜告急，天兵救援，你们应该归顺，为何抗拒？以致天兵有平壤、开城、碧蹄馆之败。"

内藤如安回答说："日本兵原驻平壤，向天朝请求册封，只想要归顺天朝，并无犯天朝之意。万历二十年七月十五日的晚上，见天朝兵马杀向平壤（祖承训与日军的第一次平壤之战），日军才不得已接战。八月二十九日，行长与沈游击在乾伏山麓相会，约定退出平壤，但没想到天朝老爷不讲信用，在去年正月初六领兵攻城（李如松与日军的第二次平壤之战），杀死、打伤了很多日本士兵。碧蹄馆之战也是天兵追杀日军，杀了很多日本人，日军不得已退到王京反抗。"

石星等人提出第四个问题："后来因为什么原因从王京退兵，还送回了朝鲜王子、陪臣？"

内藤如安回答："因为听到沈游击说天朝答应册封日本，又听说 70 万天兵已到，因此连夜退兵，送还王子、陪臣，又送还了朝鲜七道。"

石星等人提出第五个问题："既然从王京退兵，又送还王子、陪臣，为什么还要进犯晋州？"

内藤如安胡扯一通，回答道："晋州的事情是这样，原先有朝鲜人去日本，遇到了加藤清正、黑田长政的兵马，并杀死了他们，所以晋州这次遭到了报复。但后来日军一见到天兵，就退了。"

石星等人提出第六个问题："约定三事尽从，才可册封你等。你回去告诉行长：第一，即刻令倭人从朝鲜撤走、房屋尽毁；第二，不再进犯朝鲜；第三，不再别求贡市。你能保证行长全部听从吗？"

内藤如安回答道："行长有禀帖上呈孙总督（孙矿），一一听命，不敢有违。此等大事，秀吉命令行长传达，行长命令小的传达，方敢如此回答，定无反复。"

石星等人提出第七个问题："现在行长请封，而清正不请。万一清正不肯服输，那该怎么办？"

内藤如安不答。

石星等人提出第八个问题："你等虽然一时遵守约定，但时间一久，能保证不生他变吗？你若现在订立盟誓，即可答应册封你等。"

内藤如安信誓旦旦地回答道："天朝问话，我方才所答，'册封后不敢求贡、不敢再犯朝鲜、撤兵尽数归国'，如果有一个字是谎话，那关白秀吉、行长，还有我自己，就全部都不得善终，断子绝孙。苍天在上，鉴之鉴之。"

一语成谶，内藤如安说的话，后来竟然全部成为事实。

石星等人提出第九个问题："你既然保证永无他变，那你现在就订立盟誓，方可准封。"

内藤如安不敢私自订盟，所以没有回答。

石星等人提出第十个问题："我成祖文皇帝（朱棣）在位时，曾赐日本玉道、金印，封源道义（足利义满）为日本国王。他有子孙吗？金印还在吗？"

内藤如安再次胡扯，回答道："在日本称王者，有源姓、橘姓、平姓、秦姓。16年前被信长杀死的日本国王，是秦姓的子孙。金印的事情，没有听说过。"

石星等人提出第十一个问题："秀吉原来是信长的部下，信长对他有知遇之恩，但他却篡夺了信长之位。能保证日本以后真的不再侵犯朝鲜了？"

内藤如安替秀吉辩白道："情况不是这样的。其实是信长篡夺了日本国王之位，因此被部将明智光秀杀死。现今关白丰臣秀吉，当时是摄津守，他率领信长手下诸将，兴义兵，杀光秀，统一日本六十六州。如果没有秀吉平定诸州，那日本百姓至今还不得安生。信长杀国王，光秀杀信长，秀吉杀光秀，都是16年前的事情了。"

石星等人提出第十二个问题："平秀吉既然已经平定了六十六岛，便可自立为王，为何又来天朝请封？"

内藤如安回答道："秀吉因是杀了光秀，又见朝鲜有天朝封号，人心安服，所以特来请封。"

石星等人提出第十三个问题："日本既称天皇，为何又称国王？天皇就是国王吗？"

内藤如安继续胡扯道："天皇就是国王，被信长杀死了。"

石星等人直接无视内藤如安的这一说辞，继续问他："日本既有天皇，今立关白为王，将天皇置于何地？"

内藤如安这次不知应该如何回答，只好沉默不语。

虽然如此，但石星等人还是决定奏请朝廷册封日本，但他们同时告诉内藤如安，这是有条件的："既然如此，当奏皇上，请封尔等。你应当写信，派人送交给行长，让他速回日本通报关白，准备好册封使渡海的船只、馆舍。如果礼仪做得不到位，仍然不能答应你提出的册封要求。"

内藤如安毕恭毕敬地回答道："等候已久，件件不敢有违天朝命令。沈游击到釜山之日，日本军就渡海回家。行长专为等候天朝使者，天使一到就退。"

石星等人提出了最后一个问题："既然来请封，为什么釜山还在运粮造房？想必是有别的意思吧。"

内藤如安回答道："运粮造房，只是为了等候天朝使者，没有别的意思。天使一到，就全部烧毁。"（以上对话出自《经略复国要编》）

谈话至此，问话结束。从兵部与内藤如安的问答中可以看出，内藤如安的回答多是信口胡言，充满破绽，与事实大有出入。但让人感到奇怪的是，兵部竟然也不予深究，最后还向内藤如安做出了册封的承诺。对于其中缘由，明朝人诸葛元声认为存在内情，他在《两朝平攘录》中写道："本部事事装饰，岂不能预教如安为此恭顺语乎？"

按照诸葛元声的解释，兵部事事欺瞒掩饰，事先就已经教内藤如安该如何应答。如果真的是这样，那么兵部的目的，自然是想通过内藤如安的"恭顺语"，顺理成章地使明朝完成册封，争取用和平手段结束与日本的战争，让日本人退出朝鲜。据此，郑学稼先生在《日本史》一书中指出："石星何以敢冒欺君之险，那为着他身掌兵符，知明朝的力量无法作长久之战，希望早日和平。这些人们，由各种动机与目的，遂联合演一大骗局。"

换言之，以兵部尚书石星为首的明朝主和派，为了促成议和，不惜串通内藤如安，亲自导演了一场欺骗朝廷的骗局。在这样的背景下，明神宗最终同意册封丰臣秀吉为日本国王，并准备对部分日方人员进行册封：授小西行长、宇喜多秀家、增田长盛、石田三成、大谷吉继、德川家康、毛利辉元、羽柴秀保都督金事一职，赏赐衣帽给日本禅师景辙玄苏，内藤如安另行打赏。(《明神宗实录》)同时，明神宗下令制作册封丰臣秀吉所需的诰命、冠服、金印等，并任命临淮侯勋卫署都督佥事李宗城为册封正使，五军营右副将署都督佥事杨方亨为册封副使，让他们出使日本进行册封。

至此，明朝已同意册封，但是只同意了小西行长要求的"封贡"中的"封"，而没有"贡"。对于丰臣秀吉在《大明日本和平条件》中提出的那些苛刻条件，更是全然没有提及。明朝与日本的议和，最终能否实现，还存在很大的疑问。正如德富猪一郎在《近世日本国民史·朝鲜役》中所作的比喻那样，丰臣秀吉向明朝索要的是"面包"，明朝却给了他一块"石头"。

十二月二十五日，朝鲜军官李谦受再次前往加藤清正的营地进行谈判。负责与李谦受交涉的是加藤军中的两名僧人在田、天祐，他们明确告诉李谦受，仅仅凭借册封就想让丰臣秀吉收兵，那是不可能的："天朝之许封虽美，于关白之心，不好奈何？前五条内，有一事成之，则必合于关白之心。不然则虽有许封事，何关于我哉？"

在田、天祐明确指出，丰臣秀吉的底线是实现《大明日本和平条件》中的一个要求，否则即便天朝应允册封，日军也难以从朝鲜撤兵。随后，在田、天祐要求朝鲜方面将王子顺和君和陪臣二三人送到日本做人质，声称朝鲜在履行这一条件后，日本就会与朝鲜实现议和。作为对等的交换条件，加藤清正愿意将他自己的儿子送到朝鲜作为人质。在田、天祐一再强调，如果不履行这一要求，无论出千百条良策，议和之事也难以达成。但是这一条件，显然是不可能被朝鲜接受的，双方最终没有谈拢。(《奋忠纾难录》)这时，日本从朝鲜撤军的唯一希望，就完全寄托在丰臣秀吉能否接受明朝的册封，放弃其他要求了。

万历朝鲜战争

第六章

明、日和谈（下）：

从丰臣秀吉让步到和谈破裂

陈云鸿出使熊川

万历二十三年（日本文禄四年，1595 年）正月十五日，迟迟等不到议和进展的丰臣秀吉决定再次发动战争，他为此制定了再度出兵朝鲜的军队名单。根据《高丽国动御人数帐》的记载，丰臣秀吉此次计划动用的军队如下：

（单位：人）

番组	部将（或部队）	兵力	兵力合计
一番	小西行长 松浦镇信 有马晴信 大村喜前 五岛玄雅	10000	23000
	宗义智	3000	
	锅岛直茂	10000	
二番	加藤清正 相良赖房	10000	18000
	岛津义弘	8000	
三番	黑田长政	5000	9000
	毛利吉成	2000	
	伊东祐兵 秋月种长 高桥元种 岛津丰久	2000	
四番	宇喜多秀家	10000	33400
	蜂须贺家政	7000	
	长宗我部元亲	3000	
	生驹亲正	5000	
	福岛正则	4500	
	户田胜隆	3900	
五番	毛利辉元	30000	不明
	小早川隆景	10000	
	立花宗茂 高桥统增 筑紫广门 小早川秀秋	兵力未有记载	
留守釜山浦	石田三成 增田长盛	兵力未有记载	不明

番组	部将（或部队）	兵力	兵力合计
船手众	九鬼嘉隆	1650	10100
	胁坂安治	1500	
	加藤茂盛	850	
	来岛通总	850	
	菅达长	250	
	羽柴秀保部队	5000	
留守沿海十四城	德川秀忠部队	2000	19800
	前田利家部队	1500	
	上杉景胜部队	2000	
	佐竹义宣部队	1500	
	堀秀治部队	1300	
	细川忠兴部队	1000	
	前野景定 斋村广道	1500	
	池田辉政部队	1500	
	堀尾吉晴部队	1000	
	中村一荣部队	1500	
	田中吉次部队	1000	
	宫部长房 荒木重坚 龟井兹矩 垣屋常陆	1500	
	中川秀成	1000	
	木村重兹 太田半次 山田藤三	1500	
留守六座系城	村上义明	1000	5040
	沟口秀胜	700	
	长谷川秀一 青山宗胜	2000	
	竹中重利 宫木丰盛	450	
	太田一吉 垣见一直	670	
	熊谷直盛	220	
留守名护屋 （丰臣秀次统摄）	德川秀忠	2000	6450
	前田利长	1000	
	细川忠兴	500	
	堀秀治	500	
	池田辉政	500	
	山内一丰	1000	
	松之下纲	300	
	渡濑繁诠	650	

正月十六日，丰臣秀吉又发布朱印状，向在朝日军提到了以下几个要点：

一、关白丰臣秀次将在次年（万历二十四年）亲自渡海前往朝鲜。

二、储备釜山浦的兵粮，作为战备之用。

三、由关东、北国、出羽、奥州众修筑朝鲜沿海城池。

四、在朝鲜沿海城池周边屯田，做长期屯驻的准备。

就在丰臣秀吉筹划再次出兵侵朝时，明朝游击陈云鸿奉兵部尚书石星之命，出使朝鲜，准备前往庆尚道熊川倭营，向小西行长宣谕明朝答应册封日本的消息，敦促日军撤回本土。陈云鸿于万历二十二年十一月从大明出发，十二月十九日进入朝鲜王京，朝鲜国王李昖在王京的南别宫接见了他。李昖按照备边司的提议，让兵曹佐郎李时发、通事（翻译人员）李海龙作为陈云鸿的接伴使，与他一同南下，出使熊川倭营。此次与陈云鸿一同来到朝鲜的，还有赞画俞大武、守备骆一龙等。

陈云鸿南下过程中，随行的明朝兵丁一路抢劫，朝鲜街巷的鸡、猪、牛、马被洗劫一空。（《宣祖昭敬大王修正实录》）十二月二十七日，陈云鸿自王京抵达全罗道南原。万历二十三年正月一日，朝鲜都元帅权栗、接伴官李时发在龙城馆设宴招待陈云鸿。正月二日，陈云鸿带领随从向着庆尚道进发。

正月十二日一早，陈云鸿乘船从庆尚道的榆川起身，经过密阳，停泊在金海。竹岛倭营的日军小将得知后，乘船前来给陈云鸿送饭。陈云鸿当天住宿在金海，只见日军修筑的金海倭营宏伟异常：

> 其营基址，广比平壤一般。三面临江，周以木城，重以土城，内筑石城。高台杰阁，粉壁绚烂。大小土宇，弥漫栉比，似无一片空地，量有万余兵容接矣。大小船只，列泊城下，不记其数矣。（《宣祖昭敬大王实录》）

正月十三日，用过早饭后，陈云鸿乘船从金海向熊川进发，沿途望见甘同浦、天城、安骨浦等处倭营虽大小不等，但城池坚固、房屋稠密。行进途中，陈云鸿看到一艘小船迅疾地向外洋驶去。经过询问，才知道这是回日本报信的船。一旦有可报之事，日军就会发送船只到日本进行汇报。

过了一会儿，在熊川倭营的小西行长派他的弟弟乘坐一艘快船，来向陈云鸿问安。双方简单会面以后，这艘倭船就先回去了，左右摇动船橹者18人，船只迅疾如飞鸟，顷刻间缥缈远去。又过了一会儿，小西行长派出小将来向陈云鸿问安，这次一共来了4艘船。

未时，陈云鸿的船只抵达熊川，只见熊川倭营被日军修筑得非常坚固：

> 营占海岸一山，山势甚峻，绕以石城，上添木栅，周围可六七里。断山为池，鳞次驾屋，填海筑城，星列凿门，门即泊船之所也。（《宣祖昭敬大王实录》）

为显露天朝大国的气象，陈云鸿戴上冠带、穿上蟒龙衣，下船上岸。一路上，众多男女挤满街道，争相来看热闹。陈云鸿看到沿途有许多店面，买卖货物之人往来不绝。进入倭营后，小西行长派小将前来问安，向陈云鸿表示自己身体抱恙，不能亲自前来迎接。陈云鸿对此感到非常生气，认为礼仪不周，当即责备日本小将。过了一会儿，被小西行长羁押在熊川倭营的辽东都指挥使谭宗仁前来拜见陈云鸿，向他表达了欣喜之情。两人寒暄一番之后，谭宗仁告退，陈云鸿招来小西行长帐下的林通事，让他向小西行长传话，要求其速速来见。不久，林通事回话，称小西行长将在陈云鸿用膳以后前来面见。

等陈云鸿吃完饭后，小西行长果然现身，前来拜见他。和小西行长一起来的还有景辙玄苏、竹溪宗逸两名倭僧，只见小西行长穿着黄衣服，景辙玄苏、竹溪宗逸穿着黑衫、戴着唐巾。陈云鸿没有站起身，他泰然自若地坐在椅子上，指着倚靠在北面墙壁上的兵部牌，对小西行长说："此牌中有皇上圣旨，行长当先参拜。"

小西行长很听陈云鸿的话，他双手合在一起，向着兵部牌鞠了一躬，又这样对陈云鸿鞠了一躬。行完礼后，小西行长、景辙玄苏、竹溪宗逸便与陈云鸿寒暄起来。

小西行长首先对陈云鸿的到来表示关切，对他说："天寒路远，老爷受寒辛苦。"

陈云鸿向小西行长等人客气道："我在中华，熟闻行长乃日本贤将，景辙、竹溪等皆是高禅，思欲一见而无路。适蒙皇上准许你封，我奉明旨，得有今日相会，岂非千载一幸乎？"

两人寒暄完后，小西行长请陈云鸿次日来自己住所详谈，随后就告退了。

次日早上，陈云鸿告诫自己的随行家丁说："我见行长号令严肃，营阵齐整，非寻常流辈，你等十分谨慎，不要生事，亏了天朝体面。若违，定不饶你等。"

午后，小西行长请陈云鸿、谭宗仁、骆一龙、俞大武去他住所，小西行长亲自将他们迎入房内，景辙玄苏、竹溪宗逸、柳川调信等人也一同过来了。陈云鸿放眼望去，只见"金屏四壁，居处极其干净"。他笑着对小西行长说："劳役众兵造此大屋，不知能住几日？多不过三个月，毋使众人劳苦，庶可休息。"

从陈云鸿的这一番话可以看出，他预计日军接受明朝的册封以后，将会很快从朝鲜撤兵，因此没有一点拘谨，和小西行长自然地开起了玩笑。过了一会儿，小西行长设宴招待陈云鸿等人。

陈云鸿又高兴地对小西行长说："此非千载奇会，三国幸事乎？"

席间，俞大武说："我前日出去，路上患疾。"

谭宗仁对俞大武说："不会是思家之病吧？"

俞大武笑着说："正是。"

谭宗仁以戏谑的口气调侃俞大武和小西行长："公才到而思家成病，我在异域待了四年。我就算了，试问行长，他待了几年？"

小西行长随即说："我也待了四年。"

俞大武听了，便笑着戏弄小西行长说："有人心者思家，无人心者乃不思家。"

小西行长听了以后大笑，在座之人皆鼓掌大笑，宴席上的气氛非常轻松愉快。俞大武拿出一支笔，即兴写诗，景辙玄苏应声附和，唱了出来。众人又行酒令，规定谁的酒杯里洒一滴酒出来，就罚一杯酒。过了没多久，小西行长洒了两滴酒，于是罚酒两杯。众人尽情地饮酒，陈云鸿也不例外。

小西行长高兴地对陈云鸿说："从小将那里听说老爷在途中绝不饮酒，我以为十分无聊。今得陪坐，有幸畅饮几杯，实在是多谢。"

畅饮一番后，陈云鸿与谭宗仁、骆一龙等人沐浴更衣，除去酒气再到大厅与小西行长等人会面。

临别前，陈云鸿吩咐道："朝廷未封关白时，日本为一国，朝鲜为一国，天朝为一国。今关白受封于天朝，即朝鲜为属国、日本亦为属国，天朝为父母之邦，日本与朝鲜为兄弟之国，即为一家，今后不要说两家话。"又专门吩咐小西行长道："兵部石老爷（石星）为你受封之事，不遗余力，不知道遭了多少人的骂，今日才得以成功，可谓是极其辛苦，恩典大矣。你等将何以报答？"

小西行长没有正面回答，而是让景辙玄苏告知陈云鸿等人："今日主客俱醉，请待明日讲话。"

说完，小西行长就将陈云鸿等人送到了中阁外，结束了今天的宴席。

次日是正月十五日，乃是上元节。这一天午后，小西行长、景辙玄苏、竹溪宗逸、柳川调信前来陈云鸿的住处拜见他。陈云鸿送了小西行长一匹大红缎、两匹花绫、一对胸背，小西行长称谢，回赠陈云鸿十桶酒、两条鱼、一包橘子。

黄昏时分，陈云鸿又令俞大武、谭宗仁去见小西行长，敦促他尽早使日军撤回本土，并说陈云鸿等人将会搬到庆尚道的居昌或者全罗道的南原居住，在那里迎接将要来到朝鲜的明朝册封使者（李宗城、杨方亨）。

陈云鸿的说法代表了明朝官方的意见，也就是说，等日军全部撤退回国以后，明朝朝廷才会让册封使渡海赴日，举行册封仪式。但是小西行长担心日军从朝鲜撤退以后，明朝会玩弄把戏，出尔反尔，不履行承诺派册封使去日本，便想让陈云鸿留下来作为人质。他答复说："此边事情，关白亦不明白。我当带3000余兵，先回日本，直到关白处。面报关白后，立刻回来迎接天朝使者，使各营兵一齐撤回日本。老爷欲搬到南原等地，那里也不是天朝地方，不如留在敝营居住。等我回来以后，再回去不迟。"

陈云鸿也知道让日军一下子就从朝鲜全部撤走并不现实，他决定做出让步，让日军装装样子，假装撤退，再由他向朝廷禀报，使明朝册封使尽快来到朝鲜。

正月十六日一早，陈云鸿招来小西行长身边的林通事，让他向小西行长传话说："你等必须遵照兵部牌意，先撤回军队，使石老爷闻之欢喜。否则我何以回话？若以尽数撤兵为难，则烧毁营中草房，只示撤回之状可也。谁来一一查点乎？我只以所见回报，则朝廷更加深信你之恭谨，天朝使者亦可速临矣。"

小西行长见陈云鸿这番表态，也愿意做出退让，他让朴通事回话陈云鸿说："今蒙老爷指教明白，不胜欢喜。我原本想要先回国归报关白，使老爷留此小住，以候天朝使者。但现在看来不用了，我回到日本，海路上遭遇风涛，难以预料日期。到时候若天朝使者突然来临，则谁来迎接？而且老爷留在这里的话，朝廷必定会很惊讶。不如老爷回去迎接天使，而我留在熊川等待消息。现在各营兵马，5000人的队伍先撤回 2500 人，15000 人的队伍先撤回 5000 人。老爷和骆爷，各乘一船回去，以此意禀报朝廷如何？"

陈云鸿听了小西行长的回话，高兴地说："行长算计甚妙，各营应撤之数，明日写在纸上带过来。"

正月十七日早上，陈云鸿招来接伴使李时发，透露出想要在当天从熊川倭营回还的想法。但是俞大武说日军还没有做出撤军的动作，不好先回去，看看日军接下来的动作再说。经过这么一劝，陈云鸿留了下来，没有动身出发。

午后，陈云鸿摆酒设宴，与谭宗仁、骆一龙同坐饮酒，并派人去请来小西行长，催促其撤兵。但是小西行长推说到某地饮酒去了，没有来，只有景辙玄苏、竹溪宗逸、柳川调信来了。

陈云鸿责问景辙玄苏等人说："我到此已有四五日，你等尚不撤兵，是何故也？你等早为决定。"

景辙玄苏辩解道："我等岂不欲早归？但大事未完，不可轻退。虽说天朝使者近日将来，但从前天朝多次欺骗于我，我等亦无所取信。若天朝使者来到王京或者南原等处，那就不必禀告关白，当尽数撤兵归国。"

陈云鸿不满景辙玄苏的这一说辞，对景辙玄苏说："不是天朝欺汝外夷，而是中华体面甚大，凡事不可轻易为之。况且册封一事，乃何等大事？科道诸臣议论不一，蹉跎一二年时间，是必然的。知不知道石老爷替你们费了多少心思，朝廷才答应册封？我只管宣谕你等，撤不撤在你，我不想勉强。我只将你等不听命之状，报归兵部，到时候不知石老爷是如何想的？你等求封之事，恐怕是办不成了。"

景辙玄苏继续辩解道："老爷之吩咐虽然如此，但我们以前被天朝骗了太多次了。第一次骗我们是在平壤，天朝答应我们提出的封贡要求，然后我们就退兵到了王京，但天朝之后并没有履行承诺。第二次骗我们是在王京，天朝又答应我们提出的封贡要求，然后我们就退兵到了沿海，但天朝还是没有履行承诺。我等一再退缩，久住海岸，切无扰害地方之事，且恳求关白，送还了朝鲜王子、陪臣，这些都是我等的功劳。以此言之，我等从未失信于天朝，而天朝则多次欺骗我等。现如今虽然说天朝使者将会来朝鲜，也不知道是真是假。如果天朝使者真的到了临近这里的地方，那时不需禀报关白，我等自会撤回国内。"

陈云鸿对景辙玄苏说："天朝使者想必已经出发了，万无欺骗之理。你派两个小将，跟我一起回去，没多久就可以碰上天朝使者，然后就可以撤兵了。"

说罢，陈云鸿又向景辙玄苏出示明神宗册封日本的圣旨抄录文件，示以绝无欺骗之意。景辙玄苏跪着看了这封抄录文件，然后向陈云鸿表示，要回去与小西行长商量，随后便告辞了。之后出现了这样一幕，小西行长令人将停泊在熊川外洋的50艘倭船插满旗帜，声称乃是将撤回日本之船，使陈云鸿亲自前去验视。

当天傍晚，谭宗仁向陈云鸿的接伴使李时发送去一桶酒和一盘腌肉。次日早上，李时发请求拜谢谭宗仁，但陈云鸿只允许跟着李时发的随行翻译李海龙前去拜见谭宗仁。李海龙拜谢谭宗仁后，谭宗仁向李海龙透露，小西行长之所以不愿意轻易撤兵，是受到了丰臣秀吉的直接指示。他对李海龙说："去年十二月，关白派小将来到熊川，吩咐行长说：'天朝屡次欺骗于我，撤兵之事，不可轻易。即便是天朝使者来到南原或王京等处，也不要轻易撤退。但要是天朝使者到你营中，那就不需禀报于我，即可尽数撤兵。'这个倭小将也来见我了，关白之吩咐如此，彼必定没有轻易撤回之理。但只要天朝使者来了，彼必然早晚撤兵。"

谭宗仁的话，透露出万历二十二年十二月时丰臣秀吉一度欲对明朝妥协，有了从朝鲜尽数撤兵的想法。但是他对明朝并不完全信任，要求明朝使者到熊川倭营以后，日军才能撤兵。

由于小西行长此前一直向明朝恳求封贡，但明朝只答应册封，不同意通贡，因此李海龙担心日军借故不肯撤兵，又问谭宗仁："天朝已经许封，但日本还要求贡的话怎么办？"

谭宗仁回答说："既然已经与日本讲定，即便只是封王，彼也当退去。我当初对行长说：'准封则不必要贡，当慢慢请之，未为不可。天朝册封之后，你国应当派遣使者，带上土特产来称谢，然后恭敬地请贡，则天朝无不准之理，何必忙于一时要之乎？'行长对我的话深以为然。"（以上对话出自《宣祖昭敬大王实录》）

透过谭宗仁的这番话，我们知道小西行长当时已经意识到明朝许封不许贡，不同意他提出的通贡要求。不过在谭宗仁的劝慰下，小西行长认为向明朝求贡一事还有回旋的余地，于是接受了现状。

正月十九日，小西行长带着陈云鸿登上楼阁，望见外洋的36艘倭船张旗放炮，向着日本海方向驶去。小西行长向陈云鸿报称：庆尚右道有 8000 日军，左道有 7000 日军，已经渡海撤回日本。

当然，这只不过是双方有默契地做做样子而已，好让陈云鸿回去向明朝报告，让明朝册封使尽快来朝鲜。

正月二十一日，陈云鸿从熊川倭营启程回还，结束此次出使任务。小西行长临别时送了枪、刀、扇子给陈云鸿，并送银两给陈云鸿的随从，还亲自乘舟将陈云鸿送出 2 公里外，才回到熊川。次日，陈云鸿回到庆尚道密阳，之后回到榆川。

正月二十四日，朝鲜都元帅权栗在庆尚道的咸阳设宴招待陈云鸿，陈云鸿告诉他，天朝册封使到了朝鲜以后，小西行长、宗义智等人就会从朝鲜撤兵。

正月二十八日，陈云鸿等人从庆尚道回到全罗道南原，庆尚道观察使洪世恭在此设宴招待。二月一日，陈云鸿等人自南原回到王京，之后回到大明复命。

丰臣秀吉让步与李宗城逃亡

在陈云鸿出使熊川倭营期间，明朝册封正使李宗城、副使杨方亨从北京启程，向着朝鲜进发。明神宗特别降旨，让游击将军沈惟敬出使釜山浦，敦促日军撤退。此前，明神宗受惑于主和派势力的伪情报，误以为日军只留下残部待在朝鲜釜山浦，其余已经撤兵了，不知道日军其实还占据着朝鲜沿海的 15 座城池。

万历二十三年四月，李宗城、杨方亨抵达朝鲜王京。沈惟敬先册封使一步，抵达了小西行长所在的庆尚道熊川倭营，与小西行长会谈。两人会面以后，小西行长回到日本，向丰臣秀吉报告了明朝与日本的议和进展，以便得到丰臣秀吉的下一步指示。

小西行长向丰臣秀吉具体汇报了什么内容，史料上并没有记载。但是在小西行长做出汇报以后，丰臣秀吉向他下达了三条指示，作为后续与朝鲜、明朝议和的谈判方针，这些内容被称作《大明、朝鲜与日本和平条目》，内容如下：

一、沈游击到朝鲜熊川，自大明之条目演说之云云，依大明钧命，朝鲜国于令恕宥者。朝鲜王子一人渡于日本，可侍大阁幕下，然则朝鲜八道之中四道者可属日本者，前年虽述命意，王子到本朝近侍，则可付与之。朝鲜大臣两人为轮番，可副王子之事。

二、沈游击与朝鲜王子同车马至熊川，则自日本所筑军营十五城之中十城即可破之事。

三、依大明皇帝恳求，朝鲜国和平赦之，然则为礼仪赍诏书，大明敕使可渡于日本。自今以往，大明、日本官船、商舶于往来者，互以金印勘合，可为照验事。

以上三个条件，是日本人用汉字写下的，读起来非常生硬，将其转述为白话，大意是：

1.沈惟敬到了朝鲜熊川以后，诉说了大明的指示。现依照大明的命令，可宽恕朝鲜，但需要一位朝鲜王子渡海到日本，向丰臣秀吉表示臣服。日本在前年提出的讲和条件中，要求将朝鲜八道中的四道割让给日本，现在可以就此退让，只要朝鲜王子到日本服侍丰臣秀吉，则可将四道交付给朝鲜王子。此外，朝鲜还需再派遣两员大臣一同渡海。

2.等沈惟敬带着朝鲜王子到了熊川以后，日军在朝鲜沿海的15个倭城，可以毁弃掉10个。

3.依照大明皇帝的恳求，赦免朝鲜。大明敕使可以带着册封诏书，渡海至日本。自此以后，大明、日本建立贸易关系，两国官船、商舶正常往来。

丰臣秀吉此次提出的《大明、朝鲜与日本和平条目》，相比他在两年前向谢用梓、徐一贯提出的《大明日本和平条件》，主动放弃了四个议和要求：

一、大明皇帝的公主下嫁给日本天皇。

二、大明、日本两国大臣相互交换誓词，表示通好之意。

三、大明居中仲裁，朝鲜咸镜道、江原道、平安道、黄海道，还给朝鲜国王，剩下的庆尚道、忠清道、全罗道、京畿道割让给丰臣秀吉。

四、朝鲜权臣向日本提交誓书，发誓永不叛变。

对比前后两份谈判条件，可见丰臣秀吉此时的要价无疑大为缩水了。丰臣秀吉退让最大的，是放弃索取明朝公主，这是他以前一直坚持的谈判底线。之所以如此，从《宣祖昭敬大王实录》的记载推断，可能是沈惟敬向小西行长诡称公主原本已经出发了，但在途中不幸死去，于是换成了300匹马，而小西行长又将这一消息转告给了丰臣秀吉，所以使丰臣秀吉放弃了这一要求。《大明、朝鲜与日本和平条目》提出以后，丰臣秀吉仍然坚持的议和条件，实际上只剩下朝鲜王子渡海臣服、日本向明朝通贡这两个要求了。

从《大明、朝鲜与日本和平条目》的第一条内容来看，丰臣秀吉已经放弃索取朝鲜半岛南部四道，但他仍坚持朝鲜王子渡海，向丰臣政权表示臣服。丰臣秀吉准备以赏赐封地的形式，将朝鲜南部四道赐给朝鲜王子，仅在名义上对四道进行支配。

从第二条内容来看，丰臣秀吉表示，只要沈惟敬带领朝鲜王子到达熊川倭营，日军可以拆毁庆尚道15座倭城中的中10座。由此可见，丰臣秀吉无疑有了从朝鲜撤兵的想法。

从第三条内容来看，小西行长如实向丰臣秀吉汇报了明朝将要册封他为日本国王的事情，丰臣秀吉对此表示接受，并允许明朝敕使携带册封诏书渡海前往日本。同时，丰臣秀吉仍然渴望与明朝建立封贡关系，希望在他接受册封以后，明、日两国能够正常贸易。丰臣秀吉的这一要求，显得非常突兀。因为在此之前，明朝已经传达给小西行长"许封不许贡"的意思，小西行长对此也是知悉的。从前情推断，应该是被小西行长扣押在熊川倭营的辽东都指挥使谭宗仁劝慰小西行长，让他一步步来，在接受册封以后，再向明朝求贡。所以小西行长的希望并没有破灭，仍然试图向明朝提出通贡之请，并将此报告给了丰臣秀吉，使得丰臣秀吉又下达了这一指示。

六月二十六日，小西行长从日本回到朝鲜庆尚道的熊川倭营，他还没等沈惟敬带着朝鲜王子来熊川，就迫不及待地向在朝的日军大名传达了烧毁沿海倭城的命令。命令首先传达给了在釜山、东莱倭城的毛利秀元、吉川广家，以及在西生浦、机张倭城的加藤清正、黑田长政。七月，小西行长又将毁弃倭城的命令传达给了在巨济岛的福岛正则、户田胜隆等四国众。（《加藤清正：朝鲜侵略的实像》）

为了调查日军撤退的实际情况，明朝册封使派遣差官张万禄和朝鲜官员南好正来到庆尚道沿海地区视察。根据二人的验收结果，在熊川地域，宗义智拆毁倭城，移驻到小西行长的营地，但是九鬼嘉隆、加藤嘉明、菅达长占据的荠浦、安骨浦倭城还没有被拆毁；在金海地域，锅岛直茂管辖下的竹岛的德桥支城已经被拆毁，但是竹岛倭城还没有被拆毁；在巨济岛，户田胜隆的松真浦城、福岛正则的场门浦城已经被拆毁，但是岛津忠恒的永登浦城还没有被拆毁。张万禄根据他的调查结果，催促日军将沿海倭城尽数拆毁，尽早回国。

七月十一日，明朝册封副使杨方亨先正使李宗城一步，从王京向釜山浦进发，朝鲜吏曹判书李恒福作为接伴使，一同随行。八月，杨方亨抵达庆尚道南部的居昌，敦促仍屯据在庆尚道沿海的日军尽快撤兵，并让沈惟敬将此意转达给小西行长。

八月末，为了向明朝使者出示日军撤退的证据，小西行长又指示福岛正则等人将巨济岛的倭城全部拆毁，将岛上的军队移到加德岛。但与小西行长一向关系不睦的加藤清正以等待丰臣秀吉的命令为由，率兵屯驻在釜山浦与西生浦之间的机张城，不肯退却。

九月四日，明朝册封正使李宗城动身从王京向庆尚道进发。十月，杨方亨抵达庆尚道的釜山倭营，小西行长前来拜见他，向他行礼。但杨方亨态度倨傲，只是坐在椅子上，连点头示意都没有，小西行长感到很伤自尊。之后几天，小西行长借口生病，推脱不见杨方亨。直到十月十二日，小西行长气消了，杨方亨才再次与小西行长、景辙玄苏会面，并郑重要求日军从朝鲜全部撤退。

十一月末，明朝册封正使李宗城姗姗来迟，抵达釜山浦，小西行长、寺泽正成、景辙玄苏等人过来，向他和杨方亨行礼。李宗城向小西行长等人出示了明神宗册封丰臣秀吉为日本国王的金印与诰命，小西行长等人又向金印和诰命拜礼。

明朝册封使表示，只有日军拆毁全部倭城、尽数撤兵回到日本后，才能渡海赴日，举行册封典礼。但加藤清正一直顽固地不肯撤兵，加德岛、安骨浦、金海等倭营的日军也未能尽数撤到釜山浦。由于日军不肯完全撤回日本，明朝册封使也借故拖延着不肯渡海，双方就这样耗着。

万历二十四年（日本文禄五年，1596 年）一月，小西行长贻书沈惟敬，要求沈惟敬先渡海前往日本，与丰臣秀吉面议后，再将残留在朝鲜的日军兵马一一撤回，之后再请明朝册封使渡海。沈惟敬按照小西行长的要求，与他先行渡海前往日本。同时，沈惟敬遵照兵部尚书石星的指示，带去 100 多匹马献给丰臣秀吉，作为两国无法通婚的补偿。此外还有 200 多匹马，也准备献给日本，但先留在全罗道喂养，

由沈惟敬麾下的牛把总负责管理。至于李宗城、杨方亨这两名册封使则留在釜山浦，等待沈惟敬的回音。(《乱中杂录》)

一直待到三月，李宗城、杨方亨仍没得到确切回信，李宗城对日军是否能够退兵产生了怀疑。三月二十八日，曾被日军俘虏、现已逃到朝鲜的福建人郭续禹[①]，以买药为名求见李宗城。李宗城将他召入卧室，郭续禹对李宗城说："关白虎狼蛇蝎，使臣者去，必至羁留，且将质以要索。少有不遂，定行杀害。又传沈惟敬被关白一捆，关白云：'予所要者七事，原不为封。'"

李宗城听了以后，才知道丰臣秀吉原本的议和要求共有七条，不只是册封这么简单。四月三日晚上，李宗城设宴招待宗义智、松浦镇信，借故试探日军迟迟不撤兵回国的原因，向他们询问丰臣秀吉是否还有别的要求。由于小西行长不在，宗义智说漏了嘴，透露了丰臣秀吉在此之前向明朝提出的四个要求：纳质、通商、割地、通婚。

其实，当时丰臣秀吉已经放弃了割地、通婚这两个议和条件，宗义智向李宗城透露的消息已经过时了。但李宗城不知道，他感到议和没有希望，又联想到郭续禹对他说的话，害怕自己一旦渡海到日本，就会被丰臣秀吉绑架杀害。当晚夜半时分，李宗城把自己打扮成下人，舍弃了印章、冠服、辎重，和仆从从釜山倭营出逃。

第二天黎明，釜山浦的日军得知李宗城出逃，急忙派人去追赶。他们把李宗城的大部分随从都抓了回来，并杀死了其中一人，但并没能追上李宗城。册封副使杨方亨没有跟随李宗城出逃，仍然留在釜山倭营，于是日军派兵将杨方亨的寓所给包围了。杨方亨设法安抚了日军，让日军镇定下来。由于接待明朝册封使一事由小西行长负责，因此与小西行长关系不睦的加藤清正得知李宗城出逃的消息以后，是幸灾乐祸、手舞足蹈。

李宗城的出逃对明朝造成的冲击是巨大的，无疑让明朝在外交上丢了脸面。李宗城逃回辽东以后，通过他掌握的情报，向辽镇督府揭露丰臣秀吉的真正议和条件是七条，不只是册封。

如此一来，丰臣秀吉两年前提出的《大明日本和平条件》终于彻底曝光了。主

---

① 此据《万历邸钞》。在《再造藩邦志》一书中，来向李宗城报信的是两个福建人萧鹤鸣、王三畏。此处笔者采信《万历邸钞》的记载，因为此书收录的是李宗城自己的报告。

和派官员试图掩盖的丰臣秀吉的真实意图，就此被揭开。接到李宗城的揭报之后，直隶巡按曹学程马上将丰臣秀吉提出七条议和要求之事上奏，请求停止册封日本：

> 倭情已变，封事宜停。本兵谓辽东抚按之报见谓流言，今册使李宗城之揭，将不足凭乎？倭情已变，犹云未便；封事已坏，犹云可成。贼臣误国，一至于此！吾谁欺？欺天乎！今据李宗城揭，称关白执沈惟敬，要求七事，原不为封。虽不显言，大都有据。倭情变诈异常，贪餮无厌，得封不已，必求入贡；入贡不已，必求互市；互市不已，必求和婚；和婚不已，必求朝鲜纳赋；纳赋不已，必求割地；割地不已，必席卷朝鲜，渡鸭绿江而蓟辽危矣！倭情吐露，不待今日。宋应昌经略之始，李如松入援之时，沈惟敬使倭之日，已与歃盟，即不尽许七事，业已轻诺二三。顾养谦封贡一疏，李如松与沈惟敬一札，情形败露，不在于沈惟敬就擒之日，已觉发于诸龙光未死之先矣。不然朝鲜、日本一苇可航，悠悠年余，何不一决？此其故不难于一封，而难于七事不辨，可知也。石星狠狠自用，志皋碌碌倚阿，元辅枢臣不得辞其责矣。（《明神宗实录》）

但明神宗为了保住自己的脸面，维护之前所做决策的正当性，下旨将曹学程关到锦衣卫诏狱，仍然决定进行册封，试图用册封羁縻日本。明神宗对内阁大学士赵志皋表示，只有册封失败，才会考虑动武。（《明神宗实录》《万历邸钞》）五月三日，明神宗下令升任原册封副使杨方亨为册封正使，又升游击将军沈惟敬为册封副使，要求他们渡海完成册封。

另一方面，小西行长回到日本以后，为了使加藤清正从朝鲜撤兵，换取明朝册封使顺利渡海，与石田三成一同向丰臣秀吉毁谤加藤清正，他们主要提了以下三点：

一、加藤清正在明朝人、朝鲜人面前口出狂言，辱骂被丰臣秀吉任命为先锋的小西行长以及堺港商人。

二、加藤清正未经丰臣秀吉允许，就以"丰臣清正"之名与明朝方面交涉。

三、加藤清正妨碍日本与明朝和谈，当明朝册封正使带着金银珠宝来到釜山浦时，加藤清正的铁炮大将三宅角左卫门却对其进行了掠夺。（《清正高丽阵觉书》）

丰臣秀吉得到小西行长、石田三成的报告以后，十分震怒，下令把加藤清正召回日本，命令他切腹。丰臣秀吉的使者抵达朝鲜庆尚道西生浦以后，向加藤清正传达了退兵的命令。加藤清正不得已，被迫在五月十日烧毁了西生浦、豆毛浦的倭城，然后从釜山浦解缆，渡海回到日本。加藤清正回到日本后，最终没有被丰臣秀吉强令切腹，但仍被命令在伏见的私宅蛰居，闭门思过。

此时，日军在庆尚道沿海的绝大部分倭城已被拆毁，日军大部队也陆续撤回日本，但在沿海地区仍残留下一部分军队。按照丰臣秀吉的命令，这些剩下的日军，要等明朝册封使渡海前往日本，完成与日本的议和以后，才能撤兵。在这样的背景下，升任册封正使的杨方亨也只能先渡海到日本。

大坂册封

沈惟敬跟随小西行长先行渡海以后，就一直待在日本。万历二十四年六月末，沈惟敬前往丰臣秀吉的居城伏见城，拜谒丰臣秀吉。丰臣秀吉设宴招待了沈惟敬，并让自己4岁的幼子丰臣秀赖陪酒。之后，他邀请沈惟敬一同登上伏见城天守阁的七层高楼。丰臣秀吉亲自拿出一件锦衣，披到沈惟敬身上。但由于日本人体型矮小，这件锦衣款式较小，沈惟敬根本穿不上，他只好带有歉意地对丰臣秀吉说："这件衣服太短了，我穿不上。"

丰臣秀吉笑着说："如果衣服太短，那就让我孩子穿上它吧。"

说完，丰臣秀吉又让幼子丰臣秀赖出来拜见沈惟敬。在楼阁上，沈惟敬送了丰臣秀吉一幅画与香扇等物品。而丰臣秀赖也很聪明地拿了日本的宝画，回赠沈惟敬。沈惟敬惊讶地说道："这么小的孩子，也懂礼貌。"（以上对话出自《宣祖昭敬大王实录》）

伏见城是丰臣秀吉的居城，丰臣秀吉原本打算在此接待明朝册封使，举行册封典礼。但是到了闰七月三十日的时候，畿内一带发生了大地震，把伏见城的城门、城郭、御殿都震毁了，无数庶民死于此次地震。地震中，丰臣秀吉穿上女装，带上正室北政所、侧室松之丸、侍女高藏主躲入大庭中避难。被丰臣秀吉命令蛰居的加藤清正顾不得禁令，带上麾下的200个足轻来寻找丰臣秀吉的踪迹，前来保护他。找到丰臣秀吉以后，加藤清正向他诉说自己当年在朝鲜立下的功劳，又诉说自己是被小西行长、石田三成陷害的。经过加藤清正的不断辩解，加上丰臣秀吉也被加藤清不顾地震冲进来保护自己的行为给感动了，于是便解除了他的蛰居命令。地震过后，丰臣秀吉将接待明朝册封使的地点从伏见改在了大坂。

八月半，明朝册封正使杨方亨渡海抵达日本堺港，与升任为册封副使的沈惟敬在此会合。原先，丰臣秀吉要求朝鲜王子和两名大臣渡海赴日，向他表示臣服，议和之事才可告成，但这一要求自然是不可能被朝鲜朝廷所接受的。最后在杨方亨的一再强求之下，朝鲜朝廷才不情不愿地任命敦宁都正黄慎为通信正使、大邱府使朴泓为通信副使，继明朝册封使之后渡海赴日，去拜谒丰臣秀吉。

朝鲜通信使渡海赴日后，宗义智的家臣柳川调信率先将这一消息告诉了丰臣秀吉。这与丰臣秀吉一开始的预期有所出入，当他得知朝鲜只派出通信使渡海，而不派王子渡海后，便质问柳川调信："朝鲜王子为什么不渡海？"

柳川调信和小西行长、宗义智是一伙的，他同样希望完成与明朝、朝鲜的议和，早日结束战争。为了应付丰臣秀吉，他便虚构事实，故意用好听的话回答道："朝鲜王子年纪尚幼，壬辰年的时候他在朝鲜北方有不端行为，所以失去人心，被当地土著擒获。朝鲜国王很愤怒，把他发配到了远方。现在来的使臣，也是大官。大概是朝鲜怕日本，人们都说，'使臣若往，必被杀害，或被拘留'，所以人人害怕出行，迟疑未决。只有现在渡海来的使臣说，'自古以来没有杀使臣的国家，日本虽然强大，但肯定不会这样做'，仍然请命来到日本。"

丰臣秀吉听了这些话后，非常满意，大笑说："如果是这样的话，我当速见朝鲜使者！让他们同天朝使者一起过来！"（以上对话出自《朝鲜往还日记》）

说完，丰臣秀吉就亲自批示明朝册封使和朝鲜通信使在大坂的寓所，他安排杨方亨住在德川家康的家里，沈惟敬住在宇喜多秀家的家里，朝鲜使臣住在前田利家的家里，并吩咐主人事先打扫干净房间。这个时候，丰臣秀吉已经有所退让，不再强求朝鲜王子渡海，打算接受朝鲜只派出通信使赴日的事实，并会见通信使。如果一切顺利的话，明朝册封使完成册封以后，明、日两国就能完成议和，丰臣秀吉将会下令让残留在朝鲜的日军尽数撤兵归国。

闰八月二十三日，小西行长来到堺港，他高兴地通知抵达这里的朝鲜通信使，称丰臣秀吉为他们渡海赴日感到很高兴，准备九月二日在大坂会见他们一行人。

（《东槎录 》）

但是没过多久，突然有人向丰臣秀吉进谗言，让丰臣秀吉打消了会见朝鲜通信使的念头，并再次为朝鲜王子不渡海一事感到生气。（《日本往还日记 》）进言之人的真实身份不明，史料上没说，但德富猪一郎的《近世日本国民史·朝鲜役 》一书推断是加藤清正。

闰八月二十九日，柳川调信前往堺港，告诉朝鲜翻译朴大根，丰臣秀吉暂时不打算见朝鲜通信使。他又提到，在这之前，丰臣秀吉刚召见了小西行长、寺泽正成，对二人说：" 当初我欲通中国，而被朝鲜阻遏，不为转告。等到对朝鲜动兵之后，沈游击要调解日本、朝鲜两国，但朝鲜向天朝上本，极陈其不可。朝鲜还认为沈游击与日本同心，非常厌恶他。李天使（李宗城 ）出逃，也是因为朝鲜人的恐吓。天朝使者渡海以后，朝鲜一开始不肯派官同来，现在才迟迟派官来，而且又不肯派王子渡海，事事轻慢于我。我当先见天朝使者，姑且将朝鲜使者留下，等会见天使之后，禀帖兵部，审问朝鲜使者迟迟渡海的原因，然后再见他们。"（《日本往还日记 》）

柳川调信向朴大根复述了丰臣秀吉的这些话，并对他说：" 大事将成，却发生了这样的事情，实在令人担忧。现在，需将这些事情告知朝鲜通信使，让他们立即去见沈天使（沈惟敬 ），希望能让沈天使尽力斡旋，消解关白的怒气。"

同日，柳川调信又和寺泽正成、小西行长去见沈惟敬，告知了丰臣秀吉不打算见朝鲜通信使的消息。柳川调信希望沈惟敬能好好劝解丰臣秀吉，他对沈惟敬说：" 这正是老爷的事情。需好言相劝，非老爷亲去不可。如果老爷也办不妥这件事情，那我辈就更加没有办法了。"

沈惟敬对柳川调信说：" 你毋须再说，我不管朝鲜事，谁还来管？"

九月一日，朝鲜通信正使黄慎派人到明朝册封使的寓所去打听消息。沈惟敬说：" 为了解决你们的事情，我今天将前往大坂去见关白。关白大概是责怪你们来得迟了，不过最后肯定是不会有事的，放心放心。"（以上对话出自《日本往还日记 》）

这天傍晚，杨方亨、沈惟敬带领明朝册封使节团，从堺港开赴大坂，准备先在次日举行册封丰臣秀吉为" 日本国王"的封典，等完成册封典礼后，再向丰臣秀吉提出会见朝鲜通信使的要求。

进发途中，明朝册封使节团扛着" 封尔为日本国王"的圆字大匾，浩浩荡荡地出发，场面非常壮观。当夜，册封使节团抵达大坂，杨方亨、沈惟敬二人分别下榻于蜂须贺政胜和宇喜多秀家在大坂城的府邸。(《十六、十七世纪耶稣会日本报告集》)

九月二日，册封典礼如期在大坂城的一个房间内举行。明朝册封正使杨方亨与即将被封为"日本国王"的丰臣秀吉相对而坐。日本方面，出席的大名有：德川家康、前田利家、上杉景胜、宇喜多秀家、小早川秀秋、毛利辉元。

在册封典礼上，杨方亨、沈惟敬向丰臣秀吉赠送来自大明的丰厚礼物，他们将金印、冠冕、衮龙袍、册封诏书放入一个黄金匣中，颁赐给丰臣秀吉。通过册封典礼上的诏书颁赐这一仪式，大明正式封丰臣秀吉为日本国王，诏书内容如下：

> 奉天承运，皇帝制曰：
> 圣仁广运，凡天覆地载，莫不尊亲帝命。溥将暨海隅日出，罔不率俾。昔我皇祖，诞育多方。龟纽龙章，远锡扶桑之域；贞珉大篆，荣施镇国之山。嗣以海波之扬，偶致风占之隔。当兹盛际，宜赞彝章，咨尔丰臣平秀吉，崛起海邦，知尊中国。西驰一介之使，欣慕来同。北叩万里之关，恳求内附。情既坚于恭顺，恩可靳于柔怀。兹特封尔为日本国王，锡之诰命。于戏龙贲芝函，袭冠裳于海表，风行卉服，固藩卫于天朝，尔其念臣职之当修。恪循要束，感皇恩之已渥。无替款诚，祗服纶言，永遵声教。钦哉。(《明皇帝赠丰臣秀吉册封诰敕》)

除了丰臣秀吉被大明封为日本国王外，上杉景胜、毛利辉元被大明封为都督同知，前田玄以、小早川隆景、小西行长、宗义智、立花宗茂被封为都督佥事(《钦差委官守备都佥事刘等连署谕帖》)，并一一授予相关册封文书。根据册封文书的定调，这些被册封的日方人员，自然也是大明臣子。其中颁赐给上杉景胜的册封文书，保留至今，后人得以一窥原貌，上面是这么写的：

> 兵部为钦奉圣谕：
> 事照得顷，因关白具表乞封，皇上嘉其恭顺，特准封为日本国王，已足以远慰内附之诚，永坚外藩之愿矣。但关白既受皇上锡封，则行长诸人，即为天朝臣子，似应酌议量授官职，令彼共戴天恩，永为臣属，恭候命下。将丰臣景胜，授都督

同知官职，以示奖励。拟合给札为此合札，本官遵照札内事理，永坚恭顺，辅遵国王，恪遵天朝约束。不得别有他求，不得再犯朝鲜，不得扰掠沿海，各保富贵，共享太平。有背违王章，不宥，须至札付者。(《史料稿本》)

丰臣秀吉被册封为日本国王后，觉得很有面子，眉间喜气洋溢，欣然接受了明朝的金印和册书，将之举到头顶致谢。因为还接受了明神宗赐给他的日本国王的冠冕和衮龙袍，丰臣秀吉便退到其他房间换上了这身行头，出来以后，又带着其他大名一起学习中国话的发音，面朝北京方向，向明神宗遥致谢意，口呼三声"万岁"。(《仙巢稿》《宣祖昭敬大王实录》)按照正规礼仪，丰臣秀吉本来应该率领众大名，向明神宗遥行五拜三叩首之礼，但他借口脚上长疮，不肯屈膝跪拜。(《宣祖昭敬大王修正实录》《乱中杂录》)

册封仪式完成后，丰臣秀吉大摆宴席，招待明朝册封使一行人。宴会上的座次安排如下：上坛中央为丰臣秀吉的御座，丰臣秀吉身着大明御赐的冠冕、衮龙袍；中坛右方为杨方亨、沈惟敬二人之座；中坛左方为德川家康、前田利家、毛利辉元、宇喜多秀家、上杉景胜、小早川秀秋、吉川广家之座，他们七人皆着大明所赠衣冠。至于其他诸大名，则站立于南面。(《阴德太平记》)

在宴席上，丰臣秀吉遵从大明礼法，令人将膳食摆得三尺高、五寸宽，案桌上摆满了鱼肉、鸡肉、羊肉，周围用金银、花草装饰。(《续本朝通鉴》)宴会过程中，丰臣秀吉让人表演日本特有的节目"猿乐"，明朝册封使一行人从来没有见过这个，都感到很好奇。宴会气氛轻松，结束之后，人们各自归宅。

不过，一些明朝、日本史料认为这场宴会进行得并不愉快。根据明人诸葛元声所著的《两朝平攘录》的记载，丰臣秀吉在九月三日设宴招待册封使，沈惟敬在宴会上向秀吉提出从朝鲜撤兵、与朝鲜通好的要求。丰臣秀吉听后当即翻脸，不答应与朝鲜议和，并对明朝册封使下达逐客令，让他们次日就上船回国，又宣称要调集兵马，再次对朝鲜用兵。

《丰臣秀吉谱》《逸史》《日本外史》等后世成书的日本史料附会《两朝平攘录》，称丰臣秀吉在宴会结束后让僧人承兑宣读册封诏书，当读到"封尔为日本国王"时，秀吉认为明朝以居高临下的姿态侮辱他，因此非常震怒，将明朝赐给他的冠冕、衮龙袍摔到地上，又撕毁了册封诏书。但是根据一手史料《宣祖昭敬大王实录》《十六、十七世纪耶稣会日本报告集》的相关记载，丰臣秀吉设宴招待册封使应该是在九月二日，而非九月三日，也没有发生上述不愉快的经历。而且明朝的册封诏书，至今也完好无损地保存在日本，并未被撕毁。所以，相关说法并不属实。

在九月二日宴会结束后的日落时分，丰臣秀吉前往宇喜多秀家的府邸，拜访下榻在此的册封副使沈惟敬。册封正使杨方亨听说后，赶了过来。丰臣秀吉向两位明朝册封使"感激天恩"，又慰劳他们舟车劳顿，千里迢迢赶来日本。沈惟敬、杨方亨趁机将话题转移到朝鲜通信使上，希望丰臣秀吉允许朝鲜人谒见他，并且能宽恕他们。但是丰臣秀吉直接拒绝了这一要求，他对沈惟敬和杨方亨说："朝鲜对我非常无礼，我对朝鲜怨恨甚深。因此，我不想对此多做解释。"

沈惟敬并未放弃，继续为朝鲜使者争取机会，他对丰臣秀吉说："殿下所指的各种理由甚为恰当。为什么这样说呢？因为朝鲜人不但对殿下您，就是对我们大明皇帝也多有冒犯。即使吞灭其全国，也没有什么不可以。但是，将这个国家灭亡了，又能得到什么好处呢？所以，大明皇帝以单纯的怜悯之心宽恕了它。希望您也像大明皇帝一样宽恕朝鲜的过错。"（《十六、十七世纪耶稣会日本报告集》）

然而，丰臣秀吉仍不愿意见朝鲜使者，只是对沈惟敬一笑。与两位册封使用膳后，丰臣秀吉回到了自己的宅邸，接着又到了蜂须贺政胜的宅邸，对他说："大明皇帝给了我很大的面子，我对他深感敬意。在回信及其他方面，必须尊重他的意见和判断。"（《十六、十七世纪耶稣会日本报告集》）

九月三日，丰臣秀吉前往杨方亨的寓所拜访他，沈惟敬也赶了过来，秀吉送给了两人一些礼物。[1]沈惟敬趁机又劝说丰臣秀吉，希望能够允许朝鲜使者谒见他[2]，但丰臣秀吉还是拒绝了，他掰扯是非，对沈惟敬说："我受了四五年的苦。当初我托朝鲜转奏大明求封时，朝鲜不肯。我又想借道向大明通贡，但朝鲜还是不肯，是朝

---

[1] 据《宣祖昭敬大王实录》引述的沈惟敬在十月上书兵部的禀帖显示，丰臣秀吉的赠物有衣、刀、甲、马等。而据《十六、十七世纪耶稣会日本报告集》记载，丰臣秀吉赠送给杨方亨小袖100件，沈惟敬50件。

[2] 据《宣祖昭敬大王实录》引述的沈惟敬在十月上书兵部的禀帖显示，他在九月三日向丰臣秀吉提出的要求是撤走釜山守兵。但是根据黄慎《朝鲜往还日记》的相关记载来分析，沈惟敬当日只是向丰臣秀吉提出让他与朝鲜使者会面，没有要求撤去釜山守兵。

鲜太轻侮我了！所以才对朝鲜用兵。但这些都是以前的事情了，现在不需要再提起。后来老爷（沈惟敬）前来讲好，而朝鲜却极力破坏……天朝使者到了日本以后，朝鲜却不肯跟日本通音信，不跟老爷来，也不跟杨老爷（杨方亨）来，现在才姗姗来迟。而且我曾经释放了两个朝鲜王子，就算大王子不能来，小王子也可以来向我道谢，但朝鲜终究不肯派王子过来。我很厌恶朝鲜，现在不愿见来使，随便他们是去是留。"（《日本往还日记》）

九月四日，杨方亨、沈惟敬又去拜会丰臣秀吉，丰臣秀吉因为顾虑到"冬月风多，渡海不便，不敢久留天使"，让杨方亨、沈惟敬先回到堺港。

九月五日，丰臣秀吉派出五奉行中的三人[①]，以前田玄以为首，让他们赶到堺港，去款待杨方亨、沈惟敬两位册封使。丰臣秀吉让奉行众传话，册封使如果有什么要求，不必介意，尽管提出来。为此，沈惟敬给丰臣秀吉写了一封信，提出："请将朝鲜的倭营全部毁弃，撤回全部滞留在朝鲜的驻军。大明皇帝前年以慈悲原谅了朝鲜人，请您也同样宽恕朝鲜人的过错。他们或许应该受到惩罚，但是即便惩罚了他们，您也不能从中得到好处啊！"（《十六、十七世纪耶稣会日本报告集》）

沈惟敬让小西行长、寺泽正成将信转交给丰臣秀吉，并让他们从中斡旋，帮助劝说丰臣秀吉从朝鲜撤兵，与朝鲜修复关系。

九月六日，小西行长、寺泽正成遵照沈惟敬的要求，前往谒见丰臣秀吉，将信件交给了他。丰臣秀吉让拥有汉文修养的高僧翻译沈惟敬的信件，并当着他的面读出来。当读到尽毁在朝鲜的倭营这个要求时，丰臣秀吉非常愤怒。（《十六、十七世纪耶稣会日本报告集》）尽管丰臣秀吉此时接受了明朝的册封，但他认为朝鲜始终不肯派王子渡海赴日，是怠慢他的举动，在面子上很说不过去，因此拒绝退兵。

听到撤兵要求后，丰臣秀吉大声斥骂，十分恼怒小西行长与寺泽正成。他叫骂着说："天朝既然已经派遣使者册封我为日本国王，我姑且忍耐之。但朝鲜无礼至极，现在不可许和，我正要再派兵与朝鲜厮杀，怎么可能商议撤兵之事！天朝使者无须久留在此，明日就请上船。朝鲜使臣，也跟着他们回去好了。我当调兵，于今年冬

---

① 《朝鲜往还日记》作三人，《十六、十七世纪耶稣会日本报告集》作四人。

天再次出兵朝鲜。"

丰臣秀吉发泄完以后，小西行长告退。他出来后对奉行众之一的增田长盛说："我四五年来致力于此事（指日本与明朝、朝鲜议和，从朝鲜撤兵），竟无结局，宁可切腹自杀。

增田长盛安慰小西行长说："毋须如此，我辈沉默应对就好了。"（《以上对话出自《日本往还日记》）

丰臣秀吉大发雷霆之后，决定再度对朝鲜用兵，明、日和谈宣告破裂。他先召见了加藤清正，命令加藤清正和毛利吉成速赴朝鲜，将以前修筑的倭城再行构筑。又召见了黑田长政等人，命令他们在次年二月赶赴朝鲜。

丰臣秀吉又于九月八日向堺奉行做出指示："明朝人和朝鲜人必须一两天内全部离开堺，否则处死。"（《十六、十七世纪耶稣会日本报告集》）

这道指令，相当于对明朝册封使和朝鲜通信使同时下达了驱逐令。同一天，丰臣秀吉又给岛津义弘写了一封信，指示岛津义弘做好再次侵略朝鲜的准备。小早川隆景也向岛津义弘写了一封信，告诉他由于明朝册封使向丰臣秀吉提出让日军从朝鲜完全撤兵的要求，导致明朝与日本和谈破裂。信中提到，由于朝鲜王子没有渡海，被丰臣秀吉抓到把柄，成了再次出兵朝鲜的理由；还提到丰臣秀吉指示毛利吉成、加藤清正、小西行长早早做好渡海的准备，并指示四国、中国地方的大名次年再度出兵朝鲜。（《岛津家文书》）

沈惟敬听说丰臣秀吉决意再度派兵侵略朝鲜后，流着眼泪说："我回国后恐怕难免一死。"（《十六、十七世纪耶稣会日本报告集》）

朝鲜通信使听到了一些风声，说丰臣秀吉想要拘留、囚禁通信使，或者杀光通信使一行人，感到非常害怕，有人甚至躲在墙角里哭泣。朝鲜通信使去见沈惟敬，对他说："陪臣等受命来此，全依靠两位老爷。现在议和之事不成，应该如何处之？"

沈惟敬充满悲观地回答说："只能回去，只能回去了！一名客人来到主人的家门口，主人不接纳这个客人，又哪会有强留之理？关白的所作所为极为可恶，难以好意相待。人在井上，方能够救得井下之人，现在我自己就在井里，又怎么救人呢？我辈只需尽快回去，再商议此事，陪臣也应当收拾行李启程。"（《朝鲜往还日记》）

九月九日，明朝册封正使杨方亨、副使沈惟敬与朝鲜通信正使黄慎、副使朴泓收拾行装，分别登上各自的船只，从堺港出发，渡海返回朝鲜。回程中，黄慎发信给朝鲜朝廷，报告了明、日和谈破裂，日军将再次对朝鲜动兵的消息。

通过分析明、日和谈的历史，不难看出，和平工作最后失败，原因在于负责和谈的双方人员分别向各自的君主伪报军情、夸大战果，导致双方当政者长时间不清楚真实状况，导致对和谈条件的分歧越来越大，最后只能以失败告终。和谈初期，宋应昌、李如松向明朝伪报，称明军赢得碧蹄馆大捷，日军畏罪乞降，退守海岛，向明朝乞求封贡；又说，日军除一小部分仍然残留不退，其余皆渡海回国。在此基础上，明神宗认为日本已经服软，制定的对日方针长期以封贡为主。而日方的谈判人员，也向丰臣秀吉夸大军情，说在碧蹄馆大败明军后，明朝总大将主动向日本谢罪，并派两名使者渡海赴日。因此，丰臣秀吉以为明朝怕了日本，制定的谈判方针，是非常强硬的七个条件，核心是求婚、割地。这是双方分歧的根本所在，无法调节。

在长达数年的谈判中，丰臣秀吉已经知道了明朝的底线，他自知难与明朝相抗，因此做出了很大让步，放弃了求婚、割地这两个核心条件。不过，他并不满足于明朝的"封贡"，仍然要求朝鲜王子渡海向日本表示臣服。他希望能够以此体面地结束这场战争，给自己一个台阶。这是他维护丰臣政权权威所必须要做的，当这个底线也无法实现，没有台阶下时，为维护自身权威，丰臣秀吉便只能再次挑起战争了。否则，迎接他的也只有丰臣政权权威的土崩瓦解。

日军的厌战心理

舟行缓慢，一个月后的十月十日，明朝册封使、朝鲜通信使的船只还停靠在肥前名护屋，没有回到朝鲜。这一天，小西行长送来了酒、鸡、鱼等物，给明朝册封使和朝鲜通信使享用。傍晚，宗义智的家臣要时罗来拜会朝鲜使臣。

要时罗偷偷对朝鲜翻译朴大根说："关白已经失去人心，坚持作恶而不肯悔改，不出三五年，势必难保。现在朝鲜不能派遣王子渡海，但却可以用羁縻之计稳住他，拖延时间，则必定没有后患。"

朴大根问要时罗:"何为羁縻之计?"

要时罗回答说:"加藤清正、黑田长政就算渡海到朝鲜的时间再快,也是在今年年末,或者明年一二月。他们渡海到朝鲜后,还要先搬运军粮。其他大军得到三四月以后才会渡海,齐至釜山。朝鲜只需在明年一二月派人来向日军报告:'王子不但年幼多病,而且以前在北方行为不端,被土著居民缚送军前,所以国王恼怒其罪行把他发配到远方。人们都很厌恶他,因此不让王子出使外国。朝鲜准备让官位高的宰相亲往日本,在关白面前请求和好,以后保持通信,定期献上岁币。'小西行长就会将此意转告给关白,关白就有可能被这些娓娓动听的话打动,或许会答应与朝鲜议和。如此往复,朝鲜撑过时日,等到关白那里发生变数就可以了。"

要时罗又说:"关白也不是生长在深宫,不知道民间疾苦的人。他也是从底层崛起的,知道徒步的辛苦,知道背负薪米的难处,知道被人打骂是可憎的,知道受人嘉奖是可喜的。但他如今残酷地对待下面的人,不体恤别人的劳苦,日本之人皆恨他入骨,绝无善终之理。他自己也知道,经常说:'我以亲侄为子,让他富贵,但他却反过来害我。我固知举国大小之人都要杀我,我与其坐而受祸,不如肆意耍弄威风而死。'关白大概是认为日本人只要不打仗了,就会想要除掉他,所以他让日本人连年劳苦,一点都没有停止战争的意思。他这样做,迟早是要自取灭亡的。"

从要时罗透露给朝鲜方面的情报可以看出,小西行长、宗义智等人的厌战心理十分严重,因此暗中向朝鲜透露重要情报,教导他们怎么应付丰臣秀吉。

两个月后的十二月二十五日,朝鲜通信使黄慎回到王京,向朝鲜朝廷详细汇报了他从日本带回的重要情报,其中不乏从日军将领那里得到的重要军情:

一、宗义智的家臣柳川调信说:"关白使加藤清正、黑田长政、毛利吉成、小西行长四人作为先锋。其中,加藤清正应当会在冬天先行渡海,黑田长政、毛利吉成应当会在冬天结束、春天到来时渡海。加藤清正等人虽然渡海先来,但只是屯聚旧垒而已,大军要到明年二月才会渡海。"臣等归途中抵达名护屋时,黑田长政已经从丰前动身来到名护屋。臣等打听他渡海的时间,知道他还没有来得及准备好军兵、器械,尚未定下具体的出兵日期。

二、臣等在大浦时,小西行长对译官朴大根说:"清正虽然准备立即来朝鲜,但也得在修养士兵、聚集粮草以后,他应当会在明年一二月间渡海,大军则会在明年三四月间渡海，齐到釜山。"

三、小西行长对朴大根说："现在关白发怒，是因为朝鲜礼数不到位，不派王子渡海。以后朝鲜也必定不肯派遣王子渡海，但如果有天朝居中指挥，朝鲜想来不敢拒绝。万一许派朝鲜王子渡海，则我辈当先往关白处，讨得手书誓文而来。满足关白后，日本就一边撤兵，一边奉王子渡海，不会像今天一样毫无头绪。"

四、小西行长又对朴大根说："我知道朝鲜每件事都要禀报天朝，由天朝决定。计往返天朝，当要花费数月时间，须以明年二月为限，以待天朝回话是否派遣王子渡海。如果超过这个期限，日本必定对朝鲜动兵。如果朝鲜肯派遣王子渡海，又差大臣来日本营中，则可以据此驰报关白矣。"

五、沈惟敬麾下的王千总对臣说，前日在堺港时，小西行长、寺泽正成、柳川调信、内藤如安四人到沈老爷寓所。行长问沈老爷："朝鲜肯许王子来否？"沈老爷回答说："朝鲜王子，哪有派遣到日本的道理？此事决不可成，我不敢说谎也。"内藤如安说："王子必不肯来。"小西行长说："我也是这么想的。"柳川调信笑着说："王子或许有渡海的可能，我若用兵势胁迫，彼不得不从。"

六、王千总又对臣说，关白派了一个通晓文墨的倭僧，来对沈惟敬说："朝鲜阻遏日本，使日本不得通中国，现在又不肯派王子来致谢，十分轻视于我。应当让日本征伐朝鲜，还是让天朝征伐朝鲜？"沈惟敬拒绝了关白出兵朝鲜的要求，对他说："你不须动兵，我当替你归禀天朝，天朝必定对朝鲜有所处分。"

七、臣等在名护屋时，柳川调信对朴大根说，小西行长听说加藤清正在肥后广募战士，清正经常对士兵们说："我到朝鲜屯耕五年，可以大得粮谷，更不需要从日本调粮，以后就不缺粮了。尔等在日本没有尺寸之功，到朝鲜就可以立下功劳，也会分给你们土地。"如此一来，很多无赖之徒都选择跟随清正。

八、锅岛胜茂对朴大根说："关白手下，有一个叫作堀直政的人，向关白请命与加藤清正一同前往朝鲜，并愿意预先领受五年俸禄，修缮军器，等到了朝鲜以后，耕作五年，再把等价的米全部还回去。"日本诸将都很厌恶堀直政说出如此狂妄的话，有人问他："你怎么知道一定可以攻取朝鲜？"堀直政回答说："我曾经和清正非常详细地讨论过这件事。首先，朝鲜人大半已经战死，仅剩下三分之一的人口。其次，朝鲜之民，因于赋役，抱怨之人非常多。最后，朝鲜人不习战，一交战就崩溃。"

九、宗义智的家臣要时罗说："明年春天如果再用兵，则宇喜多秀家当复为大将，或者是小早川隆景的养子小早川秀秋为大将，他是关白的侄子。"

十、柳川调信对朴大根说："我辈如若再次举兵，则会先进犯全罗道。朝鲜现在没有粮谷，日本大军害怕缺乏粮食，需要先从日本搬运粮米，然后击破朝鲜舟师，之后可水陆并进。诸将已经对此进行商讨了。"

十一、柳川调信又对译官李彦瑞说："朝鲜舟师习于水战，船很坚厚，如果这些船排列在一起，进退得当，则日本舟师必定难以取胜。但如果日本舟师夜里偷偷进发，出其不意地袭击朝鲜水军，以七八艘小船围攻一艘朝鲜大船，冒着箭镞和石头前进，却是可以击破朝鲜舟师的。之前巨济岛之战爆发时，我驻在森浦无法离开，遂派人告诉巨济岛的日本士兵：'不要轻易登船出战，只宜坚壁固守，待对方登陆，再与之交战。用这个办法，朝鲜舟师就不能轻易退去了。'"

十二、柳川调信又说："日本人听说济州岛有好马，每次都想进犯那里但却没能成功。这次出兵虽然先进犯全罗道，之后肯定会进犯济州岛。"

十三、柳川调信对李彦瑞说："我听说宗义智等人刚和朝鲜交涉两国通信时，朝鲜人议论不一。有人认为应该斩杀宗义智、景辙玄苏，枭首示众；有人认为不应该这样做，应该派使者与日本通信。但是战争爆发后，人们的口径却变得统一了，都认为非常可惜，后悔当初没有杀死二人，觉得以前将二人枭首的主意才是真知灼见。如果真像我听闻的那样，朝鲜人就太愚笨了。如果当初朝鲜人杀掉了这两个人，难道其他日本将领就会怕了朝鲜而不来了吗？不仅如此，这样反而会激怒日本，势必要朝鲜付出更高的代价。自古以来，岂有擅杀信使之国？就算是朝鲜有不敬之事，日本会杀通信使吗？此真小儿之见也。"

十四、臣等在堺港时，有一倭僧拿来一卷旧纸给我们看，说是往年谢用梓、徐一贯两位天朝使者前往日本时，与日本约定的条款。臣等取来看，发现上面有七个条约，抄写在纸上带了回来。

十五、臣等在堺港时，被日本俘虏的我国百姓廉士谨来见臣等，详细叙述了日本的事情。臣等见其为人，颇为浮薄，所言极其夸张，似乎不足信用，但也把他说的话抄录在另一张纸上带了回来。

十六、臣等在大浦时，要时罗告知朴大根，前一日小西行长、寺泽正成、宗义智等人同坐，向他询问："我等今到釜山，以候朝鲜回复。朝鲜必定禀报天朝处置，一往一返，春季都将过半。如果在这个时候，朝鲜趁我势孤，掩袭釜山，那将奈何？你知道朝鲜的事情，你试着说说应该怎么办。"要时罗回答说："朝鲜每件事都不敢擅自处理，必定先禀报天朝，似乎不会轻举妄动，但我也不太确定。"

十七、要时罗又说，当关白对朝鲜不派王子渡海并要求日本撤兵而大发雷霆时，小西行长等辈不敢说一句话，唯独寺泽正成敢在关白面前说："愿有一言。"关白问他："是何言也？"寺泽正成回答说："我和行长等人一直力主与大明、朝鲜和好，没想到今日演变为这种局面。天朝和朝鲜，必定认为我辈是在欺诈他们。男儿生于世间，受此丑名，宁可死于此。"关白别无怒色，只是对寺泽正成说："你和小西行长说的话没有什么区别，但为什么以前不将详情禀告于我，直到现在才搬出这么一套说辞？"

十八、小西行长对臣等说："朝鲜必定以为，王子到日本以后，就会被日本拘留。但实际上是万万没有这个道理的，王子只要到日本，保准他没有任何事情。王子以外的人，就算是朝鲜百官一同到日本，也是无用。朝鲜是否决定派遣王子，需告知于我。能在日本大军渡海之前答应，就很幸运。如果到日本大军渡海以后再做观望，那就来不及了。"

十九、小西行长对臣等说："黑田长政是加藤清正一伙的，这两人渡海，必定先占据蔚山、机张等旧垒。关白既然有等待朝鲜回话的命令，他们也不敢贸然动手。但我还是担心他们会偷偷行动，想要破坏议和之事，因此仍有隐患。如庆州等地，朝鲜需加以防备，可在这里储备粮食。另外，关白今后还将任命我为渡海先锋，假如不得不交战，有什么想说的可以与我联系。"（以上内容出自《宣祖昭敬大王实录》）

从黄慎汇报的情况来看，以小西行长、宗义智这对翁婿为首的一些日本将领，对再次出兵朝鲜非常厌倦，因而向朝鲜输送了不少有价值的军事情报，指导朝鲜人如何应对日军。同时，小西行长、宗义智等人仍然对和谈抱了很大期望，认为朝鲜人按照他们的指导，将朝鲜王子送到日本，说不定丰臣秀吉就不会再次出兵朝鲜了，他们也可以免于兵役。此外，从小西行长这伙人的言论来看，日军内部存在着严重的对立，他们这一派与加藤清正、黑田长政等人的矛盾非常深。

丰臣秀吉的再侵部署

万历二十四年十二月，岛津义弘遵照丰臣秀吉的指示，制定好了再次出兵朝鲜的军事动员名单。根据《岛津家文书》的记载，岛津家的兵种构成、人数、运兵船种类、运马船种类、船只数量如下所示：

兵种	骑侍人数	总数
1020石骑侍（拥有1020石封地的骑马武士）	95人（每人带33名随从）	3230人
510石骑侍（拥有510石封地的骑马武士）	24人（每人带16名随从）	408人
300石骑侍（拥有300石封地的骑马武士）	143人（每人带9名随从）	1430人
徒步小侍众（下级步兵武士）	—	300人
前者的夫丸（徒步小侍众的民夫）	—	900人
无足众（类似足轻的低级武士）	—	500人
前者的夫丸（无足众的民夫）	—	1000人
御道具众（持长柄枪的骑马武士）	—	665人
御藏入夫丸（辎重队）	—	2000人
加子（水手）	—	2000人
上述总人数	262人	12433人
岛津以久	9人	332人
伊集院忠栋	69人	2332人
总马匹（另有10匹）	—	350匹
全军总人数	340人	15097人

运兵船种类	数量（艘）	每艘人数（人）	总人数（人）
十端帆	10	80	800
九端帆	40	70	2800
八端帆	31	60	1860
七端帆	4	40	160
六端帆	6	30	180
共计	91	—	5800

马船种类	数量（艘）	每艘船载马数量（匹）	每艘船马夫人数（人）	每艘船加子人数（人）	马匹总数（匹）	马夫总数（人）	加子总数（人）
七端帆	16	5	15	10	80	240	160
六端帆	14	4	12	8	56	168	112
总计	30	—	—	—	136	408	272

船只种类	计划数量（艘）	现有数量（艘）	需造数量（艘）	每艘造价（贯）
十端帆	10	10	0	—
九端帆	40	5	35	65
八端帆	31	10	21	55
七端帆	20	20	0	—
六端帆	20	20	0	—
共计	121	65	56	4080

万历二十五年（日本庆长二年，1597 年）正月，日军先锋加藤清正、丰茂守（锅岛直茂的部将）率先渡海至朝鲜，分别登陆庆尚道的多大浦、竹岛，揭开了日军再次侵朝的序幕。加藤清正出兵之前，与其关系不睦的小西行长派遣要时罗去见朝鲜通信使黄慎，再次向他输送军事情报，透露了加藤清正的兵力、出兵日期、进兵路线，指导朝鲜应在哪处水路预先埋伏，以求在海路上歼灭加藤清正。但是朝鲜三道水军统制使李舜臣怀疑小西行长的情报有诈，借故不肯出兵。

由于李舜臣拒绝采纳小西行长的建议与情报，加藤清正顺利在庆尚道多大浦登陆，为此李舜臣被朝鲜朝廷下狱革职。之后元均代替李舜臣，升任三道水军统制使。后来的一些朝鲜史书，为了替李舜臣推脱责任，将其塑造成完美形象，就将小西行长输送情报一事进行曲解，说成小西行长与加藤清正联合设下反间计，目的是使李舜臣被罢职，消除日军在海路上的威胁。事实上，确实是因为李舜臣无视小西行长送出的情报，没有及时在海路上堵截加藤清正，才造成了加藤清正顺利登陆。

二月二十一日，丰臣秀吉开始制定第二次出兵侵略朝鲜的具体部署，他决定任命小早川秀秋为侵朝总大将，坐镇日本在朝鲜的大后方——釜山浦。而朝鲜庆尚道沿海地区，丰臣秀吉同样安排了部队留守，其中立花宗茂留守安骨浦，高桥统增、筑紫广门留守加德岛，小早川秀包留守金海竹岛，浅野幸长守西生浦。此外，日军第一军团至第八军团依次进兵朝鲜，熊谷直盛、早川长政、垣见一直、毛利重政、毛利高政、竹中重利、太田一吉七人作为军监，监督前线诸将。他们每天都要记录下"殿最"[①]，不得有所欺瞒，并将战报送于釜山浦。寺泽正成在朝鲜釜山浦与日本壹岐岛、对马岛、名护屋之间设置了联络用的船只，以便将前线战报送到秀吉手中。

---

① 殿最，古代考核政绩或军功，上等称为"最"，下等称为"殿"。

根据丰臣秀吉的安排，日军的具体编制如下所示：

（单位：人）

编队	指挥官	各部队兵力	各番队总兵力
一番队	加藤清正	10000	10000
二番队	小西行长	7000	15700
	宗义智	1000	
	松浦镇信	3000	
	有马晴信	2000	
	大村喜前	2000	
	五岛玄雅	700	
三番队	黑田长政	5000	10000
	岛津丰久	800	
	毛利吉成、毛利吉政	2000	
	高桥元种	600	
	秋月种长	300	
	伊东祐兵	500	
	相良赖房	800	
四番队	锅岛直茂、锅岛胜茂	12000	12000
五番队	岛津义弘	10000	10000
六番队	长宗我部元亲	3000	13300
	藤堂高虎	2800	
	池田秀雄	2800	
	加藤嘉明	2400	
	来岛通总	600	
	中川秀成	1500	
	菅达长	200	
七番队	蜂须贺家政	7200	11100
	生驹一正	2700	
	胁坂安治	1200	
八番队	毛利秀元	30000	40000
	宇喜多秀家	10000	
西生浦守军	浅野幸长	3000	3000
釜山浦城守军	小早川秀秋	10000	10000
釜山浦城军监	太田一吉	390	390
安骨浦城守军	立花宗茂	5000	5000
竹岛城守军	小早川秀包	1000	1000
加德岛城守军	筑紫广门、高桥统增	1000	1000
合计	—	—	142490

此外，丰臣秀吉又制定了以下军令，要求诸将遵守：

一、军必营于野，攻伐必议于众。务采群言，勿以偏见私说破之。

二、赤国（全罗道）悉收而施治，青国（忠清道）以下随宜进取。

三、军须有舟师，以四国众、菅平右卫门与诸队巡逻船编成，藤堂佐渡守（藤堂高虎）、加藤左马助（加藤嘉明）、胁坂中务少辅（胁坂安治）监之。

四、所取城堡，严设守备。诸将功过，必随报赏罚。

五、明国或发大兵，出朝鲜王城五六日程而张阵，必速报告。我单骑航海剿之，单骑直入明国。（《旧记杂录后编》《高山公实录》《筑紫家古文》）

部署军队、制定军令后，丰臣秀吉原本打算立即发兵渡海，但是小西行长、锅岛直茂等日军将领因为严重的厌战情绪，罗织谎言，欺骗丰臣秀吉说："朝鲜，今则兵马精强，舟楫甚盛。虽我国之力，恐不能轻当，此非细事。起兵战斗之事，斟酌为之。"

丰臣秀吉听到朝鲜军队变得非常强大后，不似当年那样意气风发、目中无人，他产生了犹豫，暂时停止了发动大兵的打算。（《宣祖昭敬大王实录》）其余将领也都不想再战，纷纷找难处向丰臣秀吉推脱，于是日军大举渡海的计划就暂时搁置了下来。由此可见，丰臣秀吉的雄心壮志，已经大不如前了。

加藤清正与惟政的最终谈判

已经在万历二十五年（1597 年）正月渡海至朝鲜的日军先锋加藤清正，并未对朝鲜立即动武。他有意以自己为主角，与朝鲜展开谈判，希望索取到朝鲜王子作为人质交给丰臣秀吉，作为与朝鲜停战的条件。在这样的背景下，加藤清正再一次向朝鲜僧兵将领惟政发出了谈判邀请。

三月十八日，应加藤清正的邀请，惟政深入虎穴，前往加藤清正所在的庆尚道西生浦，与加藤清正再次进行议和谈判。此次会谈的内容，被详细记录在跟随加藤清正渡海的日本僧人文英清韩所著的《文英清韩长老记录》中，全程都由通晓汉文的文英清韩替加藤清正翻译，从而与惟政实现笔谈。

会谈开始后，加藤清正率先质问惟政："四年前（1593 年）的四月，沈游击与小西行长在王京议和时，约定日军退出王京、放还朝鲜王子后，朝鲜国王归服日本，亲自渡海到日本，向太阁殿下施礼致谢，与日本割分朝鲜八道。我等以此旨奏之太阁殿下，于是日军退出王京来到庆尚道的海岸筑城待命，又放还朝鲜王子。之后一直到去年（1596 年）八月，太阁殿下不再动兵攻打朝鲜，日军只是随时待命。但即便如此，也不见朝鲜国王有归服日本、割分朝鲜八道之意。而朝鲜王子，也没有一人渡海到日本，向太阁殿下致谢。直到去年八月，朝鲜才派出地位低下的使者到日本，欲向太阁致谢。这让太阁非常愤怒，认为日本被骗，不肯见朝鲜使者。这是朝鲜在欺骗日本吗？还是大明从中作梗？此事可详问朝鲜国王。这是太阁殿下的严命。"

惟政回答说："四年前日本军退出王京、放还王子时，是谁说我国国王会渡海致谢的？又是谁说割让朝鲜土地给日本的？是出自沈爷（沈惟敬）之口吗？还是出自小西行长之口？就算日本擒获王子而肯放还，又岂会有国王渡海致谢的道理？大上官（加藤清正）才智出人，岂不知可不可、义不义、成不成？虚构这些言论报告给太阁的人，不仅欺骗了日本，还欺骗了朝鲜与大明，天地难容。"

加藤清正继续责备朝鲜"出尔反尔"，他说："七年前的庚寅年（1590 年），朝鲜国王遣使日本，奏报太阁殿下说：'朝鲜归服于日本矣。'太阁殿下大喜，说：'朝鲜既然已经归服，便可征伐大明。那日本便以朝鲜为先驱，向朝鲜借路和城池，让日军通过。'但是到了日本准备征伐大明的时候，朝鲜却突然变了心，不肯借道，又不愿意做日军的先驱。于是太阁殿下大怒，说：'那么朝鲜使者对日本说的话，都是假的了。'因此罪责朝鲜，于五年前的壬辰年（1592 年）对朝鲜动兵。日本并非无缘无故动兵，是朝鲜自取灭亡，而非日本。"

惟政回答说："庚寅年派往日本的使者，只是与日本进行友好邦交，并不是归服。"

加藤清正问惟政："当时有人（指小西行长）奏报太阁殿下说：'朝鲜归服于日本矣。'这件事是假的吗？"

惟政回答说："这是对马守（宗义智）与小西行长弄出来的伪奏，他们欺骗了日本和朝鲜，自然不是真的。"

尽管惟政否定了朝鲜归服日本的说法，但加藤清正还是质问惟政："日本欲征伐大明时，朝鲜为何不借路、借城给日本？又为何不做日本的先驱？"

惟政回答说：" 我国为大明属国，怎么可能借道给日本，和日本同伐大明？臣叛君，子叛父，天地之间哪有这个道理？ 宁可死一百次，也不想听这些话。"

加藤清正又问：" 当初太阁殿下命令对马守与小西行长等人向朝鲜借道，对马守和小西行长等人告知朝鲜国王了吗？还是没有告知？"

惟政回答说：" 对马守与小西行长，怎么可能会将借道的事告知我国？即便他们将此事告知我国，我国也只有以死相抗而已，岂会听之任之？"

加藤清正又问：" 日军刚进入朝鲜的时候，朝鲜为何不听从日本的命令投降？"

惟政回答说：" 日军渡海之初，遇到城池就毁坏，见到人就杀死，哪里还有闲暇提出借道之说？又岂会与朝鲜人争论从与不从、杀与不杀？行长等人给太阁的报告，也是欺罔日本。"

经过上述问话后，加藤清正改变了口吻，用带有威胁的语气对惟政说：" 朝鲜和日本现在断绝了和平关系，日军很快就要渡海而来，把朝鲜烧为焦土。日本对付朝鲜，就像一座山碾压一颗蛋一样轻松。朝鲜的人民，甚至是飞禽走兽，都将被杀死、烧死、饿死，全部毁灭一空，万倍于五年前。所以请朝鲜国王好好考虑，朝鲜的安危都在国王胸中。我想要调解两国的关系，恢复双方的和平。现在的办法，只有让一位朝鲜王子渡海，则可以救朝鲜无数无辜之人。这件事，你可以告知你们国王。"

根据加藤清正的这番说辞，只要一位朝鲜王子渡海，到日本向丰臣秀吉致谢，就可以结束战争。

加藤清正怕惟政不肯妥协，又继续威胁说：" 日军渡海来到朝鲜以后，朝鲜将不余寸地，郡国村邑、民家田舍、山林竹木，都将被摧毁，成为荒芜之地。至于朝鲜国中的金银财宝及书籍等，或被日本人掠夺，或被日本人焚烧，不可胜计。从这些方面考虑，对朝鲜极为不利。你好好考虑，如果朝鲜能够每年向日本进贡，则可以维持两国之间的和平。"

加藤清正向朝鲜提出了年年向日本进贡的要求，这实质上是想把朝鲜变成日本的属国。

在加藤清正的一步步威胁下，惟政的态度开始有些变软，表示愿意退一步，想办法让朝鲜王子渡海。他说：" 王子渡海之事，看上去不难，但要说到 ' 义 '，就不可以了。以王子本人而言，确实应该渡海向太阁施礼致谢（因为当初是秀吉命令日本军释放两位王子的）。但是以宗社（宗庙和社稷，指代国家）之义而言，则不可以将王子送于我国的仇家。况且我国王子没有大明天子的命令，就算是入觐天朝也没有门路，更别说渡海去见仇家。但是……我回去会先和沈老（沈惟敬）商量此事，再告知（朝鲜）朝廷，等候朝廷的旨意，这样做如何？但我的这个意见不能让外人知道，尤其不能让小西行长之徒知道，要小心他们，我当勉力图之大计（指朝鲜王子渡海）。"

尽管惟政表现出退让，愿意想办法让朝鲜王子渡海，但是加藤清正似乎没有听懂，对惟政的话挑刺道："你说以宗社而言，王子是不可渡海的。但我说，宗社如果能镇护国土，则宗社可以尊敬，如果不能保护国土，则不用尊敬。而朝鲜宗社并不能保护国土，近年来朝鲜已成了一个乱邦。因国王引起政治纷乱之故，上天要灭亡他，宗庙也保护不了他。不能保护国土的宗社，不必尊敬。"

说完这些，加藤清正又继续威胁惟政："王子如果不渡海，日本兵可以毁掉朝鲜的宗社；但如果王子渡海，却是对宗社的尊敬，同时也救了朝鲜亿万人民。"

威胁完惟政，怒气未消的加藤清正回过头对惟政刚才的话继续挑刺道："你之前说，朝鲜王子未能入觐大明天子，又怎么能渡海去面见仇家。这句话说得真是忘恩负义。当初抓到朝鲜王子以后，太阁殿下因为可怜他们而将其放了回去，这样大的恩惠又怎么可以称为仇家呢？怎么不渡海向太阁殿下施礼致谢呢？日本把这叫作恩，不叫作仇。"

惟政见加藤清正听不懂他的话，既生气又憋屈，向加藤清正发作说："义不义，可不可，我已经和你说了。现在我没必要和你争论，只待天下人公论，其他没有什么好说的！"

然而，迫于加藤清正的威胁，惟政最后不得不表示退让，再次服软，表态说："就算是这样，我还是会尽力的（指朝鲜王子渡海之事）。"

加藤清正见惟政表态愿意为朝鲜王子渡海一事尽力，态度终于有所缓和，又问："上面所说的条件，就算不能问于大明，但如果朝鲜国王答应，那么可以让朝鲜王子渡海，向太阁殿下施礼致谢吗？"

惟政回答说："我与大上官讨论之事如果成功，则王子渡海又有什么困难的呢？"

加藤清正按捺不住喜悦，又问惟政：“你到王京向朝鲜国王问这件事，什么时候可以回来? 急速回来可以吗? ……何月何日回来呢? 如果按照我的意思，你在四月二十日的时候可以回来。”

惟政回答说：“并没有可以预料的日期，随时善处为好。”（以上对话出自《文英清韩长老记录》）

加藤清正与惟政的谈判，至此结束。在这次会谈中，加藤清正以威逼利诱的形式，胁迫惟政答应了尽力操办朝鲜王子渡海一事，并让惟政在一个月后的四月二十日做出正式答复。加藤清正向惟政声称，只要朝鲜王子渡海，向丰臣秀吉施礼致谢，日本就会停止继续对朝鲜用兵，就此结束战争。但一个月以后，加藤清正并没有得到他想要的结果，这次谈判最终以失败告终。

丰臣秀吉的最后妥协

沈惟敬回到朝鲜以后，和小西行长、宗义智商讨是否还有议和的可能。小西行长、宗义智也设想过让朝鲜王子渡海对丰臣秀吉表示臣服，以此结束战争，但这件事显然难以办成。

万历二十五年四月，柳川调信从朝鲜回到日本，向丰臣秀吉汇报了朝鲜王子难以渡海臣服的消息。（《宣祖昭敬大王实录》）

丰臣秀吉之前已经对再次出兵朝鲜产生了犹豫，便趁机问柳川调信：“然则以何事讲和乎?”

柳川调信回答道：“若以岁币、大臣通好，则事可成矣。”

其实，丰臣秀吉自己也很清楚朝鲜王子是很难渡海来日本的。他听了柳川调信的话，觉得这个条件还能够接受，就对此表示妥协，愿意以朝鲜献上岁币、派出大臣通好作为结束战争的条件。（《宣祖昭敬大王实录》）

从丰臣秀吉的表态来看，他也是色厉内荏，对再次出兵朝鲜没有十足的把握，因此表示愿意接受朝鲜进贡岁币、派遣大臣渡海赴日这两个条件，与朝鲜讲和，结束侵朝战争。但是柳川调信的这一说辞，本身并没有被朝鲜认可，不过是小西行长、宗义智一厢情愿的罢战构想。一旦出了差错，就很容易全盘暴露。

柳川调信刚离开两天，朝鲜庆尚道加德岛的日本驻兵就向丰臣秀吉传来急报，称朝鲜水军发兵杀掠他们。而加藤清正的信件此时也传到了日本，他气急败坏地向丰臣秀吉汇报朝鲜根本不答应议和，信上说："我见了朝鲜僧将惟政，对方说派遣朝鲜王子、大臣渡海与日本通好一事，不是朝鲜所能擅许的，全听大明处置。按照这种说法，就算再谈 10 年也谈不好。小西行长、寺泽正成、柳川调信等人，受略于朝鲜，不敢背弃恩惠，颇有与朝鲜同谋之状，大小之事，都不以实情上报。这次柳川调信回到日本，也并非朝鲜和他们讲好了。如果以前听从我的策略，大军在今年三四月渡海，打下全罗、庆尚二道，则朝鲜王子可擒，岁币可得。但偏偏听信小西行长等人的不忠之言，导致渡海延时，结果让朝鲜人凌辱我等，诚可痛愤。现在需要及时出动大兵，屠尽全罗道，扫荡朝鲜所有可以依靠的地方，然后让朝鲜求和，并清算小西行长等人的罪行。"（《宣祖昭敬大王实录》）

丰臣秀吉看了这封信后勃然大怒，立即打消了妥协的想法，并派人抓来柳川调信，凶狠地对他说："如此不实之事，弃阵来问于我? 汝罪当斩！"

见丰臣秀吉欲对自己施加重刑，柳川调信连忙解释，称他与加藤清正有矛盾，所以加藤清正才这么说，恳请丰臣秀吉放过他，这才让丰臣秀吉消除了怒气。但是丰臣秀吉很快就下定决心派遣大军渡海，并对诸将下达军令：

> 朝鲜每此欺我，吾不忍忿。朝鲜所恃而不听我言者，全罗、忠清二道尚完故也。汝等八月初一日，直入全罗等地，刈谷为粮，击破山城。有可保之势，留屯二道，仍击济州；不可，则还兵，自固城至西生浦，相连屯结，以待朝鲜之乞和。行长则屯据固城，义智屯巨济，竹岛倭屯昌原、竹岛、釜山，他将倭屯机张，安骨倭屯加德，加德倭、清正屯西生浦，八处分屯，其余还入其国。朝鲜终不乞和，或不余日程，或五六日程，侵掠无常，期于取和。有山城处，虽尽死，不得不攻破，汝等戮力为之。如不从我言，当尽杀汝等之妻子。（《宣祖昭敬大王实录》）

> 今则兵粮难继，不可深入。焚荡全罗之后，即为还兵，自镇江到迎，沿海结屯，以问朝鲜和不和，且休马。积年之久，而朝鲜又若不肯，时时窃发，扫荡朝鲜军民，

聚集富饶之处，则我国军马不劳，而朝鲜军民自尽。不可以日月为期。我虽死后，又有子孙，诸将等尽力，必朝鲜乞和而后已。（《宣祖昭敬大王实录》）

在军令中，丰臣秀吉要求日军诸将在当年八月直入朝鲜全罗道、忠清道，就地割取稻谷作为粮食，击破朝鲜山城。如果撑得下去，就在全罗道、忠清道耗着。如果撑不下去，就退兵到朝鲜沿海，屯结在固城至西生浦一带，问朝鲜肯不肯乞和，同时修养日军兵马。以一年时间作为期限，假使朝鲜还是不肯乞和，那就不断出兵扫荡朝鲜各地，抢掠财产，一直打到朝鲜乞和为止。

柳川调信见丰臣秀吉下定决心要对朝鲜动手，就冒着危险当面劝谏他："今则朝鲜兵之善战，胜于前日。且有舟师，不可轻取。"

丰臣秀吉听了这番话以后，对柳川调信咆哮道："汝无谋至此，大事何成？蹂踏庆尚、全罗、忠清等道，则舟师势将自尽，何可惧也？朝鲜之士马稍强，亦不足道也。"

柳川调信又劝谏说，天朝大兵已经到了朝鲜全罗道，日军很难对付他们。但丰臣秀吉对此不以为然，不屑地对柳川调信说："癸巳年（1593 年），天朝大兵虽在近处，晋州尚可攻陷。天兵虽至，岂不得进战？汝之此言，不过护朝鲜而发也。"（以上对话出自《宣祖昭敬大王实录》）

柳川调信被丰臣秀吉这么一番责难后，只好默然而退。小西行长、宗义智构想的停战策略，终于以失败告终，日军大举渡海已经不可避免了。

小西行长向朝鲜输送情报

柳川调信劝说丰臣秀吉罢兵失败后，便写信寄到朝鲜，向小西行长、宗义智等人报告此事，之后启程回朝鲜釜山浦。收到消息的小西行长、宗义智，知道丰臣秀吉再次派兵侵朝已经不可避免，就想和朝鲜人联手演一场戏。他们预先告知朝鲜人如何修缮守备、防御日军，使日军在表面上陷入不利状况而退兵，再将相关情报传达给丰臣秀吉。他们认为这样做，也许就会动摇到丰臣秀吉一意孤行出兵朝鲜的想法，而与朝鲜议和了。但是，小西行长等人也深知这个问题并不容易和朝鲜方面达成共识，朝鲜人很难相信他们，为此感到非常苦恼。

万历二十五年五月九日，宗义智的家臣要时罗来到庆尚道的宜宁，求见朝鲜庆尚道右兵使金应瑞（此前小西行长与金应瑞举行过咸安会谈）。

五月十二日，金应瑞与要时罗会面，询问他来由。要时罗将柳川调信传来的情报透露给了金应瑞，言说柳川调信劝谏丰臣秀吉罢兵失败，丰臣秀吉已经下达了侵略朝鲜的军令。转述完柳川调信的情报后，要时罗又劝金应瑞相信他的说辞，并及早做好人口、财产转移："我虽然也参与此战，但不计生死，有事即告。我说的话真不真，之后会得到验证。这次关白出兵，与当年攻陷晋州的情形没有差别，势必要攻破几处城池。贵国沿海的郡邑，即便是山城，若非绝险之地，也不要强守。请将当地的居民及财宝尽数转移，清野以待，那样就非常值得庆幸了。"

但金应瑞不知要时罗这些话是否出于真心，就态度强硬地对要时罗说："天兵今已大至，我国兵马，亦为整齐。当与一战，以决雌雄而已。"

要时罗非常无奈，只能和金应瑞约定，等柳川调信回到朝鲜后，他再来传达相关情报，随后就回去了。六月二日，柳川调信回到朝鲜釜山浦，对小西行长和宗义智等人详细叙述了劝说丰臣秀吉罢兵失败的经过。六月六日，要时罗带着柳川调信的情报，以及一封小西行长写的信，再到宜宁去求见金应瑞。小西行长在信中，对朝鲜透露了很重要的日军军事情报，并指示朝鲜军应如何应对：

一、关白此次出兵的目的，不是想要战斗、夺取朝鲜的土地，而是想要示以兵威，与朝鲜议和。因此，只进犯全罗道就会退兵。沿海动兵之际，加藤清正及其同党由庆州、密阳或大丘出发，向全罗道进兵；我则由宜宁、晋州出发。

二、凡是我军经过的山城，你们都将老弱移送到安全的地方，然后挑选壮丁入守迎战。自庆尚右道到全罗道，清除战区附近的房屋、树木，割光新成熟的稻谷。这样一来，就算是我军到了全罗道，在野外也没有什么可以掳掠的。军队见没有什么粮食，就算没有对全罗道进行扫荡，也会立即退兵。日本之人，势将狼狈。我们再将这些事情告诉关白，则关白必定以为难以通过军事手段达成目的，说不定就会想要与朝鲜议和了。你将这个意思告诉其他的兵使，让他们预先坚壁清野如何？我对你说的话，你肯定觉得是欺诈，但我对你说的确实是心里话。当年我军要攻打晋州，事先我也通知朝鲜，提醒你们早做提防，但是没人肯听我的话，以致城池陷落、军队惨败，又有什么好处呢？现在的事情，跟当年晋州的事情没有什么不同，残存之民，你何忍心让他们惨遭杀害？

三、你们不要太依恃山城。日本人经常说，"朝鲜山城，美女、宝物多入"，对山城垂涎已久。如若日本人攻破山城，得利甚多，就会生出贪欲，攻城更加卖力。但如果攻破山城之后无利可得，就不会卖力攻城了。关白之令一出，即便是日本人全都战死，也要把城攻破。一城见败，朝鲜人失魂落魄地逃走，日本之人则趁胜逐利。如果他们有利可得，必定愿意留在朝鲜，蚕食朝鲜。等到那个时候，即便是朝鲜请和，愈发骄傲自大的关白必定难以轻易答应，还会冒出无休无止的欲望。不如等关白自己请和，然后答应就可以了。

四、军粮、军器、牛马、老弱，要全部移送到海岛，或者藏在偏僻之处，街巷里不要藏一升米。挑选壮丁，就算他们没有打过仗，只要出现在倭兵的住所，或相战，或夜击，日本人终究会有所忌惮。现在日本诸将所担心的，是粮资匮乏，如果没有收割粮食的地方，撑不过10余天就会退兵了。庆尚道边地的稻谷非常茂盛，你们全部割取干净就可以了，如果不这么做，那就是白白给日本人提供了军粮。我说的话，你们不要觉得是虚伪的假话。

五、最近一段时间，日本的新兵将会渡海而来，我当移阵于马山浦。我与竹岛倭将（丰茂守）同心协力，约定七月之前，就算是小兵，也不会让他们袭击朝鲜。但是安骨浦、加德岛的倭将是和加藤清正同心的，我不得禁止。他们已经定好了战期，近日安骨浦的倭兵，可能会袭击咸安、晋州、镇海、固城。这些地方的朝鲜人民，需要预先移置。倭兵就算是在这些地方耕作，也终究得不到粮食。在外打猎和出兵袭击的日本人，朝鲜军可以设伏兵剿捕，这是没有问题的。庆尚左道也不是没有隐患，朝鲜军可以遮截要害，剿杀倭兵。现在我把我军的出兵日期详细告知你们，我的心意你们应该了解了，希望朝鲜好好处置。这些话如果被其他日本人知道了，转奏给关白，那我肯定会被灭族的，希望你们替我保密。如果朝鲜不珍惜这个机会，而使日本人得利，则兵祸绵延10年之久也未必停得下来。如此之言，我也是痛心而发。（此五条皆出自《宣祖昭敬大王实录》）

从小西行长在信中提到的内容来看，他俨然已经成为"日奸"，不仅将日军的重要军事情报出卖给了朝鲜，并且还手把手地教朝鲜应该怎么应付日军。而小西行长之所以做出这种不利于日本利益的事情，根本原因在于他十分厌战，希望丰臣秀吉得到日军在朝鲜作战不利的消息后能够动摇心意，停止侵朝。

要时罗将小西行长的信转交给金应瑞后，又对金应瑞透露道："目前在朝鲜的日本士兵有 3 万人，之后将渡海 15 万人，合计 18 万人。其中三四万人留屯后方，其余人将深入朝鲜内地，不为连营。不过到了十月末的时候，就会退兵到朝鲜沿海，此后可能与朝鲜讲和。行长的话，还有我的话，都将得到验证。现在关白已经定下战期，我以后很难再与兵使您联系。但即便是如此，日本大军渡海以后，我也会冒着危险来告诉您对策，通告彼此情状。不过以后我等深入全罗道，而兵使您远在庆尚道，就真的难以通告相关情报了。"

金应瑞还是不知道要时罗的话是真是假，便用强硬的口气对他说："你等即便是率领百万之众前来，我们也不害怕！现在朝鲜精兵利甲、士卒英勇、深沟高垒，等天兵大至，一天之内就可以踏尽倭兵。"

没想到要时罗非但没有生气，反而很高兴，他对金应瑞说："如果真是这样就好了！如此的话，日本士兵向关白推脱说难以取胜，就可以回到本土了，这有什么可生气的？朝鲜舟师，已经准备好了吗？如果准备好了，到时候出战就无妨了。"（以上对话出自《宣祖昭敬大王实录》）

虽然要时罗信誓旦旦地向金应瑞保证他没说谎，但金应瑞还是不肯完全相信他和小西行长。两人谈话结束后，金应瑞向朝鲜备边司报告："倭人诈谲之言，不可尽信。"但他认为日军已经定下出兵日期是肯定的，安骨浦的倭军袭击近处也是有可能的，便准备与麾下的战士、军官、降倭，以及别将文慎言、韩明琏等人设下埋伏，去剿杀安骨浦倭军。事实上，金应瑞还是部分采信了要时罗提供的情报。但是他忽视了要时罗带来的最重要的情报，也就是割尽沿海稻谷、转移人口、清野以待，结果埋下了极大的隐患。

万历朝鲜战争

第七章

丁酉再乱（上）：

从明军再次援朝到日军

撤至朝鲜沿海

明军再援朝鲜

和谈破裂后，日本再次出兵侵朝已经不可避免。朝鲜国王李昖为此任命参赞官郑期远为告急请兵奏闻使，派他出使大明，讨要救兵。万历二十五年正月十八日，郑期远历经长途跋涉，终于到达北京。

郑期远非常急切地向明朝兵部报告：明朝与日本的和谈已经破裂，日本准备再次出兵侵略朝鲜。但是主和的兵部反应冷淡，回复说："这次上奏，说的是去年十一月以前的事情，当时天朝册封使还没有从日本回来，日本因为朝鲜派去的官员职位很低，礼物又很微薄，所以不肯接受，仍有'索要朝鲜王子'等话。今杨方亨奏报：'封事已经告竣，只是日本还在责备朝鲜的礼仪。'兵部已经就此问题进行过讨论，并令沈惟敬进行调解了。至于说请兵相救，应该让朝鲜自己防备，不要总是依赖天朝救援。"(《明神宗实录》)

兵部的态度，让郑期远非常难过，他一边痛哭，一边求援。二月五日，明神宗为此下令廷臣召开会议，商讨对策。恰逢辽东副总兵马栋传来急报：倭将加藤清正在正月十四日率领 200 多艘兵船登陆朝鲜，在原驻地机张营驻扎。没过多久，又传来塘报：倭贼已夺取朝鲜庆尚道的梁山，驱逐了梁山太守。

这些情报，证明郑期远所说不假，明朝与日本的和谈确实已经告破，日本在接受大明的册封之后，不但不从朝鲜撤兵，反而再次出兵朝鲜。给事中徐成楚根据马栋的情报，判断一艘倭船上至少有 100 人，200 多艘倭船登陆朝鲜，应该有 2 万多人，势不容缓，应当早图防御事宜。(《明神宗实录》)

此后，科臣蔡思穆、郑汝璧、张文华、吴文梓、周孔教、姚文蔚、张辅之、杨应文等人先后向明神宗上本，认为应当罢去册封典礼（但当时丰臣秀吉已经接受明朝册封，成为日本国王了），又指出兵部尚书石星误国，经略孙矿处事不当，需对和谈失败负主要责任，请求将二人削职，遣返回籍。其中，周孔教的奏本指出，日军这次出兵的目的恐怕不在朝鲜，而在大明。他言辞激烈，把话说得最狠，指出兵部尚书石星犯下了八条欺君之罪：

一、石星上奏倭人全部撤离朝鲜，朝廷方许册封使渡海至日本，现在册封使已从日本回来，日军却有增无减。

二、石星报告清正已被杀死，但现在清正却领兵来犯朝鲜。

三、石星上奏称："册封之后，不许日本再侵犯朝鲜。"但现在册封使还没有回国，200多艘倭船就已经停泊在朝鲜了，还夺取了庆尚道的梁山。

四、前一年六月，石星使家人张行潜入倭营，直至十二月才回来。传闻他以金帛珍宝，私自贿赂倭人。其中内情，真不可晓。

五、前一年十二月，石星又伪造一纸关白谢恩表，交给给事中徐成楚。但徐成楚说，这份表文没有年月，必然是伪表。今据辽东巡按李思孝奏报，原本就没有谢表。

六、石星明明知道倭人在册封以后没派出谢恩使，但又害怕皇上谴责，于是编造谎言上奏说："不必来谢，免生滋扰。"那当年内藤如安来北京的时候，就没有造成骚扰了？要不是皇上察觉其奸情，责令倭人派出谢恩使来致谢，那么小小的伪表，就会从杨方亨的袖口中取出来上呈了。

七、倭酋声称兴兵是要入犯我大明，石星却故意上奏说，日本是想成为大明属国。但试问有哪个属国是不遵从约束的？

八、石星明明知道关白想要的是朝鲜的土地，但他却故意上奏说关白只是责备朝鲜的礼仪。试问关白是有多关注朝鲜的礼仪，以至于耗费10年训练兵马，5年坚守釜山而不退？

周孔教又指出石星犯下了五条误国之罪，并一一列给明神宗看：

一、第二次平壤之战后，倭人已经退守王京。当时无论讲不讲和，倭人都会从王京退去。而石星竟然相信沈惟敬的奸邪之说，答应了倭人提出的七个议和条件，堕入倭人的奸谋之中，祸患延续至今。

二、先前如果不撤去留守在朝鲜的浙江、四川戍兵，朝鲜尚且有所倚仗，但是石星却撤了戍兵，以献媚倭人。现在倭人再侵朝鲜，远水可救近火吗？

三、当初李宗城弃印而逃以后，倭情就已经暴露了，但石星仍然一意主和。

四、倭人的马非常矮小，石星却以500匹马献给倭人，不知道他的意图是什么？

五、从讨论册封问题开始，倭人便日日练兵，修缮军器，显然是养精蓄锐，伺机挑衅；而我方则不断撤兵，疏于防备，拱手待敌。

周孔教总结了石星的"八欺五误"后，又急切地要求明神宗罢免石星："石星有此八欺，又有五误，从此东南半壁，就要纷扰多事了！陛下何曾有负于石星，而石星居然如此负于陛下! 真可痛恨……石星已经做了很多错事, 败局已现, 国家大计, 岂堪一再失误……陛下又何必珍重如此爱说谎的人, 以误大事! 跪求皇上英明圣断, 将石星交给司法衙门论罪, 再挑选文武大臣一员, 代管兵部之事, 急修战守, 添置将吏。沿海某处为紧要当防, 沿海某官忠勇可依, 都要一一留意, 那样就可以巩固内部防卫, 以绝外侮了……"(《明神宗实录》)

此时, 明神宗认识到对日和谈已经彻底失败了。朝鲜是大明的门庭, 日本再次出兵朝鲜, 必将直接威胁到大明, 大明不可坐视不管。于是, 他任命延绥等处总兵官署都督同知麻贵, 充任备倭总兵官, 再度准备抗日援朝。与之相对的, 兵部尚书石星和经略孙矿因此失势, 双双被革职了。

三月十五日, 明神宗提拔山东右参政杨镐为都察院右佥都御史, 经理朝鲜军务。三月十九日, 又升兵部左侍郎邢玠为兵部尚书, 兼任都察院右副都御史, 总督蓟辽、保定军务, 兼理粮饷、经略御倭。通过这几次任命, 邢玠、杨镐、麻贵三人成为这次御倭的最高指挥官, 三人分别被简称为经略、经理、都督。级别上, 邢玠最高, 节制杨镐和麻贵。

同月, 明军副总兵杨元率领 3000 余名辽兵向朝鲜进发, 于五月八日进入朝鲜都城王京, 成为最早一批进入朝鲜的明军部队。朝鲜国王李昖在慕华馆迎接杨元, 并行了迎慰礼。杨元很关心朝鲜的国防, 他一来就向李昖询问, 哪里是抵御日军的紧要之处, 他可领兵进驻。李昖请求杨元驻守全罗道南原, 说这里便于骑兵驰骋。杨元很爽快地答应了, 随即领兵向南原进发。(《事大文轨》)

这之后, 明军副总兵吴惟忠于五月九日左右渡过鸭绿江, 提督麻贵也于五月十八日渡过鸭绿江, 两支队伍先后进入朝鲜。但是他们带来的兵力都不多, 吴惟忠只带了 4000 余名南兵, 麻贵更是只带了 3000 多人。加上杨元带来的兵力, 总共不过 1 万多人。

五月, 杨元的中军李新芳与朝鲜派来接待杨元的接待使郑期远, 先行到达全罗道南原。李新芳传达杨元的命令, 使全罗道的巡查使紧急召集列邑军卒, 修筑南原城的城墙, 使此城比以前还要高耸、坚固。

南原城北面 2 公里多的地方, 有一座山城, 名叫蛟龙山城。由于朝鲜军队在过去与日军的战斗中, 曾多次依靠山城击退日军, 所以郑期远与接伴使闵浚、南原府使任弦等朝鲜官员想让明军放弃南原城，修筑并固守蛟龙山城，或者让明军同时固守南原城、蛟龙山城。

六月十四日，杨元亲自领兵进入南原城，郑期远与闵浚、任弦前去迎拜杨元，趁机向他提议放弃南原城，修筑蛟龙山城；如若不可，则同时兼守二城。但是杨元直接拒绝了郑期远等人的提议，并打算将蛟龙山城的军器、粮食全部搬入南原城，又狠狠地指责了郑期远等人。杨元只想全力固守南原城并避免与日军正面交战，不想再分心防守蛟龙山城，以免士兵、百姓人心涣散，不知坚守何处。

杨元的指责，让郑期远等人很不痛快，他们认为杨元不等朝鲜朝廷指挥，又不和朝鲜的诸位体察使、都元帅商量，就想贸然将蛟龙山城的军器、粮食全部移入南原城，直接弃守蛟龙山城，过于自作主张。他们又担心，万一把蛟龙山城的军器、粮食全运到南原城，一旦来袭的日军攻下南原城，杨元肯定会逃到城外，那无疑是把聚在一处的军器、粮食白白让给了日军。

郑期远等人劝不了杨元，无法使他回心转意，只好偷偷向朝鲜备边司告状，希望能让杨元改变主意。朝鲜备边司又向朝鲜国王李昖上奏，请求让全罗道巡查使、都元帅与杨元从长计议，同时兼守二城，以作掎角之势。对此，李昖表示同意，只是此事之后就没有了下文，最终不了了之。

而杨元到了南原以后，还有一件事要着急处理，那就是拘捕明朝册封副使、游击将军沈惟敬。明、日和谈失败以后，沈惟敬的处境变得非常尴尬，明朝朝廷已经对他失去了信任。由于沈惟敬频繁出入倭营，长期和日本人打交道，又掌握着明朝的一举一动，新任兵部尚书邢玠担心他会投奔日本人，泄露明军的军事情报，便授意杨元将其拘捕。杨元到了南原以后，便遵照邢玠的命令，设计诱捕了待在朝鲜庆尚道的沈惟敬。兔死狗烹，沈惟敬已经失去了利用价值，政治生涯就此结束。

丰茂守向朝鲜输送情报

与再次发起侵朝战争的丰臣秀吉不同，许多日军将领其实已经非常厌战了。明军进入朝鲜以后，除了小西行长一直在向朝鲜泄露日军的军事情报外，驻守在庆尚道竹岛的锅岛直茂部日军同样如此。

万历二十五年五月，朝鲜庆尚道右兵使金应瑞派遣兵使曹溉、战士郑承宪等人进入竹山倭营，探听消息。竹岛的一个老倭偷偷附在朝鲜翻译耳边，向他出卖了日军的重要情报，指点朝鲜人应该如何对付日军："将军们经常说：'很担心朝鲜坚壁清野，清除战区附近的房屋、树木，转移附近的人口、物资。朝鲜山城有水路可通，运粮便利，军粮可继，即便是花费10年之久，也难以攻陷。如果朝鲜在偏僻之处修缮城池、囤积粮食，又清除郊野，那我等在野外无所掳掠，后方又没有粮饷，势必难以攻破城池。如果朝鲜人真的这么做，那么我等麻烦就大了。'因此，朝鲜只要把握住机会，如此操作，则万无一失。你将我说的这个意思告知你的将帅，不要陷入奸猾之术。"(《宣祖昭敬大王实录》)

六月，锅岛直茂的部将丰茂守听说明军已经进入朝鲜，感到十分担忧，便对外放出消息，再三恐吓朝鲜，声称要砍伐附近的竹子。这个不痛不痒的威胁，其实是想要引诱朝鲜再次派人过来会面。果然，金应瑞派郑承宪前往竹岛，去见丰茂守，看看他意欲何为。

郑承宪到了竹岛后，丰茂守先是这样对他说："听说天兵大至，是真的吗？关白已令诸将出战，朝鲜有把握取胜吗？六七月间，日本大兵将渡海，先击庆尚、全罗等道，之后还兵沿海，欲夺济州岛。此时三国百姓，必定死于刀口之下，我不胜愤懑。朝鲜为何不立即讲好，以致开启战端？不过现在讲好还来得及，尚且可免兵戈之祸。"

在这番话中，丰茂守先向郑承宪透露了日军的行动计划，又劝告说没必要走到那步，希望朝鲜能与日本讲和。

郑承宪以为丰茂守是恐吓朝鲜求和，便刻意抬出明军，对丰茂守说："20余万天兵已渡过鸭绿江，自义州至全罗等道连营，相继出来，连续运粮。观你等反复，当剿杀无遗，还有什么讲和的道理？"

丰茂守听了后，语气软了下来，用美酒招待郑承宪。两人的谈话进行了很久，突然，丰茂守让旁边的人全部退下。周围无关人员退去后，丰茂守终于敢对郑承宪说出自己的心里话，他用手附在朝鲜翻译的耳朵边，偷偷说道：

一、听说朝鲜专注于以山城据守，真的是这样吗？关白再出凶计，对诸将命令道："我刚刚调发军丁，壮丁之数有50余万人。先派30万人出征，以你等为先锋。你等踏破全罗、庆尚、济州等地后，退兵宜宁、庆州等处屯据，招募朝鲜散卒、遗民，联合我军，大作农事，储备兵粮。年复一年，渐渐蚕食朝鲜，则朝鲜地方将为日本所有。你们的妻子、子女全部交出来作为人质，万勿违抗命令。"正因为关白下达了这一命令，我不得已把家人交给了关白。

二、现在关白又传达了新的军令，说："如今朝鲜多筑山城，攻城的难度，远非壬辰时可比。宜宁、庆州，这两处地方是朝鲜大将的驻寨，只要攻破这两处地方，其他城池自当溃灭。此二城，即便是花费一年之久，也要将其攻克。能击者，当重赏；不能击者，当重罚。"因为关白的这道命令，诸将胆气倍增，想尽攻城的办法。有一天，他们聚在一起讨论说："先用厚防牌、载有大铳（重炮）的炮车遮前而进，即便朝鲜军队在城上射箭、投石块，也可以抵御住；然后渐渐迫近城池，再在城外设置木栅，连成一排，与敌城相持，数日便可攻破城池。"朝鲜既已知道诸将的这些计划，就应事先做好预防工作。

三、朝鲜守城基本上只将城池围上一圈，但这么做，只要其中一个城角被攻破，城内人就会崩溃，只能等待被杀，所以这是错误的。你们不得已要入守山城的时候，需将老弱家属移置到偏僻的地方，然后抄领精兵入守，多聚集军粮、军器，城池要围四五圈，这样才能确保万无一失。这样的话，即便是外郭守不住，中城尚存；即便是中城守不住，也还有内城。军心有所倚仗，城池必定可以保全。将我说的这些意思转告给兵道使，不要错失时机。我说的话，看似是不忠于我国，但也是出于厌恶出兵相战的缘故。只要朝鲜一两个城池固守不败，则日本必将逐渐撤兵，所以才这么对你们说。兵使曾对我很客气，信义难负，所以我才敢对你推心置腹。不过，如果你们器械不准备齐全的话，也不必勉强进入山城防守，万一被日本军攻破，只会受侮于日军，使他们乘胜逐利，所以千万慎重。（以上三点出自《宣祖昭敬大王实录》）

丰茂守之所以向郑承宪吐露这么多关于日军的情报，原因正如他自己所说，他非常厌恶打仗，不想再出兵了。他希望朝鲜方面能利用这些情报，做出有效的防御策略，让日军占不到便宜，这样日军就会退兵，而朝鲜军也能免于兵祸。两人会谈结束后，郑承宪带着丰茂守提供的情报回去见了金应瑞。可惜的是，对于这些重要的情报，朝鲜方面始终没能够引起足够的重视，为日后种种不幸埋下了种子。

丰臣秀吉第二次入侵朝鲜的目的

　　明军的到来，使朝鲜都体察使李元翼大为振奋。他向朝鲜备边司报告，希望能够在日军大部队尚未渡海而来之前，出兵击破目前仍屯守在朝鲜沿海地区的日军部队。李元翼和都元帅权栗商量以后，决定使三道水军统制使元均率领舟师去攻打驻守在安骨浦、加德岛的日军部队。但是元均表现得非常不情愿，权栗为此连续三次派遣军官去催促元均，李元翼也派从事官南以恭去催促元均，这才让再也扛不住压力的元均于万历二十五年六月十八日从闲山岛动身。

　　六月十九日早上，元均将朝鲜舟师分队，布置成鹤翼阵，径直发向安骨浦倭城。朝鲜水军精锐尽出，擂鼓呐喊，争先奋进，日军见状纷纷乘船迎击。而加德岛的日军听说安骨浦的日军被朝鲜水军攻击，也乘船前来救援。当时日军"炮矢并下，海岸俱震"，但是朝鲜水军没有一丁点退缩的意思，杀死、打伤了很多日军士兵。安骨浦日军被打得逃窜到了海岸上，其中两艘船只被朝鲜水军俘虏，加德岛过来的日本援军则向其驻地逃去。

　　朝鲜水军乘胜追击败退回加德岛的日军船只。在追击过程中，朝鲜水军差一点就将对方船只捕获了，结果日军狗急跳墙，直接弃船而逃，躲进了一个小岛。朝鲜水军围住对方的船只一阵乱射，最后只夺获了一艘空船。之后，朝鲜水军将士登上日军躲藏的小岛，寻觅其踪迹，他们发现岛上有日军士兵的血迹，遍布于地上，但就是找不到对方藏到了哪里。正当朝鲜水军想要退兵回去的时候，原先战败的安骨浦日军，突然乘船来到了这座小岛，朝鲜水军只好迎击。这些日军赤身裸体，毫不畏惧，纷纷向朝鲜军发起突击。有人绕到朝鲜水军的船尾，有人夹击船的左右两边，对着朝鲜水军施放铁炮弹丸。作为朝鲜水军将领之一的宝城郡守安弘国被日军的铁炮打穿脑袋，当场毙命。朝鲜水军急忙使用防牌抵御住日军的铁炮，又趁隙对日军射箭，直到日暮时分才突围而出，摆脱了日军的追逐。(《宣祖昭敬大王实录》)此战，是为安骨浦、加德岛海战，以朝鲜水军的失败告终。

　　这之后，从六月二十三日开始，日军大部队陆陆续续从日本渡海而来，再次踏上朝鲜领土。首批渡海的日军船只停泊于朝鲜庆尚道的釜山浦、竹岛。

　　六月二十九日，又有100多艘日军船只渡海而来，其中30多艘船停泊在釜山浦，

70 多艘船驶向加德岛。

七月七日，有 50 多艘日军船只渡海而来，先停泊在釜山浦，后又发向竹岛。

七月八日，有 600 多艘日军船只渡海而来，停泊在釜山浦前洋。其中一些日军从釜山浦出发，先经陆路到达仇法谷（在庆尚道梁山附近），后渡江发向熊川。（《事大文轨》）

六七月间，日军船只大摇大摆地登陆朝鲜，正式揭开了丰臣秀吉第二次出兵侵略朝鲜的序幕。由于倭乱再次爆发的 1597 年是日本纪年" 庆长二年 "、干支纪年" 丁酉年 "，因此被日本称为" 庆长之役 "，被朝鲜称为" 丁酉再乱 "。而对于丰臣秀吉发动此次侵朝战争的目的，众说纷纭，史学家们有很多不同的见解。二战前的日本史学者德富猪一郎在《 近世日本国民史 · 朝鲜役 》一书中对日本发动第二次侵朝战争的目的阐述为：

> 然其后役何为乎? 秀吉抛却最早征服明国之雄图，彼只为征服朝鲜。其后役比之前役，规模小，目的亦小。

德富猪一郎指出，相比壬辰年的文禄之役，丰臣秀吉发动庆长之役时，志气大为消减，已经不敢再打明朝的主意，只敢打朝鲜的主意了。他又指出，丰臣秀吉此时连征服朝鲜全境的野心也都荡然无存，只想拿下朝鲜半岛南部的全罗道：

> 今回之目的，全然为惩罚朝鲜。但从秀吉命令中的" 赤国（ 全罗道 ）悉收而施治 "这句话可以判断，秀吉此次的战略目标是只想打下全罗道。秀吉之志，由最初欲征服明国，转变为如今只欲征服朝鲜的一道。只此一事，便可以看出后役已经毫无意义。

对此，日本学者中野等在《 秀吉的军令与大陆侵攻 》一书中指出：

> 与侵攻明朝为目的而发起的文禄之役不同，此次派兵只是为制压朝鲜半岛南部，展开的是对庆尚道（ 朝鲜半岛东南部 ）、全罗道（ 朝鲜半岛西南部 ）的侵攻。

中野等同样认为，丰臣秀吉发动庆长之役时，连拿下整个朝鲜的心思都已消失得无影无踪，战略目标变成只想打下朝鲜半岛南部。不过，也有与德富猪一郎、中野等截然相反的一种观点。我国的壬辰战争史研究者杨海英女士在《域外长城——万历援朝抗倭义乌兵考实》一书中认为：

> 统一日本之后的丰臣秀吉，不再甘居人下，欲与明朝一决高低，再争雄长。从这样的角度看丰臣秀吉不惜倾国与战之举，应该还是靠谱的。

杨海英认为，丰臣秀吉发动庆长之役的目的仍是为了与明朝一决雌雄，换言之仍然是为了征服明朝。当然，杨海英和德富猪一郎、中野等的观点，都是后人的说法，且来看看当时日本人的观点。据加藤清正的部将福田勘介交代：

> 勿论老少男女，能步者掳去，不能步者尽杀，以朝鲜所掳之人送于日本，代为耕作。以日本耕作之人，换替为兵，年年侵犯，仍向上国矣……大概蚕食地方，降者役使之，拒者尽杀焉。以土地、人民，渐为其有，则其志可遂云。（《宣祖昭敬大王实录》）

福田勘介的供词，谈到了丰臣秀吉在第二次侵朝战争中制定的战略。丰臣秀吉下令：无论男女老少，但凡能走路的朝鲜百姓全部俘虏带回日本，代替日本农民耕作，不能走路的全部杀死；再将日本农民运送到朝鲜参战，年年侵犯、蚕食朝鲜，逐渐夺取其土地、人民。显然，丰臣秀吉仍然将目标对准了"上国"（明朝）。

福田勘介的话，表明丰臣秀吉是想在朝鲜打持久战，意图一步步蚕食朝鲜，进而侵略明朝，其初志并未改变。同时，福田勘介的这一番话，也暴露出即便是在丰臣秀吉时代，日军当中也有普通农民参战，并没有做到"兵农分离"。

无独有偶，在竹岛倭将丰茂守传递给朝鲜战士郑承宪的情报中，也透露出丰臣秀吉抱有蚕食朝鲜的想法。丰茂守在谈话中转述了丰臣秀吉下达的指令：

> 汝等为先锋，蹂踏庆尚、全罗、济州等地后，退兵宜宁、庆州等处屯据。召募朝鲜散卒遗民，合我军，大作农事，积峙兵粮。明年又明年，渐次夺据，则朝

鲜地方将为日本之地。(《宣祖昭敬大王实录》)

丰臣秀吉的这番话，显示出他确实有屯聚粮食，在朝鲜打持久战的想法，意图一步步鲸吞蚕食，将朝鲜纳入掌中，其侵吞朝鲜之心未灭。被日军俘虏的朝鲜儒学者姜沆在《看羊录》里提到，丰臣秀吉在庆长之役中提出的口号是：

> 年年发兵，尽杀朝鲜人物，使朝鲜为空地。然后移西路（西日本）之人使居朝鲜，移东路（东日本）之人使居西路。十年之后，必有成功矣。

姜沆提到丰臣秀吉欲"年年发兵"朝鲜，这与福田勘介招供的丰臣秀吉打算"年年侵犯"朝鲜一说吻合，由此可见，丰臣秀吉确实有在朝鲜长期作战，逐步将其侵吞的打算。从当时日本士兵的供述来看，丰臣秀吉在庆长之役中仍怀有侵吞朝鲜之志，并且还可能对侵略明朝抱有一丝残存的侥幸心理。

除了以上说法之外，丰臣秀吉发起庆长之役的目的还有一种可能。那就是为了面子工程，逼迫朝鲜向他乞和，所以他并不要求日军深入朝鲜腹地，只是要求攻破朝鲜全罗道、忠清道以后就立刻还兵沿海，与朝鲜长期对峙，直到对方乞和为止。这一点，体现在《宣祖昭敬大王实录》收录的丰臣秀吉的军令上（见前文）。

小西行长在六月写给庆尚道右兵使金应瑞的书信中，也是同样的说辞：

> 关白之意，非战斗、欲夺朝鲜之地方也。朝鲜不肯相和，故欲示兵威而取和也。今此之举，只犯全罗而还兵。(《宣祖昭敬大王实录》)

也有一种说法认为，丰臣秀吉当时在日本的统治已经岌岌可危，日本国内之人恨他入骨，秀吉害怕日本国内发生政变，因此发动庆长之役来转移日本国内的矛盾，不至于祸及自身。这一说法，是宗义智的家臣要时罗透露给朝鲜人的：

> 其意盖以日本之人稍安佚，则必生凶谋，欲使连岁劳苦，必无戢兵之理。(《宣祖昭敬大王实录》)

综合以上各种说法，丰臣秀吉发起庆长之役的目的，大致有三种可能：

一、不断蚕食朝鲜，在朝鲜打持久战，企图通过侵吞朝鲜，染指大明。

二、为了维持面子工程，试图发兵逼迫朝鲜主动向他乞和。

三、转移日本国内的矛盾，避免日本国内发生政变。

笔者认为，丰臣秀吉发动庆长之役的根本目的，很可能是后面两种，而不太可能是第一种。因为文禄之役对丰臣秀吉造成的心理打击无疑是巨大的，已经使他放弃了很多不切实际的臆想，并在与明朝的谈判中一步步退让，这个时候不太可能再编织不切实际的梦。无论哪个目的是丰臣秀吉最想实现的，还是兼而有之，自丰臣秀吉以下的日军将士，普遍对第二次侵朝战争感到灰心丧气。当时的日军，"上自将官，下至战士，皆以越海征战为怨，唯以速战决死生、归还本土为计"，"倭人等厌苦兵役，怨骂关白者无数"。（《宣祖昭敬大王实录》）

而丰臣秀吉自己，自决定发动第二次侵朝战争以来，已经变得丧心病狂。他亲自下达了在朝鲜实行无差别屠杀的命令。根据日本史料《本山丰前守父子战功觉书》的记载，丰臣秀吉向加藤清正下令杀光朝鲜男女。《大河内秀元朝鲜记》则记载，丰臣秀吉向日军下令，在朝鲜，无论男女老幼，僧人或世俗之人，尽皆杀死。在丰臣秀吉的这一意志主导下，侵朝日军在丁酉再乱中大肆杀戮朝鲜百姓已成为常态。

漆川梁海战

日军大举渡海以后，朝鲜三道水军统制使元均命令庆尚道右水使裴楔以大船 2 艘为先锋，进探日军动向。万历二十五年七月八日，朝鲜水军先锋行至熊川附近海域时，遭遇日本水军，上前与之交战。两军接战良久，朝鲜水军放箭射死了很多日军士兵，日军抵挡不住，尽弃船只，上岸逃走。朝鲜水军缴获了船上的 200 余石军粮，又放火将船烧尽。但不一会儿，藤堂高虎、加藤嘉明、胁坂安治等日本水军大将率领许多船只，向朝鲜水军杀了过来，朝鲜水军将士紧张得不敢射箭，裴楔最终不敌而退。（《乱中杂录》）

作为元均上级的朝鲜都元帅权栗，得知朝鲜水军在熊川附近海域战败的消息后非常愤怒，他认为战败的责任全在元均，理由是元均作为水军统制使，却畏惧日军，不亲自下海督战。于是，权栗发了一道命令，传召元均到昆阳（属庆尚道），他自己也动身前往昆阳，准备问责元均。

七月十一日，权栗到达昆阳，狠狠杖责了元均，怒斥他说："国家待汝以高秩者，徒为安享富贵之乐耶？孤负天恩，汝罪罔赦！"

元均被权栗杖责以后，受了很大刺激，含愤而退。七月十四日，在权栗的施压下，同时也为了证明自己的能力，元均率朝鲜水军从闲山岛发向日军重兵屯聚的釜山浦。岸上的日军看到朝鲜水军出动以后，相互传报，很快就做好了应对。

当元均率领朝鲜水军行进到釜山浦附近的绝影岛时，天色已经昏暗了，远远望去，有无数日军船只出没。庆尚道右水使裴楔苦劝元均停止前进，但元均不听，仍督诸军上前。从闲山岛到釜山浦，朝鲜水军的船手划了一整天船，既疲劳又饥渴，已经失去了力气，不能很好地把控方向。于是朝鲜水军的船只摇摆不定，一会儿纵向进发，一会儿横向进发，失去了秩序。日本水军想要令朝鲜水军疲劳，就故意与朝鲜水军接战，然后又假装不敌退去。元均不知是计，仍督朝鲜水军上前交战。此时天色昏暗，风又很大，朝鲜水军的船只被吹得四散飘荡。船手也不愿意继续划船了，都劝元均立刻退兵。元均没有办法，只好艰难地收拾剩余的船只，逃到了加德岛。

日军没有放过元均，急发兵船 500 余艘进行追击，元均只好带领朝鲜水军从加德岛逃到了巨济岛的永登浦。但日军已经预料到朝鲜水军会逃到永登浦，事先就派遣士兵乘 50 余艘轻船发向永登浦，在陆地上埋伏起来。朝鲜水军到了永登浦以后，看日军已经离得较远，就争相登上陆地取水喝。忽然炮声、喊声大作，埋伏在陆地上的日军从四周杀了过来，左斩右斫，杀死了许多朝鲜人。元均等人仓皇失措，无意施救，急忙收敛剩余的船只逃到了漆川岛。

这时候日本水军的大部队也出动了，小西行长、藤堂高虎、胁坂安治、加藤嘉明、岛津义弘、岛津忠恒等人聚集船只，对元均穷追不舍，直向漆川岛而来。小西行长、宗义智两人虽然此前向朝鲜输送了大量军事情报，但等真正到了战场，他们在其他日本大名的注视下，也只能真刀实枪地和朝鲜军打，甚至表现得更加凶狠。由于太阳早已落下，海面上一片漆黑，日军、朝鲜军只好暂时敛兵不战。

晚上，元均招来水军诸将，悲恸地对他们说："贼势至此，百难支矣！天不助顺，为之奈何？今日之事，一心殉国而已。"

庆尚道右水使裴楔不想葬身鱼腹，想要突围逃走，他对元均说："能勇能怯，兵家要略。失势于釜海，致军卒之惶扰。见败于永登，助倭贼之乘胜。凶兵已迫，我势孤弱，勇无所施，怯可用矣。"

元均听出裴楔想要逃跑，怒斥他说："死而后已，汝勿多言！"

裴楔被元均斥责后，反而更加坚定了逃跑的决心，他退到自己的兵船上，与属下诸将商议，密谋退师。

七月十五日夜半时分，日军偷偷派出10余艘船只，穿插在朝鲜船只中间，侦察朝鲜水军的动静。而朝鲜水军正在酣睡，对此毫无察觉。

七月十六日拂晓，日军又派出5艘大船袭击朝鲜水军的侦察船只，将其击破。元均听后大惊，急忙命令诸将戒严。忽然，有阵阵铁炮声从朝鲜水军阵中传出，原来是穿插在朝鲜船只中的10余艘日军船只往来冲突，左右飘摇而去。朝鲜水军将士惊慌失措，元均这才知道日本水军早已埋伏在内，他想要发兵追捕，但是已经来不及了。

天亮以后，日本水军大至，叫喊声响彻天际，打出的铁炮如雨点般落下。元均下令解开船缆，与日本水军在漆川梁进行海战。但朝鲜水军"势如崩山卷海"，不敢与日军接战。裴楔在观望了一会儿后就率先逃走，元均派人抓捕裴楔，但被裴楔逃脱，他带着麾下12艘船只逃到了闲山岛。元均力不能支，朝鲜水军最终崩溃，死伤惨重。全罗道右水使李亿祺、忠清道水使崔湖、助防将裴兴立与安世熙、加里浦佥使李应彪、咸平县监孙景祉、别将柳海等，或被杀害，或溺水身亡。

在溃败之势无法挽回的情况下，元均只好与顺天府使禹致绩、宣传官金轼等人弃船上岸逃走，但日军还是不放过元均，登上陆地进行追击。元均因为年纪大了，加上身体肥胖，实在跑不动，就光着身子，手握着剑，独自坐在松林下。据说，元均饭量很大，一顿饭要吃一斗饭、五条鱼、三四只雏鸡，所以非常胖，影响到了他在生死存亡之际的逃命速度。因为肥胖身体的拖累，元均被六七个日军士兵挥刀杀死，了结了性命。

元均败亡后，日本水军又乘胜而进，从漆川梁一路南下，一直打到了闲山岛，杀死了岛上来不及避难的男女老少，方才退去。朝鲜水军在漆川梁海战遭受的重创是极为致命的，几乎全军覆没。[①]

七月二十四日，当漆川梁海战的败报传到朝鲜朝廷以后，朝鲜国王李昖在别殿召见大臣和备边司堂上，商讨应对日军之策。领议政柳成龙、行判中枢府事尹斗寿、左议政金应南、行知中枢府事郑琢、行刑曹判书金命元、兵曹判书李恒福、兵曹参判柳永庆、行上护军卢稷、左承旨郑光绩、注书朴承业、假注书李惺、检阅任守正、李必荣等人参加了此次会议。

朝鲜国王李昖向大臣们出示了一封书信，这封信是从漆川梁逃回来的宣传官金轼写的，信上说朝鲜水军在漆川梁海战中几乎全军覆没。李昖对大臣们说：“舟师全军覆没，今则无可奈何……未知忠清、全罗等道，有余船乎？岂可诿以无可奈何而置之！今可收拾余船，以为防守之计耳。”

面对李昖提出的收拾忠清、全罗道余船，用以防备日军的要求，大臣们都默然不语，没有一个人说话。李昖非常生气，咆哮着对大臣们说：“大臣何不答乎？将欲置而不为乎？不答则倭可退，而国事可做乎？”

柳成龙回答说：“非敢不对，闷迫之间，未得思其策，不及达矣。”

李昖催促大臣们尽快想出办法，他埋怨道：“全军覆没，天也奈何！元均虽死，岂无他人？但当收拾各道船只，速为防备而已……”

李恒福提出：“为今之计，莫如差出统制使及水使，使之画策防守耳。”他的意思是重新起用先前被革职下狱的李舜臣，任命他为朝鲜三道水军统制使。金命元也持相同意见。

此时，虽有一部分明军在朝鲜驻守，但李昖对明军不抱太大希望，认为兵力太少，根本挡不住日军。他对大臣们说：“我国至今不知贼之兵势，每云‘唐兵、唐兵’。贼若动发，则数千天兵，可以防御乎？闻此言，必以予为怯懦，而被他嘲笑。麻都督（麻贵）兵，尚不满万，而杨元兵三千，其能孤守南原乎？贼若回泊湖南（全罗道）沿海，则如南原者，如置屋轿于大路中也。杨元独可防守乎？”

---

① 以上漆川梁海战的经过，是根据《乱中杂录》《宣庙中兴志》《宣祖昭敬大王实录》等史料进行叙述的。

李恒福附和李昖的看法，说道："贼倘向光阳、顺天，则杨元无独守之理。"

李昖听了，又表示日军并不惧怕明军："天兵虽来，贼岂有畏惧之理？众言天兵出来，则倭贼必退，此言差矣。"（以上对话出自《宣祖昭敬大王实录》）

会议结束后，李昖决定遵照李恒福、金命元二人的建议，重新起用李舜臣，任命他为朝鲜三道水军统制使。

日军分兵

漆川梁海战结束后的万历二十五年七月二十八日，侵朝日军分为左、右两军，计划以不同路线向朝鲜半岛南部的庆尚道、全罗道、忠清道进军，压制朝鲜南部地区。根据《征韩录》《锅岛直茂谱考补》的记载，日军左、右两军的编制和进兵路线为：

左军，以宇喜多秀家为大将、小西行长为先锋，其余日本将领有岛津义弘、岛津忠恒、岛津丰久、加藤嘉明、蜂须贺家政、藤堂高虎、长宗我部元亲、生驹一正等，总兵力约为5万人，军监是竹中重利、垣见一直。计划从庆尚道发向全罗道的云峰，再从云峰直趋明军副总兵杨元所在的南原。

右军，以毛利秀元为大将、加藤清正为先锋，其余日本将领有黑田长政、浅野幸长、锅岛直茂、锅岛胜茂、中川秀成、池田秀氏等，总兵力约为5万人，军监是熊谷直盛、早川长政、毛利高政。计划从庆尚道的庆州出发，经密阳、大丘、玄风，一直打到忠清道的全义馆。若王京的明军出兵救援南原，则与其决一胜负。

日军侵朝总大将小早川秀秋坐镇釜山浦，他派出山口宗永、伊东雅乐、南部无右卫门等六组援军，一共8000人马，经庆尚道的密阳、玄风向全罗道进军，计划与日军右军在全罗道的云峰会合。（《征韩录》）[1]

---

[1] 对于小早川秀秋派出山口宗永等援军一事，日本方面的资料有多种不同的说法。据《义弘公御谱中》记载，山口宗永等人与日军右军的毛利秀元、加藤清正等共同进兵忠清道。据《近世日本国民史·朝鲜役》记载，山口宗永等人进兵忠清道，目的是隔断全州的明将陈愚衷救援南原城的道路。据《日本战史·朝鲜役》记载，山口宗永等人布阵于庆尚道密阳附近，目的是警备星州方面的明军与朝鲜军。但是根据日军之后的编制表来看，小早川秀秋并没有派山口宗永等人出兵，此事真伪还待考证。

关于日军左、右两军的编制，《日本战史·朝鲜役》中还有另一种记载：

（单位：人）

职责	指挥官	兵力
右军		
先锋	加藤清正	10000
将领	黑田长政	5000
将领	锅岛直茂、锅岛胜茂	12000
将领	池田秀氏	2800
将领	中川秀成	2500
将领	长宗我部元亲	3000
大将	毛利秀元	30000
军监	早川长政、垣见一直、熊谷直盛	—
合计	—	65300
左军		
先锋	小西行长	7000
将领	宗义智	1000
将领	松浦镇信	3000
将领	有马晴信	2000
将领	大村喜前	1000
将领	五岛玄雅	700
将领	蜂须贺家政	7200
将领	毛利吉成、毛利胜永	2000
将领	生驹一正	2700
将领	岛津义弘	10000
将领	岛津丰久	800
将领	秋月种长	300
将领	高桥元种	600
将领	伊东祐兵	500
将领	相良赖房	800
大将	宇喜多秀家	10000
军监	太田一吉、竹中重利	—
合计	—	49600
船手众		
船手众	藤堂高虎	2800
船手众	加藤嘉明	2400
船手众	胁坂安治	1200
船手众	来岛通总	600
船手众	菅达长	200
合计	—	7200

除了出击的左、右两军以外，留守在庆尚道沿海各城的日军部队有：

（单位：人）

留守地	留守将领	留守兵力
西生浦城	浅野幸长	3000
釜山城	小早川秀秋	10000
安骨浦城	立花宗茂	5000
竹岛城	小早川秀包	1000
加德城	筑紫广门、高桥统增	1000

《日本战史·朝鲜役》一书的编制表，与《征韩录》《锅岛直茂谱考补》的记载存在着不小的差异。

《日本战史·朝鲜役》在日军左军的编制名单上，比《征韩录》《锅岛直茂谱考补》少了加藤嘉明、藤堂高虎、长宗我部元亲，多了宗义智、松浦镇信、有马晴信、大村喜前、五岛玄雅、毛利吉成、毛利胜永、秋月种长、高桥元种、伊东祐兵、相良赖房。在《征韩录》《锅岛直茂谱考补》的记载中，长宗我部元亲在左军的编制内，但《日本战史·朝鲜役》却将其列入了右军的编制中。

此外，《日本战史·朝鲜役》又多出了"船手众"这一编制，将《征韩录》《锅岛直茂谱考补》中在左军编制内的加藤嘉明、藤堂高虎编入其中。而在《征韩录》《锅岛直茂谱考补》中未提的来岛通总、菅达长、胁坂安治三人，也同样被《日本战史·朝鲜役》编入"船手众"。

在日军军监的记载上，《日本战史·朝鲜役》也与《征韩录》《锅岛直茂谱考补》不同。后者记载左军军监是竹中重利、垣见一直，前者则少了垣见一直，多了太田一吉。《征韩录》《锅岛直茂谱考补》记载右军军监是熊谷直盛、早川长政、毛利高政，《日本战史·朝鲜役》则少了毛利高政，多了垣见一直。

总的来说，对于日军左、右两军的具体编制，《征韩录》《锅岛直茂谱考补》是一套系统，《日本战史·朝鲜役》是另外一套系统。无论哪一种版本更加接近实情，日军左、右两军的总人数都超过了10万，这一点是确凿无疑的。相比之下，当时已经进入朝鲜的明军，兵力则只有日军的十分之一，显得捉襟见肘。

根据《事大文轨》的记载，截至七月二十四日，已经进入朝鲜的明军部队和他们各自所在的驻地分别如下：

将领	兵力	驻兵地点
都督麻贵	3000人	京畿道王京
副总兵杨元	辽兵3000人	全罗道南原
副总兵吴惟忠	南兵4000人	忠清道忠州
游击陈愚衷	2000人	全罗道全州
游击摆赛、游击颇贵	5000人	即将进入朝鲜
总兵力	17000人	

朝鲜的应对

就在日军做出分兵计划的第二天，也就是七月二十九日，朝鲜国王李昖在王京的别殿召见大臣、备边司堂上、三司（司宪府、司谏院和弘文馆），再次召开重要会议，商讨如何应对日军。（《宣祖昭敬大王实录》）

参加会议的朝鲜官员有：领敦宁府事李山海、领议政柳成龙、行判中枢府事尹斗寿、左议政金应南、行知中枢府事郑琢、海平府院君尹根寿、行刑曹判书金命元、工曹判书李宪国、吏曹判书洪进、礼曹判书金攒、兵曹判书李恒福、行大护军申礁、司宪府大司宪李墍、行训炼院都正崔远、吏曹参判姜绅、兵曹参判卢稷、户曹参判沉友胜、行上护军赵璥、行承政院都承旨李好闵、行司谏院大司谏李希得、弘文馆副提学申湜等人。

李昖首先发话问道："贼势，必水陆并进，奈之何？"

身为备边司最高长官的领议政柳成龙率先接过话，可有可无地回道："（日军）水陆并向全罗云矣。"

群臣陆续发言后，左议政金应南说，全罗道的顺天附近没有兵马把守，可以请明军游击陈愚衷驻兵顺天。

金应南的这番话显然不切实际。当时明军在朝鲜最南部的防线是全罗道南原，由明军副总兵杨元率领3000人驻守，兵力非常薄弱。而顺天更在南原以南，位于全罗道的沿海位置，位置更偏，也更加险恶。陈愚衷手上的兵力，不过只有2000

人①，而对面的日本左、右两军兵力加起来却超过了10万人。金应南的这一提议，无异于让明军去送死。

实际上，朝鲜官员对待明军的态度存在很大问题。当时，明军游击陈愚衷作为后到援军进入朝鲜，他为接应驻守在南原的明军副总兵杨元，领兵2000人进驻南原西北方向55公里的全州。然而，全州当地的朝鲜官员对明军的到来并不欢迎。这是由于部分明军纪律松弛、行为放纵，败坏了明军的整体名声，以致一些朝鲜官员对明军观感很差、态度不佳。陈愚衷到了全州以后，想要得到城内的器械、粮草支持，但是全州的官员坚称城内已经没有一口粮、一把刀了。等到陈愚衷在全州5.5公里外的地方勘察地形时，才在山寨中发现了被朝鲜人藏好的米豆、盔甲、火炮、铅弹、弓矢、枪刀、筅牌等物资，数量不可胜数。陈愚衷这才知道朝鲜人在骗他，下令将这些物资搬运入城，但是全州的州官却坚持不可。陈愚衷强制下令搬运，才将这些物资连夜运入全州。(《经略御倭奏议》)

会议上，当金应南提出让仅仅只有2000兵力的陈愚衷去扼守顺天后，就连李昖也对这种不顾明军死活的言论看不下去了，当场反对说："观贼强弱，为之可矣。贼若势小，则可请送陈将于顺天。若鸱张，则陈兵不过三千（实际只有2000人），何可当也？"

李昖说了这番话后，金应南闭上了嘴，一言不发。过了一会儿，柳成龙又发言说，当今以水路最为危急，应该聚集朝鲜水军剩下的船只，在庆尚道的见乃梁堵截日本水军。

但日军刚在漆川梁海战中歼灭了朝鲜水军，致使朝鲜水军溃灭，余船所剩无几。而见乃梁这个地方，就位于漆川梁的西南边上，以当时的形势来说，朝鲜水军在漆川梁海战中元气大伤，根本没有余力在离得如此近的地方堵截日军。

了解情况的李昖听了这番话后非常吃惊，他很不解为何身为备边司最高长官的柳成龙这么没有常识，于是说："备边司欲守见乃梁耶？不可守也。"

但柳成龙没有听明白李昖的意思，他积极地表示可以收聚船只，只不过眼下确

---

① 关于陈愚衷的兵力，有两种不同的说法。《宣祖昭敬大王修正实录》《两朝平攘录》《事大文轨》说是2000人，《宣祖昭敬大王实录》说是3000人，笔者采纳2000人一说。

实是军队、器械全部没有了，处境堪忧。

工曹判书李宪国听了柳成龙的话，直接出言嘲讽说："贼来六载，今始曰急急为之，诚可笑也。臣以为速罢备边司，然后可以做事。"

对于李宪国这番充满火药味的嘲讽之语，李昖微笑着不说话，而柳成龙则情绪激动地为自己辩白，说自己如何尽心于国事云云。在这次会议上，朝鲜臣僚的发言多数都与现实脱节，不过是纸上谈兵。讨论到最后，朝鲜君臣除了说了一大堆空话，根本没有拿出切实有效的应对之策。

到了八月十五日，李昖再次在王京的别殿召见大臣、备边司堂上，召开会议，与会官员有领敦宁府事李山海、领议政柳成龙、行判中枢府事尹斗寿、左议政金应南、行知中枢府事郑琢、行刑曹判书金命元、兵曹参判卢稷等人。

李昖在会上认为，坐镇王京的大明都督麻贵在兵力上仅仅只有 1 万多人①，难与10 万日军相抗："外人皆以为天将为可恃,今麻（贵）兵仅万余,安能当十万之贼? ……以予观之,众寡强弱,不敌远矣。"

接着，李昖又表态称，听闻麻贵有可能亲自领兵从王京南下对付日军，但他对此并不乐观，甚至担心麻贵会因为作战不利影响到朝鲜的存亡，还是不要去的好："又闻麻都督,方欲南下云。麻是大将,一朝事若不幸,我国则已矣。天下事,自此去矣。胜负,兵家常事,虽不至蹉跌,若势有所难处,或左次某地,或退守京城,徒损声威而已。凶贼益肆鸱张矣,不如不往之为愈。"

行知中枢府事郑琢接过李昖的话，说日本人非常狡猾，如果他们知道麻贵南下、王京孤弱，到时候就会远出他路、直冲王京，朝鲜人必定无法应付，狼狈非常。兵曹参判卢稷也赞同郑琢的意见，认为麻贵领兵南下，恐会给王京带来不利。行刑曹判书金命元附和郑琢、卢稷的意见，说道："以臣庸劣见之,在此（王京）则有隐然虎豹在山之势,下去则军势孤弱,反受侮于贼,恐非得计也。"（以上对话出自《宣

---

① 据《宣祖昭敬大王修正实录》记载，当时进入朝鲜的明朝援军有提督麻贵统领的 1000 宣大兵、副总兵杨元统领的 3000 辽东兵、副总兵吴惟忠统领的 4000 南兵、游击牛伯英统领的 2000 密云兵、游击陈愚衷统领的 2000 延绥兵，加起来只有 12000 人。除此以外，还有五六千人，据《再造藩邦志》《经略御倭奏议》记载，当时进入朝鲜的明军一共有一万七八千人。而在《事大文轨》中，明军有 17000 人。不过无论如何，明军的兵力都不超过 2 万人，相比兵力在 10 万以上的日军，确实是相形见绌。

祖昭敬大王实录》)

就这样，朝鲜君臣一边说着明军不敌日军的丧气话，一边又不肯让明军离开他们半步，害怕失去护身盾牌。讨论了一会儿后，李昖又说丰臣秀吉野心非常大，其志叵测，认为日本对于明朝来说，有"有辽、金之势"（《宣祖昭敬大王实录》）。

日军进击庆尚道、全罗道

日军分兵为左、右两军之后，朝鲜庆尚道右兵使金应瑞为刺探敌情，派遣麾下郑玉寿潜入日军占据的昌原（属庆尚道）。郑玉寿带回了日军贴在路旁的公告榜文，上面写有日军分道进兵的路线规划：

> 八月三日，发自各阵，水陆五道，直犯大明。（加藤）清正领兵十万，由密阳向草溪、居昌。（锅岛）直茂等领兵三万，由金海、昌原向晋州。（长宗我部）盛亲等领二万兵，由南海、兴阳，向罗州荣山浦。（小西）行长、（宗）义智、（岛津）义弘领数十万兵，由巨济、南海，向求礼。（寺泽）正成、甲斐守（黑田长政）等领五万兵，由光阳、顺天、求礼，十五日皆会南原、全州。战将凡二十七，军兵六十万。或向忠清，或指京城，或由庆尚左道还下。（《乱中杂录》）

侵朝日军公然将分道进兵的路线规划贴在路旁，还被朝鲜人取去，应是刻意放出消息，通过炫耀武力的手段震慑朝鲜人、明朝人，达到瓦解敌人士气的目的。日军在公告书中故意夸大自身兵力，还夸张地说要直犯大明。

从八月三日开始，日军左、右两军大举进兵，水、陆并进。庆尚道的密阳、金海、镇海、巨济等地，在这一天遭到日军兵火荼毒，升起了漫天硝烟。当天，日军最远打到了晋州，并攻陷了此城。[1]

---

① 关于晋州陷落的时间，有两种不同的说法。《宣祖昭敬大王实录》记载是八月三日，《乱中杂录》记载是八月五日。笔者取八月三日一说。

八月四日，日军左军先锋小西行长等部入侵庆尚道的泗川、南海岛，沿途纵火。日军右军先锋加藤清正等部在同一天攻下庆尚道的咸安、草溪。

八月五日，日军左军的岛津义弘等部将船只停靠在庆尚道沿海的昆阳、金鳌山下以及露梁等处，沿途搜山杀戮，烧光了公家和私人宅邸。岛津军的先锋经过庆尚道西南沿海的河东，船只驶入通往全罗道的河流蟾津江 ①。

日军左军中，有一个叫作庆念的从军医僧写了一部日记，名为《朝鲜日日记》，记载了他在朝鲜战场的所见所闻。八月五日这一天，庆念见证了日本军兵的残暴掠夺行为，他在日记中写道：

> 在战船开始战斗之前，我方部队就行动了。他们杀人夺物，其惨景不堪入目。本无罪过之人的财宝，为何掠夺？

这一天，朝鲜庆尚道各地守将吓得望风逃窜。晋州牧使放弃了鼎盖山城，庆尚道右兵使金应瑞放弃了岳坚城，逃到陕川。作为朝鲜最高统帅的都元帅权栗逃到了星州、金山之境，都体察使李元翼逃到了金乌山城。（《宣祖昭敬大王实录》）

八月六日，日军左军将船只停靠在庆尚道南部沿海的岳阳，沿海20多公里内，日军的船只遍布海面，逼近全罗道求礼。求礼作为全罗道的门户，位置极其重要，然而求礼县监李元春吓得不敢抵抗，直接弃城而逃，向北方的南原逃去。被重新起用为朝鲜三道水军统制使的李舜臣当时也在求礼，但由于没有船只抵抗，他逃到了全罗道西南方的珍岛碧波亭。（《乱中杂录》）

此时，被明军副总兵杨元抓捕的沈惟敬已被押送至辽东，但他仍然记挂着让日军撤兵。当他听说朝鲜的情况非常危急，便想办法派出他麾下的牛把总带上5名家丁、1名翻译前往小西行长所在的营地，试图劝说日军退兵。

八月七日，牛把总在朝鲜南原府的军官带领下，抵达了求礼城外。日军左军的

---

① 据《乱中杂录》记载，在八月五日这天，日军右军的黑田长政等部进兵全罗道沿海的光阳城，朝鲜全罗道兵使李福男退到了后方的玉果县。但是这一说法可能有误，根据日本的记录来看，日军右军最早到八月十七日才进入全罗道。

先锋部队这一天即将侵入求礼城，正在城外作乱，但看到明将的标旗后立即停止了暴行。牛把总要求见小西行长，但小西行长此时不在求礼，而是和岛津义弘等人在庆尚道的岳阳。于是牛把总一行人又赶到了岳阳，与小西行长、岛津义弘等人会面，将沈惟敬的意愿转告，宣谕日军退去。但是小西行长告诉牛把总，关白命令诸将必要攻陷全罗道，势难中止，所以难以答应这一要求。牛把总不得已，只能回去复命。临行前，小西行长馈赠给牛把总金、银、刀、剑。（《乱中杂录》）

就这样，沈惟敬的调解尝试以失败告终，这是他的最后一次行动。万历二十七年（1599 年），沈惟敬在北京街头被处以斩首之刑，结束了他充满争议的一生，给后世带去了无数猜测与争论。

再说回朝鲜战场，在庆尚道岳阳停留了一番的岛津义弘等部队继续出发，入侵全罗道求礼，并毫不费力地将其占领。岛津军的先锋从求礼出发，侵入南原境内，焚烧村舍。跟在日军左军队伍中的庆念在《朝鲜日日记》中写道：

> 无论是田野、山里还是城内，全都被烧光了，遍地尸首，妻离子散，这一次看到了如此悲惨的景象。田野与山谷，烧毁成废墟。武者的声音，宛如修罗场。

从庆念的日记来看，日军左军这一天在全罗道到处屠杀朝鲜人。不独日军左军如此，日军右军当天也在庆尚道做出了同样的暴行。同一天，日军右军先锋加藤清正等部入侵庆尚道的昌宁、草溪、陕川、三嘉，沿途大肆展开屠杀，无数朝鲜百姓被害。（《乱中杂录》）

为了稳定军心，坐镇全罗道南原城的明军副总兵杨元与朝鲜接伴使郑期远、南原府使任弦一道出城，先发兵南原城外的驿站源川院，又发兵求礼城北面的山头宿星岭。他们隔着宿星岭与日军遥遥相望，在山头巡视一番后回到了南原。然而，杨元的出兵巡视并没有起到鼓舞士气的作用，当天晚上，南原城内的朝鲜将士纷纷逃向城外。

日军左、右两军洗劫庆尚道、全罗道时，许多朝鲜将领、官吏逃散一空，不敢抵抗。即便是明军高层、朝鲜国王下令他们抵抗，他们也不曾理会。甚至有朝鲜将领与日军私相往来，约定彼此互不侵犯。明朝御倭经略邢玠在上奏给明神宗的《直陈朝鲜情形疏》中直斥这些朝鲜将领的无耻行为：

> 李元翼、权栗、成允文等该国将兵之官也，今各避于极东一隅。经理（杨镐）
> 牌催而不应，国王督发而不理。而李元翼领兵一枝与清正往来私通，经过彼此，
> 俱不相杀，此已足骇异矣。

邢玠的这一指控，并不是毫无来由。据《宣祖昭敬大王实录》记载，当时朝鲜都体察使李元翼驻兵在庆尚道的星州，都元帅权栗驻兵在星州南面的高灵。星州和高灵所处的位置非常微妙，都在加藤清正八月七日洗劫的庆尚道昌宁、草溪、陕川的北面，但是加藤清正却没有领兵北上，对这两个地方继续动手，而是"从陕川、草溪等处，并趋南原"，直接向杨元所在的全罗道南原方向进兵。其中缘由，恐怕正如同邢玠所说，部分朝鲜将官已经与加藤清正私下相通，约定彼此互不相杀。正因为朝鲜将领的不作为，甚至与日军暗中勾结，才让南原城前线的庆尚道、全罗道防线顷刻奔溃，任由日军长驱直入。

南原之围

万历二十五年八月八日，明军副总兵杨元开始分兵把守南原城，他在城上配置了800名士兵，土堞内配置了1200名士兵，此外还有1000名士兵作为游击军。（《乱中杂录》）这一天，日军右军杀到了庆尚道边境的居昌、山阴，沿途纵火。

八月九日，日军左、右两军在全罗道求礼与庆尚道晋州之间的山岭搜山杀戮。庆念在《朝鲜日日记》中写道：

> 日本军抓来一个高丽人的孩子，杀掉了他的母亲。母子二人再也不能相见，
> 最后的哀叹声，仿佛在谴责狱卒。

八月十日，求礼县监李元春逃进了南原城。杨元因为担心日军占据南原城外的

蛟龙山城，将其作为一个与明军抗衡的据点，便命令南原府使任弦放火烧光了蛟龙山城的家舍和南原本城外稠密的房屋。①

八月十一日午后，日军左军从求礼出发，来到了位于求礼北方的山头宿星岭，并在此驻扎。随后，日军侦察部队零零星星陆续下山，或10人一组，或20人一组，在南原城外的源川院村落进行侦察。晚上，日军侦察部队抵达南原城下，窥伺城内动静，之后返回日军营地报告。

八月十二日，日军左军的小西行长等部从宿星岭下山，屯兵于南原城外的源川院，先锋部队则抵达南原城外一条名叫"寮川"的河流边上。日军在南原城东南方向16公里~20公里的地方放炮，硝烟漫天，炮声震地。

在这一天，朝鲜全罗道兵使李福男率领援军进入南原城②，与杨元一同守城。

先前，杨元檄召全罗道兵使李福男、防御使吴应台前来协助防守南原城。吴应台刚被授予防御使一职，还未来得及纠集军队，于是只有李福男率领精锐千余人，冒着日军的利刃杀入南原城内。由于入城途中被日军截杀，李福男的援军在进入南原城后，原来的千余人只剩下700多人。③而和李福男一同进入南原城的朝鲜援军，还有助防将金敬老、别将申浩等。④

八月十三日，日军左军进犯南原城。远远望去，日军士兵漫山遍野、浩浩荡荡。日军左军先锋小西行长、宗义智等部，先到访岩峰结阵，在山上建大旗、放铁炮、吹号角，其余左军部队相次进兵寮川边，分兵围堵南原城。

---

① 据《经略御倭奏议》记载，杨元在八月十日的时候已经有了"脱身逃死之心"，他暗中命令手下潜出南原城，先将自己的两箱行李押送至王京，做好了逃跑的打算。《两朝平攘录》更是指控杨元命令家丁将两箱行李押送到了距离南原550公里外的平壤。

② 对于李福男救援南原城的态度，有说法认为很消极。据柳成龙的《西厓集》记载，杨元屡次檄召李福男前来协助防守南原城，但是李福男借故拖延了很久都没有来。杨元多次派人催促，李福男才不得已动身，在八月十二日进入南原城。

③ 据《乱中杂录》记载，李福男率军从南原城南门进入城内，一路上大摇大摆，敲锣打鼓。在南原城外的日军很惊讶竟然有人会如此嚣张，诧异地看了很久，一打听才知道为首的朝鲜将领名为李福男，都非常佩服他。但这个说法应该不是事实，根据《宣祖昭敬大王实录》的记载，李福男率领精锐千余人"犯阵杀入"南原城，最后只剩下700余人，可见遭到了日军的截杀。

④ 据《西厓集》记载，李福男的援军进入南原城后，其他朝鲜援军才接着进入南原城。而据《乱中杂录》记载，其他朝鲜援军是和李福男会合后，一同进入南原城的。

据日本史料《旧记杂录后编·桦山久高谱中》记载，日军以如下阵形，包围了南原城：

（单位：人）

攻击方向	指挥官	各部队兵力	总兵力
南原城东	黑田长政	5000	10000
	毛利吉成	2000	
	高桥元种	600	
	伊东祐兵	500	
	秋月种长	300	
	岛津丰久	800	
	相良赖房	800	
南原城西	五岛玄雅	700	16000
	天草弹正忠	1000	
	有马晴信	2000	
	大村喜前	1000	
	松浦镇信	3000	
	宗义智	1000	
	小西行长	7000	
	竹中重利	300	
南原城南	生驹一正	2700	24290
	蜂须贺家政	7200	
	宇喜多秀家	10000	
	太田一吉	390	
	胁坂安治	1200	
	藤堂高虎	2800	
南原城北	岛津义弘	10000	20900
	长宗我部元亲	3000	
	池田秀氏	2800	
	加藤嘉明	2800	
	来岛通总	600	
	中川秀成	1500	
	菅达长	200	
合计	—	—	71190

除了《旧记杂录后编·桦山久高谱中》外，还有一种与其差异较大的记载，那就是《日本战史·朝鲜役》。该书记载，日军左军包围南原城的阵形如下：

攻击方向	指挥官	各部队兵力	总兵力
南原城东	蜂须贺家政	7200	14900
	生驹一正	2700	
	毛利吉成父子	2000	
	岛津丰久	800	
	秋月种长	300	
	高桥元种	600	
	伊东祐兵	500	
	相良赖房	800	
南原城西	小西行长	7000	15900
	宗义智	1000	
	松浦镇信	3000	
	有马晴信	2000	
	大村喜前	1000	
	五岛玄雅	700	
	胁坂安治	1200	
	军监竹中重利	—	
南原城南	宇喜多秀家	10000	12800
	藤堂高虎	2800	
	军监太田一吉	—	
南原城北	岛津义弘	10000	13200
	加藤嘉明	2400	
	来岛通总	600	
	菅达长	200	
合计	—	—	56800

笔者认为，相对而言，《日本战史·朝鲜役》的版本较为可信。《旧记杂录后编·桦山久高谱中》出现了隶属日军右军的黑田长政的名字，但日军右军当时尚在庆尚道，未能侵入全罗道。况且在全罗道南原之战爆发的同一时间，黑田长政参加了庆尚道的黄石山城之战。因此《旧记杂录后编·桦山久高谱中》的记载存在一些问题，相比之下，《日本战史·朝鲜役》的记载更为合理。

比起日军以数万兵力围城，南原城内的明朝、朝鲜守军兵力实在薄弱，而且分散在四个城门。杨元与中军李新芳在南原城东门，千总姜表在南门，毛承先在西门，朝鲜全罗道兵使李福男在北门。明军兵力不过 3117 人，朝鲜军兵力更是只有 700 人，加起来不足 4000 人。（《乱中杂录》）因此，杨元下令城中不要轻举妄动。八月十三日当天，日军攻城后，明军被迫与日军接战。关于此战的具体经过，朝鲜史料留下了两种不同版本的叙述。

第一个版本是《乱中杂录》。此书记载，午时，5名日军士兵出现在南原城东门外的石桥上。杨元潜出城门，招募勇士射击日军。朝鲜炮手金翼龙、司仆梁得、别牌阵郑金等人响应杨元的号召，用火器射击日军，顷刻间打死了3名日军士兵，剩下2名日军士兵带着尸体逃了回去。未时，南原城外的数万日军高声叫嚷着前进，在南原城外约百步位置对着城内放铁炮。杨元下令城中连放震天雷，炸死炸伤了许多日军士兵，日军只得暂时退却。杨元预料日军当晚还会攻来，便在城壕外埋下菱铁，又偷偷将钉板埋于桥头。晚上，杨元亲自在南原城的东门外等待敌人。二更时分，渐渐听到日军脚步声的明军，看见3名日军士兵清除掉设置在桥头的路障正要过桥。数名明军士兵立刻出城，用枪刺死了3名日军士兵，之后杨元下令撤去南原城门外的四座桥。南原城四面的日军举着火把一直等到天明，期间不断大喊大叫，对着南原城放铁炮，整个晚上都没有停止。其余日军到处纵火，方圆百里内升起了漫天硝烟。

第二个版本是《西厓集》。此书记载，100多名日军先锋在南原城下施放铁炮，但过了一会儿便停止了，随后便散伏在田野间。之后，日军先锋或3人，或5人为一队，又杀回南原城下。南原城守军以胜字小炮回击日军，但由于日军大阵在后，靠近城门处只出动游兵挑战，因此胜字小炮不能击中日军，反倒是南原城守军往往被日军的铁炮打中。不久，日军来到城下喊话，要求进行对话。于是杨元派遣一名家丁，带上翻译，前往日军的营寨中，最后拿回来了一封约战书。

无论哪一个版本，都提到南原守军在这一天的攻防战中，用火器攻击城下的日军。其中，《乱中杂录》记载明军使用震天雷，《西厓集》记载明军使用胜字小炮。

八月十四日，日军为了尽快攻陷南原城，开始使用各种手段。他们建造长梯，作为登城工具；又运来草和土石，用来填埋南原城外的护城河，作为进兵的道路。除此之外，日军还在南原城的护城河外竖起三层木栅，排成百余步，防止明军从城内突围逃走。（《两朝平攘录》）杨元先前下令焚烧南原城外稠密的民舍，以免被日军占据，作为与明军抗衡的据点；但是城外的石墙、土壁没有被烧毁，于是这些建筑被日军利用，他们在墙壁上穿凿孔穴，作为掩体，从中向南原城发射铁炮弹丸，打死了许多明军士兵。此外，日军又用竹木搭起高台（朝鲜史料称为"高棚"），士兵立于其上，俯瞰南原城，对着城内放铁炮。守卫东、南两个城堞的明军士兵，因此遭到日军的铁炮痛击，一时间尽被杀散。

午时，日军又高声叫喊着突进，对着南原城放了一通铁炮。围堵南原城西门的日军洗劫了城外的万福寺，用轮车载着寺内的四大天王佛像，在南原城外耀武扬威，南原城守军惊骇非常。杨元认为不能再向日军示弱，想要从城内出兵攻击日军，但中军李新芳不同意。杨元不听，招募1000余人，开城出战。城外日军假装退走，明军立即追去，就在这时，事先埋伏起来的日军一哄而上，围住了明军。杨元立即鸣金撤军，退到了城内，期间有3名士兵被日军铁炮打死。日暮，杨元收敛兵力，坚守南原城。(《乱中杂录》)

由于南原城的情况越来越危急，朝鲜国王李昑坐立不安，他担心万一南原陷落，日军长驱直入，将会动摇到整个朝鲜的存亡。八月十四日，也就是南原之战爆发的同一天，李昑在王京的别殿召见了负责接待明朝提督麻贵①的接伴使张云翼，和他开了一个会。左副承旨金信元、注书宋锡庆、检阅郑弘翼、李必荣，也进入别殿入侍。

在谈话中，张云翼向李昑转述了麻贵的话。依照麻贵的意思，由于现在情况很危险，他想让李昑与其子女逃往京畿道的江华岛避难，并嘱托李昑在别人不知道的情况下偷偷出逃。但李昑一听就觉得不行，说王京城内到处都是耳目，他根本逃不出去。张云翼又说，南原现在十分危急，麻贵虽然表面上不动声色，但听说私下里非常忧惧。李昑便问张云翼，为什么麻贵不分兵往救南原。

张云翼回答说，麻贵担心的不是南原，而是怕加藤清正直捣王京。如果加藤清正也杀到了全罗道，往围南原，有北上之势，麻贵才会派吴惟忠进入忠清道的公州，他自己领兵南下全罗道。现在南原人民尽数逃散，只有杨元独守孤城，令人痛愤。

一旁的左副承旨金信元对南原城的前途露出了悲观之色，他认为无论杨元还是麻贵，都对日本人没有什么办法："北兵长技，惟在于马。而围城之中，既无用武之地，必有援兵，可以得全。李福男今虽下去，驱此残卒，何能有为？杨元，北将也，只知御鞑，未曾尝倭，深可虑也。都督（麻贵）若不分送一支（援军），南原之围，恐未易解也。"

李昑对此表示赞同，并认为麻贵也不知道如何对付日军："都督，亦是北将，岂

---

① 八月八日，明廷将原都督同知、备倭总兵官麻贵升任为提督南北官兵御倭总兵官。

知御倭? 都督，亦可疑也。"

张云翼说，他也对麻贵能否御倭表示质疑，虽然有人说"一鞑敌十倭"，但这句话并不灵验，是不知彼此的言论。又提到明朝人都说麻贵是百战百胜之将，但从他的观察来看，麻贵虽为人深沉，但是对付日军似乎未必有办法。

张云翼接着说出了自己的担心，他害怕日本水军会绕过西海（全罗道、忠清道、京畿道的沿海），直逼王京，那朝鲜将腹背受敌，手足失措。眼下在忠清道西海岸的安兴梁收聚船只，作为防守要计，是为重中之重。

李昖表示自己也预料到了这一点，如今加藤清正一动不动，倘若他之后这般行事，为之奈何? 金信元提议，在安兴梁收聚船只，防御一阵，再请明朝水军驻兵于安兴梁北的江华岛，作为声援，这样日本水军就不容易绕过西海了。李昖对此表示赞同。

张云翼又向李昖报告，说王京城内百姓纷纷出逃，整座城差不多快空了，即便是住有明军的朝鲜人家，也没有安全感，争先恐后地逃命。李昖最后叹了一口气说："我国存亡，天下安危，系于南原。南原蹉跌，则瓦解矣。"

李昖又询问张云翼，问麻贵有没有想出什么对策。张云翼回道，麻贵上面还有军门邢玠、经理杨镐，麻贵自己也不能任意为之。（《宣祖昭敬大王实录》）

一番谈话后，除了加深对未来局势的担忧外，朝鲜君臣并没有想出好的办法。

南原陷落

八月十五日，杨元开始寻求与日军对话，他站在南原东门城楼上，派家丁对城下日军大声喊话。5名日军士兵闻讯赶来，走到东门外的石桥上，杨元使翻译与其对话。5名日军士兵与明军翻译进行一番沟通后，回到小西行长结阵的访岩峰，之后又折返回来与明军对话。杨元派出2名家丁，跟日军士兵到小西行长所在的访岩峰去，与之对话。小西行长馈赠了明军家丁一些粮饷，将他们送回南原城。

傍晚，5名日军使者骑马赶到南原城的东门，杨元令翻译带着使者从南门入城。杨元在龙城馆与日军使者谈话，使者将小西行长的意思转告给杨元，请杨元立即让出南原城。杨元虚张声势，对日军使者恐吓道："吾自十五岁为将，横行天下，战无不胜! 今以精锐十万, 来守此城! 退保? 无命令也! ”

日军使者见说服不了杨元, 就从南门出了城, 但又回头对南原城喊话道: “千余残卒, 岂能当百万之众? 天将有何恩于朝鲜, 而致赆后悔耶? ”

由于日军连日攻城, 南原城的士气受到了极大动摇。城内明军士兵都哭了起来, 朝鲜士卒也奔走哭泣。日军得知这些情况后, 更加卖力地攻城。(《乱中杂录》)

当晚, 突然下起了暴雨。庆念在《朝鲜日日记》中写道:

> 晚上开始下起大雨, 像瀑布一样。阵营的房子只能临时用油纸遮蔽起来, 无法阻挡暴雨, 更无法睡觉, 让人不禁想起《伊势物语》中鬼一口①的故事。大雨无情下, 想起鬼一口。

八月十六日, 日军割取南原城外的杂草和水田中的稻禾, 捆绑成一大束, 堆积在日军作为掩体的被焚民舍的残墙边, 南原守军不解何意。傍晚, 日军再次进攻南原城, 但是被南原城守军用炮弹、短弓杀退。庆念的《朝鲜日日记》记录下了明军、朝鲜军抵抗日军的姿态: “炮弹短弓从城出, (日军)士兵未料突然死。”

日军不死心, 再次催促杨元让出南原城, 杨元也知道此城难保, 有弃守此城的想法。城中之人非常恐惧, 哭声如雷。在南原城的后方, 明军游击陈愚衷领兵2000屯于全州, 南原城的守军苦苦盼望援军到来。先前, 杨元连夜派人向驻守全州的陈愚衷求救, 但陈愚衷派人回信说, “恐顾彼失此也”, “非不欲救, 信地难以轻离”, 始终不肯出兵救援南原城。受此打击, 南原城守军的军心更加动摇了。

晚上, 南原城守军窃窃私语, 他们准备了马鞍, 想要逃走。一更(晚上7时至晚上9时)时分, 南原城外喊声大作。日军一边搬运草束, 用来填平南原城外的护城河; 一边放铁炮攻击南原城, 掩护搬运草束的部队。日军的铁炮弹丸犹如冰雹一样不断落下, 南原城里的守军一开始还稍稍放炮、投石抵御, 但没多久就士气崩溃, 几乎人人缩着脖子, 不敢往外看。一两个小时后, 日军的叫喊声停了下来, 草束已经将南原

---

① 鬼一口这个故事出现在日本古典文学《伊势物语》的第六段, 讲的是一个男子遇到一个世间少有的美女, 想将她偷回家去。途中电闪雷鸣, 下起了大雨, 于是他把美女放进了一个废弃的仓库里, 结果鬼却一口吞食了女子。

城的护城河填平了。填平护城河后，日军又在南原城外的羊马墙①堆积草束，顷刻间便堆得与南原城一样高，于是日军大部队踊跃登城。②负责守南原城南门外羊马墙的朝鲜将领金孝义见大势已去，逃入城内，结果城头上空无一人，只有城内处处火起。

二更时分③，南原城的南门被日军打开，日军举起枪、弓、铁炮，拿起长刀，杀入城内。（《渊边真元高丽军觉》）连日督战，因困倦而睡卧的杨元在帐中闻变，来不及披上衣服，就光着脚跑到南原城的大厅，脱掉传报官宁国胤的衣服、靴子自己穿上，抛弃城内的明军、朝鲜军，只带领一些随从④，从南原城西门逃走。此时把守西门的，是以小西行长为首的 15900 名日军士兵。而杨元的随从人员很少，他是如何在重重包围中突围逃走的，有三种截然不同的说法。

第一种说法，据《宣庙中兴志》记载，杨元独与数名骑兵溃围而出，"跳荡如神，贼终不能害之"，认为是杨元奋战杀出重围。

第二种说法，据《朝野会通》《宣庙宝鉴》记载，杨元是通过换马的战术才杀出的重围。杨元突围时，城外的日军设立木栅，阻挡明军的骑兵突围，又在木栅上绑上刀剑。杨元为了突围逃走，先鞭打一匹骏马，使其向前驱驰，这匹马撞上木栅上的刀刃后倒地不起。杨元又不断鞭打其他马匹，使这些马重复第一匹马的动作，不断向木栅驱驰。如是再三，这些马不断撞上木栅上的刀刃而死，最终马匹的尸体堆得和木栅一样高。于是杨元自己骑上马，踩着马尸越过了木栅。杨元原本想带着朝鲜接伴使郑期远一起逃走，但郑期远不会骑马，屡次从马背上掉下来，因此未能与杨元一起逃走。日军在后面追赶得很急，杨元同时带着四五匹马逃命。逃跑途中，杨元骑胯下的马累了，他就换乘另一匹马。而马也通晓人意，杨元骑着其中一匹马逃走时，其余马匹并不靠在一起，而是跟着四散逃走，等杨元招呼它们时，又重新聚集在一起。如此再三，杨元得以突围而去。

第三种说法，据《西厓集》记载，"或云倭知为总兵，故使其逸去也"，认为

---

① 羊马墙也称"羊马城""羊马垣"，是古时为御敌在城外修筑的类似城圈的工事。尤其是北方冬季护城河结冰之后，位于大城墙之外的羊马墙首当其冲，成为第一道防御工事。

② 《西厓集》将日军用草束填埋南原护城河、攻上南原城的时间记录为八月十五日，今订正为八月十六日。

③ 日军攻入南原城南门的时间，《两朝平攘录》记载为一更，《乱中杂录》记录为二更，笔者取二更一说。

④ 关于随从的人数，《两朝平攘录》记载为 18 人，《乱中杂录》记载为 50 余骑，《宣祖昭敬大王实录》则记载为 300 余人。

是日军知道杨元的身份，故意将他放走。清代钱谦益所著的《牧斋初学集》也持这一看法，原文记载称："（寺泽）正成嘱（小西）行长护持杨副将，勿使殒伤。庶处分之请，不致破坏。（加藤）清正夜袭南原，一鼓登城，行长令朱元礼等于醉梦中扶掖杨元上马，疾驰出城，从者才四五骑。元礼等殿而遮护之，懂然后免。"此书认为，是小西行长遵照寺泽正成事先的吩咐，故意放走了杨元，让军中的翻译人员朱元礼扶着睡得昏昏沉沉的杨元骑马出城。但书中提到加藤清正夜袭南原的事情并没有发生，加藤清正当时隶属日军右军，没有参与日军左军攻击南原城的行动。

相较而言，第一种说法不太合常理，杨元突围时兵力非常有限，敌不过西门外的上万日军，不可能就这样轻而易举地杀出重围。而第二种说法看上去更像是武侠小说中的桥段。杨元在刚得到日军杀进南原城的消息时，表现得非常狼狈，甚至来不及穿上衣服和鞋子，不可能在逃走的时候如此镇定和神勇。从当时的情形看，应该是围堵西门的小西行长故意放走了杨元，否则杨元根本不可能轻易突出重围，因此第三种说法更加贴近实情。而日军这么做，恐怕是为了之后能够与明朝继续谈判，因此不敢做得太绝。

值得注意的是，尽管小西行长故意放走了杨元，但他自己在南原之战中不仅奋勇争先，还表现得异常凶猛。根据日本史料《户川记》的记载，小西行长勇猛异常，亲手捣破南原并俘虏1000余人，其中多为女子。正因为如此，经理朝鲜军务的明朝右佥都御史杨镐听说南原被破后，认为小西行长非常狡诈，此前一直假装与明朝议和，让明朝大官为其迷惑，而真正到了打仗的时候却直接下死手。他略带讽刺地说："行长极有才，使天朝大官俱为其所惑，其才真过人矣。打破南原，杀天兵三千者，非行长而谁欤？如是而都说行长守约，此极有本事。"（《宣祖昭敬大王实录》）

杨元从西门逃走以后，日军从南门攻入南原城，在夜色中乱砍乱斫。城内明军骑上马，和朝鲜军逃到北门，想要逃出城去。但是北门城门紧闭，未能立即开门，骑兵们被堵在了路上。过了一会儿，北门开启，明军骑兵相互争抢着夺路而出。（《惩毖录》《乱中杂录》）然而，北门外是以岛津义弘、加藤嘉明为首的13200名日军士兵，他们各守要路，重重围困住了想要逃走的明军和朝鲜军。月色下，日军挥动长刀，对明军、朝鲜军展开了屠杀。最后逃脱的明军、朝鲜军士兵，寥寥无几。有一明军士兵爬到树上，想要躲过一劫，但是岛津义弘亲自拿起铁炮，射杀了这名明兵。（《岛津家高丽军秘录》）

从《惩毖录》《乱中杂录》两份朝鲜史料的记载来看，明军、朝鲜军是在南原城的北门被日军集中歼灭的。但根据日本史料《大河内秀元朝鲜记》的记载来看，除了北门以外，明军、朝鲜军在其他三个城门也遭到了日军的屠杀，不单单是在北门被歼。据此书记载，攻打南门的宇喜多秀家、藤堂高虎、太田一吉斩得1001颗首级，攻打西门的小西行长、胁坂安治、竹中重利斩得1034颗首级，攻打北门的岛津义弘、加藤嘉明、菅达长斩得951颗首级，攻打东门的蜂须贺家政、生驹亲正、生驹一正、毛利吉成、毛利吉政、秋月种长、高桥元种、伊东祐兵、岛津丰久斩得740颗首级，日军左军全军总共斩得3726颗首级。这些首级，既有明军的，也有朝鲜军的。

相较朝鲜史料认为明军、朝鲜军集中在北门被日军屠杀，日本史料更倾向于明军、朝鲜军在四座城门遭到了不同程度的屠杀。

混战之中，杨元的中军李新芳、千总蒋表、毛承先，以及朝鲜接伴使郑期远、全罗道兵使李福男[①]、南原府使任弦、防御使吴应井、助防将金敬老、别将申浩、判官李德恢、求礼县监李元春、通官李春兰，全部被日军杀死。南原城内原先有辽东官兵、家丁等3117人，最后只剩下170余人活了下来。（《经略御倭奏议》）顺利进入南原城的700多名朝鲜援兵，则全部被日军杀害。（《宣祖昭敬大王实录》）

又据《乱中杂录》记载，南原城中前后死了5000余人，城内公家建筑和私人房舍皆被日军焚毁。5000余人这一数字，应包括了南原城中的平民百姓。

庆念在《朝鲜日日记》中写道：

> 残酷的人世啊，男女老少都死了……昨天还没有想到自己会死，今日就化为烟云了。无常变迁，人世沧桑。谁见人之上，今日命将终。

而日军方面，在整个南原之战中，付出了阵亡百余人的代价。（《宣祖昭敬大王实录》）

明军游击陈愚衷的不救援行为，一向被认为是南原城陷落的重要原因之一。当日军进攻南原时，杨元连夜派人向驻守全州的陈愚衷求救，但陈愚衷始终不肯出兵救援南原城。《两朝平攘录》的作者诸葛元声为此指责陈愚衷，认为陈愚衷得到杨

---

① 据《宣庙中兴志》记载，李福男是在南原城的大厅内自焚而死。但据《宣祖昭敬大王实录》记载，李福男是在南原城内的巷战中因体力不支，被日军杀死的。

元的求援以后应该立刻发兵救援南原城，约定日期、举火为号，与杨元夹攻日军，则可以击退日军。又说，即便陈愚衷不能救援南原城，在南原城外围牵制日军也可以，一来使日军不能全力攻打南原城，二来使南原城的守军能够坚定守城的信心。

对于陈愚衷不肯发兵救援南原城的原因，《明神宗实录》认为是陈愚衷"懦不发兵"，《两朝平攘录》也认为陈愚衷"畏懦"，都归罪于陈愚衷的懦弱。但在日本史料中却有另一番解释。据《义弘公御谱中》《面高连长坊高丽日记》记载，日军左军包围了南原城以后，岛津义弘父子、加藤嘉明列阵于南原城北岭的多松大山，多方警戒，阻断了全州救援南原的道路，因此陈愚衷始终不能够发兵救援南原城。由此而言，无论陈愚衷究竟有没有想要出兵救援南原城，道路都是被日军阻断了的。而且一个非常现实的因素是，陈愚衷手上的兵力只有 2000 人，加上杨元的 3000 人，也不过只有 5000 人，难敌近 6 万日军。

《明神宗实录》说陈愚衷"闻南原已破，亦弃城北遁"，在得知南原城陷落后就立刻放弃全州逃走了。但这并不完全是事实。南原陷落以后，朝鲜全州府尹朴庆新最先得到消息，他递交禀帖给陈愚衷，要求弃城逃走，但是被陈愚衷拒绝。结果八月十七日，全州爆发了大规模的骚乱，城内百姓当晚哗变，或烧毁米仓，或打死、打伤守城门的明军，撞开城门逃走。朴庆新也砍断门闩，趁乱逃出城去。全州满城灰烬，粮饷尽绝。（《经略御倭奏议》）

尤其令人感到诧异的是，据从南原逃出来的明军将领黄仲仁称，他看到围攻南原城的队伍里全是朝鲜叛民。（《经略御倭奏议》）这一番话固然有所夸大，但可见有许多朝鲜叛民在南原之战中给日军带路，并且成为伪军参与了攻城。南原城的陷落，除了杨元、陈愚衷要承担责任外，朝鲜叛民同样难辞其咎。

八月二十二日，身为败军之将的杨元被人用肩舆抬回了王京，朝鲜国王李昖亲自在王京的南大门外迎接杨元。杨元因为中枪负伤，躺在肩舆上不能动，他让人向李昖表达谢意："委来迎待，不胜感激。第俺中枪，不能起居，未果相拜，尤切惶恐。"

李昖站在路旁，抚着杨元身下的肩舆，流着眼泪说道："大人以小邦之故，至于此极，无任惨痛之至。"

杨元通过翻译听懂了这句话，也流着眼泪说："多谢厚眷。"（《宣祖昭敬大王实录》）

李昖哭得更加伤心了，身边的人受到这一情绪感染也哭了起来。

九月，日军攻破南原城的消息传到大明，明神宗大怒，下令将力主册封、坚持与日本议和的原兵部尚书石星下狱论罪，并将他的妻儿发配到南方瘴气之地。

实际上，除了石星以外，前任备倭经略宋应昌、顾养谦，以及内阁大学士赵志皋也都力主封贡，与日本议和。但是这时，明神宗只处置了石星一人，没有清算其他人。其中缘由，根据《明史稿·石星传》的解释，是因为明朝出现封贡之议，是从石星任用沈惟敬之后才开始的，并且每次朝廷对封贡问题进行争论时，赵志皋都将责任推到石星身上。所以到了最后，只由石星一个人承担责任。

石星入狱后，仍然上书朝廷，请求罢兵，停止继续出兵朝鲜，以节省明朝的财政支出。他仍为大明着想，很多人非常同情他，但朝廷终究没有赦免他，两年后石星竟然死于牢狱中。一代兵部尚书，其命运如此，令人唏嘘。

另一方面，在南原战败的杨元也逃脱不了被朝廷处置的命运。虽然杨元"死中得生，幸则大矣"，然而"中朝之法，败军则诛"。次年五月，明朝兵部向明神宗请求对败军之将杨元执行死刑："东征裨将杨元南原之败，亡官军二千七百，马三千四百余，请速正典刑。"（《明神宗实录》）

明神宗在批复中表示同意，杨元因此被斩首，首级被传视于朝鲜。

黄石山城之战

南原城被日军左军攻陷时，日军右军尚在庆尚道，还未进入全罗道。八月十七日[1]，日军右军以加藤清正为先锋，锅岛直茂、黑田长政等部队为中军，毛利秀元为后军，入侵庆尚道边境的咸阳郡黄石山城。（《鹿苑日录》）

黄石山城位于庆尚道与全罗道交界处，是连接两道的咽喉之地。因为这一原因，朝鲜都体察使李元翼在日军袭来之前，便抽调庆尚道的三邑兵力给安阴县监郭䞭，命令其严守黄石山城，又调金海府使白士霖协助其守城。白士霖来到黄石山城以后，

---

[1] 此据《宣祖昭敬大王实录》。在《乱中杂录》中，日军入侵黄石山城的时间是在八月十五日。笔者取八月十七日这一说法。

大义凛然地向坐困城中的朝鲜百姓宣称，即便战死，他也会坚守此城。朝鲜百姓听了白士霖的这一番话，放下心来，没有出逃。

白士霖身边有一名叫介山的人，他的父亲投靠了日军，替日军出谋划策、想办法攻陷黄石山城。日军右军到达黄石山城城下后，加藤清正派了一个翻译在城下招呼介山说："尔父来此，开门出见！"

白士霖大怒，将介山斩杀，并将尸体抛到城下。不料日军嗤笑说："虽杀百介山，吾何惜焉？"又继续喊话威胁朝鲜守军："空城出去，则不为追杀！"

朝鲜守军仍旧不为所动，于是加藤清正下令攻城。一时间，"倭贼不知其数，上来围城。诸山峰处处屯结，无数放炮"。虽然安阴县监郭䞭"督战，昼夜不懈"，但是未能得到金海府使白士霖的有力支持，力有不逮。

见情况危急，白士霖背弃了他先前的诺言，在城上以绳索系住妻儿，垂至城下平地，先让家人出城逃走，但他自己却因身体肥胖来不及逃跑。有一个名为"沙白鸥"的降倭带着白士霖藏身一处岩穴，遮以黄石、草木，避免被日军发现。白士霖的随从里有个叫金必同的人，他在日军还没有攻入黄石山城的时候，偷偷率领20余人出城投降日军，但被郭䞭发现并斩下首级。

日军将要攻破黄石山城时，城内的官僚、百姓不知所措，皆大声号哭，希望郭䞭能早做打算。但郭䞭冷笑道："此吾死所，何计之为？"说完，他便坦然迎接死亡，最终在南门被日军杀害。郭䞭的两个儿子抱住日军士兵，不停叫骂，也被一并斩杀。郭䞭的女儿见父亲被杀，丈夫被日军俘虏，于是上吊自杀。前任咸阳郡守赵宗道不愿忍辱偷生，主动入城寻死，也遭日军杀害。此次被日军杀死的朝鲜官僚、将士多达500余人。（《宣祖昭敬大王实录》《乱中杂录》）

黄石山城陷落时，苟且偷生的金海府使白士霖还躲在城内的岩穴中。而进入黄石山城的日军士兵，已经死死守住了四座城门。困境之下，仍是降倭沙白鸥伸出援手，帮助了白士霖。沙白鸥先把自己装扮回日本人的样子，又用绳子捆住白士霖，让其假装成一个被捕的朝鲜盗贼。之后，他带着白士霖，来到一处城门前。在守城的日军士兵面前，他装作一个刚捉到朝鲜盗贼的日军中高级军官，诘问他们："汝等守门何所事？朝鲜盗贼，入在城中，而不得搜捕，汝罪当斩！"说完，沙白鸥用剑背狠狠打了一个守城的日军士兵。那名士兵不知道沙白鸥的真实身份，以为是军中某位将领责备他没能发现朝鲜盗贼，于是向沙白鸥苦苦求饶说："我等远来劳苦，沉眠不觉，遂为朝鲜盗贼滥入城中，罪则极矣。上官若知此奇，必不饶贷。上官勿告我等之所失，以救人命。"求饶过后，守城的日军士兵就将沙白鸥、白士霖放出了城外。

沙白鸥将白士霖带出城后，便把白士霖藏匿在一座山中，自己则不辞而别。白士霖以为沙白鸥返回去投靠了日军，并将他的行踪如实上报，然后带领日军过来杀死自己。惊疑之下，白士霖恐惧异常，紧张得挪不动身子，只勉强移动了20余步，藏匿于林中。三更时分，沙白鸥从山下回来，他用巨瓢盛着稻食、盐酱、箐根，又用陶瓶盛满冷水，想给白士霖食用。但沙白鸥没有在原地看到白士霖，紧张得一边跺脚，一边呼喊白士霖。白士霖这下才知道沙白鸥并没有异心，拖动着他肥胖的身躯回到了原地。

沙白鸥看到白士霖没有事，激动得抱着他的腰，对他说，他以为白士霖被日军抓去了，现在看到白士霖没事，感到非常欣慰。沙白鸥接着又说，他知道白士霖饥渴了，所以打扮回日本人的样子，走到一处日军营帐，骗他们说自己是"安阴结阵将倭卒下"，目前"粮食既乏，日且寒冷，离乡之人，将不得生"，处境非常凄惨，博取了该营日军的同情。于是沙白鸥借机向该营日军乞求："君等陷城之时，觅得之物，小惠于我，以救一残命如何？"该营日军同情他，就施舍给沙白鸥米斗、饭、酱、襦衣等物。沙白鸥带着这些骗来的食物、衣服，回来进献给白士霖。沙白鸥一边说，一边流泪，等白士霖吃完以后，他才吃剩下的残羹剩饭。（《宣祖昭敬大王实录》）

沙白鸥义救白士霖一事，只是万历朝鲜战争中的一个插曲。命运待人是不公的，白士霖这样的苟且贪生之徒，能够得到沙白鸥这样具有义气的降倭相助，从而保全性命，而像郭趀这样的忠义之士，最后却只落得个惨遭日军杀戮的结果。

话说回来，加藤清正在攻陷了黄石山城以后，于八月十七日当天经庆尚道边境侵入全罗道的云峰，成为第一支杀入全罗道境内的日军右军部队。同日，日军左军小西行长的先锋队从南原出发，侵入南原北面的任实，一路上放火、杀掠。

八月十八日，加藤清正在云峰分兵两路赶往南原，一路自安信院出发，一路自九等窟出发。加藤军进兵路上，有5名日军士兵从南原的驿院源川院出来，赶往九等窟给加藤军传话，告知左军已经攻陷南原。加藤军得到南原被攻陷的消息后，便退兵回到了云峰。加藤军在此留兵数日，之后进兵东南方向的智异山，一路上是搜山杀掠，大肆屠戮在山中避难的朝鲜人。（《乱中杂录》）

同日，小西行长的先锋队从任实出发，进击全罗道首府全州。驻守全州的明将陈愚衷还没等日军杀到任实城界，就吓得放弃全州，弃城逃走了。①陈愚衷一路北逃，逃到了忠清道公州，在这里得到了麻贵派出的明军游击牛伯英的接应。②而在陈愚衷逃亡的前一天，朝鲜全州府尹朴庆新就已"弃城出避。贼势犯境，往他道避乱"，判官朴瑾也同样"弃城出避，不知去处"。在得知全州失守后，朝鲜咸悦县监朴延吉也"避寓境内"（《宣祖昭敬大王实录》）。

　　全罗道的南原、全州相继陷落后，明军在朝鲜最前线的据点就只剩下忠清道的公州。由于形势危急，麻贵想将驻守在公州的陈愚衷、牛伯英召还王京。但是公州北有一条锦江，王京南又有一条汉江。陈愚衷、牛伯英要从忠州退到王京就得渡过两条江。麻贵担心明军退兵不及，就命令朝鲜方面多备船只、速搭浮桥，以便明军撤退。但是朝鲜人不肯出力，反复推诿，只在汉江的江口准备了30多艘小船。麻贵看到后很生气，严厉责备朝鲜官员，最后也只换得了一句口头承诺，以致公州的明军"前有大敌，后有长江，进退维谷"。除了驻守在忠清道公州的明军外，麻贵还担心驻守在忠清道忠州、扼守鸟岭的明军。考虑到"（南原、全州）二城既失，忠州前后受敌，势甚孤悬"，麻贵下令驻兵忠州的明军副总兵吴惟忠撤兵回到王京，一同讨论如何堵截日军。（《两朝平攘录》）

日军席卷全罗、忠清二道

　　陈愚衷弃城逃走以后，小西行长于八月十九日率军进入全罗道首府全州，日军在城内纵火，并填平了城壕。翌日，以宇喜多秀家为首的日军左军全部进入全州。

---

　　① 此据《经略御倭奏议》。日本史料《中川家文书》的说法与此有异，认为全州的明军是经过一番小规模的武力抵抗后才撤退的。这两份史料，都是当事人的记录，却各持不同的说法。因此，笔者暂时还不能判定哪种说法正确，姑且两存其说。

　　② 据《两朝平攘录》记载，陈愚衷从全州出逃是在八月二十日。但据《乱中杂录》记载，陈愚衷在八月十八日就已经从全州出逃，小西行长在八月十九日进入全州，日军左军全军在八月二十日进入全州。笔者采信的是《乱中杂录》的说法。

同一天，日军右军先锋加藤清正自全罗道的云峰出发，向西北方向的长水进军。而朝鲜长水县监在加藤清正杀来之前，就已经吓得"往他道避乱"了。加藤清正进军途中经过南原东村，停下来驻扎于岩铁川等处，并在于差山大肆搜山杀掠，杀死了无数躲避在山中避难的朝鲜人。（《乱中杂录》）

八月二十一日，加藤清正从长水出发，向西北方向进军，侵入镇安。朝鲜镇安县监吴长在日军杀来之前，同样已经"往他道避乱"，没做任何抵抗，因此镇安毫无悬念地陷落了。之后，加藤清正向全州进军。加藤军进兵途中经过村落、山谷时，到处放火、杀掠。到达全州以后，加藤清正驻扎在良正浦，与日军左军会合。日军左军在全州开设市场，炫耀在南原之战中从明军那里夺取的战利品。（《乱中杂录》）

八月二十五日，以毛利秀元为首的日军右军全部抵达全州，与以宇喜多秀家为首的日军左军会合。两军在全州召开军事会议，商讨下一步的走向。从《锅岛家文书·高丽阵诸将郡割并阵立书案》的记载来看，日军左、右两军计划兵分三路，继续向北推进，向全罗道北部地区和忠清道进兵，具体安排如下：

（单位：人）

编制	将领	进兵地点	兵力
右路	加藤清正	龙潭、镇岑	10000
	毛利吉成	茂朱、沃川	5000
	锅岛直茂	锦山、怀德	12000
	长宗我部元亲	珍山	3000
	池田秀氏	不明	2800
	中川秀成	不明	1500
	合计	—	34300
中路	黑田长政	高山、砺山、恩津	5000
	毛利秀元	连山、尼山、公州	30000
	合计	—	35000
左路	小西行长	益山、咸悦	14000
	岛津义弘	龙安、石城	10000
	蜂须贺家政、生驹一正	扶余、临波	9700
	宇喜多秀家	沃沟	10000
	合计	—	43700
	船手众	咸平、务安、珍岛、兴阳	不明

又根据《朝鲜日日记》《大河内秀元朝鲜记》《毛利家记》《宣祖昭敬大王实录》

记载，日军在军议上提出要杀光庆尚道、全罗道的朝鲜人，并乘胜进攻，分兵攻破朝鲜都城王京。但据《吉川家史臣略记》记载，全州军议上也有另外一种反对的声音：考虑到朝鲜寒冷的冬季令日军难以忍受，有人建议日军全部撤退至朝鲜沿海的釜山浦。于是在全州军议上，出现了两种完全相反的意见。

事实上，有关全州军议的详情，朝鲜史料《乱中杂录》《宣庙中兴志》中还有另一种记叙。两书记载，日军在全州军议上讨论道："壬辰之役，朝鲜能由水路通湖南（全罗道）、湖西（庆尚道），以及西路（全罗道、忠清道沿海），所以即便朝鲜残破千里，也能够支撑下去。如今之计，不如分兵水、陆，阻断朝鲜的援路，使朝鲜首尾皆溃。"讨论之后，会议最终决定将日军分为水、陆两路，其中加藤清正直捣王京，宇喜多秀家、小西行长、岛津义弘则南撤，屯兵朝鲜沿海。

日军在全州举行军议期间，仍未停止军事行动。日军左军的藤堂高虎经全州北上，一路杀害朝鲜人，割取鼻子 382 个，交给军监太田一吉、竹中重利、毛利高政检验。（《高山公实录》）之所以割取鼻子，而不是首级，是因为在南原之战前后，日军接到丰臣秀吉的命令，以后一律割鼻不割首。丰臣秀吉之所以如此下令，原因意味深长。以斩获的敌人首级数目来计算战功，是日本的惯例，因此刚开始攻打朝鲜的时候，兵将们把敌人的首级用盐水浸泡，运回名护屋大本营，丰臣秀吉检验过后发给诸将感谢状和赏赐。但由于战场不在本国，运送首级就成为一项艰巨的任务，于是改为军监在战场上检验，然后把数据记录成册送回大本营。秀吉看到文书后认为他们夸大了战果，于是让他们把敌人的鼻子送回来确认实际的数目。

同在左军编制的长宗我部元亲进兵至全州西南方向的古阜，古阜百姓望风逃走，不剩一人。据《宣祖昭敬大王实录》记载，长宗我部元亲袭来之前，朝鲜古阜郡守李廷立"避寓境内"；长宗我部元亲袭来之后，李廷立又"避乱岛中"，始终不敢多做抵抗，以致日军一路势如破竹。之后，长宗我部元亲从古阜长驱直下，兵抵罗州。罗州的朝鲜百姓一些逃走了，一些留了下来，长宗我部元亲对留下来的这些人展开了大屠杀，共割取 6006 个鼻子。（《元亲记》）

日军右军的吉川广家进击全罗道西南侧，一路上大造杀戮，前后两次割取朝鲜人的鼻子，一次 480 个，一次 792 个。（《吉川家文书》）同为右军的锅岛直茂于八月二十四日发兵攻向全罗道西面的金沟、金堤，沿途大肆残害朝鲜人，共割取鼻子 1551 个。

突阵。倭国本无猿，始见猿似人非人，咸疑怪，驻阵眺望。既逼，猿即下马入阵中。倭欲擒击，猿善躲避，贯穿一阵，阵乱。解生等急纵铁骑蹂之，倭不及施一铳矢，而大崩溃南走，伏尸蔽野。

所谓"弄猿"，其实就是猿猴。尽管这些朝鲜野史对明军操纵猴子打败日军的战术描写得绘声绘色，可说到底稗官野史不足为信。这些说法，可能是后世的朝鲜人为了美化明军在稷山之战中无法击退日军的行为，而刻意虚构出来的。说到后来，他们开始深信自己创作的历史，反而把真实的历史细节给遗忘了。

明军的惶恐

由于一些不良史料和通俗历史读物的荼毒，人们对稷山之战的经过和后果产生了一定程度的误解。传统观点认为，日军本欲直捣王京，结果在稷山之战或者素沙坪（金乌坪）之战中大败，于是放弃北上侵犯王京这一目标，举军南遁，逃到了朝鲜沿海地区。朝鲜史料《月沙集》便持这一论调，该书记载："初七日，诸将遇贼于稷山。一战大捷，斩首累百级，鏖杀先锋贼将。诸酋大挫，直走海边巢幕。"《宣庙中兴志》也持类似论调，认为在素沙坪之战以后，"清正举军而遁"。

这些记载，都将稷山之战或素沙坪（金乌坪）之战视作丁酉再乱的重要分水岭，认为日军经此打击就不行了，直接选择南逃。但这些说法其实存在着很大的疑问，稷山之战的实际情况是解生、牛伯英、杨登山、颇贵四将率领的 2000 余名明军在毛利秀元、黑田长政率领的约 3 万日军的压迫下，从稷山北遁至水原。当时在朝鲜的明军将士只有 1 万多人，远少于日军，并不占优势。朝鲜官方史料《事大文轨》直言不讳地记录了日军在稷山之战后，占领了包括稷山在内的忠清道广大地域，有直取王京之势：

目今贼之大势，分三路进抢。充斥于忠清道内林川、韩山、青阳、定山、怀德、沃川、文义、尼山、连山、公州、天安、稷山，已及京畿、振威之境，未及京城才百里之远。

朝鲜官方史料《宣祖昭敬大王实录》中也出现了"贼于初十日，抢掠安城，进犯竹山境"的记载，此时距稷山之战结束仅仅三天，距素沙坪之战（金乌坪）结束才过去两天。安城、竹山位于京畿道，在稷山的东北方向。由此来看，在稷山之战、素沙坪（金乌坪）之战结束两三天以后，日军右军不但没有南遁，反而继续北上侵犯，已经从忠清道杀入了京畿道。

由于稷山之战、素沙坪（金乌坪）之战后，日军仍然有北上之势，朝鲜人担心明军兵力薄弱，无法与逼近京畿的日军抗衡，因此非常忧虑，害怕日军会长驱直入，杀到王京城下。朝鲜国王李昖忧心忡忡地说："贼锋已及京畿，而天兵尚未齐到，已到兵马该数不多，欲隄备稷山一路，已恐不足。若清州之贼，由镇川出于竹山；忠州之贼，由原州出于龙津等路，则更将何兵可备各路？"（《事大文轨》）

朝鲜掌令李铖也在报告中指出：日军已经迫近京畿，虽然明军在前线搏斗厮杀，但没有朝鲜将士堵截日军于中路，终究无法阻挡敌人；就算派遣了李卿浚前往抵御，但他兵力不多，又不肯与明军合势，仍滞留在果川（在水原的后方）一带，实在无颜面对明军。（《宣祖昭敬大王实录》）对于当时的情况，柳成龙在《惩毖录》中记载道："是时都城几不守，朝臣争献出避之策。"

明军对日军右军在稷山之战、素沙坪（金乌坪）之战以后没有退却，仍旧继续北侵的恶劣态势，有着深刻的认识。提督麻贵意识到，日军已经迫近明军前线阵地水原，水原可能成为下一个攻击目标；同时，日军也可能经安城绕过竹山，袭击王京，只是具体如何还难以预料。麻贵认为，当下最好的对策就是坚守水原。（《宣祖昭敬大王实录》）

明军将士听到日军大举北上的消息后，感到非常害怕。《宣祖昭敬大王实录》记载，明军将士以兵力不足为由，希望撤回大明。可见，稷山之战结束后，日军没有立即南遁，反倒是明军有退兵的想法。

为了打消前线明军的退兵念头，九月十一日，经理杨镐准备从王京南下水原，以振奋前线士气，勉励诸将不可退缩。但是到了次日，麻贵在王京的南大门外追上了正要出城的杨镐，苦苦劝谏他说："贼兵迫近，而老爷决意前进，贼若由他径路绕出于后，则进无所归，退不可得，徒损声威，有害无益。而老爷若往，则老此麻贵，其敢安坐于此乎? 孤军前进，变不可测。请老爷商量焉。"

麻贵苦求杨镐不要动身南下水原，避免日军从其他方向绕到后方，截断退路。杨镐听了后，断绝了南下水原的想法，但还是坚持渡过王京城外的汉江，抵达对岸举行阅兵仪式。麻贵无奈，只好跟着杨镐。(《宣祖昭敬大王实录》)

当时王京气氛紧张，不管是士大夫还是庶民都准备逃走。为了安定人心，杨镐和麻贵强迫朝鲜国王李昖随行，巡视王京城外的汉江。李昖不得已，只好与杨镐、麻贵一同出行①，他披上铠甲，先在王京城西阅兵，又出城东抚慰把守汉江江滩的将士，之后与明军一同渡过汉江。

可见，由于日军不但没有撤退，反而有北上逼迫之势，明军和朝鲜人承受了很大的心理压力，以至于明军经理、提督与朝鲜国王亲自到前线鼓舞士气。

杨镐一行人自北岸渡过汉江后，抵达南岸的冠岳山一带，在这里举行阅兵仪式。杨镐和麻贵调拨千余骑兵，分成两个队列立于两处山峰上，使这些骑兵往来驰骋。简单完成这些动作后，明军骑兵便下山渡江，回到北岸。

杨镐又令明军在江边放虎蹲炮，声震天地。杨镐很高兴，向朝鲜国王李昖炫耀明军武力，李昖只能向杨镐表示奉承，说："至于今日，得见天威之雄壮。彼贼不足平，深幸。"杨镐听了以后非常高兴，又夸耀道："若多设这样炮子于此边，则贼何敢得渡乎?"(《宣祖昭敬大王实录》)

日暮时分，杨镐、麻贵、李昖一行人回到王京。朝鲜百姓看到国王没有逃走，喜极而泣。杨镐通过巡视汉江、展现武力，遏止了明军将士北逃的想法。但众人担忧的日军北上王京，此后并未发生，日军在数日之后突然撤走了。朝鲜国王李昖对此非常不解，认为日军毫无理由就突然撤兵，有可能是想以一支部队引诱明军南下，好让别的部队趁机远出其后，直捣王京。(《宣祖昭敬大王实录》)李昖的这一判断，可知当时的朝鲜人并不认为日军撤退的原因是因为在稷山之战、素沙坪（金乌坪）之战遭遇了挫折。

---

① 关于李昖出巡汉江，《宣祖昭敬大王实录》认为是李昖主动追上杨镐、麻贵，《宣祖昭敬大王修正实录》则认为李昖是被杨镐、麻贵胁迫，不得不从。

日军右军撤退原因

　　发出放弃北上攻打王京、从忠清道撤兵这一命令的，是日军右军大将毛利秀元，而他只是忠实地执行了丰臣秀吉的指示。据《毛利家记》记载，九月份，毛利秀元驻兵忠清道公州时，收到了丰臣秀吉从日本发出的御朱印状，指示诸将退往釜山，坚守诸城。从当时的交通状况和送信时间来看，丰臣秀吉发出这一道指令，必然是在稷山之战爆发前。毛利秀元遵照丰臣秀吉的要求，向日军右军发布了这一命令，随后便从忠清道退兵了。除此之外，日军难以忍耐朝鲜严寒的天气，也是退兵的重要原因之一。

　　在明军渡江阅兵前的九月九日，日军右军另一路的加藤清正从忠清道清州北上，驻兵于镇川，召开军事会议，与诸将商讨下一步行动。镇川军议的结果非常重要，如果加藤清正等人坚持北上，则朝鲜王京有很大概率将会沦陷。

　　军议上，军监太田一吉提议放弃攻打王京，他说："闻王城四面皆大河,时将冱寒,割冰涉水,人马恐冻死。不如引退,俟春阳攻王城,败之不难。今犯寒徒死,无益也。"(《大河内秀元朝鲜记》)

　　太田一吉提到朝鲜王京周围有大河相阻，随着天气逐渐变冷，渡河难度将大幅度提高，日军如果强行前进，恐会冻死许多士卒。与会的日军诸将同意了这一提案。与此同时，日军右军大将毛利秀元收到御朱印状，向麾下各部传达了收兵南撤的指令。

　　因为难以忍受寒冷天气而决定退兵，并非是日军右军在稷山之战中"战败"才找的借口。林罗山的《丰臣秀吉谱》一书便记载："日本兵以寒气既甚,故先皆纳兵。"江木戬的《加藤清正传》亦记载："时天渐寒,清正退守蔚山。"除了日本史料这么说以外，明朝的官方史料也有相同的记载。《明神宗实录》提到，日军之所以退兵，原因是"倭性畏寒"，"倭贼焚舍弃寨,退守釜山。部议倭奴进退诡秘,或因冬寒暂示蛰伏"。

　　《明神宗实录》的记载，与日本史料的说法不谋而合，可见明朝官方史料认为，日军退据朝鲜沿海，是由于忍受不了寒冷天气，而不是因为稷山之战的影响。从日军阵营中出逃的朝鲜俘虏金应砺，也提到日军"初意欲犯京城,闻京中空虚,日气尚寒,兹以卷还(《宣祖昭敬大王实录》),同样是因为天气寒冷才撤退的。在这一点上,明朝、朝鲜、日本史料不谋而合,说明事实确实如此。

实际上,早在九月之前,丰臣秀吉就屡次向侵朝日军下达退兵到朝鲜沿海地带的命令。据《宣祖昭敬大王实录》记载,加藤清正麾下有一名叫作福田勘介的将官,他在撤退途中被朝鲜忠清道兵使李时言俘虏。他在供词中交代:小西行长、加藤清正原本打算分兵三路直冲朝鲜都城王京,但丰臣秀吉派人传达了不准进犯王京的命令,限定九月之内随日军在其所到之处厮杀,但十月必须退到朝鲜沿海的西生浦、釜山浦一带;所以日军在杀到距离王京只有三日路程的时候,就撤退了。福田勘介的原话是:

> 当初行长、清正之意,欲分三道直冲京城。关白遣人传令:勿犯京城;限九月,随其所到处厮杀;十月内,还来西生浦、釜山等窟穴云。故到京城三日程,旋即还归,全罗道亦无留住之意。

福田勘介所说的丰臣秀吉派人向侵朝日军传令退据朝鲜沿海一事,发生在八月二十五日的全罗道全州军议上。参与会议的日军诸将对直捣朝鲜王京跃跃欲试,但丰臣秀吉派来的使者向日军诸将传达了退兵命令。由于秀吉的命令,再加上天气寒冷这一重要因素,日军诸将决定分兵掳掠一番之后,就执行秀吉的撤退命令。此事记载在庆念的《朝鲜日日记》中:

> 宇喜多秀家、毛利秀元在全州,留数日休士马、治伤痍,会秀吉使者来命退军。诸将初欲直冲京城,以天渐寒,且有秀吉命,停前议,欲分徇郡邑然后退。

又据《宣祖昭敬大王实录》记载,早在稷山之战发生三个月前的六月份,宗义智的家臣要时罗就和朝鲜人暗中通气,称日军将在"十月晦间则还镇于沿海……事过之后可验矣"。同一时间,锅岛直茂的部将丰茂守在和朝鲜战士郑承宪的谈话中,也透露了丰臣秀吉下令日军在抢掠全罗道、庆尚道等地后退兵沿海一事。丰茂守说,"六七月间,大兵渡海,先击庆尚、全罗等道后,还驻沿海","(关白)令此诸将曰……汝等为先锋，踩踏庆尚、全罗、济州等地后，退兵宜宁、庆州等处屯据"。

再据《宣祖昭敬大王实录》记载，在稷山之战发生的三四个月前，丰臣秀吉就在文书中对日军诸将下达过焚荡全罗道之后就退兵沿海的命令：

> 今则兵粮难继，不可深入。焚荡全罗之后，即为还兵。自镇江到迎，沿海结屯，以问朝鲜和不和，且休马。积年之久，而朝鲜又若不肯，时时窃发，扫荡朝鲜军民，聚集富饶之处，则我国军马不劳，而朝鲜军民自尽。不可以日月为期，我虽死后，又有子孙，诸将等尽力，必朝鲜乞和而后已。

从《宣祖昭敬大王实录》的记载来看，丰臣秀吉在同年五六月，就已做出相关指示，要求侵朝日军在攻打全罗道、庆尚道后退兵朝鲜沿海，原因是他考虑到日军的兵粮终究有限，所以下令不可深入。

从以上这些史料可以得出结论，丰臣秀吉早在五六月就已经制订了退兵朝鲜沿海的计划，并且知会了日军诸将，又在八九月连续从日本派遣使者向侵朝日军传达退兵命令，让他们不要进攻王京。由此可见，侵朝日军打到忠清道以后南撤，是丰臣秀吉早就定下的既定方针，实与稷山之战无太大关联。朝鲜史料《东阁杂记》就直截了当地说：

> 或云："寇至忠清而止，乃秀吉之令云。"

其实在更早之前，丰臣秀吉制订第二次侵朝战争的战略计划时，就在军令中明确提到过此次行动的目标是：

> 赤国（全罗道）悉收而施治，青国（忠清道）以下随宜进取。（《高山公实录》）

在军令中，丰臣秀吉只是命令诸将把全罗道拿下，忠清道以北则见机行事。从上述事实可以看出，丰臣秀吉在制订的作战计划中，把日军的作战区域限定在京畿道以南的朝鲜半岛南部，避免日军因兵粮不足、过于深入而出现不利情况。

当然，退兵朝鲜沿海虽然是丰臣秀吉的既定战略计划，但并不是说稷山之战对日军完全没有一丝震动。日军退兵后，除了加藤清正的部下福田勘介被朝鲜军俘虏以外，还有一名不知道具体姓名的毛利军士卒被明军俘虏，他的供词也反映了当时日本人对撤军的看法。这名毛利军士卒，因为生病掉队未能撤走，在清州被朝鲜人俘虏，他在供词当中交代了自己的出身和日军撤退的原因，他说：

> 原系倭将毛利（秀元）管下奴丁，回到清州，得病落后，九月二十四日被擒。而当初关白分付诸将："尽杀朝鲜男女，鸡犬不遗，然后再听分付云。"故攻陷南原时，倭子战死者百余人。将欲进犯王京，到稷山地，为天兵所杀死五百余名，千把总死者二十余人。以是清正令负红旗人传令，使之撤还。关白亦传令曰："若已抢全罗、忠清二道，急急撤兵，十月初二日上船，二十日内，当到日本，而违则当斩云。"故各营将领，恐其违期，仓皇退回云云。（《宣祖昭敬大王实录》）

被俘的毛利军士卒提到，日军在南原之战中被明军杀死 100 多人，在稷山之战中又被明军杀死 500 多人，加藤清正见部队受损严重，于是下令撤军。福田勘介也招供说，"稷山之战，甲斐守（黑田长政）之军多死，耻而隐讳云"，同样提到黑田长政军在稷山战死许多人。可见，在日军右军队伍中，无论是加藤清正麾下的小军官福田勘介，还是毛利秀元麾下不知名的士卒，都认为日军在稷山之战中付出了相当大的损失。

不过由于这名被俘虏的毛利军士卒身在底层，因此对某些细节表述存在错误。比如他对日军的指挥系统就存在错误认识，说因为日军在南原之战、稷山之战中死伤惨重，加藤清正才传达退兵命令。但当时加藤清正隶属日军右军，右军大将是毛利秀元，并非加藤清正。加藤清正既然不是右军最高统帅，和黑田长政一样只是右军部将之一，自然无权下达撤退命令给与他平级的黑田长政和上级毛利秀元了。这名毛利军士卒又说，丰臣秀吉下令日军直接撤回日本本土，这一点也不符合事实。但他说秀吉曾给日军下达撤军命令，倒是与其他史料的记录相符。

可以明确的是，无论是否爆发稷山之战，日军右军都会在九月份、十月份撤军到朝鲜沿海，这是丰臣秀吉既定战略计划的一部分。

丰臣秀吉之所以做出保守的战略计划，限制日军的作战区域，一再传令退兵至朝鲜沿海，是因为他很清楚日军的兵粮经不住深入敌境带来的巨大消耗。他吸取了第一次侵朝战争的惨痛教训，将日军兵力集中在补给稳定的后方。在第一次侵朝战争中，日军就是因为前线兵粮不足，后方也并不稳定，在还没完全打下朝鲜半岛南部的庆尚道、全罗道、忠清道的情况下过于深入，结果自釜山浦至王京之间，不断有朝鲜人反抗，导致日军补给路线受到严重破坏，兵粮难继。即便日军在第一次平壤之战、碧蹄馆之战中击败了明军，也没有换来战略优势，因为前线兵粮断绝，最后只能从王京撤离，退据朝鲜沿海，与明朝议和。

　　正是因为过去的教训，丰臣秀吉才对第二次侵朝战争做了很大的战略变动，严格限制日军的作战区域，以被动换取主动，步步为营。他之所以这么做，显然是从根本上意识到了自己不可能轻易吞并朝鲜、对抗明朝，这是日本当时的国力所决定的。

青山之战

　　日军右军从忠清道撤退后，朝鲜朝廷和明军终于解除了危机。明军放开胆子，展开追击。万历二十五年九月十六日，朝鲜接待都监报告："摆、柴两游击，追击斩贼十八级，方乘胜追击云。"（《宣祖昭敬大王实录》）九月十八日，又报："提督分付摆、彭、柴三将，追击倭贼于锦江之边，昨日又斩四十六级。且镇川之贼，已过荆川而去云。"（《宣祖昭敬大王实录》）从这两份奏报来看，最迟在九月十六日，明军游击摆赛、柴登科与参将彭友德便在提督麻贵的命令下南下追击日军右军，并一直追击到了忠清道的锦江之边。

　　除了朝鲜官方史料《宣祖昭敬大王实录》外，锦江之战在其他的明朝、朝鲜史料中并没记载，但这一战却意外得到了日本史料的印证。根据《毛利家记》的记载，毛利秀元在稷山之战后，本想继续北上，一直打到明朝辽东，但在此期间接到丰臣秀吉要求退守庆尚道釜山浦的命令，于是开始从忠清道公州撤军。从朝鲜古代地图《海东地图》来看，公州边上正是锦江，毛利秀元必须渡过锦江才能从忠清道撤向庆尚道。由此可见,《宣祖昭敬大王实录》中提到的摆赛、彭友德、柴登科追击倭贼于锦江之边,当是指追击正在撤退的毛利秀元军,也就是日军右军本队。

《毛利家记》记载,毛利秀元从公州撤退以后,到了忠清道的文义,结果四五万朝鲜、大明军队紧追不舍,毛利秀元因此展开还击,击杀数千人。这一描写虽然不免夸大实情,但透露出了两个重要情报:一是毛利秀元从公州撤退以后,被明军追击确属事实,与追击而来的明军发生"锦江之战"很可能是真的;二是毛利秀元从公州撤退后,又与明军在文义打了一仗。《毛利家记》记载的这一文义之战,在明朝史料中找不到记载,但却可以从朝鲜史料中找到蛛丝马迹,证明此战可能也是存在的。

根据朝鲜文献《同春唐集》的记载,锦江的边上是荆江,而荆江流经文义;又据《宣祖昭敬大王实录》记载,彭友德、摆赛、柴登科三将在追击日军于锦江后,又"追贼至荆江,接战连捷",与日军在荆江流域作战。综合这些史料来看,明军很可能追到了荆江流域的文义,与毛利秀元在此发生交战。不过,从明人事后未有只言片语提及文义之战来看,此战的规模应该不会很大。文义之战后,毛利秀元军又撤到了与文义一山之隔的怀仁,"倭自稷山,退保怀仁"(《万历邸钞》)。之后,毛利秀元遵从秀吉的军令继续南撤,经庆尚道的大丘、密阳,于十月八日撤到庆尚道南部的釜山浦。

日军右军大将毛利秀元从忠清道撤兵时,日军右军的黑田长政也在忙着率部从忠清道南撤,但他避开了与明军交战。据《黑田家谱》记载,稷山之战结束后,黑田长政军在稷山停留了10多天。不过这个说法并不正确,据一手史料《黑田家文书》记载,九月十四日到十六日,黑田长政军已经离开稷山,出现在忠清道的清安杀戮朝鲜人,并两次割取他们的鼻子,一次150个,一个457个。在清安大肆杀戮后,黑田长政军一路南下,在青山杀戮朝鲜人,割取鼻子242个。之后,黑田长政军继续南撤,于九月二十日经过庆尚道开宁,割取鼻子300多个;九月二十三日,经过庆尚道玄风,割取鼻子223个;十月八日,撤向庆尚道南部的梁山、东莱。

与此同时,日军右军的加藤清正也在九月十五日开始率军从忠清道撤退。据朝鲜史料《乱中杂录》记载,加藤清正在忠清道的清州分军三路南撤:一路经忠清道的青山、黄涧,自庆尚道的星州南下;一路经由庆尚道的咸昌、尚州,自仁同、大丘南下；一路经由庆尚道的闻庆、比安、军威南下。而锅岛直茂部队从忠清道的清州退兵到庆尚道的尚州，途中与加藤清正的数万兵马在忠清道右路纵火，之后渡河经过全罗道右路，大肆烧杀抢掠。

但这一记载并不完全是事实，锅岛直茂当时并没有跟随日军右军大部队北上忠清道，而是与日军左军一同留在了全罗道，因此并不会从忠清道清州撤军。

撤兵途中，加藤清正军经过忠清道报恩赤岩一地，在大雾中与朝鲜将领郑起龙相遇。郑起龙只有400人，人数远远少于加藤清正部队。据朝鲜史料《宣庙中兴志》记载，郑起龙不慌不忙，在马上射杀数十名日军，加藤清正在大雾中看不清对方形势，以为朝鲜人有备而来，很久都不敢动。郑起龙见加藤清正军吓得不敢动，就缓缓引兵撤去。由于加藤清正军被吓住，不敢有所动作，庆尚道、全罗道的数十万百姓逃过一劫。

但是，这一记载从内容上看，完全是夸大其词，根本不足为信。原文其实很隐晦地描写了郑起龙一方因为人数过少最后主动撤走的事实，根本谈不上什么辉煌的胜利。提到郑起龙与加藤清正在大雾中遭遇的报恩赤岩之战的，还有朝鲜史料《锦石集》，但此书的记载更加夸张，称郑起龙以数十人设伏于报恩赤岩，大破加藤清正军。这一番言论，显然更不可信。

报恩赤岩之战结束后，加藤清正军继续南撤，途中经过青山一地。据说明军与毛利秀元军在文义打过遭遇战后，也一路南下，追击日军右军至青山，并与加藤清正军在此爆发战斗。对此，《宣庙中兴志》记载，"杨镐又遣参将彭友德，追败清正于青山"，指出彭友德在青山之战中将加藤清正击败。

除此之外，青山之战在史料上留下的笔墨并不多，具体过程更是不可得知。明人徐希震的《东征记》对青山之战是如此记载的：

> 令参将彭友德、杨登山，游击摆赛、柴登科、牛伯英、颇贵，内丁麻代，副将李芳春、吴惟忠，各取捷路邀击，追次青山。贼失措，散亡，斩级一百十五颗，夺衣、马、器械四百十五件，杀伤遁者无算，救回被掳人、畜千余。

明朝官方史料《明神宗实录》对青山之战更是只有寥寥数语：

……嗣是九月，副将解生等挫倭于稷山，参将彭友德等追倭至青山，共获级一百五十二颗，军声渐振……

　　……今我兵于青山等处屡战屡捷，有转虚为强之势……

　　而朝鲜官方史料《宣祖昭敬大王实录》并没有提及青山之战，只是记载了在交战地点和斩级数量上比较接近的荆江之战：

　　接待都监启曰：

　　当日彭、摆、柴三将先回，而追贼至荆江，接战连捷。柴游击军得十四级，摆游击手斩四级、军丁获三十六级，彭中军军丁得三十六级，提督内家丁斩三十五级，及他将军丁，亦有所获，合诸营一百五十五级。

　　从《宣祖昭敬大王实录》的记载来看，明军当时最远只追击到了荆江，并没有继续南下追到青山。另一朝鲜官方史料《事大文轨》也只是记载说，"天兵追击于清州、文义、公州、镇川等处，连斩数百级。节据哨探员役驰报，忠清道地方已无贼兵"，全然没有提及青山之战。此外，日本史料当中也未提及此战。

　　结合《毛利家记》的记载来看，明军最远只追到了荆江流域的文义，之后没有再继续追击。青山之战虽存在于明朝文献中，但完全不见于日、朝一手史料，很可能并不存在。实际情况应是明军高层在战报中，略微夸大了明军追击日军的最远地点。而后世的朝鲜史料《宣庙中兴志》，则在此基础上衍生出了彭友德在青山之战中击破加藤清正的传说。

　　虽然青山之战很可能并不存在，但明军高层仍然重视宣传"此战"的成果。经略邢玠在《买补东征马匹疏》中，特意对明军骑兵在丁酉再乱中的表现做了高度评价，认为日军在稷山之战、青山之战以及后来的蔚山之战中，被明军的骑兵打得抱头鼠窜：

　　据此看得，弓马为中国之长技，横鹜飙驰，风雨骤至，势非倭之跳跃踌躇者所能支。此不特稷山之堵截，青山之追逐，蔚山战克，历可指数。近日贼之首鼠而不敢出，出而无不歼者，皆以马之力。而屡获生口自供，倭所深畏而不敢前者，亦惟马耳。

今经理抚臣得于目击，知马兵之得力而为倭所畏，则马诚征倭必用者。

无论青山之战存在与否，加藤清正都率军从忠清道一路南撤。途中，加藤军经过庆尚道的星州、永川、庆州，击破沿途朝鲜军，俘虏许多朝鲜将官，但其自身的伤亡亦颇为惨重。（《朝鲜日日记》）十月八日，加藤军进入庆尚道南部的蔚山城、西生浦等旧垒。（《乱中杂录》）至此，日军右军完成了从忠清道撤向朝鲜沿海的计划。

虽然日军右军全都退到了朝鲜沿海，但在撤军途中不改残酷本性，沿途杀害了大量朝鲜人，连小孩也不放过，以致道路上堆积了大量尸体。《宣祖昭敬大王实录》记载道："倭贼则清州、公州两处大阵，尽为奔还。或入湖南，或从鸟岭，四散而逃。今此之贼，逢人辄杀，道路村墟，积尸如山，孩提不遗云。"

鸣梁海战

自万历二十五年七月二十八日侵朝日军分兵为左、右两军以来，短短两个月内，日军席卷了庆尚道、全罗道、忠清道。其中，日军右军最远打到了京畿道的竹山、安城，有直捣王京之势。当时，日本水军也很可能经西海（全罗道、忠清道、京畿道沿海）一路北上，到达汉江，袭取王京。如果日军水、陆齐进，那大明本土也将面临极大的威胁，正如《两朝平攘录》所指出的那样：

至于王京水路，正西则江华，西北则平壤之黄州，再北则嘉山、安州，西北则义州之鸭绿，此皆王京以上紧要水口。倭若进海而北，皆可以入。贼以一半从陆牵制于南，一半由水抄入于北，而吾兵反在其中。自此倏忽，而旅顺，而天津，而登莱，顺风扬帆，无不可到。

幸运的是，九月十五日以后，日军右军遵循丰臣秀吉的军令，从忠清道撤退，使朝鲜在陆路上的威胁暂时得以解除，但日本水军仍然有进犯西海的势头，朝鲜在海上的威胁并没有消除。

漆川梁海战结束以后，由于元均率领的朝鲜水军主力被歼，朝鲜方面一直担心日本水军会绕经西海北上，直逼忠清道、京畿道。早在七月二十三日，朝鲜国王李昖就针对这一问题说："舟师既破，凶贼所向无前。若因风攀帆，直指西海，则忠清、京畿等处，不日而至矣。须有远虑，瞭望把截……"（《宣祖昭敬大王实录》）

八月十四日，李昖召见提督接伴使张云翼，再次谈到了日本水军问题。张云翼忧心忡忡地说："小臣有迷劣之忧，浮海之贼，若不意绕出西海，则腹背受敌，尤无措手之地。"

对于如何防备日本水军的侵犯，张云翼提出了在忠清道的安兴梁聚集船只堵截日本水军的办法。朝鲜左副承旨金信元也提出相同意见，认为应当"收集余船，设一阵于安兴梁。又请天朝水兵驻于江华，以为声援，贼未得容易冲突"（《宣祖昭敬大王实录》）。

张云翼、金信元提议将防线构筑在安兴梁，正是为了防止日本水军绕至西海，直逼王京。他们猜得没错，日本水军的目的正在于此。《宣祖昭敬大王修正实录》记载，日本水军大将"号善水战，率其船二百余艘，欲犯西海"。《乱中杂录》也记载："（宇喜多）秀家由蟾津入闲山岛留屯，贼酋等先以千余艘，发送西海。"

为解决日本水军带来的隐患，被重新起用的朝鲜三道水军统制使李舜臣从庆尚道的晋州启程，渡过蟾津江，奔赴全罗道东南沿海的求礼。但当时朝鲜水军经过漆川梁海战的打击之后，仅剩下十几艘船只，已经无力在此堵截日军。庆尚道右水使裴楔和全罗道右水使金亿秋聚集了剩余的船只，一路逃到全罗道最西南位置的珍岛碧波亭。李舜臣到达求礼以后，看到日本水军已停泊在港口。身边没有一艘船只的李舜臣只能带领10余个随从，经由小道，从全罗道东南的求礼一路跑到西南的珍岛，与庆尚道右水使裴楔和全罗道右水使金亿秋会合。（《乱中日记》《乱中杂录》《宣庙中兴志》）

李舜臣到了珍岛以后，开始招募兵力，带着这帮"疮残余卒"在海面上巡视。看到的人都觉得这样做很危险，裴楔劝告李舜臣，不如舍弃船只，登陆上岸，但李舜臣不听。朝鲜朝廷担心朝鲜水军孤弱，也令李舜臣弃舟登陆，但李舜臣还是不听，上奏说："贼不敢直突者，实以舟师扼之也。臣一登陆，则贼必由西海达汉水，只凭一飘风，此臣所惧也。今臣战船尚有十二，臣若不死，则贼不敢侮我矣。"

从这番话来看，李舜臣同样担心日本水军会经西海抵达汉江，直趋王京，这一点与朝鲜国王李昖、提督接伴使张云翼的担忧完全一致。

八月二十八日卯时，8艘倭船突然入侵珍岛东面的于兰浦，朝鲜水军将士非常害怕，裴楔甚至想要逃走。但李舜臣不动声色，果断下令朝鲜水军迎击日军船只，将敌军驱逐到了于兰浦东面的葛头。(《乱中日记》)此战过后，裴楔还是很害怕，从碧波亭的大营出逃了，后被朝鲜朝廷处死。

九月八日申时，又有13艘倭船向于兰浦袭来，意图消灭朝鲜水军。李舜臣下令朝鲜水军从停泊的港口出发，出海迎击倭船。尚未交战，倭船就调转方向逃走了。朝鲜水军追击至远海，却发现风向和水流方向都变了，因担心日军在附近埋下伏兵，于是就回到了珍岛的碧波亭。李舜臣认定夜里日军必定还会袭来，再三要求诸将做好防备。二更时分，倭船果然向珍岛碧波亭袭来，神色恐惧的朝鲜水军将士在李舜臣的再三严令下，才放炮迎战倭船。地字炮不断向倭船放砸去，"河岳震动"。倭船知不敌朝鲜水军，于三更时分撤军。(《乱中日记》)

九月十五日，朝鲜军官任俊英乘船到达珍岛碧波亭，向李舜臣汇报敌情。根据任俊英侦察到的情报，200艘倭船中，有55艘进入了于兰浦前洋。又说，有一个从日军阵营里逃出来的朝鲜俘虏金仲杰，向他提供了一些关于日军的情报。据金仲杰说，他在本月六日避乱于全罗道海南的达磨山，但还是被日军给俘虏了。幸运的是，他遇到一名于壬辰年被日军俘虏的不知道姓名的庆尚道金海人，此人与日军混得比较熟了，在其乞求下，金仲杰被松了绑。当天夜里，趁着日军熟睡，这名金海人偷偷对金仲杰说了日军的谋划："朝鲜舟师十余只，追逐我船，或射杀焚船，不可不报复。招聚诸船，尽杀舟师人，然后直上京江。"(《乱中日记》)如果说之前朝鲜人担心日本水军经西海北上，只是他们的猜测，那么这一番谈话显示他们的目的，正是想歼灭李舜臣的10余艘船只，然后经西海直抵王京城外的汉江。

九月十六日，李舜臣率领朝鲜水军移阵珍岛北面的右水营，进入备战状态。李舜臣召集诸将，约束他们道："兵法云：'必死则生，必生则死。'一夫当迳，足惧千夫，今我之谓矣。尔各诸将，少有违令，则即当军律，小不可饶贷。"

李舜臣在《乱中日记》中写道，当天夜里，他做了一个奇异的梦。在梦中，有一个神人，指点他如何打仗，告诉他怎么做能够取胜，怎么做会打败仗。

九月十七日，日本水军大将来岛通总、胁坂安治、藤堂高虎、菅达长与军监毛利高政①，率领130多艘战船，从全罗道梨津浦出发，向珍岛碧波亭下的鸣梁海峡驶去。李舜臣闻讯，召集诸将，再三约束军令，然后下令13艘战船②从右水营出海迎战日本水军。但因为日本水军拥有明显的数量优势，朝鲜诸将自度众寡不敌，都想着逃命。在这种危险的情况下，只有李舜臣敢于迎战，他下令摇起所乘船只的船橹，突入敌阵，对着日军船只乱放地字炮、玄字炮等各种铳筒，"发如风雷"。船上的军官也对日军船只不停射箭，"如雨乱射"，日本水军一时不能抵挡，一会儿进，一会儿退。然而日本水军终究仗着船只众多，将李舜臣的船只重重围困，而其他朝鲜船只则观望不进。李舜臣船上的朝鲜将士见状，相顾失色。李舜臣好言安慰道："贼虽千只，莫敢直搏我船，切勿动心，尽力射贼！"

但李舜臣刚说完这话，回过头就看到其他朝鲜船只已经逃到了约400米外的地方，全罗道右水使金亿秋的船只更是一下子逃到了约800米外的地方。李舜臣想要调转船头，追上中军金应诚的船只，将金应诚按照军法斩首示众。但是李舜臣的船一掉头，其他朝鲜船只就逃得更远了，日军船只更是扑过来围上李舜臣的船只，弄得他非常狼狈。李舜臣立刻让人在船上挥动招摇旗，让其他朝鲜船只过来救援。李舜臣打算斩首示众的中军金应诚看到后，总算按下恐惧，将船只渐渐驶向李舜臣。巨济县令安卫也有所触动，将船只驶向李舜臣，先金应诚一步靠近李舜臣的船只。

李舜臣站在船舷上，对着安卫大喊："安卫欲死军法乎？安卫欲死军法乎？逃生何所耶？"

安卫听到李舜臣的这番严词质问，慌忙突入日本水军阵中。李舜臣又对金应诚的船只喊道："汝为中军，而远避不救大将，罪安可逃？"虽然李舜臣怒气难遏，想对金应诚行刑，但是情况危急，只能令金应诚戴罪立功。

---

① 鸣梁海战中的日本水军出阵将领名单，出自《久留岛通利氏所藏文书》《高山公实录》。

② 关于李舜臣战船的数量，有不同的说法。《宣祖昭敬大王实录》《高山公实录》记载是13艘，《宣祖昭敬大王修正实录》记载是12艘，《乱中杂录》记载是百余艘。笔者之所以取13艘的说法，是因为这是李舜臣在报告中提到的数据，同时也与日本方面的记录相符。

在李舜臣的严令下，金应诚和安卫的船只一改退缩姿态，冲杀在最前头，与日本水军展开厮杀。其中一名日本水军大将，指挥他麾下的两艘船只夹攻安卫的船只，得逞后争相登船。安卫和船上的朝鲜士兵拼死反击，或持棱杖，或握长枪，或拿水磨石块，对日军又刺又砸，莫不拼命。有七八名士兵落入海水中挣扎，几乎不能获救。李舜臣见状，急忙调转船头救援安卫，船上的士兵对着两艘日军船只疯狂射箭，几乎将船上日军尽数剿灭，成功解了安卫之围。鹿岛万户宋汝悰、永登万户丁应斗的船只也在这时候赶了过来，与李舜臣、金应诚、安卫一同对抗日本水军，合力射杀了许多日军士兵。激战中，日本水军大将之一的来岛通总战死，其麾下人员死伤过半。另一日本水军大将藤堂高虎手上受了两处伤。（《高山公实录》）军监毛利高政同样受了两处伤，甚至一度落入海中，直到被捞起来才保住一命。（《毛利高栋文书》）日本水军大将菅达长的儿子菅正阴，也在此战中阵亡。（《锅岛直茂谱考补》）在这场大战中，日本水军的一名大将与一名大将之子战死，一名大将和一名军监负伤，可见日本水军在鸣梁海战中遭受到了很大的打击。

李舜臣船上有一名叫作俊沙的降倭，看见海面上飘着一具穿着很华丽的"尸体"，他指着这具"尸体"说，这是日本水军大将之一的"马多时"。李舜臣根据俊沙的指认，让人用钩子把这具"尸体"给捞了上来。等捞上来以后，才发现这具"尸体"还有一丝气息，并没有死。俊沙高兴地跳了起来，说这就是"马多时"，没有认错人。于是，李舜臣命人立即将"马多时"斩杀。对于这位"马多时"的真实身份，有两种不同的说法，一种说法认为他就是来岛通总（《乱中杂录》），还有一种说法认为他是菅正阴（《两国壬辰实记》）。日本水军士气为此大挫，不敢再进犯朝鲜水军。朝鲜水军趁机鼓噪进发，一齐对着日军船只放地字炮、玄字炮等火器，又对其乱射弓箭，一共击毁了31艘日军船只，剩下的日军船只退避而去。李舜臣顾虑到"水势险极，风且逆吹，势亦孤危"，退兵到了后方的唐笥岛，并在当日的日记中写道"实天幸也"，可见也是心有余悸。此战，便是赫赫有名的鸣梁海战。[1]

鸣梁海战中，全罗道右水使金亿秋的船只远远逃命，对李舜臣见死不救。此战

---

[1] 以上有关鸣梁海战的经过，主要依据是《乱中日记》《宣祖昭敬大王实录》进行叙述的。

结束后，出于某种原因，李舜臣不仅没有处罚他，还上报金亿秋立下了战功。李舜臣上报朝鲜朝廷的战报是这样写的：

> 闲山岛溃败（指漆川梁海战）以后，兵船器械，散失殆尽。臣与全罗右道水军节度使金亿秋等，收拾战船一十三只、哨探船三十二只，于海南县海路要口把截。而有（日军）战船一百三十余只，从梨津浦前洋向来。臣督水使金亿秋、助防将裴兴立、巨济县令安卫等，各整兵船，于珍岛碧波亭前洋（鸣梁海峡）与贼交锋，冒死力战，以大炮撞破贼船二十余只，射杀甚多，贼众飘溺海中，斩首八级。贼船中有大船一只，建羽葆红旗，围青罗帐，指挥诸贼，围把我船。有鹿岛万户宋汝宗、永登万户丁应斗，继至力战，又破贼船一十一只，贼大挫，余贼远退。有阵中投降倭，指红旗贼船，认是安骨贼将马多时。获贼物画文衣、锦衣、漆函、漆木器、长枪二柄等因。（《宣祖昭敬大王实录》）

但鸣梁海战结束以后，日本水军并没有停止前进。朝鲜史料《看羊录》记载：“水路倭千余艘已到右水营，统制使以众寡不敌，遵海西上。”也就是说，李舜臣在战后因为力量不足，被迫率领朝鲜水军退避到后方，放弃了朝鲜水军的右水营基地。又据《毛利高栋文书》《宣祖昭敬大王实录》记载，日本水军在战后继续北进，进兵右水营北方的罗州川口、灵光岛等地，大肆杀戮。因此，朝鲜水军未能通过鸣梁海战的胜利击退日军，还被迫退到了全罗道海域的大后方，此战的实际作用相当有限。不过由于丰臣秀吉事前制定军令，要求日军打下全罗道后就退兵朝鲜沿海筑城，不得继续深入；所以当日本水军压制了全罗道西部海域，完成既定战略目标后，就选择撤兵了。

日军左军撤兵

鸣梁海战发生的同一天，以宇喜多秀家为大将的日军左军在全罗道的井邑再次召开军事会议，商讨下一步的行动。参加会议的日本将领有宇喜多秀家、吉川广家、生驹一正、锅岛直茂、岛津忠恒、长宗我部盛亲、池田秀氏、中川秀成、熊谷直盛。军监早川长政、垣见一直也参与了此次会议。

经过讨论，日军左军诸大名达成了五条共识，并写信向前田玄以、增田长盛、石田三成、长束正家四位奉行汇报，具体内容如下：

一、（日军左军）不久之前进入忠清道，现在回到全罗道，分出兵力讨伐尚未投降的地方。之后返回朝鲜海岸，准备在要地筑城。

二、忠清、全罗两道讨伐结束后，将呈上该地区的地图。

三、关于筑城的位置，虽然得到指示让小西行长守备庆尚道南部，但考虑到全罗道顺天郡的位置更加合适，因此变更。

四、原令立花宗茂守备釜山城，但考虑到釜山是与日本内地联络的重要中转站，需要准确发出各种报告、命令，因此让老练的毛利吉成守备这里更合适。

五、立花宗茂年轻力壮、斗志旺盛，因此应在岛津忠恒和锅岛直茂守备的城中选择一处，由他担任守备工作。（《岛津家文书》）

在这封信件中，日军左军诸大名提到要分兵讨伐全罗道尚未投降的地方，达成平定全罗道的目的。据《锅岛家文书·高丽阵诸将郡割并阵立书案》记载，井邑军议之后，日军左军计划分兵进军全罗道以下地方：

将领	进军目标
吉川广家	珍原、昌原
长宗我部元亲	罗州
池田秀氏、中川秀成	光州
宇喜多秀家	宝城、长兴
毛利吉成	同福
锅岛直茂	和顺、绫城
蜂须贺家政、生驹一正	南平、灵岩
岛津义弘	康津、海南
小西行长	乐安、顺天、光阳
船手众	兴瑞

这些地方，都在全罗道南部，可见井邑军议结束后，日军左军遵照丰臣秀吉退

兵朝鲜沿海的命令，确定了南撤方针。所以，日军左军宣称要讨伐全罗道尚未投降的地方，只不过是他们南撤的一种委婉说辞。会议结束的同一天，宗义智的家臣柳川调信从任实撤向南原，九月十八日又撤往求礼；宗义智的另一家臣要时罗则撤向谷城。① 岛津义弘等其他日军部队从井邑撤向东南面的淳昌、潭阳，四散屯守于昌平、光州、玉果、同福、绫州、和顺。

九月十九日，数千日军经南原撤往求礼，之后向庆尚道泗川撤退。同一天，另一路 1 万多人的日军撤往南原，九月二十日又撤往南原东面的云峰，之后经云峰撤向庆尚道咸阳。这伙日军沿途搜山杀掠，杀死了大量朝鲜人。（《乱中杂录》）

九月二十二日，从井邑南下的吉川广家，在井邑南面的珍原县杀戮朝鲜人，割取 870 个鼻子，此后又展开了更大规模的屠杀与破坏。五天后的九月二十七日，吉川广家在珍原县、长城郡一共割取了 10040 个鼻子。（《萩藩阀阅录》）

九月二十六日，岛津义弘、岛津忠恒父子撤向全罗道最南面的海南。同一时期，锅岛直茂、锅岛胜茂父子撤向全罗道海南东北方向的康津。②

日军左军自全罗道南撤的消息被明军获悉后，明军误认为日军大部队已经全部撤离全罗道，只剩下为数不多的日军还在全罗道烧杀抢掠。于是，副总兵李如梅"闻全罗道有留屯焚荡之贼，欲追杀得大功"。经理杨镐与提督麻贵商量，麻贵也"欲遣三四枝兵马，追杀贼奴矣"（《宣祖昭敬大王实录》）。

明军做出了追击全罗道日军的决策以后，在九月底派出一支先锋队自王京南下，抵达全罗道全州，进击任实南面的獒树驿。这时候有 50 多名日本士兵留守在獒树驿，在这里收割粮草。见 30 余名明军骑兵驰来，日军士兵扔下粮草，落荒而逃，一路向南逃窜到求礼。日军从獒树驿逃走以后，明军先锋继续南下，埋伏在南原的乡校后峰。（《乱中杂录》）

---

① 《乱中杂录》称柳川调信、要时罗各自领兵 1 万，但是这一说法有误，他们二人不过是宗义智、小西行长的家臣，不可能调动这么多的兵力。

② 据《锅岛直茂谱考补》记载，岛津忠恒、锅岛胜茂分别撤向全罗道的海南、康津，而岛津忠恒的父亲岛津义弘先一步撤退到了庆尚道泗川，锅岛胜茂的父亲锅岛直茂则先一步撤退到了庆尚道的金海竹岛。但据《乱中杂录》记载，岛津义弘、锅岛直茂也撤向了全罗道的海南等地；又据《宣祖昭敬大王实录》记载，锅岛军在十一月前后从全罗道撤向庆尚道时有 1 万人，可见锅岛直茂也在其中。由此推断，岛津义弘、锅岛直茂应该也撤退到了全罗道的海南、康津，并没有提前撤退到庆尚道的泗川和金海竹岛。

十月三日，在全罗道井邑西北方向的扶安、边山烧杀抢掠的日军兵分两路，撤退到全罗道东南方向的云峰。

十月四日，南原城内的 30 余名日军士兵从城内先行撤走。镇安的 50 余名朝鲜乡兵一路追击，最终在吾原驿附近追上这伙日军，并有所斩获。跟在朝鲜镇安乡兵后面对日军进行追击的 30 余名明军士兵，斩得日军首级 4 颗，生擒日军士兵 1 名。①

十月五日半夜，南原城内的日军全部从城中撤走，明军与朝鲜军合力追击，明军生擒 1 名日军士兵，斩得 2 颗首级，朝鲜将领李凡年斩得 1 颗首级。(《宣祖昭敬大王实录》)

十月六日，经理杨镐听闻"倭贼尚在（全罗道）任实、南原，而其数不多，且有不久将退之意"，决定次日再派遣 5 名将官、5000 兵马南下。

十月七日，明军副总兵李如梅，参将解生，游击颇贵、摆赛、牛伯英，遵照杨镐的命令，领兵南下全罗道。(《宣祖昭敬大王实录》)提督麻贵也在随后亲自出兵全罗道，于十月十五日抵达全罗道全州。十月十六日，麻贵又从全州领兵南下，途经任实，在距离南原 6 公里远的北栗岘停兵屯驻。

明军南下后，驻守在全罗道谷城的宗义智家臣要时罗纵火烧毁谷城，撤向东南方向的求礼、顺天。与此同时，全罗道昌平的日军也在向庆尚道的河东撤兵，他们押送了一批朝鲜人搬运粮草。直到抵达全罗道与庆尚道交界的蟾津江，日军才将这些做搬运的朝鲜人放还。但是这些朝鲜人担心在归途中碰上不知情况的日军以致被害，便乞求日军护送。日军头目让数十名日军士兵把这些人押送到南原的南村，结果在这里与 30 余名明军士兵不期而遇。

明军士兵以为眼前这些人都是逃回来的朝鲜俘虏，刚想要搭话询问贼情，日军就拔出刀杀死了几名明军士兵。明军立刻反击，射杀了 2 名日军士兵，剩下的几十名日军士兵和几百名朝鲜人全部落荒而逃。(《乱中杂录》)

南原南村之战结束后，这些明军士兵沿江而下，在求礼渡口潺水驿设下埋伏。见有 40 多名从顺天来的日军士兵渡江北上，数名明军骑兵从埋伏圈内出来吸引日军

---

① 见《宣祖昭敬大王实录》"宣祖三十年十月十四日"条。此战在《乱中杂录》中被记录为："冬十月，天兵自樊树进探南原城，歇马乡校后山。谷城之贼三十余名，驱牛马到万福寺，铜铁载去……天兵发马追赶，斩杀四级。"

注意力。日军见明军兵少，立即拔刀相向。埋伏在后方的明军一拥而上，以骑兵冲击日军的同时用弓箭进行射击。日军不敌明军，渡江南逃，结果又被明军追上，斩得 20 颗首级。(《乱中杂录》) 此战，是为潺水驿之战。

潺水驿之战结束后，麻贵的家丁率军前往攻打宗义智家臣柳川调信驻守的求礼城，在战斗中斩得日军首级 4 颗，夺取战马 2 匹，但是也有 1 名明军士兵被日军用铁炮打死。(《宣祖昭敬大王实录》) 此战，是为求礼之战。对于此战的过程，《乱中杂录》记载："(明军) 直入求礼城，喊呼驰跃，贼兵四出围抱，天兵退走。"根据这一记载可知，明军攻打求礼城失败了，最后以撤退告终。

求礼城之战发生的同日，留在北栗岘阵地的麻贵与副总兵李如梅、参将解生等明军将领召开军事会议。在会议上，明军听说求礼地势险要，不利于骑兵施展，且日军人数众多，而明军人困马乏，已经缺粮三日，决定停止继续向求礼进兵，回兵至葵树驿驻扎。

十月十七日，麻贵将前一天斩得的 2 颗日军首级送给李如梅，李如梅推辞一番后接受。(《宣祖昭敬大王实录》) 在这之后，麻贵为避开求礼城的日军锋芒，将军队从葵树驿移阵至西南方向的长城郡。而日军方面，经过求礼之战也受到了惊吓。战斗结束后，柳川调信从求礼撤向蟾津江，之后乘船进入南海，撤往庆尚道的流山岛，在岛屿四周筑城、开凿城壕。宗义智也从闲山岛移阵至此，与柳川调信合兵驻守流山岛。(《乱中杂录》)

此外，在海南的岛津义弘父子、康津的锅岛直茂父子，本想从全罗道南部沿海乘船撤向庆尚道，但是负责接应锅岛、岛津撤退的日本水军船只却迟迟未至。于是，岛津义弘、锅岛直茂分为左、右两路，发兵北上，直指南原，准备与柳川调信一样从蟾津江撤向庆尚道。

十月二十一日，30 余名日军先锋驱赶着牛、马、朝鲜俘虏，来到南原城南门。恰逢 6 名明军骑兵从附近的忍川下山，在南原城下巡逻，于是与日军先锋队在桥上相遇。日军先锋队伪装成朝鲜人，假意招呼明军士兵道："宰相，宰相！"据说当时朝鲜人称呼明军士兵为"宰相"，日军知道了，也这样称呼明军士兵，想迷惑他们。明军骑兵识破这些发音不标准的"朝鲜人"真实身份是日军，但因自身人数太少，只得向忍川逃去。日军先锋紧追不舍，追击明军骑兵至忍川，纵火焚山后回兵，傍晚屯兵于南原东门外的土城。

十月二十三日，岛津义弘分兵为二，分别由玉果、谷城，渡过鹑江，逾越鸿岭，到达南原附近。锅岛直茂自淳昌出发，逾越飞鸿岭，到达南原附近。在锅岛直茂从淳昌向南原移动的过程中，麻贵从长城郡发兵，追击至淳昌，斩得锅岛军首级 18 颗。(《宣祖昭敬大王实录》) 此战，是为淳昌之战。

十月二十四日，岛津义弘军向南原东南面的求礼进军，至原川院坪的烟花山扎营。锅岛直茂军向南原东面的云峰进军，至虎山院扎营。日军左军在撤军路上搜山杀掠，杀死了大量朝鲜人。(《乱中杂录》)

十月二十九日，岛津义弘、岛津忠恒父子从全罗道的求礼出发，十月二十九日便撤退到了庆尚道的泗川城。左军的垣见一直、长宗我部元亲、毛利吉成、伊东祐兵、中川秀成、高桥元种、秋月种长等，也先后撤退到了庆尚道。(《面高连长坊高丽日记》)

除了以上这些人以外，锅岛直茂、锅岛胜茂父子二人的军队约 1 万人，越过全罗道边境的云峰，也撤向了庆尚道。锅岛军沿途经过庆尚道的咸阳、山阴、三嘉，准备撤向东面的咸安。朝鲜庆尚道右兵使金应瑞闻讯后，当即率领朝鲜军兵和降倭前往追赶锅岛军。朝鲜军兵分几路，或从小路追赶，或从大路追赶。而锅岛直茂军已经从三嘉直下宜宁，一半军队渡过了鼎津。只要渡过鼎津，就能到达目的地咸安。此时，有明军数十人赶到鼎津，与金应瑞率领的朝鲜官兵、降倭，以及前县监李瀞合势，追击正在渡河的锅岛直茂军。明朝、朝鲜联军突入敌阵，用弓箭射击锅岛军，但锅岛军以骑兵将明、朝联军包围住，使联军陷入重围之中，难以逃脱。险境之中，明军与朝鲜官兵、降倭拼死血战，最终突出重围。此战，是为鼎津之战。鼎津之战是明、朝、日三国士兵追击锅岛直茂军的一次战斗，但以联军失败告终。

在鼎津之战中，明军和朝鲜军中的降倭一共斩首锅岛军首级 70 多颗，但在突围逃走的时候，因为情况紧急，几乎全部丢失了。最后清点下来，明军斩得 2 颗首级，降倭金知"沙古汝武"斩得 2 颗首级，降倭同知"要叱其"、降倭金知"沙也加"等各斩得 1 颗首级。此外，明朝、朝鲜联军夺获了锅岛军的红白、黑白大小旗 3 面，以及长枪 1 柄、剑 15 柄、鸟铳 2 柄、牛 4 头、马 1 匹。被锅岛军掳掠的 100 多名朝鲜人，也被抢了回来。

明、朝联军在鼎津之战中同样伤亡惨重，代价不小。朝鲜将领杨渊力战身亡，郑梦星全身被剑砍伤,一根手指被砍断,另一将领林青玉也被剑砍伤。降倭"孙时老"被铁炮打伤,弹丸从左乳打进,从右膝出来,血流不止,但没有死去。另一降倭"延时老"跌落马下,被剑砍死。

鼎津之战结束后,锅岛直茂父子撤往目的地咸安,之后又向东面的昌原移动,并在此留屯。(《锅岛直茂谱考补》)为了加强对庆尚道的宜宁、咸安、漆原、昌原地域的军事支配,锅岛直茂下达了三条命令:

一、就算是朝鲜官员,也要遵照日本的命令回到乡邑,这样才可以领取粮食。

二、县中的朝鲜士民百姓,回到自己的旧居,专心耕种。被日本军捉拿的百姓妻子、儿女,日本军根据自己所知道的人数,列出具体的名单,一律放还。

三、如果朝鲜百姓怀有疑心,违背上述号令,逃窜到山谷。那么一旦被日本军发现捉拿,一律格杀勿论。(《锅岛家文书》)

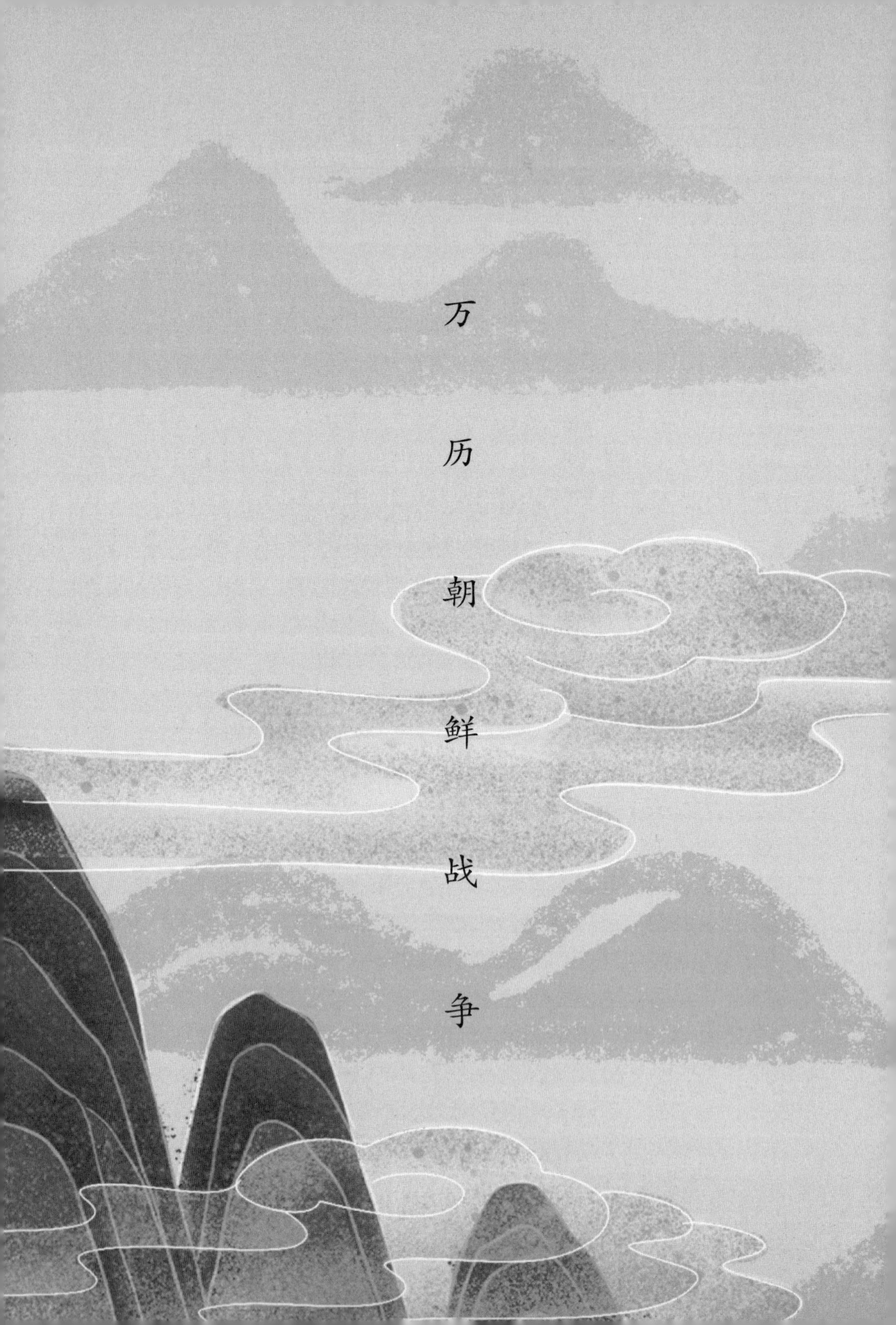

万历朝鲜战争

第八章

丁酉再乱（中）：

从明军发动蔚山战役到

日军流露归志

日军沿海筑城

侵朝日军南撤以后，丰臣秀吉向他们下达了在朝鲜沿海地区筑城的命令。他计划各处城砦修好以后，除加藤清正、小西行长、岛津义弘、浅野幸长等部继续留守朝鲜沿海诸城外，余下日军尽数撤回日本本土。留在日本的毛利辉元原先受命渡海，已经在壹岐岛待命，这个时候也收到了停止渡海的命令。(《萩藩阀阅录》)丰臣秀吉的这一军令，显示日本战国军队侵朝势头大为衰退，难为持久之势。

日军在朝鲜原有城池附近修筑的倭城，分别位于以下地点：

朝鲜原有城池	修筑倭城地点	负责的将士
蔚山城	蔚山府东的岛山	浅野幸长，毛利部将宍户元续、三泽为虎，加藤部将加藤安政、九鬼广隆，军监太田一吉
梁山城	梁山郡西的甑山	毛利秀元、小早川秀秋的部将
昌原城	昌原府南的马山	不详
固城	固城郡南	吉川广家、毛利部将桂元纲等人
泗川城	泗川郡南的船津	长宗我部元亲、毛利吉成、中川秀成、池田秀氏、军监垣见一直
南海城	南海郡东的船所	胁坂安治等人
顺天城	顺天府东的倭桥	宇喜多秀家、藤堂高虎
巨济岛	巨济郡见乃梁	不详

万历二十五年十月，加藤清正开始在庆尚道蔚山城以东 10 余町[①]的岛山筑城，由太田一吉担任工程总监。为完成这项工程，浅野幸长投入 3000 人，加藤部将加藤安政、九鬼广隆投入 3000 人，毛利部将宍户元续、三泽为虎投入 10000 人，昼夜赶工。日军新造的这座岛山城，在《浅野家文书》中被称为"蔚山新城"。在岛山，日军修筑了三处被称为"丸"的日式城防建筑，分别是本丸、二之丸、三之丸。本丸在山上最高处，二之丸、三之丸依次递降，呈梯形防御结构。本丸在岛山南端，高约 50 米，东西长一町（约 109 米），南北宽半町（约 54.5 米）。二之丸在本丸北侧，位置相对较低，东西长一町（约 109 米），南北宽二十间（约 36 米）。三

---

① 日本战国时期的一种度量衡，一寸约为 3.03 厘米，一尺等于 10 寸（约为 30.3 厘米），一间等于 6 尺（约 1.818 米），一段等于六间（约 10.908 米），一町等于十段（约 109.08 米），一里等于 36 町（3926.88 米）。

之丸在二之丸的西北，东西长二十间（约36米），南北宽一町（约109米）。

跟随太田一吉的从军僧人庆念在《朝鲜日日记》中记录了岛山城的修筑实况：

> ……到处都是铁匠和木匠用锤子敲击的声音。斧头叮叮当当地响，不能入睡，天亮后的噪声比半夜更大……
>
> ……同日，大家的精力几乎耗尽。如果有人叫苦，就会受棍棒殴打……
>
> ……铁炮队、幡旗队、徒士（不允许骑马的武士）、搬运工乃至船夫都被命令上山砍伐木材。雾很大，晚上星星出来后才能回去。不卖力的人就会遭到鞭打，也可能被砍头后立在街头示众……

为了尽快修筑好岛山城的城防建筑，施工之人如果没有完成分配给自己的任务，就会受到日军的严厉刑罚。当地的朝鲜百姓也被命令进山砍伐粗壮的木材，如果砍来的木材太细，没有达到规定的要求，就被日军命令重新进山采伐。因受伤、患病等原因不能干活之人则被归为逃跑者，不计入兵员总数。庆念在其所著的《朝鲜日日记》中写道：

> 百姓不得安宁，他们不分昼夜地干活，犯了错误就会被定罪，不仅经常被绑被打，甚至还被赶出自己的家乡。

庆念还看到了把朝鲜人集体带走的日本人贩子。日本人把买来的朝鲜人捆起来，如同猴子一样对待，让他们拉牛拉马、背负行李。庆念看到这些不禁痛心，在《朝鲜日日记》中写道：

> 从日本来了很多商人进行买卖人口的交易，他们跟在内地作战的部队后面，买卖男女老少，在他们的脖子上套上绳子，将他们赶到前面。如果走慢了就用棒子打，就像被阿防罗刹（地狱之鬼）惩罚的罪人一样。

明军反攻

万历二十五年十一月，日军筑城工程尚未结束，明朝便大发援军进入朝鲜，对侵朝日军进行全面反攻。宣府、大同、辽蓟、延绥、保定、浙江等各路兵马，相继进入朝鲜[①]，集结在王京待命，兵力达到 4.2 万余人（《经略御倭奏议》）。

同月，明朝东征军最高指挥官、御倭经略邢玠渡过鸭绿江，于二十九日抵达朝鲜都城王京，与明军经理杨镐、提督麻贵在王京召开军事会议，商讨剿灭日军的具体事宜。明军高层经过反复讨论后，决定先攻打日军在朝鲜东部的前线据点蔚山，理由是：

> 以蔚山联络西生浦，负东海，直吞庆尚左界，为清正新据巢穴。闻其大集西生浦、机张兵甲于兹……欲渐进而蚕食江原、咸镜道，包括王京有之。使其势得逞，我之前后左右皆难救应，虽百万兵无所施矣。（《经略御倭奏议》）

明军高层将各处兵马分为三协，一一安排诸将职责。根据明人诸葛元声的《两朝平攘录》[②]记载，明军的具体部署如下所示：

职责	兵力	大将	部将
留守王京	1000 余人	经略邢玠	杨廉、安本立、陈国宝
督左、右二协		经理杨镐、提督麻贵	
左协	明朝官兵13006人、朝鲜官兵4000人，合计17006人	副总兵李如梅	游击卢得功、游击董正谊、游击茅国器、游击陈寅、川兵千总陈大纲、朝鲜忠清道节度使李时言

---

① 明朝援军抵达朝鲜的时间，有两种说法。《明神宗实录》作"十一月乙卯，经略邢玠抵王京，议进剿，而所调宣、大、延、浙之兵，并至"。《两朝平攘录》作"此时，宣府、大同、辽蓟、延绥、保定、浙胜营兵，俱已到久"。

② 朝鲜史料《象村稿》与《两朝平攘录》在明军的部署上记载有异。《象村稿》称，左协大将是李芳春，中协大将是高策，右协大将是彭友德。依据经略邢玠在《经略御倭奏议》中的记录，左协大将是李如梅，中协大将是高策，右协大将是李芳春、解生，这与《两朝平攘录》《宣祖昭敬大王实录》吻合，是以取这一说法。

职责	兵力	大将	部将
中协	明朝官兵11690人、朝鲜官兵5200人，合计16890人	副总兵高策	副总兵祖承训、宣镇游击颇贵、大同游击李宁、保定游击李化龙、游击柴登科、游击苑进忠、副总兵吴惟忠、朝鲜庆尚道右兵使成允门、朝鲜防御使权应铢、朝鲜庆州府尹朴毅
右协	明朝官兵11630人、朝鲜官兵3300人，合计14930人	副总兵李芳春、副总兵解生	游击牛伯英、守备方时新、真定都司郑印、真定把总王戡、游击卢继忠、游击杨万金、游击陈愚闻、朝鲜庆尚左道兵马节度使郑起龙、朝鲜防御使高彦伯
游军	不明	参将彭友德、参将杨登山、大同游击摆赛、坐营张维城	
三协合计	48826人		
监军		监察御史陈效	

不过，《两朝平攘录》的这一记载存在一些问题。因为中协的苑进忠此时尚未进入朝鲜，也就没有投入后面的作战。所以，明军的实际兵力要更少一些。

又据《两朝平攘录》记载，明军为此次总攻准备了大量火器，"大将军炮一千二百四十四位、火箭十一万八千支、火药六万九千七百四十五斤、大小铅子一百七十九万六千九百六十七斤，皆辽阳分守张登云运。至于三眼铳、铁须箭、闷棍、火炮、火筒、团牌、佛郎机等器，皆倭所深畏者，无一不备，其粮饷足供一月"。

不过，这一记载严重夸大了明军在火器投入上的数量和种类，并不能视作事实①。举一个可以用来作为参考的例子，万历二十一年第二次平壤之战前夕，时任备倭经略的宋应昌指示提督李如松配备的大将军炮数量是十几门。由于每门大将军炮至少需要配有20多名善用火器的炮手（《经略复国要编》），如果投入1244门天字大将军炮，则明军至少需要24880名炮手，几乎占了4万余明军总数的一半，这显然太夸张了。

部署好兵力后，经略邢玠命令经理杨镐、提督麻贵督左、右两协，自忠清道的

---

① 日本学者洞富雄在《铁炮传来与其影响》一书中将《两朝平攘录》里的说法视作事实，此为大谬。

忠州、鸟岭南下，经庆尚道的安东、庆州，趋向蔚山。同时，邢玠担心小西行长会从西面的全罗道顺天[①]出兵救援加藤清正，便命令中协的一队人马屯驻于庆尚道的宜宁。这样安排既可西防全罗道的日军援兵，也可东援左、右两协，攻打加藤清正。邢玠又在三协中挑选出1500名骑兵，联合朝鲜兵，自忠清道的天安与全罗道的全州、南原而下，一路大张旗鼓，做出要进攻小西行长所在的顺天城的样子，从而牵制日军。（《两朝平攘录》）

杨镐、麻贵渡过汉江，向庆尚道进发。十二月七日，麻贵抵达庆尚道边缘城市闻庆，召集三协大将秘密召开军议。他暗中告诉朝鲜都元帅权栗，希望朝鲜庆尚左道水使李云龙能出动水军，多载炮手，在西生浦附近鼓噪，以助明军声势；并称，朝鲜水军出动后，明军会派遣数百南兵以及明、朝两国的200鸟铳手相助。（《宣祖昭敬大王实录》）可惜的是，此后朝鲜水军始终未能响应明军。

十二月十八日，杨镐抵达庆尚道义城。他与朝鲜接伴使李德馨商量，派出明军侦察兵宋好汉、田仓与朝鲜侦察兵、降倭吕汝文，一齐去侦察日军巢穴。降倭吕汝文投降朝鲜以后，本已留起长发，换成朝鲜样式的发型，但为了这次侦察行动，他又剃成了日本发型。

十二月二十日，杨镐、麻贵统领明军三协，进兵至庆尚道的庆州。诸将秣马厉兵，个个都想争先取得日军首级。同日，杨镐召集诸将，讨论进兵事宜。

第二天，降倭吕汝文带回了他所侦察到的情报：日军屯聚于岛山城（即蔚山新城），此城依山而建，地势险峻；岛山的南面是太和江，可走水路到达釜山浦；岛山的西面是彦阳，可走陆路到达釜山浦。日军还在岛山城周围修建了多个日式城防工事，如城隍堂（又称"浅野丸""出丸""蔚山清正大寨"）、伴鸥亭（与城隍堂合称"东部洞"）、西部洞。这些工事与岛山城构成了一个颇具规模的日式工事群，被称为"蔚山倭城"。在蔚山倭城的东南面，还有一处东营（又称"浅野小屋场"）；而西面则有一处太和江寨，与蔚山倭城互为犄角。吕汝文利用自己日本人的身份，进入岛山城、城隍堂、太和江寨，查看日军兵力，并亲绘地图。

---

　① 《明神宗实录》《两朝平攘录》记载，小西行长屯兵釜山浦。这一说法有误，因为小西行长当时屯守在全罗道的顺天城，驻守在釜山浦的日军守将并不是他，而是侵朝总大将小早川秀秋。

此时麻贵欲全力进攻蔚山倭城，但他担心釜山浦的日本援军会从陆路、水路救援蔚山倭城，于是下令中协副总兵高策、副总兵吴惟忠统领官军，在陆路上堵截从梁山、彦阳北上的釜山日军；接着，从左协选出游击董正谊的兵马，使其前往全罗道的南原、求礼，牵制顺天城的小西行长、晋州城的岛津义弘；最后，命令右协游击卢继忠率领 2000 人，屯驻于西江口，堵截日军水路援军。

此时，明军三协中被抽调的兵力如下：

所属	将领	职责
三协	不详	从三协中抽出1500名明军骑兵与朝鲜兵联合，经全罗道的全州、南原而下，佯攻小西行长的顺天城
中协	不详	抽调一支队伍屯兵在庆尚道宜宁，西防全罗道顺天城的日军援兵，东援明军左、右两协
左协	游击董正谊	统兵前往全罗道的南原、求礼，牵制顺天城的小西行长、晋州城的岛津义弘
中协	副总兵高策、副总兵吴惟忠	堵截从梁山、彦阳北上的釜山日军
右协	游击卢继忠	屯兵西江口，堵截日军水路援军

从战略部署来看，蔚山战役发起前，明军一共构筑起了两条防线：一条堵截全罗道顺天城的小西行长从其驻地率军来援，一条堵截庆尚道的釜山日军从水、陆两个方向发兵救援。明军接连三次抽调兵力去遏制全罗道的小西行长，可见对小西行长极为重视。

另据明朝人诸葛元声所作的《两朝平攘录》的记载，麻贵还派遣季金、于承恩统领南兵，会同朝鲜水兵，从庆尚道的长鬐港口渡海出发，绕至全罗道的珍岛、雁山岛，作为虚张声势的疑兵。这一记载应该不是事实，因为这条航线路途实在太长了，而且途中必须经过日本水军屯驻的釜山浦、加德岛等，明朝、朝鲜水军不可能轻易通过。

相比之下，明人徐希震所著的《东征记》记载的部署较为合理：

> 令于承德（恩）统领南兵及朝鲜水兵，由长鬐、西生浦一带束草为人，并插竿、披衣，杂布旌旗，大喧鼓角，拽柴扬烟，疑惑贼心。

十二月二十二日，明军从庆州南下，分三路前进：东路军为原来的三协大部队，直趋蔚山，向目的地发起进攻；中路军和西路军是从三协中抽调出来的部队，去牵制在晋州的岛津义弘、顺天的小西行长，提防他们出兵救援加藤清正。由于中路和西路兵力少、器械少，邢玠刻意放出假消息，声称他将亲自统兵 20 万驻扎在全罗道南原，讨伐西路的小西行长、中路的岛津义弘。实际上，自明军兵分三路南下以后，只有 1500 明军跟随邢玠留守王京。《东征记》将邢玠的这一恐吓战术称之为"计在牵贼于北，我得专力于东。此明修栈道、暗度陈仓也"。

东路明军出发后，先前为明军侦察日军情报的降倭吕汝文，也随这路明军一同出发，并再次潜入到倭营当中。

蔚山战役（上）

自万历二十五年十月开始，日军拆毁原朝鲜蔚山城（邑城）的石墙，在东南面新筑岛山城（蔚山新城）。岛山城和环绕在其周围的东部洞（城隍堂、伴鸥亭）、西部洞等日式工事，组成了蔚山倭城。到明军发起进攻为止，岛山城的修筑工作尚未完成。工程由浅野幸长、太田一吉（军监）、加藤安政（加藤部将）、宍户元续（毛利部将）等人负责，而加藤清正则在筑城期间去了南面的西生浦。

蔚山倭城的北边，是由毛利秀元的手下驻守的兵营城（又称"假营""清正别营""左兵营旧墟"），这是日军防御明军南下的前哨据点，承担着拱卫蔚山倭城的功能。令日军始料未及的是，十二月二十三日拂晓[①]，蔚山倭城尚未修筑完毕，明军左协大将李如梅就率领 300 名先锋，突然杀向毛利军驻守的兵营城。由于明军悄然进发，"衔枚摘铃，偃旗息鼓"（《东征记》）；而日军麻痹大意，"不用斥候，不审敌军动静"（《大日本编年史》），以致对明军袭来毫无准备。

毛利军的先锋部队，分别由浅口某某、阿曾沼元秀、冷泉元满率领，明军首先

---

① 明军袭击兵营城的时间有不同说法。《大河内秀元朝鲜记》记载，明军于寅刻（日本旧计时单位，即凌晨 4 时）袭来，《浅野家文书》记为卯刻（清晨 6 时）袭来，《朝鲜日日记》记为辰刻（上午 8 时）袭来。

突入的是浅口阵营。浅口阵营的士兵猝不及防，完全不能抵挡，只好逃往阿曾沼元秀的阵营。阿曾沼元秀虽然试图抵抗明军，但根本不是明军的对手，其部队一触即溃，他本人也被当场杀死，明军随即杀入冷泉元满的阵营。冷泉元满在睡衣外绑上腰带，插上两把腰刀，又抄起一把长刀冲出作战。他是一位56岁的老武者，作战时丝毫不退缩，但依然不敌明军阵亡。冷泉元满的侍童不愿离开他的身旁，一同战死，而他的家老吉安太郎兵卫、伊贺崎又兵卫、白松善右卫门因事先有事前往其他阵营，与浅口阵营的溃兵一起遁走，逃过一劫。在这场突袭中，毛利士兵一共战死了137人。（《松井物语》）

在冷泉元满的阵营附近建立临时房屋的，还有加藤安政与其11名手下，但他们在战斗打响的好长一段时间里都没有发现浅口、阿曾沼、冷泉的阵营受到了明军袭击。明军发起突袭的这一天黎明，睡梦中的加藤士兵在卧房中听到附近阵营传来的巨大枪炮声，还以为是同伙天没亮就在打猎天鹅。日军阵营附近有一片广阔的沼泽地，每晚都有很多天鹅飞来。天鹅喜欢在天亮时飞上天空，寻找食物，日军士兵就趁它们飞起来的时候开枪，把它们打下来炖汤喝。

直到前线战败的毛利士兵被明军一路追逐，逃向加藤军的阵营，加藤安政才知道明军打来了。他立即穿上铠甲，叫上11名手下一起逃命。但明军摆出"鹤翼阵"，紧追不舍，根本无法甩开。加藤安政决定一边退兵，一边进行拼死反击。在这万死一生的绝境中，加藤安政和2名加藤士兵摆脱了明军的追击，其余9名加藤士兵全部阵亡。（《松井物语》）

李如梅继续发起进攻，兵营城的日军阵所多数被焚。驻守在蔚山倭城周围的宾户元续、浅野幸长、太田一吉等人闻讯后，急忙调遣援兵前来支援兵营城，对明军展开反击，不多时就集结了大批部队。《东征记》记载："倭欺我兵少，驱蚁众万余突出。"《两朝平攘录》记载，日军"纵万余徒，各披戴鲜明盔甲，铳炮齐发"。《大河内秀元阵中日记》更是称日军兵力达到23000人之多。不过李如梅孤军深入，本来就是示弱之计。明军早已事先设下埋伏，李如梅分兵设伏于蔚山百年岩近处（兵营城以东、靠近东川东岸的农所面），麻贵麾下参将杨登山、游击摆赛藏兵于东川两翼隐蔽处，只待日军上钩。伏兵的兵力，一共有3000人。李如梅见日军出动大军，便佯装不敌撤走，把浅野、宾户、太田等兵引入明军的埋伏圈。

将日军引诱进埋伏圈，是提督麻贵定下的计策。辰时（早上 7 时至早上 9 时），麻贵赶到战场，"亲督前军，大呼乱砍"。随军的朝鲜忠清道兵马节度使李时言目睹了战况，他描述道："麻贵所率鞑子二百余名，皆持环鞭，乱打如雨疾雷。（日本兵）不及掩耳，铳筒亦不暇放。贼兵之走，亦如我国人（朝鲜人）之走。以此见之，铳筒于马战，亦末耳。"（《宣祖昭敬大王实录》）也就是说，在明军铁骑的冲击下，日军连铁炮都来不及放，就落荒而逃了。巳时下刻（上午 11 时）[1]，战败的日军弃守兵营城，向尚未完工的蔚山倭城方向逃窜。《东征记》形容道："贼见草木皆兵，枪斧如林，各无斗志，抱头鼠窜。"其中，军监太田一吉舍弃战马，徒步逃跑，结果被明军追逐，有三支箭差点儿就射中了他。四名侍童小池新八郎、清水弥一郎、多田孙右卫门尉、中村勘四郎见状，就前后左右地围住他，掩护他逃跑。六七名明军骑兵紧追不舍，追逐太田一吉主仆，不停地向他们放箭。侍童清水弥一郎为了不让太田一吉被箭射到，站出来挡住明军，结果被明军射杀。直到家臣大河内秀元率领一队人马赶来，才让太田一吉摆脱明军追逐，脱离险境。（《大河内秀元朝鲜记》）

其他手忙脚乱的日军在江边争夺船只逃亡，其中有四五十艘船在哄抢中倾覆，造成多人死伤。午时（上午 11 时至下午 1 时），明军经理杨镐赶到战场督战，他"亲督中军，催迫攻斗"（《东征记》），于是"城外贼幕，尽为焚烧，余贼遁入城内土窟"（《宣祖昭敬大王实录》）。到了申时（下午 3 时至下午 5 时），由于南兵尚未到齐，明军停止进兵，开始查验首级。此一阶段的战斗，朝鲜史料称为"农所之战"。

据明朝史料《两朝平攘录》《万历邸钞》记载，明军在这天共斩得日军首级 440 余颗；朝鲜史料《象村稿》记载，明军共斩得日军首级 460 余颗。日本大河内秀元的《大河内秀元朝鲜记》，更是声称日军"今日败军，我方死者一万八千三百六十余人"。无论如何，日军死伤累累。在这一天的攻势中，明军骑兵发挥了非常重要的作用，柳成龙在《惩毖录》中对明军骑兵的表现做了高度评价：

> 今此蔚山之役，天兵初日乘贼不意，以兵马蹂之。贼仓皇不能支吾，奔败不暇。

---

[1] 这是日本的特定时间称呼，不能和中国方面的称呼相混淆。巳时在中国指上午 9 时至上午 11 时，日本人把巳时分为巳时上刻、巳刻、巳时下刻（末刻），分别指上午 9 时、10 时、11 时。其他时间以此类推。

同一天，还发生了一件事。先前为明军侦察日军情报的降倭吕汝文，又潜入日军阵营中去侦察敌情，但还未等吕汝文撤出，明军就已经和日军接战。在一片混战中，吕汝文斩得 4 颗首级，从日军阵营中冲了出来。游击摆赛看到以后，上前砍死吕汝文，抢夺了他斩获的 4 颗首级，冒充是自己砍下的。(《宣祖昭敬大王实录》) 于是在朝鲜史料《象村稿》《再造藩邦志》中，便出现了"赛于军中，即手斩四级"这样的记载。当夜，经理杨镐抵达岛山北边的鹤城山，在此设立指挥作战的大本营。杨镐本欲重重赏赐吕汝文，却听说他已经死于乱兵之中。

　　日军放弃兵营城逃走以后，集体逃往蔚山倭城工事群，凭借作为内城的岛山城和东部洞（城隍堂、伴鸥亭）、西部洞、东营、太和江寨等外围日式城防工事，继续负隅顽抗。据《宣祖昭敬大王实录》记载，岛山城的建筑格局为："孤山有两层，如覆铜盆之状，势不高峻，如造山，然设木栅而其上筑城，是谓内城。虽云三匝而实二匝也"，"因地形筑二匝……以石筑之，出穴上下，皆能放炮。百步之内，发丸如雨"。

　　日军退守蔚山倭城后，对城防部署如下：

地点	负责武将
岛山城	加藤安政
东面城隍堂（出丸、浅野丸）	浅野幸长
外郭北面	宍户元续、加藤与左卫门
外郭西面	太田一吉

　　蔚山倭城的后方，是太和江。渡过太和江南下，就是加藤清正所在的西生浦。加藤清正得到蔚山倭城被围的消息后，一开始还不相信，以为是明军知道他在西生浦，想引诱他到蔚山倭城而故意放出的假消息。当加藤清正确认这一消息无误后，当晚就带着吉村左近、吉村长右卫门、下川右卫门作、蟹江藤三郎、下川兵太夫、三宅喜藏、相田权内、鱼住彦十郎、嘉礼次郎三蓝、河原少九郎等小姓众，阿波为兵卫、村田八右卫门等母衣众，村田市太夫、平野角右卫门等弓头，一共 50 名士兵，乘坐一艘小船从西生浦渡海，向蔚山倭城进发。渡海途中，加藤兵遭到明军拦截，被杀 20 人，其余 30 人和加藤清正成功进入蔚山倭城。(《宣祖昭敬大王实录》《浅野家文书》)

　　十二月二十四日卯时（凌晨 5 时至早上 7 时），麻贵、杨镐发号施令，督率官兵向蔚山倭城的外围工事发起攻击，被朝鲜人称呼为"书生""文职大官"的杨镐亲自披甲督战。根据日本史料《上山助左卫门尉高丽阵觉书》的记载，明军骑兵使用短弓，步兵使用5尺多长的棍棒，其前端插有很长的刀刃，同时还使用了火炮(《日本战史·朝鲜役》认为是佛郎机炮)。军服方面，明军身穿红色战袍、白色铠甲，兀良哈人(指明军中的蒙古兵，如摆赛)的部队身穿黑色军服，朝鲜人身穿白色军服。

明军先放大炮，"各样火炮俱发，轰天震地，烟焰沸空。城中倭屋，一时火起，北风大起，风火所被，贼众披靡"。火炮攻击之后，左协明军主攻蔚山倭城东面诸工事，其中李如梅攻打城隍堂，他放火箭烧城，导致"城里房舍及江边倭船二只，为火箭触爇，烟焰涨天"。(《宣祖昭敬大王实录》)左协的茅国器率所部攻击东营、伴鸥亭，而右协的李芳春则带人扫荡蔚山倭城西面的太和江寨。

三个进攻方向中，茅国器部攻势最为迅猛，平明时分先破东营，之后又攻克伴鸥亭，再进逼西部洞，"奋命先登，连将三寨打破"(《两朝平攘录》)。在城西，明军右协兵马进逼太和江寨。一开始诸将还畏惧不前，右协主将李芳春见此，密令麾下家丁持其黄伞登城，立于城上以为标志，于是诸将一时俱进，顺利夺下太和江寨。(《宋经略书》)而李如梅部却遇到了麻烦，由于浅野幸长坚守城隍堂，一时无法攻陷。不过这时，明军左协陈寅部向蔚山倭城西北方向发起进攻，并连续攻破外栅和三层内木栅，进逼至岛山城下。(《宣祖昭敬大王实录》)加藤清正见西北面已失，认为已经危及内城安危，固守外围工事已毫无意义，便派遣使者让浅野幸长撤回岛山城。之后，浅野幸长终因抵挡不住明军的攻势，弃守城隍堂，向岛山城逃去，李如梅随即攻陷城隍堂。(《大日本编年史》)在当日的攻势中，明军一共斩得日军首级661颗，生擒4名倭将，获得倭马、器具、盔甲、刀、铳、旗帜等战利品无数。(《东征记》)

蔚山战役(中)

随着东营、东部洞(城隍堂、伴鸥亭)、西部洞、太和江寨被明军相继攻陷，失去蔚山倭城外围工事的日军只能躲进岛山城死守。朝鲜国王曾询问臣僚，岛山城与朝鲜城池相比如何，大臣回答说朝鲜城池在岛山城面前不足称道。(《宣祖昭敬大王实录》)从这一记载来看，岛山城是座险峻难攻的坚城。

此时驻守岛山城的日军兵力，有多种说法。《大河内秀元朝鲜记》记载，守军超过 23000 人；吉川家的史料《吉川家谱》，黑田家的史料《黑田家谱》《黑田记略》，毛利家的史料《毛利秀元记》《安西军策》，岛津家的史料《西藩烈士干城录》，皆称城内兵力为 20000 余人；《蔚山合战图》标记出的数据是日军各部超过 17000 人；《清正公行状》记载为 13000 人；《清正高丽阵觉书》记载，日军据岛山城御敌时兵力为 10000 人；《南藤蔓绵录》记载加藤部、太田部及浪人部队（阿苏大夫）合计 10000 人；《下川文书》收录的《庆长二年十二月一日加藤清正宛丰臣秀吉朱印状》记载，仅毛利秀元部便有 10000 人。

关于日军的防御部署，根据《日本战史·朝鲜役》的记载，罗列如下：

防御方向	负责武将
本丸东侧	太田一吉
本丸南侧	浅野幸长
本丸西侧	加藤安政
二之丸	加藤清正、宍户元续、桂孙六
三之丸	加藤与左卫门、近藤四郎右卫门、口羽元良、和知元盛、日野元重、吉见广行
二之丸与三之丸中间	美浓部金大夫喜八、九鬼广隆

二十四日，日军逃往岛山城后，明军紧追不舍。杨镐、麻贵在鹤城山督战，"诸军齐奋薄城"；副总兵李如梅挥军朝岛山方向追杀，沿途扫荡，"土窟、铺幕，一时尽焚，斩级不知其数"。（《宣祖昭敬大王实录》）

由于李如梅直捣岛山城，城内的日军岌岌可危。对于明军在这一阶段运用的武器和战术，日本史料留下了较为详细的记录。据《松井物语》记载，明朝、朝鲜联军用一个巨大的钩子勾住外城墙，然后命 50 人~100 人用力拖拉钢丝，将部分城墙拉倒。明军以此为突破口，试图攀上城墙。日军使用铁炮拼死阻止明军入城，但穿着铠甲的明朝、朝鲜骑兵与没有穿铠甲、负责射箭的步兵源源不断，日军应付起来非常吃力。

日军在这一天的遭遇，从军僧侣庆念在《朝鲜日日记》中记录道：

天亮之后，不知有多少人在城中遇难，到处都在作战，分辨不出哪里是山谷，哪里是田野。太田一吉大人固守主城，浅野幸长在正门部署。石墙下被射入火箭，宍户、太田、浅野的物品、财宝全部被烧。烟雾熏得人们睁不开眼，也张不开嘴。火势很快蔓延到城中，数千名劳工、武士被火烧死。明军爬上城墙，强行闯入城内。此时我能说的只有一句："如果今天就是忌日，我愿笑着迎接死亡。"

从庆念的日记来看，当时岛山城内的日军几乎无路可逃。因明军攻势迅猛，朝鲜国王李昖派出的经理接伴使李德馨向杨镐称谢，杨镐笑着说道："此是小捷，看我剿灭西生、釜山之贼，可言其喜。"（《再造藩邦志》）杨镐所说的西生浦、釜山浦，都是日军在朝鲜的边陲据点，攻克两巢后，日军将彻底退出朝鲜。杨镐的这一番话，足以体现他这时候的意气风发、胜券在握。

然而，接下来的攻势却并不顺利。岛山城"土窟重重，石筑艰险无比"，"甚为坚固"，"形势险绝"，"城之坚固，固无比也。且因断山，筑城极巧，真平地之一山城也"，是一座难以攻克的要塞；而明军却在攻破蔚山倭城的外围工事以后，对日军变得轻蔑起来，许多将士干脆丢弃自己的器械，赤手空拳地跑到岛山城下。（《宣祖昭敬大王实录》）200余名明军士兵率先登上岛山城，与日军厮杀起来。不料后面的明军接到上头的指示，暂时停止攻城，使得这200余人得不到接应，未能挣脱，就此丧命。

明军暂停进攻的原因，《明神宗实录》《明史·杨镐传》称，游击陈寅马上就要攻破岛山城，但杨镐出于私心，想将功劳让给与他关系亲厚的李如梅。因李如梅未至，杨镐又不想让功劳被陈寅夺走，所以鸣金收兵，结果让日军有时间固守城池，使明军错失了攻克岛山城的最佳时机。

但是以上说法有误，因为冲在最前面的就是李如梅，而不是陈寅。根据《宣祖昭敬大王实录》的记载，李如梅在战后愤愤不平地对朝鲜国王李昖倾诉："二十四日再攻之际，为在上之人所制而退军。"按《明史·杨镐传》的说法，杨镐与李如梅关系亲厚，想让他独揽功劳，那么自然不会阻碍他进兵。因此，这位"在上之人"绝非经理杨镐，应是提督麻贵。

明军监军陈效战后也说："岛山破城时，李副总兵如梅督兵二百余名，已入内城，几擒清正，麻嫌李专擒清之功，勒令回兵，并令他兵不为继进。以致先入二百余名，为贼所杀，清贼失捕。"(《宣祖昭敬大王实录》)所以实情应该是麻贵不愿李如梅独享破城之功，所以勒令其退兵，而非杨镐勒令陈寅退兵。

麻贵勒令李如梅暂停攻势后，明军停止攻城，日军则加强岛山城的防御，并利用岛山高耸险峻的地势，居高临下地对山城下的明军左、右两协施放铁炮，使其难以逼近。

午后，受命堵截釜山日本援军的明军中协，全部被调来攻打岛山城。(《宣祖昭敬大王实录》)明军为了赢得战场主动权，用大炮轰击岛山城，但岛山城"山坂峻高，炮石有碍"，山下的明军大炮根本无法击中目标。普通大炮不行，明军就换用虎蹲炮、霹雳炮等轰击岛山城，但岛山城高高耸立，明军无论换用什么类型的火器，都打不中目标。(《宣祖昭敬大王实录》)然而，日军的铁炮却可以击中山下试图接近岛山城的明军，在这一艰难环境下，明军打了一整天，苦无进展，不得不停止攻城，稍稍后撤。城内日军见此，浅野、太田、加藤等部相继杀出，朝滞后的明军发起进攻，使得明军多人战死。太田部得首级 7 颗，浅野、加藤两部各得 1 颗。加藤清正又令加藤安政继续朝山下突击，直至杀出岛山城大门，确认明军已退后方才回城。(《浅野家文书》)

为了避免被岛山城内的日军铁炮击中，明军只能在铁炮打不到的地方布阵，并对先前的部署做了一番改动。经理杨镐、提督麻贵继续屯兵岛山城北的鹤城山；调中协大将高策屯兵岛山城东，副总兵吴惟忠屯兵岛山城南，改由中协副总兵祖承训、游击颇贵堵截釜山日军；右协大将李芳春屯兵岛山城西；左协大将李如梅、大同游击摆赛，与 2000 浙江骑兵、1000 浙江步兵屯兵太和江边，堵截自西生浦走海路北上的日本水军。(《宣祖昭敬大王实录》)

由于久攻不下，中协大将高策派人禀告杨镐，要求合兵攻城，但杨镐发了脾气，生气地说："无大将令，而敢来相扰耶？"他命人把这名使者的耳朵割下，送回给高策。中协副总兵吴惟忠埋怨杨镐没有及早攻城，派人对他说："当及今日未备之时，急攻之，则可即下也。"(《宣祖昭敬大王实录》《宋经略书》)杨镐同样让人把这名使者的耳朵割了下来。吴惟忠再派别的使者过来，杨镐依然这般对付。

同日，西生浦的日军（加藤清正部）从水路来救岛山城。明军游击陈寅指挥明军用大炮朝日军船只轰击，连续撞破 3 艘舰船后将日军船队击退，绝了日军登陆之念。(《宣祖昭敬大王实录》)当天晚上，太田一吉麾下的田中小左向加藤清正请示，希望能出城夜袭明军。加藤清正同意了这一请求，田中小左随即率领50骑潜出岛山城外。但是出城后，他才发现明军守备严密，根本没有机会袭击，只好返回了岛山城。(《大河内秀元朝鲜记》)

在二十三日、二十四日两天的连续交战中，日军在明军凌厉的攻势下，伤亡惨重。根据明朝史料记载，日军第一天被斩首440余级，第二天被斩首661级。(《明神宗实录》)而在日本史料中，甚至还有被烧死数千人(《朝鲜日日记》)、战死18360余人(《大河内秀元朝鲜记》)的说法。而明军在两日之内，阵亡了麻来、周道继两名千总，他们都是被日军铁炮击中而死的。(《宣祖昭敬大王实录》)

十二月二十五日早上，杨镐、麻贵使明军南兵、朝鲜兵杀在最前面，再次进攻岛山城。加藤清正身穿绿衣、手持白旗，亲自督战。(《再造藩邦志》)他不仅命令日军用铁炮攒射城外明、朝联军，还和浅野幸长一起上阵，用铁炮作战。负责镇守岛山城西面的加藤清正部将加藤安之(加藤安政之子)，随身带着2挺铁炮，身边还有4名随从负责给他装配弹药。一日之间，仅加藤安之一人就连续放铁炮280多次(《本山丰前守父子战功觉书》)，可见日军火力之猛。岛山城下"铁丸如雨，人不得接足"(《宣祖昭敬大王实录》)，攻城的明朝、朝鲜联军"一到城下，被贼齐用鸟铳、火炮、弓矢、擂石拒堵"(《两朝平攘录》)，再加上"城甚坚险，大炮不能撞破"(《宣祖昭敬大王实录》)，付出了极为惨重的伤亡代价。左协的南兵游击陈寅奋勇先登，在岛山城西门被日军铁炮打中牙齿，但他仍然奋战不退，结果右腿中弹，血流不止，只能被轿子抬回王京，麾下士卒多有伤亡。在日军的铁炮打击下，明军伤亡加剧，真定营中军张应元冲锋在前，连发五箭、射杀三倭，结果被日军铁炮合击，枪弹入脑而亡。朝鲜军也多有死伤，庆尚左道兵马虞侯权应心、庆州义将金应泽、安东义将边仲一、青松义将沈清龃皆被铁炮射杀。各营官兵从左、右两个方向齐进，但皆受阻于日军铁炮不得不退却。这一天，明军官兵阵亡200余人，负伤1000余人。(《宣祖昭敬大王实录》)杨镐、麻贵非常愤怒，但是强攻不下，只得鸣金收兵。

根据明军在交战中生擒的4名日本兵，以及从岛山城逃了出来的朝鲜女人、孩子提供的消息，岛山城内的粮食、饮水都将用尽，恐怕支撑不了多久。明军根据这一消息，准备对岛山城进行长时间的围城，以待城内日军自毙。明军认为，日军缺粮少水，而己方粮饷充足，不必担心后勤问题，岛山城陷落是迟早之事。但另一方面，明军又很担心日本援军从多个方向袭来，使岛山城内的日军逃向西生浦。有降倭向杨镐出主意，建议他多准备干木柴，堆积在岛山城下，一把火烧了岛山城。杨镐采纳了这一提议，他召见朝鲜经理接伴使李德馨，告诉他准备在次日实施这一计划。

在这一天的攻城战中，明军遇到了极大的挫折，士气大减。比起前几日的势如破竹，明军已经显现出了颓势。

同日，西生浦的日军水路援军再次出动，杨镐调遣中协大将高策、中协副总兵祖承训前往江边堵截。（《宣祖昭敬大王实录》）

十二月二十六日早上，西生浦的日本援军有所行动，他们先是将船只泊于蓝江，之后乘船迫近太和江，试图登陆岛山。杨镐担心明军在陆上酣战之际，日本水军悄悄登陆，让明军腹背受敌，因此下令在江岸上的明军直接放炮打碎敌船，阻止日本水军登陆。于是当日本水军迫近岸边时，岸上明军齐齐施放大炮、火箭。其中一艘倭船被明军打碎，其余船只见状纷纷逃遁。（《东征记》）

同一天，杨镐让明军休兵，命令朝鲜兵与降倭在木盾护卫下，手持干柴、干草在岛山城下放火烧城；又命令他们将岛山城下的井泉给填上，防止岛山城内的日军从中取水。接到杨镐命令后，朝鲜经理接伴使李德馨、都元帅权栗亲自督战，权栗杀死了怯战的朝鲜灵山县监全悌和另外两人，传示朝鲜军中，警告朝鲜将士不得畏缩不进。在权栗的督战下，朝鲜士兵不敢不进，直奔岛山城下，但日军不断从岛山城上向朝鲜军施放铁炮，"贼丸如雨"，穿透了朝鲜军的木盾，给朝鲜军造成了较大伤亡。最后，朝鲜军不得不撤退。

经过连日战斗，被困岛山城内的日军严重缺水，如果继续死守下去，迟早会被渴死。庆念在《朝鲜日日记》中写道：

> 城中缺水，众人受难。只有下一场雨，城里的人才能得救。日本如果是神之国，就下些雨滋润一下人们吧！如今缺水严重，我们连洗手的水都没有。如果下点雨，就能把纸润湿，也能擦擦手。真可怜啊！

据明人徐希震的《东征记》记载，加藤清正缺乏饮水，非常饥渴，又看到城墙上躺了很多日军尸体，这让他无意守城，想要舍身求见杨镐。加藤军中有一个叫孙顺的华人，擅长占卜，他推算第二天就会下大雨，日军的援军也会到来。在孙顺的劝服下，加藤清正最终没有出城投降杨镐。

无论《东征记》的这个记载是否可靠，当日傍晚，果真下起了雨，加藤清正绝处逢生。十二月二十七日早上，明军抓获了4名从岛山城内逃出来的日本士兵。经杨镐、麻贵审问，这4名日本士兵供称：岛山城内缺少粮食与饮水，直到前一日下雨，日本士兵才喝到水；加藤清正对自己从西生浦来到岛山感到非常悔恨。审问完毕后，杨镐将4名日本士兵交给李德馨看护。之后，杨镐接见了李德馨和权栗，慰劳他们说："尔国之军，虽不得焚陷贼营，冒死攻城以助声势，极为可嘉。"

辰时（早上7时至早上9时），西生浦的日本水军冒雨出动，30艘倭船迫近太和江江岸。杨镐、麻贵命令朝鲜官兵对岛山城急速做出围城的样子。浙江兵在太和江边与日军水路援军大战良久，两边皆发大炮，炮声不绝，最后以日军水军重创败退而告终。（《宣祖昭敬大王实录》）麻贵担忧日本水军还会在晚上冒雨袭来，命令明军三协严阵以待。

水路援军再一次被挫败后，岛山城内进退失据的日军便想要与明军议和。加藤清正的副将美浓部金大夫喜八写了一封求和信，让几个日本士兵绑在竹竿上，打着白旗出城，投到明军阵营。但信的内容并不真诚，先是欺骗明军加藤清正不在岛山城内，而是在西生浦，城内只是小将；又要求明军差遣一员朝鲜将领，和日军一同前往西生浦讲和。杨镐命人查看信件后，假意诓骗送信的日本士兵，说如果加藤清正愿意来降，则不仅岛山城内的日军可以免死，还会对清正封官厚赏。日本兵也诓骗杨镐，说加藤清正在西生浦，不在岛山城内，请明军让出岛山城南面的道路，好让他们去向西生浦的加藤清正报信。

日本使者走了以后，杨镐招来诸将举行军事会议，商讨下一步行动。他又招来李德馨，告诉他明军三协人困马乏，需要没有上过战场的朝鲜士兵去割取粮草，供给各营明军。会议结束后，杨镐、麻贵回到驻营地，开始搭建草房作为他们的临时住所。自蔚山战役以来，明军一直风餐露宿，经理杨镐、提督麻贵也是如此，条件非常艰苦。

申时（下午3时至下午5时），杨镐命令朝鲜庆尚道右兵使金应瑞带领翻译人员朴大根与降倭冈本越后守、田原七左卫门，到岛山城下劝降日军。（《吉川家谱》《大河内秀元朝鲜记》）城内日军回答道："欲战则战，欲和则和！开一面容我出城，且遣将官，则当议和事!"他们要求明军解除一个方向的围困,使其出城,并索要一名将官作为人质。显然,日军的要求并不能被明军所接受。

二十六日、二十七日,雨一直下,风也刮得很大,露宿野外的明军身上没有一片干的地方。据《东征记》记载:"二十七日,果大雨如注,雨宿,加以猛风号吼,军士堕指、裂肤、冻死枕藉。"《宣祖昭敬大王实录》也对明军的窘境记录道:"至今夜,雨下不止,人马饥冻,泥泞没膝。土窟之陷,百倍攻城。而天时如此,极为闷虑。"

十二月二十八日,明军将一些佛郎机炮搬到鹤城山上,对着岛山城放炮,"自城北山上瞰视城中,相距六七百步,以佛郎机狙击丘上,齑粉者数人"(《朝鲜役录》)。明军在鹤城山上的炮击效果很不错,佛郎机炮一下子就打死了几名日军,这让周围的日军非常惊愕,纷纷想要躲避。加藤清正叱责众人,让他们不要轻举妄动。过了一会儿,明军的佛郎机炮又打了过来,炮弹落在加藤清正等人面前,但加藤清正故意安坐不动。有明军士兵望到这幅场景,以为是发炮的角度太低了,没打中,于是抬高角度发炮,炮弹高高地从岛山上空越过。加藤清正见状,让其余日军做出假动作,装作被炮弹击中的样子,这让明军误以为找准了角度,于是频频用这个角度对岛山城放炮,但其实根本没有瞄准日军。(《朝鲜役录》)

这一天,雨势仍然未停,朝鲜军再次受命冒雨攻打岛山城,但是死伤如前,未有进展。当天晚上,西风大作,天气变得更加寒冷,把守太和江江岸的浙江兵尤其艰苦。(《宣祖昭敬大王实录》)明军和朝鲜军都因大雨不止、将士受冻,动摇了士气,失去了继续作战的意志。(《再造藩邦志》)岛山城内的日军同样饥寒交迫,《大河内秀元朝鲜记》记载:

> 城内四处都是饥寒交迫的士兵,五十人或三十人倚靠在一起,不久就垂头死去,不知有多少人幸存下来。很多人两三日不能动弹,城内士兵有人手握着长矛死去,也有人被冻死。

但是到了这天晚上,加藤清正的部将加藤大和重次、庄林隼人、近藤四郎右卫门等人,还是率领100余名骑马武士、300名铁炮众出城夜袭,向围守岛山城东面的明军营地放了一阵火箭、铁炮,之后退回城中。(《清正行状》)

十二月二十九日，大雨逐渐停止，但风仍然在刮。杨镐对李德馨等人说，风势大好，多准备柴木，乘着大风烧了岛山城。于是，明军三协与朝鲜官兵忙去收集柴草，准备再次施行火烧岛山城的计划。午后，自西生浦出发的 26 艘日军船只从蓝江逆流而上，成功驶入太和江，与岛山城相望。岛山城内的一名日军将领率领五六名士兵出岛山城，呼唤城外日军。把守太和江江岸的明军见状，对着日本水军放炮，直到申时末刻（下午 5 时）日军水军才退去。这时，明军、朝鲜军已经将柴草收集好了，杨镐命令明军、朝鲜军手持柴草，用盾牌护卫着前进，想要在岛山城下纵火。但是"贼窟铳丸如雨"，岛山城上的日军不断用铁炮射击山下的明军、朝鲜军，使联军无法逼近，才前进至岛山城的木栅前，就不能再往前走一步了。

黄昏之后，明军、朝鲜联军整兵再攻，但情况还是相同，日军的铁炮不断从岛山城上射向山下的联军，使联军难以寸进，联军最后不得不放弃。停止攻势的杨镐、麻贵回到了营帐内，杨镐让士兵建造草房，又令李德馨等催运粮饷，打算在岛山城外长期屯驻，耗死城内断绝兵粮的日军。麻贵向杨镐建议，明军可以在城外的东、南、西、北四个方向中解除一个方向的围困，在城外设下埋伏。[1] 这样城内日军一旦出城，就可以利用埋伏狠狠打击日军。但是杨镐并没有听从麻贵的建议。

这一天夜半，日军水路援军的一艘小船驶入太和江，停泊在岛山城附近，30 多名日本士兵从岛山城内偷偷跑到太和江江边，想要乘船逃走。但这些日军遭到了明军副总兵吴惟忠埋伏剿杀，被斩首 6 级，明军右协也斩首 1 级，剩下的日本士兵带着伤逃回了岛山城。

因城中粮食几乎告尽，加藤清正窘困到了想要自杀的地步，并已打算用小刀自刎。部下夺下了他的刀，劝他说城里还有一头牛，等吃完了这头牛再死不迟。《宣祖昭敬大王实录》记录下了清正当时的窘境：

> 清正独与其军，计粒而食，已经累日，事势甚迫，拔小刀拟颈。军官倭前夺其刀，曰："此中有一牛可烹，吃尽后处之。"

---

① 此据《宣祖昭敬大王实录》，但在《两朝平攘录》中，这一建议是由吴惟忠向杨镐提出的。

日本史料《朝鲜征伐记》也记载了岛山城内日军的窘状：

> 于是城中及饷路绝矣，夜汲濠水，濠多尸，混血饮之以救渴。嚼纸或煮壁土而食，或食牛马，牛马亦尽。出城外取战死者腰间粮以充食，将帅共一饭，分数箸以与兵士，与之共艰苦。

显然，日军缺粮非常严重，少有的食物也只优先供给能使用铁炮的士兵，其余人就只能自生自灭了。

十二月三十日，岛山城内的日军再次派人投书于明军阵中，声称城内没有识字之人，但日本水军船只上有僧人认识，希望能够把僧人招来，与明军议和。这明显是假话，如果岛山城的日军没有一个人识字，加藤清正又是如何投书于杨镐的？但杨镐想要生擒加藤清正，便故意骗他，称只要加藤清正亲自出城过来会面，就赦免他。加藤清正回复表示同意。

转眼间，岛山之战已经打到了万历二十六年（日本庆长三年，1598年）。一月一日这天夜里，岛山城内浅野幸长的两名部下与太田一吉的一名部下，顺利潜出岛山城，与西生浦的日本援军进行了联络。他们向西生浦的日军送去了一封信。这封信由加藤清正、浅野幸长联合签名，根据《浅野家文书》的记载，内容如下：

> 上个月二十二日，大明国十万军到达蔚山做攻城准备，二十三日开始攻城。我军于卯刻（上午6时）至巳下刻（上午11时）进行防御战，但由于实施工程时天气寒冷，护城河、城墙的修建并不完善，我军被包围在城中，只能固守本丸至三之丸。连日作战，眼前总有很多人死去。虽然敌军人数也在减少，但是城内兵粮不足，新的兵粮还需要数日送达。没有兵粮，我军难以对付别人。后来我军发动夜袭，取得了胜利，但如今城堡的修建工作还未完成，兵粮也未送达。如果援军不能顺利驱逐敌军，我们已经做好了心理准备，请您放心。如果发生上述之事，我军会在数日之内竭尽杀敌，特此相告。
>
> 加藤主计头（清正）、浅野左京大夫（幸长）
>
> （庆长三年）正月一日

从这封信件来看，他们根本没有与明军议和的想法，甚至已经做好了战死的准备，之前向明军投书求和，只不过是缓兵之计。正如《宣庙中兴志》指出："杨镐、麻贵围岛山日久，贼兵大困，清正至欲自决，乃佯约日请降，而密求救于诸屯。"

西生浦的日军接到加藤、浅野的信件后，集结大量兵力，开始赴援岛山城。

蔚山战役（下）

万历二十六年一月二日，集结在西生浦的日本援军分成水、陆两路，大张旗鼓地向岛山城进发。据《浅野家文书》记载，救援岛山城的日军有以下各部[1]：

（单位：人）

队伍	指挥官	兵力
一番队	锅岛直茂、锅岛胜茂	1600
	毛利吉成、毛利胜永、秋月种长、高桥元种、伊东祐兵、相良赖房	150
	蜂须贺家政	2200
	黑田长政	600
二番队	加藤嘉明	70
	中川秀成	50
	生驹一正	500
	胁坂安治	150
	山口宗永	3000
三番队	池田秀雄、早川长政	3900
	熊谷直盛、毛利秀元	
船手众	长宗我部元亲、池田修氏、加藤清正军	160
合计	一	12360

此外，也有不在以上名单的日军将领，从其他方向赶来参与了救援岛山城的行动，如松浦镇信、藤堂高吉（藤堂高虎养子）、藤堂良胜（藤堂高虎部将）、吉

---

①《两朝平攘录》称，小西行长从釜山抽调一二千精锐救援岛山城。这一说法有误，当时小西行长在顺天城，不在釜山城，而且也没有发兵救援岛山城。同时，该书声称小西行长凭一二千援军就吓跑了杨镐，这一说法纯属捏造。

川广家、岛津丰久、来岛彦右卫门、菅右卫门八。岛津义弘也象征性地派了敷根赖丰、本田亲贞率领 50 名铁炮手协助岛津丰久，与他一道去救援岛山城。杨镐得知日本援军大举出动后，命令摆赛、颇贵领兵前往箭滩，堵截日军陆路援军，又命令吴惟忠、茅国器把守太和江江岸，挡住日军水路援军。（《象村稿》）[1]

值得注意的是，据《象村稿》记载，原本被安排把守太和江江岸的吴惟忠，后来出现在了箭滩。出现这一情况，很可能是在杨镐的调动下，吴惟忠从太和江江岸被调防到了箭滩。之所以这样，可能是日军陆路援军远比水路援军多。依据北岛万次先生的考证，箭滩位于太和江上流、文殊山北面，与彦阳城相接。

一月三日，日军陆路援军来到箭滩南面的山头，派出五六十名精兵下山试探，与明军小规模接战，双方并没有大打出手，最后日军退回了山上。山顶上的日军屯营驻扎，与明军展开对峙。这时，朝鲜都元帅权栗命令忠清道节度使李时言、庆尚左道节度使成允文带兵前往箭滩，协助明军堵截日军陆路援军。

在日军水、陆援军双双接近岛山城的情况下，杨镐决定奋力一搏，将岛山城一举打下。

这天深夜，杨镐下令对岛山城发起攻势，让各队持大火炬，四面围住岛山城。杨镐依旧想对岛山城采取火攻，有士卒退却不战，被杨镐当场斩杀。游击李化龙怯战，也被杨镐捆绑，巡视军中。诸将见此情景，皆冒死奋战。但明军此次攻势依然只是重蹈覆辙，《宣祖昭敬大王实录》记载："唐兵（指明军）无御丸器械，肉搏攻城之际，贼放丸如雨。唐兵中丸者，几至五百，竟不得登城。"无法一举攻克岛山城的明军，收到"加德、安骨、竹岛、釜山、梁山等地倭将，领六万兵来救"（《象村稿》）的错误情报以后，不得已在一月四日的辰时（早上 7 时至早上 9 时）罢战，停止攻打岛山城。

自万历二十五年年底明军围困岛山城以来，已有 10 多天时间，明军无攻城之策，且死伤惨重，而停泊在蓝江的日军船只已经驶入太和江，陆路日军又有绕至明军身后之势。如果加藤清正纠合两个方向的援军，反倒可能会对明军造成极大的打击，

---

① 《两朝平攘录》称，杨镐在一月二日收到日军援军大举出动的消息后惊慌失措，计划在一月四日撤兵。这一叙述完全属于捏造，杨镐是在一月三日晚上最后一次攻打岛山失利后才下定决心撤兵的。

为此杨镐不得不和麻贵商量撤兵。

一月四日巳时上刻（上午 9 时），杨镐下令明军开始撤兵，步兵和受伤的官兵先撤，骑兵后撤。(《宣祖昭敬大王实录》)未时末刻（下午 3 时），杨镐的大营撤去，摆赛、杨登山、李如梅殿后①。摆赛不愿退兵，要求留下来与日军决战，但杨镐不从，摆赛横躺在马前，作歌劝谏杨镐。(《再造藩邦志》)

杨镐下达退兵命令以后，把守箭滩的部分明军骑兵，渐渐退去。围困岛山城的右协明军，也逐渐解除对该城的围困。停泊于太和江边的数十艘日军船只，派出部分士兵登陆上岸，把守江岸的明军见了却不将其驱逐，而是同样开始退去。(《宣祖昭敬大王实录》)船上日军看到明军开始退去，便争相登陆，杨镐急令摆赛、杨登山二将以突骑迎击，斩得 8 颗首级，太和江岸的日军才被稍稍逼退。(《再造藩邦志》《宣祖昭敬大王实录》)

为了不让丢弃的军粮、盔甲等物资被日军拾去，杨镐来到存放粮食的地方，查看剩下的粮食是否已经烧尽，又命人聚集失去战马的官兵，焚烧弃置的盔甲。处理完这些事情后，太阳已经落山了。等杨镐带兵撤退到 4.8 公里外时，日军追兵从白奄寺后峰绕出。杨镐命令李如梅、解生统领骑兵殿后，李如梅部阵斩日军追兵数名，日军稍稍退却。但等明军骑兵远去后，日军又跟了上来，一直追了两三公里才停止。(《宣祖昭敬大王实录》)

把守箭滩的吴惟忠、祖承训与把守西江口的卢继忠等部，并未收到杨镐的撤兵命令，不知道其他明军已经撤走，于是成了最后一批仓皇撤走的部队。《象村稿》记载："吴惟忠、祖承训诸将在箭滩者，未及撤回，为贼所猝迫。"《宣祖昭敬大王实录》记载："箭滩把守浙江步兵及骑兵，亦不知其将之已退，终乃仓皇颠倒而走。"《两朝平攘录》记载："卢游击在西江口，亦不传知。"

箭滩南面的日军见吴惟忠、祖承训等明军狼狈撤走，便从山上直冲而下，与明军展开厮杀。浙江兵多堕入水中溺死，骑兵死伤大半，朝鲜军亦伤亡惨重。为了摆脱日军追击，一些明军骑兵甚至脱下盔甲逃命。在这部分明军撤退的路上，弓箭、

---

① 此据《再造藩邦志》《宣祖昭敬大王实录》。《两朝平攘录》则认为，负责殿后的是吴惟忠、茅国器。

铠甲弃置满地，全都被日军拾获。(《宣祖昭敬大王实录》)在对这支明军展开追击的日军诸将中,吉川广家的表现最为凶狠,日本史料《朝鲜役录》记载道:"吉川广家逐之,纵横血战,虏(日军对明军的蔑称)皆披靡。"加藤清正看到后,向旁人询问这人是谁,得知是吉川广家后,不由感慨"此夫特壮"。

杨镐、麻贵集结大军发起的蔚山战役,虽然起初势如破竹,一连荡平日军多个外围据点,但是经过十几天的攻坚战以后,就这样虎头蛇尾地结束了。

明军攻打岛山城以失败告终,客观上是因为岛山城易守难攻、日军火力充足,"城堑高险,铁丸如雨,不知所从而来,人辄麻仆。天且二日连雨,士马立于泥泞中,饥馁且疲"(《宣祖昭敬大王实录》)。明军刚进抵岛山城时,就用虎蹲炮、霹雳炮等各种火炮炮轰岛山城,结果无论如何也打不中目标。而岛山城上的日军,凭借岛山城的坚固与居高临下的位置,对山下的明军、朝鲜军不断施放铁炮,令联军根本无法逼近岛山城,反而付出极大的伤亡。于是岛山城攻坚战就变成了这样一幅画面:明军的各式火炮怎么都打不中岛山城,而日军的铁炮却可以打到山下的联军,使联军在火力压制下不能逼近岛山城。火炮轰城失败后,明军放弃了这一战术,改为收集大量柴草,准备放火焚烧岛山城。但是这一战术面临同样的困境:联军在日军的火力覆盖下,根本无法逼近岛山城,不能把收集到的柴草堆积在城下。尽管杨镐下令联军不断地重复这一动作,但不过是又一次重蹈覆辙。除了用火炮轰城、堆积柴草火烧岛山城外,明军还采用了围城战术,长期屯驻城外,企图困死岛山城内缺粮乏水的日军。但明军长期以来风餐露宿,条件十分艰苦,加上因攻城失利导致的士气大挫,终于在连续几日大雨的冲刷下失去了战斗力。等日军水、陆援军出动,明军在形势不利的情况下,只好解围撤退,岛山城攻城战宣告失败。

古代的攻坚战都是非常难打的,日本战国时代的上杉谦信在上野和田城之战、下总臼井城之战、加贺朝日山城之战中遭遇失败,其原因便和攻打岛山城的明军最后不得不撤退相差无几:顿兵坚城之下,被敌兵的弓箭、铁炮不断打击,无法近城。在乾隆年间的两次大小金川之役中,清军的情况也与岛山城攻坚战中的明军非常类似。清军面临的是成百上千座由嘉绒藏族构建的碉楼,金川藏兵躲在高耸、坚固的碉楼之内,不断对碉楼下的清军放炮,清军虽然付出极大的伤亡却难以逼近、捣毁一座碉楼,无法发挥出野战优势。最后大小金川之役成了乾隆皇帝"十全武功"中最为丢脸的一次，攻坚之难可见一斑。

清人魏源在《圣武记》中，对乾隆朝大小金川之役的碉楼攻坚战评价道："方其神施鬼设，伺间出奇，九地九天，霆劈雹骤，或七萃从石罅（xià）而出，或千矛随炮声而入。险万阴平，艰百石堡，自蚩尤以来，未有凿凶裂罅、骇目瞀（zhé）魄如兹役者。"魏源认为自蚩尤以来从未有过如此艰难的攻坚战役，其危险程度超过邓艾偷渡阴平一万倍、哥舒翰的石堡攻坚战一百倍。魏源的这一评价，同样适用于杨镐、麻贵的岛山之战。

从万历二十五年十二月二十三日进兵蔚山以来，到万历二十六年一月四日撤兵，明军先后与日军在兵营城、农所、东营、东部洞（城隍堂、伴鸥亭）、西部洞、太和江寨、岛山交战，这一系列战斗统称为"蔚山战役"。

关于明军和日军在蔚山战役中的损失，存有许多种说法，笔者统计如下：

明军死伤人数	日军死伤人数	史料出处
死亡3000人		（日）《丰臣秀吉谱》
死亡三四千人		（朝）《宣祖昭敬大王实录》李德悦驰启
死亡700人，负伤3000人		（朝）《宣祖昭敬大王实录》李德馨驰启
死亡1000余人，负伤3000余人	被斩首1000人以上	（朝）《宣祖昭敬大王实录》朝鲜国王为辩核冤枉事
死亡1300人～1400人，负伤3000人	被斩首469人以上	（朝）《象村稿》
死亡1400人，负伤3000人	被斩首469人以上	（朝）《再造藩邦志》
只是解生一部就战死1500人		（明）《万历邸钞》所收野史
被斩首2330人		（日）《清正公行状》
被斩首2370人		（日）《清正记》
	被斩首800人	（日）《又七郎丰久谱中》
	被斩首1000人以上	（日）《如兰社话》
	被斩首1051人以上	（明）《万历邸钞》监军陈效题本
至少死亡数百人	被斩首1101人以上	（明）《两朝平攘录》
	被斩首1200人	（明）《明神宗实录·卷319》
	被斩首1200人	（明）《经略御倭奏议》
	被斩首2000人	（朝）《宣祖昭敬大王实录》许国威禀帖
死亡4800人，负伤6000人		（朝）《宣祖昭敬大王实录》丁应泰奏本
被斩首8000余人		（日）《又七郎丰久谱中》
被斩首8000余人		（日）《西藩烈士干城录》
被斩首8000余人		（日）《本藩人物志》
死亡10386人		（日）《浅野幸长蔚山笼城以下万事觉书》

明军死伤人数	日军死伤人数	史料出处
被斩首13328人、遗尸15754具	先后死亡18360人、896人、2800人，总共死亡22000多人	（日）《大河内秀元朝鲜日记》
	被烧死、斩首10000多人	（朝）《宣庙中兴志》
死亡近10000人		（明）《万历邸钞》丁应泰上言
死亡10000人，其中卢继忠部3000人被全歼		（明）《全边略记》
死亡10000人以上		（朝）《无名子集》
死亡17000人		（日）《浅野幸长家臣某蔚山笼城觉书》
死亡20000人		（明）《明神宗实录》抄本眉批
死亡20000人		（明）《明史》
被斩首13238人，共死亡20000人		（日）《日本战史·朝鲜役》
死亡数万人		（日）《毛利家记》
	被烧死、杀死20000多人	（明）《金陵集》
	被烧死数千人	（日）《朝鲜日日记》
被杀100000人		（日）《清正高丽阵觉书》

　　明军的死亡人数以2万人的说法最为流行，这一记载出自《明史·杨镐传》："诸营上军籍，士卒死亡殆二万，镐大怒，屏不奏，止称百余人。"在这一记载中，杨镐很是厚颜无耻，明明全军战死2万人，他却只上报死了100多人。不过，死亡2万人的说法本身就是存疑的，即便是战争亲历者的浅野幸长在回忆录里，也只是说明军战死1万余人。

　　《明史·杨镐传》出现的"士卒死亡殆二万"这一说法，最早出自明朝东征赞画主事丁应泰所著的《东事始末》。丁应泰此人很不可靠，他大肆宣扬东征军在朝鲜作战失败的谣言，捏造了许多与事实不符合的传闻。他所著的《东事始末》，先是影响到了方孔炤的《全边略记》、钱谦益的《牧斋初学集》，继而影响到了《明史》。

　　梳理史料可知，丁应泰在蔚山战役结束后弹劾杨镐时，一开始说明军战死近1万人（《万历邸钞》），后来因为心虚，他上奏的明军阵亡数字缩减到了4800人（《宣祖昭敬大王实录》）。万历朝鲜战争结束以后，丁应泰弹劾经略邢玠，否定明军驱逐日军的功劳。明神宗认为这会引起军队不满，动摇到大明的政权稳定，于是便将丁应泰革职并驱逐回原籍。他为此心存怨恨，便在自己的著作《东事始末》中，将弹劾杨镐时声称的明军阵亡 4800 人拔高到了 2 万人。这个数字，就是这么来的。

实际上，杨镐在遭到丁应泰的弹劾以后，朝鲜国王李昖就特地派遣李德馨调查过明军的实际伤亡人数，然后向明廷上报，题为"朝鲜国王为辩核冤枉事"，替杨镐辩诬。他们给出的数据是，明军阵亡 1000 余人、受伤 3000 余人，远远到不了 2 万人。原文记载如下：

> 上年十二月二十二日，有经理与提督，领三协兵自庆州前进。二十三日，于左兵营旧墟诱贼交锋。左协副将李如梅分兵按伏，参将杨登山、游击摆赛，分兵突击，斩级四百余颗，官兵无一人死伤。二十四日大兵攻破城隍堂及太和江左右贼垒，焚烧栅房，斩级六百余颗，贼遁入岛山小城，步兵三面围住。是日游击茅国器、卢继忠等步兵，俱在前行，多有被伤，或有致死者。二十五日大兵进攻本城，游击陈寅督兵先登，至西门城下中丸，管下官兵，亦多死伤。各营官兵，左右齐进，又多中丸而退。是日官兵死者，约有二百余员名，伤者约有一千余员名。本年正月初三日丑时，各营官兵进攻本城，至黎明始止。死伤多少，寅夜黑，不得的知，似不及二十五日之多。初四日有经理与提督商议，以官兵渐疲，贼援日添，始令退兵。经理令步兵先退，挑选李如梅、杨登山、摆赛等马兵，自领为殿，贼不敢追蹑。路遇伤兵，令给标马载来，各营官兵别无损伤。但据本国别将韩明琏说称："箭滩堵截，官兵与贼交锋，杀伤相当，该被杀伤之数，亦不得的知。"臣（李德馨）回到安康，访问得先后阵亡官兵，共该八百余员名，被伤官兵，共该三千余员名。其后到安东路上，多见被伤官兵因伤物故，该数想过一千余员名。官兵死伤之数，大约如此。（《宣祖昭敬大王实录》）

张辅之所著的《太仆奏议》里有一篇名为《东师奏报失实疏》的文章，该文转引了杨镐、麻贵上报的明军阵亡人数，这是来自前线明军的一手资料，里面称明军在蔚山战役中"阵亡千、把总官张应元等二十一员，军兵青打哈等七百七十七名。阵伤回营身故官六员，病伤回营陆续身故军兵张四等八百一十七名。轻伤官军麻代等二千九百八员名。总之不满五千，似与委弃万众者远矣"。也就是说，明军当场战死 798 人，因受伤或受伤后生病死在营中的官军有 823 人，总共死亡 1621 人，另有2908人受了轻伤。这一数字,与朝鲜估计的阵亡1000余人、受伤3000余人接近,可见杨镐、麻贵的报告是比较可信的。除了人员伤亡外,杨镐、麻贵上报的明军战马伤亡数量是"走伤阵死马二千三百三匹,在阵弹伤倒死马二百一十三匹",也就是因受伤而死的马匹有2303匹,当场死亡的马匹有213匹。

有一点需要注意,无论是中国史料还是朝鲜史料,几乎都记录参将卢继忠的部队在岛山之战中全军覆没,是该战中明军伤亡最大的一支部队。岛山之战结束后,李如梅的接伴使李德悦驰启:"当日诸军撤还之际,水陆倭贼合兵追击,至于三十里之外。唐军死者无数,或云三千,或云四千,其中卢参将一军则以在后几近覆没云,而军中讳言,时未知其数矣。"(《宣祖昭敬大王实录》)钱谦益著、钱曾笺注的《牧斋初学集》也记载:"清正纵倭逐北,卢继忠等三千人俱歼焉。"但根据杨镐、麻贵在战后统计的伤亡数字来看,卢继忠部断然不会付出全营3000人全灭的代价。再根据《经略御倭奏议》的记载推断,卢继忠部只损伤了700人马,包括阵亡与负伤人数。

至于日军的伤亡情况,经略邢玠在官方报告中提到,明军在整个蔚山战役中共斩首日军1200余级。明军在蔚山战役中取得的首级,主要来自万历二十五年十二月二十三日在兵营城、农所斩获的440余级,二十四日打下东营、东部洞(城隍堂、伴鸥亭)、西部洞、太和江寨斩获的661级,总共加起来有1100余级。攻打岛山城后,明军斩首数量变得非常少,只袭杀了一些出城找水喝的零散日本士兵。将这部分首级与二十三日、二十四日的数量加起来,就有1200余级。

综合最为可靠的记录,明军在蔚山战役中战死官兵1621人、受伤2908人(《东师奏报失实疏》),日军被明军斩首1200余级(《经略御倭奏议》)。当然,斩首的日军数目,不等于日军阵亡总人数,庆念在《朝鲜日日记》中记载日军至少被烧死数千人。据《大河内秀元朝鲜日记》记载,日军在蔚山战役中先后战死18360人、896人、2800人,总计死亡超过22000人。但这一数字是否夸大,还需进一步考察。

最后提一提朝鲜军队的死伤情况,这一点最容易被人忽略。截至正月一日为止,朝鲜军在蔚山战役中战死298人,负伤876人,临阵逃走4982人,阵中仅存3813人。(《惩毖录》)逃走的朝鲜士兵人数,甚至超过了战死的士兵人数。

般丹之战与梁山之战

日本史料还记录了蔚山战役期间爆发的两场支线战斗，分别是立花宗茂参与的般丹之战与黑田孝高参与的梁山之战。这两战仅见于日本方面的史料，明朝、朝鲜方面的史料则丝毫没有记载，因此存在着诸多疑点。

较早提到般丹之战的，是《柳川立花家谱》：

> （庆长）三年戊戌正月，诸将议救加藤清正蔚山围。时沿路虏兵往往屯聚，宗茂击般丹虏，烧而走之。遂与诸将解蔚山围。

该书提到，般丹之战发生在庆长三年（万历二十六年，1598 年）一月，日军诸将为解救被困在蔚山的加藤清正积极出兵，却被人堵在进兵路上。立花宗茂以火攻击败屯聚在般丹的部队，与诸将合力解除了对蔚山的围困。

成书时间晚一点的《朝鲜役录》，对般丹之战的细节有了进一步补充。该书提到，与立花宗茂作战的是明将牧务辽，他统领 1 万士兵，包括招募的朝鲜人，正准备从般丹直捣侵朝日军占据的釜山浦。一月二日，收到消息的宇喜多秀家派出立花宗茂夜袭般丹，立花宗茂以火攻击败牧务辽，使其仓皇逃走，杀死、俘虏了许多人。原文记载道：

> 明将牧务辽将兵一万至般丹，募韩人将捣釜营虚。二日，留守中纳言（宇喜多）秀家令立花宗茂夜袭般丹，焚之。务辽仓皇先遁，虏大溃，俘斩甚众。

再后来成书的《日本史记·立花宗茂传》，则将牧务辽的兵力从 1 万人拔高到了数万人，又增加了立花宗茂夜袭般丹的细节，例如当时正下着雨夹雪，明军因为天气寒冷已经睡着了，立花宗茂出其不意袭击般丹，纵火焚烧明军的营寨……最后仍旧是牧务辽仓皇逃走，立花宗茂斩杀了许多人。原文记载道：

> （庆长）三年，明兵围蔚山。会明将牧务辽窥虚，率兵数万抵般丹。秀家大惊，

使宗茂击之。宗茂即夜发釜山。时天雨雪，众请待明旦而发。宗茂曰："使敌知兵寡，非我之利，且出其不意，袭之必克。"夜阑，寒甚，明兵困卧。宗茂火房营，鼓噪攻之。务辽骇走，斩获颇多。

《日本外史补·立花氏》一书，则提到了立花宗茂的兵力是 800 人，其余细节与《日本史记·立花宗茂传》相同。依据此书的记载，般丹之战变成了立花宗茂以800 寡兵打败明将牧务辽率领的数万大军。原文记载道：

（庆长）三年正月，明兵围蔚山，诸将发兵赴救。会明将牧务辽窥虚，率兵数万抵般丹。秀家大惊，使宗茂击之。宗茂即夜将八百骑发釜山。天方雨雪，众皆请俟天明发。宗茂曰："使敌知兵寡，非我之利，我且出其不意。"即发。夜半，抵般丹。寒甚，明兵困卧不备。宗茂纵火房营，鼓噪攻之。务辽骇走，斩获甚多。

不过，当时明将中并没有一个叫牧务辽的人，而且立花宗茂以 800 人破数万人的战绩也太过夸张。因此，《大日本编年史》一书删除掉了这些情节，谨慎地说立花宗茂在般丹的对手是明朝、朝鲜联军：

朝鲜士兵见明军至，相聚为寇，结营般丹，以绝我援路。立花宗茂率精锐赴击，走之，遂会（毛利）秀元军。

更有甚者，川口长儒在《征韩伟略》一书中直接否定了牧务辽和般丹之战的存在，认为般丹之战非常可疑：

《立斋旧闻记》《国恩录》曰："二日，宗茂败明将牧务辽于般丹。"牧务辽、般丹，诸书不载，其说可疑，故不采焉。

而在《浅川闻书》中，立花宗茂在该时间段打了一场八卜之战，而不是般丹之战。据该书记载，立花宗茂夜袭击破了屯聚在八卜的明朝、朝联军，打通了釜山、蔚山之间的道路，之后他前往蔚山，于一月二日和诸将会合。原文记载道：

> 明、韩兵据八卜，塞蔚山、釜山之道，宗茂夜袭破之，遂赴蔚山，于正月二日会诸将于蔚山。

但无论是般丹之战还是八卜之战，可能都不存在。因为在朝鲜地图上，根本没有这两个地名，且明将中也不存在牧务辽这样一个人物。再者，立花宗茂当时在庆尚道西南部的固城，并不在庆尚道东南部的釜山城，也没有从釜山城出发去救援加藤清正。既然朝鲜地名、明将人名都不存在，立花宗茂又不在釜山城，那怎么会发生般丹之战或者八卜之战呢？

在《浅野家文书》记载的救援加藤清正的日军各部中，根本就不包括立花宗茂。而《日本战史·朝鲜役》也说得很清楚，固城的立花宗茂、泗川的岛津义弘、顺天的小西行长等，考虑到各种因素，都没有出动援兵去救援加藤清正。所以，般丹之战应是立花家编造出来的，为的是给立花宗茂镀金。因此在成书时间越晚的后世日本史料中，般丹之战的细节就越完善。

除了般丹之战外，日本史料提到的该时间段发生的梁山之战也同样可疑。梁山之战被记载在《黑田家谱》《筑前黑田家谱》中，内容比较简略。据《黑田家谱》记载，黑田孝高、黑田长政父子原先都在庆尚道的梁山城守城，蔚山战役爆发后，黑田长政出兵前去救援加藤清正，梁山城内只留下黑田孝高的寡兵，于是一股军队趁机来袭，但被黑田孝高击退。《黑田家谱》没有提到这股军队由谁率领，《筑前黑田家谱》则提到是"明的别兵"。据此推论，黑田孝高在梁山之战中击退的是明军。

然而事实上，明军当时在战略部署上从未做出过袭击梁山城的安排。发起蔚山战役前，提督麻贵命令中协副总兵高策、吴惟忠统领官军，在陆路上堵截从梁山、彦阳北上的釜山日军，目的是不让日军陆路援军北上，而不是去南下袭击其他地方的日军。岛山攻城战期间，由于攻坚困难，高策、吴惟忠被调来围困岛山，高策在岛山城东、吴惟忠在岛山城南，这是万历二十五年十月二十四日的事情。而《筑前黑田家谱》记载梁山之战的发生时间是在万历二十六年一月，即便是在一月一日，距离明军于一月四日从岛山解围撤退也不过只有三天时间。在这三天里，明军不可能南下袭击梁山城。所以，梁山之战应当也是不存在的。

蔚山战役后日军开始退缩

蔚山战役结束后，整个蔚山倭城（岛山城及周围日式工事）全部回到日军手中。一月五日早上，日军举行军事会议，讨论是否追击撤退到庆州的明军。但黑田长政、锅岛直茂两人借口担心本据点安危，先行离开了。最后，日军诸将以粮食匮乏、损兵折将为由，放弃了追击。（《日本战史·朝鲜役》）

会议结束后，日军派出几组大的侦察队，搜索明军是否仍然在附近出没，但没有发现任何影子。于是，日军决定将守备西生浦的加藤军调至蔚山倭城，又将在蔚山倭城苦苦坚守的加藤军调到西生浦修养。一月六日，救援蔚山倭城的各路日本援军，全都撤回到了各自的驻地。但加藤清正担心明军还会再度袭来，便请毛利秀元帮忙修补蔚山倭城。（《萩藩阀阅录》《吉川文书》《清正记》）

待在日本本土的丰臣秀吉收到蔚山倭城被围的消息后，本打算亲自渡海赴援，便命令毛利辉元、增田长盛、本田因幡守、多贺出云守、宇多下野守、北川左马助、九鬼嘉隆等先行渡海前往朝鲜；但在收到日军获胜的捷报后，他便停止了亲自出兵朝鲜的计划。（《义演准后日记》《黑田家文书》《高山公实录》）由于加藤清正不能同时守备蔚山倭城、西生浦城，丰臣秀吉便免去了加藤清正守备西生浦城的职责。

另一方面，明军撤退到庆州以后，杨镐担心日军继续追击，便命茅国器、卢得功二将驻守星州，麻贵驻守安东，又命李芳春、牛伯英二将进驻全罗道南原，他自己则率领其余部队返回王京。

此时，部分明军变得难以约束，将卒多不检点，开始到处生事。驻扎安东的宣大兵马和提督麻贵麾下的蒙古兵，军纪尤其败坏，他们以向朝鲜人索取马草为名，到处掳掠街巷中的财产。这其中，施暴最严重的是杨登山的部队。朝鲜史料《宋经略书》记载道："（杨登山）不戢军卒，随麻贵在安东，标下马兵散抢民间，人甚苦之。"因为这部分明军的暴行，远近的朝鲜居民对明军是闻风而逃。

杨镐获悉情况后，派遣通事、旗手捉拿了惹是生非的五六名骑兵，并杀死了其中一人，将其尸首遍传军中，警告北兵不得违反军纪。但也有明军将领保持了极高的军纪，比如李芳春，他"禁侵扰，劝耕种，广屯田，剿游贼，修官舍，葺房屋，敛尸骸"，驭军严整，赏罚分明。

　　对于蔚山战役的结果，明人诸葛元声在《两朝平攘录》中认为："是役也，谋之经年，已倾海内全力，合朝鲜通国之众，而卒无成功，贻笑远人，可慨已。"但是，这一种评价是极为片面的。

　　日军看似在蔚山战役中获胜，但此战对日军造成了极大的心理震慑作用。明人徐希震的《东征记》记载，蔚山战役结束后，"中路石曼子、西路行长各退五百里，移兵上船，作去鱿计"。也就是说，蔚山战役对远在西路的小西行长、中路的岛津义弘产生了很大的威慑，吓得他们各自从原据点退兵，想要直接撤回日本国内。

　　《东征记》的这一记载可以得到朝鲜史料《宣祖昭敬大王实录》、日本史料《岛津国史》的佐证。《宣祖昭敬大王实录》记载，在顺天倭城的小西行长已经准备好了退路，他将大量物资装在船上，想要逃走，"曳桥之贼，卜物载船，蔽塞海口……大概曳桥之贼，太半渡海，卜船络绎，似非久留之计"。同时，小西行长的女婿宗义智，已经在南海岛将全部物资装载到船上，准备逃走，"不为筑城固守之计，只治战船。所收军粮，尽为载船矣"。又据《岛津国史》记载，蔚山战役结束后，岛津义弘听说明军将出动百万大军，遂下令晋州城的岛津军守将三原重种、蓑轮治右卫门撤退到后方的泗川。从以上记载来看，蔚山战役对日军造成的冲击是非常巨大的。

　　再来看日本史料《毛利秀元记》。该书称，蔚山战役结束之后，朝鲜的日本诸将认为难以再承受明军的攻击，最前线的几个日据城池肯定守不住了，因此想要舍弃掉它们，退守至朝鲜沿海地带。随后，日军诸将集结在庆尚道的安骨浦举行军事会议，最后确定了在朝鲜全面收缩战线的方针。军议结束后，他们派遣使者渡海，送信给丰臣秀吉。在信中，日军诸将向丰臣秀吉提出了撤守全罗道顺天、庆尚道蔚山的议案，希望得到他的允许。顺天是当时日军在朝鲜西部最前沿的据点，蔚山则是日军在朝鲜东部最前沿的据点。侵朝日军虽然取得了蔚山战役的胜利，却认为保不住最前线的蔚山和顺天，因此建议弃守加藤清正负责防守的蔚山，后撤至西生浦；弃守小西行长负责防守的顺天，后撤至熊川。除去毛利秀元、加藤嘉明两人表示反对以外，其余人都同意收缩战线，弃守顺天和蔚山。[1]

一月二十一日，丰臣秀吉收到信件，他读完后，对这一提案非常不满，大为恼怒。在写给毛利秀元的回信中，他直斥撤守蔚山、顺天的提案是胆小、怯懦之举，同时又表扬了坚持不撤的毛利秀元和加藤嘉明。(《毛利家记》《关原合战与近世的国制》）

虽然遭到丰臣秀吉的拒绝，但是在朝日军并没有放弃这一诉求，准备再次向丰臣秀吉提出战线收缩议案。这一次上诉，连先前反对这一提案的毛利秀元也表示赞同。同月二十六日，宇喜多秀家、毛利秀元、蜂须贺家政、生驹一正、藤堂高虎、胁坂安治、菅三郎兵卫尉、松岛彦右卫门尉、菅右卫门八、山口宗永、中川秀成、池田秀雄、长宗我部元亲这十三位侵朝武将，将联名签署的联署状寄给石田三成、长束正家、增田长盛、前田玄以，通过他们将收缩战线的意见转告给丰臣秀吉。宇喜多秀家等人认为"蔚山、顺天、梁山，斗出敌地，难以守御"(《旧记杂录后编》)，对日军当前的局势非常不利。在联署状中，他们向石田三成、长束正家、增田长盛、前田玄以陈述道：

> 此国经理，去年进剿全罗时，与诸将会议，郡县略定，镇戍及修筑之人既如所启。至筑处，其后巡行度地而修筑焉。而明遽以攻蔚山也，事暂止焉，乃会议镇戍分配，从众口，欲更定如下：
>
> 一、蔚山者，虑地面逼敌，且隔江而险道也，以后可危焉。因定欲令清正如前日屯西生浦，修筑则分秀元五千兵役之。
>
> 二、顺天者，山水隔远，道路艰难，且城外海浅，不可行舟。临事救援，海陆共不便。因移守行长于泗川、岛津义弘于固城矣。而已撤顺天，则南海岛为无用之戍，因只存唐岛垒，而令对马守义智留守焉。然义智不肯之，岛津氏谓任先锋之所望耳，是当待殿下之断也。
>
> 三、顺天、蔚山，今所议如此，共为无要之所，因待命而暂止修缮焉。而固城者，令秀家、高虎修之，毛利胜信（毛利吉成）戍之。

---

[1] 《朝鲜征伐记》《丰臣秀吉谱》《清正记》称，小西行长主动提出撤守顺天、蔚山的议案，但遭到加藤嘉明的坚决反对。

四、梁山者，地形恶，与釜山通，路险难。临事大兵不利往来，因移镇于熊川①。熊川者，诸寨之道路，而有巨川为泊津，不可不无一寨。令秀元修筑焉，长政镇戍之。今作诸寨地理之一图以献之，愿赐熟览，谨俟其命。（《朝鲜役录》）

这套议案的中心思想是：加藤清正放弃蔚山，后撤至西生浦；小西行长放弃顺天，后撤至泗川，顺天弃置后，靠近顺天的南海岛也应弃守；岛津义弘从泗川转移至固城；驻守梁山的将士放弃这一极其难守的阵地，后撤至龟浦。在这套议案中，宇喜多秀家等人计划放弃庆尚道最前线的蔚山、梁山，以及全罗道仅剩的顺天与靠近顺天的庆尚道南海岛，全面撤退至朝鲜庆尚道南部沿海地带。除了上一次提出放弃的蔚山、顺天外，此次又额外提出放弃梁山、南海岛，可见，在蔚山战役中遭受重创后，侵朝日军势头大减。换句话说，明军通过蔚山战役，事实上打崩了日军的防线。这道防线，既是日军战略布局上的防线，也是日军心理上的防线。

值得注意的是，小西行长、宗义智、岛津义弘、加藤清正、黑田长政均没有在这封联署状上签字。这几位驻守的地方，都是联署状中提出要弃守的据点，如此重要的事情，居然缺乏当事人的一致签字同意，这一现象很值得留意。非常有可能的是，当时几乎所有侵朝大将都同意收缩战线，包括没有在联署状上签名的小西行长、宗义智、岛津义弘、加藤清正、黑田长政等当事人。他们是这些被提议弃守的城池的守将，理应避嫌，所以没有在联署状上签名。

丰臣秀吉再次收到战线收缩的提案后，非常不悦，他在三月十三日回信说：

审来意，欲撤蔚山、梁山、顺天三城。不先取旨，而忽有陈请，甚无谓也。往年朝鲜因沈游击（沈惟敬）谢罪，虑将士劳苦，故使退据沿海城砦，厚蓄其力，两三年一出兵焚掠。至于后役，禀请守备事宜，其地未尝目击，故使随宜措置。今察其所为，初乘敌弱，广设区域，忽复减黜，欲弃前功。夫杨镐之攻蔚山，合明、韩二国之兵，攻堑垒浅单、粮仗竭乏之孤城，犹且不能克，自溃而走。以我兵之勇，

---

① 经笔者核对，日军诸将要求后退的地方应该是龟浦，后来丰臣秀吉同意弃守的也是龟浦，而相关文献则错记为"熊川""加德"。

当乌集瓦合之众，正当飙驰电击，以歼灭之。今乃致其逃逸，且欲弃守自退，何其萎靡不振之甚也！深湟高垒，以严防备，将士之任也。至于军中所须，粮食兵仗，照数支给，既已发送，又有功将士，皆沾厚赏。然则出力守城，岂得不自任？守备既固，将士自任，一二城砦何难保之有？其梁山城，存之无益于势，撤而徙于加德①其可也。(《旧记杂录后编》)

丰臣秀吉对宇喜多秀家等人提出的战线收缩议案非常不满，认为在朝日军不仅没能对明军穷追猛打、将其歼灭，反而欲弃守自退，实在是自灭威风。秀吉还认为，将士守城是本分，保得一二城砦并没有什么太大困难。但面对朝鲜战场的不顺利，他多少还是有所动摇，最终同意了撤守梁山一城，将该城驻军徙至后方的"加德"（龟浦）。

丰臣秀吉派往朝鲜的军监们，对战线收缩议案也有不同意见。早川长政、竹中重利、毛利高政三名军监同意收缩战线，但福原长尧、垣见一直、熊谷直盛三名军监并不同意。后三人回到日本后，向丰臣秀吉状告黑田长政、蜂须贺家政在救援蔚山时怯战，并且早川、竹中、毛利三名军监已同意收缩战线。丰臣秀吉为此赫然震怒，决定没收蜂须贺在阿波国的封地，以及早川、竹中、毛利三人在丰后国的6万石封地。而黑田长政也被罚没收部分封地，甚至就连加藤清正、藤堂高虎二人也遭到了丰臣秀吉的惩罚。(《看羊录》)其中，早川等三名军监被剥夺的6万石封地，被丰臣秀吉转赐给了福原、垣见、熊谷三名军监，作为褒赏。此外，由于大名加藤嘉明也始终不同意收缩战线，并且没在联署状上签字，丰臣秀吉决定加封他37100石封地，以示激励。

然而，日军已经是强弩之末了。同意弃守梁山城两个月后的五月二十二日，丰臣秀吉亲自写信，指示部下立即弃守龟浦城，黑田长政转移至西生浦城，毛利吉成转移至釜山城，寺泽正成转移至釜山城的子城丸山城。(《锅岛家文书》)可见，秀吉本人此时也对侵朝战争灰心丧气，完全丧失了当初那种狂妄。

---

① 即龟浦，文献错记为"加德"。

这还不止，大受动摇的丰臣秀吉，又下令将侵朝大将小早川秀秋、宇喜多秀家、毛利秀元召回日本国内，直接撤回一半侵朝军队，只剩下6万余名日军留在朝鲜。(《义弘公御谱中》)继续留守在朝鲜沿海的，只剩下加藤清正、小西行长、岛津义弘、宗义智、黑田长政等主要侵朝将领。

据《日本战史·朝鲜役》记载，残留在朝鲜的日军及兵力如下：

驻守地	守城将领	兵力
蔚山城	加藤清正	约10000人
西生浦城	黑田长政	约5000人
釜山城	毛利吉成、岛津丰久、相良赖房、伊东祐兵、高桥元种、秋月种长	约5000人
釜山子城丸山城	寺泽正成	约1000人
竹岛城、昌原城	锅岛直茂、锅岛胜茂	约12000人
巨济岛	柳川调信	不详
固城	立花宗茂、小早川秀包、高桥统增、筑紫广门	约7000人
泗川城	岛津义弘	约10000人
南海城	宗义智	约1000人
顺天城	小西行长、松浦镇信、有马晴信、大村喜前、五岛玄雅	约13700人
合计	—	约64700人

另据《宣祖昭敬大王实录》估计，残留在朝鲜的日军各部队及兵力为：

驻守地	守城将领	兵力
蔚山郡	加藤清正	10000余人
梁山郡	黑田长政	四五千人
金海府	锅岛直茂	10000余人
德只岛	不详	四五千人
固城县	不详	六七千人
巨济县	不详	四五百人
晋州	不详	400余人
永新县	不详	2000余人
泗川县	不详	七八千人或10000人
昆阳郡	不详	300余人
南海县	宗义智、柳川调信	1000余人
昌原府	不详	不详
熊川县	丰茂守	不详
顺天府	小西行长	约15000人

但《宣祖昭敬大王实录》的记载并不完全正确，例如梁山城在当时已经被日军弃守。蔚山战役后，丰臣秀吉不仅弃守了梁山、龟浦城，还撤回了一半侵朝军队，召回了小早川秀秋、毛利秀元、宇喜多秀家三名侵朝大将。如此大规模的退缩，可见丰臣秀吉虽然表面上仍然嘴硬，但心态早已发生了剧烈变化，他意识到日军在朝鲜已经支撑不了太长时间。

被俘虏至日本的朝鲜儒学者姜沆，在所著的《看羊录》里记载了丰臣秀吉撤回一半侵朝日军后，与德川家康等人的谈话记录，透露出丰臣秀吉此时已经有与朝鲜议和、从朝鲜撤兵的想法：

> 贼魁（丰臣秀吉）尽属其诸将，而告之曰："朝鲜之事，迄未结末，何也？"
>
> （德川）家康等皆曰："朝鲜大国也，冲东则守西，击左则聚右。纵使十年为限，了事无期。"
>
> 贼魁泣曰："公等以我为老矣，我之初志，以天下为无难事。今老矣，死亡无几矣，与朝鲜休兵议和如何？"
>
> 其下皆曰："幸甚。"

可见，蔚山战役虽然在战术上是日军获胜、明军被迫撤退，但从战略角度来看，日军不但没能因为此战取得优势，反而有一路崩溃之势。无论是侵朝日军大将，还是待在日本本土的丰臣秀吉，蔚山战役都给他们造成了巨大的心理打击。事实上，这也暴露了日本战国军队远离本土作战时无法持久的弱点。可见日本战国军队总体上是很虚弱的，即使明朝军队打了败仗，日军也只能被动地收缩战线，仅能保得朝鲜沿海的几座倭城。

类似的情况，早在日军初次登陆朝鲜的万历二十年就发生过一次。那一年七月，第一批入朝明军攻打平壤城，结果败给了小西行长，明军退走，是为第一次平壤之战。结果在八月上旬召开的王京军议中，日军诸将对明军可能再度出兵朝鲜表现出畏惧，提出了全面撤守釜山浦的议案。小西行长更是在第一次平壤之战结束后，通过他弟弟传信，向丰臣秀吉劝谏说大明不可侵犯。在明军刚打了败仗、后续援军还未大举出动的前提下，日军就已表现出了退缩姿态。

历史总是惊人的相似。第一次平壤之战和蔚山战役的结果都是明军败走，但作为胜利者的日军反而不敢穷追猛打，而是急迫地要往后撤。这些情况，真实地说明了日本战国军队极度脆弱。

不过，正是由于丰臣秀吉没有全部接受侵朝日军大将的战线收缩议案，驳回了撤守蔚山、顺天的提议，才阴差阳错地让明军不敢对日军太过大意，认为日军大势依旧，仍能与明军相持很长时间。正如海防备边参议梁祖龄对经理杨镐所说："照今倭奴蔚山之败，虽遭大挫，而行长、清正等酋尚雄踞全庆，负山依海，联络坚城，以缓局老我。"（《经略御倭奏议》）于是，在明、日双方相互对对方实力存在误判的情况下，对峙局面仍在继续。杨镐做出分兵计划，将明军兵力配置在全罗道、庆尚道之间，与退据沿海地区的日军相持，具体部署如下：

庆尚道驻兵		
驻守地	驻守将领	兵力
安东	原任参将杨登山	1200人
安东	大同游击摆赛	2500人
安东	真定都司薛虎臣	3000人
永川、新宁	南兵副总兵吴惟忠	3900人
永川、新宁	延绥参将王国栋	2000人
义城	游击陈蚕	2100人
义城	游击陈寅	4000人
义兴	宣府游击颇贵	2500人
义兴	原任副总兵解生	无兵马，随颇贵暂驻
醴川	遵化右营游击陈愚闻	1500人
迎日、长鬐	福建游击许国威	1180人
善山	副总兵李如梅、原任游击涂宽、郝三聘	3000人
善山	浙兵游击叶邦荣	1600人
星州、高灵之间	原任游击卢得功、安本立	2500人
星州、高灵之间	浙兵游击茅国器	3900人
尚州	原任副总兵李宁	2800人

全罗道驻兵		
驻守地	驻守将领	兵力
南原	原任副总兵李芳春、陈国宝	2000人
南原	三屯游击牛伯英	1100人
南原	浙兵游击蓝芳威	3300人
全州	原任大同参将李宁	1000人

二月十四日，加藤清正受蔚山战役打击，派遣两个名为"舍生门""乐信大"的使者向明军投递信件，称因为"持久累年，军兵疲困"（《宣祖昭敬大王实录》），愿意与明朝、朝鲜进行议和，实现三国太平。信中又称，如果明军愿意和谈，会议可以在明军所在的庆州举行，也可以在清正所在的蔚山举行。在信中，加藤清正不但交代了丰臣秀吉发起第二次侵朝战争的理由，还罗列了此后与明朝达成的和谈条件，但他用词非常狂妄，不能为明军接受。

该信的大致内容是："七年前征伐朝鲜时，两位朝鲜王子为我所擒。当时沈惟敬依照大明的命令，要求我们罢兵、释放王子，承诺我们只要应允这两个条件，则'万般之事可依照太阁殿下之命令'。依照这一承诺，即便朝鲜王子按理不可赦还，但我们还是依照大明的要求予以释放。在此之后，大明和日本一共商讨了五个议和条件：第一，割分朝鲜土地给日本；第二，让一位朝鲜王子渡海到日本谢恩；第三，大明皇帝将公主嫁给日本天皇；第四，朝鲜大臣向日本提交誓书并保证永不背叛日本；第五，大明每年送金银米谷给日本，恢复两国贡市。但是这五个条件最后没有一个得到兑现，这让太阁非常愤怒。所以在丙申年（万历二十四年）九月，日本送信于大明，质问究竟是大明欺骗了太阁，还是朝鲜欺骗了太阁。如果是朝鲜从中作梗，就要动兵征伐。太阁在信中还提到，次年三月之前可等候大明回音，但是大明迟迟没有回应。由于未能满足太阁殿下提出的五个条件，日本因此在丁酉年（万历二十五年）再次发兵征伐朝鲜，南原之战也是事出此因。只要大明能够满足这五个条件，就能与日本议和。若大明将来还想与日本议和，这五个条件至关重要。这五个条件，六年前徐一贯、谢用梓两名明使渡海来到日本的时候，太阁殿下就已经明确向他们提出了。那么这五个条件究竟有没有传递给大明呢？"（《经略御倭奏议》）

加藤清正的这封信，由于用语不敬，彻底激怒了经略邢玠，他"不觉怒发上指，恨不得一时尽啖狂酋与和党之肉"，将日本使者拘禁了起来。

四月八日，明军在庆州擒获了一名从日军阵营中出逃的日本人。据此人供称，他原来是在日军中进行买卖的商人，但与其他人关系不好，就出逃到了明军中。又说，加藤清正急着与明军议和，如果此事能成，清正自称将回到日本向关白禀告，只留一将于釜山浦，其余日军尽皆撤回日本本土。（《宣祖昭敬大王实录》）从这一供词来看，加藤清正的要价已经大为削减，但明军依然没有予以理睬。

与加藤清正一样，小西行长派出要时罗到明军阵营中议和，结果要时罗也被邢玠给囚禁了起来。邢玠之所以这么做，是因为他担心"一通往来，恐我未必得倭之情，倭反先得我之情"（《经略御倭奏议》）。

明军与岛津军的交锋

蔚山战役爆发前，经略邢玠从中协抽调出一支部队，使其屯兵在庆尚道的宜宁，西防全罗道顺天城、庆尚道晋州城的日军援兵，东援明军左、右两协。明军从岛山撤走的第二天，也就是一月五日，为查探敌情，这一支明军派出十五六名骑兵从宜宁南下，潜至岛津军屯驻的晋州城下进行侦查。晋州城的岛津军守将三原重种、蓑轮治右卫门引兵出城，邀击明军。明军侦察兵见敌兵出动，立即撤兵遁走，但有一名骑兵来不及逃走，被岛津军俘虏。（《旧记杂录后编》《岛津国史》）

经岛津军审讯，这名明军骑兵交代：明军发兵百万，至全罗道的全州、南原，将要屠灭驻守晋州的日军，因此派出侦察队进行查探。岛津义弘听说后，担心晋州城的寡军不敌明军大军，命令三原重种、蓑轮治右卫门撤回后方的泗川城。其余侵朝日军大将听说"百万"明军进至全州、南原以后，非常畏惧，认为蔚山、顺天、梁山三城位于险要之地，一旦被攻，进退失据，不如舍弃三城，退守西生浦等地，筑城固守。于是在一月二十六日，宇喜多秀家、毛利秀元、蜂须贺家政等人签下联署状，要求收缩战线，但是被丰臣秀吉严词拒绝。（《岛津国史》）

一月二十七日，丰臣秀吉鉴于日军在蔚山战役中没有侦察敌情，导致明军袭来都不知道，特意写信给岛津义弘，要求派出斥候侦察动向，修建堡垒，慎重守城。三月十三日，丰臣秀吉再次写信给岛津义弘，要求存储铳弹和火药。（《岛津国史》）

岛津义弘见"百万"明军迟迟未有动作，便命令岛津军重新占据晋州城。之后，岛津军将守势改为攻势，不断外出掳掠，与明朝、朝鲜联军在庆尚道、全罗道发生了一系列拉锯战。

二月二十一日，屯驻在晋州城的岛津军出城劫掠，200余名岛津军士卒分为三队，一队向庆尚道的安阴进军，其余两队则向庆尚道的咸阳与全罗道的云峰、山内进军。

得知日军出动的消息后，朝鲜将领李光岳、李庆浚、元慎等人与明军联合，一同发兵山内。岛津军在明朝、朝鲜联军出动后立即退却，让两军扑了个空，明军见搜寻不到日军的踪迹，就撤军了。岛津军见明军撤退，又在全罗道咸阳的登丘县纵火抢掠。李庆浚欲迎战日军，但天降大雪，朝鲜士卒只能无奈退去。(《乱中杂录》)

二月二十八日，明军收到报告，称一股日军（岛津军）在庆尚道居昌等处劫掠，提督麻贵遂派遣副总兵解生、游击摆赛前去围剿。解生、摆赛二将于三月一日出发，八日抵达全罗道的忠州，但摆赛在途中感染痰火，不能前进，于二十六日退回忠清道的振威，并最终因病亡故。摆赛病故后，其所部兵马交由解生统领，解生继续领兵进剿滞留在庆尚道的日军。

三月二十四日，解生统领500家丁，与朝鲜将领郑起龙等人联合，然后兵分两路，本路进至庆尚道的陕川、三嘉，西路则进至庆尚道的居昌、憨八。(《宣祖昭敬大王实录》)本路抵达目的地后，解生屯于陕川，郑起龙屯于三嘉。郑起龙侦察到岛津军在劫掠三嘉县境内的栗院，于是与解生合兵进击。岛津军见状撤退，解生、郑起龙一路追击至三嘉县南部。岛津军登上山头，扼守险要，郑起龙假装退军，将山头上的岛津军引诱至平地，随后分兵夹击，打败了岛津军。(《宣庙中兴志》)此战，岛津军一共有200多人，郑起龙斩得首级24颗，明军斩得首级72颗，联军夺回了被俘虏的朝鲜男女150多人。(《宣祖昭敬大王实录》)西路进至庆尚道的居昌、憨八以后，在此遭遇300余名岛津军士卒。由于此处道路狭窄，人马难行，岛津军据险防守、堵截路口，使明军难以放手一搏，最后仅仅斩得1颗首级。

四月八日，朝鲜将领李光岳、元慎、李庆浚领军数千，联合500余名明军士卒，一同发兵全罗道的长水，逼近屯驻在全罗道长溪的岛津军。岛津军见明、朝联军出动，未敢应战，立即撤兵退走。明军在岛津军撤退以后，也随之撤军。

四月九日，屯驻在庆尚道泗川城的岛津军出城劫掠，向庆尚道的山阴、咸阳进军。朝鲜将领郑起龙与明军联合，将岛津军击败，使其退走。(《乱中杂录》)此战是为山阴、咸阳之战，是明、朝联军击退岛津军的一次会战。

四月二十日，岛津军又劫掠庆尚道的居昌等地。明军副总兵李宁为了剿灭这股日军，从庆尚道的安东发兵居昌。他听说岛津军从山阴袭来，于是率领130余名士兵，与朝鲜将领郑起龙一道前往咸阳沙斤驿迎战岛津军。交战中，李宁和他的战马被铁炮击中摔倒在地,岛津军趁机上前乱砍乱斫,李宁殉职身亡。(《宣祖昭敬大王实录》)据朝鲜史料《宣庙中兴志》记载,虽然李宁战死,但明军仍旧取得了斩首300级的战绩。不过,从明朝史料对此毫无提及来看,这一记载可能不是真的。

副总兵李宁是提督李如松的家丁,勇力与李家的另一家丁祖承训齐名。碧蹄馆之战时,李宁曾拼死护卫李如松,一路杀出重围,此时折损这样一员勇将,实在可惜。三四月间,明军接连丧失了摆赛、李宁两名骁将。需要注意的是,除了在咸阳沙斤驿丧命的副总兵李宁外,明军队伍中还有一名同名同姓的大同参将李宁,此人隶属刘綎麾下,后来跟随刘綎参与了顺天之战,一直活到战争结束。

副总兵李宁的死还有另外一种说法。《象村稿》声称,李宁是在居昌中伏,力竭后中枪而亡。《宣庙中兴志》《再造藩邦志》对这一说法有更加详细的记载,两书称李宁统领2000兵马出征居昌,岛津军收到消息后将精兵埋伏于山后,李宁轻兵冒进,被岛津军引入埋伏圈,最终力战不支,中枪身亡,亲兵把总李鸾率领600家丁力战突围,仅以身免。笔者认为,应当采信《宣祖昭敬大王实录》的说法,因为李宁与岛津军交战并最终阵亡的地方是咸阳沙斤驿,而不是居昌。部分朝鲜史料对李宁战死居昌的说法可能存在误传,因为李宁以轻兵作战、被日军引诱的情节与一些朝鲜史料中对碧蹄馆之战的记述很相似,可能是将李如松的事情附会到了李宁身上。据说李宁战死以后,其所部明军因明神宗特许,交由朝鲜将领郑起龙统领,但这一说法是否真实还待考证。

六月五日,泗川城内的岛津军又出城劫掠,400余名岛津军士卒沿水路从庆尚道发兵全罗道。登陆全罗道以后,岛津军分兵行动,或发向乐安,或发向兴阳、宝城,朝鲜民众望风奔溃。岛津军进兵至草岘时,数十名明军与朝鲜将领联合抵御,但战斗失利,是为草岘之战。(《乱中杂录》)朝鲜三道水军统制使李舜臣听闻岛津军登陆全罗道,也欲登陆作战,但明军水师提督陈璘以水、陆作战有异为由拒绝,命令李舜臣停止出兵行为。这些岛津军进兵至全罗道的乐安培界院以后,就停止了下一步攻势,退兵到庆尚道。

七月二十三日,庆尚道昆阳城内的20余名岛津军士卒潜至全罗南道光阳一条名为知分川的河流处,但是被明军击退。(《乱中杂录》)此战是为光阳知分川之战,是明军驱逐岛津军的一次小规模战斗。

七月下旬，泗川城内的 500 名岛津军士卒分为两队，出城掳掠。一队经庆尚道的咸阳，向六十桥（庆尚道与全罗道的交界处）进发；一队经庆尚道的居昌，向全罗道的茂朱、锦山进发。朝鲜全罗道兵营别将金裴敬南领军数百，前往抵御，但是不敌岛津军，于是向驻守全罗道全州的明军告急。明军提督董一元派兵数百，与朝鲜军合力进讨，终于击败岛津军，斩首 20 级。(《乱中杂录》) 此战，是为茂朱、锦山之战，是明军再度打败岛津军的一次战斗。

八月二十一日，在茂朱、锦山战败的岛津军从全罗道撤军，逃回庆尚道。明军游击蓝芳威派出麾下士兵，追击岛津军至庆尚道的咸阳，在此将其击破，斩首 42 级，夺回被岛津军俘虏的 100 多名朝鲜人与 60 余匹牛马。此战，是为咸阳之战。此时，全罗道的数千明军开始出动，从全罗道进入庆尚道，他们一队经全州、锦山进入庆尚道，一队经南原抵达庆尚道咸阳。泗川城内的岛津军听说明军大至，派出侦察部队在庆尚道的山阴查探情况，但被蓝芳威麾下士兵击败，斩首 40 余级，岛津军再次败走。(《乱中杂录》) 此战，是为山阴之战。明军相继在茂朱、锦山之战和山阴之战中打败岛津军，但蓝芳威顾虑到明军对日军仍无必胜把握，于是命令明军撤回全罗道。

八月下旬，晋州城内的岛津军故态萌发，派出 500 名岛津军士卒出城，一路进兵至智异山。智异山，位于庆尚南道与全罗南北道交界处，在全罗道南原东面、庆尚道晋州西面。日军兵抵智异山后，杀掠无数。收到消息的蓝芳威派出明军，击退了岛津军，是为智异山之战。(《乱中杂录》) 此战结束以后，明军与岛津军在庆尚道、全罗道的拉锯战，暂时告一段落。

万历朝鲜战争

第九章

丁酉再乱（下）：

从明军发起四路总攻到万历东征结束

明朝再派大军入援朝鲜

蔚山战役结束的同年（万历二十六年）正月，明朝内阁召开会议。会议内容与蔚山战役无关，而是围绕舟师问题展开讨论，因为朝鲜水军在前一年的漆川梁海战中惨败，导致朝鲜战场上急需舟师。此外，御史徐兆奎在会议上提出了直捣日本本土的计划。兵部经过讨论以后，赞同了徐兆奎的建议，并描绘出了一个攻打日本的大致蓝图：

> 关酋（丰臣秀吉）背道逆天，虐用其众，闻各岛愤怨已非一日，纠合出奇，诚因势利导之策也。举事莫先于浙，尤莫便于闽、广，以日本多两省之人，可以响应。两省多近洋之国，可以结联，加之商贩杂出其间，可以别用。是在各督抚，同心秘计，随便酌行，如忠义可鼓，勿待正兵。事机可乘，勿待奏报，而一切假之便宜，毋以议论束缚，致令掣肘。（《明神宗实录》）

在明朝兵部拟定的计划中，朝廷将出兵攻打日本的任务交给了浙江、福建、广东三个沿海省份，由三省出兵从海路攻打日本本土；并计划在打击行动中联合反对丰臣秀吉的日本大名、靠近沿海省份的国家、在日本的福建人和广东人、往来于中国和日本的商人；保证赋予浙江、福建、广东三省极大的自主权，任其自由行事，不会对其进行掣肘。

对于兵部拟定的计划，明神宗表示同意，并很快进行了相关调整。根据御史唐一鹏的建议，明神宗准备将熟知日本国情、有出兵攻打日本想法的广西总兵童元镇调到浙江，将浙江总兵李应诏调到广西。

然而，浙江、广西易帅的命令下达后，广西爆发了瑶民叛乱。为了镇压瑶民，维护广西的稳定，童元镇不得不拖延上任时间。广西巡抚戴耀为此上奏，请求暂留童元镇，等镇压瑶民以后，再让童元镇到浙江上任，明神宗表示同意。另一边，浙江巡抚刘元霖考虑到浙江省是海防重地，上疏朝廷催促童元镇尽快赴任，如果做不到，则请求浙江总兵李应诏留任。由于广西战事拖延，童元镇迟迟未能赴浙履任，浙江、广西的两名总兵仍旧待在原位没有调换。于是，直捣日本本土的计划最终成了泡影。

《明史·童元镇传》对于这一流产计划只有简单的几句话：

> 会日本破朝鲜。廷议由浙、闽泛海捣其巢，牵制之，乃改元镇浙江。既而事寝，
> 移镇贵州。

如果明朝的这一计划能够顺利实施，那对丰臣秀吉的打击，无疑是巨大的，日军将同时在朝鲜、日本两个战场与明军作战，在国力不敷的情况下，很可能遭遇亡国命运。但由于该计划终究没有执行，所以只能是一场空梦。

再说回朝鲜战场。蔚山战役结束一个多月后的二月十一日，经略邢玠向明廷上奏"蔚山大捷"，称蔚山战役对日军造成了巨大打击，但由于风雨交加、明军疲惫，日军又出动援兵，明军只能暂时撤军，再做攻伐准备：

> 蔚山之役，取城破寨，擒斩焚溺大小贼将一百余人、获级一千二百有奇，与
> 死于水火围困者，不可胜计。且窘清酋（加藤清正）于岛山，旬有余日，致使餐
> 雨饮溺，穷蹙已极矣。天心稍一厌乱，彼酋亦不知碎首何处。奈何风雨为阻，士
> 马久疲，且倭贼水陆之援兵俱至，当此之时，解围撤兵，养精蓄锐，再俟我兵全集，
> 另图剪灭，似未晚也。是役也，奋勇争先者，诸将士之戮力，设伏设诱、用正用
> 奇者，提督麻贵之苦心。然犹全藉抚臣杨镐，亲临行阵，主筹握算。至于冒矢石
> 而不顾，穷日夜而不休，尤人所难者。今以疾乞休，未可听去。（《明神宗实录》）

同月，建州女真部落酋长努尔哈赤向经略邢玠请缨，希望自己能够领兵 2 万，前往朝鲜剿灭倭寇。这是努尔哈赤第二次向明廷请求出兵朝鲜，早在壬辰倭乱时他就已经向时任兵部尚书的石星请求过，但因石星反对而未能如愿。这一次，邢玠本打算答应努尔哈赤的请求，但是被海防道右参议梁祖龄劝阻。梁祖龄表示：如果答应让女真人征倭，那么朝廷的兵马有多少，朝鲜的兵力强弱与山川地形，都会被他们知道得一清二楚，这不是一件小事。听了梁祖龄的劝告，邢玠幡然醒悟，拒绝了努尔哈赤的出兵请求。（《宣祖昭敬大王实录》）

明朝后继援军集结完毕后，相继奔赴朝鲜。根据《经略御倭奏议·催发续调兵马疏》的记载，蔚山战役结束后，新到朝鲜的明军援军有：由蓝芳威统领的4800名浙江兵，驻防在公州。开赴中的明军陆军有：三月二十日从张家湾起行的5100名广东兵，由陈璘统率；一月九日启程的2022名南赣营兵，由傅良桥统率，途经天津；4000名浙江续调兵，由原任副总兵张榜招募、统领；10000名川兵，由刘綖统领，将抵辽阳；1000名福建兵，由许国威统领。开赴中的明军水军有：二月二十四日出海的2000名吴淞水兵，由李天常统领；2280名南京水兵，由万邦浮统领，二月二十八日途经天津；已驻天津的1320名福建水兵，由白斯清统领，造完船后出海；前一年十二月二十六日起行的3154名浙江水兵，由沈茂统领，已过德州；3000名广东水兵，由张良相统领，已在途中；1500名狼山水兵，由福日升统领，正月二十六日乘船至山东灵山卫；正月二十日出海的3000名沙兵，由梁天胤统领。[①]

四月二十七日，陈璘的广东兵到达辽东，刘綖的川兵已经进入了朝鲜义州。五月十日，陈璘的广东兵开赴鸭绿江。（《明神宗实录》《宣祖昭敬大王实录》）到了五月中旬，援军全部进入朝鲜。此时，加上原先进入朝鲜的明军士兵，明军总兵力达到9.8万人。（《明神宗实录》《经略御倭奏议》《东征记》）

尽管兵力得到了极大补充，但东征的明军内部却发生了南北兵的争斗。事件的起因，是岛山之战时，经理杨镐出于某些原因命人捉拿了浙江游击陈寅标下的中军周升，用重棍责打。周升为此深恨杨镐，他将南兵对杨镐的不满，诉之于东征赞画主事丁应泰。周升诬告杨镐，故意对丁应泰控诉道：杨镐在岛山之战中遗弃了许多粮食、器械；明军战死了很多人，杨镐却将实情隐匿起来，让军中的杂役及买卖人等顶上去，补充缺少的兵额；杨镐侵吞军中饷银，不将饷银分给各营，导致军马绝粮一个月。（《宋经略书》）虽然周升打的小报告并不是事实，但杨镐确实对南兵将领

<hr/>

① 又据《两朝平攘录》记载，明军在万历二十五年（1597年）十一月新到援军有：游击叶邦荣统领的4000新募浙兵，陈云龙统领的2880余名南京水兵，都司许国威统领的1500名福建先调水兵，原任参将王元周统领的1000名应天先调水兵，福日升统领的1500名狼山水兵。此外还有续调的浙江、福建水师将陆续出发。广东陈璘统领的5000陆兵、3000水兵，以及刘綖统领的川兵，于次年（万历二十六年）进入朝鲜。但经笔者核对，以上名单中的许多人，到万历二十五年十二月或者万历二十六年才从大明境内出发，因此《两朝平攘录》在时间上记载有误。

很不友好，以致许多南兵将领纷纷附和周升。

六月四日，丁应泰上奏朝廷，弹劾经理杨镐、提督麻贵、副总兵李如梅隐匿实情，指出明军在蔚山战役中实际打了败仗，战死了许多人。据《万历邸钞》记载，丁应泰弹劾的内容为：

> 贪猾丧师酿乱，权奸结党欺君。抚臣杨镐，谬妄轻浮，机械变诈，既丧师而辱国，敢漏报而欺君，倭至则弃军士之命而潜逃，兵败则画屯守之策而掩罪。副将李如梅贪淫忌刻，欺罔奸谲，张虐势而凌眇将官，挟上交而淫掠属国，逗留观望，则且进且退，擅离信地，则独往独来。提督麻贵，巧于避罪，而文致报章，忍于弃军，而仓皇驰焉。既已损威偾事，乃复冒赏乱功，诸将拊心，三军切齿。

丁应泰又称，杨镐、李如梅献媚加藤清正，欲与清正讲和。还说，自从东征以来，辽兵前后阵亡约2万人，皆死于李如松、李如梅兄弟之手：第一次平壤之战阵亡3000人，第二次平壤之战阵亡三四千人，碧蹄馆之战阵亡3000人，南原之战阵亡3000人，稷山之战阵亡四五百人，岛山之战阵亡近乎1万人。（《万历邸钞》）

明神宗接到奏本以后，勃然大怒，将杨镐革职，让他回到河南老家赋闲，又命经略邢玠暂时经理朝鲜军务。虽然杨镐在蔚山战役中打了败仗，又遭到丁应泰的弹劾而去职，但是朝鲜人发自内心地尊敬他，对他评价极高，不舍他离去。"去年秋，贼酋行长攻陷南原，清正领大众来会，凶锋已迫汉南，都城之民鱼骇鸟窜"，杨镐挺身而出，"单车疾驱，冒入危城。慰谕余氓，申饬将士。使人心依赖，贼情畏沮，遂却敌于谈笑指挥之间"。朝鲜人因此认为杨镐功莫大焉，蒙受了冤屈，替杨镐辩白说："都城得保今日，皆其力也。岛山之役，镐以文职大官，环甲上阵，暴露虎穴，与提督及诸将，励气督战，焚烧内外寨栅，斩获千余级。清正穷蹙一穴，渴馁几毙，而不幸天雨急寒，士卒多伤，我势已疲，而贼援大集，固将有腹背受敌之患。镐与麻贵密察事机，宣令左次，排选马军，身自为殿，即其事状，终始如此。若征剿实绩，则陪臣及诸将，皆目见而知之，功罪查核，自有公论，天日在上，岂容虚诳。"（《宣祖昭敬大王修正实录》）

离开朝鲜前，朝鲜国王李昖在弘济院为杨镐践行，并因他的离去伤心流泪，杨镐自己也凄然动容。朝鲜父老遮住道路，拦着不让杨镐走，大声号哭，杨镐在轿子上鼓励、安慰他们后，流着泪离开了。(《宣祖昭敬大王修正实录》)

除了杨镐，李如梅也因为回辽东买马离开了朝鲜，由新到朝鲜的总兵董一元接替他的职务。

同样是在六月，战争祸首丰臣秀吉产生了结束侵朝战争的念头。据日本史料《西笑和尚文案》记载，六月下旬的时候，丰臣秀吉生了重病，他命加藤清正与朝鲜交涉议和事项，只要朝鲜向日本道歉，日本就立刻撤兵。由此可见，蔚山战役过去仅仅半年，丰臣秀吉就有了结束侵朝战争的想法，他实在撑不下去了，蔚山战役对日军造成的打击非常巨大。

杨镐去职以后，明朝政府和在朝明军继续进行人事调整，加强武备，准备对日军发动全面攻势。

六月十五日，明神宗任命汪应蛟为都察院右佥都御史，经理朝鲜军务。六月二十三日，明神宗又下诏令万世德替代汪应蛟，经理朝鲜军务。九月，新任经理万世德尚未到达朝鲜，经略邢玠就收到了丰臣秀吉已经死亡的风声，为此日军将要从朝鲜撤退。于是他利用这个机会，将明军兵分为四路，准备直捣侵朝日军在朝鲜的巢穴，以达到扫穴犁庭的目的。

据朝鲜官方史料《宣祖昭敬大王实录》记载，四路明军的兵力分别如下：

（单位：人）

路线	大将	明军兵力	朝鲜军兵力	合计
东路	提督麻贵	24000	5514	29514
中路	提督董一元	26800	2215	29015
西路	提督刘綎	21900	5920	27820
水路	提督陈璘	19400	7328	26728
合计	—	92100	20977	113077

四路明军的具体编制，在朝鲜史料《再造藩邦志》中有一份更加详细但兵力不同的记载：

路线	大将	部将	兵力	兵力合计
东路	提督麻贵	参将杨登山	马兵1000人	24000人
		指挥同知薛虎臣	步兵3000人	
		副总兵吴惟忠	步兵4000人	
		参将王国栋	马兵2000人	
		游击陈蚕	步兵3000人	
		游击叶思忠	步兵2000人	
		游击陈寅	步兵3000人	
		游击颇贵	马兵3000人	
		副总兵解生	马兵2000人	
		游击彭信古	步兵1000人	
中路	提督董一元	游击涂宽	步兵500人	13500人
		游击郝三聘	马兵1000人	
		游击叶邦荣	浙1500人	
		游击卢得功	马兵3000人	
		游击茅国器	马兵3000人	
		副总兵张榜	步兵4500人	
西路	提督刘綎	副总兵李芳春	马兵2000人	13600人
		游击牛伯英	马兵600人	
		游击蓝芳威	南兵3000人	
		参将李宁	马兵2500人	
		副总兵吴广	狼兵5500人	
水路	提督陈璘	游击许国威	步兵1000人	13200人
		参将王元周	水兵2000人	
		把总李天常	水兵2700人	
		游击季金	水兵3000人	
		游击沈懋	水兵1000人	
		游击福日升	水兵1500人	
		游击梁天胤	水兵2000人	
合计		—	—	64300人

《再造藩邦志》记载的四路明军，除了东路以外，其余三路兵力都与《宣祖昭敬大王实录》不同，要少很多。不算上朝鲜军，《宣祖昭敬大王实录》里的四路明军总兵力是92100人，而《再造藩邦志》里的四路明军总兵力是64300人，要比前者少去近3万人。不过，虽然计算出的四路明军总兵力才64300人,但《再造藩邦志》原文却说四路明军的总兵力达到了142700多人，号称20万人。这一说法应是夸大其词，不是事实。在四路明军的兵力上，笔者认为应当以朝鲜官方史料《宣祖昭敬大王实录》为准。

此外，《再造藩邦志》对部分明朝将领的编制记载有误。比如该书说游击彭信古被安排在东路，隶属于提督麻贵，但实际上彭信古应是被安排在中路，隶属于董一元；又说游击蓝芳威被安排在西路，隶属于刘綎，但实际上蓝芳威也被安排在中路，隶属于董一元。总之，《再造藩邦志》里的四路明军编制表，存在着一些细节错误，只能够作为参考。

无论如何，明军在蔚山战役后振作起来，重新发动大军南下，给日军造成了很大震动。据《看羊录》记载，收到明军大举出征的消息后，加藤清正写信给德川家康，焦躁不安地对他说："唐船及朝鲜兵船，自西海盖海而来。倭城十六，几尽受围，吾朝暮且死。援兵若不早出，吾且决腹，不受人刃。"准备再次渡海来到朝鲜的石田三成，听到这个消息后，也不敢渡海了，留在了九州岛肥前。(《朝鲜群书大系·海行总载》) 从加藤清正和石田三成的反应来看，他们对明军再次大举出征充满了恐惧。

第二次蔚山战役

南下的四路明军中，担任东路大将的提督麻贵统领明军24000人、朝鲜军5514人，合计29514人(《宣祖昭敬大王实录》)，其战略目标仍是夺取加藤清正所在的蔚山倭城。九月，东路明军对加藤清正发动了第二次攻击，这便是"第二次蔚山战役"。

史料上对第二次蔚山战役的过程记载并不多，而且充满了一些相互矛盾的说法。例如，诸史料对第二次蔚山战役之前麻贵的进兵路线就存在着分歧。具体来说，是对麻贵发起第二次蔚山战役前，是否驻扎（或进兵）温井、东莱存在分歧。温井、东莱这两个庆尚道沿海城市，位于蔚山倭城西南方向，距其较远，但非常贴近侵朝日军的大本营釜山浦，可以说是釜山浦的屏障。

明人诸葛元声的《两朝平攘录》记载，麻贵在第二次蔚山战役之前，"率所部颇贵、牛伯英等驻扎温井，与蔚、岛清正相对"。但是，上文已经说过，温井、东莱距离蔚山倭城有一定距离，反倒是距离釜山浦比较近。所以如果麻贵亲自驻扎温井，要与日军对垒，也应该是与釜山浦的毛利吉成对垒，而不是与远在蔚山倭城的加藤清正对垒。

对于第二次蔚山战役之前明军是否驻扎温井一事，朝鲜史料《乱中杂录》有这样的记载："本月十九日，麻提督掩击东莱城内、温井等处之贼。"与《两朝平攘录》稍有不同，《乱中杂录》说麻贵在九月十九日亲自带兵袭击东莱、温井的日军，而不是驻扎温井。不过《两朝平攘录》《乱中杂录》有一点是相同的，都提到麻贵在驻扎（或进兵）温井以后，从温井出发，发兵直捣蔚山。《两朝平攘录》没说麻贵出发的具体日期，《乱中杂录》则明确说是九月二十日。

然而在朝鲜史料《象村稿》中，麻贵根本没有驻扎（或进兵）温井、东莱。此书记载，麻贵本来计划于九月十九日进兵温井，但是顾虑到会误伤朝鲜百姓，所以延迟了进兵日期。直到九月二十一日，麻贵才派朝鲜将官金应瑞攻打温井、东莱，斩首日军数十级，他自己则没有亲自前往温井、东莱。

《象村稿》还说，九月二十一日，麻贵从庆州南下，发兵蔚山。庆州在蔚山的西北方向，从地理位置上推断其行军路线，麻贵不可能如《乱中杂录》所说，九月十九日袭击蔚山西南方向的东莱、温井以后，又在九月二十一日大老远跑到蔚山西北方向的庆州，再从这里发兵蔚山。这在路线安排上是十分不合理的，相当于绕了一个大圈。因此，麻贵不太可能在第二次蔚山战役前驻扎（或进兵）温井、东莱，他应该是直接从庆州南下发兵蔚山的，这与第一次攻打蔚山时的进兵路线相同。

但明军九月在温井、东莱与日军接战，在其他史料中确实也有记载。据朝鲜官方史料《宣祖昭敬大王实录》记载，九月二十二日，明军和温井的日军接战，斩得 30 颗首级，救出 1000 名被掳掠的朝鲜人："温井之倭，则天兵焚荡，斩三十余级，被掳人一千余名招谕出来。"经略邢玠的《经略御倭奏议》也提到，明军九月二十三日在温井、东莱擒获一名日本人："东路于二十六年九月二十三日在温井、东莱擒获一名界磨。"根据《象村稿》《宣祖昭敬大王实录》《经略御倭奏议》的记载来看，明军、朝鲜联军在九月二十一日、二十二日、二十三日都有进攻温井、东莱，而当时第二次蔚山战役已经打响了。

合理的推测是，麻贵的东路军分兵为二，他自己率领本队人马从庆州发兵东南方向的蔚山，别动队则发向温井、东莱。麻贵本人并没有在九月十九日带军袭击温井、东莱，也没有率领颇贵、牛伯英驻扎在温井。这一推测可在史料中找到佐证。《经略御倭奏议》记载："麻贵将兵分投埋伏，计阻清正，不令西援。"可见麻贵的东路军当时确实有分兵之举。从《海东地图》等朝鲜古代地图分析，《两朝平攘录》《乱中杂录》对麻贵从温井移兵蔚山的记载应该有误，当时实际的进兵情况应是麻贵率领本军从庆州南下，发兵蔚山，同时派遣明军别军和朝鲜将官金应瑞攻打温井、东莱。

理清麻贵的进兵路线后，再来分析第二次蔚山战役的过程。关于此战的经过，《明史·朝鲜传》中有一个流传较广的说法，称麻贵误入日军埋伏，以致战败："麻贵至蔚山，颇有斩获，倭伪退诱之。贵入空垒，伏兵起，遂败。"

但在《清正高丽阵觉书》等以加藤清正为主角的日本史料中，却找不到加藤清正设伏击败麻贵的记载。如果加藤清正真的以这样的战术击败了东路大将麻贵，这些史料绝不可能不吹嘘一番，但是却偏偏没有。于是有些日本史料以《明史·朝鲜传》为蓝本，将设伏麻贵之人改成了立花宗茂。

例如《日本史记·立花宗茂传》记载，立花宗茂在第二次蔚山战役期间率领1000余人出兵救援加藤清正，以设伏战术击败明军，斩首400级，之后又与加藤清正夹击明军，大破麻贵：

> 九月，明兵大举围三屯，（小早川）秀秋闻之，议赴援，众皆默然。宗茂独奋曰："蔚山围解，则新寨、顺天自解，吾请往。"乃率兵千人赴援，乘晓雾遇明军于元溃，破之。追北急，小野镇幸止之曰："虏恐有后军。"宗茂曰："虏马足乱，可追也。不追，虏知我寡军。"追击，又破之。既舍，故逸囚。众怪之，宗茂曰："是示寡，诱敌也。"设伏以待。夜半，故果来袭，伏起，复破之，斩首四百级。明日，至金澄，距蔚山十里。麻贵解围而退，宗茂与清正夹击，又破之。

不过，《日本史记·立花宗茂传》说立花宗茂设伏的地点是在"元溃"与"金澄"之间的某个地方，打败的也不是麻贵本队。在该书的记述中，立花宗茂设伏打败一股明军以后，于次日抵达蔚山，然后与加藤清正夹击麻贵本队，将其打败。

此外，另一日本史料《续日本史·立花宗茂传》提到，立花宗茂出兵救援加藤清正的具体日期是在九月五日，说他仅仅率领500人，便设伏击败了明军：

> 明将麻贵攻加藤清正于蔚山。九月五日，宗茂闻急，以兵五百救清正。至元溃，遇虏五千人，乘晓雾逼击，败之。乘胜追蹑，或止之曰："彼众我寡，勿追。"宗茂曰："否。不追，知于我寡也。"遂前，又败之。既舍，命纵囚者。皆曰："彼语我寡，虏必反击。"宗茂曰："此予所欲也。"夜设五伏，以待焉。三更，虏果至，又败之。翌日，师行近蔚山，清正出，夹击虏军，虏大崩而走。

《续日本史·立花宗茂传》特别提到，立花宗茂与明军交战的具体时间是在九月五日、九月六日。但依据朝鲜史料《象村稿》的记载，直到九月十一日，麻贵的先锋解生、杨登山才抵达蔚山，麻贵亲自统领的本队人马更是直到九月二十一日才从庆州出发。因此，立花宗茂根本不可能在九月五日、六日期间出兵与明军交战，因为明军根本不在事发地。

在早期的立花家史料中，如《柳川立花家谱》《立斋旧闻记》，立花宗茂出兵救援加藤清正的时间是在同年五月，比第二次蔚山战役爆发的时间早了4个月。后来成书的《续日本史·立花宗茂传》依靠明朝史料，知道此战发生在九月，于是做了更正，但却又画蛇添足，说具体日期为九月五日、九月六日，结果反而露出了马脚，让人知道"立花宗茂设伏打败明军"这个说法，只不过是日本人根据明朝史料附会编造的。

除月份有问题外，《柳川立花家谱》还将明军主将弄错了，原文记载道：

> （庆长三年）五月，（立花宗茂）破明兵于元溃，放所获虏，使敌知我兵寡。其夜，敌果来袭，设伏击走之。进兵阵金澄，向清正所据蔚山城。杨镐、梅伯闻宗茂至，解围去。宗茂入城，与清正相见，清正厚谢之。

在《柳川立花家谱》的记述中，第二次蔚山战役期间，明军的主将是杨镐、梅伯。但杨镐当时因被丁应泰弹劾，已经去职，回到了河南老家，并不在朝鲜。至于梅伯，可能是日本人对麻贵名字的汉文写法。但无论梅伯是不是麻贵，该书都明确提到明军主将在立花宗茂还没赶到的时候，就已经解围而去，并没有《续日本史·立花宗茂传》《日本史记·立花宗茂传》中提到的立花宗茂与加藤清正夹击麻贵的情节。可见在早期的立花家史料中，并不存在立花宗茂与麻贵交战的记录。

事实上，立花宗茂在整个丁酉再乱期间，与明军交战的只有后来爆发的露梁海战，其他时间都坐镇在大后方，根本没挪过窝。加上壬辰倭乱时与明军交锋的碧蹄馆之战，立花宗茂实际上在整个万历朝鲜战争中和明军正面交手的机会，只有两场会战。只有立花家自己的一些史料，拼命地给他虚构战绩，让他在这些虚假的故事中大放光彩。

加藤家的史料对"麻贵中伏兵败"之说全然没有记载，再排除掉立花家虚构的情节，我们可以认定，这一说法不过是以讹传讹罢了。考究史源，"麻贵中伏兵败"一说的较早出处，是方孔炤的《全边略记》：

> 麻贵至蔚山，望之空垒，及趋而至。忽然旗帜蔽空。贵策马而逃，丧兵士千。

但经略邢玠在《经略御倭奏议》中否定了"麻贵中伏兵败"的说法：

> 麻贵将兵分投埋伏，计阻清正，不令西援。清正夜出，伏兵冲突进营，砍杀倭兵数多。就阵获见解倭兵界磨及倭将化叱大里小如文，又烧焚岛山、后江、南集、粮寨房千余间，各贼赤身溺死者难以计算。

根据这一记载来看，设下伏兵的是麻贵，而不是加藤清正。麻贵通过设伏，击败了加藤清正，并取得了焚毁倭房千余间的战绩。不过，《经略御倭奏议》的这一记载，作为明军战报，也有夸大实情之嫌，并不能完全视作事实。在记录第二次蔚山战役的史料中，记载最为详细的是朝鲜史料《象村稿》。据此书记载，此战的经过是这样的。

九月十一日，麻贵派副总兵解生、参将杨登山领6000人直趋蔚山倭城，参将王国栋、游击颇贵埋伏于路旁。子夜，明军与日军交战，斩首17级。此后日军与第一次蔚山战役时的表现一样，退保蔚山倭城的心脏——岛山城。

九月二十一日，麻贵从庆州于朝驿出发，向岛山进军。他令解生、杨登山、王国栋、颇贵四将带领骑兵布阵于岛山城对面的山峰上，自己则布阵于蔚山的富平驿旧址，并挑选明军精骑挑衅日军出战。日军先是从岛山城内出来查探，又匆匆赶回去报信，之后大队人马从城内杀出来，与明军骑兵接战。千总麻云等将率领200骑兵从箭滩奔向岛山，日军没有料到这支骑兵会从侧面攻过来，一下子崩溃瓦解，仓皇逃窜，溺死了很多人。明军斩得1颗首级，并焚烧了日军的房屋、粮草。朝鲜将官金应瑞于同一天攻打岛山西南方向的温莱、东井，斩得日军首级数十颗。麻贵命令诸将修葺草房，长期屯驻在岛山城外。此后，明军每天派出骑兵挑战岛山日军，但日军就是坚守不出。明军一旦进逼岛山城下，日军就用铁炮射击明军，使明军难以近城。

九月二十六日，麻贵为了引诱日军出战，让明军假装撤兵，但日军依然不为所动。

九月二十九日，管拨军杨汝德向麻贵报告，称釜山日军数日内将会救援岛山城，麻贵开始筹划退兵。次日天亮以后，麻贵下令将粮饷、大炮运送到12公里外的地方，又挑选骑兵埋伏于兵营西谷。之后，明军退屯后方，麻贵派遣千余骑兵驰骋于白连岩下的日军船只停泊之处，但是岛山城内的日军仍然坚守不出。

十月六日，麻贵听到中路董一元失利的消息，非常忧虑，于是回兵庆州，留下解生、杨登山、王国栋、颇贵四将埋伏于毛火村。

十月七日，从日军俘虏处逃回的朝鲜人全以连前来报告，声称关白丰臣秀吉已经死亡，德川家康召加藤清正回日本，如今将要撤兵。麻贵得到消息后，于十月二十三日，从庆州退兵到后方的永川。

依照《象村稿》的相关记载，明军和日军在第二次蔚山战役中并没有大动干戈，大部分时间里双方都是相持不战，最后麻贵得到中路董一元失利的消息匆匆撤军，此战草草结束。

其他史料中也有一些细枝末节的叙述，可以进一步丰富此战的细节。《乱中杂录》记载，明军焚毁了岛山的外栅，但之后一直打不下内城。《宣庙中兴志》记载，明军除了焚烧岛山的外栅外，还尽烧房屋、粮草，于是日军退保岛山内城，明军对内城的进攻则毫无进展。《宣祖昭敬大王实录》记载，岛山日军在九月二十二日出城夜袭，杀死明军士兵5名、俘虏1名；同时明军别动队在温井、东莱纵火扫荡，斩首日军数十级，救出1000多名被俘房的朝鲜人。

明军未能打下岛山内城的原因，朝鲜史料和日本史料都提到了一点，那就是岛山城经历了第一次蔚山战役以后，被日军修筑得更加坚固，于是日军依靠与上一次蔚山战役同样的战术，不断施放铁炮打击山下的明军，使明军难以近城。例如，《枫轩文书纂》记载："城兵数百人丛炮乱射，敌军（明军）乃退，去城二三里，筑长围守之。"《乱中杂录》记载："贼丸如雨，天兵被害不知其数。"《宣庙中兴志》记载："贼入保内城，放丸如雨，天兵不能近。"《清正高丽阵觉书》也记载，岛山日军用弓和铁炮射杀明军，导致"唐人（明军）败北"。

攻坚不行，麻贵便"日出游兵挑战，或变阵而佯退"，想把加藤清正逼出来，但加藤清正就是躲着不出来。迟迟无所进展，麻贵最后只能撤兵了。

第二次蔚山战役的唯一亮点，是岛山日军在九月二十一日的城外会战中，被明军千总麻云的200骑兵冲溃。《宣庙中兴志》对此记载道：

> （麻）贵至庆州，令解生等以六千人先发。解生直抵蔚山，败贼兵千余人于栅外。二十二日甲辰，贵领大军至岛山下，选精骑挑战。清正兵乍出乍入，已而大出合战。千总麻云以二百余骑，出其不意横冲之，贼大骇奔迸，溺水死者甚众。天兵乘胜，夺外栅，尽烧房屋。

但是无论如何，就第二次蔚山战役的结果而言，明军仍然没有取得成功，没能实现攻克岛山的战略目的。事实上，《宣祖昭敬大王实录》也说麻贵对拿下岛山并没有太大把握，"岛山贼势浩盛，提督似有难色"，"提督自内城退遁之后，颇有畏怯之意，方欲退阵庆州矣"。总而言之，第二次蔚山战役，明军还是失败了的。

郭国安的传说

在南下的四路明军中，担任中路大将的提督董一元统领明军26800人、朝鲜军2215人，合计29015人。（《宣祖昭敬大王实录》）董一元的战略目标是挫败驻守在庆尚道泗川的岛津义弘、岛津忠恒父子。岛津义弘是日军诸将中最为难缠的对手，《看羊录》里记载道："义弘武勇又冠诸倭，倭人皆曰：'使义弘居用武之地，虽吞并日本无难。' 其麾下极精勇。"

当时，岛津军的前沿据点是庆尚道的晋州城，守将为三原重种、蓑轮治部右卫门，兵力至少有500人①。晋州城南面是晋江，晋江对面是岛津军的望晋（又称"望津"）山寨，守将是岛津家臣寺山久兼。望晋山寨建在号称天险的望晋山上，北倚晋江，西临昆阳城，东临永春寨，三寨互为掎角。望晋山寨的岛津军兵力有三种主流说法：《征韩录》记载的200人，《岛津国史》记载的300人，《宣祖昭敬大王实录》记载的400余人。

望晋山南面就是泗川城，泗川城又分泗川旧城和泗川倭城。泗川旧城又称"泗川旧寨"，是朝鲜人原先修筑的泗川城。泗川倭城又称"泗川新寨"，是日军在旧寨西南方向的法叱岛新造的居城，于万历二十五年冬开始修筑，由毛利吉成、岛津丰久、相良赖房、伊东祐兵、秋月种长、高桥元种、长宗我部元亲、长宗我部盛亲、中川秀成、池田秀氏、垣见一直等担任筑城工作。《朝鲜役录》记载，泗川倭城的建筑格局是："新寨内起天守，外以石城、木栅自固，寨凡四层，极其牢密。世子（岛津忠恒）居牙城，公（岛津义弘）居第二城。新寨三面临海、一面通陆，引海为濠。舸舰数百，常泊于寨下。"在泗川倭城和泗川旧城之间，还有一座叫东阳仓的粮仓，里面囤积着大量军粮。

泗川旧城的守将是岛津家臣川上忠实，城内兵力有三种说法。日本史料《征韩录》说是300余人，朝鲜史料《宣祖昭敬大王实录》说是480余人，明朝史料《两朝平攘录》则说日军"屯重兵于旧泗川城以守之"，城内共有数千人。

泗川倭城的日军兵力，《西藩野史》里是1000人，《渊边真元高丽军觉》里不满3000人，《朝鲜役录》里不满5000人，《泗川倭城战捷之伟绩》里是5000人，《川上久辰谱中》里是7000人，《岛津历代歌》里是1万人，而《宣祖昭敬大王实录》一书就有4000人、七八千人、1万人多种说法。

泗川倭城东南方的固城，由立花宗茂、高桥统增、小早川秀包、筑紫广门等人屯守，兵力约为7000人。

---

① 《近世日本国民史·朝鲜役》称，晋州有岛津军300人，但依据《乱中杂录》记载，岛津军在八月下旬从晋州出城劫掠时出动了500人，因此城内至少有500人。

综上所述，董一元的中路明军所要面对的敌人，其驻守位置与兵力如下：

驻守地	守将	兵力
晋州城	三原重种、蓑轮治部右卫门	至少500人
望晋山寨	寺山久兼	有200人、300人、400余人等说法
永春寨	川上久智	不明
昆阳城	不明	不明
泗川日城	川上忠实	有300余人、480余人、数千人等说法
泗川倭城	岛津义弘、岛津忠恒等	有1000人、不满3000人、4000人、不满5000人、5000人、7000人、七八千人、1万人等说法
固城	立花宗茂、小早川秀包等	约7000人

据明人诸葛元声的《两朝平攘录》记载，董一元的中路军八月从庆尚道尚州出发，经高灵一路南下，进驻晋州城。在这中间，并没有中路军与晋州的岛津军交战的记录。据日本史料《征韩录》记载，早在一月份，岛津义弘就命令晋州城守将三原重种、蓑轮治部右卫门撤走，退到后方的泗川城，因此这时候晋州城内并没有日军。

但是这一说法并不是事实，因为根据朝鲜史料《乱中杂录》的记载，晋州城内的岛津军从二月开始，一直到八月下旬，仍在不断出城劫掠。这说明，八月中路军出动时，晋州城仍然有岛津军屯驻。所以，董一元进驻晋州，应该是与岛津军发生过武力冲突的。

对此，《宣祖昭敬大王实录》记载，"董提督攻拔晋州，军声大振"，"董提督驱出晋州之贼，长驱直下"。《宣庙中兴志》记载："董一元破倭人于晋州。"《悠然堂集》记载："董提督本月二十日，进攻晋州城，倭贼尽弃其器械及牛马、我国男女四百五十四名，遁走于昆阳等地。"《明史·董一元传》也记载："一元由中路御石曼子（岛津义弘）于泗州，先拔晋州。"从这些史料可以看出，董一元是将晋州给攻下后才进驻此城的。

对于晋州之战的详情，《经略御倭奏议·献俘疏》记载道："董一元率茅国器等哨至晋州，与石曼子（岛津义弘）对敌，炮火进攻，烧毁大寨二处、倭房二千余间，夺回朝鲜男妇六百余名。及追至江边，溺死倭兵甚多。当获见解倭兵十罗世乐、亚子亨罗。"由此可见，明军在晋州之战中使用了大炮，烧毁大寨2处、倭房2000余间，并追击岛津军至晋江江边。这一记载有严重夸大事实的嫌疑，但至少能证明晋州确实发生过战斗。

董一元进驻晋州以后发生了什么？

《两朝平攘录》里说，因岛津军驻守在晋江南面的望晋山，临江固守，而望晋山是一处难以逾越的天险，所以明军与岛津军隔着晋江对峙了一个月，未能渡江。南兵游击茅国器对董一元说："细看倭营，自望洋（指望晋山）以至新寨，势若长蛇。望洋其首也，碎其首，余如破竹矣。但晋江不能飞渡，当以计取之。"董一元赞同茅国器的看法，但苦于没有内应，仍不敢渡过晋江攻打望晋山。

关于明军此后如何横渡晋江，《两朝平攘录》里记载了一个颇为戏剧性的故事。

九月某日，在前线进行侦察活动的明军士兵，忽然看到一个朝鲜妇女从岛津军的营寨中出来。明军问其缘故，这名朝鲜妇女拿出一张纸给他们看，上面写着："此妇将度异域矣，吾甚怜之，捐赀以赎，放还故土。天朝兵将当怜其穷困，勿加杀害，则救蚁之德也。"写这封信的人又向明军透露了自己的身份："知吾姓者，令公之后，埋儿之父。问吾名者，有或之口，无才之按。"茅营士兵不知所云，将这名朝鲜妇女押解到了茅国器处。

茅国器看了这封信以后，也不知道是谁写的。茅国器标下有一个名叫诸葛秀的赞画，根据唐代大将郭子仪被称呼为"郭令公"，以及二十四孝中的"郭巨埋儿"这个故事，推断出写这封信的主人姓郭。他又推断出"有或之口"是"国"字（国的繁体字为"國"），"无才之按"去掉偏旁为"安"字，知道这个人名"国安"。综合起来推断，写这封信的人名叫郭国安。听了诸葛秀的解说，茅国器沉默不语，但他的参谋史世用却欢呼雀跃，高兴地跳了起来。史世用说，当年他潜入日本刺探情报的时候，认识了在岛津家做事的华人郭国安，此人宣誓报效大明，现在他在倭营，可以使他作为间谍。

得知这一情报后，茅国器派降倭前往侦察，得知郭国安在望晋山。于是，他派降倭手持史世用的书信，潜入望晋山倭营与郭国安会面，约定明军于九月二十日渡过晋江南下，而郭国安则作为内应，在明军出兵后放火焚烧望晋山的屯粮处。

到了九月二十日，茅国器做出整兵渡江的架势。望晋山内的岛津军见明军出动，便从寨内出来，到临江处堵截明军。忽然之间，望晋山火势大起，日军一时间惊慌失措，回头救火。趁此机会，明军顺利渡过晋江，攻打望晋山，攻破大寨2处，焚烧房屋 2000 余间。望晋山的岛津军纷纷向泗川旧城逃去。

按照《两朝平攘录》的解释，明军从八月进驻晋州开始，由于难以逾越晋江，攻打望晋山这一天险，与岛津军隔着晋江相持一个月，后因一名朝鲜妇女的关系，联络上郭国安作为内应，才在九月二十日顺利渡江，攻克了望晋山。不过，朝鲜史料《象村稿》的说法与此有很大出入。根据《象村稿》的记载，九月十九日，明军从晋州北面的三嘉发兵南下，他们一晚上急行军 44 公里，途中经过晋州，在九月二十日黎明渡过晋江，布阵于望晋山的前野。望晋山的岛津军望见明军部队后，主动撤退了。

到底哪一种说法更加接近事实呢？依照日本史料《大岛忠泰书状》的记载，岛津军于九月二十日弃守晋州，此城在之前并没有被明军占领。而根据朝鲜官方史料《宣祖昭敬大王实录》的记载，董一元的中路军于九月二十日攻克晋州，晋州的岛津军尽弃牛马、器械，仓皇逃窜，向昆阳城、泗川旧城方向逃去，此役明军取得斩首 7 级的战绩。又据岛津家臣川上久国的回忆录《久国杂话》记载，郭国安当时待在后方的泗川倭城，不可能协助明军渡过晋江、火烧望晋山。[1]

再结合《象村稿》记载的进兵路线进行推断，中路军应该是在九月十九日从三嘉南下，九月二十日打下晋州，同一日渡过晋江，占领了对岸的望晋山。仅仅一天时间，明军就从晋州打到了望晋山，根本没有与日军对峙一个月，这几乎是完全推翻了《两朝平攘录》的说法。

由此推论，《两朝平攘录》里明军与岛津军隔着晋江对峙一个月、明军遇见一名朝鲜妇女、郭国安作为明军内应焚烧望晋山寨、岛津军在晋江边堵截明军等情节，全都是虚构的，并不是事实。当时位于前线据点的岛津军几乎未做任何抵抗就撤退了，根本就没有《两朝平攘录》里记载的那些情节。

《两朝平攘录》中有关郭国安的故事，原是杜撰情节，但是以《诸家大概记》为首的许多后世日本史料不知道《两朝平攘录》的很多记载并不可靠，盲目搬用此书内容加以改编。《诸家大概记》甚至在《两朝平攘录》的基础上，又创作出了郭

---

[1] 郭国安乃岛津家汉医，日本名字叫汾阳理心。对于他协助明军渡江、火烧望晋山的传闻，《久国杂话》驳斥道："是无实之讹也。是时郭理心在新寨，我亲见之。不但我记之也，尝问之本田半兵卫，答如前。"

国安其实是日本间谍，被岛津义弘故意派去引诱明军深入的剧情。

在《诸家大概记》里，郭国安摇身一变，成了日军间谍，替岛津义弘执行诱敌深入的任务。为了引诱明军，郭国安故意放出一名朝鲜妇女到明军营中，让她手持郭国安手写的匿名信交给明军。郭国安在匿名信中故弄玄虚，让明军通过猜哑谜的方式猜到写这封信的人是"郭国安"，这让曾经去过日本的史世用想起来有这么一位爱国华人，可以利用其做内应。取得联络后，郭国安顺利得到了明军的信任，一步步将明军引入岛津义弘所设的陷阱，也就是大后方的泗川倭城，让岛津军将明军一网打尽。然而，亲历泗川之战的岛津家臣川上久国回忆，岛津义弘从未派郭国安与明军联络过。（《久国杂话》）所谓郭国安引诱明军深入，根本就是胡编的故事。

泗川战役

望晋山的岛津军逃走以后，明军立马派兵扫除望晋山周边的岛津军据点——望晋山西面的昆阳城与望晋山东面的永春寨。这两地的岛津军面对董一元的中路军来袭作何反应，史料中有两种说法。

《两朝平攘录》记载，九月二十日，明军攻破望晋山，申时（下午3时至下午5时），董一元派兵袭破东面的永春寨，放火将其烧毁。九月二十二日，董一元攻破西面的昆阳城，同样将其烧毁。

《象村稿》记载，九月二十日，望晋山的岛津军弃寨逃走以后，昆阳、永春、新宁的岛津军于同一天焚烧营寨，跟着逃走了。火不是明军放的，岛津军也没有留下来迎战明军。九月二十一日，董一元派遣麾下蒙古骑兵奔赴昆阳，斩下了残留在这里的岛津军士兵首级12颗。

简而言之，《两朝平攘录》认为明军用武力强行攻破望晋山、永春寨、昆阳城，而《象村稿》则认为望晋山、永春寨、昆阳城皆不战自溃，守军主动撤退，没有与明军交战。无论哪一种说法正确，都体现了中路明军势如破竹，岛津军望风披靡。

据《朝鲜役录》记载，九月二十五日，在局势大好的情况下，明军通事张昂带着劝降书信，来到岛津义弘的泗川倭城，试图劝降岛津义弘。这份劝降信原文如下：

谕札，天朝宣谕倭将：

尔今侵害朝鲜，栖身于丛林峻岭，昼夜劳苦，食用不敷。且尔家中田地都邑，荡然尽夺，子女为所质。而夫妻子母，经年不得一面欢聚，苦不可言。我今天朝兵马多来，水陆夹攻，进无生门，退无归路，不知何时休息，终必死亡而后已。我知尔等皆于威势所逼，恐亦内变，陷尔等于死地。不若趁我天兵来攻，放尔一条生路，扬帆渡海，免受刑戮，归亦有名，岂非明哲见机之上策？故特差役，使尔等知之。如欲休兵休战、保身全家，可差的通事来讲。如不听宣谕，或有他图别议，亦速回报。我有天兵百万在此，何难于征剿？但念尔无辜，今虽出没掳掠，实出于势不得已，非其本心，故不忍加诛。

特此谕之。

万历二十六年

典史龙濉（史世用）与友理书

张昂带着劝降书来到泗川倭城的时候，岛津义弘的儿子岛津忠恒和裨将北乡三久、种子岛久时、本田昌亲正在城外进行训练。他们见到张昂后，收下了信，但他们都是武人，不通汉文。北乡三久等人商量后，拒绝投降，并挑衅道："明人可速来，击歼之。"张昂没能劝降岛津军，反而收到对方态度强硬的答复，只好回去复命了。

九月二十七日，由于岛津军拒绝投降，加上朝鲜将官固执地向董一元请求进兵，董一元经不住催促，便将2000步兵、1000骑兵配给朝鲜将领郑起龙，又抽出各营精锐4000人自己亲自统领[1]，向泗川旧城进兵。（《象村稿》）

据诸葛元声的《两朝平壤录》记载，九月二十八日夜半时分，明军大同骁将李宁自恃骁勇，脱离大部队孤军深入，结果迷失了道路，被岛津军包围后砍死。但实际上这一记载有误，是诸葛元声误将同年四月战死的副总兵李宁（在咸阳沙斤驿被岛津军杀死），和另外一名隶属于西路军的大同参将李宁（一直活到战争结束），混淆为了同一人，创造出了一个大同骁将李宁战死在泗川旧城的故事。

---

① 关于中路军进兵泗川旧城的兵力，还有其他说法。朝鲜史料《国史》作郑起龙率领步兵2000人、骑兵2000人，董一元自领4000人。日本史料《渊边真元高丽军觉》作200人，《大岛忠泰书状》作15000人。

九月二十八日天亮时，明军大部队已经抵达泗川旧城。一部分岛津军正在泗川旧城外收割粮食，见明军大至，纷纷放弃粮食逃窜。泗川旧城内的日军仓皇出城迎击明军。有一名穿着金色甲胄的岛津军将领，骑着战马迎战明军，结果被明军中军方时新射落马下，旋即被明军斩杀。（《象村稿》）

但是，明军也出现了将领阵亡的情况。游击卢得功手执铁戈，率领骑兵冲锋陷阵，结果被岛津军的铁炮射杀。（《象村稿》）据说射杀卢得功的人，是一名叫桦山休兵卫的武士。（《朝鲜役录》）不过，明军并没有因为卢得功的战死而落了下风，又斩杀了一名叫加麻可末余九业的岛津军副将。（《宣庙中兴志》）不敌明军的岛津军最终弃泗川旧城而逃，向泗川倭城方向奔去。

逃跑途中，川上忠实以铁炮队殿后，且战且退。追到泗川旧城外3.9公里时，道路两旁都是稻田，通往前面的路只有一条，明军因此不敢距离日军太近。但是过了这块稻田后，前方就是一片开阔地，于是明军将骑兵分为两支，从侧翼奋力直追逃跑的岛津军，并不断对着他们张弓射箭。岛津家史料《义弘公御谱中》记载："大明多兵追忠实，欲屠杀，而飞雨箭者宛如降雨。"

川上忠实的坐骑被明军射倒，这使他逃命的机会一下子变得渺茫起来。一个叫市助的士兵见状，急忙夺了一匹明军的战马给川上忠实，才让他得以继续逃命。（《西藩烈士干城录》）这个时候，有三个岛津家的武士正在附近打猎，他们是鸟丸重持、押川公近、宫原盛喜。望见明军追击川上忠实后，三人迅速决定进行援助。鸟丸重持躲在路边树下，暗中狙击正在追击川上忠实的一名明军追兵，他用铁炮打中了这名明兵，使其跌落马下。押川公近冲入明军阵中，斩得一颗首级。但三人不敢恋战，一同逃回了泗川倭城，去向岛津义弘报告明军已经打过来的消息。（《义弘公御谱中》）

和川上忠实一起逃命的，还有岛津军的军监相良赖丰，他擅长箭术，逃亡过程中射杀了许多明兵，但是他的坐骑也被明军射杀，因此只能徒步作战，最终被明军杀死。岛津军的另一名军监胜目兵右卫门，本来已经快要逃回泗川倭城了，但听说相良赖丰被杀，他又折返回去，单骑冲入明军阵中，结果同样被明军杀死。

泗川倭城内的岛津军听到明军出动的消息后，想要去救援川上忠实。但岛津义弘没有胜算，制止了他们，他说："不援败兵，固不忍也。然敌气锐而势盛也，难与争锋。不如以逸待劳，固避勿出矣。"听了岛津义弘的这番话后，岛津军将士便放弃了出兵救援泗川旧城，但还是有一名叫作伊势贞昌的家臣单骑跃马，出城等候川上忠实的败兵到来。伊势贞昌最后等到了川上忠实，和他一同退回泗川倭城。（《义弘公御谱中》）川上忠实入城后，岛津义弘召见他，看到他的铠甲上插了16支箭镞，便让人帮他一一拔下。（《奥关助觉书》）

对于泗川旧城之战中岛津军的兵力、死伤，史料中有不同的说法。明朝史料《两朝平攘录》称，明军击败数千岛津军，斩首数百，取得了较为辉煌的战绩，"城内尚有数千倭仓皇出战，我兵冲击斩级数百"。但据岛津家史料《征韩录》记载，泗川旧城的岛津守军只有300人，最后阵亡了150人。另一份岛津家史料《久国杂话》则记载岛津军被杀200人，与《两朝平攘录》相近。而朝鲜官方史料《宣祖昭敬大王实录》则称，泗川城内的岛津军有480多人，明军斩首80余级，其余人逃入泗川倭城。无论如何，泗川旧城之战，总体上还是明军占据优势。明军虽然阵亡了一名游击卢得功，但岛津军阵亡了一名金甲倭将、一名副将，还有两名军监，总共阵亡了19名高级武士。（《征韩录》）

综合各类史料的说法，晋州之战、望晋山之战、永春寨之战、昆阳城之战、泗川旧城之战中，明军与岛津军的伤亡分别如下：

战役	明军损失	日军损失
晋州之战	不明	被斩首7级，倭房被烧2000余间
望晋山之战	不明	不明
永春寨之战	不明	永春寨被烧毁
昆阳城之战	不明	被斩首12级，昆阳城被烧毁
泗川旧城之战	卢得功阵亡	相良赖丰、胜目兵右卫门等19名高级武士阵亡，战死士兵数百人

明军打下泗川旧城之后，又趁势焚烧了岛津军的粮仓东阳仓。即便是军粮物资被烧，岛津军依然不敢出救，可见对明军畏惧之深。明军焚烧东阳仓之后，继续追击，来到泗川倭城之下。面对董一元的中路大军，岛津义弘不敢轻举妄动。血气方刚的岛津忠恒和其他岛津将士纷纷向岛津义弘请战，但都遭到了岛津义弘的拒绝。熬到傍晚，明军才终于退去。对于当日岛津军不敢迎击明军的情形，岛津家史料《义弘公御谱中》记载道：

既而，明兵烧东阳之粮库，进围新寨。岛津又八郎忠恒欲击走于明兵，义弘叱曰："不知敌兵之多少，则必勿挑战矣。"且不开城门、不树旌旗、不发羽箭铁炮，宛似无人。少焉，天日倾西山，虑时刻之不是也，明兵徒以退去也。忠恒主等恨不与一元相战。

这天之后，董一元准备再次对泗川倭城发起攻势。

《两朝平攘录》记载，九月二十九日，明军商议对泗川倭城发动总攻。南兵游击茅国器认为，明军虽然连破数寨，但斩获不多，现在岛津军全部退守泗川倭城，必定竭力死守，明军并不太容易打下，而且周围的日军各寨可能会出兵救援泗川倭城；因此建议先攻泗川倭城附近的固城，以歼灭岛津军的援军，断绝外援，然后再进剿泗川倭城。但董一元因为连破望晋山、永春寨、昆阳城、泗川旧城，变得有些轻敌，他高傲地捋着自己的胡子说："本镇看新寨倭亦无几何，固城易与耳。今先攻新寨，如疾雷不及掩耳。此寨破，固城不战自溃矣。"加上游击彭信古怂恿董一元进兵，这更加坚定了董一元发兵泗川倭城的意志。

笔者认为，这份史料中的一些情节描述未必是事实。《两朝平攘录》的作者诸葛元声对彭信古有种天生的偏见，对茅国器又过于亲近，因此存在虚构言论抹黑彭信古、抬高茅国器的可能，不一定是彭信古怂恿了董一元。

此时，面临中路明军将全力进攻泗川倭城的险境，岛津义弘的反应存在两种截然不同的记载。

朝鲜史料《宣庙中兴志》记载，岛津义弘预感到自己死期将近，于是动手挖了一个坑穴，像小孩子一样坐在里面，自嘲说这就是他的坟墓。

而岛津家史料《征韩录》的记载则完全不同，岛津义弘表现得气定神闲，阻止了想要出城与明军决战的其子岛津忠恒，并对他说："若使明将驻师望晋、永春、昆阳之间，时遣间谍，觇我虚实，观衅而动，则我师将坐困矣。今乃烧夷寨栅，暴露军士，兼行倍道，昧于一来，吾知其无远谋也。当俟其至，决一死战，则克之必矣。"岛津义弘看破明军缺乏战略眼光，对击败明军充满信心。不管这番话是岛津义弘本人说的，还是《征韩录》的作者替他编造的，确实指出了明军的要害之处。正如明朝海防道右参议梁祖龄指出的那样，中路军"全军皆出，不设老营。马步齐攻，并无后应，俱失算也"，埋下了失败的祸根。

十月一日，中路军留下一支步兵留守泗川旧城，其余军队全部出动，攻向岛津义弘所在的泗川倭城。明军以茅国器、叶邦荣、彭信古三营的步兵担任先锋，直抵泗川倭城城下，攻打其正门。郝三聘、师道立、马呈文、蓝芳威四营的骑兵分为左、右两翼，在泗川倭城外堵截、埋伏。[①]根据《日本战史·朝鲜役》的记载，明军中路军的编制如下：

编制	部队	兵种
先锋	游击茅国器	步兵
	游击叶邦荣	步兵
	游击彭信古	步兵
左翼	游击郝三聘	骑兵
	游击师道立	骑兵
右翼	游击马呈文	骑兵
	游击蓝芳威	骑兵
本队	副总兵张榜	步兵
	游击涂宽	步兵
	副总兵祖承训	骑兵
	游击安本立	步兵
	游击柴登科	步兵
	已故游击卢得功之兵	骑兵
	已故副总兵李宁之兵	骑兵
	提督董一元	步、骑混合
	朝鲜将领郑起龙	步、骑混合

面对来势汹汹的明军，岛津义弘登上泗川倭城的大门右楼督战，岛津忠恒登上大门左楼督战。过了一会儿，岛津忠恒下左楼，登上右楼，与岛津义弘同守一处。(《奥关助觉书》)岛津家臣川上久国登上天守阁，只见明军蔽野塞川而来，无边无际。岛津义弘告诫将士说："先勿放铳，待螺而发。"岛津忠恒和许多将士向岛津义弘请求出城野战，岛津义弘严厉地拒绝道："法当待敌隙而动。敌纵得势，毋妄动。必致众壁下，而突出以决生死。"岛津义弘发话后，城中肃然，不发一矢一丸。于是，明

---

① 在《东征记》中，明军的阵形有所不同，明军骑兵没有分成左右两翼。郝三聘、马呈文、师道立、柴登科四营骑兵位于茅国器、叶邦荣、彭信古的三营步兵之后，蓝芳威负责攻打东北的水门。

军毫无畏惧，直扑城下，对着倭城"放火箭如雨"，又"列置大楯，厚三四寸，外以生牛皮张之。从其阴设台、悬大杠，击碎大门一扇、楼堞数处。步兵逼濠毁栅，争登，以挠钩将破堞，钩垂以牛皮斜为绳，又以长梯将登"（《朝鲜役录》）。

岛津义弘见事态危急，终于吹响螺号，下令迎战明军。岛津义弘和岛津忠恒亲自来到泗川倭城大门督战，岛津军在城堞上"以弓铳一时并发"，使冲在前头的明军不断中箭、中弹扑倒。岛津忠恒拿起弓和铁炮，不停地射杀明军，弓弦都被拉断了两次。岛津军的大炮射向明军的盾牌，皆能将其击穿，再加上杀死了许多明军炮手，明军大都匍匐着不敢动。这时候，泗川倭城除了大门外，前门、后门和北门也都处于交战状态。前门"矢炮相挑"，战事并不紧急，但是北门遭到明军的剧烈攻击，岛津军频频发铳抵抗，打得非常吃力。由于发射铁炮的次数太多，岛津军的铁炮都变烫了，难以用手握住，即便用湿布裹住，也难以冷却下来。（《朝鲜役录》）就在战事胶着之际，明军阵中忽然起火，士卒大乱。

究竟是怎么回事呢？据诸葛元声的《两朝平攘录》记载，自卯时（凌晨5时至早上7时）开始，茅国器、叶邦荣二将奋力攻打泗川倭城，到了巳时（上午9时至上午11时），明军已经用"大将军木杠"打破了泗川倭城的一扇大门、数处城垛。眼看就要攻进泗川倭城，结果彭信古营中的京城无赖，不会操纵火器，导致"大将军木杠"突然炸裂，火光冲天，明军为此大惊。

"大将军木杠"是一种什么样的火器？《朝鲜役录》说："木杠状如龟甲，充火药于其中。"这类炮是一种子母炮，跟佛郎机是一个原理，就是再大一号。至于为何"大将军木杠"会突然炸裂，可能是因为这门炮的木枕（一个横着的木栓）没有放好。当时的冶炼工艺无法把子母炮做得严丝合缝，所以使用时就要用到木枕来进行固定。炮手放炮时，先放子铳，后面再塞一个木枕防止子铳点燃后跳出来。因此，明军可能是木枕没放好，导致子铳跳了出来。也可能是木枕裂了，导致子铳跳了出来，毕竟它的后坐力是靠一块木头承受的，木头不够结实或者稍微有点歪就会出故障。

还有一个地方值得注意，《两朝平攘录》作为一部编纂史料，在立场上有很强的个人感情倾向。明明彭信古和茅国器、叶邦荣一样是攻打泗川倭城的步兵先锋，但是此书作者诸葛元声却刻意忽略彭信古，只提茅国器、叶邦荣两人奋力攻城，令人感觉彭信古没有什么作为，就连火器炸裂也发生在他的军营。然而根据明朝史料的《东征记》《万历三大征考》的记载，彭信古一直在卖力攻城，泗川倭城的城垛也是被彭信古打破的，并不是茅国器、叶邦荣。

同样，究竟是明军哪一支部队失火，也存在着分歧。在中路提督董一元差官的报告、朝鲜庆尚道观察使郑经世的报告中，都提到起火的是游击茅国器的部队，并没有提到彭信古的部队。而在后来董一元向监军陈效提交的报告中，才首次出现了彭信古军队起火的说法。(《宣祖昭敬大王实录》)至于为何会从最初报告中的茅国器部队，变成了后来的彭信古部队，这其中的原因耐人寻味，可能是明军内部斗争的结果。换句话说，一直在泗川之战中背负污名的彭信古，很可能是替人背了黑锅。

至于明军阵营起火的原因，同样有不同的说法。朝鲜史料《乱中杂录》记载，这都是岛津义弘的计策。岛津义弘连日来故意多次对明军示弱，使董一元产生轻敌之心，他则暗中招募士兵将火药埋在城外，又让士兵带着火把埋伏在周围的洞穴中以待明军。董一元率大军攻过来之后，岛津义弘亲自带兵出战，并假装不敌逃回了泗川倭城，但城门不闭，以便将明军引诱进倭城。见明军中计，岛津义弘纵兵逆战，杀死了许多明军士卒。不久，潜伏在城外的岛津军点燃火药，大量明军战士被烧死。明军惊慌失措，被日军围攻，伤亡惨重。《乱中杂录》原文记载道：

> （九月）二十六日，董一元败军于法叱岛。初，一元进围贼城，连日攻战，义弘登城备御，日日示弱。一元谓诸将曰："可以灭此朝食。"督军薄城。义弘募兵，持焰焇数斛，潜埋城外，掘旁穴，持火潜伏。自领军出战，佯败入城，城门不闭，天兵追入。义弘纵兵逆战，死尸山积。俄尔火发，军中士卒烧尽。贼众大呼乘之，死者不可胜言。

不过，《乱中杂录》将泗川倭城之战的时间记错了，记成了九月二十六日，实际应该是十月一日。事实上，《乱中杂录》中关于岛津义弘佯败入城的记载，源自朝鲜儒学者姜沆所著的《看羊录》：

> 唐兵围泗川倭义弘阵。义弘佯败入城，城门不闭。唐兵阑入城中，义弘纵兵

突击，入城者无噍类云。

《乱中杂录》在《看羊录》的基础上，添加了岛津义弘将火药埋在泗川倭城外的情节。笔者认为，无论《看羊录》还是《乱中杂录》提到的岛津义弘击败明军的战术，应该都不是事实，因为岛津家的各种史料对此全无记载。如果岛津义弘真的如此厉害，以佯败、埋火药的战术击败了明军，那么岛津家的史料是绝不可能不提的。

也有岛津家史料提到，是岛津军的火炮打中了明军的火药桶，引起明军阵营失火，使得明军多人被烧死。如《西藩烈士干城录·寺山直久列传》便记载道：

> 十月初一日，（明军）大众进攻新寨，二公（岛津义弘父子）婴城督兵，诸将能拒。巨炮、手铳引放，铁弹、火药飞激数里，敌军药壶皆破，烟焰蔽天，人马多烧死。于是城中乃纵兵击之，敌兵乱走。

岛津家编纂的《朝鲜役录》则记载，是桦山久高命令炮手击碎明军火器，加上几名武士潜入明军阵营放火，才使得火药发生连环爆炸，明军一下子阵亡数千人：

> 桦山久高等急命炮手击碎敌营火器，亦会所出三士市来家纲等潜入阵发火，于是营中火药同时齐燃冲起，声震天地。黑烟涨空，不辨远近，（明军）焚死者数千人，众军一时惊乱，或有既走。

但岛津家史料《家久公御谱中》却否定了以上说法，说岛津军的火炮根本没有打中明军的火药桶或者火器，而是明军阵营中突然发生了火灾：

> 少焉，起火灾于大敌军中，宛如疾雷。盖木杠破，而火烧其药。

从以上岛津家史料来看，岛津家自身对明军阵营失火的原因，说法也并不统一。而最为离谱的说法，出自《西藩烈士干城录·沙门列传》《征韩武录》《佐竹次郎右卫门遗事》，说是岛津家武士市来家纲、濑户口重治、佐竹义昭穿上明军的衣服、甲胄，经过伪装后潜入敌阵，朝明军的火药桶投火，才造成了大爆炸。

事实上，有关泗川之战的真正权威史料，是岛津家臣帖佐彦佐卫门的回忆录《帖佐彦左卫门觉书》。在他的记载中，明军的火药桶（明朝史料称为"砲药篓"，日本史料称为"盐硝壶"）自己着火，引起连环爆炸，与岛津军无关。另一名岛津家臣伊藤壹岐在其回忆录《伊东壹岐入道觉书》中，也称他当时在泗川倭城的箭楼上，看见明军意外失火，先发出大炮般的声音，后火势蔓延，发出雷鸣般的巨响。

《旧记杂录后编》收录的《旧记抄》，同样是较为原始的岛津家史料，这份史料也说明军是由于自身因素失火，与岛津军无关：

> 敌军失火，药焰如疾雷。即开城门御讨出，被得大利。

岛津义弘的传记《忠平公军记》也说，明军由于火药桶着火，引起了连环爆炸：

> 敌势中盐硝壶火入，余多鸣音，如百千万之雷，敌余多烧杀。骚动，败军之色见。

《岛津世家》则更明确提到明军先是火器炸裂，之后烧到了火药：

> 敌军中，炮裂如雷，火烧其药，烟焰涨天，明兵惊迷。

朝鲜官方史料《宣祖昭敬大王实录》收录的几则战后报告，亦可以佐证当时明军阵营自己失火，而不是被岛津军的火炮打中失火：

> 戊戌十月庚申（初八），军门督监启曰：
> 董提督差官来言："董提督既攻晋州，乘胜进逼泗川。东阳之贼，不战而散走。遂进攻新寨，以大炮打破城门。大兵欲入之际，茅游击阵火药失火，阵中扰乱……"

> 戊戌十月壬戌（十日），庆尚道观察使郑经世驰启曰：

董都督初二日入攻新寨之贼，打破城门，方欲入攻之际，茅游击阵中火药
失火，仓皇奔救……

所以事实已经很清楚了，明军阵营失火，并不是岛津军的原因。失火以后，明军"阵中扰乱""仓皇奔救"，而岛津军则绝处逢生，迎来转机。接下来，按照《帖佐彦左卫门觉书》的记载，岛津义弘传令穿着白色和赤色铠甲的两名武士突阵。见两名武士的攻击有利于日军，岛津义弘又命令全军开城突击。

《宣祖昭敬大王实录》记载，泗川倭城内的岛津军从倭城内杀出，用铁炮攻击明军，岛津义弘埋伏在城外的伏兵也冲出接应。[①]对于岛津义弘事先在城外埋下伏兵这一说法，在柳成龙的《西厓集》中可以得到佐证。此书记载，泗川倭贼在城外挖了几处隐秘的洞穴，当明兵打到泗川城下将要登城的时候，埋伏在洞穴里的几百名裸倭手持白刃杀了出来，明军受惊溃走。由此可见，岛津义弘确实事先留了一手。

在明军突然失火、日军伏兵尽出的双重惊吓之下，郝三聘、马呈文两支骑兵部队率先掉头逃走。[②]他们的举动引起了多米诺骨牌效应，彭信古、茅国器、叶邦荣、柴登科、祖承训、蓝芳威等部队，相继溃乱，争相逃窜。(《宣祖昭敬大王实录》)

岛津义弘下令突击后，岛津忠恒本想从泗川倭城的大门出去追击明军，但是门内兵马堵塞，无法出去，只好从便门出去，岛津义弘自己则从水门出去。岛津忠恒出城后，策马当先。一名叫上床国隆的武士几天之前已经埋伏在城外，城内的岛津军杀出来后，他随即响应，第一个冲上去砍杀明军。裨将北乡三久与一名明军骑兵搏战，同时从坐骑上掉了下来。岛津忠恒看到后，冲上去把这名明军骑兵给杀死了。(《朝鲜役录》)岛津忠恒纵兵在前追击明军，岛津义弘指挥大军跟在后面，泗川倭城的岛津军几乎空城而出。

然而，让岛津军始料未及的是，明军游击茅国器统领着一支全身皆着赤甲的明

---

①《明史纪事本末·援朝鲜》记载，固城的日军赶来救援泗川倭城，但日本史料、朝鲜史料都没有提及，明朝的一手资料中也没有记录，因此可以认定并不存在。

②《两朝平攘录》称，彭信古的部队最先溃败，郝三聘、马呈文、师道立的骑兵跟着逃窜。但是监军陈效的报告却是，郝三聘、马呈文的骑兵先从战场上逃窜，由此引发连锁反应。

军部队，此时尚未退走。(《久国杂话》)据《西藩烈士干城录·岛津尚久列传》记载，这支赤甲明军见泗川倭城空虚，便想趁机袭击城内，直接打下岛津义弘的老巢。反应过来的岛津家臣岛津忠长下令300铁炮手对着这支赤甲明军齐放铁炮。寺山久兼、新纳久元等人率军赶来，从小道袭击赤甲明军背后，连放铁炮。两面夹击之下，这支明军最终退败。原文记载道：

> 十月初一日，明兵二十万来攻新寨，忠长率兵坚守城北门。敌急攻，而木杠破，药烟蔽目，忠长开壁冲敌军，敌军败走，我兵乘胜逐北。有甲于前，一队皆赤，望见我空壁争逐，鼓行将疾代入我壁，其锋甚疾。是时，忠长被黑缩甲、兜鍪前设锹形立物、尚红色金栏袈裟、建金钟认旗于马侧，而前水，使三百人齐放鸟铳，左右殊死战。少焉，敌负粮者先走。望观之，则寺山久兼、新纳久元等自间道出敌背，连发鸟铳，逼其辎重，敌遂败绩。我兵逐至晋州川而班师。

这件事在《图书头忠长谱中》中也有记载。该书称，岛津军被这支杀向泗川倭城的明军打得丢盔弃甲，岛津忠长、黑田家兵卫尉、野添带刀长、本田与兵卫尉陷入苦战。岛津义弘不忍他们战死，派了数百援军过来解围。原文记载道：

> 十月朔日之曙，(明军)再竖羽旄、鸣鼙鼓，来环我之泗川城。于是，义弘主、忠恒主，开城门，陈干戈，则(新纳)忠在亦随之，以击其军。敌军已败焉，欲乘胜以追北。则(明军)亦还向相战者，不可当，是以我之骑、步弃胄曳兵，退散走去者多矣。丁此之时，(岛津)忠长奋出向敌，兵刃既接，疾视斗战，则斩首强敌一人。然而(明军)不退，倍威进来，而欲倒伏于忠长之势甚矣。忠长踞坐，敢不动焉，黑田家兵卫尉亦在其旁。于时，野添带刀长、本田与兵卫尉，二骑连来合力，讨杀魁兵数人。于兹，义弘主不忍见忠长等之将向战死，而遣旗下之兵数百骑救之。

这支赤甲明军被岛津忠长等人击溃后，明军陷入了全线溃败的颓势之中。完全崩溃的明军分别向三个方向逃走——昆阳、望晋山、泗川旧城，跟在后面的岛津军紧追不舍，立即分兵追击。

逃往昆阳的明军由北乡三久、伊集院忠真、种子岛久时负责追击。该路明军占据险要抵抗追上来的岛津军，但北乡三久等人对明军发射大铳，又以短兵突击，该路明军再次败退。(《朝鲜役录》)

逃往望晋山的明军由岛津忠恒亲自带兵追击。听随从将士说看到明军大将的旗帜后，想要生擒董一元的岛津忠恒鞭马深入，加快速度追赶。但岛津忠恒一马当先，追得太快，以致后面的部下都没能及时跟上，于是被五六十个明军骑兵给围住了。眼看岛津忠恒就要被明军骑兵杀死，岛津家武士平田宗位、床次佐助从后方赶了过来，杀死几名明军骑兵，替岛津忠恒解了围。剩下的明军骑兵见状散去，岛津忠恒这才幸免一死。直到明军大将的旗帜看不见了，岛津忠恒这一路日军才作罢，不再继续追赶。(《朝鲜役录》)

逃往泗川旧城的明军由入来院重时、桦山久高、寺山久兼、川上久智等人带兵追击。这条路线是一条大道，逃走的明军最多，因此追击的日军也最多。岛津军追到泗川旧城与永春之间的一条河流前停了下来。这条河虽小却很难跋涉，中间有一座石桥连接两岸，地名就被称呼为"石桥"。

在石桥这里，茅国器的中军徐世卿率军严阵以待，不停向日军射箭，以阻止其靠近，岛津军追兵因此不得上前。日军裨将颍娃主水自负骁勇，大呼要第一个登上石桥，结果被明军射穿左肩，倒在了地上，随从连忙上前扶起他退走。由于这一路岛津军没有携带铁炮，为了躲避明军的弓箭，技穷之下，都在道旁躲了起来。过了一会儿，新赶到的武士白坂笃清带了一把铁炮过来，用它击毙了一名明军士兵。就在他选择下一个目标时，川上久智一眼认出徐世卿乃明军首领，指着他对白坂笃清说："彼赤装张盖者，头目也。"白坂笃清听到后，用铁炮狙击徐世卿，将他射落马下，明军大乱。川上久智趁机带领家兵向明军冲去，其他人连忙跟进，生擒了徐世卿。在这样的不利局面下，明军依然打伤了岛津军的裨将本田昌亲，将他击退。不过抵抗了一会儿后，明军就坚持不下去了，退到了一处狭隘的地方抵抗岛津军。岛津家武士大山纲宗仗着勇武，拿刀追砍明军，甚至刀都被砍折了一把，结果因没戴头盔被砍伤了脑袋。川上久智见状，指挥部下进援大山纲宗，反复冲击明军三次，最终击溃这一路明军，随后便展开了疯狂屠杀。在三路溃逃的明军中，这一路明军较为

集中，加上逃跑路线单一，所以阵亡人数最多。杀戮之后，岛津兵争相夺取明军尸身上的金银，还抢夺了他们的马。(《朝鲜役录》)

疯狂的岛津军一路追击明军至晋江南岸，在这里逮住明军残部又一次展开了屠杀。许多明军上兵跳江逃亡，结果溺死了在晋江里。时至傍晚，岛津军终于不再穷追，引兵回到泗川倭城。这一日，明军尸横遍野，血流成河。(《朝鲜役录》)

至此，中路明军全面败北。据《朝鲜役录》分析，明军因武器装备严重不足才导致大败。100名明军士兵中，只有25名弓手（皆骑兵）和15名长枪手、狼筅手、藤牌手（皆步兵）有武器，其余60名士兵皆是空手。而明军的披甲率仅为十分之一。

作为败军之将的董一元，先是逃到晋江北岸的三嘉，之后又一路北遁，来到大后方星州，原先运来的粮草在逃亡途中被尽数丢弃。其中有12000石的军粮，被追上来的岛津军缴获，带回了泗川倭城。(《乱中杂录》)

星州距离董一元当日南下的前哨站晋州有整整5日的路程(《西藩烈士干城录·寺山直久列传》)，可见董一元态度消极，恐怕是被吓到了。关于董一元为何跑这么远，史料当中有两种说法。

《两朝平攘录》称，遭遇泗川惨败后，茅国器劝董一元固守望晋山这一要害之地。但是董一元认为此地孤立，担心固城的立花宗茂联合岛津义弘并力来攻，因此不敢留守望晋山，直接撤兵回到了大后方星州。

《宣庙中兴志》则称，董一元直接渡过晋江，逃到了北面的陕川，但是又受到彭信古的欺骗，以为朝鲜将领郑起龙的军队也已经覆没了，于是担惊受怕之余连陕川也不敢多停留，退兵到了更后方的星州。

明军中路军在泗川惨败后，一路北遁，这固然不假。但是，笔者认为以上两个记载各自带有一些溢美茅国器、贬低彭信古的成分，其记述的内容未必全部是真，毕竟这也是有前例的。

十月十二日，董一元清点完中路军剩余人马，查出了泗川倭城之战中先行逃窜的四名骑兵，于是将其中两人枭首，另两人杖责一百。接着，他又令祖承训、蓝芳威等率领6000兵马，与朝鲜将领高彦伯、郑起龙等防守三嘉。不管怎么说，明军此时只能够亡羊补牢，以守势代替攻势。而先行溃逃的两名骑兵将领——游击马呈文、郝三聘，之后被明廷下令斩首。董一元自己也被革去官衔，戴罪立功。

泗川战役中的伤亡

作为胜利的一方，为了夸耀在泗川倭城之战中打败明军的战功，日本史料严重夸大了明军的兵力。《岛津国史》《义弘公御谱中》《西藩野史》等记录明军的总兵力为20万人，《朝鲜征伐记追加》记录为100万人，《岛津历代歌》记录为数百万人。这样的夸大，可以说非常无耻。

与明军的兵力一同被日本史料夸大的，还有明军的伤亡。收录于《岛津家文书之二》的《泗川倭城战首注进状》作于泗川战役结束后没多久，里面记录岛津军斩得明军首级38717颗，还列出了岛津军各部队的具体斩首数目：

部队	斩首数目
鹿儿岛众（岛津忠恒部众）	10108级
帖佐方众（岛津义弘部众）	9520级
富隈方众（岛津义久部众）	8383级
伊集院源次郎（伊集院忠真）	6560级
北乡作左卫门（北乡三久）	4146级
合计	38717级

泗川之战结束后的第二年（万历二十七年）正月，毛利辉元、上杉景胜、宇喜多秀家、前田利家、德川家康在联名签署的联署状中，也使用了这一数字，认为日军在泗川倭城之战中斩首明军38000多级。（《泗川新寨战绩之伟绩》）这一数字，被之后的大部分日本史料沿袭，成为主流说法。比这一数字稍小的是《伊达家文书》里的岛津军斩首明军35000级。

除了主流说法的斩首明军38717级以外，日本史料中还出现了比这更大的数字。泗川之战结束后的第二年春，日本的临济宗僧人文之玄昌写了一篇悼念泗川之战阵亡者的祭文，声称岛津军击杀8万明军。原文记载道：

> 戊戌之秋，大明率数十万之兵来求和睦。日域诸军亦相议以和，我泗川亦欲择日而修会盟。小春之朔，大明兵伪攻我泗川，不得已以战。当其兵刃既接也，弃甲曳兵而走。我军士乘胜追亡逐北，伏尸八万，血流漂橹。我军中无亡矢遗镞之费，是天之所与，而非人力之所能测也。大明诸军矢竭弦绝，终乞降于我。我

获其将毛国科为质，共载，全师而归……天假援兵，令吾解难。提三尺剑，坐定胡汉，伏八万尸。(《南浦文集》)

在同年六月岛津家写的《高野朝鲜阵战殁者供养碑铭》中，岛津义弘、岛津忠恒父子亦声称："泗川表大明人八万余兵击亡毕。"

最为夸张者，是《岛津历代歌》里的记载，声称岛津义弘之子岛津忠恒以一人之力，击破明军数百万骑，明军战死8万人。原文记载：

前太阁公秀吉于朝鲜征伐之时，义弘其子忠恒走从其军，数年之间劳于军务。于此时，大明诸将率数百万骑至于朝鲜，时吾军屯于泗川者仅一万余，较之大明诸军岂翅九牛一毛哉？大明诸将令数百万之军攻我泗川之城，义弘亲子胸中自有数万之兵甲，不战而屈人之兵。是故自提三尺，直进入百万之军，军一时爪溃，追亡逐北。伏尸者八万余，流血漂橹。

《岛津国史》一书则认为明军被斩首38700多级，全军阵亡8万人。但无论是38700余人，还是8万人，都远远超出了明军攻打泗川投入的总兵力，肯定不是事实。

明、日、朝三国史料，对明军在泗川倭城之战中投入的兵力与遭受的伤亡，有许多不同的记载。笔者综合三方史料，将各种说法统计如下：

明军兵力	明军伤亡	史料出处
数百万骑	战死8万人	(日)《岛津历代歌》
数百万骑	被斩首38700余级	(日)《惟新公御自记》
100万人	战死8万人	(日)《朝鲜征伐记追加》
数十万人	战死8万人	(日)《南浦文集》
	战死8万人	(日)《高野朝鲜阵战殁者供养碑铭》
20万人	战死8万人，被斩首38717级	(日)《岛津国史》
20万人	被斩首38717级	(日)《义弘公御谱中》
20万人	被斩首38717级	(日)《义弘公年谱》
20万人	被斩首38717级	(日)《渊边真元高丽军觉》
20万人	被斩首38717级	(日)《西藩野史》
	被斩首38717级	(日)《泗川倭城战首注进状》
	被斩首38700余级	(日)《岛津义弘并忠恒感状》
	被斩首35000级	(日)《伊达家文书》

明军兵力	明军伤亡	史料出处
	战死1万余人	（朝）《西厓集》
29015人	战死七八千人	（朝）《宣祖昭敬大王实录》
29015人	战死7000人	（朝）《宣祖昭敬大王实录》
	战死6000人	（明）《太仆奏议》
	步兵战死3000人，骑兵亦多死	（朝）《象村稿》
	战死3000人	（朝）《国史》

笔者认为，董一元的中路军总兵力依据权威史料《宣祖昭敬大王实录》的记载，是29015人，伤亡就算再大，也不会超过这一数字。因此，相比日本史料中明军在泗川倭城阵亡38000余人、8万人的说法，《太仆奏议》《宣祖昭敬大王实录》中战死6000人、七八千人的说法更加贴合实情。

而明军除了阵亡七八千人之外，还有三四百人被岛津军俘虏。战后，茅国器麾下明兵没有被岛津军剃成日本人的发型，其他营的明兵则被强行剃成日本人的发型，准备送到日本本土。明军被岛津军缴获的物资，有铳筒、弓矢、刀、枪、马、骡、驴、衣服等，其中刀、枪全被岛津军熔了打造炮弹。（《宣祖昭敬大王实录》）

至于岛津军在泗川之战中的伤亡情况，一些厚颜无耻的史料如《征韩伟略》声称岛津军以2000人击败20万明军，自家仅仅阵亡了市来家纲、濑户口重治这两名武士。但据岛津家的《高野朝鲜阵战殁者供养碑铭》记载，岛津军在第二次侵朝战争期间的南原之战、泗川之战中阵亡了3000人。而据《宣祖昭敬大王实录》记载，当年攻打南原的日军左军总共才阵亡了100多人，岛津军只是日军左军下辖的一个军团，伤亡更少，应不足100人。因此，阵亡的3000人中刨去南原之战的伤亡，岛津军在泗川之战的阵亡人数估计有2900多人。

而这2900多人，应该涵盖了岛津军在望晋山之战、昆阳城之战、永春寨之战、泗川旧城之战、泗川倭城之战等一系列战斗中的死亡人数，而这些战斗构成了整个泗川战役。但明军在前四战歼灭的岛津军数量并不多，因此2900多人中的大部分伤亡，都集中发生在泗川倭城之战。

更进一步说，岛津军在泗川倭城之战中付出的伤亡，应该是在明军阵营失火以后。董一元在泗川倭城之后向监军陈效报告："不意彭信古营中失火，狡倭猝突出，搅战良久，杀伤相当。"（《宣祖昭敬大王实录》）这句话的意思是，彭信古军营失火以后，岛津军从寨内突出，但明军并没有立即溃走，而是抵抗了很久，双方相互杀死、打伤的人数差不多。这番话乍看是董一元的辩护之词，但联想到岛津家史料多次提到追击明军时发生了激战，并且承认在泗川战役中战死数千人，可见这番话反映的确实是实情。因此，虽然明军输了泗川倭城之战，但岛津军在此战中的死伤也很大，而非某些史料吹嘘的只死了两人。

顺天战役

在南下的四路明军中，担任西路大将的刘綎统领明军 21900 人、朝鲜军 5928 人，合计 27828 人；担任水路大将的陈璘统领明军 19400 人、朝鲜军 7328 人，合计 26728 人。西路、水路两军共计 54556 人。（《宣祖昭敬大王实录》）它们的战略目标是，拿下小西行长、松浦镇信、有马晴信、五岛玄雅、大村喜前、宇都宫国纲所在的全罗道顺天倭城。顺天城有新、旧二城，旧城为朝鲜人所筑，又称为"古顺天""顺天古城"，新城为日军新修之城，又称为"顺天倭城""今顺天""倭桥""曳桥"。

《乱中杂录》记载，顺天倭城"城既高坚，池又深险，外设寨栅，形势极险"，俨然是一处要害之地。《宣祖昭敬大王实录》亦记载："贼窟形势，三面带水，一面受兵，且有泥泞，实难进剿。"从这一描述来看，顺天倭城三面临水，一面邻陆，但陆路十分泥泞，不利于进军征剿；而通往顺天倭城的水路也不好进军，因为海岸上都是泥沙，联军船只只能在涨潮时进泊顺天倭城海岸，退潮前船只若不退去，就会搁浅在岸上，难以动弹，届时将进退失据。

对于顺天倭城的坚固与险要，《曳桥进兵日录》中还有更加详细的描述：

> 所谓曳桥者，山形斗起，状似虎状，三面际海，一面连陆。自顺天府，抵左水营之大路傍也，东连光阳，斥卤为界。南接南海岛开洋，而獐岛在其前二里许。西有狐头，相距亦一里有余。而中则海潮出入处也，石岾在其北十里外。而海农仓坪际焉，平行长设险其上，累土筑城，容数千军，作五层望楼，涂以白土，盖以瓦砖，状如飞翼。傍列土库，藏军器军粮。外筑坚城一重，而于其北连陆处，

广凿壕子，东西接海，引船出入。其外又筑一带城，东西际海，中作门楼。盖以土烧之四面，城外周遭设木栅二重。而其北一面，则加设一重城，上筑女墙，出炮穴若蜂窝。自内城至外城，土屋栉比，数千余垒。东有船沧，乃贼船停泊处也。

由于顺天倭城地形险要、防守严密，要攻破这里，对刘綎、陈璘来说，都是不小的挑战。九月初，刘綎率领西路陆军开始南下，进驻全罗道南原城。九月十八日，刘綎从南原城南下，经龙头山过谷城，于傍晚时分抵达富有县。九月十九日，刘綎从富有县出发，傍晚到达月登村，夜宿副总兵曹时聘营中。

值得一提的是，刘綎性情风流，征战生涯少不了美女陪伴，而此次出兵朝鲜，他便从辽阳带来了一个妓女。一次，一个朝鲜女子从日军巢穴中逃了出来，被带到西路军副总兵吴广营中。刘綎听说该女子有美色之后，就向吴广索要了过来，让两女穿着男装随行。西路军的将士们因为刘綎的这一作为，对他有许多不满。(《宣祖昭敬大王实录》)不过这实际上是当时明军高层的通病，东路军大将麻贵同样"狎近娼妇"，使很多人对他颇有微词。已经离开朝鲜的副总兵李如梅也是"喜女色，贻弊甚多"(《宋经略书》)，给朝鲜人留下了很不好的印象。甚至，麻贵曾经还抢夺过李如梅随军带上的女子，两人还因此发生过冲突。

水军方面，九月十五日，陈璘与朝鲜三道水军统制使李舜臣联合，各自率领明朝、朝鲜水军，一同抵达全罗道的罗老岛，停留4天。九月十九日早上，明朝、朝鲜水军进兵左水营的前洋，北望顺天。

十九日四更，刘綎率陆军从月登村出发，次日天亮抵达顺天旧城。之后，大军在距离顺天倭城6公里的位置驻扎下来。小西行长得到明军进兵南下的消息后，送信给刘綎，要求与刘綎见面讲和。[①]刘綎见信大喜，准备将计就计，假装答应议和，诱捕小西行长。确定这一计划后，刘綎部署诸军，分兵三路：副总兵吴广领兵5600人与朝鲜将领元慎发兵顺天西面的乐安，为左协军；游击王之翰、游击司懋官、参将李宁领兵8000人，和朝鲜将领李时言发兵顺天东面的求礼、光阳，为右

---

① 此据《再造藩邦志》。《曳桥进兵日录》对此有不同说法，称是刘綎主动派人约小西行长讲和的。

协军；刘綎自己率领李芳春等将士共 1 万人，同朝鲜将领李光岳挥师顺天倭城，为中协军。[①]

会面之前，刘綎让旗牌官王文宪[②]伪装成是他的样子，刘綎自己则伪装成千总，又让其他朝鲜低级官员进行变装，冒充朝鲜高级官员。虞侯白翰南冒充接伴使金晬，军官卞弘达冒充都元帅权栗，只有全罗巡查使黄慎出使过日本，小西行长认识他，所以没有进行伪装。

刘綎与小西行长约见的日期是九月二十日，但会面地点，史料中却有不同的说法。《乱中杂录》记载，小西行长设讲亭于"绵紬籔"，并派遣使者送宝剑一对给刘綎，邀请他到这里来讲和。《再造藩邦志》则记载，九月二十日刘綎抵达顺天旧城后，派人约小西行长到此会面。日本史料《宇都宫高丽归阵物语》也记载，约定地点是在"古顺天"，想来地点确实是在顺天旧城。

至于刘綎想如何诱捕小西行长，史料中有两种不同说法。《乱中杂录》记载，刘綎伪装好自己后，计划让同样进行了伪装的下级官吏各领数百人会见小西行长，等会面结束小西行长一干人将要返回顺天倭城时，明军三协包围合击小西行长，将其一网打尽。

《再造藩邦志》则记载，刘綎伪装好后，打算自己留在中路等候小西行长前来赴约，而右协的王之翰、司懋官待小西行长出顺天倭城后，从光阳进兵顺天倭城，截断小西行长退路，之后由刘綎将小西行长擒获。按照这一计划，刘綎准备了 20 余只鸽子埋伏于中路，想要等小西行长住进顺天旧城的草房以后，就以放鸽子为信号，让中协、右协两路同时行动。

事实上，日军对刘綎的诱捕计划已经有所警觉。据《宇都宫高丽归阵物语》与《大曲记》记载，小西行长将要出城会见刘綎时，松浦镇信察觉到这可能是明人的诈谋，于是劝谏小西行长不要出城，但小西行长不听，执意前往。松浦镇信无奈，只好跟着小西行长一同前去。除了松浦镇信披戴甲胄，小西行长的随从都没有披甲。

---

① 刘綎的这一部署出自《再造藩邦志》。在《乱中杂录》的记载中，李芳春的军队为左协军，这与《再造藩邦志》的说法不同。

② 此据《再造藩邦志》。《曳桥进兵日录》里的说法与此稍异，作"旗旒官王世贤"。

刘綎设想的生擒小西行长的计划，最后没有成功。至于为何失败，史料中有不同的说法。

《乱中杂录》记载，到了会面这一天，小西行长安排日军屯于距离顺天倭城2公里远的地方，他自己率领3000人马前往"绵紬籔"与刘綎会面，小西行长的女婿宗义智也一同随行。小西行长、宗义智还没有进入"绵紬籔"讲亭，明军右协就因侦察不严，过早地对前来赴会的日军放了火箭，呼喊着发起攻击，小西行长等人惊骇退走。刘綎见生擒小西行长失败，只好下令对敌军放火炮，并督军追击。左协以骑兵阻截小西行长、宗义智的退路，但小西行长留在后方的大军助其突围，使其逃回了顺天倭城。没有来得及逃入城的日军士兵沿途与明军战斗，被明军斩首97级，而明军自身亦阵亡了许多人。

《再造藩邦志》记载，这一天，小西行长从顺天倭城附近的海农仓出发，他还没有进入顺天旧城的草房，就看见明军的兵力非常多，因此心存怀疑，不敢前进。没过多久，并未等到小西行长的明军提前放了鸽子作为进军信号，埋伏的明军遂从旁杀出，对日军放炮。小西行长惊惶之下逃回了顺天倭城，刘綎派兵追赶，明军三协合力，斩得90余颗首级。之后，日军不敢再出城。

《两朝平攘录》则记载，刘綎麾下有一名官至千总的降倭，他将刘綎的诱捕计划秘密泄露给了小西行长，于是已经出发的小西行长大惊失措，逃回了顺天倭城。

朝鲜官方史料《宣祖昭敬大王实录》的记载与《乱中杂录》《再造藩邦志》相近，称小西行长还未与明军相见，明军就先行放炮，把小西行长吓回了顺天倭城。对比之下，这一说法最为接近事实。

小西行长、松浦镇信等人逃回顺天倭城后，刘綎的陆军很快追击而来。朝鲜史料《曳桥进兵日录》记载，明军左协的一股部队最先打到顺天倭城外围，副总兵吴广随后继至。明军之中，王游戎斩下了15颗倭卒首级，督府棋牌官曹栢斩下4颗首级，加上其余将官的斩获，明军一共斩了90多颗首级。

不过，日军大部队逃进顺天倭城以后，固守不出，只在门内对着城外的明军乱放铁炮，这使刘綎不能直接打下顺天倭城。日本史料《宇都宫高丽归阵物语》对当时的情景有比较详细的描述。据该书记载，刘綎指挥的陆军用铁盾、木盾、铁笠抵御日军箭矢、铁炮的攻击，等一直逼近到距离城墙61.8米~63.6米远的地方，陆军才透过盾与盾之间的缝隙对着顺天倭城放火炮、箭矢。守卫倭城大门的松浦镇信指挥3000人马，用种子岛的铁炮拼命射杀明军。不久，天黑了下来，已经冲到战壕边的明军退了回去。从城墙下的秘密通道爬出去的日本忍者向壕沟边缘处望去，只见到处都是死人和被抛弃的重伤患者。听了忍者的汇报后，松浦镇信下达了割取明军首级的命令，于是包括负伤者在内，一共有270余颗首级被割下。

从朝鲜、日本两方的史料来看，在首日的交锋中，刘𬘩指挥的明军斩下了日军90多颗首级，但日军斩下了明军270多颗首级，明军事实上稍处下风。由于暂时打不下顺天倭城，刘𬘩将大军屯于倭城外1里左右的地方，盛张旗鼓，又令人收取木竹，开始制作攻城器械。

水军方面，当日午时，陈璘与李舜臣率领明、朝水军乘潮开进，向顺天倭城驶来。刘𬘩指挥的陆军在岸上望见后，欢呼雀跃，士气高涨。陈璘首先袭取了顺天倭城外围的獐岛，缴获了300多石军粮，还有牛、马等物资，并释放了被日军俘虏的300多名朝鲜人。之后，他又分兵搜捕三日浦的日军巢穴，列战舰于獐岛前洋，皆揭白旗。

据李舜臣的《乱中日记》记载，这一天明、朝联军"水陆俱挟，贼气大挫，多有惶惧之色"。到了晚上，日军从城上投下柴火，将夜空照得亮如白昼，不仅如此，还通宵达旦地放了一宿铁炮。

九月二十一日早上，陈璘命令明、朝水军攻打顺天倭城。关于这一天海战的详情，朝鲜史料中有两种出入较大的版本。

第一种版本出自李舜臣的《乱中日记》。该书记载，明、朝水军或用弓箭，或放火炮，与乘船出战的日军相战一整天。但是由于水比较浅，联军船只不能近距离贴近倭城作战。同日，庆尚道南海岛的宗义智部日军乘坐轻便船只，前来侦察全罗道海域的战况，结果被朝鲜水军将领许思仁等追击。日军逃到附近山头，船只和杂物被朝鲜水军缴获，交给了陈璘。

第二种版本出自陈景文的《曳桥进兵日录》。该书记载，明、朝水军乘着早潮，发兵顺天倭城的东隅，时进时退。而日军摇着船橹，做出一副要引诱明、朝水军的样子。在这样的情况下，明、朝联军不敢前逼，潮退后就退兵了。

这一天，刘𬘩的陆军命令朝鲜军搬运木石，开始在城外安营扎寨，为持久之计。日军在顺天倭城的城头上多张旗帜、连设炮楼，又从炮楼内发射铁炮攻打城外的明

军，使其难以靠近。(《乱中杂录》)

突然，日军从倭城西门出城，挥刀逼向明军陆军。一名明军骑兵冒着铳炮突进，夺取了一面日军旗帜，日军退回城内。(《象村稿》)躲在城内的日军对着这名明军骑兵乱放铁炮，炮弹打中了马脚，但马却没有倒下。这名骑兵还营后，刘綎赏赐了他一块银牌。(《曳桥进兵日录》)

晚上，刘綎让诸军各持三柄"五枝炬"，等大军敲响锣鼓就一同举起火把，逼近顺天倭城，假装攻城，之后熄灭火把退去。顺天倭城内的日军叫喊着对城外的明军连续放炮，火势蔓延城外，过来好一会儿才停。

九月二十二日巳时（上午9时至上午11时），陈璘指挥明朝水军乘潮进发，鼓噪着迫近顺天倭城北部的"船沧"。游击季金抢先发起攻击，不料潮水退去，船只搁浅在浅滩上。泗川倭城的日军见状聚集在其船只周围，对着明朝水军疯狂放铁炮，明朝水军发大炮反击，霎时间"彼此放丸，皆如雨"。经过一番火力互射后，日军直逼明朝水军，100多名日军士兵争相跑到浅滩上围住季金的船只。季金拼死反抗，指挥水军反击，以铁钩对付日军，钩斩10余人，日军稍稍退却。虽然击退了日军，但季金右臂中弹，麾下士兵有11人中弹身亡。等到潮水再涨后，搁浅在岸上的明军船只才得以退去。①

九月二十三日巳时，刘綎带着十几个随从登上顺天倭城外的西丘，瞭望城内情形。他在这一天下令朝鲜军大造云梯、冲车等攻城武器，并多设伏兵，加大巡逻力度，各营列栅筑垒，以作持久战。到了傍晚，突然有30多个日军士兵从倭城内出来，毫无顾忌地乱放铁炮。当日从晚上直到次日天亮，日军通宵达旦地乱放了一夜铳炮。(《曳桥进兵日录》)

九月二十六日，又有100多名日军士兵从顺天倭城出来，在城外乱放铁炮，想要挑战明军。一名明兵假装被铁炮打中，倒在地上装死。日军士兵以为他死了，拿起刀想来砍他的头，结果这个明兵突然站了起来，用三枝戟刺穿了日军士兵的胸膛，并夺下了他的日本刀，把他杀死了。刘綎对此很高兴，赏赐给这名明兵150两银子、

---

① 九月二十二日的作战经过，是根据《乱中杂录》《象村稿》《朝鲜壬辰倭祸研究》《曳桥进兵日录》的记载进行描述的。

2 领锦衣、1 匹良马，升任他为把总。(《曳桥进兵日录》)

九月二十七日，刘𬿇率领数百骑，在顺天倭城西面的"狐头"瞭望城内形势。这天晚上初更（晚上 7 时至晚上 9 时），倭城内的日军自相惊扰，过了很久才停止。

九月二十九日，刘𬿇的陆军运来了制作完毕的云梯、飞楼、炮车等攻城武器，搬运至顺天倭城外，对城内的日军加以震慑。陈璘的水军也蔽海而来，耀武扬威，在海上放起铳炮。顺天倭城内的日军见状，惊慌地大喊大叫。(《象村稿》)

运来攻城器械后，明、朝联军准备对顺天倭城发起第二次围攻。刘𬿇先将朝鲜各道军队安排在不同的明军阵营之中，吩咐朝鲜军官说："合兵攻城时，以忠清道兵属王游击，进攻东水门；全罗道兵属吴副总，进攻中路；防御使昭义将属傅游击，攻打西水门。"随后，刘𬿇率领家丁，检阅攻城器械。此时，小西行长已经有了与明军议和的心理，但是遭到一名倭僧的反对，他对小西行长说："不如战死，亲自张旗，益设战备。"于是，小西行长决定反抗到底。这天晚上，日军误把明军摆在顺天倭城外的稻草人当成攻城军队，十分紧张，对着这些稻草人疯狂地乱放铁炮，警戒力度倍于往日。(《曳桥进兵日录》)

十月一日早上，陈璘前往刘𬿇的营帐与其商讨水陆合兵，共同进攻顺天倭城的作战计划。黄昏时分，水、陆两军开始行动。刘𬿇的数千陆军先锋驱动炮车、攻城器械，渐渐逼近顺天倭城。陈璘也率领千余艘船只，以李舜臣为先锋，进屯顺天前洋。这些舰船以黑布为船帆，上竖五彩缤纷的旗帜。(《乱中杂录》)

十月二日黎明，刘𬿇登上山台，建大将旗，开始督陆军进攻顺天倭城。陈璘也乘海水早潮，于卯时（早上 5 时至早上 7 时）率领水军协助陆军攻城。锣响以后，陆军前锋进薄城下，1 万余骑兵披戴甲胄在后为援。(《乱中杂录》)游击王之翰奋勇先登，明军来到倭城木栅外 10 余步时，日军从倭城的一个小门出来，挥刀砍向明军，使明军战死 40 多人，无法前进只得撤退。过了一会儿，陆军又振作起来发起进攻，斩首日军 10 余级。(《象村稿》)

由于明军的飞楼、炮车很重，运送速度较慢，日军抓住机会，在这些攻城器械被搬至距离倭城 20 步时，对城下明军乱放大炮、铁炮。顿兵倭城西、北两个方向的明军在日军的火力压制之下，只能缩紧身子躲在飞楼、炮车边上，进退维谷，士气为之衰竭。太阳升高以后，浓雾逐渐散去，失去掩护的城西明军被日军轰得阵脚大乱，日军趁机冲出倭城，一顿砍杀。明军或被日军杀死，或被日军擒拿捕获。想要逃走的被俘明军士兵，那么被日军铁炮击中，那么踩到日军设置的路障菱铁，没人能够逃回去。

受此挫折，刘綎灰心丧气，不再下达任何号令。指挥城北陆军的副总兵吴广苦待刘綎命令，但迟迟等不到。到了中午，城北的明军将士因为一夜未眠，又困又乏，很多人干脆就躺在炮车上睡起觉来。日军见明军放松警惕，就派100余人杀出来，挥刀乱砍乱杀，吴广部队惊慌之余溃走100余步。出城袭击的日军杀死了在炮车上休息的20多名明军士兵，又从城中取来薪火、草束，将飞楼、炮车尽数焚毁。

接连获胜的日军不再有所顾忌，冲出城外往来冲突。日暮时分，刘綎指挥的明军解围撤军，日军见状又一次从顺天倭城杀出，对其进行追击。在副总兵李芳春、游击牛伯英的奋力抵抗下，日军才最终退去。战后，刘綎下令执拿副总兵吴广问罪，吴广倍感愤怒，拒不受命。[1] 这一天，明军陆军战死200余人，受伤600余人。[2]

再来看明、朝水军的作战情况。当日卯时，明、朝水军发起进攻，战斗一直持续到午时，打了整整6个小时。这一战，联军杀死了许多日军，而朝鲜水军被日军铁炮打死29人，明朝水军被打死5人。傍晚，潮水落去，水军不便久战，只得退去。[3] 刘綎送密信于陈璘，约定次日晚上合力再攻顺天倭城，陈璘应允。

十月三日，小西行长等被困在城内的五位大名因为"累日被围，其势穷缩"，于午时派人在城外插一手书，表达了想要与明军讲和的意图。刘綎（或陈璘）提出让小西行长释放城内被俘的朝鲜男女，才可议和。但双方没有谈拢，战争还要继续。

日落黄昏，海潮涨了起来。陈璘按照与刘綎的约定，和李舜臣一道出动水军，乘海潮进攻顺天倭城。但是刘綎并没有按照约定出动陆军攻城，仅仅鼓噪相应，陈璘却以为刘綎的陆军已经开始行动，下令发起攻击。

---

[1] 关于十月二日明军的作战经过，是根据《乱中杂录》《宣庙中兴志》《象村稿》《朝鲜壬辰倭祸研究》的记载进行描述的。

[2] 此据《宣祖昭敬大王实录》。《曳桥进兵日录》的记载与此有异，称吴广之兵战死200人，赣兵（江西兵）战死300人。

[3] 关于十月二日水军的作战经过，是根据《乱中日记》《宣庙中兴志》的记载进行描述的。

《宇都宫高丽归阵物语》记录了当时的情况。傍晚，600 余艘明、朝水军船只汇集于松岛海峡，向顺天倭城逼来。600 余艘战船分为两队，分别向小西行长驻守的顺天倭城和宇都宫国纲守卫的入江口发起进攻。明、朝水军的战船上不断发射出石火矢、棒火矢、火矢、筒矢、半号，一艘船射完就撤退由另一艘船替补，如此反复交替，终于拔除了距离顺天倭城七八间（约 13 米~15 米）远的海中栅木。黑暗中不断响起的火炮声，就像是轰鸣的雷声一样。

明、朝水军与日军相战至三更，这时李舜臣以潮水将要退去为由劝陈璘撤兵，但陈璘不听劝告，认为有明军陆军的协助，今夜可打下顺天倭城，反而更加卖力地作战。在陈璘的猛攻下，明、朝水军用大铳连续三次击中小西行长在顺天倭城的房屋，将其打破。城内日军惊慌失措，全都跑到倭城的东边。此时若从西边进攻倭城，顺天倭城也许就能被一举攻陷。岸上的明朝陆军望见水军英勇奋战，都想要参战。被掳掠的朝鲜百姓也登上顺天倭城的城楼，让陆军从空虚之处攻入。朝鲜大臣李德馨、权栗、金晬到刘綎的营帐之中，请刘綎立即发兵攻城。但是刘綎却嫉妒陈璘取得的成功，面带怒色，终究不肯出兵。（《宋经略书》）

就在明、朝水军杀得酣畅淋漓之际，退潮的时间到了，于是有几十艘船只搁浅在了退潮后的沙滩上，不能动弹。发现明军船只搁浅的宇都宫国纲的部下，十分警戒，认为："明军怎会如此轻易地将战船拱手相让？一定是故意让船在浅滩上搁浅，跟陆上的明军商量共同进攻，谋划先攻克宇都宫殿的阵线，再攻克小西的城郭。"

众人迟疑之际，宇都宫部将小山左马助跑到浅滩上接近明军船只，他顺着一张网爬到一艘船上，并杀死了一个明军士兵。一名叫长崎兵藏的宇都宫部将随后也登上了这艘战船，趁机斩杀明军士兵。夜色之中，这艘战船上的明军将士以为是日本人的大军攻了过来，非常害怕，争相跳下船只逃命。（《宇都宫高丽归阵物语》）

其余日军见明军狼狈，才相信明军战船是意外搁浅，于是纷纷涌入浅滩，围堵搁浅的明军船只。船上的明军士兵拼死反抗，用刀、枪与欲爬上船的日军战斗，杀死了许多人。歹毒的日军又对搁浅在岸上的战船纵火，烧毁了许多船只，据李舜臣的《乱中日记》记载，明朝水军有 19 艘沙船、20 余艘唬船被焚烧。朝鲜都元帅权栗在后来的报告中则称，明朝水军有 23 艘船只被焚烧。

大火烧了整晚都未能熄灭，船上的明军或战死，或被俘。有几百名逃下船的明军水兵争相逃窜，结果被日军一路追击，他们被害时发出的凄惨叫声明朝陆军都能听到。最后，这一天参战的明朝水军幸存者只剩下140人，伤亡极其惨重。①

十月四日早上，明朝水军的后继部队乘早潮来援，前一晚失利的水军残部终于得以退还后方。陈璘十分愤怒，整兵再战。但日军多设大炮于顺天倭城北岸，对着明朝水军乱放大炮，水军支撑不住，只得败退。愤怒的陈璘埋怨刘綎没有按约进攻，也没有帮助他，以致水军损失惨重。无法忍受的陈璘来到刘綎的阵营中，将"帅"字旗一把撕裂，斥责刘綎，声称要把刘綎的所作所为上报给经略邢玠。被陈璘当面指责的刘綎，面色如土，不敢反驳，只是捶打胸口，装出一副悲痛的样子，把责任推卸到其他将官身上去。

同一天中午，顺天倭城的日军从城外输入土石，修筑被毁坏的西门，并于次日早上完工。

十月五日，一队日军从顺天倭城出来，在城外肆意冲突，并对着明军陆军的木寨放了几发铁炮，做出佯攻动作，之后就向庆尚道方向逃去，意图去向泗川倭城的岛津军传递情报。刘綎派遣骑兵追击，但是未能追上。

黄昏时分，庆尚道的岛津军在泗川倭城以南12公里的权官堡升起狼烟，表示已经收到小西行长的求救信息。小西行长作为回应，也在顺天倭城的三层楼阁上升起烽火，表示看到对方升起的狼烟。为了防止庆尚道的日军从水、陆两个方向救援全罗道顺天倭城的日军，朝鲜都元帅权栗率领千余名忠清道士兵阻截全罗道的陆路，李舜臣也派遣庆尚道右水使李纯信遮截露梁水路。(《乱中杂录》)

十月七日，刘綎收到中路董一元在泗川战败的报告，决定退兵。朝鲜右议政李德馨力劝刘綎停止撤兵，刘綎假装答应，却令朝鲜都元帅权栗撤兵，又让朝鲜的陪臣、接伴使、元帅先后撤兵。

夜半时分，刘綎下令焚烧营寨，开始退兵，一路上遗弃了大量的甲仗、兵马，又遗失了明军军粮9700余石、朝鲜军军粮1000余石。退兵以后，刘綎屯兵于富有县，副总兵吴广屯兵于顺天旧城，副总兵曹希彬与游击王之翰、司慂官、牛伯英，以及

---

① 关于十月三日顺天海战的经过，是根据《乱中日记》《乱中杂录》《宣庙中兴志》《宣祖昭敬大王实录》《朝鲜壬辰倭祸研究》《象村稿》的记载进行描述的。

朝鲜全罗道防御使元慎屯兵于顺天旧城外2公里的地方，傅游击和朝鲜忠清道兵使李时言屯兵于求礼。

就在刘綎撤兵的同一天，不知刘綎的陆军已经退兵的陈璘，又率水军乘潮进迫顺天倭城。水军将要攻打顺天倭城时，看到岸上的明军阵营空空如也，才知道刘綎已经退兵了。陈璘气得再一次怒骂刘綎："我宁为顺天鬼，不忍效汝退也！"（《宣庙中兴志》）

十月八日，陈璘率领明、朝水军再次攻打顺天倭城。石火矢、棒火矢、火矢、筒矢、半弓像雨点般射出，但是水军也受到了日军的铁炮攻击，最后向后方的猽岛、松岛退去。（《宇都宫高丽归阵物语》）

十月九日，明、朝水军退到海岸亭。（《乱中日记》）

就在联军的陆军、水军撤去后不久，收到小西行长求援信的岛津义弘，与立花宗茂、宗义智、寺泽正成商量后，决定出兵救援被围困在顺天倭城的小西行长。他们定下的出兵日期是十月十日卯时。这个时候的岛津义弘已经从泗川之战中缓过气来，有能力帮助小西行长。

到了十月十日这一天，岛津义弘和立花宗茂、宗义智、寺泽正成如期出兵，率领船队向顺天倭城的外洋进发，但是明、朝水军已经在两天前退走，仅在海面上留下一两艘破船。岛津义弘到达战场以后，烧毁了这些破船，随后撤兵回到泗川倭城。（《义弘公御谱中》《旧记杂录后编》）如果陈璘、李舜臣的水军没有及时撤退，他们很可能面临两面夹击的糟糕情况。

而顺天倭城方面，联军水、陆两军撤去以后，城内的日军怀疑有诈，不敢轻易出城。刘綎陆军遗弃在城外的粮食、器械、营帐，日军也不敢搬入城内。一直过了四五天时间，城内的日军才敢出城。

不过明军陆军即便退兵了，各营也每天派遣百余骑兵，在顺天倭城外进行侦察。一天，顺天倭城内的日军见城外来侦察的明军骑兵部队兵力很少，就偷偷出兵准备袭击这股明军，但从后方赶来的明军突然杀出，日军不敢强攻，便退回了顺天倭城，不敢再出来。（《宣祖昭敬大王实录》）

刘綎退兵的消息惊动了明军监军王士琦，王士琦感到非常愤怒，立刻派人制止，并要执拿刘綎的部将王之翰、司懋官斩首。在监军的压力下，刘綎不得已，只能再次发兵攻击顺天倭城。^①十月十六日，刘綎亲领大军，在顺天倭城外进行侦察，但他没有攻城，只是做做样子，就又退向后方。而陈璘和李舜臣的水军基地，也从原来靠近顺天倭城的全罗道左水营，后退到了庆尚道观音浦。从联军水、陆两军最终退却而言，顺天战役无疑是明、朝联军打的一次败仗。

四路明军的进攻，到最后都是以失败而告终。这一次总攻不仅未能达到既定目的，还给明军的军粮补给带来了很大影响。明军顺利进军时，朝鲜为其提供军粮，明军攻势不利、选择退军时，朝鲜就不再运输粮食，导致明军挨饿。为此，邢玠在十一月三日与朝鲜国王李昖会面的时候，当面质问李昖："西路刘提督、水路陈都督，俱有乏粮之报。盖进兵则运粮，兵退则不运，是甚道理？近日天兵，枵腹已甚，杀食骡马云。"（《宣祖昭敬大王实录》）

明军与日军暗中议和

在经略邢玠分兵四路，南下攻打蔚山、顺天、泗川之前的万历二十六年八月五日，丰臣秀吉病情恶化，迎来了大限。弥留之际，丰臣秀吉命丰臣五大老（德川家康、前田利家、毛利辉元、上杉景胜、宇喜多秀家）尽力辅佐自己的幼子丰臣秀赖。八月七日，丰臣秀吉又将后事托付给丰臣五奉行（前田玄以、浅野长政、增田长盛、石田三成、长束正家），让他们相互之间缔结婚姻关系，以巩固丰臣政权。八月十八日，丰臣秀吉咽下了最后一口气，在伏见城死去，享年 63 岁。其辞世句为：

随露而生，随露而逝，此乃吾身。如烟往事，宛如梦中之梦。

据岛津家史料《松龄公旧谱》《征韩录》记载，丰臣秀吉临终前，要求他死后秘密下葬，结束朝鲜之役，并命令浅野长政、石田三成赶赴九州岛的筑紫，为退军

---

① 此据《宣庙中兴志》。《宋经略书》的说法与此有异，称刘綎贿赂了王士琦，王士琦之后不再追究刘綎。

节度。如果二人不能胜任，就让德川家康、前田利家担任这一职务。此外，他又派遣德永寿昌、宫木丰盛渡海至朝鲜，向加藤清正、小西行长传达退兵命令。

朝鲜官方史料《宣祖昭敬大王实录》也有类似的记载，据从日军阵营逃回的朝鲜俘虏透露，丰臣秀吉在打猎时中暑病倒，遗令与朝鲜、明朝讲和，速速撤兵。

从日本史料、朝鲜史料的记载来看，丰臣秀吉去世之前已决定从朝鲜撤兵。八月二十五日，前田玄以、浅野长政、增田长盛、石田三成、长束正家五位奉行写了四封联名信，其中两封交给将要渡海前往朝鲜、向在朝日军通报撤军指示的使者德永寿昌、宫木丰盛，另外两封交给在朝鲜的锅岛直茂。此外，增田长盛又单独写了一封信给在朝鲜的岛津义弘。

在写给德永寿昌、宫木丰盛的信中，以及另一份朱印状上，五奉行提到，日军当下要做的是与朝鲜议和，结束战争，不过不是无条件的，而是要满足以下几条：

一、以朝鲜王子为人质交给日本，这样日军就可以从朝鲜全部撤出。

二、如果朝鲜方面不能实现第一条，那就让他们进贡，并派一名朝鲜官员渡海至日本对马岛，如此日军也可以从朝鲜全部撤出。

三、议和之际，日军撤出其他城池，将全部兵力集中固守釜山城，以加藤清正、锅岛直茂、毛利吉成、立花宗茂、高桥统增、牢人[①]众为一队，小西行长、岛津义弘、黑田长政、劳人众为一队，轮流戍守。剩下的人中，小早川秀包、筑紫广门、寺泽广高领兵200人戍守对马岛丰岐，伊东祐兵、秋月种长、高桥元种、岛津丰久、相良赖房撤回日本本土。

四、朝鲜向日本进贡八木、虎皮、豹皮、药种、清蜜。（《旧记杂录后编》）

从五奉行的指示来看，他们虽然在丰臣秀吉死后确定了从朝鲜撤兵的方针，但仍然认为尚存在与朝鲜讨价还价的可能，所以发布了有条件的撤退命令。

在写给锅岛直茂的两封信中，一封假称丰臣秀吉已经治愈，可以安心；另一封则让锅岛直茂亲自赶到釜山浦，去见德永寿昌、宫木丰盛两位使者。五奉行的意图，是让德永寿昌、宫木丰盛当面将丰臣秀吉已经死亡、决定日军从朝鲜撤退的消息告

---

① "牢人"，是对在战役后被勒令囚禁、贬为庶民的大名、武士的称呼。

诉锅岛直茂，而不在文字中留下痕迹，以免走漏消息。增田长盛单独写给岛津义弘的信同样如此，一方面在信中声称丰臣秀吉已经痊愈，不必担心，另一方面又让岛津义弘与德永寿昌、宫木丰盛面谈，从他们口中得知确切信息。(《锅岛家文书》《岛津家文书》)

九月五日，丰臣五大老中的四人——德川家康、毛利辉元、前田利家、宇喜多秀家，也起草了联名信，寄给在朝鲜的毛利吉成、高桥元种、相良赖房、岛津丰久、秋月种长、黑田长政、岛津义弘、岛津忠恒等大名，主要内容为：

> 议和之事交由加藤清正完成，如果加藤清正无力完成，交给其他人亦可。议和之际，把朝鲜的王子带来，若带不来王子，带回贡品也可。战局已经确保了日本的名声体面，所以贡品多少也无所谓。(《岛津家文书》)

丰臣四大老写的这封信，相比五位奉行写给德永寿昌、宫木丰盛的信，议和条件有很大退让，并不强求将朝鲜王子作为人质带回日本，也不强求贡物多少，只要求做到表面功夫就够了。可见，丰臣四大老在秀吉死后急欲从朝鲜撤兵，他们处理事情的态度比五奉行更加沉稳，没有固执地让日军在朝鲜耗下去。只是不知道四大老起草的联名信，是否也是由德永寿昌、宫木丰盛带去朝鲜的，还是另有其人。

十月一日，从日本渡海出发的德永寿昌、宫木丰盛两名使者抵达朝鲜釜山浦，向釜山浦日军传达了丰臣秀吉已经死亡的消息，并通知他们与朝鲜议和，待索取朝鲜王子作为人质、让朝鲜答应向日本进贡后，就从朝鲜撤军。十月八日，德永寿昌、宫木丰盛抵达泗川倭城，向岛津义弘父子传达了同样的消息。之后，二使又抵达顺天倭城，将消息告知小西行长。

德永寿昌、宫木丰盛到达朝鲜之前的九月，明军兵分四路，大举南下，进攻加藤清正所在的蔚山、小西行长所在的顺天、岛津义弘所在的泗川，皆以失败告终。由于当时交通落后，德川家康直到十月七日才收到明军大举南下的消息，他为此非常着急，很快就写了一封信，派人渡海送给驻营于朝鲜庆尚道西生浦城的黑田长政。在信中，德川家康让黑田长政与加藤清正商讨如何应对明军：

此次出征尔等辛苦了，如今明军大举进攻，望与主计（加藤清正）商量行事，我甚是担忧。万事交由主计，洽谈之时莫分心。（《日本战史·朝鲜役·文书》）

十月十五日，丰臣五大老因担心明军大举南下，对日军造成严重威胁，联名写了一封信，寄给黑田长政等人，下达了更加具体的撤军指示：

一、由于大明进攻顺天城，如各位所知，顺天临海，故应从海路救援。

二、泗川（岛津义弘驻守）、固城（立花宗茂驻守）两城的军队退往巨济岛，等待顺天城的军队退兵。

三、昌原城（锅岛军驻守）的军队撤退到竹岛，与竹岛守兵会合。

四、明军若退，众军速速撤离诸城，于釜山浦会师回国。

五、明军若攻击蔚山，蔚山守军就撤往西生浦。如果西生浦也守不住，就向釜山浦撤离。

六、安艺宰相（毛利辉元）、浅野弹正（浅野长政）、石田治部少辅（石田三成）已至博多，将渡海安排撤军事宜。其外，中国众、四国众、九鬼大隅守（九鬼嘉隆）、胁坂中务少辅（胁坂安治）、堀内安房守（堀内氏善）、管平右卫门（管达长），也将率领数百艘大小安宅船渡海赴援。（《日本战史·朝鲜役·文书》）

在五大老的这一指示中，日本不仅完全放弃索取朝鲜王子为人质、让朝鲜进贡，而且也不再令日军固守釜山城，只要求日军尽快从朝鲜撤兵。这封信，相比之前由德永寿昌、宫木丰盛向侵朝日军传达的撤军指令，是真正的毫无条件的撤兵指令。五大老之所以下达撤兵指令，是因为畏惧明军大举南下，危及日军存亡。但是他们并不知道，当时四路明军的进攻都已经以失败告终。

十月十九日，德川家康再次寄信给在蔚山倭城的加藤清正与在西生浦城的黑田长政，要求二人协商行动，立即退兵到釜山浦，之后再撤兵回到日本本土。（《黑田家文书》）此时，由于交通条件限制，德川家康仍旧不知道四路明军已经进攻失败了，表现得非常焦虑。

而明朝东征军方面，同样有着结束战争的强烈意愿。由于中路军在泗川一败涂地，其余三路军也以失败告终，受到重大挫折的明军不再坚持以武力剿灭日军。事实上，使者带着德川家康的信件和五大老的联名信件从日本出发之前，明朝东征军已经瞒着大明朝廷，开始非常隐秘地向日军派出使者，暗中和日军进行议和活动。(《域外长城——万历援朝抗倭义乌兵考实》)

根据《宣祖昭敬大王实录》《旧记杂录后编》《岛津国史》等史料的记载，明军与日军议和的经过大致如下。

十月七日，中路明军的南兵游击茅国器派人持信前往泗川倭城，与岛津义弘议和，率先向日方发出了议和信号。

十月十日，先前在泗川倭城之战中被岛津军俘虏的一名明兵，手持岛津义弘给茅国器的回信，到中路明军阵营中送信。

十月十三日①，茅国器再次派出参谋史世用、翻译张昂②与两个明朝人、一个朝鲜翻译，一同前往岛津义弘所在的泗川倭城，与日军进行交涉。日军对这次议和非常重视，驻守釜山丸山城的寺泽正成、顺天倭城的小西行长各自乘船，赶赴泗川倭城，与岛津义弘、岛津忠恒父子一同参与对明军的议和谈判。(《义弘公御谱中》)

十月十四日，投降朝鲜的降倭金知"金归顺"带着中路游击彭信古的一名士兵，手持被明军俘虏的宗义智家臣要时罗写给岛津义弘的书信，前往泗川倭城。(《宣祖昭敬大王实录》)

对于此次谈判的情形，岛津家的史料《岛津国史》记载道：

董一元遣参谋史龙湍（史世用）及孙次郎（张昂）诣公（岛津义弘）乞和，且请纳质。

岛津家史料《朝鲜役录》也有相关记载：

---

① 《宣祖昭敬大王实录》记载，史世用前往泗川倭营的日期是十月十四日，但《旧记杂录后编》收录的岛津义弘文书记载是在十月十三日，笔者取十三日这一说法。

② 出自《旧记杂录后编》。张昂原来是南京人，因被继母虐待，年幼时辗转到了日本，直到继母去世才又回到大明，他的日本名叫孙次郎。

十三日，（史）世用谒松陵公（岛津义弘），持万世德札，赍金帛，卑下赂公，乞之，作恭顺之语。且誓事成，则送质……

从日本史料来看，史世用等人此次出使议和，携带了明军经理万世德的谕示，可见明军高层直接参与了议和活动。明军用金币、丝绸贿赂岛津义弘，向他求和，并约定事成以后，送人质给岛津义弘。对于明军向日军行贿以使其退军这一点，明代史料《全边略记》中也有记载：

诸酋久有归志，（邢）玠敛军中数万金，贿诸酋，随之渡海。求秀吉之子，永结和好。

这一记载虽然对明军贿赂日军的银两数目过于夸大，但也可以据此看出，主导向日军贿赂谋求议和的，正是邢玠。对于此次议和的结果，《岛津国史》记载："公与小西行长、寺泽正成谋焉，而许之。"《义弘公御谱中》则记载："粗致和平契约。"可见最后是达成了和平协议。

就在中路明军与岛津义弘议和后，西路的刘綎也与小西行长进行了议和。顺天战役结束以后，刘綎已无战意，他希望通过贿赂日军的手段，换取驻兵在顺天倭城的小西行长从朝鲜撤兵。根据《再造藩邦志》的记载，十月十八日，刘綎与副总兵吴宗道以及军中的降倭商量后，主动派人与小西行长讲和，并送金帛贿赂小西行长，小西行长则回赠给刘綎铳、剑。此后，小西行长向刘綎索取明军将官为人质，表示刘綎满足这一条件，日军才能撤军。

刘綎很快妥协了，计划让地位低下的旗牌官刘万寿、王建功[①]假冒参将，带领家丁30人，充当人质。朝鲜史料《宋经略书》描述了刘綎命令部将紧锣密鼓地准备好绸缎、银两、人质，送到小西行长阵营时的场景：

---

① 此据杨海英的《域外长城——万历援朝抗倭义乌兵考实》。据《宣庙中兴志》记载，刘綎的两名人质是旗手刘万守、王大功。又据《两朝平攘录》《征韩录》记载，刘綎的人质名为刘天爵。刘天爵应该与刘万守、刘万寿是同一个人。同理推测，王大功与王建功应该也是同一人。明军人质的名字，在不同史料当中有不同的称呼。

时刘綎围贼旬余，略无进攻之意向，（李）芳春及牛伯英劝其勿与战。及回驻富有仓，接伴使权憘问曰："刘爷久留于此，终欲何为？更欲进战乎？"芳春秘不肯言，曰："当有别样处置。"后数日见芳春，于卓面积纹段甚多，令管家看品择其好否。憘退见相公吴镇问之，镇曰："刘爷与信长约和，信使逐日往来。刘爷密令各营将官，收合彩段二百匹、白金一百两，假作总兵、游击各一员，往质于倭中，以要撤回。此纹段该用于此者。"未几，行长果撤兵去。

但是小西行长表示刘綎准备交给日军的人质数量太少，提出再加 20 人，刘綎允诺。之后，由副总兵吴宗道送 50 名明军人质到顺天倭城。小西行长在城外大摆宴席，招待了吴宗道一行人，与吴宗道就和议之事进行磋商。与中路军和岛津义弘的议和方式有所不同，小西行长也交给了刘綎 6 名日本人质。（《象村稿》）双方互换人质，以赢得对方信任。但刘綎足足向小西行长派了 52 个人质，小西行长才派了 6 人，很明显不对等。

从刘綎的行为来看，他与日军议和时，和中路军一样，不仅重金贿赂对方，还送交了人质。虽然这些行为并不光彩，但是对刘綎来说，向日军行贿、送交人质，既可以避免打仗带来的损失，又可以为自己博得退敌的名声，是非常划算的买卖。

小西行长对刘綎的上道非常满意，派人告诉他，会把一些首级（应是被日军杀害的朝鲜人、明军的首级）、器械留在顺天倭城内，待日军撤出顺天倭城后，刘綎可以入城取用。（《再造藩邦志》《乱中杂录》）小西行长还暗示刘綎可以把这些首级说成是日本人的首级，向上级报功。

刘綎与小西行长达成协议后，两军之间经常派遣信使，甚至日军向刘綎的陆军买起了粮食，刘綎也不加禁止。刘綎又派吴宗道通知陈璘，称小西行长将要撤兵出城，让水军不要阻击。（《宣庙中兴志》）但陈璘和刘綎的关系因为顺天战役闹得很僵，自然不同意，还对吴宗道破口大骂。

确实，因为四路明军的进攻都以失败而告终，中路军、西路军才会与日军议和，但这并不是西路大将刘綎、中路大将董一元自作主张的理由。据《宣祖昭敬大王实录》记载，关于刘綎与小西行长议和、互换人质一事，作为明朝东征军最高指挥官，经略邢玠是知情的。另一边，中路的南兵游击茅国器派出参谋史世用前往泗川倭营与岛津义弘议和时，携带了经理万世德的谕文，并遵照邢玠的指示，用重金贿赂日军，诱使其退兵。因此，中路明军、西路明军与日军的议和行为，实际上就是经略邢玠、经理万世德主导的，而不是几路明军大将自行其是。正如朝鲜李朝国王李昖所指出的那样："此事，必是当初军门（指邢玠）所与闻者也。予尝思之，虽刘綎、董一元，岂可自擅为之？偏将言于提督，提督禀于军门，军门许之，然后其事乃成，非独刘綎所为也。不然，军门必愕然罪刘綎矣。"（《宣祖昭敬大王实录》）

此外还有一点要提到的是，从朝鲜史料《宣祖昭敬大王实录》《汉阴文稿》的相关记载推断，明军与日军进行和谈时，实际上还承诺过日军，只要日军撤退回国，明朝就会把朝鲜王子和陪臣送到日本，以满足日本一直以来的追求。这显然是明军利诱日军撤兵而使用的一个欺诈手段，他们利用日军急于索要朝鲜王子、陪臣的心理，表面上豪爽地答应了这个要求，并不是真心实意打算这么做。对于明军的承诺，日军相信了，毕竟这是他们迫切需要的、代表战争胜利的象征。

不过，明军是何时承诺约送朝鲜王子、陪臣这一点并不清楚，不能确定是茅国器与岛津义弘和谈时做出的承诺，还是刘綎与小西行长和谈时做出的承诺。在记录和谈情况的《旧记杂录后编》《宇都宫高丽归阵物语》等日本史料中，都没有相关的记载，可见明军与日军的这一密约，是非常隐秘的。

说到底，明军经略邢玠、经理万世德做出与日军议和的决定，是因为明军在四路会战中难以凌驾于日军之上，反而深受其辱，心理上受到了很大的打击，因此不得不向现实妥协，从"剿"改为"抚"。

总之，在明、日双方都有心尽快结束战争的情况下，双方很快达成了共识。

日军撤兵的原因

收到来自丰臣五大老的撤军指令后，十一月一日，顺天倭城的小西行长、南海岛的宗义智、泗川倭城的岛津义弘、固城的立花宗茂四人，集中在泗川倭城召开军议，确定了以下撤军方针：

一、顺天、南海、泗川、固城的各部队，等待庆尚道东面的各部日军完成撤退以后，定下日期，一同撤回巨济岛。

二、顺天、泗川的部队取得明军人质以后，从先锋队开始依次撤退。

三、泗川（岛津）、固城（立花）的战船前往顺天，掩护小西行长撤退。泗川、固城的战船分别护送小西行长至南海岛、巨济岛濑户。（《岛津家文书》）

同一天，中路明军的南兵游击茅国器、蓝芳威、叶邦荣以都司[1]的名义，派遣千总毛国科、参谋史世用、翻译张昂再次前往岛津义弘所在的泗川倭城，随行的有20余名丁勇。（《明神宗实录》）史世用等人此次前往倭营，同样携带了经理万世德的谕文。（《宣祖昭敬大王实录》）

十一月五日，毛国科一行人抵达泗川倭城。（《抚浙奏疏》）依照之前岛津义弘与史世用的谈判内容，毛国科作为明军人质，被送交给岛津义弘，岛津义弘又将毛国科交给了寺泽正成。[2]

毛国科作为明军人质入送倭营一事，在明朝东征军内部属于机密要闻，大小将官对此非常隐讳，唯恐明朝朝廷知道。（《宣祖昭敬大王实录》）不管怎样，以收到明军人质为契机，岛津义弘、小西行长与明军中路军、西路军完成了议和。两人随后准备带着明军人质，在保持日军体面的情况下从朝鲜撤兵，回到日本。

现在综合前因，来分析一下促成侵朝日军决定从朝鲜撤兵的理由。笔者认为一共有以下几点：

一、丰臣秀吉发动第二次侵朝战争，很大程度上只是想逼迫朝鲜乞和，威胁对方送交朝鲜王子作为人质，在名义上臣服日本，未必是想要以武力征服朝鲜。

二、战争一开始，侵朝日军就普遍士气低下；许多人不想再到朝鲜去卖命，因此怨骂丰臣秀吉。

---

[1] 都司是"都指挥使司"的简称，属于行省三司之一，乃明代地方最高军事领导机构，是明太祖朱元璋为强化中央集权，在地方设置的军事机构。

[2]《义弘公御谱中》称，毛国科被送入泗川倭城的时间为十月十七日，《岛津国史》则称是十月二十一日，实则这两个说法可能都有误。毕竟《抚浙奏疏》是明朝官方文件，直接引用了参与送人质行动的明军当事人的说法。而这两份岛津家史料成书较之稍晚，在明军派遣人质的时间问题上，可信度不及前者。

三、日本本身国力有限，无法深入朝鲜国土，取得更大进展。第二次侵朝战争之初，日军依靠兵力优势，一度打到朝鲜京畿道的安城、竹山，兵锋直逼王京。但因兵粮不足，补给线受到严重限制，日军无法在朝鲜国土上深入作战。丰臣秀吉害怕重蹈第一次侵朝战争时过于深入以致失利的覆辙，主动下令侵朝日军在席卷全罗道、庆尚道、忠清道后，放弃攻占的前线城池，龟缩至朝鲜沿海一隅，筑城自保，与明军、朝鲜军进行长期对峙。

四、明军发起的第一次蔚山战役，使侵朝日军遭到了沉重打击。战后，驻守朝鲜的日本大名在安骨浦召开军事会议，此后连续两次向丰臣秀吉提出缩短战线议案，要求弃守前线诸城，全面撤守至朝鲜沿海地区，实质上已经想要撤兵归国了。灰心丧气的丰臣秀吉虽然责骂相关大名不争气，但还是逐步安排撤兵，先后撤去了庆尚道梁山城、龟浦城的戍兵，又将侵朝大将小早川秀秋、毛利秀元召回日本，同时将7万军队（侵朝军队的一半）召回日本国内。丰臣秀吉临死之前，又向浅野长政、石田三成下达命令，要求侵朝日军全部撤回日本国内。丰臣秀吉死后，五奉行立刻派德永寿昌、宫木丰盛赴朝鲜传达退兵命令。可以说，随着丰臣秀吉的去世，撤兵已是必然趋势。

五、四路明军发起的第二次蔚山战役、泗川战役、顺天战役相继失利以后，中路明军、西路明军在经略邢玠、经理万世德的授意下先后与岛津义弘、小西行长接触，想要与日本议和。先前，德永寿昌、宫木丰盛带来了撤兵命令，要求日军在索取朝鲜王子、陪臣作为人质后撤退，于是岛津义弘、小西行长就此与明军展开谈判。

六、邢玠授意中路军向岛津义弘重金行贿，利诱其撤军。同时，西路军的刘綎也对小西行长重金行贿。

七、由于交通条件限制，在日本的丰臣五大老直到四路明军作战失利后好长一段时间，才收到从朝鲜传来的明军大举南下的消息。因此，他们对明朝还存在敬畏，担心明军大举南下会严重威胁到侵朝日军的安危，于是接连发信让日军尽快撤兵回国，甚至要求无条件速速撤回日本。

明朝朝廷的撤兵之议

四路明军总攻失败后，不独明朝东征军在隐瞒朝廷的情况下，私自做出与日军议和的妥协举动，就连大明朝廷内部也因东征军战败而感到灰心丧气，表现出了极其退缩的姿态。

明军战败的消息传到大明后，身患重病、卧病在床的内阁大学士赵志皋感到心灰意冷。万历二十六年十一月十一日，赵志皋向明神宗上疏，说明军接连惨败于日军，受日军耻笑，又面临多种现实上的困难，如兵力疲惫、粮食耗尽、国内叛民趁机作乱、塞外异族入寇等，明朝自救不暇，难以继续在朝鲜耗下去，提议将明军从朝鲜撤回国内。

在奏疏中，赵志皋针对明军自南原之战以来的一系列惨败，痛心地说：

> 臣卧病床蓐间，复闻东征大举败绩，不胜愤懑！……乃今不量彼己，不度劳逸，惟倖倖然以思一逞，先败于南原；乃整顿收拾，兵粮粗集，而去冬再败于蔚山；更整顿收拾，兵粮大集，而今冬三败于泗川。夫合水陆十万之师，四路一时并进，孰不谓智虑已周，谋画已定，可以制釜倭之命矣？何中路以被诱大败，东、西两路亦以攻城损伤？陈璘兵船又何以被焚掠耶？四路之师一时溃败，近又仓皇无计，敛迹退防，驾言以待查勘矣。是锐气既已阻消，辎重业已散失，又未知将何整顿收拾以图再举也！况东事自更局以来，又复二年有余，竭四方水陆之运，集远征调之兵，人情汹涌，海内骚然，前赴朝鲜，犹水趋壑，曾不能得釜山尺寸之地。三战三败，贻笑倭奴，耻辱中国亦已甚矣！岂朝廷之钱粮、百姓之膏血、数万之生灵，为博功名之儿戏耶？臣窃为用此念。（《万历起居注》）

他又列举了明军不敌日军的原因：

> 兵原无胜理，盖倭集釜山，去日本一帆而近，彼之转输援救，顺流而下，朝发可以夕至。而我陆隔辽东，水绝大海，相距数千里，兵马不胜奔走之劳，粮饷不胜搬运之苦，此其不利者一。

倭坐据重城，三窟联络，或以逸待劳，或以近制远，而我裹粮束刍，野栖露宿，欲以仰攻其坚，此其不利者二。

有此二不利，安见其能胜也？（《万历起居注》）

赵志皋又指出，援朝战争让大明陷入战争泥沼，以致国力空虚，目前很难继续调兵进入朝鲜增援，粮饷也很难再运入朝鲜：

今丁壮已毙于锋芒，纵欲再调，不过柔弱之徒。况宣大、山西、蓟辽诸镇，连年征发，尺籍空虚。北虏乘机，时挟贡赏，其势绝难再调。若腹里招募，率皆乌合。即如前赞画主事徐中素上疏自称，平日蓄有死士三千，比及东行，旋于京城内外招集市井佣贩之流，此辈目不识旌旗，耳不辨金鼓。泗川之败，正是此兵，言之令人可恨。兵可再调乎？东征岁费藏金数百余万，山东、浙直、闽广于常赋之外，又加于六七十万。闾阎穷民不胜剥削，加以旱涝之灾，重以开采之役，逃窜流离，人不堪命，饷可再运乎？（《万历起居注》）

在内外交困的环境下，赵志皋说出了对明军继续耗在朝鲜的担忧，认为大明国内既有河南叛贼作乱，又有"辽虏"入寇的威胁，大乱将至，自顾不暇：

及今以往，若不长虑却顾以图久远之计，将见：在朝鲜，则专借天朝为其报复，终无念乱图存之心；在中国，则兵疲粮竭，脱有奸徒乘机倡乱，如近日河南插旗之变，则在我非特不能救朝鲜，且自救之不暇矣。

于时东事从何结局？此臣所以伏枕而思，五内焦劳，不能已于言也。以臣愚谬之见，辽虏不时入犯，陨将丧师，尤为腹心之疾，是岂可舍近而求远？（《万历起居注》）

陈述完这些隐患之后，赵志皋说出了他的真实想法。他请求先让经略邢玠带着明军主力从朝鲜撤兵，回到辽东，防备对明朝威胁更大的"辽虏"，再将朝鲜之事交给经理万世德，让他带着留下来的一小部分兵力继续留守全罗道、庆尚道的要害

之地。久而久之,在培养了朝鲜军的独立作战能力之后,再将剩下的明军也调回国内,让朝鲜军自己承担防务:

> 不若令督臣邢玠仍归本镇,与蓟辽抚臣一意制虏。而以东方之事悉以委之经理抚臣万世德,择一大将与之协同。而世德仍量加部衔以便节制,限以数年为期,先将已调集兵将逐一挑选,择其精健可用者,量留若干,其余徒耗军饷,悉令撤归。然后将所留之兵分布全、庆要害之处,因山为城,因江为堑,坚壁把守,互为声援。然后遍历朝鲜八道,择其膏腴之地,广其开垦,分委廉干官员,责成管理,仍不时查核,如某道辟地几何? 秋收积谷几何? 以定赏罚。久则彼食自足,我饷可以免运矣。一面调选八道精壮之人,分委晓畅将领,严加训练,如某道练马兵几何? 步兵几何? 练一队,则可撤我一队之兵,久则我兵可以渐撤,丽兵可以自守矣。
> (《万历起居注》)

明神宗收到赵志皋的奏疏以后,颇为动容,他坦诚地说,"东征未得取胜,朕心日夜悬注",让赵志皋注意饮药,好好养病。随后,明神宗便认真考虑了赵志皋的意见,命令五府、六部、九卿、堂上、科道等官开会讨论东征军从朝鲜撤兵事宜。(《明神宗实录》)从这一反应来看,明朝朝廷因为东征的挫败,以及现实环境的制约,在武力征剿日军上遇到了极大的困难,显露出退缩的守势。

丁酉再乱中,明朝和日本,一定程度上都对对方造成了重大打击,相互使对方在战略构想上谋求退缩和保守。日军在此前的第一次蔚山战役中遭到了明军的严重冲击,因此想要将防线收缩至朝鲜沿海之地,进而撤回日本本土。而明朝在四路总攻失败后,也同样想要将防线收缩到大明国境之内。

不过,明廷最终还是坚持了以武力征剿日军的路线,并没有从朝鲜退兵。这是因为琉球世子尚宁派人寄信给福建地方,报告了丰臣秀吉确实已经身亡的消息,福建巡抚金学曾很快将这一消息上报朝廷。他认为日军内乱将起,可以趁着这个机会水陆夹攻,歼灭侵朝日军。明朝朝廷在准备召开会议讨论从朝鲜退兵之前,意外收到了这个消息,舆论为之一变。兵科给事中张辅之趁机上疏,认为关白已死,日军必生内乱,这是"天灭倭奴之会",恳请明神宗让明军继续留在朝鲜,剿杀侵朝日军,

"以收荡平之绩"。因为丰臣秀吉死亡这一消息足够振奋人心，明神宗同意了张辅之的意见，决定让明朝东征军"一意征剿，务收荡平之功"。如果明神宗这时候有所迟疑，那日军可能会在朝鲜盘踞许久，与明朝、朝鲜长时间耗下去，情况不容乐观。

小西行长的窘境

再说回日军方面，虽然小西行长已经与明军西路军达成退兵协议，但却没能沟通水路军陈璘，这为他是否能顺利撤兵埋下了隐患。此时，陈璘并不想妥协，仍想以武力挟制日军。即使已与小西行长顺利议和的刘綎派人通知陈璘，小西行长将要退兵，请他不要阻拦，陈璘也不为所动。十一月八日，陈璘招来李舜臣，转告了他得到的小西行长将在本月十日从顺天撤退的情报，要求到了那天朝鲜水军与明朝水军急急进师，遮截小西行长的归路。(《乱中日记》)

十一月九日，陈璘与李舜臣来到白屿梁结阵。十日，二将又到左水营前洋结阵，北望顺天，等待小西行长自投罗网。(《乱中日记》)当天，小西行长登上自己的御船，随从们也各自登船，准备次日从顺天倭城撤退。此时，小西行长等人还不知道陈璘、李舜臣要阻断自己的退路，所以到了夜间，小西行长等人尽情发泄，进行最后的狂欢。士兵们都因为能够撤兵感到非常高兴，他们用手打起拍子，张罗起酒宴，终夜歌舞，通宵达旦。

十一日清晨，顺天倭城内的日军士兵怀着愉快的心情，开始从顺天倭城撤退，解缆出发。不料船驶出去没多远，日军就发现海面上有望不见边际的明朝、朝鲜船只，遮断了日军的退路。船上的日本人见到这一场景，吓得变了脸色，只能先退回到陆地上，召开会议商量下一步对策。在军事会议上，有人主张挑选出擅长驾驶船只的水手，利用弓、铁炮，强行从明朝、朝鲜的战船中突围出去。(《宇都宫高丽归阵物语》)

十一月十二日，小西行长派出十几艘船，让他们先行突围。但是这些先遣船只经过顺天外围的猫岛时，被明朝、朝鲜水军给尽数剿杀。小西行长得知这一消息后，恼羞成怒。他认为明军出尔反尔，言而无信，于是让人砍断两个明军人质的手臂，派人交给刘綎，带话说："提督欺我如此，我必不去!"刘綎只能好意安慰小西行长，

让他向陈璘乞和，则必定能够放行。(《乱中杂录》《宣庙中兴志》)

在刘綎的授意下，小西行长只能硬着头皮派人去找陈璘交涉。他托人传话诘问陈璘："陆上的大将(刘綎)已经与我议和，并交了人质，你等却还要遮截我的归路，是何用意？"陈璘随即派使者前往顺天倭城，带话给小西行长说："听说你将顺天旧城引渡给了陆将(刘綎)，现在你只要把顺天倭城引渡给我，两国就可以停止干戈，我就可以罢兵回到大明，上奏天子。"(《宇都宫高丽归阵物语》)。

陈璘显然是为了与刘綎争功，他的意思是让小西行长先交出顺天倭城，让他坐实了收复顺天倭城的功绩，水军才能与他议和。但小西行长听了以后并不同意，他害怕一旦交出顺天倭城就会让自己失去退路，遭到明军的围堵剿杀，因此只愿意将女婿宗义智的南海城引渡给水军。陈璘收到小西行长的答复后，态度更加强硬，再次重申让小西行长先引渡顺天倭城，如果不能满足这一要求，水军将联合陆军截断日军归国的道路，以此恐吓小西行长。但小西行长没有被陈璘的恐吓吓倒，他坚持之前的提议，只同意引渡宗义智的南海城给水军。在双方一来一回的讨价还价中，陈璘的态度终于有所松动，最终同意了小西行长的提议，先将明军人质送到顺天倭城，然后小西行长将南海城引渡给明朝水军。

顺天倭城内的日军得知明朝水军做出让步，将派遣人质过来后，情绪从紧张变得高兴起来，再一次载歌载舞，置办起了酒宴。(《宇都宫高丽归阵物语》)但他们对形势的估计过于乐观了，这其实只是双方议和的第一步交涉，陈璘本质上仍没有同意给小西行长放行。

很快，双方发生了冲突。也许是小西行长产生了误判，以为陈璘已经同意议和放行，于是在十一月十三日，又有十几艘倭船从顺天倭城出来，漂泊在明、朝水军驻扎的獐岛附近。但没想到，这挑起了明朝、朝鲜水军的敏感神经。李舜臣看到后，急忙与陈璘率领舟师追逐。倭船又很快退回到城里，城内日军吓得一整天都不敢再出来，李舜臣和陈璘随即还阵于獐岛水军基地。(《乱中日记》)

此事过后，小西行长深受刺激，表示不愿意再相信明朝将领的话了。小西行长开始做两手准备，以摆脱眼前的困境。首先，他决定再派人去与陈璘议和，争取用和平手段撤退，但这更像是用来麻痹陈璘的手段，为小西行长的另一手准备铺路。其次，小西行长决定以千金招募死士，乘小船前往泗川、蔚山、釜山等处，向驻守这些地方的日军通风报信、讨要援兵。结合日本史料《川上久辰谱中》、明朝史料《东征记》、朝鲜史料《宣祖昭敬大王实录》的记载来看，小西行长的目的是让泗川、蔚山、釜山等地的日军出动援兵，一同开赴顺天，与他从东、西两个方向合力并攻陈璘的水军，歼灭陈璘的水军以后，再攻刘綎的陆军，以彻底突破明军封锁，成功撤兵。

既然已经制订好了计划，十一月十四日的时候，小西行长便派出两艘倭船，来到獐岛，与陈璘重启谈判。陈璘让倭通事（翻译）迎接倭船。戌时，又有一个倭将乘坐小船，进入陈璘的督府，向陈璘献上了两头猪、两桶酒作为礼物。(《乱中日记》)这次谈判，小西行长展现了他狡猾的一面，为了博取陈璘的信任，他让负责谈判的日本使者传话给陈璘，假意声称愿意向陈璘送上 1000 颗人头，换取陈璘放行。陈璘听了这个条件以后心动了，又提出让小西行长多送 1000 颗人头，他才同意放行。见陈璘态度开始松动，日本使者进一步引诱陈璘上钩，欺骗他说："行长在南海城有女婿（宗义智），想把他请来议事，希望能够允许派艘船去请他过来。"一旁的李舜臣听了，意识到有诈，劝说陈璘："诡谲之言不可听信，所谓请来女婿，实际上是要去请来援兵，绝不可以答应他们。"但陈璘已经被小西行长假意许诺的 2000 颗人头给迷惑了心智，哪里还顾得上这些。他没有多做考虑，就同意了日本使者提出的要求，允许他们派一艘小船前往南海岛，请来宗义智。但陈璘不知道的是，他正一步步掉进小西行长的陷阱里。得到陈璘的放行许可后，小西行长当天立即挑选出 8 名倭卒，让他们乘坐小船，去向泗川、蔚山、釜山等地的日军通风报信，寻求外援。(《宣祖昭敬大王实录》)

为了继续麻痹陈璘，十一月十五日，两艘倭船再次出入陈璘营地，继续与他谈判。(《乱中日记》)十六日，陈璘根据小西行长提出的和谈要求，同意将自己的侄子陈文栋等 7 人作为人质送入倭营。7 名人质在 20 艘明军战船的护送下，驶向顺天倭城。城内的松浦镇信为迎接他们，放了三发礼炮示意。(《宇都宫高丽归阵物语》)随后，小西行长又派出 3 艘倭船前往獐岛，向陈璘送上马、枪、剑等。(《乱中日记》)

不过，即便陈璘已经向小西行长送上人质，但明朝、朝鲜水军还是不肯放行，仍然在顺天外洋堵截日军的退路。实际上，陈璘不愿意放行是有理由的，因为小西行长并没有履行和陈璘的约定，在明朝水军送交人质后，引渡宗义智的南海城，并交出 2000 颗人头给陈璘。在小西行长没有履行承诺前，陈璘是没有义务将他放行的,双方就这样僵持不下。陈璘急于让小西行长兑现承诺,而小西行长则是假意议和,以此拖住陈璘,等待日军援兵到来。

另一边,十一月十六日,被小西行长寄予厚望的岛津义弘从泗川倭城撤往泗川西南方向的昌善岛,与他一同撤退的还有其子岛津忠恒,以及之前从釜山丸山城赶来的寺泽正成。撤退之前,岛津义弘派遣裨将敷根赖丰前往顺天,向小西行长传达撤兵的消息。

固城的立花宗茂、高桥统增、筑紫广门、小早川秀包,大约也在同一时间撤退,跟着岛津义弘撤往昌善岛。岛津义弘、立花宗茂等人相继从泗川倭城、固城倭寨撤退以后,负责中路战线的董一元才终于没了顾忌,率军进入空无一人的泗川倭城进行扫荡。

董一元进入泗川倭城以后,见此城的建筑和装饰极其奢华,"大寨凡四层,倭房数千间。石城外又为木城三层,极其劳密。寨内器用,床几屏风,一色泥金,最为精巧。又有违制金丝鸾驾、金丝掌扇,炳耀夺目"。明军登上倭城的天守阁,从高处望见撤退到外洋的岛津军,便故意向他们招手示意。岛津忠恒看到后,气不打一处来,却又无可奈何。(《朝鲜役录》)

董一元并没有被绚烂夺目的泗川倭城给迷惑,他随即下令将倭城全部焚毁,又将固城倭寨付之一炬。(《再造藩邦志》)这之后,经略邢玠为董一元叙功:"董一元探知石曼子(岛津义弘)将逃,随带本营兵马攻破倭寨五处,烧毁倭房倭粮,招回朝鲜人一千七百,斩首一百余级,夺获马匹、粮米、器械颇多。"(《经略御倭奏议》)这多少有些夸大事实。

岛津义弘、立花宗茂撤到昌善岛,本来是想在该岛等待顺天倭城的小西行长、松浦镇信、有马晴信、大村喜前、五岛玄雅前来会合。(《大重平六觉书》)按照约定,小西行长等人应该比岛津义弘早到昌善岛,但这会儿却没有到。岛津义弘意识到大事不妙,与众人商量道:"小西之所以没有来,肯定是因为敌军趁我军撤退,把顺天包围了。但现在如果弃置小西不顾,径自归国,肯定遭人毁谤。不如先留在这里,以待消息。"(《朝鲜役录》)

岛津义弘派往顺天倭城的裨将敷根赖丰回来报信说:"现在虏船堵塞海口,所以小西不得撤兵。"岛津义弘与立花宗茂经过商量后,决定派遣使者去邀请蔚山倭城的加藤清正，与他们一同出兵救援小西行长。岛津义弘、立花宗茂派去的使者对加藤清正说："虏军现在包围了顺天，行长不能退兵。如果舍弃行长，则七年之战功，以及皇朝之威武，都会受到损害。所以希望公能够出兵，合兵迎回小西等五位大名。"（《朝鲜役录》）

加藤清正收到岛津义弘、立花宗茂的请求后，表示愿意出兵慷慨解围，回信称他虽然已经接到丰臣五大老、五奉行从日本发来的撤兵指令，但依然会出兵顺天倭城，救援被明朝、朝鲜联军围困的小西行长。（《岛津家文书》）

结果到了第二天，也就是十一月十八日，加藤清正直接放弃蔚山倭城，撤往釜山浦方向，并没有按照约定去救援小西行长。为了迷惑明军，加藤清正还故意在岛山城外贴出告示，谴责明军"背信弃义"，声称他一定会出兵救援顺天倭城的小西行长。根据《宣祖昭敬大王实录》的记载，这封告示的内容如下：

> 大日本国加藤主计头平清正，谕大明诸将之榜：
>
> 倾闻顺天之倭将行长，与大明诸将有三国和平之约，尔国欲出质于行长矣。虽然，尔等再信乖约，出兵围行长。尔等如此伪谋，岂非穿窬。但此伪谋，在大明诸将乎？在行长乎？我不知之，故今此榜也。我在此，虽可对阵守城，顺天已危，我不救拯之，则无勇也。故我先扫空此城，暂往于顺天也。尔等亦来于顺天，我当争雌雄决胜负也。孰以事势，虽至如此，三国是亲兄弟之国也，不可无和平也。尔若欲和平，则纵然我虽还日本，岂妨通信。且我太阁殿下，去八月，虽微疾薨，有令嗣秀赖殿下，又有股肱大臣家康公，有文有武，恰似太公之于周武、如婴臼于赵朔也。因兹我日本社稷安宁也，以是再伐朝鲜，如指掌。不如至和平，不宣。

加藤清正虽然对明军做了一番恫吓，声称即便他退兵日本，日本国内还有德川家康这样的人物，再度出兵朝鲜是轻而易举的事情，但笔锋一转，就低姿态地说道"不如至和平"，泄露了底气，随后就往釜山浦方向撤退了。

同一天，西生浦城的黑田长政，以及竹岛城和昌原城的锅岛直茂、锅岛胜茂父子，也遵照丰臣五大老的指示，烧毁各自的番城，撤兵到了釜山浦，准备下一步就从釜山浦渡海回到日本。

岛津义弘、立花宗茂麾下的将士听说加藤清正出尔反尔的行为后，气得大骂："彼等不思国家之事，听说太阁已经薨逝，就觉得没有主持赏罚之人，便胆小怕事，只想着保全自己，完全不是丈夫所为。"有人考虑到现实情况，担心敌众我寡，害怕光是岛津军、立花军前去救援，不是明、朝联军的对手。为此，岛津义弘再次聚集部下，讨论是否要去救小西行长。本田昌亲说："应当赴援，解其围困。如果舍弃五位大名，那么岛津家在泗川新寨之战所立下的大功，就会被抹杀。"众人都同意他的说法。岛津义弘便与立花宗茂商量道："如果舍弃在顺天的五位大名，那将会是国家的巨大耻辱，现在唯有死战解围而已。"下定决心后，岛津义弘与立花宗茂、高桥统增、筑紫广门、小早川秀包、寺泽正成合兵，准备率领船队开赴顺天。（《朝鲜役录》）

不过，岛津义弘、立花宗茂等人准备行动的时候，明、朝水军已经发现了小西行长的阴谋，知道小西行长派人去向岛津义弘讨要援兵，想要从东、西两个方向夹击联军。至于明、朝联军是什么时候察觉到的，主要有两种说法。

第一种说法出自明朝史料《东征记》。该书记载，十一月十七日晚上，陈璘的船队抓捕到了岛津义弘派往小西行长处的一个报信人，从中搜得密书。信中的内容是与小西行长约定，于十八日夜东、西夹击陈璘。而陈璘又从其他渠道得知：泗川、巨济岛、闲山岛的各倭将统领倭船 700 艘，来援小西行长。根据这些情况，陈璘认为："我方势单力薄，如送羊喂虎，不可坐以待毙。不如提兵直捣露梁，迅雷不及掩耳。"下定决心后，陈璘集结诸将，拔剑指天，举槊画地，焚香设誓，倾资悬赏，申令明罚。大众虎啸龙骧，斗志高昂。

第二种说法出自朝鲜史料《宣祖昭敬大王实录》。该书记载，十一月十八日，小西行长派出的船过了四天还没有回来，李舜臣意识到大事不妙，对陈璘说："此必请援之倭也，出去今已四日，明日间大兵必至。我兵先往逆战，庶得成功。"陈璘一开始并不情愿，直到李舜臣号啕大哭，反复恳请，才最终同意。

中、朝史料各自强调陈璘、李舜臣最早发现小西行长的阴谋诡计，无论哪种说法正确，陈璘和李舜臣都已识破小西行长的计谋，知道不可处于战略被动，迅速决定对日军重启武力。陈璘与李舜臣的水军为了避免小西行长和岛津义弘互相配合、东西夹击，便放弃了对顺天的围困，解除封锁，专心对付从东部海面来援的岛津军、立花军等。

明、朝水军分兵为左、右两协,从猫岛基地奔赴岛津义弘等人救援小西行长的必经之地——露梁海峡。明朝水军驻兵在露梁海峡西北方向的昆阳竹岛,朝鲜水军驻兵在露梁海峡西南方向的观音浦,两军南北呼应,只等岛津义弘等援军穿过露梁海峡,给予其致命一击。

露梁海战

十一月十九日夜半时分,岛津义弘、立花宗茂、高桥统增、小早川秀包、筑紫广门乘船从昌善岛出发,试图穿过露梁海峡,向顺天方向进击,击破明、朝水军。有两人因故未能同行,岛津忠恒因为肚子痛而留在了昌善岛,寺泽正成则已先前往南海岛与宗义智会合。李舜臣收到岛津援军出发的消息后,及时告诉了陈璘。五鼓时分(凌晨3时至凌晨5时),陈璘乘坐朝鲜的大冲锋船,随着潮水直下露梁,扬旗伐鼓而进。(《东征记》)李舜臣乘船在前面带路,其余船只紧跟在后。(《象村稿》)

而日军方面,也并未完全大意。由于是在晚上行军,立花宗茂十分警惕,他为了避免仓促遭遇明、朝联军船队,让船手们在船舱侦察海面动向。准备充足之下,立花军最先发现李舜臣率领的朝鲜船队。立花宗茂立即指挥立花军的船只急速靠近对方,以便跳帮展开肉搏战,并命令把朝鲜军的首级割下来扔回船上,然后立刻回航,不要因为恋战而焚烧敌船。(《朝鲜役录》《久国杂话》)

在立花宗茂的命令下,立花家臣池边彦左卫门率先跳上一艘朝鲜船,但他刚大呼自己是"最早上船的",就被朝鲜水军用长矛刺中,当场死亡。(《谷田六郎兵卫觉书》)随后,立花家勇将小野和泉、立花三太夫带兵登上朝鲜船只作战,他们运气很好地俘获了几艘船。立花宗茂的弟弟高桥统增也指挥麾下驾船踊跃前进,一靠近朝鲜船只就纷纷跳上船去。高桥船队接连将斩获的朝鲜军首级悬挂在外,赢得周遭日军一片喝彩。(《朝鲜役录》)

岛津军见状也上前与朝鲜水军交战,由于岛津义弘没有像立花宗茂那样提前做了准备,因此岛津军刚看到朝鲜船队的时候,很是吃了一惊。岛津义弘的家臣川上久辰、川上久国父子乘坐一艘六端帆的小船靠近一艘朝鲜大船，结果因为朝鲜大船太过庞大，无法登船，反倒让自己的小船被动挨打。朝鲜大船对着川上久辰的小船不停地放箭、发射火器，"下矢石者如急雨"，使在小船上的川上家臣们遭受了不同程度的伤亡。其中，川上源太左卫门、胜目与左卫门、木场利兵卫被"石火矢"击中而死，桑波田五郎兵卫、有马善左卫门、有村喜八被"石火矢"打中负伤。此外，半三郎、十右卫门、金八、须藤弥七郎被弓箭射杀。

时年48岁的川上久辰拿起钩枪，想挡住朝鲜军的火器攻击，却被两颗飞石砸中脑袋，当场昏死过去，倒在了船上。朝鲜大船又用被称为"熊手"的铁钩钩住川上久辰的小船，使他们难以逃走。(《川上左近将监久辰谱中》)时年18岁的川上久国死里求生，他手持铁炮冲进朝鲜大船，连放十几发，击毙了十七八名朝鲜士兵。川上家臣花北治部左卫门则手执大斧，打破了朝鲜大船的栏板。在二人的拼死抵抗下，朝鲜大船终于放开川上久辰的小船，使其逃去。(《西藩烈士干城录》)

另有一艘岛津军的船只也被朝鲜水军的铁钩钩住。朝鲜水军将火药桶投入岛津军的船上，使船只着火。船上的岛津士卒或被烧死，或跳入海中被淹死。有些幸存下来的岛津兵狗急跳墙，跳上了朝鲜船只，结果要么被朝鲜水军的枪、长刀刺死，要么被半弓射死，共有54人被杀。那名在泗川倭城之战中追杀明军的岛津家武士大山纲宗也被砍伤，坠入海中。(《岛津家高丽军秘录》《西藩烈士干城录》《旧记杂录后编》《征韩伟略》)

李舜臣作为朝鲜水军大将，冲锋在前，结果被日军船队给围了起来，陷入恶战。随后赶到的陈璘见状，认为明、朝联军有如一体，如果不去救援，必然会挫败明军士气，于是立即指挥诸将去替李舜臣解围。结果李舜臣虽然得救，但陈璘所乘的船又成了日军的新目标。日军船只蚁附蜂屯，将陈璘的船只重重围住。这时候天还没有亮，情况非常危急，甚至有两个日军士兵跳上了陈璘的船，几乎要逼近陈璘。陈璘的儿子陈九经为了保护父亲，用血肉之躯挡在前面，结果被日军刺伤，鲜血淋漓。旗牌官世炜用锐钯去刺日军士兵的胸膛，把他们推入海中，才使陈九经免于一死，但日军群集在陈璘船下，难以一一驱逐。(《象村稿》《宣庙中兴志》)

陈璘见状，干脆下令停船。明将王元周、福日升换乘朝鲜大船，护卫在陈璘船只左右。陈璘于是让军中大声呐喊，对着日军船只不断放炮，但日军不仅没被打退，反而对着陈璘的船仰放铁炮。陈璘于是下令将士拿着挨牌，统统卧倒在船上。日军见状，又来攀登陈璘的船，结果船上明兵用长枪俯刺，将这些日军刺进海里。

黎明时分，明军老将邓子龙乘船来救陈璘①，他下令投火到日军船上，将日军船只点燃。陈璘望见火起，知道是邓子龙来救他，于是醒悟过来，下令说："给我救了！"（《东征记》）船上明军得令后，各自放火，站在高处用喷筒喷射日军的船只。（《象村稿》）这种喷筒，内装打成药饼的硫黄、樟脑、松脂、雄黄、砒霜等物，点燃后会在空中喷出数丈远的火焰。喷筒喷出火焰后，燃烧物会附着在船帆和木质船体结构上，极易引发大火。并且，火筒内的东西燃烧产生的烟雾具有毒性，可以对日军进行慢性伤害。在露梁海战中，喷筒主要担任近距离火力支援任务。（《露梁海战中武器装备使用对新时代我国国防科技建设的启示》）

一时间，火势汹涌。《义弘公御谱中》说："敌船投大石以破诸将船，投火壶以烧勇士船。"《东征记》形容说："如龙衔烛，通海红光。"《象村稿》则称："风急火烈，贼艘数百，顷刻煨尽，海波尽赤。"日军因船只着火，又见明军的沙船、苍船赶到，开始慌忙逃散。（《东征记》）最后，日军退入了观音浦港口。（《李忠武公全书》）

但退入观音浦之后，日军发现失去了退路，又挣扎着杀了出去。欲夺得头功的邓子龙率领200多个士兵，冲锋陷阵，击杀无数日军。但是后方的友军船只却不小心失手，用火器打中了邓子龙的船，船一下子就着了火，船帆烧了起来，船上明军惊慌之下都往另一边躲避。结果日军乘势登上邓子龙的船，不仅将船上的人全部砍死，还把船给焚毁了。（《两朝平攘录》）

击杀邓子龙的日军部队由谁率领，在日军亲历者的文书、觉书中并没有任何记录，因为他们当时并不知道明朝将领的名字。等中国、朝鲜史料传入日本后，日本人才渐渐知道他们对手的名字。但岛津家编纂的各种史料，都没有提及是岛津义弘的船队击杀了邓子龙。五代秀尧撰写的《朝鲜役录》记载说："宗茂麾兵，趁机蹙之，斩子龙，其下歼焉。"出身萨摩的五代秀尧，说击杀邓子龙的是立花宗茂，而非岛津义弘。可见，击杀邓子龙的日军船队，属于立花宗茂的可能性比较大。

---

① 朝鲜史料《宣祖昭敬大王实录》记载，邓子龙乘朝鲜板屋船；明代史料《横戈集》记载，邓子龙乘坐明军的唬船；而《明史·邓子龙传》《两朝平攘录》记载，邓子龙先是乘坐巨舰，后又换乘朝鲜船。

旁边的朝鲜水军看到邓子龙的船着火，误以为是倭船烧着了，更加卖力地对着日军船只放火。朝鲜水军将领李纯信一口气烧毁了10余艘倭船，这让朝鲜水军欢呼雀跃。李舜臣观察到有3名日军将领在一艘楼船上督战，便集中精锐去进攻这艘楼船，射杀了其中一名倭将。陈璘随后与李舜臣会合，他让人连发虎蹲炮，接连击碎了数艘倭船。（《李忠武公全书》）

这里介绍一下虎蹲炮这种火器，这是戚继光在嘉靖年间抗倭时创造的一种小型将军炮，形状像一只蹲着的老虎，故以此命名。其总重量为18公斤~20公斤，炮身长2尺，有5道~7道宽大的铁箍。炮口一侧有类似"虎脚"的大铁爪三角形支架，另外在炮的后尾配备大铁钉以固定炮身，减少发射产生的后坐力，同时避免了发射后炮身后倒的危险。每次装填100枚5钱重的小铅子或小石子，以及1枚30两重的大石子或大铅子。大石子、大铅子用于摧毁敌方的船只，小石子、小铅子则可以杀伤敌方的士兵。在露梁海战中，虎蹲炮负责提供远程火力支援，用来摧毁日军船只的船身和船上建筑。（《露梁海战中武器装备使用对新时代我国国防科技建设的启示》）

李舜臣又一次带队冲锋，奋力射杀日军。但没有想到的是，日军的铁炮队就埋伏在船尾，他们一齐向李舜臣射击，炮弹直接穿透李舜臣的胸膛，要了他的性命。（《乱中杂录》）李舜臣牺牲以后，船上的人试图隐瞒其死讯，继续作战，但是失去主将的朝鲜水军很快就"大溃"（《鼓山集·奉事李公神位坛碑》），陷入溃乱状态。其他船上的朝鲜水军将官，也纷纷遭到日军铁炮射杀（《罗州郡邑志》《丽水志》《湖西邑志》），各船将官级别阵亡者累计达60余人（《馨汉集·日录》）。其中较为知名的牺牲者，有加里浦金使李英男、乐安郡守方德龙、兴阳县监高得蒋等10余人。（《宣祖昭敬大王实录》）至于普通士兵，战死者难以计数。目睹了作战经过的岛津家臣川上久国晚年回忆，立花宗茂指挥立花军贴近朝鲜军船只，直接跳上船进行肉搏战，一连夺取了60余艘朝鲜大船，并利用这些船只组织撤退。（《久国杂话》）但根据岛津义弘在露梁海战结束一个月之后写的书信透露，日军总共才夺取了4艘朝鲜大船、2艘明朝大船。（《旧记杂录后编》）由此而言，川上久国在回忆中可能夸大了事实。无论如何，毕竟"倭本不惯水战"（《两朝平攘录》）。据同样目睹了立花宗茂作战经过的岛津家臣伊势贞昌事后回忆，立花宗茂因率众与明、朝联军的大船相战，自身部队也被杀过半。（《伊势贞昌觉书》）正当朝鲜水军因为李舜臣阵亡而陷入苦战之时，明军把总沈理乘坐巨舰奋战向前，船上火器齐发，当场斩得日军首级 130 余颗。随后，明军游击季金也率领水军赶来救援。在明军的打击下，日军船只被烧沉许多，"焰同赤壁"（《两朝平攘录》）。日军死伤惨重，海水都被染成了血色，海面上漂浮着许多尸体、船板、兵器、衣服。（《宣祖昭敬大王实录》）据岛津家臣川上久国晚年回忆，相较立花宗茂还能夺取朝鲜船只撤离，岛津义弘的军队损失极为惨烈，岛津军士兵几乎全军覆灭。（《久国杂话》）另一名岛津家臣渊边真元也在晚年回忆说，由于明、朝联军以大船为主，岛津军以小船为主，所以连岛津义弘的御船都陷入了不利境地，岛津的御供众全都舍命相战。（《渊边真元高丽军觉》）虽然岛津义弘、立花宗茂仍激励日军作战，但他们已经落了下风。战斗最激烈时，明、朝联军的士兵将船靠近岛津义弘的御船，跳了上去，夺下了船上的御马印①之后返回自己的船只，并将御马印插在船上。所谓"御马印"，就是大名的身份标志，在战场上象征着他们本人，因此御马印被夺可以说令岛津义弘颜面大失。有一名叫黑田宅右卫门的岛津军武士为了不让主家丢脸，硬是跳上对方的船上，把御马印给夺了回来。（《大重平六觉书》）

但不管怎么说，岛津义弘的御船被明、朝联军登上去，可见当时日军的情形十分窘迫。五代秀尧的《朝鲜役录》承认在这个关口，岛津军已经打了败仗。包括岛津义弘在内的日军终究不是明军的对手，他们只能先行逃离战场，但是遭到明、朝联军的追击。混战中，岛津军的船只被冲散，只能且战且退。其中，岛津家臣桦山久高、喜入忠政等人的船只遭到破坏，船手死伤严重，因此不能退却，他们只能带上 500 士卒，漂泊到南海岛，逃到了岛上。明、朝联军船队望见后，一把火焚烧了桦山久高等人弃置的船只。（《朝鲜役录》）

岛津军逃跑时，风刮得很大，海峡又突然退潮，涛声如雷一样响亮。在这种恶劣天气下，虽然岛津军的轻舸能穿越露梁海峡逃向出发的地方，但岛津义弘乘坐的大舰却办不到，于是就这样掉队了。明、朝联军望见以后，追赶了上来，围住岛津义弘的御船，以铁钩牵住了它。《町田氏正统系谱》形容岛津义弘当时面临的险境，"譬之源义经失弓于屋岛，犹危急甚也"。

---

① 《朝鲜役录》一书中称为"金扇马标"。

船上的岛津军竭力死战，想要尽快击退联军，然后逃回去。但因为船手死伤众多，结果难以行舟。岛津义弘此时的处境非常危险，很多岛津军士卒拿着盾牌围了上来，以保护岛津义弘不被明、朝联军的火器和弓箭射中。岛津家臣种子岛久时、川上忠兄、川上久智、新纳忠增、大田忠纲等人在船上接连向联军的船只放铁炮。其中，种子岛久时和川上久智最擅长使用铁炮，他们弹无虚发，让联军不敢逼得太近。明、朝联军船上的士兵为躲避岛津军的铁炮，纷纷退到船舱内，只一双手露在外面，握住铁钩牵住岛津义弘的御船。但是船上的岛津军又往下投火、放铁炮，铁炮打中了联军士兵的手，铁钩就此脱落，再也无法钩住岛津义弘的御船。这时，岛津家臣町田久政、阿多忠次等 10 余人乘坐一艘船，出现在海面上，来救援岛津义弘。他们登上明、朝联军的船只，为岛津义弘殿后，没过一会儿就全部战死了。岛津义弘因为这些家臣的奋战而幸免一死，但他船上也死了 18 人。(《大河平氏藏》《朝鲜役录》)

据五代秀尧的《朝鲜役录》记载，此时寺泽正成、宗义智听说战事紧急，连忙从他们所在的南海岛前来支援岛津义弘等人，并力殿后，使得明、朝联军船队暂时停止了攻势。然而朝鲜史料《乱中杂录》的记载却与此大相径庭，声称留守在南海岛的日军听说岛津义弘在露梁战败的消息以后，就在宗义智的带领下从岛中陆路窜到海口乘船逃走了。

笔者倾向于《朝鲜役录》的记载，宗义智应该参战了。因为，叶向高的《苍霞集》记载了这样一件事：宗义智曾俘虏过一个叫郑六同的朝鲜陪臣，他深得宗义智的信任，但郑六同实际上是明、朝联军的内应，于是露梁海战爆发时，郑六同点燃了他所在船只的火药库，造成日军大败。

而因为肚子痛留在了昌善岛的岛津忠恒，尚不知日军已经在露梁和明、朝联军打了起来。不过露梁海战发爆发时，他听到远方传来了巨炮的声音，怀疑岛津义弘等人已经在和明、朝联军开战了。因此天一亮，岛津忠恒就乘坐关船，率领麾下的鹿儿岛众从昌善岛出发，向着露梁方向前进，以策应岛津义弘。岛津忠恒的船队将要接近南海岛的时候，炮声已经听不见了，远远看去，只有硝烟还在海面上弥漫。岛津忠恒继续行进了一段距离，才看到一艘从前线败退下来的岛津军船只正徐徐逆浪而来，这艘船的主将是岛津家臣井尻弥五助。岛津忠恒驱船迎了上去，询问前方战事。井尻弥五助告诉岛津忠恒：“义弘公行船至南海濑户，有敌大舰猝至，我军众寡不敌，吃了败仗，诸船溃散。现在义弘公的船得以保全，但是剩下的船只都遭到了破坏，很多船被烧毁沉没。即便如此，义弘公船上的人也都负伤了。因此，义弘公派臣前来通报敌情。现在义弘公的船上只有一名船手了，迟迟不能行舟。"（《伊东壹岐入道觉书》）

岛津忠恒听了以后大吃一惊，连忙加快船速，前去接应岛津义弘。过了一会儿，岛津忠恒终于在海面上发现了岛津义弘的御船，只见岛津义弘的御船已经被砍坏了，船板上还插着密集的箭镞，看上去就像是一只刺猬。（《渊边真元高丽军觉》）而在岛津义弘的御船周围，只有3艘岛津家的船只护卫在侧，这4艘船现在全都被明、朝水军的船只给包围了。（《出水众中伊东玄宅申出》）立花宗茂等人的船队此时也未能走脱，仍在与明、朝水军对峙。（《朝鲜役录》）

岛津忠恒乘坐关船冲上前去，闯入岛津义弘的船与明、朝联军的船之间，正面冲向联军，为其他日军殿后。岛津家的4艘船只以及立花宗茂等人的船队，迅速背对明、朝联军，趁着这个机会逃离战场。岛津忠恒孤军殿后，在日本诸船撤退了3.9公里以后，他才随之退却，跟着岛津义弘撤回了昌善岛。（《出水众中伊东玄宅申出》《朝鲜役录》）

岛津义弘逃回到出发地昌善岛以后，心有余悸地说："敌若来攻，则寡不可战矣。"在这种畏惧心理下，岛津义弘连夜逃向巨济岛。（《朝鲜役录》）至此，露梁海战落下了帷幕。

露梁海战从十一月十九日寅时（凌晨3时至凌晨5时）开始，一直到打到巳时（上午9时至上午11时）才落下帷幕[1]，诚可谓一场激烈的海上大战。而露梁海战的最大受益者，其实是顺天倭城内的小西行长等五位大名。他们趁着明朝、朝鲜水军与日本水军酣战之际，乘坐船只从顺天倭城出逃，而陆上的明军提督刘綎不加以阻拦。小西行长等人绕过露梁战场，经庆尚道猫岛西梁，向南海岛的平山浦方向逃去。岛津义弘等人事后怒责他们，"乘舟船不援予之曹苦战，只远见之而逃虎口退去"（《义弘公御谱中》）。

---

① 此据朝鲜史料《宣祖昭敬大王实录》收录的陈璘战后报告。而根据日本史料《旧记杂录后编》收录的岛津义弘文书，露梁海战从寅之刻（凌晨4时）打到午之刻末（下午1时）。之所以如此，恐怕岛津义弘是把他撤退到昌善岛的时间，算作露梁海战的终止时间。

露梁海战的得失

露梁海战虽然早已落下帷幕，但此战留下了太多的未解之谜，其中之一就是日军的损失。综合明朝、朝鲜、日本三方史料，笔者将日军在露梁海战中出动的船只数量、伤亡情况等相关记载整理如下：

日军船只	日军死伤	史料出处
不详	立花、高桥、寺泽三军"从兵半死"	（日）《岛津家记》
不详	立花、高桥、寺泽三军阵亡一半人员	（日）《渊边真元高丽军觉》
不详	立花军阵亡一半人员	（日）《伊势贞昌觉书》
100余艘	立花、高桥两军战死数百人	（日）《家久公御谱中》
100余艘	立花、高桥两军战死数百人	（日）《义弘公御谱中》
100余艘	立花、高桥两军战死数百人	（日）《朝鲜征伐记追加》
100余艘	立花、高桥、寺泽三军战死数百人	（日）《岛津世家》
100余艘	不详	（日）《町田氏正统系谱》
不详	立花、高桥两军安然无恙，岛津军死伤惨重	（日）《久国杂话》
不详	岛津义弘等军战死数百人	（日）《续本朝通鉴》
不详	岛津义弘的士兵被烧死、溺死数百人	（日）《朝鲜役录》
不详	岛津、立花、高桥等军共战死数百人	（日）《岛津世禄记》
不详	被俘获100余艘船、被烧破200余艘船、被斩首500级、被生擒180余人	（朝）《宣祖昭敬大王实录》
不详	战死13000人	（朝）《宣祖昭敬大王实录》
不详	被斩首320级	（朝）《宣祖昭敬大王实录》
300余艘	损毁200余艘船只，死伤累计1000余人	（朝）《宣祖昭敬大王实录》
不详	被焚烧200余艘船	（朝）《宣祖昭敬大王修正实录》
不详	被焚烧200余艘船	（朝）《李忠武公全书》
500余艘	仅50艘船逃走，溺死者以千计数	（朝）《宣庙中兴志》
500余艘	被焚烧30余艘船	（朝）《明皋集》
数百艘	仅50多艘船逃走，被斩首900余级	（朝）《乱中杂录》
数百艘	不详	（日）《征韩录》
不详	被斩首224级	（明）《东征考》
数百艘	被斩首324级	（明）《万历三大征考》
七八百艘	被斩首344级	（明）《东征记》
不详	战死数百人	（日）《桦山久高谱中》
六七百艘	被斩首300余级	（明）《明神宗实录》
800艘	被斩首300级，烧死、溺死不下2万人	（明）《经略御倭奏议》
不详	被斩首1000余级，溺死不下1万余人	（明）《两朝平攘录》

在以上记载中，岛津家臣川上久国在《久国杂话》中回忆称，由于立花宗茂事

先早有准备，所以立花军反应迅速，雷厉风行地打击了朝鲜战船，自家船只皆安然返航，高桥统增的船队同样如此。但这个说法过于夸张，川上久国后来又修正了他的记忆。他在《朝鲜征伐记追加》中，明确提及立花、高桥两军阵亡数百人，并非毫发无损。而在另外几份岛津家武士的回忆录中，《伊势贞昌觉书》记载，立花宗茂的部队被杀过半；《渊边真元高丽军觉》《岛津家记》更是记载，立花宗茂、高桥统增、寺泽正成三家"从兵半死"。

那么，日军在露梁海战中的真实阵亡人数有多少呢？

笔者认为，相较川上久国在《久国杂话》《朝鲜征伐记追加》中的两种矛盾说法，其他岛津家武士的回忆录更加值得重视。在这一点上，《渊边真元高丽军觉》《岛津家记》都提到，立花、高桥、寺泽三家在露梁海战中"从兵半死"，因此这个说法应该最接近事实。立花、高桥、寺泽三军在露梁海战中"从兵半死"，究竟折损了多少人，需要从他们的服役兵力进行推算。原先，丰臣秀吉要求立花宗茂派去服役的人数是 5000 人，但立花宗茂在第一次侵朝战争中受创严重，凑不到这么多人，最后实到人数是 2607 人（洞富雄《铁炮的传来与其影响》）。至于高桥统增的服役兵力，是 500 人。而寺泽正成的兵力，根据《日本战史·朝鲜役》提供的数字，大约是 1000 人。由于立花宗茂、高桥统增、寺泽正成在第二次侵朝战争中主要留守后方，基本上没有什么军事活动，所以如果立花、高桥、寺泽三家在露梁海战中的参战兵力等于其撤退兵力，也就是将麾下士兵全部装船运往露梁，那么其在露梁海战中的兵力大致就是他们的初始兵力。

再根据立花、高桥、寺泽三家在露梁海战中"从兵半死"的记录推算，立花军的阵亡人数可能超过 1300 人，高桥军的阵亡人数可能超过 250 人，寺泽军的阵亡人数可能超过 500 人，总共战死约 2050 人。但这并不是整个日军在露梁海战中的损失，因为还有岛津、宗氏、小早川、筑紫这四家的死伤未计算在内。据《鹿儿岛外史》记载，在露梁海战中，岛津的损失最为惨重，其次是立花、高桥、寺泽，再其次是小早川、筑紫，至于宗氏的损失则不明。

从史料上看，大致能推算出岛津军的最低阵亡人数。根据岛津家臣渊边真元在晚年的回忆，立花、高桥、寺泽三家在露梁海战阵亡过半（《渊边真元高丽军觉》），而同样身为岛津家臣的川上久国在晚年回忆说，岛津家的死伤远比立花、高桥两家惨重，部众几乎全都粉身碎骨（《久国杂话》）。在后世编纂的《鹿儿岛外史》中，也说岛津家的损失最为惨烈，胜过立花、高桥、寺泽三家。结合前文分析，立花、高桥、寺泽三家损失了约 2050 人，那损失更重的岛津家，阵亡人数绝对不会低于这一数字。也就是说，光岛津、立花、高桥、寺泽四家，阵亡人数就至少在 4000 人以上。而其余的小早川、筑紫、宗氏三家，由于没有留下更多的史料，难以明确具体损失。

而明、朝联军的损失，中、朝史料都没有明确记载。明朝史料《两朝平攘录》提到，邓子龙船上的 200 人全部战死，其他船队则情况不明。朝鲜史料《聱汉集·日录》提到，朝鲜水军光是各级将领就战死了 60 余人，普通水兵的阵亡人数则不明。从这个记载可以看出，朝鲜水军在露梁海战中伤亡惨重，付出了相当大的代价。但令人感到微妙的是，日本史料《义弘公御谱中》只敢说"斩戮敌兵者数百"，《桦山久高谱中》《朝鲜役录》也同样只敢说杀死敌军数百，并不敢过分夸大自身战绩。

尽管朝鲜水军损失颇大，但露梁海战无疑是明朝、朝鲜联军驱逐日军的一场胜仗。然而一直以来，还是有人不顾事实，对明、朝联军的露梁大捷提出质疑。这些人把露梁海战鼓吹为是日军凯旋的一场"辉煌大捷"，认为此役实际上是岛津义弘打了胜仗，明、朝联军打了败仗。他们给出的理由主要有以下几条：

一、明军的战略目标是"围点打援"，围的是顺天，打的是岛津义弘。结果小西行长成功从顺天突围逃走，明军"围点打援"的任务宣告失败。

二、岛津义弘的战略目标是助小西行长从顺天撤退，最后他完成了这一目标。

三、明朝、朝鲜联军阵亡了李舜臣、邓子龙两员大将。

四、日军在露梁海战中没有战死任何一个将领，损失极其有限。

以上言论都是错误的，笔者将逐一反驳。

1. 明朝、朝鲜水军根本没有"围点打援"的战略目的。根据徐希震《东征记》的记载，露梁海战发生前，明朝水军搜查到日军的密信，得知岛津义弘等日本大名将穿过露梁海峡来解救小西行长，约定从东、西两个方向夹击明朝、朝鲜水军。陈璘为了避免被两面夹击，果断放弃了扼住顺天倭城咽喉的獐岛水军基地（原由明朝、朝鲜水军驻守），解除对顺天倭城的封锁，使明朝、朝鲜水军转移至与顺天有较远一段距离的露梁海峡，在附近埋伏下来，等待给日本援军致命一击。可以说，露梁海战爆发前，明朝、朝鲜水军就已经没有继续封锁顺天倭城的打算了，联军的目的就是集中力量在露梁海峡打退岛津义弘等日本大名的援军，避免被两面包抄。从最后的结果来看，明军在露梁海峡打跑了岛津义弘等人的援军，完成了作战目的。既然露梁海战爆发时，围困顺天的事实已不存在，又何来"围点打援"失败之说?

2. 日军的战略目的，并不是单纯的助小西行长从顺天撤退。根据日本史料《川上久辰谱中》、明朝史料《东征记》、朝鲜史料《宋经略书》和《宣祖昭敬大王实录》的一致记载，岛津义弘等日本大名进兵露梁，不只是为了帮小西行长从顺天撤退，还要与小西行长东西呼应，夹击原先在猪岛基地的明朝、朝鲜水军，并且在歼灭联军水军后，进一步歼灭陆上的刘绖西路军。因此从结果而言，岛津义弘、小西行长等人没有完成夹击明、朝联军的目的。岛津义弘等援军还没有靠近顺天倭城，就被明朝、朝鲜水军在露梁海峡给打跑了。而两军在露梁海峡激战时，小西行长若有胆量（这时候联军已经解除封锁，他可以自由进退），完全可以乘船出海，从背后突袭明朝、朝鲜水军，与日本援军一起夹击联军。但是他没有这么做，而是趁两军激烈交火之际，灰溜溜地从顺天倭城乘船绕远路逃走（经南海岛南面海域），完全避开了露梁战场。所以，日军根本就没有完成所谓的战略目的。

3. 一些人喜欢鼓吹岛津义弘在露梁海战中击杀朝鲜水军大将李舜臣、明朝水军将领邓子龙，认为露梁海战是岛津义弘的不世大捷。但李舜臣、邓子龙二人的死都是因为突发事故，并不是遇到日军后一触即溃。李舜臣是因为冲锋在前，不小心中了日军铁炮部队的伏击而死；邓子龙则是因为所乘船只误被友军的火器打中着火，结果被日军乘势登船，以致一船人尽皆战死。而且值得注意的是，据朝鲜史料《宋经略书》记载，邓子龙当时"年过七十，手足俱不仁，且耳聋"，年老体衰，身体已经出现了非常严重的问题。由此而论，他的战死并不是一件非常令人意外的事情。陈璘在战后也因此抱怨道："此人老衰，本不当出来。今虽死，又谁咎乎?"除此之外，日本史料对哪位大名击杀了李舜臣、邓子龙也存在争议，例如《朝鲜役录》就认为击杀邓子龙的是立花宗茂，而非岛津义弘。

其实，判断一场战争孰胜孰负，并不是看战死了哪些将领，而要看最终结果。立花、高桥、寺泽三家大名的部队，在露梁海战中阵亡了一半人员，而岛津家的损失更远在这三家之上。露梁海战结束后，岛津义弘更是连夜逃到巨济岛，事实还不够雄而有力吗? 拿李舜臣、邓子龙的死来判断露梁海战是明朝、朝鲜水军战败, 是非常可笑的。打仗从来没有不死人的, 欧洲历史上的三十年战争, 瑞典国王古斯塔夫二世还在他亲自指挥的吕岑会战中阵亡了, 但伯恩哈德接过指挥权后赢得了最终胜利, 谁会说是瑞典军队战败了呢? 在拿破仑战争期间的特拉法尔加海战中, 英国海军主帅霍雷肖·纳尔逊迎战法国与西班牙组成的联合舰队。纳尔逊和李舜臣一样, 在海战中被敌军的流弹击中毙命。但法、西联合舰队也在此战中遭受重创, 法军主帅维尔纳夫和 17 艘战舰被俘, 1 艘战舰被击沉, 其余战舰纷纷逃窜, 受伤、战死、被俘之人多达 1.3 万。此战过后, 法国海军精锐尽失, 拿破仑被迫放弃了进攻英国的计划。有谁会因为纳尔逊的死, 说拿破仑打赢了这场海战呢?

4. 除了在李舜臣、邓子龙战死的问题上大做文章之外, 一些人还认为岛津军在露梁海战中没有战死一个将佐, 因此岛津义弘在露梁海战中取得了大捷。这种说法, 显然是大错特错。根据岛津家史料《西藩烈士干城录》的记载, 岛津军在露梁海战中阵亡的将佐至少有 44 人, 具体整理如下:

露梁海战中阵亡的日军将佐	《西藩烈士干城录》中的相关记载
二阶堂与右卫门重行	十一月十八日, 战没于海上
山口源六笃宗	战没于朝鲜海上
帖佐治部少辅	庆长三年十一月, 战没于海上
赤塚重直	及旋军, 遇敌舰, 遂战亡
大河平源太左卫门隆重	十一月, 进冲敌舰。隆重先众飞上敌舰, 奋击, 遂死之
财部盛弘	十一月, 冲敌舰而阵亡
町田源左卫门尉久政	十一月, 被敌舰而战死
北乡久兼、竹下喜平	我军将旋师, 进击敌舰于南海濑户。我军皆殊死战, 北乡久兼 (称胜左卫门、三久族)、竹下喜平等战死
伊集院治部左卫门忠弦	庆长三年十一月, 冲敌舰战没
阿多忠次	自称源六, 战没于南海濑户
蓑轮重长	十一月十八日, 战没于海上
加世田家长	从如朝鲜, 及班师, 冲敌舰而阵没
樋口飞驒	庆长三年十一月, 阵亡于朝鲜海上
井口清藏	战没于朝鲜海上
奥民部左卫门	战没于朝鲜海上
竹内实经	战没于朝鲜海上
长仓加贺左卫门	战没于朝鲜海上
久富木佐吉	战没于朝鲜海上
松下忠次	战没于朝鲜海上
秋永近连	战没于朝鲜海上

露梁海战中阵亡的日军将佐	《西藩烈士干城录》中的相关记载
邨田源左卫门经元	庆长三年十一月十八日，经元阵没于朝鲜海上
猿渡扫部兵卫信丰	庆长三年十一月十八日，战死唐岛
井尻八郎	庆长三年十一月十八日，战没于南海濑户
敷根十郎赖清	庆长三年十一月十八日，战没于南海濑户
伊地知新三郎重次	十一月十八日，遇敌舰战没
伊地知民部少辅重贤	十一月十八日，战没于南海濑户，年三十九
猿渡兵部少辅实昌	及班师之日，阵没于南海濑户
伊地知与兵卫尉重赖	十一月十八日，战没于朝鲜海上
白坂笃昌	庆长三年十一月，笃昌阵没于海上
奈良原大膳正广	庆长三年十一月十八日，进冲敌舰，遂战死
村尾少五郎重次、种田喜右卫门秀次、前田次郎五郎、上野藤七兵卫、桥口十兵卫	十一月十八日，击破敌舰。是战也，重时家臣村尾少五郎重次、种田喜右卫门秀次、前田次郎五郎、上野藤七兵卫、桥口十兵卫等力战，皆没
川上源太左卫门	按别记，是役也，川上源太左卫门久利中巨炮而死，盖此人也
胜目与左卫门、木场利兵卫、半三郎、十右卫门、金八、须藤弥七	胜目与左卫门、木场利兵卫、半三郎、十右卫门、金八、须藤弥七等中矢石，前后多殪

　　岛津家史料《义弘公御谱中》，也统计了在露梁海战中阵亡的 23 个岛津军将佐：

　　　　桂兵吉、町田源左卫门、伊集院治部左卫门、柏原将监公近、阿多源六、祈答院平次郎、伊地知民部、伊地知新三郎、伊地知与兵卫、二阶堂与右卫门、蓑轮治部右卫门、久富木佐吉、奥民部左卫门、大河平源太左卫门隆重、井尻八郎、竹内宫内左卫门、山口源六笃宗、赤塚利七、猿渡兵部左卫门、井口清藏、敷根十郎、鲛岛小藏、米良三学房。

　　参加过露梁海战的岛津家臣渊边真元，在回忆录《渊边真元高丽军觉》中同样统计了阵亡于露梁海战的 50 多名岛津军将佐：

　　　　町田源左卫门、桂兵吉、柏原将监公近、二阶堂与右卫门、祈答院平次郎、伊地知民部少辅、伊地知新三郎、阿多源六、伊集院治部左卫门、伊地知与兵卫、伊地知平二郎、蓑轮治部右卫门、敷根十郎赖清、奥民部左卫门、桑原与助、井口清藏、相良与市、竹内宫内左卫门、米良三学房、猿渡兵部左卫门、有川源次郎、白坂助六、市来源介、大河平源太左卫门隆重、米良千助、久保木佐吉、福永久左卫门、白尾孙九郎、丸目五右卫门、镰田胜右卫门、肝付弥五介、隈冈茂兵卫、逆濑川彦松、鲛岛与五郎、有马安右卫门……

而岛津家文献《殉国名籔》，则进一步统计了在露梁海战中阵亡的岛津家重要人员，包括各级武士、高僧、船长等（杂兵未统计在内），共有 100 余人，名单如下：

町田源左卫门久政、伊集院治部左卫门忠弦、桂兵吉忠次、伊地知与兵卫重赖、伊地知新三郎重次、栢原将监公近、阿多源六忠次、祈答院平次郎、伊地知民部少辅重坚、伊地知平次郎、二阶堂与右卫门重行、蓑轮治部右卫门重长、逆濑川彦十郎安屋、大胁七郎为乘、久富木佐吉、奥民部左卫门忠光、大河平源太左卫门隆重、井尻八郎、井尻休兵卫、竹内宫内左卫门实经、山口源六笃宗、加世田新兵卫家长、赤塚利七重塚、财部甚兵卫盛清、猿渡兵部左卫门、猿渡扫部兵卫信丰、松下宗左卫门忠次、井口清藏、敷根十郎赖清、白尾孙八、鲛岛与次郎、鲛岛小藏宗尧、伊地知仲右卫门、长仓加贺右卫门、村田源左卫门经元、帖佐治部少辅、羽岛喜兵卫友秀、秋永三郎次郎通连、镰田少右卫门政重、米良三学坊重实、入田东市正亲正、深川加贺、海老原市十郎、松本角助、北乡少右卫门久兼、竹下喜平正次、涩田传左卫门、镰田弓兵卫政秀、伊集院弥七左卫门忠纯、樋口飞驒守、桑原与助长乘、肝付弥五介、有马安右卫门、丸目五右卫门赖利、木场彦三、奈良原大膳广、后藤十郎右卫门、中村弓作、四本钓介、吉川久次、白屋孙九郎幸孝、木村平太时益、市来源四郎家教、壹岐孙九郎幸孝、壹岐德右卫门重昌、羽岛喜兵卫友重、木胁喜平次、东乡孙作、草留大膳、谷山吉藏、关左近、高桥与助种吉、白石彦右卫门、阿多平右卫门忠倍、岛津常久夫丸二人、堀源太、龙虎岚山和尚、船头弥助、船头六郎、船头善五郎、夫丸源四郎、与次郎、六助、白坂源二郎、广濑六助、屋久岛宫之浦五右卫门、蜑泊浦五之助、伊集院九郎左卫门忠包、堀源太、乌井与八郎惟贞、有村二郎武次、青山孙七郎照行、北乡胜右卫门久兼、胅冈仲兵卫、奥源介、船头之弥介、白坂将监笃义、白坂助七郎笃昌、山下十左卫门武主、村尾少五郎重次、种子田喜右卫门秀次、前田次郎五郎、上野藤七兵卫。

按照岛津家的兵制，以上阵亡人员中，至少有 37 人是御供众，他们属于高级武士。露梁海战期间，岛津军中的御供众，相当于岛津军领导层中的第二层。这些阵亡人员，许多都与岛津氏关系密切。比如桂兵吉，他是岛津家庶流桂氏的原定继承人，但他却在露梁战死，未能成为桂氏的下任当主；町田源左卫门久政，则出生于岛津家的一支旁系；伊集院治部左卫门，同样出自岛津一族。其他比较知名的家族，如北乡、伊地知、相良，都出现了死者。

由于日本国土狭小，以上这些阵亡人员中，许多人在岛津家的封地不是很大，带的兵也不多。但是明朝、日本两国的兵制本来就不同，所以单纯拿兵数讲身份没有太大意义。以町田源左卫门久政来说，他本身只有 100 石封地，自己带的兵不多。但是在露梁海战期间，他作为町田家主町田久倍（约有 2 万石封地）的阵代① 参战，在入朝岛津军中代表了岛津家家老——町田家家主，统领町田部众作战。这种人战死，就不能以封地的多寡，兵数的多少来判定身份。事实上，他们这些人就是岛津家不折不扣的将佐。

解答以上疑惑后，笔者再从岛津家的史料切入，让读者知道岛津氏自己是怎么看待露梁海战的。

事实上，岛津家的史料几乎都承认日军在露梁海战中败北。如《朝鲜役录》直言不讳地承认，"虏（明军）乘势追蹑，我师（日军）败绩，船亦奔散，且战且退"，"我师不利，诸船溃散"。岛津义弘传记《忠平公军记》也说，敌势凶猛，以大船相战，"烧割味方（我方）舟子，予（岛津义弘）乘舟殆危"。《近世日本国民史·朝鲜役》注解《渊边真元高丽军觉》也坦然承认，此战"味方败北"，"此海战完全是岛津氏不利"，"义弘退却"，"意外之败"。《义弘公御谱中》也说，岛津军"不

---

① 所谓"阵代"，是日本的一种临时性军制。日本大名有时有事不能亲自上场打仗，就要临时找个替身，在身份上代表自己作战。这种人，就叫作"阵代"。例如，在日本天文十五年的河越之战中，常陆大名小田政治没有亲自出阵，而是以家臣菅谷贞次作为阵代，代表小田政治出战。

意有败绩"，"或遂战死，或被伤疵，所前定大半灭"，伤亡惨重，战败的岛津军分别"逃巨济海口"，"逃于南海之岛"。

通过岛津家臣的回忆录，不难发现他们同样承认了日军的失利。例如岛津家臣大重平六回忆说，此战遭逢厄运，己方战死者众多。（《大重平六觉书》）岛津家臣伊藤壹岐回忆，他跟随岛津忠恒赶赴战场时，看到岛津义弘的御船和其余3艘船被大量敌船包围着，最后还是依靠岛津忠恒才脱离了危险。（《出水众中伊东玄宅申出》）

实际上，就连岛津义弘自己也不敢胡乱吹嘘在露梁打了胜仗，反而提到自身伤亡惨重。在《萨藩海军史》收录的岛津义弘亲笔文书中，他对露梁海战这样记录道：

> 十八日寅之刻（凌晨4时），数百艘番船（明、朝水军）攻了过来，我军一直抵抗到午之刻末（下午1时），夺取了四艘朝鲜大船、二艘明朝大船，一共六艘船，然后相互撤退。日本的小船与敌军数百艘大船作战好几个小时，负伤的人就不用说了，有能力的年轻人们也都死去……

可见，岛津义弘对露梁海战只敢声称夺取6艘船，然后"相互撤退"，完全没有以胜者自居，并且底气不足地泄露了岛津军有很多年轻人战死。

岛津义弘晚年亲自撰写的自传《惟新公御自记》，也只是记录明、朝联军的大船攻过来，然后"烧破味方之船"，使岛津军处于险境当中，全然没有提及有些人声称的"岛津军取得露梁大捷"。而且颇值得玩味的是，岛津义弘在露梁海战结束后不久写的文书中，声称日军一共夺取了6艘船只，但在晚年撰写的自传《惟新公御自记》中，却将夺取的船只数量压缩到了两三艘。可见岛津义弘最初还把夺取的船只数量夸大了一倍。如果一定要认为岛津义弘夺取两三艘船算得上是大捷的话，那这个所谓的"大捷"，无疑也太廉价了。

此外，还需注意这样一个事实：在明军与日军的历次大战中，如第一次平壤之战、第二次平壤之战、碧蹄馆之战、稷山之战、第一次蔚山战役、第二次蔚山战役、泗川战役，日军在战后都不厌其烦地吹嘘自己打了大胜仗，动不动就击破百万明军；但是到了露梁海战，岛津义弘的传记和自传也只敢写击杀数百人，夺取两三艘船。而这一切的根本原因，就是日军在露梁海战中吃了大亏，已经没有底气吹嘘了。

日军撤离朝鲜

万历二十六年十一月十九日巳时（上午9时至上午11时），刘綎在小西行长等日军撤离顺天倭城后①，率领西路军进入该城。他搜出小西行长之前按照约定留在城内的首级，又将小西行长交给他的6名日本人质全部杀死以充首级，而那些散落在山谷中、被日军俘虏的朝鲜人也被刘綎斩杀以充首级。之后，刘綎以金字大书"西路大捷"四字，飞报经略邢玠。(《象村稿》)据说，刘綎又在南原聚集铁匠，让他们打造和日军一样的刀枪，还向朝鲜都元帅权栗讨要日军的首级和倭衣。回到王京后，刘綎将这些首级、军器、倭衣陈列在军前，夸耀自己的功劳。(《宋经略书》)即便如此，刘綎上报的西路军斩首数目，也不过才160级。(《宣祖昭敬大王实录》)

尽管刘綎是在小西行长撤走后才入据顺天倭城的，但邢玠却将小西行长撤走的功劳归于刘綎，在战报中称刘綎在夜里攻破顺天倭城，日军不敌退走："刘綎原在西路堵截行长，督兵大战，擒获见解倭将阿干苔力思结，及从倭马过什罗信、什罗啰嘧、马搭也门。及夜，攻破行长住城，行长逃遁。"(《经略御倭奏议》)

麻贵统领的东路明军自加藤清正从蔚山倭城撤退以后，就占领了这里。接着，他们进入西生浦，一直追击侵朝日军至他们在朝鲜的大本营——釜山浦，在此与日军交战。但是战果却微乎其微，东路军只擒获了两个日军士兵"善叟戒""见次郎"。十一月二十二日，麻贵又在釜山浦与日军交战，同样战果很小，只擒获三个日军士兵"敝古老幺兵""卫马大时老""信哥落"。

> 清正于十一月十七日夜，放火烧营遁去。麻贵统兵入西生浦，及追至釜山与倭对敌，擒获见解倭兵善叟戒、见次郎。二十二日，清正迎敌射砍，又擒见解倭兵敝古老幺兵、卫马大时老、信哥落。清正遂发船，尽逃回对马岛。(《经略御倭奏议》)

---

① 《象村稿》称刘綎进入顺天倭城的时间是十一月二十四日，有误。依据《宣祖昭敬大王实录》记载，应是十一月十九日。

而东路军因为受日军铁炮攻击，阵亡了三名千总，损失远远大于日军。(《宣祖昭敬大王实录》)

十一月二十四日，加藤清正、锅岛直茂、黑田长政、毛利吉成、秋月种长、高桥元种、相良赖房、筑紫广门等残留在庆尚道东南面的侵朝大名集结在釜山浦。他们遵照丰臣五大老下达的退兵命令，于上午10时放火焚烧釜山倭城，从朝鲜撤兵回到日本。(《宇都宫高丽归阵物语》)

事后，邢玠在战报中将加藤清正撤走之归功于麻贵，认为加藤清正是被麻贵打跑的。然而麻贵本人却并不认为如此简单。釜山日军撤去后，麻贵与给事中、御史、按察使登上高处，眺望釜山东、西两边的日本营寨。官员们都说："（釜山）外寨可破，内城实难讨矣，薄城则人命可惜。贼之退去，是乃天也。"他们认为釜山城外寨虽可攻破，但内城实无可能攻破，如强行攻城只会白白牺牲人命，日军的退去乃是上天的安排。麻贵也流露出悲观情绪，认为以釜山城的坚固，自己无法将其攻破，因而说："如此，故麻贵不能讨也。"(《宣祖昭敬大王实录》)麻贵不认为日军是被他驱逐的，侵朝日军之所以撤离朝鲜，关键还是丰臣秀吉死了。这在麻贵之后与朝鲜李朝国王李昖的一次对话中可以看出：

> 上谢之（麻贵），仍问曰："大人亲履釜山、岛山及沿海诸寨，形势如何？"
> （麻贵）曰："今次贼之退也，或出于关白之死。早晚更来，其肆毒必甚矣……"
> (《宣祖昭敬大王实录》)

麻贵认为，日军撤走可能是因为丰臣秀吉的去世，还认为日军早晚再次入侵朝鲜，届时肆虐程度将更甚从前。

十一月二十七日，岛津义弘、岛津丰久、小西行长、立花宗茂、小早川秀包、寺泽正成、宇都宫国纲、松浦镇信、有马晴信、大村喜前、五岛玄雅、宗义智等残留在庆尚道西南面的侵朝大名逃回釜山浦，之后也从这里起航，渡海撤回日本。(《宇都宫高丽归阵物语》)明军与日军议和时，曾送给日军一些人质：西路军刘綎送交日军的人质有刘万寿、王建功，中路军送交日军的人质有毛国科，水路陈璘送交日军的人质有陈文栋。连同这些主要人质在内，日军还带上了刘綎送去的家丁中的30人、茅国器送去的家丁中的 19 人（《宣祖昭敬大王实录》），将他们作为战利品带回日本。

至此，侵朝日军大部队撤出朝鲜境内，只留下一些残寇，明军为此展开搜捕。十一月二十九日，麻贵的东路军进剿釜山浦西南面的多大浦，在这里抓获了一个没来得及逃走的日军士兵"善叟戒"。十二月五日，麻贵又在多大浦擒获"敝古老"等两名日军士兵。从结果来看，东路军的战果依然非常小，最后只擒获了三个落单的日军士兵。可见，此时陆地上的日军基本已经走光了。

唯一取得些许战绩的是陈璘的水军。在十一月十九日的露梁海战中，一些日军受到明朝、朝鲜水军的冲击，被迫逃到南海岛上。他们中虽然有部分人后来获得同伴的救援，跟随大部队逃回了日本，但仍有人没来得及被带走，还留在岛上。十一月二十一日四更，陈璘的水军进攻南海岛，只见日军船只已空，但山上仍有火光，过了很久才熄灭。天亮后，明军登上南海岛的日军巢穴，岛上残留的日军见到明军的身影后吓得向后山逃去，明军见地上有马粪被用来烧火，知道日军逃去不久，于是展开了进一步的搜捕。（《明神宗实录》）

十一月二十九日，陈璘的水军进剿南海岛的锦山，擒获"沙四吉"等两名日军士兵。（《经略御倭奏议》）其余躲藏在南海岛的日军越藏越深，无论明军如何引诱，他们都不出来。这些日军因为担心明军搜捕到他们，又逃到了南海岛的乙川山。

十二月十日夜，陈璘亲督所部，进剿乙川山。第二天天亮以后，陈璘督军对乙川山的日军"发铳炮"，结果"倭奴震惊，拥众冲登凌山，以高临下，为负隅之势，官兵奋勇仰攻，斩级十颗"。此外，还有一名日军士兵"那莫哥"被明军擒获。

经历乙川山之战后，日军残寇逃到了南海岛的了口。陈璘又下令明军"分道扼塞，十一日再进，奋战良久"，于是"贼大败奔北，璘乘胜蹙之，擒斩九十余名颗。复督兵爬搜，无一余孽"。明军再次取得了口之战的胜利，歼灭了南海岛上的残留日军。

据《明神宗实录》记载，自七月以来，陈璘的水军一共获得日军首级 1100 余颗。

十二月十五日，邢玠派遣快骑向明朝兵部汇报，称仰仗皇上英明，东征军在日军"思归"之际，乘胜进兵，以武力将日军驱逐出朝鲜境内：

> 自狡倭悖逆，残我属藩，营釜山之兔窟，肆三路之鸱张。致勤宵旰，东顾隐忧，两次兴师，七年劳费。兹仰仗皇上圣武英断，一意尽剿，为期天心助顺，将吏协谋，

值穷寇之思归，乘胜兵而攻逼，致令贼势窘促，扫穴而逃。祸本既拔于穴中，游魂复歼之海上。至是，而皇上字小之义有终，属国效顺之心益固矣。

邢玠又上报露梁海战大捷，伪称岛津义弘被明军飞弹打死：

> 近者，倭兵二万余，舟以六七百计，纠釜山、泗川、巨济、闲山各倭将，悉力西援行长。总兵陈璘即身先将士，鼓众大战，铳死大倭将石曼子（岛津义弘），又生擒一部将，其焚溺死者无算。虽水中不能割级，而犹斩获三百余颗。功收全胜，妖氛已平。（《明神宗实录》）

虽然邢玠上报的打死岛津义弘的消息有误，属于伪报战功，后来也被明朝朝廷与朝鲜方面知道了实情，但并不会影响到丰臣秀吉以其野心发动的侵朝战争，就这样落幕了。正如《近世日本国民史·朝鲜役》所指出的那样："惊天动地的大活剧，终以龙头蛇尾告终。"

日军撤退回国以后，又发生了两件有意思的插曲。

第一件事，据《看羊录》记载，日本境内到处流传着明、朝联军将要渡海攻打对马岛的消息，对马岛主宗义智吓得逃到了"倭京"。日本人心惶惶，但谁也不敢发言说去救对马岛。

第二件事，据《汉阴文稿》《宣祖昭敬大王实录》记载，对马岛主宗义智写信给朝鲜，责备明朝不讲信用，没有按照此前与日军的约定，将朝鲜王子送到日本去。这原本只是明军为了诱骗日军从朝鲜撤兵开出的空头支票，日军却当了真。此时大局已定，朝鲜王子是不可能作为人质的。因此宗义智这番话，只是虚张声势。

从结果来说，丰臣秀吉发动的侵朝战争，不但未能达到他一开始设想的吞并朝鲜、明朝的目的，反而为他的政权灭亡埋下了祸根。加藤清正渡海撤回日本以后，趁小西行长还没回来，就嘲笑一向与他关系不睦的小西行长怯懦。小西行长晚加藤清正一步回到日本，从别人那里听到这些话后很不服气，宣称："清正还没等带回朝鲜王子作为人质，就一下子焚烧掉营寨撤退了，使与朝鲜议和一事功败垂成。我和岛津至少还带了几个大明人质，从容殿后回到日本。到底是我怯懦，还是清正怯懦？"（《看羊录》）

丰臣五大老之一的毛利辉元，因与朝鲜议和之事不成，埋怨加藤清正。加藤清正一派的人，也因为小西行长在侵朝战争中多次与朝鲜暗通款曲，而看小西行长不顺眼。两派矛盾越来越深，这为后来的关原之战埋下了伏笔。

丰臣秀吉发动的侵朝战争，不但未能实现他的野心，反而给丰臣政权埋下了灭亡的种子，这正是其可悲之处，也应了那句老话：“搬起石头砸自己的脚。”

明军与日军的总伤亡

自从万历二十年七月开始出兵援朝以来，明军在朝鲜至少有以下将领牺牲，他们的名字，值得被后人铭记：

职务	名字	牺牲战役
参将	戴朝弁	第一次平壤之战
游击	史儒	第一次平壤之战
千总	张国忠	第一次平壤之战
千总	马世隆	第一次平壤之战
指挥使	李有升	碧蹄馆之战
杨元中军	李新芳	南原之战
千总	蒋表	南原之战
千总	毛承先	南原之战
千总	周道继	第一次蔚山战役
千总	麻来	第一次蔚山战役
千总	李洞宾	第一次蔚山战役
千总	郭安民	第一次蔚山战役
千总	王子和	第一次蔚山战役
千总	钱应太	第一次蔚山战役
遵化营千总	杨××	第一次蔚山战役
哨总	汤文瓒	第一次蔚山战役
真定营中军	张应元	第一次蔚山战役
真定营中军	陈观策	第一次蔚山战役
大同游击	杨万金	第一次蔚山战役
副总兵	李宁	咸阳沙斤驿之战
游击	卢得功	泗川旧城之战
茅国器中军	徐世卿	泗川倭城之战
副总兵	邓子龙	露梁海战

关于明军与日军在万历朝鲜战争中的具体伤亡数字，一直以来是个悬而未决的问题。许多研究万历朝鲜战争的专著，也都没有解决这个问题。笔者根据相对可靠的史料所记载的数字进行统计，几场重要战役中明军的死伤人数如下所示：

战役名称	死伤人数	史料出处
第一次平壤之战	死亡300余人	《宣祖昭敬大王实录》
第二次平壤之战	死亡796人，负伤1492人	《经略复国要编》
坡州梨川院之战	死亡6人，负伤67人	《经略复国要编》
碧蹄馆之战	死亡264人，负伤49人	《经略复国要编》
安康之战	死亡327人	《经略复国要编》
南原之战	死亡2940余人	《经略御倭奏议》
稷山之战	死亡85人	《黑田家文书》
第一次蔚山战役	死亡1561余人，负伤2908余人	《宣祖昭敬大王实录》
第二次蔚山战役	不详	—
泗川战役	死亡七八千人	《宣祖昭敬大王实录》
顺天战役	不详	—
露梁海战	不详	—

根据上表，明军在这些战役中阵亡了1万多人。算上明军在其他规模较小的战斗中战死之人，以及因为疾病、负伤而死在朝鲜的人，估计在整个万历朝鲜战争中，明朝东征军在朝鲜的死亡人数，最多只在2万人左右。

至于日军的死亡人数，则远远比明军惨重。根据弗洛伊斯的《日本史》记载，日军光是在第一次侵朝战争（万历二十年至万历二十一年）中的死亡人数，就有整整5万人之多。丰臣秀吉先后派遣20万日军渡海，如依照弗洛伊斯所说，那么日军的阵亡率高达四分之一。

而弗洛伊斯的这个记载，并不算过分夸张，这可以在日本一手史料中得到佐证。

下面这份表格，是万历二十一年三月部分日本大名在王京统计的各部队剩余兵力与刚渡海至朝鲜时的兵力对比：

（单位：人）

部队	万历二十年渡海时的兵力	万历二十一年三月在王京统计的兵力
石田三成	2000	1546
前野长康	2000	717
加藤清正	10000	5492
锅岛直茂	12000	7644

部队	万历二十年渡海时的兵力	万历二十一年三月在王京统计的兵力
大友义统	6000	2052
毛利吉成	2000	1425
岛津丰久	500	293
高桥元种	500	288
秋月种长	500	252
小西行长全军团	18700	6626
立花宗茂	2500	1132
筑紫广门	900	327
宇喜多秀家	10000	5352
小早川隆景、吉川广家	10000	9552
合计	77600	42698

根据这一表格，名单内的日本大名，在万历二十年刚渡海登陆朝鲜时的兵力是77600人，但他们经过多次战斗，到次年三月时只剩下42698人，整整减少了34902人，可见损失之惨重。而且，这仅仅只是部分日本大名的损失，并不包括同样在王京却没被统计进去的大名，以及没有在王京的大名。

下面这份表格，是丰臣秀吉派到朝鲜的部分日本援军，在万历二十年刚渡海至朝鲜时的兵力与第二年被征召回国时的兵力对比：

（单位：人）

部队	万历二十年渡海时的兵力	万历二十一年回国时的兵力
浅野长政 浅野幸长	3000	1000
宫部长房	1000	912
南条元清	1500	800
荒木重坚	850	450
垣屋恒总	400	200
斋村广道	800	370
明石全丰	800	360
别所吉治	500	313
中川秀政 中川秀成	3000	1520
稻叶贞通	1400	630
服部一忠	800	690
一柳可游	400	400
竹中重利	300	240
谷卫友	450	340
石川贞通	350	250
羽柴秀胜	8000	4000

部队	万历二十年渡海时的兵力	万历二十一年回国时的兵力
细川忠兴	3500	2300
长谷川秀一	5000	2000
木村重兹	3500	1538
太田一吉	120	110
小野木公乡	1000	680
牧村政吉	700	690
高田治忠	300	200
藤悬永胜	200	140
古田重胜	200	160
伊达政宗	1500	1000
上杉景胜	5000	4500
合计	44570	25793

根据这份表格，名单内的日本援军渡海至朝鲜时兵力为44570人，但第二年被征召回到日本时只剩下25793人，减少了18777人，损失同样严重。将这份表格里损失的18777人加上前面那份表格中损失的34902人，日军在第一次侵朝战争中至少损失了53679人。由此可见，弗洛伊斯的《日本史》所言不虚，甚至还可能算少了。

至于日军在第二次侵朝战争（万历二十五年至万历二十六年）中的具体损失，史料中并没有上面这种可以进行直观对比的记载。而且日军在各战役中的具体伤亡数字，也存在多种记录，并不统一。因此，对于日军在第二次侵朝战争中的死伤，实难进行非常精确的统计。但无论如何，日军在第一次侵朝战争中损失的兵力，已经远远超过明军在整场战争中损失的兵力。从这一情况来看，日军退出朝鲜只是早晚问题。

对东征明军的功过评判

万历朝鲜战争结束以后，围绕着明军的功过，明朝和朝鲜掀起了一波巨大的争议。

战事刚一结束，明朝东征赞画主事丁应泰和左给事中徐观澜就上疏朝廷，抓住四路明军总攻失败后与日军议和的把柄，对东征军进行了疯狂的攻击。

丁应泰奏称，邢玠因中路军战败，授意史世用令茅国器收敛明军吃饭、买菜的钱款，用来贿赂日军；又称万世德派遣史世用之子去通知日军，约定送交人质给寺泽正成；还说西路军刘綎也向日军行贿、送交人质。丁应泰认为，日军是在得到东征军送去的贿赂和人质后，有了面子才从朝鲜撤军的。徐观澜也跟着说，邢玠"授意茅国器与倭讲和，赂以五千金，倭酋遗酒米、刀马而去"。(《奏辩东征始末疏》)

丁应泰、徐观澜都认为，日军撤退只是邢玠送重金、人质的结果，没有其他因素在内。朝鲜的李氏王朝，也持同样观点。当时朝鲜社会上流传着丁、徐二人的说法，朝鲜国王李昖也认为"丁应泰虽是奸人，所谓赂倭之说，则果为不虚"(《宣祖昭敬大王实录》)。李昖又说，日军事实上打败了明军，最后却无缘无故撤退，肯定不是因为怕明军，而是明军向日军乞和，才使日军被"诱而退之"：

> 倭贼战胜天兵之后，无端一时俱退，揆之于势，固无其理。实非畏天兵而然也。此必天将甘言乞和，诱而退之，而我国未能尽得其间事状耳。后日必有其尾。贼之智计、兵力，十倍于我，非若我国人之愚而谋拙也。一朝尽弃坚城险穴而自退，至或城寨有宛然，粮饷有传授。其轻藐之状，不难知也。(《宣祖昭敬大王实录》)

朝鲜左议政李德馨也这么想。他认为10万明军不能够驱逐日军，反而向日军乞和、送交人质，才换取对方撤退，并且对外将人质称作出使外国的"天使"。他的原话是：

> 顷者十万大军，当以威逐贼徒。而今乃不然，以乞和送之。其时入送质官，以"天使"称之。茅（国器）、刘（綎）之事，极为晻黯，小邦当受其厄。(《宣祖昭敬大王实录》)

编修《宣祖昭敬大王实录》的朝鲜史臣，叙述到这里时，对明朝东征军同样持否定态度。在评论中，李朝史臣对明军中路提督刘綎破口大骂，认为他在军中只顾玩弄女性，根本就没有一点斗志，还没有和日军开打，就自己先逃了，最后只能贿赂重金、送交人质向日军乞和，贻笑外邦。原文称：

史臣曰："……刘𫄧简膺帝命，出征万里，身率三军之众，而对贼一舍之地，成败存亡，决于呼吸。而辽阳娼妇、贼营妖姬，尚在左右，则宜乎军情愤惋，莫有斗志。曾未交兵，先自奔北，丧旗乱辙，莫可收拾。终乃甘言乞和，略物质人，则其贻侮于凶贼，取讥于外藩，而负皇上委遣之命者，为如何哉？"（《宣祖昭敬大王实录》）

除此之外，朝鲜史臣对刘𫄧还有诸多谴责。他们认为麻贵、刘𫄧、董一元几路明军都奈何不了日本人，对方丝毫不惧明军。在他们看来，小西行长之所以会退兵，是刘𫄧偷偷派遣使者和小西行长议和，重金贿赂对方，又向对方派遣人质，满足了日军自以为获胜的心理。在其笔下，刘𫄧不仅无功，还在小西行长撤军之后挖掘刚埋葬的尸体，杀戮无辜百姓，冒充日军首级。原文称：

史臣曰："刘𫄧围蹙行长，朝暮且拔，而潜通使价、阴主羁縻，使狡酋未擒，扬扬渡海，𫄧何功之与有？乃发新葬之尸，戮无罪之民，假成首级，其计岂不惨哉？……盖赂银买和之说，人或以为疑信。而臣意七年负隅之贼，一夜无端而卷甲渡海，岂无所以哉？其计以为：'顺天一城之力，不足以敌刘𫄧数万之众，而援兵不至，饷道亦竭，虽战不可知其必胜。而𫄧既送四十人为质，又以五千两银为赂，则是胜势在我。我于此时，可以全师过海，是不赖一兵而制天下之胜也。'不然，麻贵迫岛山而不进，董一元大败于中路，𫄧又再围倭桥而不克，彼行长有何所畏，而敛迹而退哉？丁应泰之言，臣知其不虚也。"（《宣祖昭敬大王实录》）

朝鲜史臣还说，刘𫄧不敢保证能够攻克顺天倭城，因此不肯让军队承担死伤。只要日军肯退军，他就能使出送交人质、重金行贿的手段，无所不用其极，并竭力欺瞒、谎报战功，为自己赢得了退贼的虚名。原文称：

史臣曰："提督果不为无劳，则固当叙之矣，露梁大捷之陈璘、岛山力战之麻贵，何独不叙，而必叙于赂银买和之刘𫄧乎？臣观𫄧之为人，不过一诈将耳。顺天之围，有朝夕必胜之势，而所以羁縻不拔者，其心不难知也：'行长兵虽困，而气未衰，虽战难保其必克。莫若乘其欲退之机，纵之使去，则无亡军遗镞之费，而吾有退贼之名矣。

今日退去，而明日复来，于吾何与哉？'是故，质之以军丁，贿之以金币，凡可以得其退去者，无所不用其极，一以欺其心，一以欺朝廷，不亦巧乎？臣以为顺天之事，绖有可议之罪，无可叙之劳也。"（《宣祖昭敬大王实录》）

不过，朝鲜史臣说的话自相矛盾。一会儿说刘绖"曾未交兵，先自奔北"，还没有和顺天倭城的日军开打就自己先逃了，只能向日军乞和；一会儿却又说"顺天之围，有朝夕必胜之势"，刘绖是在快要打下顺天倭城时和日军议和的。究竟事实如何，恐怕朝鲜史臣自己也搞不清楚。如此自相矛盾的话，李朝史臣不止说过一遍。例如，同样是痛斥刘绖与小西行长有金钱往来行为，李朝史臣一会说刘绖贿赂小西行长5000两白银，一会儿却又说是小西行长贿赂刘绖，才让刘绖放走了小西行长：

（刘绖）且力主讲和，与平行长潜通，多受其赂，故纵行长，终不致讨。使凶丑扬扬渡海，全师而还。反以贼之退去，自为己功。瞒报天朝，可胜痛哉！（《宣祖昭敬大王实录》）

从这些自相矛盾的话，可以看出这些朝鲜史臣根本没有搞清楚顺天战役的真相究竟如何，他们没有完全理清事实，就一股脑地攻击刘绖。

对于慢腾腾赶到朝鲜的明军经理万世德，朝鲜史臣也给予了批判态度，并进一步认为大明已经没有像样的人了：

史臣曰："世德受天子之命，来援属国。不独己之贪饕无厌，又使其子弟征索不已，中国可谓无人矣。"（《宣祖昭敬大王实录》）

朝鲜史臣在《宣祖昭敬大王实录》中做了以下定调。

首先，邢玠在东征之役中的所作所为和赵高指鹿为马没有什么区别，完全就是欺罔明朝朝廷，让明军以"驱金币、军丁""约王子、陪臣"为代价，"阳战阴和"，换取侵朝日军大摇大摆地撤离朝鲜，并将此塑造成明军大捷。

其次，虽有徐观澜据实上奏，但是赵志皋、姚文蔚、万世德、王士琦等人蒙蔽明朝朝廷，致使明神宗不知实情。朝鲜史臣还称，大明人"欺罔积习，贿赂成风"，即便是有忠臣、良将，也不会受到信任与重用，后世谈论东征功罪，应当以徐观澜的话为准。

《宣祖昭敬大王实录》原文记载为：

> 史臣曰："甚矣，欺蔽之患也！赵高指鹿，而秦祚以亡；上官谋霍，而汉祀几危。自古奸臣之遇暗主也，或指贤为邪，或以败为功，或以为盗贼不足忧，或以为天下不复事，愚弄其君如赵高、上官桀者，前后接迹。虽然，其君可欺，而不可以欺天下之人；其心可昧，而不可以昧天下之心。是非有真，耳目难掩，可不畏哉！邢玠受命东征，将以伸威外国，绥靖藩邦，而阳战阴和，纵贼不讨，驱金币、军丁，以中其欲，约王子、陪臣，以固其心，其终始所经营，不过欲得退倭之名而已。竟使穷蹙垂降之寇，扬帆鼓楫，满意而归。陈璘虽有海上之捷，不足以偿中路之败，而亦非邢玠之本心也。反乃夸张勋伐，恣行欺诳，献俘奏捷，有若不世有之功。虽以徐观澜之忠直，据实直陈，无少隐讳，而赵志皋、姚文蔚等壅蔽于内，万世德、王士琦等防闲于外，天子孤立而不之知，至于荐勋太庙，受贺应门。呜呼！吾虽欺，欺天乎！陈效之死，议者或以为刘綖鸩之，亦未可知也。大抵中国之人，欺罔积习，贿赂成风，虽有忠臣、良将，终不见信。御下如杨镐而被勘，奏事如观澜而罹谮，岂非可哀也哉？后之论东师功罪者，必以观澜之言为正。"

无论如何，战争刚结束时，朝鲜李氏王朝并不认为日军是被明军赶跑的，而是明军卑辞厚礼地向日军乞和，并送交人质，约送朝鲜王子、陪臣，才让日军退兵。又认为，明朝东征军在日军被"诱退"后，不断吹嘘自己，夸耀功劳，欺罔明朝朝廷。

万历二十七年（1599年）二月二日，朝鲜李氏王朝对明朝东征军的批判达到了高潮。这一天，朝鲜国王李昖在别殿召集大臣，召开了一次规模宏大的会议。与会官员有：领敦宁府事李山海，海原府院君尹斗寿，左议政李德馨，刑曹判书李宪国，礼曹判书沈喜寿，兵曹判书洪汝谆，户曹判书李光庭，吏曹参判李希得，户曹参判柳永吉，兵曹参判李准，刑曹参判金信元，同副承旨李尚毅，假注书苏光震、尹煌，记事官尹暄、俞昔曾。

在这次会议上，朝鲜君臣自上而下，对明朝东征军百般诟訾。这次会议的谈话，被详细记录在《宣祖昭敬大王实录》中，下面将摘取一些片段，还原当时的场景。

会议上，朝鲜国王李昖对明朝东征军高层破口大骂："我国之（人）既不成样，天朝之人，亦如是处之。以昨日之事言之，予与诸将官讲定善后之事。其事至重，而观其气象、言语，非中华人气象，小无礼让之风，极为寒心。武将不足说，学士辈皆然矣。天下之事尚可为乎？"

李昖所说的"昨日之事"，是指他在二月一日与邢玠等九名明朝东征军大将会晤，讨论明军继续在朝鲜驻兵所带来的军粮问题。李昖委婉地向邢玠提出，如果明军在朝鲜继续留下3万多士兵驻守，朝鲜将难以负担粮饷，希望能收回留兵朝鲜的想法，但是被邢玠拒绝。李昖为此恼羞成怒，在他看来，战争结束以后，明朝东征军高层赖在朝鲜不走，让朝鲜负担明军的兵粮，非常不成体统。

说完这番话以后，李昖又专门针对经略邢玠骂道："天朝之人，时习误入矣。予见天朝人多矣，有识者亦然。徐给事（徐观澜）言，如邢爷者，中朝未易多得云。而军门所为，无足可观，欺罔朝廷，无所不至。"他认为邢玠不足称道，只是个欺罔明朝朝廷、谎报战功的骗子而已。

批判完邢玠之后，刑曹判书李宪国对中路提督刘綖展开了抨击："倭桥行长，半夜撤遁。翌日，刘提督始为入据云矣。"李宪国认为刘綖打不下顺天倭城，只能等到小西行长撤退以后才入据该城。

李昖接过李宪国的话，嘲讽刘綖道："贼退城空，虽小儿，可以入据。"他认为日军退去以后，就算是小孩子，也可以占据该城。

接着，李昖对邢玠、刘綖二人齐齐展开嘲讽，认为他们一贯谎报战功，无论是播州之役，还是东征之役，都是如此。他说："两爷前日攻杨应龙，欺罔朝廷，以结局上本，并蒙褒升，而杨也复叛。科道参云，'军门前既欺罔，今东征之事，亦如此也'，云矣。"

李昖所说的邢玠、刘綖谎报播州大捷一事，是他前一日从左议政李德馨处听到的，而李德馨则是从刘綖的家丁那里听来的："小臣在全罗时，得闻于提督家丁。播州土司杨应龙，以十万兵，据险称乱。是时邢军门为经略，刘提督为总兵，御应龙。王参政（王士琦）亦在其中，而地势甚险，不得进战。苟且请和，无异倭桥之事。

一岁欲纳二百万两银子，以此意欺瞒上本，皇朝赏功，刘爷升品，王参政亦升职，是故邢、刘相切云矣。”

李德馨提到，在播州之役中，邢玠、刘綎打不过杨应龙，只能苟且请和，一年贿赂其200万两银子，转头却向朝廷奏报大捷。在他看来，刘綎在顺天倭城与小西行长的议和之举，与播州之役时的所作所为并无区别。

在痛斥邢玠、刘綎虚报战功、欺罔明朝朝廷后，李昖又对明朝人进行了集体嘲讽：“天朝人人以欺罔为能事，予尝自笑曰：‘如此则士气不足尚也。’”又说，“天朝人廉耻都无，不可知之事，甚多矣”。中途，他还骂邢玠“既无刚断，且无才智”。

在此次会议上，朝鲜的国王、臣僚，各自表达了对明朝东征军高层将领的不满，认为他们只知道谎报战功、欺上瞒下，真实的情况却被他们隐瞒了起来。

之后的二月二十六日，李昖召见了出使明朝回来的副承旨郑晔。与郑晔谈话时，他再次倾诉心中的不满，抱怨明将没有上报实情。

郑晔对李昖说：“天朝之人，欺罔成风，好自矜眩，不顾廉耻。彼之欲掩其罪，而夸其功者，不足怪也。”

李昖则说：“无识武将，不足多责，至于军门（邢玠）、大官，亦且如此。意者天朝学术误耶？事之无实如此。此事若遂成信书，则史册亦不可信。所谓尽信书，则不如无书者，非此之谓欤？予见宋应昌、李如松辈，亦且肆行欺罔，无所畏忌。夫人道本直，人心由学而明。由是观之，必是学术误也。”

根据李昖的说法，整个明朝东征军高层都在欺上罔下，隐瞒事实，将来邢玠等人宣称的东征大捷被载入史册，史册亦不可信。

而在大明王朝境内，面对丁应泰、徐观澜对邢玠战功的否定和疯狂攻击，明神宗以大局为重，站在了邢玠这边。实际上，明神宗并不像朝鲜人认为的那样，对有关传闻一无所知。事实上，那些对东征军不利的传闻，他都知道得一清二楚。但即使事实真的如同传闻那样，明神宗也不能公开认同丁应泰的意见。

之所以如此，是明神宗基于国家安全和体面做出的慎重考虑。当时大学士沈一贯向明神宗指出，如果认可了丁应泰的意见，那么将会使10万外征将士不得言功，恐人心愤恨、埋怨，不仅有引起兵变的危险，还会损害国家的威严。所以最好的处理方法，是对10万将士稍加安慰，施以小利，否则难以收拾局面，将来有事也无人

可用。权衡利弊之后，明神宗认可了沈一贯的意见。(《国榷》)丁应泰遭到革职，回籍听勘。(《明神宗实录》)

闰四月，明神宗以《平倭诏》告天下，宣布了明军的胜利，诏曰：

朕缵承洪绪，统理兆人，海澨山陬，皆吾赤子，苟非元恶，普欲包荒。属者东夷小丑平秀吉，猥以下隶，敢发难端，窃据商封，役属诸岛。遂兴荐食之志，窥我内附之邦。伊歧、对马之间，鲸鲵四起；乐浪、玄菟之境，锋镝交加。君臣遁亡，人民离散，驰章告急，请兵往援。

朕念朝鲜，世称恭顺，适遭困厄，岂宜坐观？若使弱者不扶，谁其怀德？强者逃罚，谁其畏威？况东方为肩臂之藩，则此贼亦门庭之寇，过沮定乱，在予一人。于是少命偏师，第加薄伐。平壤一战，已褫骄魂，而贼负固多端，阳顺阴逆，求本伺影，故作乞怜。册使未还，凶威复扇。朕洞知狡状，独断于心。乃发郡国羽林之材，无吝金钱勇爵之赏，必尽弁服，用澄海波。

仰赖天地鸿庥，宗社阴骘，神降之罚，贼殒其魁，而王师水陆并驱，正奇互用，爰分四路，并协一心，焚其刍粮，薄其巢穴。外援悉断，内计无之。于是同恶就歼，群酋宵遁。舳舻付于烈火，海水沸腾；戈甲积如高山，氛祲净扫。虽百年侨居之寇，举一旦荡涤靡遗。鸿雁来归，箕子之提封如故；熊罴振旅，汉家之德威播闻。除所获首功，封为京观，仍槛致平秀政等六十一人，弃尸藁街，传首天下，永垂凶逆之鉴戒，大泄神人之愤心。

于戏，我国家仁恩浩荡，恭顺者无困不援，义武奋扬，跳梁者，虽强必戮。兹用布告天下，昭示四夷，明予非得已之心，识予不敢赦之意。毋越厥志而干显罚，各守分义以享太平。

凡我文武内外大小臣工，尚宜洁己爱民，奉公体国，以消萌衅，以导祯祥。更念雕力殚财，为日已久，嘉与休息，正惟此时。诸因东征加派钱粮，一切尽令所司除豁，务为存抚，勿事烦苛。

咨尔多方! 宜悉朕意。

明神宗颁布《平倭诏》，又压下了丁应泰、徐观澜对邢玠的弹劾，相当于明朝官方正式定调明军在东征战争中取得了决定性的胜利。明神宗支持邢玠，认同了日军撤离朝鲜是明军使用武力手段驱逐的结果。

对于丁应泰否定明军功绩的说辞，礼科给事中刘余泽予以痛斥，他对明军将士的功绩做出了极大的肯定。认为明军在最后的决胜阶段，歼灭了大量日本"酋长"，日军死者不计其数，完全称得上是扫穴犁庭。他说：

> 即今以九庙之灵，皇上之威，天夺关酋（关白丰臣秀吉）之魂，清（加藤清正）、行（小西行长）二酋不胜内溃，我将士四路同心，乘势逐北，酋长多死，倭众大歼。釜山、南海荡焉若洗。藉此结局，即书之旌常，垂之竹帛。其于舞干因垒之功，扫穴犁庭之绩，岂不称流亚哉！（《万历疏钞》）

明朝官方如此定调万历东征之役的胜利，那么民间又是如何看待的呢？同时代的明朝人徐希震在其所著的《东征记》中，也持相同意见，认为明军以风雷之势，击败作为强寇的日军，光复朝鲜河山：

> 幸皇上徇裁主战，事始归一。经略邢公（邢玠）、经理杨公（杨镐），提兵遣将，问关山海，历数千里异域，挞伐倭奴，如霜风卷箨，春日澌水。向号百万强寇，弥山塞海，尽膏吾干戚，挈回二千里已失之地，俾属域安堵如故。朝廷功德巍巍，三而五也，蛮夷率皆视此畏服……今七载，羽檄雪消，谁不被其德也？疾风知劲草，照耀古今。

徐希震认为，这场战争能够打赢，靠的是大明的铁血，"向号百万强寇，弥山塞海，尽膏吾干戚"，将号称百万的日军（当然这是虚数）尽数斩于斧下。看得出，徐希震这话说得斩钉截铁，十分坚定。

那后世又是如何评价这场战争的呢？明朝灭亡后成书的朝鲜史书《再造藩邦志》，对万历援朝做了积极的正面评价。他认为壬辰倭乱爆发以后，朝鲜根本无力应对，如果没有明神宗及时干预，果断出兵援朝，那朝鲜无疑将生灵涂炭，成为日本的殖民地：

及其贼情已露，则无计弭之。敌兵已渡，则莫制遏。上下遑遑，束手待亡。庙堂恇攘，聚首涕泣。徒以檀公之走，用为谋国之第一妙策而已。若非宣祖大王至诚以事大，神宗皇帝拯溺以存亡，则海左一隅，咸齿毒刃而无孑遗，化为禽兽，而左其衽矣。

万历朝鲜战争结束近 100 年后，朝鲜李氏王朝再来回顾这段历史时，有了另一番与当初截然不同的评价。1674 年，肃宗李焞即位为朝鲜国王。这一年，明朝已经灭亡 30 年了。李焞执政时期（1674—1720 年），朝鲜李氏王朝一改宣祖时期的消极论调，开始对万历援朝做出积极而正面的高度评价。

肃宗十二年（1686 年），李焞与臣僚谈话时，对明朝复国表示出了期望，称朝鲜永远不可忘却明神宗发兵援朝的大恩：

大明积德深厚，其子孙必有中兴之庆。且神宗皇帝于我国，有百世不忘之恩。（《肃宗大王实录》）

肃宗十三年（1687 年），李焞回忆起明神宗发兵援朝的功劳，又不禁感激涕零地说：

神宗皇帝于我国，有万世不忘之功矣。当壬辰板荡之日，苟非神宗皇帝动天下之兵，则我邦其何以再造而得有今日乎？皇朝之速亡，未必不由于东征。而我国小力弱，既不能复仇雪耻，弘光南渡之后，亦漠然不知其存亡，每念至此，未尝不慨恨也。（《肃宗大王实录》）

李焞认为，明神宗对朝鲜而言，有永世不忘之恩，如果没有明神宗发兵援朝，朝鲜全然不会复国，有眼下的安定局面。他又认为，明朝的速亡，与援朝战争中损耗国力有很大关系。从李焞的表态来看，他对万历援朝是完全持肯定态度的，还高度评价了明朝出兵援朝所做的贡献。

肃宗二十五年（1699 年），朝鲜官员朴崟向李焞上疏，请求设立别殿，祭祀为援救朝鲜做出巨大贡献的明神宗、石星、杨镐、李如松：

> 粤在壬辰之日，吾东方再造之功，非神宗皇帝乎？动天下兵，兵已疲矣；举天下财，财已竭矣。曾未二十年，而深河之役遽作，因而不振，神庙绝祀，传所谓"非郑之仇，乃子西也"者，此也。于戏！其可忘乎？兵部尚书石星，运筹帷幄，期于扫清，其功亦岂小乎？杨经理镐、李提督如松，则既已立祠矣。昔蜀民祭昭烈于野寺，楚人祭昭王于茅屋。今若作别殿祀神宗，以杨经理、石尚书、李提督配享，则非但一国之大义，乃天下之大义，非但天下之大义，乃万世之大义也。（《肃宗大王实录》）

朴崑的上疏，表明不仅朝鲜国王李焞高度认同万历援朝的功绩，其臣僚也深以为然。朴崑认为，为明朝衰亡埋下祸根的正是这场抗倭援朝战争，此役后，明朝兵疲财竭，不到20年就爆发了与后金的战争，从此以后一蹶不振。为纪念明朝，朝鲜应祭祀明神宗、石星、李如松、杨镐。

肃宗二十八年（1702年），李焞再次向臣僚强调绝不可忘却明神宗发兵拯救朝鲜的恩德：

> 神宗皇帝再造藩邦，生死肉骨之恩，寤寐何可忘也？闻其时以朝鲜事入奏，则虽中夜而必起行之。其至诚救恤之事，至今传说。（《肃宗大王实录》）

肃宗三十年（1704年），李焞又一次缅怀万历皇帝为朝鲜做出的贡献。李焞非常动情地说，朝鲜的一草一木，都是明神宗拯救的：

> 神宗皇帝竭天下之力，东出兵救之，得以再造邦家。吾东方昆虫、草木，何莫非皇灵所被也？
>
> ……
>
> 呜呼！神宗皇帝再造藩邦之恩，天地同大，河海莫量，实吾东方没世不忘者也。

（《肃宗大王实录》）

在真诚感激大明的心态之下，朝鲜官员们不断上疏，要求建造祭祀明神宗的祭坛，以纪念大明发兵援朝的历史贡献，李焞点头表示同意。同年十二月，大报坛落成，祭坛"名以大报，岁祀神宗皇帝，以壬辰再造之恩，不可忘也"。这一年，正是明朝灭亡60周年。此后，大报坛成为朝鲜李氏王朝缅怀大明的地标，以此表达朝鲜对大明出兵援朝的感激。肃宗以后的朝鲜国王几乎都亲自参与祭祀，这也是朝鲜李氏王朝后期最隆重的祭祀典礼。

大报坛建成的第二年（1705年），李焞亲自前往大报坛，祭奠明神宗。在祭文中，朝鲜朝廷完全转变了宣祖时期的消极论调，肯定了明朝东征军是以雷霆万钧的武力手段击败日军，帮助朝鲜收复江山的：

> 明承天命，诞抚四夷，惟帝御字，我昭敬时。丕冒之化，覆帱同大，视要如绥，
> 挨教奋卫。时有卉服，于我假道，抗义以斥，凶锋先劀。毁我七室，刘我八路，
> 越在一隅，父母是愬。帝乃耆武，命将来援，十万其师，亿秭其运。皇威所振，
> 若霆之击，妖祲旋豁，奋复疆场。（《肃宗大王实录》）

除了设立大报坛祭祀明神宗以外，李焞也没有忘记在万历援朝战争中牺牲的明朝将士。肃宗四十二年（1716年），他下令在南原县设立祠堂，祭奠在南原之战中牺牲的明军将领李新芳、毛承先、蒋表。（《肃宗大王实录》）

这之后，朝鲜李氏王朝对万历援朝的功绩一直持肯定态度，对明朝表现得非常尊重。

朝鲜当代历史学者，同样积极评价、肯定明军对朝鲜的贡献。朝鲜历史学博士朴时亨在《朝鲜中世史》一书中指出：

> 正当我们（朝鲜）的部队在各条战线上击败敌军，使他们感到十分恐惧时，
> 友邦中国——明朝的军队来到朝鲜前线，他们的参战以及两国军队的配合作战，
> 使敌人的军队遭到决定性的毁灭……从这次战争中切实感到两国唇齿关系的明
> 朝，派遣军队援助我们，具有巨大的意义。1593年正月，两军配合的平壤城战
> 斗的胜利以及后来的许多战斗，使敌人的失败成为定局。敌人于当年四月，遭到

总崩溃，退至南方很少的据点上，这就全面地结束了战争。

我国当代学者也高度评价了明军在援朝战争中发挥的决定性作用，认为不可抹杀明军的功绩。杨昭全先生在《中朝关系史论文集》一书中指出：

> 将倭寇驱逐出朝鲜的露梁大捷，明援军水师是确实参加而且有巨大作用的。总之，从第一次援军的平壤大捷，到第二次援军的最后决战——露梁海战，明援军都是主力，积极参与，英勇作战，付出重大代价，取得重大胜利，做出巨大贡献。忽视、低估乃至抹煞明援军的作用，无疑是严重违反史实的。

姜龙范、刘子敏两位先生在《明代中朝关系史》一书中指出，明军的武力征伐对日军来说绝对是一个致命打击。自明军收复平壤以后，日军就开始逐渐萎蔫，陷入了颓势，只能够被挤压在朝鲜东南部的角落里活动：

> 为满足朝鲜的强烈要求以及明朝主战官员的强烈愿望，明廷无条件地派出了自己的军队，投入到抗击日本侵略者的斗争中去。尽管在前线战斗和实际生活中也曾出现过这样那样的问题，但明军的主流是好的，战果也是巨大的。平壤大捷之后，包括日军第二次入侵在内，敌人始终是被挤压在东南一个角落里活动。在朝鲜军民的配合下，明军取得了战争的主动权，收复了朝鲜大片失地，保卫了朝鲜大片河山。学界有人诋毁或贬低明朝军队的作用，乃是是非不分或别有企图。可以说，明朝出兵对日本侵略军的打击是致命的，对加速日本的失败，起到了至关重要的决定性作用。

结合以上学者的论述和历史事实，我们有了一个起码的认知：明朝东征军收复平壤以后，对日军造成了严重打击，使其之后一直处于战略被动地位。虽然在首次东征的过程中，明军因为在碧蹄馆战败、粮尽兵疲而不得已与日军议和，但日军也被逼迫至朝鲜东南海滨，只占据了庆尚道沿海的十几座城池，而明军光复了大半朝鲜领土。在第二次东征末期，四路明军虽然都出现了失利，但当时的形势已经是明军主动对日军发起总攻，日军依然只能被动缩在朝鲜东南的角落里迎战，主动权仍旧牢固地掌握在明军手里。我们绝不可因为明军有过一些局部的战术失利，就否定他们在整场战争中对日军的战略压迫作用。只有正确认识这场战争，才能告慰在这场战争中牺牲的大明英魂。

万历东征的意义

万历朝鲜战争结束以后，一度有声音抹杀、否定明军东征的积极意义，对明朝东征军多方贬低与妖魔化。其中对后世影响最大的，莫过于清朝编纂的《明史·朝鲜传》，此书用官方论调对万历东征做了非常消极的评价，认为这场战争能够结束纯粹是因为丰臣秀吉死了：

> 自倭乱朝鲜七载，（明朝）丧师数十万，糜饷数百万，中朝与属国迄无胜算，至关白死而祸始息。

这一论调显然与事实不符。诚然，明朝东征军没有力压日军，十分轻松地结束万历朝鲜战争，明军也存在着很多负面行为；但明朝东征军出兵朝鲜所起到的作用，绝不是这些人所说的一无是处。万历二十年，丰臣秀吉发兵 20 万，浩浩荡荡渡海侵略朝鲜，计划侵吞朝鲜后征伐明朝，甚至想要染指琉球、吕宋、天竺等地区，意图掌控整个亚洲世界。朝鲜遭日军入侵后，平壤、开城、王京三座都城全部沦陷，八道望风崩溃，不得不乞求明朝出兵救援。之后，随着明朝的军事介入，在朝鲜的日本战国军队越来越萎靡不振，出现种种退缩姿态。日本近代史学家星野恒指出：

> 秀吉初意欲席卷朝鲜而入明，及明师出，我军亦多失亡，自知其事之不易。乃欲得明室之女、割朝鲜四道以了局……（《大日本编年史》）

星野恒的观点非常明确，丰臣秀吉发动第一次侵朝战争，本意是席卷朝鲜后攻入明朝，然而等到明军援朝以后，局势就都变了，日军在明军的打击之下"亦多失亡""自知其事之不易"，希望以求娶明朝公主、割让朝鲜四道为条件结束战争。虽然日军十足贪婪，提出了非常苛刻的要求，但相比当初萌生的吞灭朝鲜、攻入明朝的巨大野心，此时的追求已经大不如前了。而这一巨大变化，正是日军受到了明军的重大打击之故。

长期以来，许多人对万历东征评价较低，很大程度上是受到了清朝编纂的《明史·朝鲜传》的影响。他们根据此书的记载，认为明朝为救援朝鲜死亡了数十万人，直到丰臣秀吉去世，明朝才从这场灾祸中挣脱出来。但这一番话是完全错误的。壬辰倭乱中，李如松先率三协明军38937人渡江，后又有刘綖率领5000人入援朝鲜（《经略复国要编》）；丁酉再乱末期，明军巅峰时有98000人（《东征记》）。不算那些因两次东征而产生重叠的人数，明军前后两次东征一共也就动用了约141937人，根本不可能在朝鲜"丧师数十万"。

所谓"关白死而祸始息"的说法，也并不正确。丰臣秀吉认为侵朝战争难以为继，准备结束这场战争，是在他活着的时候。死亡前几个月，丰臣秀吉接到了前线日军诸将要求进行战线收缩的报告，此时他感受到了明军对日军施加的巨大压力，之后便逐渐着手从朝鲜撤兵。丰臣秀吉不仅授意侵朝日军弃守梁山城和龟浦城，甚至让侵朝大将小早川秀秋、毛利秀元、宇喜多秀家带着7万军队撤回日本，退缩姿态极为明显。丰臣秀吉临终前，下令让侵朝军队撤回日本，等于彻底否定了他过去的对外侵略路线。

标志着日军在朝鲜败退的，并不是万历二十六年十一月的露梁海战，而是万历二十六年一月的第一次蔚山战役。再往前追溯，万历二十年第一次平壤之战后日军的反应，事实上就已经注定侵朝日军的败局。第一次平壤之战与第一次蔚山战役，传统观点都认为是明军惨败给了日本战国军队。然而在明军打了败仗的前提下，日本战国军队却毫不例外地对明军大感畏惧，事后分别召开了重要军事会议——王京军议、安骨浦军议。在这两次会议上，日军提出了收缩战线、回避明军锋芒、撤兵到朝鲜沿海地带的想法。由日本战国军队在事后的过激反应可见，明军介入朝鲜战场，对日本战国军队造成了极大的打击。

经统计，在明军的打击下，日本战国军队在朝鲜战场上表现出了以下退缩姿态：

时间	日军的退缩姿态
万历二十年八月	在第一次平壤之战中打败明军后，小西行长不但没有流露出对明军的轻蔑，反而认清明军的实力没有传闻中那样虚弱，因此派遣自己的弟弟回到日本，劝告丰臣秀吉征明不可能实行
万历二十年八月	日军举行王京军议。在上个月刚打败了明将祖承训的前提下，日军诸将提议放弃王京，全面撤守朝鲜沿海的釜山浦，呈现出大为退缩的姿态。该会议得出了日军不可能实行征明计划的结论
万历二十年八月	石田三成、大谷吉继、增田长盛三奉行写信给丰臣秀吉，指出征明计划难以实行，且平定朝鲜亦有相当大的困难
万历二十年九月	为预防明军再次来袭，小早川隆景的日军第六军团放弃继续经略全罗道，从全罗道全面撤至京畿道前线的开城，以巩固王京的防卫。日军的"八道国割"计划至此失败
万历二十年十二月	日军举行开城军议，商讨与明朝的和谈事项
万历二十一年一月	在第二次平壤之战中败给明军后，日军再度在王京举行军议，一度考虑弃守王京，撤至朝鲜沿海的釜山浦
万历二十一年一月	立花宗茂在砾石岭之战中败给明军后，黑田长政、大谷吉继劝说小早川隆景不要迎战明军，撤回王京
万历二十五年八月	南原之战后，日军举行全州军议，商量是继续北上攻打王京还是南下退师釜山浦。在会议上，丰臣秀吉派遣的特使向日军传达了退兵沿海的命令
万历二十五年九月	日军举行镇川军议。赢得稷山之战的日军本可直捣朝鲜都城王京，但依照丰臣秀吉屡次下达的军令，再加上天气寒冷等原因，日军最终决定全面撤守至庆尚道沿海地带
万历二十六年一月	日军举行安骨浦军议。虽然赢得了第一次蔚山战役，日军却感到在朝鲜已经支撑不下去了，于是向丰臣秀吉提出缩小战线议案，要求弃守日军在朝鲜的最前线据点——全罗道顺天（日军最西部据点）、庆尚道蔚山（日军最东部据点），但被拒绝
万历二十六年一月	日军第二次向丰臣秀吉提出缩小战线议案，要求弃守全罗道顺天、靠近顺天的南海岛，以及庆尚道蔚山、梁山，将梁山守兵撤至更后方的龟浦

丰臣秀吉因为现实的打击，心理上发生了一次次重大变化，他从一开始怀有吞并东亚之志，逐渐转变为谨小慎微的退缩姿态，希望从明朝、朝鲜得到的好处也一次次变少。经笔者统计，丰臣秀吉的心理变化是这样的：

时间	丰臣秀吉的心理变化
万历十三年至万历十九年	成为关白以后，一直有渡海攻打朝鲜、明朝的想法
万历二十年五月	在日军占领朝鲜都城王京以后，声称要征服朝鲜、明朝、天竺三国，迁都北京
万历二十年十一月	担心小西行长在朝鲜孤军深入，其所在的平壤城有遭到明军包围的风险，因此要求其加强警备，保持与后方的联系。此时的丰臣秀吉事实上已经意识到了征明计划的不现实

时间	丰臣秀吉的心理变化
万历二十一年正月	在平壤还没有被明军攻陷之前，主动下令日军放弃平壤，撤守至王京
万历二十一年六月	放弃征服明朝的念头，但仍然提出明朝与日本和亲、割让朝鲜半岛南部四道给日本等七条苛刻条件
万历二十三年五月	放弃割让朝鲜半岛南部四道给日本、大明公主下嫁日本等要求，但坚持让朝鲜王子和陪臣渡海，到日本谢罪。丰臣秀吉意图让日本成为朝鲜除明朝外的第二个宗主国，以体面的方式结束战争
万历二十五年二月	发起第二次侵朝战争，但只要求日军拿下朝鲜半岛南部的全罗道，忠清道以北诸道则见机行事
万历二十五年五月至九月	下令侵朝日军在抢掠全罗道、忠清道后，撤兵至朝鲜沿海
万历二十五年九月	命令加藤、小西、岛津、浅野等将继续守城，其余诸将在朝鲜沿海筑城，筑城完毕后全部撤回日本
万历二十五年十一月	受命渡海至朝鲜的毛利辉元在壹岐岛接到丰臣秀吉停止继续渡海的命令，于是不再渡海
万历二十六年三月	同意收缩部分侵朝日军的战线，弃守庆尚道的梁山城
万历二十六年五月	主动进行战线收缩，让侵朝日军弃守庆尚道的龟浦城，并让侵朝大将小早川秀秋、毛利秀元和一半侵朝军队回国
万历二十六年八月	临终前让残留在朝鲜的侵朝军队全部撤兵回国

丰臣秀吉最初心有壮志，可谓"丈夫只手把吴钩，意气高于百尺楼"，欲将日本三岛的版图，扩大到整个亚洲，可最后何以黯然落幕，临终前逐步安排侵朝日军全部撤回日本？

从以上分析不难看出，这一转变的主要原因，正是明朝东征军给日本战国军队造成了极大打击，从而使丰臣秀吉那欲壑难填的野心一次次受挫。假如明朝没有介入朝鲜局势，日军必将渐渐蚕食朝鲜。在这一点上，朝鲜史料《宣庙中兴志》也承认，仅仅凭借李舜臣的朝鲜水军是难以驱逐日军的，必须依靠明军的力量才可以。明朝的出兵，无疑遏制住了日本对东亚大陆的侵犯势头，维护了这片地区的和平与稳定。

除了明军造成的打击以外，日本自身有限的国力与盲目自大的心态，也注定了它想挑衅大明王朝只能以失败收场。对此，武国卿先生在他所著的《中国战争史》一书中进行了非常独到的分析：

随心所欲地高估自己的力量，这既是日本，也是一切侵略者的侵略思维定式。刚刚完成统一的日本，国土面积充其量不过37万多平方公里，孤悬大洋、资源贫乏、经济实力有限。此次战争的最大出动量也就在20万人上下，以这点区区之力，涉洋渡海入侵他国，既要保证有足够兵力在正面战场作战，又要分兵统治所占地区，对付一个稍弱于己的朝鲜已是捉襟见肘，更何况还要面对一个人口和资源丰富，且当时国土面积达千万平方公里以上的大明王朝呢！

明朝出兵援朝，不仅粉碎了丰臣秀吉的野心，对巩固自身的边疆与国防安全同样有着非常重大的意义。如果不出兵援朝，日军侵略军必会在朝鲜一路势如破竹，逼近鸭绿江，威胁明朝辽东，甚至京畿重地。正如加藤清正恐吓明朝使者冯仲缨那样，日军的目的是攻破辽东、北京，将明神宗擒回日本，向丰臣秀吉复命。如果一意放任日军鲸吞朝鲜，后果着实难以预料。对此，我国著名朝鲜历史学者杨昭全先生在《中朝关系史论文集》中指出：

> 中朝两国山水相连，国土毗邻，朝鲜如果被凶倭全部侵占，一江之隔的明朝就能安然无恙吗？早在这次壬辰倭乱之前，倭寇尚能跨越辽阔海洋，侵扰明朝东南沿海，为害近二百年之久；而当其侵占全朝鲜，就不能越过远比海洋狭窄的鸭绿、图们二江侵袭明土吗？由此可见，当时朝鲜人民不抗倭，明军不出援，朝鲜将为倭军全部侵占，明朝国土也会被侵袭。邻人失火，不相救助，当殃及自家时，则悔之晚矣。
>
> 总之，战争是残酷的，反抗侵略者的入侵，必须要付出一定的代价。如果害怕付出代价，不敢或不愿进行反抗侵略者的战争，其后果必将是比抵御侵略付出的代价要高昂很多倍。若倭军果真野心得逞，肆虐两国，中朝两国人民势必遭受更多、更大的苦难，付出更为巨大的代价。

正因为日军侵略朝鲜攸关中国国防，所以明朝出兵援朝、御敌于国门之外，意义非常重大，著名晚明史学家、复旦大学历史系教授樊树志先生在《万历传》中指出：

> 神宗决策两次东征，御倭援朝，是及时的、果断的。否则不仅朝鲜不保，而且辽东、山东及东南沿海将永无宁日。这场战争虽然耗费了明朝巨额财力，却

换来了边境的长期安宁，其意义是不可低估的。

姜龙范、刘子敏合著的《明代中朝关系史》，也指出万历东征的意义在于：

> 其一，维护了朝鲜的领土完整，保证了朝鲜国家的独立。日本发动这次侵略战争的第一个目的就是吞并朝鲜。抗击日本侵略，就是保卫朝鲜，中国在保卫朝鲜的斗争中发挥了一个宗主国应有的作用。
> 其二，保证了中国本土的安全。丰臣秀吉的侵略野心从未进行掩饰，其主要目标是进攻中国，这对中国军队来说，同日本作战乃是保卫祖国的具体行动。

杨昭全先生在《中朝关系史论文集》中也指出，万历东征的最大意义，就是既保卫了朝鲜，使朝鲜免遭日本的殖民统治，也巩固了明朝自身的国防安全：

> 击退倭寇对朝鲜的侵略，将其驱入大海，保卫了朝鲜的安全，使朝鲜免遭日本的统治。由于击退入侵的敌寇，使明朝国土免遭侵犯，保卫了明朝的安全与国土的完整。

而对万历东征的战略意义做出最高评价的，是民间学者柯胜雨所著的《万历东征》一书：

> 朝鲜之役惨败于明朝的记忆犹新，日本人长期深刻反省，再也不敢主动挑战业已形成的东亚政治秩序，从而保证了东北亚三百年的和平稳定。

万历东征战争结束以后，继承丰臣秀吉野心的部分日本人再次打朝鲜的主意已是 296 年后，这一次日本悍然发动甲午战争。让这群人老实了这么久，不敢轻易挑衅中国在东亚领导地位的，正是万历朝鲜战争。一仗打出了近三百年的和平，便是此战最为积极、最为伟大的意义。这样的评价，足以告慰 400 多年前，牺牲在异国他乡的大明英烈。

除了从军事上肯定万历东征以外，还应在道义上对其进行肯定。万历东征是一场正义战争。明朝不计回报，顶着巨大的财政、粮饷压力，果断出兵援朝，以巨大的代价驱逐了日本侵略者。为了打赢这场仗，多少明军将士暴露尸骨于异域，再未能回到故土。这场战争，体现了中华民族坚决反对任何形势的侵略，即使付出巨大牺牲也在所不惜。郑学稼先生在其著作《日本史》中便指出：

> 明朝为着朝鲜"世称恭顺，遽遭困厄，岂宜坐观？若使弱者不扶，谁其怀德？强者逃罚，谁其畏威？"的缘故，毫无报酬地牺牲许多人力、财力，中华民族之伟大处在此。

对于明朝在这场战争中做出的巨大牺牲，王薇、杨效雷、吴振清合著的《中朝关系史：明清时期》一书也指出：

> 中国人民对壬辰战争付出了巨大的代价。七八年间，明朝朝廷动用了大量的人力、物力、财力，调集了明朝重要的军队、将领。明朝士兵殉难总数超过二万，先后费饷六七百万……壬辰战争的巨大消耗，使明朝无暇顾及中国女真的迅速崛起，国内经济发展受到了制约，因而在很大程度上削弱了明朝晚期的封建统治力量。

换言之，明朝为了出兵援朝，已经伤到了根基。杨旸先生的《明代东北史纲》一书也提到了明朝在万历援朝背后的巨大牺牲：

> 在这次反侵略的正义抗倭斗争中，明朝动员了蓟、保、辽、大、宣五镇之兵力，但主要是辽东地区的兵力。辽东民众，奔赴朝鲜，支援了朝鲜，也保卫了中国。辽东民众付出了巨大代价，为友邦朝鲜捐躯……辽东民众不仅人力上支援了朝鲜，且物力上也大力支援了朝鲜——军鞋、军服、武器等，其中大量还是粮饷。一部分从山东等地装船运到朝鲜，但主要靠陆路，仅万历二十四年（1596年），就"运金、复、海、盖等五仓米十万石于平壤，辽阳、汤站等五仓米六万石于义州"。万历二十六年（1598年）三月，"户部移文辽东巡抚，将该镇本年应运粮饷，除

运过七万六千九百九十余石，尚有未运二十六万三千余石，督行该道，严催速运朝鲜接济"。特别是在万历二十一年，继嘉靖朝后期发生灾荒之后，又一大灾之年，辽东仍然运至朝鲜粮谷十四万石。灾后的第二年，辽东金、复两地，又运粮二万二千七百石于朝鲜。除了沿海水运外，就是靠陆路，风雪长行，受尽之苦，"辽左一路，困于征东之役，骡子、车子都已荡尽，民生嗷嗷，至有卖子而食者"。辽东民众付出了巨大代价，克服了种种困难，保证了前线之军需，直至战争最后的胜利。因此说辽东民众在援朝抗倭战斗中，无论是人力、物力都给了朝鲜很大支援，在战争中起着巨大作用。

辽东民众为了将粮食等物资提供给朝鲜，自己在饥荒之年忍饥挨饿，承受苦痛，做出了巨大牺牲。这样的支持一直持续到战争结束，辽东民众无疑非常伟大。可以说，正是人民群众的正义与自我牺牲，坚持为明军、朝鲜军提供最为艰难的后勤保障，才推动了万历援朝战争的胜利。虽然在史书上留下姓名的多是文臣武将，但这些牺牲自己利益、推动历史进步、未能留下名字的人民群众，却更加值得我们铭记，他们是中华民族的脊梁。

后续

结束万历朝鲜战争，对明朝而言并不轻松。为了援助朝鲜，辽东更是元气大伤。经略邢玠在和朝鲜国王李昖的谈话中说道："辽左一路，困于征东之役。骡子、车子都已荡尽，民生嗷嗷，至有卖子而食者。"(《宣祖昭敬大王实录》)

根据这一谈话可以看出，因为东征之役，辽东的骡子、车子等物资都已经用尽，民生也受到严重影响，甚至有人需要卖掉自己的孩子，才能换来粮食。出使明朝的朝鲜副承旨郑晔在与李昖谈话时，提到他在赴京路上看到明朝国内民生凋敝的情景："赴京一路，物力残破，闾阎一空，民不聊生矣。"(《宣祖昭敬大王实录》)

明朝为了出兵援朝，在财政上的损失可谓非常巨大。朝鲜史料《光海君日记》记载，明朝"费币八百余万"。《再造藩邦志》记载:"（明朝）征南北兵达二十二万千五百人，费粮银约五百八十三万二千余两，交易米豆银又费三百万两，实色本色银米十万石。"明朝史料方面，谈迁的《国榷》记载："约费饷银五百八十三万两千余金，又地亩米豆援兵等饷费三百余万金。"《皇明经世文编·王都谏奏疏》记载："朝鲜用兵首尾七年，约费饷银五百八十二万二千余两，又地亩米豆援兵等饷，约费银二百余万两。"诸葛元声的《两朝平攘录》则记载，仅第二次出兵朝鲜就"用饷银八百余万两，火药、器械、马匹不与焉"。又据《明史》记载，万历二十四年太仆寺上奏明神宗："先年库积四百余万，自东、西二役兴，仅余四之一。朝鲜用兵，百万之积俱空，今所存者仅十余万。"也就是说，明朝的国库，经过宁夏之役、朝鲜之役，已经所剩无几了。

总结来说，消耗了巨大人力、物力、财力的万历朝鲜战争，虽然成功粉碎了日本侵略者的野心，但是却给明朝自身的国力带来了极大损伤，辽东为此弄得民生凋敝、物力残破，明朝政府的财政也因此遭受重创。

事实上，此时只有区区三岛的日本，就能给明朝造成如此大的重创，使明朝的经济、民生都受到很大破坏，让明廷一度萌生撤兵之意，足以说明当时的明朝已经江河日下，露出败亡的兆头了。正如南开大学教授孙卫国所指出的那样，万历朝鲜战争对于明朝来说，"几乎可以说是伤筋动骨，给明朝埋下了衰亡的祸根"（《谷应泰＜明史纪事本末＞对万历朝鲜之役的历史书写》）。此役不仅削弱了明朝的军事力量，使建州女真部落有机会发展壮大，给了明朝致命一击，还加剧了人民内部矛盾：朝廷为填补财政赤字，只能不断加重赋税，以致农民起义遍地开花。加上天灾不断，统治阶层腐败，大明很快就日薄西山，进入了谢幕前的混乱阶段。

幸运的是，16世纪还是一个农业国家的日本，尽管在后世一些人眼中进入了璀璨夺目的"日本战国时代"，但实际上国力不济，整体实力非常虚弱，经不起外界的考验。无论国力、兵力，日本相比当时作为东亚中心的明朝都落入了下风，注定只能以退出朝鲜收场。

虽然丰臣秀吉侵略朝鲜、明朝的野心完全破碎，但日本人并没有停止他们躁动的野心，仍旧积极向海外进取，谋求扩张。丰臣秀吉死后，主宰日本三岛的丰臣政权，被德川家康所开创的江户幕府取代。公元1609年，萨摩岛津氏向江户幕府提议入侵琉球，得到许可。于是岛津氏以桦山久高为大将，率领100艘战船和3000士兵侵略琉球，并取得了巨大的成功。从此之后，琉球同时臣属于中国和日本。明朝作为琉球一直以来的宗主国，理应出兵将日军击退，但因为鞭长莫及，加上财政、粮饷等现实原因，只能熟视无睹。之后到公元1879年，也就是清朝光绪五年，琉球被日本完全兼并。

江户幕府对中国大陆并没有完全死心，仍旧怀有侵略之心。公元1646年，即南明隆武二年、清朝顺治三年、日本正保三年，此时大明王朝北京政权已经灭亡两年，只剩下南方小朝廷苟延残喘，艰难地与清军抗争。南明水师都督周鹤芝自知兵力微薄，难与清军相抗，便让参将林籥舞携带两封书信，前去日本借兵，希望幕府将军德川家光能够外借3000兵力，帮助残明抗清。

江户幕府通过南明的乞兵要求，嗅出了南明的虚弱，于是试图趁机出兵中国。幕府重臣板仓重宗在给他外甥板仓重矩的信中，提到了具体侵略方针：

一、乘船发往大明，准备攻取城阵，务须随时待命进军。

二、长期做好准备。

三、出发之前，须加固护城壕沟。

四、日军名额中，大将方面，主将一人，副将一人。

五、名额中知行取十人，计俸禄一百万石。

六、由总知行取起，每一万石辖乘马者一人、下级武士三人至五人（据辻善之助计算，以上兵力超过2万人）。

七、攻取大明者可予增加，议定后上报。

八、出发大明一事如无其他变化，乘渡之舟不得毁坏。

不过，江户幕府还没有来得及实施上述计划，就收到了清军攻陷隆武政权的根据地福州的消息。这对日本造成了很大的冲击，江户幕府害怕清军会像元军一样，渡海攻打日本本土，最后决定停止出兵中国。（《西学东渐与中国事情》）

此后，在江户时代，日本不再与中国及其藩属国有军事冲突，进入了相对长久的和平时期。在这一历史阶段，日本人开始研究各种军事文学，以此取代实际的军事活动。一些日本文人回顾侵朝战争，认为丰臣秀吉的举动完全是不义之举，全面否定了其正当性。如上田秋成，便在 1792 年完成的《安安集》中对丰臣秀吉持批判态度：

> 丰国公征伐外国……其实是要征伐明朝，经朝鲜攻打北京，然后占领南京。这种想法非常可笑，一大世界如人之九脏，区别分置，即便掠夺了他国，也不会属于你，而将复归自然原样……武力镇压也只是一时之事。正如清朝推翻了明朝以后，联合已有的力量飞扬跋扈，但清朝亦无可能统治数千年。

再如《武田兵术文稿》的作者香西成资，他认为丰臣秀吉发动的侵朝战争是一场不自量力、以小博大的灾祸：

> 孟子曰："小固不可以敌大……弱固不可以敌强。"孙武子曰："小敌之坚，大敌之擒也。"秀吉公不明于此，而欲远伐大明国……秀吉公以庆长三年八月薨，遂尽班暴露之师，脱我邦于危难之域，呜呼幸矣！秀吉公未有治国安民之术，徒发无益之师远伐邻国，而杀无罪之人；转输千里，凋敝我生灵，故得罪于神明。其身以死，不越三年，倭邦大乱，嗣子秀赖公竟没于元和之役。故曰："以小举大者，殃也。"

当然，也有日本人不但没有悔罪，反而替丰臣秀吉感到惋惜。江户时代的盐谷世弘认为，侵朝战争失败的根本原因不在于日军战斗不力、粮饷不继，而是丰臣秀吉在大战略上犯了错。他认为如果丰臣秀吉在大战略上没有犯错，即便不能将明朝皇帝擒于阙下，至少也能令朝鲜向日本俯首称臣、年年进贡。

盐谷世弘所处的时代，距离丰臣秀吉身亡已经过去了 200 多年，他替丰臣秀吉设计了这样一套战略计划：丰臣秀吉兵分两路，正兵讨伐朝鲜，奇兵袭击明朝南京。在其计划中，先出正兵，让前田利家带领 10 万兵马，以小西行长为先锋，从朝鲜釜山登陆，直取其都城王京，然后平定朝鲜八道，兵临鸭绿江，恐吓明朝。如此一来，明朝必定震恐，发动全国之兵救援朝鲜，而明朝内部兵力必定空虚。这个时候，丰臣秀吉再出动 5 万奇兵，以蒲生氏乡为元帅、加藤清正为先锋，渡海登陆明朝大陆，从浙江直冲南京。救援朝鲜的明朝军队听到这个消息后，肯定立即崩溃，在朝鲜的10万日本大军就可以长驱南下，直入北京。

盐谷世弘为这套计划洋洋得意，并且好奇为什么像黑田孝高、小早川隆景这样才智出众的人，会想不到这一点，为此感叹当时的日本人并不太聪明。但事实并没有盐谷世弘想象的那么简单，丰臣秀吉时代的日本，国力非常弱小，即便丰臣秀吉在壬辰倭乱中以20万人渡海侵略朝鲜，兵力依然不足，根本就征服不了朝鲜八道，又怎么可能做到兵临鸭绿江恐吓明朝，让明朝发动全国的兵力来救援朝鲜呢？这无疑是痴人说梦。事实上，丰臣秀吉在小西行长进驻平壤以后，便一直担心明朝援军某一天大举袭来，已经丧失了进取之心。而且当时明朝为防止日军渡海侵略本土，在沿海省份做了极其严密的海防，根本没有日本的"奇兵"渡海登陆明朝领土、从浙江直取南京的可能性。盐谷世弘为丰臣秀吉设想的这套战略，就是典型的纸上谈兵，脱离了实际情况。

除此以外，在江户时代和明治时代还有一部分日本人，沉浸于丰臣秀吉对外侵略的"赫赫武功"，仍然对中国、朝鲜怀有窥觑之心。如大槻磐溪在《删修近古史谈》中对丰臣秀吉高调吹捧道：

> 太阁征韩之役，世多议焉者。余则谓："以盖世之雄，立无事之朝，咄咄不堪脔肉之生，则外征耀兵，亦势之所至。特主将不得其人，加以暗地理，而公之龄亦从颓矣。假使其事在五六年前，而公自任亲征之劳，则转瞬灭韩，旦暮渡江。明社之覆，未必不在觉罗氏之先也。"故余尝历论宇内英雄，定为"四杰"，曰丰太阁，曰忽必烈，曰历山王（亚历山大），曰那波烈翁（拿破仑），而秦皇、汉武不与焉。

大槻磐溪认为，如果丰臣秀吉能早几年亲自出马征讨朝鲜，那朝鲜、明朝势必顷刻覆亡，没爱新觉罗什么事情了。大槻磐溪对丰臣秀吉推崇至极，在他看来，世界历史上能够与之相提并论的，只有忽必烈、亚历山大大帝、拿破仑三人。

后世的一些日本人通过在文字中鼓吹和缅怀丰臣秀吉，寄托他们藏在心中的野心，希冀日本耀兵异域，征服东亚，称霸世界。在怀有这一思想的日本人的狼子野心下，终于在万历朝鲜战争结束 296 年后的公元 1894 年，日本明治政府借故朝鲜发生"东学党之乱"，再度出兵朝鲜，又一次与中国爆发了冲突。这一场战争，便是"中日甲午战争"。

甲午战争爆发以后，腐败无能的清朝政府无法重现明朝政府在万历朝鲜战中驱逐侵朝日军的结果，反而输得一败涂地，以致日寇突破朝鲜这一道屏障，进入中国境内，实现了丰臣秀吉一直未能实现的野心，并在中国境内制造了第一场日军针对华人的屠杀事件——旅顺大屠杀。

近代以来，清朝国运衰落，中华民族惨遭列强欺凌。甲午战争的失败，使清政府输掉了大国的尊严，连在东亚地区的领导地位也无法保住，被逼签订了《马关条约》。此后的近代中国一直备受日寇欺凌。直到 51 年后的 1945 年抗日战争胜利，中国才再次以主权国家的身份击败作为侵略者的日寇，重拾昔日的尊严。中华民族的屈辱近代史，终于在胜利中结束。而中华民族的复兴历程，也就此掀开了新的一页。此时，距离万历朝鲜战争结束，已经过去了近 350 年。

附录一：万历朝鲜战争的不同称呼

称呼	史料出处	命名方
唐入	《毛利家文书》	日
征明	《吉川家文书·卷二》第742号文书	日
高丽阵	《清正高丽阵觉书》	日
高丽军	《岛津家高丽军秘录》	日
朝鲜阵	《吉见家朝鲜阵日记》《清正朝鲜阵觉书》	日
朝鲜军	《立花宗茂朝鲜军物语》《绘本朝鲜军记》	日
朝鲜战	《朝鲜战谈》	日
朝鲜役	《日本战史·朝鲜役》《近世日本国民史·朝鲜役》	日
韩阵	《韩阵文书》	日
朝鲜征伐	《朝鲜征伐记》《绘本朝鲜征伐记》	日
朝鲜征讨	《朝鲜征讨始末记》	日
征韩	《松浦法印征韩日记抄》《征韩纪闻》《征韩伟略》	日
西征	《西征日记》	日
征戎	《文禄征戎遗文》	日
征外	《丰太阁征外新史》	日
征战	《文禄弘安征战伟绩》	日
文禄征韩之役	《立花祖宗事迹》	日
朝鲜渡海	《朝鲜渡海日记》	日
万历征倭	《逸翁文集》	朝
万历东征	《记言》《研经斋全集》《湛轩书》	朝
东征之役	《苍雪集》《江汉集》《经略御倭奏议》	朝、明
朝鲜征倭	《朝鲜征倭纪略》	明
大明征东	《瓶窝集》	朝
大明东征	《保晚斋集》	朝
壬辰倭祸	《苔泉集》	朝
壬辰倭乱	《甲辰漫录》《乱中杂录》《默斋日记》	朝
壬辰倭变	《竹川集》《月汀集》	朝
壬辰倭寇	《勿严集》《松崖集》	朝
壬辰之乱	《柳巷诗集》《渔村集》	朝
壬辰之役	《乱中杂录》	朝
丁酉再乱	《松川集》《德村集》	朝
丁酉倭乱	《山堂集》《白湖集》	朝
丁酉倭变	《芝峰集》《丈严集》	朝
丁酉倭寇	《汉阴文稿》《迟川集》	朝
丁酉之乱	《泰村集》《白沙集》	朝
龙蛇倭乱	《丈严集》《石洞遗稿》	朝
龙蛇之乱	《睡谷集》《玉川集》	朝
龙蛇倭燹	《芦沙集》	朝

称呼	史料出处	命名方
文禄庆长之役	池内宏《文禄庆长之役》、中村荣孝《文禄庆长之役》	近代日本
朝鲜侵略	北岛万次《丰臣秀吉朝鲜侵略关系史料集成》	当代日本
万历朝鲜役	中村荣孝《万历朝鲜役与浙江兵》	当代日本
万历朝鲜战争	高拙音《万历朝鲜战争》	当代中国
壬辰祖国战争	朴南植《壬辰祖国战争》	当代朝鲜
壬辰卫国战争	李清源《壬辰卫国战争》	当代朝鲜
壬辰战乱	李炯锡《壬辰战乱史》	当代韩国
壬辰战争	郑仕熙《壬辰战争：十六世纪日朝中的国际战争》	当代韩国
第一次大东亚战争	Kenneth M. Swope《A Dragon's Head and a Serpent's Tail: Ming China and the First Great East Asian War, 1592－1598》	当代美国

附录二：明军与日军战事一览表

时间	战役名称	结果	史料出处
万历二十年七月十七日	第一次平壤之战	明军战败	明、日、朝史料皆有
万历二十一年一月八日	第二次平壤之战	日军战败	明、日、朝史料皆有
万历二十一年一月二十一日	坡州梨川院之战	日军退却	《毛利家记》《宣庙中兴志》
万历二十一年一月二十五日	慕华馆之战	日军战败	《吉见家朝鲜阵日记》
万历二十一年一月二十七日	碧蹄馆之战	明军战败	明、日、朝史料皆有
万历二十一年七月	宿星岘之战	日军退却	《宣祖昭敬大王实录》《壬辰记录》
万历二十一年十一月	安康之战	明军战败	《唐将书帖》
万历二十五年八月十三日	南原之战	明军战败	明、日、朝史料皆有
万历二十五年九月七日	稷山之战	明军退却	明、日、朝史料皆有
万历二十五年九月八日	素沙坪之战	日军战败	《乱中杂录》《象村稿》
万历二十五年九月	锦江之战	日军退却	《宣祖昭敬大王实录》
万历二十五年九月	文义之战	明军战败	《毛利家记》
万历二十五年十月四日	吾原驿之战	日军退却	《宣祖昭敬大王实录》
万历二十五年十月五日	南原追击战	日军退却	《宣祖昭敬大王实录》
万历二十五年十月十六日	南原南村之战	日军战败	《乱中杂录》
万历二十五年十月十六日	潺水驿之战	日军战败	《乱中杂录》
万历二十五年十月十六日	求礼之战	明军战败	《乱中杂录》
万历二十五年十月二十三日	淳昌之战	日军战败	《宣祖昭敬大王实录》
万历二十五年十月	鼎津之战	明军战败	《宣祖昭敬大王实录》
万历二十五年十二月	第一次蔚山战役	明军退却	明、日、朝史料皆有
万历二十六年一月五日	晋州遭遇战	明军退却	《旧记杂录后编》
万历二十六年三月二十四日	陕川、三嘉之战	日军战败	《宣祖昭敬大王实录》
万历二十六年三月二十四日	居昌、憨八之战	胜负不分	《宣祖昭敬大王实录》《象村稿》
万历二十六年四月九日	山阴、咸阳之战	日军退却	《乱中杂录》
万历二十六年四月二十日	咸阳沙斤驿之战	明军战败	《宣祖昭敬大王实录》
万历二十六年六月五日	草岘之战	明军战败	《乱中杂录》
万历二十六年七月二十三日	光阳知分川之战	日军战败	《乱中杂录》
万历二十六年七月二十四日	兴阳之战	个别日军被俘	《经略御倭奏议》
万历二十六年七月二十九日	竹岛海洋之战	个别日军被俘	《经略御倭奏议》
万历二十六年七月下旬	茂朱、锦山之战	日军战败	《乱中杂录》
万历二十六年八月二十一日	咸阳之战	日军战败	《乱中杂录》
万历二十六年八月	山阴之战	日军战败	《乱中杂录》
万历二十六年八月下旬	智异山之战	日军战败	《乱中杂录》
万历二十六年九月	第二次蔚山战役	明军退却	明、日、朝史料皆有
万历二十六年九月二十日至十月初	泗川战役	明军战败	明、日、朝史料皆有
万历二十六年九月至十月	顺天战役	明军战败	明、日、朝史料皆有

时间	战役名称	结果	史料出处
万历二十六年十一月二日	晋州西小路之战	个别日军被俘	《经略御倭奏议》
万历二十六年十一月三日	海口之战	个别日军被俘	《经略御倭奏议》
万历二十六年十一月十六日	顺天倭城之战	个别日军被俘	《经略御倭奏议》
万历二十六年十一月十九日	露梁海战	日军战败	明、日、朝史料皆有
万历二十六年十一月二十日	熊方山之战	个别日军被俘	《经略御倭奏议》
万历二十六年十一月二十二日	釜山浦之战	明军攻城不克	《经略御倭奏议》
万历二十六年十一月二十九日	多大浦之战	个别日军被俘	《经略御倭奏议》
万历二十六年十一月二十九日	南海锦山之战	个别日军被俘	《经略御倭奏议》
万历二十六年十二月十日	乙川山之战	日军战败	《经略御倭奏议》
万历二十六年十二月十一日	了口之战	日军战败	《明神宗实录》

参考文献

中国文献

史料

[1] 徐希震:《东征记》，韩国首尔大学奎章阁藏本

[2] 谈迁:《国榷》，中华书局，1958年

[3] 陈子龙等编:《明经世文编》，中华书局，1962年

[4] 谷应泰:《明史纪事本末》，中华书局，1977年

[5] 王其渠编:《明实录：邻国朝鲜篇资料》，中国社会科学院中国边疆史地研究中心，1983年

[6] 宋应昌:《经略复国要编》，吴丰培主编:《壬辰之役史料汇辑（上）》，全国图书馆文献缩微复制中心，1990年

[7] 黄俣卿:《恤援朝鲜倭患考》，《北京图书馆古籍珍本丛刊》第10册，书目文献出版社，1990年

[8] 谢杰:《虔台倭纂》，《北京图书馆古籍珍本丛刊》第10册，书目文献出版社，1990年

[9]《万历邸钞》，江西广陵古籍刻印社，1991年

[10] 钱世祯:《征东实纪》，四川大学图书馆编:《中国野史集成》第25册，巴蜀书社，1992年

[11] 诸葛元声:《两朝平攘录》，《中国野史集成》第28册，巴蜀书社，1993年

[12] 侯继高:《全浙兵制考》，《四库全书存目丛书》子部第31册，齐鲁书社，1995年

[13] 张辅之:《太仆奏议》，《四库禁毁书丛刊》史部第22册，北京出版社，1997年

[14] 顾养谦:《顾司马奏议·冲庵先生抚辽奏议》，《四库全书存目丛书》史部第62册，齐鲁书社，1997年

[15] 王锡爵:《王文肃公文集》，《四库禁毁书丛刊》集部第7册~第8册，北京出版社，1997年

[16] 叶向高:《苍霞集》，《四库禁毁书丛刊》集部第124册，北京出版社，1997年

[17] 赵志皋:《赵文懿公全集》，《四库禁毁书丛刊》集部第180册，北京出版社，1997年

[18] 万斯同:《明史》,《续修四库全书》第 324 册～331 册, 上海古籍出版社, 2002 年

[19] 焦竑:《国朝献征录》,《续修四库全书》第 525 册～531 册, 上海古籍出版社, 2002 年

[20] 范景文:《昭代武功编》,《续修四库全书》第 1260 册～1262 册, 上海古籍出版社, 2002 年

[21] 释德清:《憨山老人梦游集》,《续修四库全书》第 1377 册, 上海古籍出版社, 2002 年

[22] 陶望龄:《歇庵集》,《续修四库全书》第 1365 册, 上海古籍出版社, 2002 年

[23] 钱谦益:《牧斋初学集》,《续修四库全书》第 1389 册～1391 册, 上海古籍出版社, 2002 年

[24] 郑鹤生、郑一钧主编:《郑和下西洋资料汇编·下》, 海洋出版社, 2005 年

[25] 方孔照著, 王雄编辑点校:《明代蒙古汉籍史料汇编·第三辑·全边略记》, 内蒙古大学出版社, 2006 年

[26] 邢玠著, 邢其典点校:《经略御倭奏议》, 青岛出版社, 2010 年

[27] 南炳文、吴彦玲辑校:《万历起居注》, 天津古籍出版社, 2010 年

[28] 查继佐:《罪惟录》, 浙江古籍出版社, 2012 年

[29]《明实录》, 上海书店出版社, 2015 年

著作

[1] 郑学稼:《亚洲史丛书·日本史》, 黎明文化, 1977 年

[2] 郑樑生:《明史日本传正补》, 文史哲出版社, 1981 年

[3] 郑樑生:《明代中日关系研究》, 文史哲出版社, 1985 年

[4] 杨昭全:《中朝关系史论文集》, 世界知识出版社, 1988 年

[5] 樊树志:《万历传》, 人民出版社, 1993 年

[6] 姜龙范、刘子敏:《明代中朝关系史》, 黑龙江朝鲜民族出版社, 1999 年

[7] 杨昭全、何彤梅:《中国—朝鲜·韩国关系史》, 天津人民出版社, 2001 年

[8] 白新良主编, 王薇、杨效雷、吴振清著:《中朝关系史:明清时期》, 世界知识出版社, 2002 年

[9] 樊树志:《晚明史》, 复旦大学出版社, 2003 年

[10] 邢其典：《邢玠生平纪略》，山东人民出版社，2009 年

[11] 郑樑生：《日本中世史》，三民书局，2009 年

[12] 陈春声、陈东有主编：《杨国桢教授治史五十年纪念文集》，江西教育出版社，2009 年

[13] 中国明史学会：《第十四届明史国际学术研讨会论文集》，云南人民出版社，2013 年

[14] 杨海英：《域外长城：万历援朝抗倭义乌兵考实》，上海人民出版社，2015 年

[15] 武国卿：《中国战争史·第六卷·元朝时期、明朝时期》，人民出版社，2016 年

[16] 陈小法、郑洁西：《历代正史日本传考注·明代卷》，上海交通大学出版社，2016 年

[17] 郑洁西：《万历朝鲜战争与 16 世纪末的东亚：跨境人员、情报网络、封贡危机》，上海交通大学出版社，2017 年

[18] 樊树志：《重写晚明史·新政与盛世》，中华书局，2018 年

论文

[1] 南炳文：《宋应昌的军事思想》，《明史研究第二辑》，1992 年

[2] 方志远：《明朝万历年间援朝将士初考》，《壬辰倭乱的展开及明的应对》，2012 年

[3] 罗丽馨：《丰臣秀吉侵略朝鲜期间日军在朝鲜半岛之筑城——以日本史料为核心》，《汉学研究第 30 卷第 4 期》，2012 年

[4] 卜永坚：《万历朝鲜战争第一阶段（1592—1593）的明军——以＜中国明朝档案总汇＞卫所选薄中心之考察》，《明史研究论丛第十二辑》，2014 年

[5] 罗丽馨：《丰臣秀吉侵略朝鲜——日军军中的传教士与僧侣》，《汉学研究第 33 卷第 1 期》，2015 年

[6] 杨海英：《万历援朝战争中的南兵》，《军事历史》2016 年第 1 期

[7] 孙卫国：《万历援朝战争初期明经略宋应昌之东征及其对东征历史的书写》，《史学月刊》2016 年第 2 期

[8] 卜永坚：《十六世纪朝鲜战争与明朝中央政治》，《明代研究第二十八期》，2017 年

[9] 罗丽馨：《万历朝鲜战争：日军之战术》，《明代研究第二十八期》，2017 年

[10] 孙卫国：《清官修＜明史＞对万历朝鲜之役的历史书写》，《历史研究》

2018 年第 5 期

[11] 孙卫国:《谷应泰＜明史纪事本末＞对万历朝鲜之役的历史书写》,《史学集刊》2019 年第 2 期

日本文献
史料

[1] 近藤瓶城编:《改訂史籍集覽·第十五册》, 近藤活版所, 1902 年

[2] 近藤瓶城编:《改訂史籍集覽·第二十五册》, 近藤活版所, 1902 年

[3] 益轩会编:《益軒全集·卷五》, 益軒全集刊行部, 1911 年

[4] 黑川真道编:《日本歷史文庫.〔14〕:朝鮮征伐記·清正高麗陣覚書·朝鮮南大門合戦記》, 集文館, 1912 年

[5] 早川纯三郎编:《史籍雑纂·第一》, 国书刊行会, 1915 年

[6] 黑川真道编:《国史叢書.西國太平記 毛利秀元記》, 国史研究会, 1915 年

[7] 黑川真道编:《国史叢書.軍記類纂》, 国史研究会, 1916 年

[8] 续群书类从完成会编:《續群書類従.第 20 辑ノ下 合戦部》, 续群书类从完成会, 1923 年

[9] 续群书类从完成会编:《續群書類従.第 23 辑ノ上 合戦部》, 续群书类从完成会, 1924 年

[10] 藩祖伊达政宗公显彰会编:《伊達政宗卿伝記史料》, 藩祖伊达政宗公显彰会, 1926 年

[11] 防长史谈会编:《防長叢書·第六編·朝鮮渡海日記》, 防长史谈会, 1934 年

[12] 中村孝也:《德川家康文書の研究》(中卷), 日本学术振兴会, 1959 年

[13]《福岡県史 近世史料編 柳川藩初期 上下》, 西日本文化协会, 1966 年

[14] 寺本广作编:《熊本県史料·中世篇·5》, 熊本市, 1966 年

[15] 米原正义校注:《戦国史料叢書 中国史料集》, 人物往来社, 1966 年

[16] 北川铁三校注:《戦国史料叢書 島津史料集》, 人物往来社, 1966 年

[17] 小林清治校注:《戦国史料叢書 伊達史料集》, 人物往来社, 1967 年

[18] 东京大学史料编纂所:《大日本古文書·淺野家文書》, 东京大学出版会, 1968 年

[19] 东京大学史料编纂所:《大日本古文書·伊達家文書之二》, 东京大学出版会,

1969 年

[20] 国书刊行会:《続々群書類従 第 3 史伝部》，续群书类从完成会，1970 年

[21] 东京大学史料编纂所:《大日本古文書·毛利家文書之三》，东京大学出版会，1970 年

[22] 东京大学史料编纂所:《大日本古文書·小早川家文書之一》，东京大学出版会，1969 年

[23] 东京大学史料编纂所:《大日本古文書·吉川家文書之一》，东京大学出版会，1970 年

[24] 东京大学史料编纂所:《大日本古文書·島津家文書之一》，东京大学出版会，1971 年

[25] 山本正谊:《新刊島津國史》，鹿儿岛县地方史学会，1974 年

[26] 大分县教育委员会编:《大分県史料 26 諸家文書補遺 2》，大分县中世文书研究会，1978 年

[27] 国书刊行会:《続々群書類従 第 4 史伝部》，续群书类从完成会，1978 年

[28] 鹿儿岛县维新史料编辑所:《鹿児島県史料 舊記雑録后編》，鹿儿岛县，1982 年

[29] 神户大学文学部日本史研究室:《中川家文書》，临川书店，1987 年

[30] 犬塚盛纯:《歷代鎮西志》，青潮社，1993 年

[31] 佐贺县立图书馆编:《佐賀県近世史料·第一編·第一卷》，佐贺县立图书馆，1993 年

[32] 安东统宣:《安東統宣高麗渡唐記》，佐贺县立名护屋城博物馆编:《佐賀県立名護屋城博物館研究紀要·第 1 集》，佐贺县立名护屋城博物馆，1995 年

[33] 安东统宣:《安東統宣高麗渡唐記》，佐贺县立名护屋城博物馆编:《佐賀県立名護屋城博物館研究紀要·第 2 集》，佐贺县立名护屋城博物馆，1996 年

[34] 宇都宫国纲:《宇都宮高丽归阵物语》，城郭谈话会编:《倭城の研究: 第 2 号特集: 小西行長の順天城城郭談話会》，城郭谈话会，1998 年

[35] 上野市古文献刊行会:《高山公實録》，上野市立图书馆，1998 年

[36] 福冈市博物馆编:《黑田家文書·第 1 卷》，福冈市博物馆，1999 年

[37] 小瀬甫庵著，桑田忠亲校注:《太閤記》，岩波书店，2000 年

[38] 仙台市史编纂委员会:《仙台市史·資料編 11·伊達政宗文書 2》，仙台市，2003 年

[39] 福冈市史编集委员会:《新修福冈市史·資料編·中世1·市内所藏文書》，福冈市，2010 年

[40] 岛津修久:《島津義弘の軍功記 増補改訂版》，岛津宗家纪念财团，2014 年

[41] 北岛万次:《豊臣秀吉朝鮮侵略関係史料集成》（全三卷），平凡社，2016 年

[42] 名古屋市博物馆编:《豊臣秀吉文書集5》，吉川弘文馆，2019 年

[43] 名古屋市博物馆编:《豊臣秀吉文書集6》，吉川弘文馆，2020 年

著作

[1] 北丰山人:《文禄慶長朝鮮役》，博闻社，1894 年

[2] 史学会:《弘安文禄征戦偉績》，富山房，1905 年

[3] 池内宏:《文禄慶長の役·正編第一》，南满洲铁道株式会社，1914 年

[4] 东乡吉太郎:《泗川新寨戦捷之偉蹟》，萨摩史料调查会，1918 年

[5] 渡边村男:《碧蹄館大戦記》，民友社，1922 年

[6] 旧参谋本部:《日本戦史·朝鮮役》，偕行社，1924 年

[7] 池内宏:《文禄慶長の役·別編第一》，东洋文库，1936 年

[8] 渡边刀水:《碧蹄戦史 附幸州の戦，蔚山の戦》，明陵堂书店，1938 年

[9] 京口元吉:《秀吉の朝鮮経略》，白扬社，1939 年

[10] 德富猪一郎:《近世日本国民史·朝鮮役》（全三卷），民友社，1940 年

[11] 有马成甫:《朝鮮役水軍史》，海と空社，1942 年

[12] 峰岸纯夫:《戦国·織豊（古文書の語る日本史)》，筑摩书房，1989 年

[13] 北岛万次:《豊臣政権の対外認識と朝鮮侵略》，校仓书房，1990 年

[14] 洞富雄:《鉄砲伝来とその影響》，同朋舍，1991 年

[15] 山室恭子:《黄金太閤——夢を演じた天下びと》，中公新书，1992 年

[16] 北岛万次:《豊臣秀吉の朝鮮侵略》，吉川弘文馆，1996 年

[17] 三木晴男:《小西行長と沈惟敬——文禄の役、伏見地震、そして慶長の役》，日本图书刊行会，1997 年

[18] 池享:《日本の時代史13 天下統一と朝鮮侵略》，吉川弘文馆，2003 年

[19] 中野等:《秀吉の軍令と大陸侵攻》，吉川弘文馆，2006 年

[20] 山本博文、堀新、曾根勇二:《消された秀吉の真実——徳川史観を越えて》，柏书房株式会社，2011 年

[21] 中野等:《文禄·慶長の役（戦争の日本史16)》，吉川弘文馆，2012 年

[22] 服部英雄:《河原ノ者・非人・秀吉》，山川出版社，2012 年

[23] 山本博文、堀新、曽根勇二:《偽りの秀吉像を打ち壊す》，柏書房，2013 年

[24] 鳥津亮二:《小西行長:「抹殺」されたキリシタン大名の実像》，八木书店，2015 年

[25] 渡辺大门:《戦国史の俗説を覆す》，柏書房，2016 年

[26] 朝鮮日々記研究会:《朝鮮日々記を読む:真宗僧が見た秀吉の朝鮮侵略》，法藏館，2017 年

[27] 中野等:《石田三成伝》，吉川弘文館，2017 年

[28] 高橋陽介:《秀吉は「家康政権」を遺言していた:朝鮮出兵から関ヶ原の合戦までの驚愕の真相》，河出书房新社，2019 年

[29] 大西泰正:《「豊臣政権の貴公子」宇喜多秀家》，角川新书，2019 年

论文

[1] 池内宏:《明将祖承訓の敗走以後における我軍の態度》，《史学雑誌第 29 篇第 7 号》，1918 年

[2] 太田秀春:《文禄の役における伊達政宗の動向と倭城普請》，《歴史（通号 94）》，2000 年

[3] 津野倫明:《文禄・慶長の役における毛利吉成の動向》，《人文科学研究第 9 号》，2002 年

[4] 村井章介:《島津史料からみた泗川の戦い》，《歴史学研究（通号 736）》，2002 年

[5] 中野等:《豊臣政権の大陸侵攻と寺沢正成——文禄の役における兵站輸送をめぐって》，《交通史研究》，2002 年

[6] 三木聡:《万暦封倭考（その一）:万暦二十二年五月の「封貢」中止をめぐって》，《北海道大学文学研究科紀要》，2003 年

[7] 三木聡:《万暦封倭考（その二）:万暦二十四年五月の九卿・科道会議をめぐって》，《北海道大学文学研究科紀要》，2004 年

[8] 津野倫明:《慶長の役における鍋島氏の動向》，《織豊期研究第 8 号》，2006 年

[9] 太田秀春:《文禄の役における島津義弘の動向と倭城普請》，《地域総合研究第 34 号》，2007 年

[10] 津野伦明:《軍目付垣見一直と長宗我部元親 》,《 人文科学研究第 16 号 》,2010 年

[11] 郑洁西:《 豊臣秀吉の朝鮮侵略戦争を描く二種の新出図像資料—「 東征図 」と『 朝鮮日本図説 』》,《 年報非文字資料研究第 10 号 》, 2014 年

朝鲜、韩国文献
史料

[1] 柳成龙:《 惩毖录 》, 朝鲜古书刊行会编:《 朝鲜群书大系·续续第一辑 》,朝鲜古书刊行会, 1913 年

[2] 末松保和编:《 宣祖昭敬大王实录 》, 学习院东洋文化研究所, 1960 年

[3] 末松保和编:《 宣祖昭敬大王修正实录 》, 学习院东洋文化研究所, 1961 年

[4] 国史编纂委员会:《 韩国史料丛书第十四:琐尾录 》, 韩国史学会, 1962 年

[5] 李舜臣:《 壬辰状草·乱中日记草 》, 第一书房, 1978 年

[6] 申炅:《 再造藩邦志 》, 珪庭出版社, 1980 年

[7] 黄慎:《 日本往还日记 》, 民族文化推进会编:《 海行总载 》第 2 辑, 民族文化文库刊行会, 1986 年

[8] 国史编纂委员会:《 韩国史料丛书第三十六:壬辰记录·龙湾闻见录 》, 韩国史学会, 1991 年

[9] 李德馨:《 汉阴先生文稿 》, 财团法人民族文化推进会编:《 韩国文集丛刊 》第 73 册, 景仁文化社, 1991 年

[10] 韩永愚、杨普景:《 海东地图 》, 首尔大学奎章阁, 1995 年

[11] 柳成龙:《 西厓集 》,财团法人民族文化推进会编:《 韩国文集丛刊 》第 52 册,景仁文化社, 1996 年

[12] 姜沆:《 睡隐集·看羊录 》, 财团法人民族文化推进会编:《 韩国文集丛刊 》第 73 册, 景仁文化社, 1996 年

[13] 申钦:《 象村先生文集 》, 韩国文集编纂委员会编:《 韩国历代文集丛书 》第 130 册, 景仁文化社, 1999 年

[14] 李舜臣:《 李忠武公全书 》, 韩国文集编纂委员会编:《 韩国历代文集丛书 》第 222 册~223 册, 景仁文化社, 1999 年

[15] 陈景文:《 剡湖集 》,韩国文集编纂委员会编:《 韩国历代文集丛书 》第 527 册,

景仁文化社，1999 年

[16] 国史编纂委员会:《乡兵日记·梅园日记》，利文社，2000 年

[17] 不著撰人:《宋经略书》，中国社会科学院历史研究所文化史研究室编:《域外所见中国古史研究资料汇编:朝鲜汉籍篇·第十八册》，西南师范大学出版社，2013 年

[18] 权文海:《宣庙中兴志》，韩国首尔大学奎章阁藏本

著作

[1] 李炯锡:《壬辰战乱史》（全三卷），东洋图书出版株式会社，1977 年

[2] 崔官:《壬辰倭乱——四百年前的朝鲜战争》，中国社会科学出版社，2013 年

[3]《壬辰乱 7 周甲纪念 壬辰乱研究丛书》（全四册），壬辰乱精神文化宣扬会，2013 年

西方文献

史料

[1]（法）让·克拉赛特著，太政官修史馆译:《日本西教史》，太阳堂书店，1926 年

[2] 松田毅一监译:《十六·七世紀イエズス会日本報告集》（第 1 期），同朋舍，1987 年

[3]（葡）路易斯·弗洛伊斯著,松田毅一、川崎桃太译:《完訳フロイス日本史 5（豊臣秀吉篇 2）＜中公文庫＞》，中央公论新社，2000 年

著作

[1]（加）塞缪尔·霍利，方宇译:《壬辰战争》，民主与建设出版社，2019 年

战争事典系列

战争事典特辑系列

武大帝与明初史事